AHLEI
AMERICAN HOTEL & LODGING
EDUCATIONAL INSTITUTE

美国饭店业协会教育学院系列教材

○ 酒店资产管理原理与实务
Hotel Management Principles and Practice, Second Edition

○ 当代俱乐部管理
Contemporary Club Management, Second Edition

○ 当今饭店业，中文第二版
Hospitality Today: An Introduction, Sixth Edition

○ 饭店业人力资源管理，中文第二版
Managing Hospitality Human Resources, Fourth Edition

○ 饭店业督导，中文第二版
Supervision in the Hospitality Industry, Fourth Edition

○ 餐饮经营管理，中文第二版
Management of Food and Beverage Operations, Fifth Edition

○ 收益管理：饭店运营收入最大化
Revenue Management: Maximizing Revenue in Hospitality Operations

○ 饭店设施的管理和设计，中文第二版
Hospitality Facilities Management and Design, Third Edition

○ 饭店业管理会计，中文第二版
Accounting for Hospitality Managers, Fifth Edition

● **饭店客房经营管理**
Managing Housekeeping Operations, Revised Third Edition

○ 前厅部的运转与管理，中文第二版
Managing Front Office Operation, Ninth Edition

○ 会展管理与服务，中文第二版
Convention Management and Service, Eighth Edition

○ 国际饭店的开发与管理
International Hotels: Development and Management, Second Edition

○ 饭店业市场营销
Marketing in the Hospitality Industry, Fifth Edition

饭店客房经营管理

Managing Housekeeping Operations,
Revised Third Edition

Aleta A. Nitschke　William D. Frye　著　　付钢业　主译

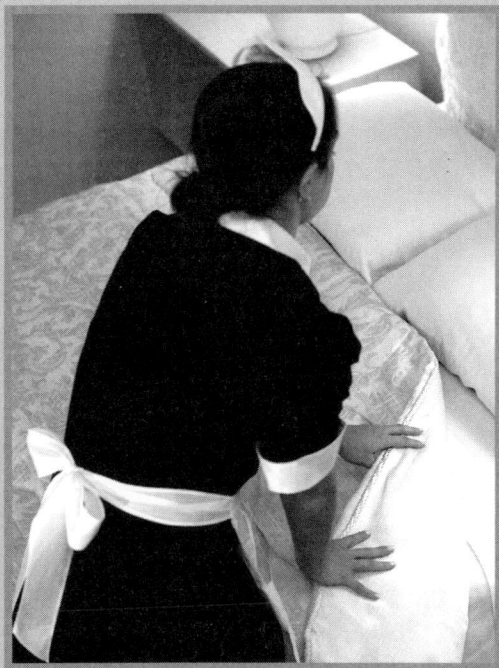

中国旅游出版社

作者简介

阿莱塔·A.尼奇克，注册饭店业高级职业经理人，第一本专注于饭店房务管理的杂志《房务纪事》的创刊发行人。尼奇克女士的职业生涯，始于一份为一家小度假旅馆清洁客房的暑期工作。入行三十载使她拥有许多难得的机遇，目睹了多家饭店企业的经营管理。在那些年里，她曾在 10 个城市为 6 家公司，以及 13 家饭店工作过。随后，担任丽笙酒店管理公司房务总监，负责监管逾 200 家饭店的房务管理工作。并于 1993 年创办《房务纪事》杂志。尽管当时已有众多与饭店其他部门相关的出版物充斥坊间，她仍觉得很有必要专为饭店前厅、客房及相关部门的管理者们提供源自实践，且有实际指导价值的专业资讯。尼奇克女士一直为该杂志的相关网站 www.roomschronicle.com 撰稿，并负责网站维护工作。

威廉·D.弗莱，博士，注册饭店业教育导师，是尼亚加拉大学饭店和旅游管理学院副教授，第一本专注于饭店房务管理的杂志《房务纪事》的执行主编。他负责讲授"饭店与休闲度假地管理""饭店与旅游法律法规""俱乐部管理"及"高级饭店运营管理"等课程。弗莱博士已在饭店超额预订、员工满意度、风险管理、安保问题，以及住宿业战略管理等领域，于多家饭店业杂志上发表过论文，并正开展相关研究。他是电子杂志《饭店法律、安全与安保研究》的主笔，曾任一家休闲度假地的总经理，现任国际饭店、餐馆和旅游教育理事会住宿业特别兴趣小组主席，具有超过 22 年的管理经验。

主译简介

付钢业，北京第二外国语学院副教授，高级管理者培训与发展项目（EDP）和专业旅游管理硕士（MTA）项目负责人。美国饭店业协会教育学院注册饭店业高级教育导师（CHE），注册饭店业高级培训师（CHT）。瑞士洛桑酒店管理学院校本部 QLF 认证教师，西北师范大学旅游学院客座教授。曾在中国旅游饭店业协会秘书处及多家高星级国际品牌饭店、管理咨询研究机构、国际旅行社和旅游院校工作；曾参与制定《中国饭店行业服务礼仪规范》《中国饭店行业突发事件应急规范》等国家行业管理标准规范，参与研制《党的十八大住地总务工作服务指南和技术规范》《中国酒店业安防技术应用研究报告》《中国饭店产业发展报告》等行业文件。曾在《中国旅游报》等报刊上发表论文多篇；出版有《现代饭店服务质量管理》《导游入门到提高》等专著。

AHLA

再版前言

由美国饭店业协会教育学院编写的饭店从业人员职业教育培训系列丛书于 2001 年第一次被引进中国，距今已经过去 13 年之久。回首这套丛书初次被引进中国的时节，正是中国饭店业走向一个新阶段的起点。彼时，国际竞争国内化、国内竞争国际化是国内饭店业对行业发展趋势的共识，而面对这种趋势的国内饭店管理教育在培养职业人才的系统性方面仍然存在着明显的短板，其中教材方面的缺失尤其严重。鉴于此，中国旅游出版社在考虑中国饭店业的现实情况，经过细致的比较之后，认可了美国饭店业协会教育学院的职业教育教材体系和职业培训体系，引进了这套在国际上颇有影响力的饭店管理教材。可以说，这套教材的引进，相当及时地补充了国内饭店管理教育在国际化经营方面的不足。

今天，中国饭店业的经营环境及运营管理等已然发生了巨大的变化，曾经认为的趋势已成为现实，但是又出现了一些无法预想的变化。在 21 世纪之初，饭店行业已经预见到了国内、国外饭店企业集团的同场竞技，如今则早已习惯了共同存在和竞争。曾经，中国饭店行业看到了自身未来的繁荣，而如今，中国饭店业经过十几个春秋的洗礼，已经形成了国内市场、国际市场和出境市场三分天下的格局，业态进一步细分完善。与此同时，饭店企业经营的科学性和创新性不断提升，在吸收国际饭店管理经验的基础上，进一步开展本土化创新实践，本土集团成长非常迅速，其中许多已经进入世界饭店集团 10 强。中国本土饭店集团的发展将改变世界饭店企业的格局，同时将带来国际饭店企业运营与管理的话语基础。

任何对未来的预测都不会是全面的。在 21 世纪之初，中国饭店业已经看到了很多，但是没有看到和无法看到的更多。在十几年中，大众旅游蓬勃发展，经济型连锁酒店趁势而起，把控了大众市场的半壁江山，中端酒店蓄力而发，在中产阶级成长的东风下开始风生水起，而高端酒店却遭遇了意外的困境。中国饭店行业一直梦想着走向世界，而如今我们看到了一个接一个的海外并购，其势不敢称大，但是根苗已生，令人产生星星之火可燎原的期待。在饭店业之外，先是互联网技术运用的风靡，其后又是移动互联网的夺人眼球，这些技术风潮席卷各行各业，而作为和流行"亲密接触"的饭店业自然不可能置身于外，于是，互联网思维和智慧酒店大行其道，这是饭店业对技术风潮的回应。

比起 13 年前，现今的中国饭店业可以说是令人眼花缭乱。一群非传统饭店行业人士进入，以他们的外部眼光突破着饭店行业经营的传统思维和惯例，而传统的饭店行业人士也在借鉴着他山之石，思考现代科技在饭店业运用的可能，进行着自我突破。在信息爆炸的今天，我们每天接触海量的大数据，但是如何分辨信息的价值，为创新提供有效的指导，这已经成为必修课。当我们意识到这一点的时候，仔细审视，会发现自身知识结构的完整才是支撑这一切的基础。实际上，比起 13 年前，如今的饭店业管理更加需要完整的知识结构和良好的思辨能力，因为环境不确定性进一步加强，外部干扰更多了，内部系统更为复杂，如果无所凭借、无所支撑，必然难以驾驭更加复杂的环境。

著名科学家钱学森曾反复地问："为什么我们的学校总是培养不

出杰出人才？"而饭店行业的教育者和从业者也在问："怎样培养一流的饭店管理人才？"曾经的如此疑问，如今更加急切。不积跬步，无以至千里。系统而深入、兼具理论和实践的饭店管理教育仍然是饭店业人才培养的基础。秉承这样的理念，回顾过往，我们发现了这套书的闪光点。

一部书是否能被称为经典，而不是昙花一现的时髦，是要靠时间来检验的。只有当书中的观点和逻辑，在时间的浪潮中被反复地印证、扩展和应用的时候，被相关的从业人员和研究人员在实践中认可的时候，这才有了被奉为经典的资格。这套出自"名门"的饭店业管理教材背后是整个美国饭店业的职业教育体系的支撑。美国饭店业的管理水平毋庸置疑代表目前国际的标杆，我国诸多饭店企业在发展过程中也是多有借鉴。本套书将理论和实践进行了较好的结合，既有理论的深入，又有实践上的指导，能够使读者通过编写者的切身体会看到真实的饭店工作，帮助读者提升饭店行业的思考和实践能力，同时其系统性和全面性也是诸多其他教材无法比肩的，涵盖了国际饭店的开发与管理、饭店业督导、饭店业管理会计、饭店客房经营管理、饭店前厅部的运营与管理、饭店业人力资源管理、餐饮经营管理、饭店设施的管理与设计、会展管理与服务、收益管理、饭店业市场营销，以及当今饭店企业多个经营的环节。读者借助这套教材既能建立对饭店的全面认识，又能各取所需，有针对性地进行深入的学习。本套丛书的译者均为本行业研究和实践的专家，确保了翻译的准确性和专业性。

本套丛书在出版之后就广受赞誉，但是编者仍然以一颗谦谨之心，根据饭店业管理的新变化对书籍不断地进行修改和补充，加入很多新

再版前言

材料、新理念和新的实践方法，为的是尽力缩小教材的滞后性，为饭店业的从业人员和学习者提供一个了解饭店业，建立起自身完整知识结构的最佳途径。

本套丛书的出版和再版多有赖于中国旅游出版社的远见和坚持，同时也是中外饭店教育及出版机构通力合作的结果，谨对他们付出的努力表示诚挚的感谢。

谷慧敏

2014 年 8 月

AHLA

前　言

在饭店经营管理活动中，"清洁"最能传达出强烈信号。当客人步入房间时，如能感受到干净、整洁和便利，这会让任何高档服务、友好态度或者奢华魅力都相形见绌。

为了向客人传递这种品质信息，客房管理必须像饭店其他职能领域一样，凸显其专业性。因此，《饭店客房经营管理》第三版修订本①向管理者介绍了各种方式方法，以帮助他们从各方面满足当今顾客对现代住宿和餐饮企业的预期服务水准要求。

本书主要为行政管家②们而作，可供所有需要进行客房日常管理决策的相关专业人士阅读。同时，也为那些想在饭店这一关键领域谋求职业发展的人们提供重要的专门资讯。在客房管理这个专业领域中，从计划、组织、预算，再到督导和具体工作推进实施，各种日常工作头绪繁多，本书力求能完整涵盖这些内容。

鉴于此，本书在开篇介绍了客房部在饭店经营管理中所充当的角色。解释了它在创造环保型饭店过程中的作用，并着重说明了计划和组织职能在各种客房管理工作中的具体应用。接着，通过检视客房人力资源管理工作，强调了培养高素质的客房部员工的重要性。其他章节则阐述了行政管家所面临的各种挑战和管理职责，重点涉及管理库存、控制开支以及安全监控和安保职责等。本书还专门为设有内部洗衣房的饭店开辟了一个章节，讨论如何有效监控洗衣房的各种经营管理工作。

本书的最后几章揭示了客房业务工作的诸多细节。由若干囊括 "如何做清洁工作"的技术参考章节组成。重点关注了客房、公共区域、天花板、墙面、楼层、地毯、浴室清洁的基本规则和要求，指出了在选择和清洁家具、固定装置、布草及其他特色物品或便利设施时，应注意的诸多事项。在本书大部分与技术相关或具有参考价值的章节后面，都附录有按步骤具体说明的工作任务分解表。它们仅作为指导原则列举于此，旨在展示应如何实施与运用本书正文中所阐述的诸多理念。

为了加深读者对学习内容的理解，在本书大部分章节后，都附有复习题和主要术语一览表。多数章节还列有网站地址，以方便读者查询更多和更新的信息资料。在很多章节中，还附列了一些案例研究，它们都与饭店管理者需面临的实际难题和真实工作情境相关。

以本书这样的涉猎范围，如果没有诸多人士的鼎力相助，恐怕难以完成。在本书的编撰过程中，多位行业专家和院校学者为本书倾注了时间和精力，为此，本书特在尾注和致谢中彰显诸位同人的贡献。

首先，要感谢已故的、来自明尼苏达州瓦巴沙县的注册饭店业行政管家®玛格利特·M.卡帕和来自田纳西州纳什维尔市的注册饭店业行政管家帕特丽夏·B.沙珀特，感谢她们为本书的最初版本所做出的开创性贡献®。时至今日，她们在饭店客房管理领域的终生贡献和领导能力依然广受认同。

还要特别感谢下列辛勤工作的专家们，感谢他们分享了重要的专业经验与知识，他们是来自佐治亚州亚特兰大市佐治亚有限公司的杰西·丹顿、麦格里夫、塞贝尔斯和威廉姆斯；来自密苏里州圣路易斯市千禧酒店的注册饭店业行政管家盖尔·爱德华兹；来自得克萨斯州休斯敦市防损管理学院的小雷蒙德·C.埃里斯；来自明尼苏达州埃迪纳地区的玛丽·弗里德曼；来自纽约州尼亚加拉大学的迈克尔·简泰尔教授；来自俄亥俄州克利夫兰市《绿色居所通讯》的格伦·哈塞克；来自亚利桑那州凤凰城的约翰·霍根博士；来自新泽西州威卡夫地区洁菲士清洁系统的道格·斯考滕，以及来自明尼苏达州蒙德市 PSA 能源顾问公司的菲尔·斯普拉格。

本书此版本也因来自密歇根州立大学酒店管理学院副教授迈克尔 P. 夏里尼博士所倾注的努力而熠熠生辉；他的深刻见解和专业知识对本书前半部分的多个章节都有所贡献。

我们还要感谢来自南卡罗来纳大学酒店、零售和运动管理学院的谢乐尔·弗里德·克莱恩博士，她初审了对本书早期版本中有关安全和安保章节的内容，并做了增补。她的专业见解体现在本书第 7 章的方方面面。

本书每一章均有来自《房务纪事》杂志的影印资料。该双月刊创立于 1993 年 7 月，旨在向饭店管理者提供一种兼具信息性和教育性的工具，以帮助他们在岗位上更好地开展工作，在为客人提供始终如一的优质服务的同时，增加饭店利润，提升运营效率。在过去的 16 年间，《房务纪事》已由起初的含苞待放，化茧成蝶为一个由尼亚加拉大学饭店和旅游管理学院向业界奉献的重要延展创新项目。本书所选用的许多文章均由业界管理者和相关专家编写，讲的都是他们在工作中所遇到的状况和已解决的难题。这些文章已承蒙《房务纪事》杂志惠允引用。

我们希望本书能达到预期目的，成为行政管家们的一本实用资源大全，并作为一个载体，为提升饭店这一重要部门的专业化水平发挥作用。

阿莱塔·A．尼奇克

注册饭店业高级职业经理人

《房务纪事》杂志创始人

威廉·D．弗莱

博士，注册饭店业高级教育导师

尼亚加拉大学饭店和旅游管理学院副教授

《房务纪事》执行主编

尾注：

①译者注：所指为此译本所对应的英文版的版次。

②译者注：原文为 the executive housekeeper，一般译为"行政管家"，多指中高档饭店里的客房部负责人岗位。因本书英文版的主要用途之一是供美国饭店业协会教育学院作为"注册饭店业行政管家"的职业资格认证用书，所以，此处讲主要针对行政管家而作。国内不少饭店里与"行政管家"大致相当的职位多被称为"客房部经理"。综合本书内容来看，其对各种类型和档次的饭店的客房部管理人员都大有裨益，所以，也可理解为"客房部主要管理人员"。

③译者注：注册饭店业行政管家（Certified Hospitality Housekeeping Executive, CHHE），也是由美国饭店业协会教育学院经过审核和考试后颁发的一种职业资格认证证书，截至目前并无统一的中文译名，也有译为"注册饭店客房总监"。

④译者注：玛格利特·M．卡帕（Margaret M. Kappa）和帕特丽夏·B．沙珀特（Patricia B. Schappert）都是此书英文版早期版本的主要作者。

目　录

激励的定义·激励员工的方法

尾注，主要术语，复习题，案例分析

第1章

学习目标

1. 按所提供服务的等级对饭店进行分类。

2. 解释饭店管理的职责和饭店主要的部门。

3. 解释客房部和前厅部的关系。

4. 解释客房部和维修部的关系。

1

客房部在饭店经营中的作用

高效管理的客房部能确保住宿企业做到干净整洁、维护得当且品位卓然。客房部不仅要负责及时清洁客房，为客人入住做好准备，还要负责饭店里一切物品及区域的清洁和维护工作。唯有如此，饭店才能始终如一，像新开张时那样，引人入胜、满怀新鲜[①]。所有这些可绝非小事，看看下面这些数据，就更能明白这一点[②]。

据统计，美国有 47135 家住宿企业，每天可供销售的客房总数达 440 万间。假定平均每天的实际客房出租率为 63.3%，则客房部每天就得清洁 2778517 间客房。如果每位客房部服务员平均每天清洁 15 间客房，则整个美国饭店业的所有客房部门每天至少要雇用 185235 个客房服务员。再加上客房部管理人员，还有那些负责清洁公共区域、后台区域、会议室和宴会厅的员工，以及在饭店布草房和洗衣房工作的员工，由此，就不难理解为什么客房部的员工数量通常会多于饭店其他各部门的了。

客房部工作对于任何饭店的日常顺利经营都至关重要，是公众瞩目的要点，尤其是各路媒体喜欢对客房部的工作失职大加报道。本章在开头便简要描述了客房部在不同类型饭店中所扮演的角色；接着会谈到饭店管理架构，并阐明客房部在饭店整体经营机制中的地位；然后介绍饭店各部门的基本职能，并简要阐述客房部与它们的关系。在本章结尾处，则强调了饭店成功经营中不可或缺的团队合作精神，并给出了具体例证，说明客房部与前厅部员工之间，以及客房部与工程部和维修部员工之间，尤其需要协同合作。

饭店类型

将饭店分类并非易事。饭店业形态多样，很多饭店难以归入任何单一的、定义明确的类别。STR 公司编制的饭店经营综合数据库，网罗了现今最全的信息。它把饭店按下列特征分类，例如，按物业形态分类（全套房饭店、博彩饭店等）；按价格层次分类（高档、中档或低档，就该饭店和其市场竞争对手的相对价格而定）；按地理位置分类；按其主要吸引的宾客群体（或市场）分类；按所有制结构类型或连锁经营形态分类；按规模分类；或按服务水平分类等。从客房部的角度来看，饭店规模和服务水平是最重要的分类特征。不过，饭店规模和服务水平并非互为仰仗；通常情况下，饭店规模与服务水平之间并无多大关系。

饭店规模仅仅笼统地表明客房部员工所承担的工作总量。规模特征包括：饭店内客房、会议室和宴会厅的数量，公共区域的建筑面积，以及需要提供客房服务的部门数量。表 1-1 侧重于饭店客房的数量，并提供了规模不同的 5 种饭店的有关统计数据。

衡量饭店客房部员工工作表现的一个更精确的标准是其服务水平的高低。服务水平指

表 1-1 饭店规模分类

按客房数划分	饭店比例 *	客房总数比例 **
少于 75 间客房	26896	1146501
75 ~ 149 间客房	14547	1541819
150 ~ 299 间客房	4118	823966
300 ~ 500 间客房	1073	399076
超过 500 间客房	501	478081

* 基于 47135 家饭店
** 基于 4389443 间客房
数据来源：STR 公司

资料来源：美国饭店业协会，《住宿业概况》，2007 年。

标包括：不同类型客房里的室内陈设和固定装置，公共区域的装潢，以及饭店其他设施的特色。由于业内不同饭店的服务水平差别悬殊，出于简洁考虑，可以将不同的饭店分为 3 个基本的服务水平类型，即经济型饭店、中档型饭店和豪华型饭店。

经济型饭店

经济型饭店是饭店业中正在兴起的群体，旨在满足客人最基本的需求，提供干净、舒适和实惠的客房。经济型饭店主要吸引那些精打细算的旅客。他们要求客房设施齐全、舒适即可，但不要其他的非自己真正想要、也不愿为之额外付费的高档东西。经济型饭店所吸引的顾客群体包括：带小孩旅行的家庭、汽车旅游团、商务旅客、度假者、退休人员，以及参加会议的群体。

典型的经济型饭店，比起 20 世纪 60 年代那种 40 ~ 50 间客房规模的饭店还是大了许多。现如今，一些经济型饭店拥有的客房数高达 600 间；然而，出于管理上的考虑，多数经济型饭店一般还是将客房数控制在 50 ~ 150 间。小型经济型饭店的工作人员通常包括饭店经理、若干客房服务员、前台接待员，有时还有一名维修人员。

经济型饭店之所以能赢利，一部分是因为其较低的设计成本、建筑费用和营业费用。它们采用简单的设计，造价低且方便维护。经济型饭店通常是两三层高的煤渣砖建筑，走廊两边都有客房。大型饭店多为单边走廊结构，客人在单边走廊上可以俯瞰精美的饭店大堂。经济型饭店的结构比起大型饭店的单边走廊结构造价要低。

与 20 世纪 70 年代初仅配备黑白电视机的饭店相比，现在大多数经济型饭店提供彩色电视机（很多甚至是高清或平板液晶电视）、高速上网、欧陆式早餐、游泳池、有限的餐饮服务、小型会议室及其他特色项目。然而，很多经济型饭店并不提供全套餐饮服务，这就意味着客人要自行去附近的餐馆用餐。一般来说，经济型饭店同样不提供客房送餐服务、大厅服务（译者注：原文为 uniformed service，直译为穿制服服务。在饭店里，一般代指大厅里穿制服的礼宾员、行李员等所提供的服务，故意译为大厅服务）、宴会服务、健身俱乐部服务，或其他中档型饭店和豪华型饭店所能提供的更为精心的服务和设施。

中档型饭店

提供中档型服务的饭店所吸引的旅游市场或许是最大的。中档型服务适度，但足以满足客人需求。饭店人员配备适中，并不庞大。喜欢惠顾中档型饭店的客人多是可以报销差旅费的商务客人、游客，或可以享受儿童价格优惠的家庭。可能享受特殊价格的人群则包括军人、教育工作者、旅行社、老年人和公司团体。中档型饭店的会议设施通常可以满足大型会议、培训会议和小型会议的需求。

典型的提供中档型服务的饭店一般具有中等规模（介于 150 ~ 300 间客房）。这类饭店往往还提供大厅服务、机场接送服务及全方位的餐饮服务设施。饭店通常还有高速上网服务、商务中心服务及健身器材提供，可能还设有特色餐厅、咖啡厅和休息大厅，既对饭店客人开放，也对当地人开放。中档型饭店的管理团队通常由一位总经理和多位部门经理组成。客房部由行政管家掌管；该部门的员工人数居饭店各部门之首。

套房饭店属于中档型饭店中快速发展的那一类。典型的饭店客房一般设置有一间卧室、一间毗邻的浴室、一张特大号床或两张双人床，还有一张组合办公桌或梳妆台，以及一两把椅子。而套房则不一样，它一般包括一小间起居室或带家具的会客区（通常包括一张坐卧两用沙发），和一个带特大号床的小型卧室。套房饭店为

精致装潢的世界级饭店的大厅（图片由田纳西州纳什维尔市奥普里兰饭店惠允使用）

出门在外的人们提供了临时的住所；对于频繁出行的人来说则是家外之家；套房饭店同时还受到那些对非标准化住宿设施感兴趣的家庭青睐。由于套房饭店的客房里有和卧室隔开的工作或娱乐区域，所以，会计、律师和管理人员等专业人士尤其喜欢入住套房饭店。

有些套房还带一个厨具完备的紧凑型小厨房区，冰箱、微波炉和调酒柜等一应俱全。对客房服务员来说，这些额外增加的特色服务，意味着在清洁套房时，要花费比清洁标准客房更多的时间。因此，对于中档型服务饭店来说，全套房饭店的客房部人工成本要比中档型饭店中其他形态的饭店要高。正是由于这样或那样的成本开支，套房饭店相比于其他饭店，通常只提供较小的公共区域和较少的宾客服务项目。

豪华型饭店

豪华型饭店提供世界级服务，包括高档餐厅和休息大厅、精致的装修、礼宾服务，以及奢华的会客和雅座用餐设施。这类饭店的主要客源来自最高层企业管理人员、娱乐界名流、政坛高层和其他的富裕人士。为了满足这类客人的需求，客房部员工通常要负责分发特大号浴巾、香皂、特制洗发水和润肤露、浴帽和其他客房及浴室便利设施。浴室布草一般每天更换两次，每天晚上还提供开夜床服务。此外，这类客房的室内陈设、装饰以及艺术品，都比中档型饭店里的档次要高。

有些中档型饭店会专门腾出饭店的几层（一般是顶部几层），打造成世界级服务区。这些楼层不对公众开放，除非使用特供授权客人使用的专用电梯钥匙才能进入。这种"行政楼层"里的客房通常都十分宽敞和豪华。饭店一般会将这些客房里的家具和装修档次升级，并提供额外的宾客服务和设施。客房或套房中每天都会放置鲜花和水果。浴室里的设施通常也可与豪华型饭店所提供的设施相媲美。

饭店管理

管理人员负责指导饭店的运营，并定期向业主汇报饭店总的经营业绩和其他相关情况。管理团队通过计划、组织、人员配备、指导、控制等手段，并对店内功能区域实行评估，来实现所定的具体目标。高层行政主管负责协同饭店各部门的管理人员一起开展工作。

住宿业对饭店大小部门的称呼并不规范。大型饭店可能会把主要功能区域称为区，把小型功能区域称为部门。其他饭店则可能把主要区域称为部门，更小的区域称为处。这两种叫法并无优劣之分。为统一起见，本章将把"主功能区"称为"区"，把区内的"部门"称作"部"（译者注：原文为"division"和"department"，国内很多地方都统称为部，只是在部门级别上，前者为一级部门，后者为二级部门。例如，房务部和客房部。有的地方称前者为口，后者为部，例如，房务口和客房部。在本书中，因房务区之类的叫法在国内业界较少见，所以，按通行叫法，依然都统称为部。只是此部非彼部，范畴有差别）。

饭店最高行政主管通常被称为总经理、总裁或经营主管。饭店总经理向业主或业主公司指派的人直接负责。在饭店连锁机构中，一家饭店的总经理可向所从属的大小片区的行政总管汇报工作，后者一般负责监管本连锁机构中某一组别的所有饭店。

虽然总经理有责任监管饭店所有部门的工作，但是，他们也可能会指派驻店经理去监管具体部门的工作。通常，大型饭店会派驻店经理负责监管房务部及其下辖各部门。若总经理离店外出，驻店经理可代为执行代理总经理的职能。在总经理和驻店经理都外出的情况下，通常会指定值班经理全权负责。

所有的组织机构都得有个正式的组织架构来承载其使命，实现其目标。呈现这种组织架构的常用方法便是绘制组织机构图。组织机构图诠释了各部门的职责和垂直领导关系。有的组织机构会将每个员工的姓名和其头衔列在图上。由于任何两家饭店都不尽相同，所以，组织机构图也必须根据每个饭店的具体需求来量身定做。图 1-1 是一个仅有客房的中等规模饭店的组织机构图示例。在此机构中，所有部门经理直接向经理助理汇报工作（译者注：原文为"all department managers report directly to the assistant manager"。但该段文字与图中所表示的不一致。从图来看，应是"所有部门经理直接向总经理助理汇报工作"。即便如此，本段所列的图和相关的文字表述也不大符合通常的管

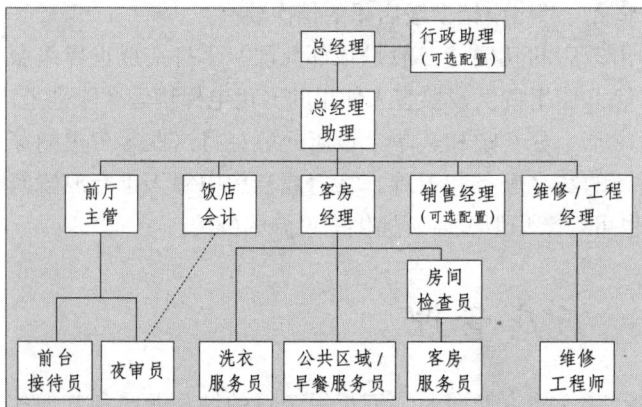

图 1-1　一家仅有客房的中等规模饭店的组织机构图示例

理原理以及饭店管理的常理。总经理助理只是受总经理的委托，具体分管若干部门，不大可能是所有的部门经理都向总经理助理直接汇报工作。该图及相关表述或仅为具体某家饭店的特例）。

图 1-2 是一家豪华型饭店组织机构图中的管理岗位示例。可注意到在此机构中，行政管家和前厅部经理直接向房务部经理（译者注：原文"the rooms division manager"即如此，所以，译为房务部经理，国内业界对大部门负责人更常见的职位安排是房务总监）负责。房务部经理要确保客房部和前厅部能协同合作，能将客房打扫妥当，能为接待将抵店的客人做好准备。在本章后面的内容中，将阐述客房部和前厅之间有效沟通的重要性。客房部和工程部与维修部也有密切的工作关系。由于这些功能性区域一般不直接向同一个管理人员负责，所以，在行政管家和总工程师之间，建立起紧密的工作关系就显得尤为重要。客房部和工程与维修部之间的沟通也将在本章后面提到。

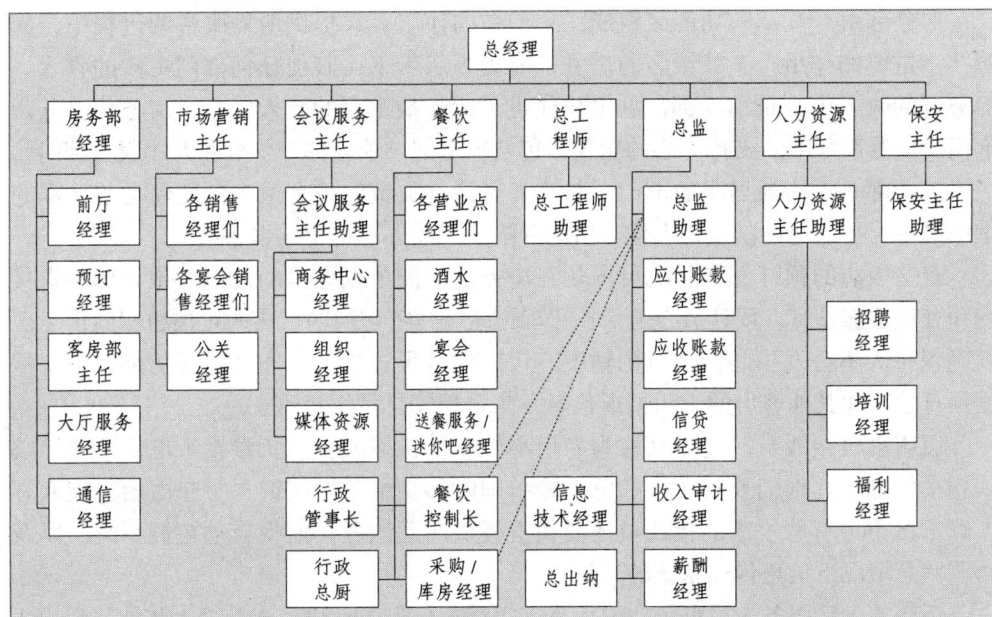

图 1-2　一家豪华型饭店的组织机构图示例

饭店部门

饭店部门可按不同方法来分类。其中一种方法是将各部门划分为收入中心或支持中心。从财务目标、饭店记录保存，以及信息系统方面来考虑，这种划分方法特别有用。收入中心向客人出售产品或提供服务，为饭店创造收益。前厅部和各餐饮营业点都是饭店里典型的收入中心。支持中心并不直接创收，但对饭店的收入中心能起到支持作用。客房部就是房务部内主要的支持中心。饭店里其他的支持中心包括财务部、工程与维修部，以及人力资源部等部门。

饭店前台区域和饭店后台区域这两个术语也可以用于对饭店部门及其员工进行分类。饭店前台区域是指员工与客人接触较多的功能区域，例如，前厅部和各餐饮营业点。饭店后台区域则是指员工较少直接地与客人接触的功能区域，例如，财务部、工程与维修部，以及人力资源部等。尽管客房部员工与饭店客人有一些接触，但一般而言，仍把它看作是饭店后台区域部门。

以下简述大型饭店内通常所设的主要部门。

房务部

房务部由一些部和功能区组成，它们在向住店客人提供所需服务的过程中，起着非常重要的作用。多数饭店的房务部能为饭店带来比其他任何部门更多的收入。房务部的收入中心是前厅部，这里往往也是饭店最重要的收入中心。房务部的其余部门扮演着前厅部的支持中心的角色，包括客房部、预订部、总机和大厅服务部门。

前厅部是饭店最显眼的部门，与客人直接打交道的机会最多。前台是前厅部的重中之重。在这里可以登记入住、房间分配，以及办理退房结账手续。

有些饭店的预订部和总机可以是在房务部下面单独设立的部门。预订部负责接受和处理住房预订。预订员必须保持正确记录，并密切跟踪饭店的可出租房间信息，以确保每天不会发生超额预订的情况。饭店内有很多部门，尤其是客房部，需要根据预订信息和其他客房的出租情况信息，来合理安排员工排班。

饭店总机接线员，有时又称为专用小型交换机接线员，负责接听电话，并转接到相关的分机。他们要将客人的电话账单即时移交给前厅收银员，并由后者记入客人账户名下。有些饭店的接线员还要负责提供叫醒服务、监视自动控制系统，以及协调紧急情况下信息传递系统的运作。

饭店的大厅服务人员可包括泊车员、门童、车队司机和行李员等。此外，金钥匙委托代办员要对城市当地和周边有很全面的了解，这样才能满足客人的各种要求：买戏票、订餐、采购很难找到的物品，或为客人安排私人服务。由于大厅服务员要接待客人，并在他们到达、离开时提供帮助，他们会成为饭店客人的第一印象和最后印象。

工程与维修部

工程与维修部负责对饭店外观及内貌的维护，并要负责保证店内设备的正常运作。通常它还负责维持游泳池的环境卫生标准，和饭店场地的景观美化及养护任务。但是有些饭店会设立专门的场地部或户外服务与娱乐部，来负责完成这些或其他的工作任务。并非所有的工程维修工作都要由饭店员工来承担；有些问题或工程项目常常还得通过外包服务来解决。

客房部通过和工程与维修部的紧密协作，可确保有效实施预防性维护。出于日常清洁职责原因，客房部员工几乎天天都会进入各间客房，因此，客房部有条件及时发现需要维修的项目，并率先提出维修申请。

人力资源部

近几年来，饭店对人力资源管理工作的投入和依赖性持续递增。对于大型饭店而言，随着人力资源部的职责和影响的壮大，它的规模和预算经费也在稳定增长。最近以来，人力资源管理的职能范围随着新法规的实施、劳动力市场的萎缩和竞争压力的增长而有所改变。它担负的职能包括招聘（含外部招聘和内部选拔）、入职培训和其他培训、员工关系、工资补偿、福利、劳资关系和安全问题。

很多饭店由于受规模的制约，并没有专门设置人力资源部门。在这种情况下，这些饭店的总经理和部门经理就得一起担负许多人力资源管理的相关职责和职能。

财务部

饭店财务部的职责是负责监督饭店开展的各项财务活动。有些饭店使用店外的组织机构所提供的财务服务，来协助店内财务部工作。在这种情况下，饭店员工需要先收集数据资料，再传送给店外的组织机构或自己所属的连锁饭店的总部。自行处理所有财务事务的饭店需要聘用更多的财务人员，这些人得肩负很大的责任。

饭店的财务总监负责管理财务部。财务活动包括支付欠账单据、分发报表结算单，以及收取付款、编制工资单、积累饭店经营资料和编写财务报表。此外，财务人员还可能要负责去银行存款、提取现金，以及按照饭店管理层的要求，履行其他控制和处理工作的职能。

在一些饭店里，采购经理和库房经理会向饭店的财务总监负责。因为客房部需要维持好包括清洁用品、设备、布草、制服和其他物品在内的库存品供应。所以，行政管家必须与他们保持经常性的紧密协作。

饭店各大小部门负责人所提交的预算计划最后都得由财务总监和总经理确认。

保安部

保安人员可由饭店内部人员、外聘的保安人员，或退休的及不当值的警员来充任。保安工作职责包括饭店巡逻和检验监控设备等。总而言之，保安部要确保客人、访客和员工在饭店内的安全无忧。要重视地方执法官员的协同和帮助，这对于安保部门的工作效率十分重要。

让饭店的非保安人员也参与到保安工作中来，这样的饭店安保工作才是最有效的。例如，客房服务员应该按规定保管好手中的钥匙。同时，在清洁客房时，客房服务员通常有责任将滑动玻璃门、连通房门及窗户锁好。全体员工都应该对饭店内任何可疑行为多加留心，并及时上报给相关保安人员。由于客房部工作人员分布在饭店各区域，他们尤其应该为饭店安保维护工作做出贡献。

餐饮部

餐饮部是多数饭店的主要收入中心。几乎有多少家饭店，就有多少种餐饮经营模式。很多饭店里有不止一个的餐饮服务窗口，包括快餐服务、餐桌服务、特色餐厅、咖啡厅、酒吧、休息厅和俱乐部。餐饮部通常也要对饭店的其他职能部门提供工作支持，例如，送餐服务、承办酒席和宴会策划。

行政管事长负责监督厨房里大多数的环境卫生工作和清洁作业。不过，客房部也有可能负责清洁饭店餐厅、宴会厅和某些后台餐饮区的特定区域。

市场营销部

饭店市场营销部可以只有一个兼职人员，也可以是有十几个或更多的专职人员。他们一般担负着4大职责，即销售、承接宴会、宣传广告以及公关。该部门工作人员负责对市场、竞争对手的产品，以及客人的需求和期望开展调研，然后，制订招徕饭店客人的销售活动计划。该部门的主要目标是销售饭店所对外提供的产品和服务。

客房部为市场营销部达成主要目标所做的重要贡献常遭忽视。成功的销售部能留住很多回头客。表1-2提供了一些数据，表明客人再次惠顾一家饭店的原因。值得注意的是，所显示的吸引客人再次惠顾一家饭店的最重要的原因是饭店的清洁程度和外观。这组数据还表明，优良的服务是第二

表1-2 客人再次惠顾一家饭店的原因

调查问题：让您决定再次惠顾一家饭店 / 汽车旅馆的最重要因素是什么？		
调查结果：		
再次惠顾的原因	占所有旅客的百分比	占所有常旅客的百分比
干净 / 外观	63%	63%
优良的服务	42%	45%
设施设备	35%	41%
便利 / 地理位置	32%	38%
价格 / 合理的费用	39%	35%
安静和私密	9%	8%

资料来源：《招徕业务，留住业务》，《市场信息》为普罗克特和甘布尔所做调查。

重要的。从这点来看，客房部工作人员是最能代表饭店外在形象的。所以，客房部员工对饭店销售工作的重要贡献是通过提升饭店的清洁程度和服务水平，来满足或超出客人对饭店的预期，并因此为饭店赢得了客人的再次惠顾。

销售部和客房部员工的共同使命是为饭店招徕客人。有时，销售部由于急于实现年度目标，所确认的一些团队预订会让客房部感到很难接受。例如，在饭店召开狗展，这可能会让饭店客房连着好几天都客满。面对这种生意，销售员怎么可能拒绝呢？但是所有的狗狗都得有地方洗澡。可什么样的饭店才会有这种草坪设施呢？狗狗们一定要在展会开始前洗澡吗？还有，它们会蜷成一团与自己的主人一起舒服地偎依在长沙发或者是床上吗？它们会脱毛吗？它们身上不会有跳蚤吗？

承接这个狗展团队的成本又如何呢？除了清洁所有寝具的成本外，还有清洗地毯和室内装饰的成本。再者，可能还得加上在未来 5 年内清洁排水管内宠物毛发的成本。更让人要命的是，要是在狗展结束的那天，正好销售部又把所有房间都订给当天就要入住的会议团队，那后果就可想而知了。

让客房部难办的还有承诺提前入住、延迟办理退房手续以及提出将客房布置成会议室的要求等。

有时，客房部因未能及时将房间打扫干净，弄得在销售人员对客人推荐饭店时无房可秀；又或者，客房部有时无法满足某些团队的需求，例如，额外的毛巾、特殊的便利用品，开启连通房的门等。一旦发现客房工作人员的服务表现很难符合客人的需求时，销售人员就常会意识到自己又该绞尽脑汁为客房部打圆场了。

员工们会对管理层所制定的激励政策反响热烈。如果一位销售人员仅仅因为把饭店客房订出去了，就能得到奖励，而无须考虑接待该团队真正所花费的成本，那么，可预料的是该饭店以后还会接待这类麻烦的团队。如果客房部管理人员不用考虑清洁质量，而只要因为能削减开支就可以受到奖励，那么，整个饭店的处境恐怕将危险了。

为了实现与客房部的合作，销售人员应做到如下几点：
- 尊重客房部工作人员：没有他们的贡献，饭店就不会有回头客；
- 让客房部所承担的工作变得容易完成些：在确认一个很可能惹麻烦的团队预订之前，应当了解该团队以前入住别的饭店时的情况，如果别的饭店都建议不要接，那就应该拒绝接受该预订。
- 在确认团队预订前，要与即将接待这一团队的部门代表会面，请求（而非要求）获得他们的支持；
- 当客房部提出某个团队的特殊住宿要求会让开支超出房价时，要评估是否应接受该团队预订；

- 当客房部正在服务一个团队的时候，要养成"帮一把"的习惯：要去支持他们，帮助他们清洁房间、折叠毛巾或规整大厅；挽起袖子，跟他们一起干，这样才能搭建起友好的桥梁；
- 如果客房部在接待一个团队时出了些问题，要直接去客房部查找真相，要知道，多数问题其实都是能在双方部门的共同努力下一一解决的；
- 要学会对客房部员工说"谢谢"，因为，正是他们成就了在会议策划人眼中了不起的销售员。

为了实现与销售部的合作，客房部工作人员应做到如下几点：

- 尊重销售部工作人员：没有他们招徕业务，饭店就会因客源不足，没钱给员工发工资了；
- 保持饭店一尘不染，让销售人员所承担的工作变得容易完成些：每天准备好对客展示房，并确保前台桌子旁边的圆环上挂着一串给销售人员准备好的客房钥匙；
- 当销售人员说需要调查了解某个团队时，应致电该团队之前所下榻饭店的客房部管理人员，获取相关信息，并及时和销售人员分享；
- 当销售人员说需要为某个团队提供特殊的住宿条件时，要积极帮着一起满足客人对饭店的期望，甚至超越客人的预期；
- 要养成"帮一把"的习惯去支持销售人员：帮着安排会议策划人参观客房部，要能自豪地展示作为饭店心脏区域的客房部是多么干净有序；
- 要请销售人员检查饭店：要敢发给他们白手套，请他们触摸物体表面，看是否有灰尘，并征求反馈意见，要敞开心扉，欢迎他们提建议；
- 让销售人员参与客房部的工作：使他们成为本部门的一分子，感谢他们带来业务，为客房部员工提供了工作机会。

房务纪事

请教盖尔——为销售部安排对客展示房

亲爱的盖尔：

我们的销售部快把我逼疯了。他们时不时让我为对客销售安排展示房。对此有没有容易处理的办法？

E.L.，旧金山市，加利福尼亚州

亲爱的E.L.：

一个好主意是每天早上第一件事就是布置好对客展示房。理想的做法是为销售部把每种房型都

（续）

准备一间房。打开灯、播放点轻松的音乐、摆上鲜花或绿植、配备好便利物品。并确保前台工作人员为这些房间准备好了一串钥匙或是磁卡钥匙牌，并标明"对客展示房"。要把这些房间留出来，以免办理登记入住手续时不小心给卖出去了。销售人员一到前台，签了字就可以快速取到钥匙，也不耽误工作。你们所做的提前准备工作，既可为对客销售帮上忙，还可以让你们自己也变得了不起。

资料来源：《房务纪事》，第3卷第1期第9页。

　　对饭店业主和总经理而言，明智的做法是要注意考察针对这些部门的奖励计划，因为这样做有助于确保他们的共同目标是创造顾客业务，为饭店创收。

　　有两件事对于饭店业而言毋庸置疑。一件事是无论销售人员带进来多少客人，如果客房部不能出色地履行职责，客人便不会再惠顾。第二件事是无论客房有多么干净，如果销售人员不带来潜在的客人，出租率就会下降。这两个部门的员工如果产生了嫌隙，那对谁都没好处。不管部门与部门之间差别如何，他们都必须明白，如果没有另一方的积极支持，谁都难生存[4]。

表1-3　客房部房态报告示例

行政管家报告 日期 _____, 20 ____						上午 下午	
房号	房态	房号	房态	房号	房态	房号	房态
101		126		151		176	
102		127		152		177	
103		128		153		178	
104		129		154		179	
105		130		155		180	
106		131		156		181	
107		132		157		182	
108		133		158		183	
120		145		170		195	
121		146		171		196	
122		147		172		197	
123		148		173		198	
124		149		174		199	
125		150		175		200	

*备注：

图例：　✔ - 出租房
　　　　000 - 待修房
　　　　—— - 空房
　　　　B - 外宿房
　　　　　　（行李仍在房间）
　　　　X - 已住房, 无行李
　　　　C.O. - 房间已住过人,
　　　　　　　但早上已已结账离店
　　　　E.A. - 提前入住

行政管家签名

客房部与前厅部

在房务部内，客房部的主要交流对象是前厅部，具体来说是前台。在多数饭店里，要求在客房部把房间清洁干净、查房完毕，并在房态系统中把这些房间释放为待租房之前，前台工作人员是不允许分配这些房间给客人的。一般来说，饭店客房不断循环租售的过程如下：

前台工作人员会在每天晚上制作一份客房出租报告，列出当日的已租房，并标明次日预期会退房的客人名单。行政管家第二天一大早会凭这张单子，安排已租房的清洁工作。当客人从饭店退房后，前台会把该已退房间的房态变化告知客房部。客房部便会确保优先清洁这些客房，好为即将抵店的客人提供干净房间。

在每个工作班次结束时，客房部会基于本部门对饭店每间客房实际检查的结果，做出一份客房部房态报告（表1-3）。显示每间房当前的房态。拿这个报告对比前台做的客房出租报告，任何房态有出入之处都需要立即汇报给前厅经理。所谓房态差异是指客房部对一个房间的房态描述，与前台分配客房所用的房态信息表上的情况不一致。房态差异会严重影响饭店让客人满意，以及实现最大限度的客房收益的能力。

为了保证有效做好为客人分配房间的工作，客房部和前厅部必须就房态变化问题及时与对方沟通。了解客房是属于已租房、待租房、打扫房、待修房，还是其他情况，这对管理好客房而言很重要。例如，如果客人在所宣称的离店日期之前就退房了，此时，前台就必须通知客房部，说明该间客房现无人住，已成为走房了。表1-4是对住宿业表述房态所用典型术语的定义说明。即使客人还在饭店，但该客房的房态在客房部的

表1-4 房态定义

> **已租房：** 已有一位客人目前登记入住了该房间。
>
> **免费房：** 该房间已租出，但入住的客人不用付费。
>
> **过夜房：** 客人今天不会结账退房，且至少还会再多住一晚。
>
> **打扫房：** 客人已离开，但该房间还尚未清洁，暂不能出租。
>
> **请勿打扰房：** 客人已要求不被打扰。
>
> **外宿房：** 该房间已有一位客人办理登记入住手续，但该客人未使用房间。
>
> **逃账房：** 客人已离店，但未办理结账手续。
>
> **休眠房：** 客人已结账离店，但是前厅工作人员未能及时更新该房间的房态。
>
> **待租房：** 房间已做完清洁和检查，已做好客人入住准备。
>
> **待修房：** 暂不能安排给客人入住的房间。待修房的形成原因很多：包括需要维护、重新装修，以及彻底清扫。
>
> **锁　房：** 房间被锁定，需待饭店职员验明身份后，客人方可重新进入。
>
> **未结账房：** 客人已有结账安排（故不能算逃账），但未通知前厅部就离店了。
>
> **即将离店房：** 在当天约定的退房时间之后预计将是空房的房间。
>
> **走　房：** 客人已结账，交回房间钥匙并离店。
>
> **延时离店房：** 客人要求延时退房并得到许可，可晚于饭店标准退房时间办理离店手续。

房态报告上还是会变化多次。但是，并非每位客人所住的房间每天都发生各种房态变化。

及时将客房部房态情况通知前台，对于办理提早到达客人的入住登记工作很有帮助。尤其是在高出租率或满员期间，这变得更加重要。为了做到适时更新房态信息，需要前台与客房部紧密协调与合作。追踪当前房态信息最常用的两种系统是手工操作的客房架房态控制系统和电脑操作的房态控制系统。

房务纪事

前厅部与客房部之间的联系至关紧要

尽管前厅部和客房部是饭店的两个不同部门，但它们却担负着共同的使命：吸引再次惠顾的客人。为此，这两个部门必须紧密协作来实现这个目标。

客房部与前厅部怎样才能实现良好的合作呢？获得佳绩的饭店或许能够回答这个问题，这就是建立卓越的联系程序。事实上，这两个部门会竭力采取各种各样的办法，努力使彼此之间得以结合。以下是其中一些窍门：

- 互换部门经理：这一点在副经理或主管层面很容易实现，但如果情况允许的话，也可互换行政管家和前厅经理；
- 把"派员工去对方部门工作一段时间"列在本部门的培训计划里：前厅部员工可以去清洁客房，去洗衣房工作或协助准备客房供应品；客房服务员可以去制作客房信息包，把资料放入信封，或去迎接汽车旅行团，这么做的目的是去亲自感受对方部门的工作和流程；
- 有效沟通：请记住，每通打去对方部门的电话都会让该员工放下手头的工作，会影响他们的工作进度；可设计出一套最便捷的口头或非言语的交流方式来传递必要信息；例如，在所有还使用客房人工结账系统的饭店里，前台员工可以在客人退房后，把房态显示卡片放在一边，客房部人员可随时来将他们取走，使其员工获知最新信息；
- 把两个部门视为一个团队：回顾大家向着共同目标所做的努力，提升客人满意度、降低开支和增加收入；将房务部看成一个整体，并同餐饮部或市场营销部展开友好竞争；
- 避免出问题时找别人推诿过错：如果客人入住了一间脏乱的房间，并且发生投诉，首先去确定系统的哪个环节出了问题，以及怎样解决问题，这要比忙于指责别人，要紧要得多；
- 与前厅部经理之间建立良好的工作关系：例如，在一个与双方部门都无关的项目上开展合作，可能会促成对彼此才华的互相尊重；
- 安排社交活动时间，拉近两个部门之间的距离，增进友谊：聚餐、举行保龄球比赛，或做慈善活动，这些方法简单易行，但能让彼此乐在一起。

日常交流

早上6点钟

前厅部向客房部提交下列相关信息：

　　每间客房的房态日报

　　预抵团队房间分配表

（续）

特殊要求（相邻房、折叠床），贵宾房 延时离店房 提早办理入住手续房	换房 退房后已离店客人 客房部向前厅部提交下列相关信息： 持续汇报待租房情况 对特殊需求的落实情况 更新的房态差异信息
上午 8 点钟 前厅部向客房部提交下列相关信息： 退房后已离店客人 特殊要求和贵宾房的更新信息 当日对客展示房安排	**结账离店时间** 客房部向前厅部提交下列相关信息： 预期走房的房态信息
上午 10 点钟 客房部向前厅部提交下列相关信息： 检查空房的结果 今日不予清洁的客房 需要维修的房间及其维修原因	**办理入住登记期间** 前厅部向客房部提交下列相关信息： 对特殊需求的更新信息 急需尽快准备的房
全天都会开展的信息交流活动 前厅部向客房部提交下列相关信息： 延时离开 延住	**一天结束时** 客房部向前厅部提交下列相关信息： 饭店客房房态完全更新

资料来源：《房务纪事》，第 2 卷第 5 期第 2 页。

    前台可使用客房架房态控制系统来跟踪所有客房的房态。客房架上的客房架卡片包含了客人姓名，以及其他在客人入住登记时通常会要求填写的相关信息。把这些客房架卡片放在客房架上与房号对应的卡槽里。房态显示卡片出现在几号房间下，就说明这间客房已出租。等客人办理退房离店手续后，应拿走对应的显示卡片，将房间状态改为"打扫房"。这种房态说明该房间需要由客房部清洁之后，才能重新投入使用，迎接即将抵店的客人。客房部在清洁完房间并检查完毕后，应通知前台把该房间的房态更新为"待租房"。

    跟踪房态信息，并对比客房部和前台各自掌握的房态信息，这些都是烦琐的事情，也常容易出错。例如，如果在一位客人已办完退房手续后，客房架上这间房的卡片还误留在卡槽里，那么，前台工作人员可能就误认为那间房还处于已出租状态。这也是一种房态差异情况，称为"休眠房"；客房架卡片还在卡槽里"休眠"，而本该把这间客房出租出去所带来的潜在收入却一去不复返了。

    客房部和前台之间的信息沟通延误亦会带来麻烦。使用电话口头沟通能够快速传递信息，但没有文档凭据。书面报告有记录信息的优点，但它必须人工来递送，时间耗费不少。

通常情况下，若使用计算机房态控制系统，客房部和前台都可获得房态的即时信息。当客人办理了退房离店手续后，前台服务员在计算机终端里录入此信息。瞬间，客房部可通过安置在本部门的计算机终端，获知该房间需要清洁的相关信息。接下来，客房部工作人员会清洁客房，完毕后通知本部门来检查。一旦客房通过检查，客房部就将此信息录入设在本部门的计算机终端里，随即，前厅部的计算机终端上就显示该客房可再次投入运营了。

虽然计算机房态控制系统内的房态信息几乎是实时更新的，但是汇报每个房间的状态的工作也有可能发生迟滞的情况。例如，客房部主管可能会一次检查好几间客房，但可能不会在一轮检查工作结束前就及时更新计算机上的房态资料。对于大型饭店来说，每检查完一间客房后就电话通知客房部，效率往往很低，因为接打电话就是一种频繁的工作干扰。另外，如果仅提供一份清洁并检查过的房间名单给客房部办公室，但没有立即把信息录入计算机房态控制系统，这也会造成信息迟滞。

如果前台的计算机房态控制系统能直接连接到客房电话系统的话，就可以避免在向前厅汇报房态过程中出错的情况出现。使用这样的网络，客房部主管可以检查客房，确定它们是否准备好再次投入运营，随后，在客房的电话中录入代码来改变计算机房态控制系统中相应房间的房态信息。这不需要有人接电话，因为计算机会自动传递信息，而且，错误率很低。仅需几秒钟，客房的房态更新状态就会显示在前台计算机终端的屏幕上。这一操作程序不仅能显著减少被迫等待客房分配的客人人数，而且还能够缩短他们的等待时间。

客房部和前厅部的团队合作对于饭店日常经营而言，必不可少。客房部和前厅人员之间，越熟悉彼此的工作流程，关系也就越和谐。

房务纪事

客房维护是不是客房部的责任

一个好的客房部管理人员对饭店维护所承担的责任同工程部经理是一样的。在理想环境中，客房部员工和管理人员应该是工程部的"眼睛"和"耳朵"。如果已破损物品的信息没有上报，就无法有人来修理。恰当的维护将使得清洁状态变得更易保持，并会减少客人的投诉。以下策略能够使客房部员工帮上工程部的忙，为饭店维护一起出力。

与工程部合作

一个成功的维护项目需要团队合作，并且，得其他部门紧密协作。例如前台和工程部。客房部和其他部门有责任向工程部汇报维修问题。工程部必须熟悉汇报程序，能够及时完成工作指令，同时，还应让其员工有能力完成未完成的工作。前台必须清楚掌握即将开展维护的那些客房的情况，不能让

（续）

这些客房列入可租售之列。与其相邻近的客房也应尽可能留出来，好方便提高维修人员的工作效率，也能排除任何可能给邻近客房的客人所带来的潜在干扰（如：噪声、油漆味、残骸和路障垃圾）。淡季时，可将整个楼层都设置成待修楼层，然后，开展维修工作，进行深度清洁，并减少能量损耗。

所有员工都可填写的工作单

要方便员工上报维修事项。当然，经理无法分身各处。因此，鼓励员工善于发现需要维护的设备，并及时上报是十分重要的。要确保所有员工能轻松完成维修工作单，要培训员工填写工作单，然后把表发给或交存到工程部人员那里，使及时上报更便捷。

制定未完成工作清单

客房区经理应该有一份包含饭店里用于特殊项目的全部房间的精准名单，最好能将关键信息录入未完成工作清单电子表格里。例如，这份电子表格的抬头应该包含项目名称，抬头下分栏，每栏分别写上房号、客房类型、开始工作日期，还有一栏要写上已完成的工作和管理人员所做的检查。未完成工作清单会有助于跟踪项目进程，亦有助于跟进需要留意的客房。

评估客房部员工

客房部员工基本上会在饭店各个区域工作。为了及时上报需要维修和护理的物件，他们必须及时向工程部汇报。同样地，由于工程部员工或客房部管理人员不可能随时出现在有需要的地方，因此，客房部所有员工通过履行工程部"耳目"的职能，参与到维护项目中就显得十分重要。要让客房部员工明白，如果某件物品被毁坏或损毁，他们应立即上报信息说明该物品需要修理。为了支持这一理念，客房部管理人员必须要让员工负起责任，要履行好他们在上报过程中应尽的职责。为了做到这一点，可以用检查客房、组织业务提升竞赛，以及在客房部每日早会做简报等方法。要向员工反复强调：维护工作非常重要。

对已上报项目的证明

对于客房部经理来说，记录好已经下发的工作指令非常重要，最好是使用计算机制作的电子表格。记录维修请求将会协助工程部经理使他的员工能完成未完成工作，并且，也可出示给客房部员工看，让他们知道他们所上报的维护请求正在认真受理中。跟进过程应该实现计算机化，而且，还要按照日期、房号、请求类型和优先级别来进行分类。

另一个选择是建立维修跟踪展板。将工作指令表复印一式 3 份，用来上报维修问题。3 份复印件要分别留给上报部门、工程部和承担维修任务的工程师。一旦工作做完了，工程部的复印件应交回上报部门。准备一个带挂钩或钉子的展板来存放工作单，这样就能井井有条。以下是一份样表示例：

客房部管理人员应该同工程部经理一起在每周随机抽查几个已完成的工作单，确保这些工作真的完成了。

优先处理	1	2	3	已完成
楼层				
饭店后台区域				
1				
2				
3				
4				
5				

资料来源：作者是詹姆士·菲尔德，《房务纪事》，第 12 卷第 2 期第 4～5 页。

客房部与工程维修部

在多数非住宿型商务楼宇中，客房部和工程维修人员通常向同一个部门经理负责。这很有道理，因为这些功能区域的工作目标和工作方式类似，必须形成紧密的工作关系。但是，在多数中型或大型的住宿设施里，客房部员工对房务总监负责，而工程维修部则独立成为一个部门。不同的垂直领导责任制可能成为饭店这两个重要支持中心之间的一道屏障。

令人遗憾的是，这些支持中心貌似长期以来都存在着一种近乎敌对的关系。例如，客房部员工有时非常不愿意在各种维修工作结束后去清洁客房，而工程维修部人员可能会因为客房部人员误用清洁剂及设备导致的他们工作量的无端增加而感到恼火。为了保证这两个部门的工作能顺利开展，客房部和工程维修部经理需要格外留意，并全力改善双方关系。

维护保养类型

通常情况下，客房部会开展一些最起码的养护工作，而维护工作最终得由工程维修部负责。维护保养工作总共可分为 3 种类型：例行维护、预防性维护和定期维护。

例行维护活动是指与饭店一般性保养相关的活动，多为每日或每周定期进行，对相关员工在培训和技能方面的要求相对较少。这些维护活动不必开维修工作单，也无须做具体的关于所花时间或材料等信息的维护记录，如清扫地毯、清洁地板、清洁能够得到的玻璃、剪草、打扫客房、铲雪以及替换烧坏的灯泡。这类例行维护工作多是由客房部员工来负责。饭店对家具与固定装置开展全面维护的首要步骤是要让客房部员工对这些设施设备以及为数众多的外立面进行妥善养护。

预防性维护包括 3 部分：检查、轻微维修和开具维修工作单。饭店内很多区域的检查都由客房部人员来做，这也是他们的日常工作。例如，客房服务员和检查员会定期查看客房的水龙头是否漏水，查看浴室固定装置四周的堵缝材料是否破裂，以及其他可能要求工程与维修部处理的事项。处理好水龙头是否漏水，以及水池和浴盆周围的堵缝材料是否破裂，这些工作能够预防更严重的问题产生，例如，不会引起天花板或楼下房间的浴室墙面受损，从而有助于控制用于维护的开支。这种维护措施既保护了饭店的硬件投资，也提升了客人满意度。客房部和工程与维修部之间应该保持有效的沟通，这样客房服务员在清洁客房时就能处理很多轻微维修工作。有些饭店专门设一名全职维修人员检查客房，以及做一些必要的维修、调整和替换物品的工作。

预防性维护的实质就是识别超出轻微维修范围的维护事项和维护需求。这些问

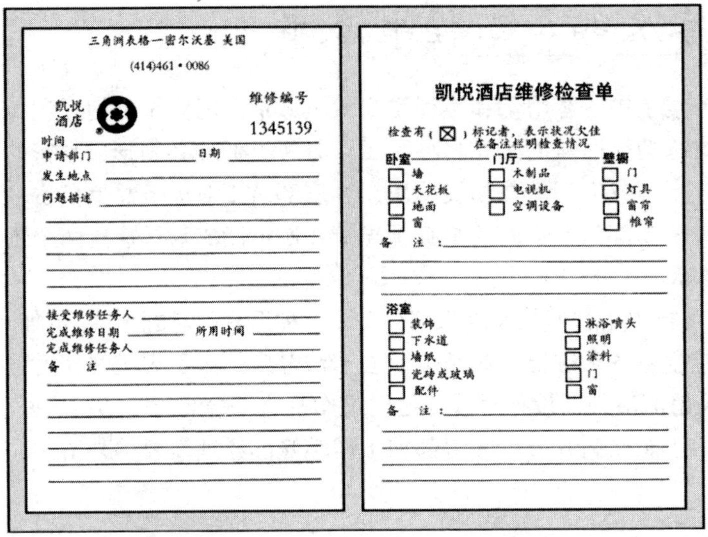

图 1-3 维修工作单样图

资料来源：由伊利诺伊州芝加哥市凯悦公司惠允使用。

表 1-5 设备历史记录示例

维修记录

日期	维修单号	维修情况记载	停工时	工时	材料费

标牌号	记载	周管控 1 2 3 4	月度检查管控 1月 2月 3月 4月 5月 6月 7月 8月 9月 10月 11月 12月

重开工作单号 EDPO1

VISIBLE RECORDS CROZET VIRGINIA

美国印制

资料来源：由美国咨询管理工程师协会现有档案惠允使用。

题要通过开维修单的方式来提请维修部处理。然后，总工程师会安排时间开展必要的维护，这类工作通常称为定期维护。

定期维护活动需要凭正式的维修单或类似的表单来开展。维修单是客房部和工程维修部进行沟通的主要依据。图 1-3 是一份维修单示例。很多饭店都使用三联式编号维修单，每联都有不同的颜色标记，以方便接收者查阅。

例如，当客房部员工开具维修单后，一份上交给行政管家，另两份会送给工程与维修部。总工程师拿到其中一份工作单，并把另一份给安排去修理的维修人员。维修人员接到任务后，会列明要完成该项维修任务所需要的工时、零部件或用品，以及其他相关信息。维修人员完成工作后，会把自己拿的那份维修单上交给行政管家。如果该单据没能在既定的时间内上交给行政管家，客房部就会发出另一份维修单，还会要求工程与维修部提供一份该维修工程的进展报告。

工程与维修部一般会存有客房部使用的所有设备数据卡片和设备历史记录。设备数据卡片上记载了与每个设备相关的基本信息。这些信息包括技术参数、制造商信息、物件成本、特殊使用说明、保修信息，还有其他参考信息（如说明书和图纸的存储位置）。设备历史记录（表 1-5）是某个特定设备的维修情况的记录。它可能是单独的卡片，或者可能是设备资料卡片内容的一个组成部分，其目的是提供某个设备的完整维修记录。很多饭店已开始使用计算机来制作这些记录。当需要更换或购买新设备时，行政管家再来检索该设备的相关信息，就变得容易多了。

团队合作

团队合作是饭店成功运营的关键。客房部不仅要和饭店前台及工程部密切合作，和饭店其他各部门合作也应同样如此。在饭店工作中，尽管团队合作的理念应由总经理来负责贯彻实现，但每个部门和员工同样都能为之奉献一己之力。

房务 纪事

客房部和工程部联手节能

无论是大型饭店还是中小型饭店，最新的趋势之一是由一个管理者同时负责掌控工程部和客房部。有时这个管理人员的头衔是饭店物业主任，有时是服务主任。在饭店业中，众所周知，客房部和工程部对如何节能和如何实施预防性维护的问题，有时会出现不同的意见。如能实现客房维修工作快速开展，则可有助于让这两个部门良好协作，从而显著地提高员工的工作效率和服务质量。

预防性维护计划

显然，客房部服务人员几乎每天都要进入各种客房工作，但工程部工作人员一年能有两次进入各种客房就已经算很多了。这意味着客房部的人要比工程部的人更快发现需要维修的问题。如果能让客房部和工程部隶属于同一个部门负责人，则可以让客房部服务人员更有效率地上报潜在的与维修相关的客人投诉。水龙头漏水了、灯丝烧坏了、浴缸发霉了、毛巾杆断裂了，诸如此类情况如果不及时上报维修的话，可能几个月都会没人管，这会直接影响饭店的能源消耗和客人体验。

就像意大利特浓咖啡公司所用的系统那样，预防性维护（简称 PM）计划所要涉及的工作可用索引卡系统，甚至计算机化系统来统筹。如果安排执行妥当，客房部和工程部也能合作良好，预防性维护计划就会非常有效。这正是只用一个人来管两个部门最显奇效之处。两个部门不再为潜在的问题相互推诿，而是由这一个负责人全权负责。

客房部和工程部事实上掌控着一家饭店大约 90% 的能源消耗。能源和水的利用率直接体现了这两个部门的运作水平如何，以及饭店对各部分的维护水平如何。

工程部依照预防性维护理念开展工作，需要用到饭店物品清单，单上要注明各物品的维护周期。客房部要找出目前与客房维护相关的问题，结合当前的和预测到的维护需要来开展工作，客房内所有物品的状态都会得到显著改善，对这些改善，客人也能察觉到。

（续）

　　无论什么类型的预防性维护计划，都必须让客房部和工程部都参与进来。客房部服务人员要能快速简捷地使用预防性维护工作单。如果马桶漏水，客房部服务人员应立即上报维修。为了解决语言障碍问题，饭店应开发出简单的维修问题数字代码清单，例如，"淋浴喷头漏水"的代码为6。另有一种技术含量更高的方法是通过计算机软件，让客房部服务人员可从该客房的座机电话拨打指定的电话分机，输入代码进行报修，随后，计算机再以最快的速度自动将工作单传递给工程部工作人员。

　　预防性维护计划也应让客人参与进来。整个程序应该是这样的：客人可打电话给接线员，或打给某一特定的电话分机，并通报故障问题，该问题会立即进入预防性维护系统，并确保会在30分钟内修复正常。不难发现，在保持饭店服务质量和节能工作方面，客房部和工程部的很多职责是很一致的。

节能

　　工程部和客房部通过贯彻程序要求，牢牢控制着整个饭店的能源消耗量。工程部负责向客房提供适当的水温，而客房部要确保水到客房后没有漏掉，也没有以其他方式浪费掉。对饭店来说，他们这种服务合作进一步佐证了一个负责人管这两个部门的构想是可行的。

　　因饭店的不同类型而异，客房区域消耗的能源占整个饭店能耗总量的50%～80%。客房部和工程部对该区域的能源消耗负有直接责任。客房部管理者应制定出严格的工作流程，让客房部服务人员能在开展其他工作的同时，还要负责恰当地控制客房能耗。

　　例如，在清洁房间的时候，客房部服务人员不应将空调挡位调到最高位；在清洁完客房后，应将自动调温器设置为合适的温度。客房部或工程部管理人员有责任在每天或每周告知客房部服务人员该如何设置客房内的自动调温器。在饭店中，能源浪费是棘手的难题。巡查客房时总会发现：客房没人住时，自动调温器竟设置为"最制冷"或者"最制热"状态。

　　要想解决这个问题，可使用天气情况告示板。告示板需要放置在客房部服务人员每天早晨领客房服务车、客房钥匙或分房名单的地方，用于告知当天该如何设置自动调温器的挡位。

　　显而易见，客房服务员可采取很多其他的方式来帮助饭店节省大量的能源，并提高客房的舒适度。例如，清洁完客房后，遮光窗帘应该保持在1.8米左右的宽度，这既能让房间有自然光线照进来，还能节省从窗户区域损失的热能。在清洁浴室的时候，客房部服务人员不能让水龙头一直开着不管；在清扫房间时，让电视开着不管也是很糟糕的做法。这些都会影响到能源消耗，以及客房部服务人员的工作效率。

协作等于更好地管控

　　从全球的角度来看，客房部和工程部具有一样的与工作职责相关的使命宣言，即尽可能有效地维护好饭店的资产，在不影响客人舒适度的情况下尽可能地节约水电。要想做到这些，必须有正式的预防性维护系统和专门制定的操作规程。其中，尤为重要的是与照明系统、自动调温器和其他基础部件相关的标准化操作规程。这两个部门之间的协作程度如何，能让客人一踏进饭店客房区域就可注意得到。也会让总经理更直观地看到这两个部门的工作表现。

资料来源：作者是菲尔·斯普拉格，《房务纪事》，第12卷第6期第12～13页。

尾注:

① As it is used in this chapter, "hotel" is a generic term for all types of lodging operations, including luxury hotels, motels, motor inns, and inns.

② These statistics are published in the "2007 Lodging Industry Profile," a report prepared each year by the Communications Department of the American Hotel & Lodging Association.

③ "What's Hiding in Your Hotel Room?" Jan. 15, 2006, ABC News Report, abcnews.go.com.

④ This section was adapted from The Room Chronicle, Volume 4, Number 5, p.5.

主 要 术 语

饭店后台区域 （back of the house）： 饭店的一种功能区域。在该功能区域里，员工很少或不与客人接触，例如，工程与维修部。

经济型饭店 （economy hotel）： 能为客人提供清洁、舒适和价格实惠的客房，并侧重于满足客人最基本需求的饭店建筑。

饭店前台区域（front of the house）： 饭店的一种功能区域。在该功能区域里，员工与客人有大量接触，例如，餐饮部各营业点，以及前厅部。

客房部房态报告（housekeeping status report）： 客房部基于客房实地检查结果所做出的反映每间客房当前房态的报告。

豪华型饭店 （luxury hotel）： 提供世界级服务、高档餐厅和休息大厅、精致的装修、礼宾服务和豪华会议设施的饭店建筑。

中档型服务（mid-market service）： 适度但足够满足客人需要的服务，能吸引大部分游客。中档型饭店可以提供大厅服务、机场接送服务、客房送餐服务、特色餐厅、咖啡馆和休息室，以及为某些客人提供特惠折扣。

出租率报告（occupancy report）： 每天晚上由前台工作人员所制作完成的报告。该报告会列出当日的已租房，并标明次日预期会退房的客人名单。

组织机构图（organization chart）： 显示某个组织机构内职务岗位之间关系的图示，其表明每个职位在整个组织机构中的位置，并说明各个部门的职责及其直线领导关系。

预防性维护（preventive maintenance）： 一种系统的维护方法，会定期了解物业状况并加以修缮，以保持在正常水平，能控制成本，避免发生更大的问题。

收入中心（revenue center）： 向客人销售产品或服务的运营部门，并由此给饭店带来收益。前厅、餐饮部各营业点、送餐服务和零售商店都是典型的收入中心。

客房架（room rack）： 一排金属格架，专门用来按房号放置客房架卡片。客房架汇总显示了饭店内所有客房的当前房态。

房态差异（room status discrepancy）：客房部的房态描述不同于前台房态信息时的一种情形。

例行维护（routine maintenance）： 定期进行的（每日或每周一次）与饭店一般性保养相关的活动，对培训或技能方面的要求相对最低。

定期维护（scheduled maintenance）： 与饭店保养相关的活动，需通过开立正式的工作单或类似单据来推进。

支持中心（support center）： 虽不直接带来收益，但能支持饭店收入中心的运营部门，支持中心包括客房部、财务部、工程与维修部以及人力资源部。

开夜床服务（turndown service）： 由客房部提供的一种特殊服务，客房服务员在傍晚时分进入客房，补充客用供应品，整理房间，并将床罩掀开。

世界级服务 （world-class service）： 强调给予客人个性化关注的服务级别。提供世界级服务的饭店会配有高档餐厅和休息大厅、精致的装修、礼宾服务、奢华的客房，以及丰富的便利设施及物品。

复习题

1. 列出3个基本的以服务水平划分的饭店类型。每类饭店的典型特征有哪些？
2. 绘制组织机构图的目的是什么？
3. 收入中心和支持中心的区别是什么？饭店哪些部门分属于这两类中心？
4. 名词术语 "饭店前台区域"和"饭店后台区域"分别指什么？哪些功能区域可以归在这两类区域中？
5. 大型饭店一般有哪些主要部门？
6. 客房部为饭店的销售能做出何种重要贡献？以何种方式？
7. 为什么说前厅部和客房部的双向交流很有必要？
8. 前台和客房部用何种方法追踪房态？
9. 比较3种饭店的维护活动。
10. 理想状态下，客房部和维修部之间应保持什么关系？在一些饭店里，这两个部门实际关系又如何？

网址：

若想获得更多信息，可访问下列网址。网址变更恕不通知。若你所访问的网址不存在，可使用搜索引擎查找新网址。

基本的求职网站（对职业生涯、工作搜索、简历、面试技巧及其他问题给出建议）

1. monster.com: www.careerbuilder.com

求职者可获得的酒店、旅游业岗位

1. Foodservice.com:www.foodservice.com/employment
2. H Careers: www.hcareers.com

3. Hotel Job Resource: www.hoteljobresource.com

4. Hospitality Jobs Online: www.hospitalityonline.com

5. Hospitality Resource Network: www.hospitalityresourcenetwork.com

　　Hotel Travel Jobs.com: www.hoteltraveljobs.com

某具体组织中的空缺职位

许多大型酒店及旅游企业会在其网站页面上发布就业或人才招聘信息。请参见以下内容:

1. 最佳西方国际: www.bestwestem.com

2. 费尔蒙酒店及度假村: www.fairmont.com

3. 精选酒店国际: www.choicehotels.com

4. 逸林酒店 - 希尔顿酒店: doubletreel.hilton.com/en_US/dt/index.do

5. 凯悦酒店及度假村: www.hyatt.com

6. 万豪酒店、度假村及套房: www.marriott.com

7. 丽笙环球酒店: www.radisson.com

8. 喜来登酒店及度假村: www.starwoodhotels.com/sheraton/index.html

9. 迪士尼世界度假村: disneyworld.disney. go.com/wdw/index?bhcp=1

案 例 分 析

忙乱服务使贵宾无所适从——ABC 饭店因何"玩砸"了

星期一　**[上午 10:00]**

　　星期一上午 8 点的销售会议比以往的多数会议更冗长无趣。销售员萨拉小姐在回办公室的路上边走边想。她给自己倒了杯咖啡,然后坐在计算机前开始写备忘录。那天上午,销售部主任一再强调她老生常谈的话题: "销售的秘诀就是: 不能'玩砸'了!"她说得没错,萨拉一边打字一边沉思,在一个拥有 600 间客房的饭店,很容易就会在某个环节上"玩砸"了。鉴于上午这个会议, 她想, 或许给前厅经理雷·史密斯就比巴克斯①先生一事发个备忘录应是明智之举。比巴克斯先生是一家国际大公司 XYZ 的董事。 如果能够说服比巴克斯先生把他的一些团队会议或其他生意安排在自己饭店的话,在未来两年内可能会给饭店带来至少 50 万美元的客房预订额。他原定今天下午 1: 30 到达饭店,萨拉希望对他的接待能无可挑剔。

亲爱的雷:

　　仅想提醒一下,XYZ 公司的比巴克斯先生将于今天下午 1: 30 抵达饭店,下榻一晚。请务必让他享受全套贵宾待遇。此前, 我已多次与他通话, 并将于下月与他会晤, 商谈有关他给我们饭店带来预订业务的意向。但我这次无法与他接洽,因为我今天上午得飞往达拉斯。

　　别担心, 我已经填写了贵宾接待表, 现在应该人手一份了!

您真诚的萨拉

---

①译者注: 案例中客人名的原文是 Bigbucks, 隐含意思是有钱人, 暗喻这家饭店没有让贵宾满意、没抓住大客户。

【上午 10:30】

为了再次确认雷已认识到比巴克斯先生的重要性，萨拉走到前厅，想亲自把备忘录交给他，但是雷恰好不在。好吧，他可能很快就回来了，她这样想。她将备忘录放在雷的座椅上，这样，他返回后，就能一眼注意到了。

【上午 11:10】

雷终于从上午由总经理召开的会议上溜出来了几分钟，他径直走向办公桌处理邮件。他看了萨拉的备忘录，并决定在返回会议室的路上，把它拿到前台。

【上午 11: 20】

前台的埃弗特努力表现得冷静和友好，尽管此刻大厅里人群混乱。他仅仅是个才工作 3 个星期的前台员工，每当团队的汽车在饭店门口停下时，他仍然会紧张。那天上午有两个团要办理入住登记，一个是美国诗人协会，一个是平板玻璃制造商团体。而当天下午，美国医药协也将会抵达，并举行一个为期 4 天的地区会议。埃弗特甚至都没注意到雷，直到雷轻拍了他的肩膀，"务必让客房部知道这事。"雷说道，同时把萨拉的备忘录放在埃弗特的计算机键盘旁。埃弗特半转过身点点头，同时手里继续为客人办理入住手续。

【上午 11:45】

埃弗特利用间歇时间阅读了雷留下的东西。他迅速拿起对讲机呼叫行政管家盖尔。"您好，盖尔。我是前台的埃弗特。我们有一位贵宾比巴克斯先生，会在下午 1: 30 抵达饭店。在你们对816 房间作为贵宾房处理好之前，我把 816 房的房态改为'待修房'，您看行吗？谢谢。"

【上午 11:50】

为什么总是我在饭店另一头时，就接到这样的电话？盖尔一边赶往员工餐厅一边这样想。为什么每次都是在我的员工正在吃饭或休息的时候打来电话提要求？她让玛丽和特丽莎这两个部门最好的客房服务员停下她们的午餐，并跟她去 816 房间。当她们 3 人去布草间取干净的床单和毯子时，她打电话给工程与维修部的主任罗杰，叫他派些人去 816 房。然后，她又打电话给厨房的乔治。"乔治，我是盖尔。给816 房间的东西准备好了吗？"乔治说他刚准备好，马上叫人送去。

【下午 1:20】

盖尔站在门道里，最后一次把挑剔的目光径直投向 816 房间。这时的安静有序与之前一个半小时的嘈杂忙乱形成鲜明对比。一小队精锐人员来到这间套房，从头到尾忙活一番，将客房从只是"优秀"变成了"完美"。饭店总经理汤姆森先生曾不止一次地跟盖尔说过，"你的工作就是让客人们看到贵宾客房时，发出'哇'的惊叹。当他们第一次推开房门时，我想让他们想到的唯一的词就是'哇'！"

盖尔在她脑海中回忆了一遍能让客人惊叹的要点清单。干净的床单枕套、毯子和床罩，都被升级成刚熨过的床单枕套、新毯子和新床罩。玛丽拿小笤帚清扫地毯边缘，不留一点灰尘。她们把家具拉开，用吸尘器清扫下面的地毯，又给椅子和椅垫吸尘。还除掉了地毯上的污渍。彻底清洁了所有卧室和浴室的抽屉，确保没有隐藏的灰尘或头发。卸下旧窗帘，换上刚刚洗过的窗帘。克里斯·琼斯从工程维修部赶过来，他检查了客房所有的机械设备。当他检查浴室时，他发现马桶坐垫上有一点锈迹。特丽莎擦不掉它，于是克里斯就出去找了个新的换上。房间里的任何木质家具无一不被擦得发亮。下午 1 点左右，杰西从餐厅带来了饭店的铂金便利物品套装：大约 0.6 米高的藤椅模型上摆放着干酪、薄饼干、一瓶葡萄酒、水果、坚果，以及由饭店厨师制作点缀着很多硬糖果的长棍面包。再加上凸印着比巴克斯先生的名字首字母缩写的个性化火柴盒，还有一瓶新鲜插花，以及由总经理汤姆森先生亲自书写的金边便签。闪闪发光的马桶坐垫 10 分钟前才刚刚装好。

盖尔注视着地毯上未触动过的鱼骨形图案，这是特丽莎刚用吸尘器吸完尘留下的。应该没落下什么了。"816 房间准备就绪"，她打电话给前台，然后走出房间，心想着看能不能吃几口午饭。

【下午 4:35】

比巴克斯先生抵达了饭店。长途飞行，再加上又和其他的 4 个人一起打车到饭店，他看上去衣衫有点凌乱。饭店大厅挤满了药剂师和晚到的诗人，他们正在会议报到处前挤着办理登记入住手续。他沿着通往前台的方向，找了个无人的地方待着，一直等前台工作人员从为团队办理入住手续中抽身出来接待他。

"下午好，欢迎来到 ABC 饭店。我是琼。有什么可以为您效劳的吗？"

"你好！我是比巴克斯，我预订了今晚的房间。"

"请让我查一下。"她迅速敲击计算机键盘，"是的，您将停留一晚。您需要帮忙搬行李吗？"

"不了，我只有个小包。"

琼办完了入住手续，微笑着，并记得始终与客人保持频繁的目光接触，并把 616 房间的钥匙包交给了比巴克斯先生。

【下午 4:40】

当比巴克斯先生打开 616 房间门时，他只是有点失望，发现房间里并没有什么惊喜。房间一尘不染，刚刚收拾过。但在多数饭店，他都能看到鲜花、巧克力、或许还有欢迎卡片。但这里什么都没有。或许是因为我只待一个晚上吧，他这样想着，虽然他并不明白，缺了那些东西会有什么差别。他的航班晚点，所以他比预期的抵店时间晚了很多。在他前往 XYZ 公司总裁家用晚餐前，只剩下一点时间打开行李箱，胡乱冲个澡了。

【下午 5:15】

来自奥马哈市的牙医勒基博士，两手各拎着一只手提箱朝前台走去。他来当地开一个为期 3 天的会议，地点是饭店附近的市会议中心。"请给我来个套房。"他说。在前台工作人员检索计算机系统时，勒基博士放下他的行李。"我们 8 楼有间套房空着。"行李员开始把勒基博士的行李往行李车上搬，但被勒基博士阻止住了。他这次出差想尽量省点钱。他拿到了房间钥匙，坐电梯到达 8 楼，按指示箭头所示找到了 816 房。他放下箱子，摸索了一阵门上的电子锁，然后推门进房。他弯腰去拿手提箱。当他看见这间套房时，慢慢直起身，忘记了身边的行李。"哇！"他不由发自内心地感叹出来。

［下午 5:35］

勒基博士迟疑了一下，踏上完美整饰过的地毯，走进套房。停下来打量眼前的一切：闪闪发光的桌面、芬芳的鲜花、柳条篮（那是一把小椅子吗）。他定下神来，然后，把箱子拿进来，关上门，开了酒。他一般不住像 ABC 这么高档的饭店，但他这次打算稍微挥霍一点。我以后得经常住这样的饭店，他想，我都不知道普通客人能在这样奢华的饭店得到这么好的待遇。他开心地大口吃着干酪和薄饼干，好奇地看着糖果，他还从没见过这样的糖果，就在这时，他注意到梳妆台上有一张字条：

亲爱的比巴克斯先生：

我们衷心希望您在 ABC 饭店入住愉快。如果有什么我们能做到让您住得更加愉悦的事的话，请务必告知我们。

饭店总经理 吉姆·汤姆森

勒基博士嚼到一半又停了下来。哦，不，他想，我已经把篮子里一半的食物都吃下去了，要不要额外付钱呢？

［下午 5:40］

比巴克斯先生走进电梯，按了去饭店大堂的按钮。电梯下到 3 层时停了下来，走进来的是饭店的销售主任。两人在电梯内没说话。到了大厅，他们一起出了电梯，各自朝相反方向离开了。

［下午 6:00］

勒基博士换上了休闲一些的衣服，打算晚上就去找找去会议中心的路，再在饭店周围逛逛，看看这个城市。他做了个轻松的决定，想等到第二天一早再打电话给前台，把事情搞清楚。

星期二 ［上午 8:00］

勒基博士下楼到饭店餐厅用早餐。他打算在去会议中心之前回趟房间，于是他决定随后再打给前台，询问酒和鲜花是否给错了人。在餐厅，他碰到认识的一位牙医。他们一起用了餐，又一同打车直接去了会议中心。勒基博士暗自思量，回去的时候再去前台把事弄明白。

［早上 8:30］

比巴克斯先生拿起他的行李，走出 616 房间，拉上门。昨晚他一宿没睡好。他满心希望总部的全天会议能够早点结束，这样他就能换掉 7 点的返程航班早一点回家了。前台工作人员显得格外友好、高效。在走出饭店去打车的途中，比巴克斯先生与雷·史密斯擦身而过，雷正急急忙忙赶路；他和总经理有另外一个会议，要讨论怎样提高服务质量。

讨论题

1. ABC 饭店出了什么错？

2. 如果饭店在比巴克斯先生离店前发现差错，该如何挽回？现在，他已经离店了，又该如何挽回？

3. 饭店应制定怎样的工作程序，以避免今后这类差错再次发生？

　　下列业界专家帮助制定和开发了这些案例：

　　密苏里州圣路易斯市的注册饭店业行政管家盖尔·爱德华兹，明尼苏达州埃迪纳地区的玛丽·弗里德曼，以及明尼苏达州加菲尔德市的注册饭店业高级职业经理人、《房务纪事》杂志创始人阿莱塔·尼奇克。

第2章

概　要

可持续发展与绿色环保理念
善护地球与迈向绿色环保

绿色团队

认证项目

客房部在绿色饭店中的作用
沟通

培训

采购

节约用水
布草再利用计划

客房

洗衣房

公共卫生间

能源效率
能源管理

照明

废弃物管理
再减少

再循环

再利用

室内空气质量
室内空气质量计划

防霉变

化学清洁剂

学习目标

1. 解释饭店业采取环境友好政策的重要性，并列举能有助于帮饭店成为环境好管家的"绿色"战略和组织。

2. 描述客房部在"绿色"饭店中所发挥的作用。

3. 列举能帮饭店业节约用水的方法。

4. 解释饭店业可采取的能提升能源利用效率的举措。

5. 列举废弃物管理计划的3个主要组成部分。

6. 描述室内空气质量的重要性，以及该如何保障它。

7. 解释行政管家应如何安全管理化学清洁剂。

2

环境与能源管理

PSA 能源顾问公司是一家能源咨询和饭店工程审计公司，位于明尼苏达州蒙德市。该公司董事长菲尔·斯普拉格负责撰写了本章的主要内容。

在对行政管家及饭店其他经理们的发展要求方面，给人印象最深刻的改变之一就是他们越来越需要了解能源管理、可持续性以及与环境相关的政策和程序。当今的饭店管理者必须要明白自己所肩负的职责，要确保本饭店能明智地使用资源，要防止浪费，并要为营造可安全居住的环境一起努力。

为什么近年来饭店开始如此关注"迈向绿色环保"的呼吁呢？《接待住宿业》一书中讲道，环境友好政策有利于形成一套在经济、环境和社会方面的三重底线[①]。实施环保友好政策可提升饭店的经济健康发展水平。数字最有说服力，不容忽视。践行绿色政策的饭店已减少了数百万美元的成本开支，它们所取得的经济收益包括：

- 节约能源费用；
- 减少废弃物排放，并降低处理成本；
- 荣获政府奖励；
- 降低劳动力成本；
- 减少员工缺勤现象；
- 提高劳动生产率。

环境效益主要体现在能节约有限的资源。饭店业厉行节水、节能，再减少废弃物排放，以及空气净化，这都能有助于使当今世界变得更加适合人们健康地居住。减少污染，并致力于自然栖息地保护，能让未来世界具备可持续性的环境，这也确保了饭店业的长期成功。

社会效益同样很可观。饭店制定健全的环境友好管理政策，积极践行并宣传环保理念，能吸引客人，并引起环保团体的关注。对客人而言，环境友好政策的实行也使饭店变得更加舒适和健康。《南方饭店业》杂志曾指出：以下措施可帮助饭店从环境友好理念中获得社会效益：

- 树立社区自豪感；
- 增强员工士气和健康状况；
- 提升本饭店形象；
- 强化本饭店在业内的竞争优势；
- 促使本饭店成为环保领袖；
- 帮助本饭店与客人、供应商及合作伙伴之间建立更深层次的信任关系①。

为了探讨行政管家及客房部在饭店实施环境政策方面所能发挥的作用，本章将审视可持续性创新行为、绿色环保理念以及客房部在绿色饭店中所扮演的角色，详述节水、提升能源效率、减少废弃物排放、净化空气以及安全使用化学清洁剂的具体举措。

可持续发展与绿色环保理念

饭店业被美国国家环境保护局嘉奖为环保主义先锋。饭店业组织一直秉持可持续性理念，认为做生意不应该索取大于给予，不应该为眼前利益牺牲明天。表2-1中讲述的就是从众多致力于可持续性发展的饭店企业中撷取的部分成功案例。

表2-1 可持续性成功案例

绿色饭店协会和"能源之星"通报了若干饭店和组织在致力于帮助环境改善方面取得实效的成功尝试：

- 加拿大阿尔伯塔的一家住宿企业用太阳能和风力发电满足了其50%～90%的电力需求，用太阳能和木材满足了其90%～100%的热能需求，并因此减少了90%的矿物燃料使用。
- 美国大峡谷国家公园内住宿机构每年堆肥超过600立方米；在运输、清洁及食品服务方面使用无毒化学品；并鼓励供应商剔除对环境有害的产品。
- 哥伦布饭店集团通过装修改造来提升能源效率，每年减少3万美元的能源费用和维护费用。具体做法包括：升级所有的照明灯具，安装高效空调机组和水泵，为办公室和客房的照明灯具及暖通空调安装感应器，安装节水淋浴喷头、马桶和水槽，并在客房安装节能电视、录像机、传真机和复印机；据"能源之星"估计，这些能帮该饭店节约相当多的成本，使其平均日收益增加3.25美元。
- 万豪酒店集团通过开发楼宇审计监察系统，来提升能源管理系统和流程，此举让全公司每年节省450万美元。
- 桑德斯饭店集团在20世纪80年代就率先开展生态旅游，并承担环保义务。现在集团上下所有员工都参与节能活动；公司最新的可持续性举措包括为饭店客房和办公室采购新的节能设备，在所属的饭店建筑内应用能源管理系统、感应器、荧光节能灯、热力泵以及臭氧洗衣系统。
- 位于博尼塔温泉区的凯悦丽晶椰点度假村及水疗中心在2006年成为佛罗里达州首家通过该州双棕

（续）

棕资格认证的饭店；该饭店自通过"单棕榈"资格认证后，已减少了 28% 的用水，1.8% 的能源使用，以及 2.8% 的废弃物排放；该饭店还启动了布草与毛巾再利用计划，并安装了洗衣系统，循环使用水和蒸汽，限制水和洗涤剂用量；该公司还将剩余洗漱用品和旧布草等物品捐赠给慈善机构。

资料来源：绿色饭店协会、能源之星、佛罗里达州环境保护部。

不仅是饭店总经理，其实，饭店业主和总部也必须笃行饭店环境政策。来自高管层的官方认同能激励员工，有助于让他们认识到：节能是他们工作职责的一部分。高管层还要亲自负责饭店环保项目，首当其冲的就是要先在全店范围内开展环境评估，建立环保衡量基准，并识别有可能获得最大限度改善的领域。

善护地球与迈向绿色环保

美国饭店业协会发起了若干项目，帮助饭店从业人员彰显他们的环保带头作用。第一个项目始于 2004 年，叫作"善护地球"。这个项目与美国国家环境保护局的能源之星计划合作，属于教育类项目，旨在为饭店提供资源和技术，协助它们提升能源效率和生态管理水平，以实现更好的赢利表现、竞争力和环境责任意识。该项目主要帮饭店从业人员建立战略性综合能源管理方案，评估饭店当前的能源使用状况，制定目标，跟踪节能成果，奖励在饭店环保方面的改进等。该项目同时还召开了一系列的能源之星网络研讨会。参与"善护地球"项目的饭店将有资格获得美国国家环境保护局的国家认证。

另一个是于 2007 年 7 月发起的"迈向绿色环保"项目。该项目是与英国伦敦国际旅游合作组织共建伙伴关系的一部分。"迈向绿色环保"项目为饭店提供指导方针，设定最低标准，帮助提高可持续性，最终实现更优质的环境管理目标。

"迈向绿色环保"项目为饭店提出了 6 大需要关注的领域：

- 政策与框架：旨在培养员工的环保意愿；
- 员工培训和意识：旨在作为打造自驱型员工队伍的路径之一；
- 环境管理：旨在保护生物多样性，在卫生、安全、室内空气质量，以及总体环境管理等方面瞄准最高标准；
- 采购：旨在帮助饭店与供应商协同工作，减少浪费行为；
- 个人和社区：旨在鼓励员工在饭店内外都寻找践行环保机会；
- 目的地保护：旨在维护一个能支撑起本地区地理特征的存在感，包括它的环境、文化、传统、美感和公民的福祉[3]；

房务纪事 ▰▰▰▰▰▰

多个州的绿色住宿项目和饭店生态友好实践为谋求更佳的绿色环保底线行动播种

虽然花了些时间，但对于饭店经营者，以及现在和未来时代的饭店客人而言，等待是绝对值得的。越来越多的州紧跟加利福尼亚州的步伐，正发起绿色住宿项目，以保护珍贵的自然资源，认可并奖励饭店业的生态友好实践行为。

事实上，加利福尼亚州所实践的生态环保项目已在全国范围内激起涟漪，例如，佛罗里达州、北卡罗纳州、宾夕法尼亚州和佛蒙特州的饭店也正在走向绿色。

派纳普饭店管理公司最近与佛罗里达州环境保护部合作，帮助该州饭店业创造一个更健康、更安全的室内环境，减少饭店和汽车旅馆内的固体废弃物排放量。在与该公司的合作伙伴关系中，该公司为饭店和汽车旅馆提供技术支持，帮助降低成本。通过提供节能节水、改善空气质量、减少废弃物排放、再循环以及再利用等方面的解决方案，该公司正在帮助佛罗里达州环境保护部的 9 个已认证的和 15 个即将被认证的绿色住宿设施，全力朝绿色目的地目标迈进，拓展新视野，力争在它们实现自助的同时，也对环境保护做出帮助。

获得棕榈资格认证的益处

佛罗里达州环境保护部的绿色住宿认证项目将参与认证的饭店分为 3 个等级：

单棕榈资格认证

为了达到这一等级的认证要求，饭店或汽车旅馆必须完成在通信、节水、高效节能、减少废弃物排放、净化空气等领域的最低要求的核心任务。此外，饭店还必须得到高层管理人员的支持，形成一个活跃的、多领域协作的"绿色团队"，饭店必须在经营中遵守所有适用的环境法律和法规。

双棕榈资格认证

为了达到这一级别的认证要求，饭店或汽车旅馆在申请双棕榈资格认证之前，必须要先通过单棕榈资格认证，并连续推行该级别的项目至少 12 个月。饭店或汽车旅馆要实施环境衡量基准评估，要制定并颁布绩效改进目标，要实施至少 1 个以上的绿色项目，并评估其进展情况。如果它在获得单棕榈资格认证后的 24 个月内，还不能获得双棕榈资格认证，那么，该饭店的申请认证资格有可能会被迫设定为暂停状态，并将从绿色住宿认证项目的网站 www.floridagreenlodging.com 上被移除。转入暂停状态的饭店将不再是佛罗里达州认证的绿色住宿单位，也没有资格继续使用佛罗里达州绿色住宿认证项目来推广本饭店。

三棕榈资格认证

为了达到这一级别的认证要求，饭店或汽车旅馆必须已获得双棕榈资格认证，并且，该饭店还必须连续 3 年在环保方面获得持续改善。若要保留此认证级别，饭店必须通过佛罗里达州绿色住宿认证项目继续保持或提升环保行动，履行其高水平地保护本州环境的庄严承诺。

由谁认证这些绿色住宿

佛罗里达州环境保护部在全州范围内培训了绿色住宿评定员（主要是由本州和本地的政府官员组成），由他们参观饭店、考察设施。评定员通过现场评估来核查认证所需信息。经佛罗里达州环境保护部审查后，如果该饭店或汽车旅馆所提交的信息完整属实，并且达到各认证标准的要求，就会通过资格认证。

（续）

绿色热潮

据 www.allstays.com 网站所公开的信息显示，在全美国至少有 35 个州将州内 "为人类为地球日行一善" 的饭店记录存档，这些州是：

阿拉斯加州	缅因州	宾夕法尼亚州
亚利桑那州	马里兰州	南卡罗来纳州
阿肯色州	马萨诸塞州	南达科他州
加利福尼亚州	密歇根州	得克萨斯州
科罗拉多州	蒙大拿州	犹他州
康涅狄格州	新罕布什尔州	佛蒙特州
佛罗里达州	新泽西州	弗吉尼亚州
佐治亚州	新墨西哥州	华盛顿州
夏威夷州	纽约州	西弗吉尼亚州
印第安纳州	北卡罗来纳州	威斯康星州
艾奥瓦州	俄亥俄州	怀俄明州
肯塔基州	俄勒冈州	

正如下面的佛蒙特州绿色饭店记分卡所示，参与佛蒙特州绿色饭店项目的企业正在通过实施可行的环境管理措施，来减少其对环境的影响，提高利润，满足客人对住宿企业环境意识的要求。

为什么要提倡绿色住宿

关于为什么饭店人应考虑采纳和推行符合环境保护和生态友好的实践行为的问题，以下仅摘录部分原因来管窥全貌：

1. 钱很重要

根据美国国家环境保护局的数据，饭店或汽车旅馆在高效节能照明升级项目上所投入的每 1 美元，预计可以产生 6.27 美元的回报。做一些简单的住宿设施废弃物审计就可以为企业减少废弃物排放，并实施再循环和再利用活动。

2. 赢得顾客

根据美国旅游业协会的数据，仅在美国就有 4300 万人自称是 "生态游客"。他们愿意多付 8.5% 的费用，享受环保型旅游公司的服务。一项针对美国游客的调查显示：87% 的人更喜欢住宿 "绿色" 饭店。饭店人如果能关注环境，并关注客人的舒适度，就能赢得客人的尊重和

绿色饭店：30家		佛蒙特州商业环境合作伙伴：18家	
参与企业总数：48家			
环境政策与使命宣言	48	毛巾/布草再利用项目	35
升级能源效率	21	开展堆肥项目	11
使用再循环产品	23	使用更利于环保的产品	24
推行毛巾再利用项目的客房间数	1758	环境管理计划	30
推行再循环利用项目并方便客人使用，且为客人提供使用信息	35	现场评估的次数	11

节约水	节约漂白剂	节约洗涤剂	节约用电	节约可再循环资源	节约天然气
895320 加仑	1317 加仑	11191.5 磅	21488 度	124020 磅	6566 加仑

（续）

忠诚，并提升本饭店的竞争力。

3. 保护我们的星球

住宿业是美国商业领域的第四大能源消费者。因此，在饭店业中提升能源效率，将有助于降低能耗，进而减少美国的温室气体排放量。而且，减少使用有毒副作用的清洁剂，降低水资源消耗和废弃物排放，都将有利于保护本州的土地、空气和水资源。

4. 赢得认可

美国国家环境保护局和派纳普饭店管理公司都可帮绿色饭店和汽车旅馆，通过与公众积极互动，来分享其成功经验，扩大影响。绿色饭店和汽车旅馆若要赢得公众认可，可以通过网络和印刷物传播的形式，例如，参与奖励活动，或在网络、杂志、报纸、新闻栏目、新闻通讯或其他出版物上发表文章等。

创建生态友好型客房

希望饭店业主和管理人员在读完这篇文章，并仔细考虑后，能够开始认识到成本效益和生态友好实践所拥有的巨大潜力。很多资源代理商、顾问和包括派纳普饭店管理公司在内的私人企业都已蓄势待发，愿意为之提供帮助。这么做的一个好处就是，这些个人和组织通常与那些行业领先的绿色产品供应商都保持着非常密切的关系，能从公用事业和地方政府那里争取到最大限度的退税，从而帮助饭店业主节约金钱和时间。

或许派纳普的生态客房能最好地揭示它们的环保参与情况。通常情况下，这些生态客房在12个月甚至更短的周期内就可回收投资，它们包括：

- 使用高效节能照明装置，如美国通用电气公司的荧光灯泡和瓦特斯多普公司的房间感应夜灯；
- 浴室配置可生物降解的、低变应原的香皂、沐浴露、乳液、洗发水和护发素；
- 使用可回收或可生物降解的塑料瓶，装盛纯天然的浴室用品；用可回收纸包装手工皂；
- 在不影响客人满意度的前提下，使用可编程数字恒温器控制客房能源消耗；
- 使用获得专利的低流量/高压淋浴喷头和水槽曝气机；
- 安装即时关闭的浴室挡板和水箱分流阀；
- 使用"立除味"除臭系统：无论客人是否吸烟，都可以确保房间为无烟房；
- 使用室内空气净化器；
- 开展毛巾和布草再利用计划；
- 使用无毒、抗过敏、纯天然的清洁剂；
- 面巾纸及厕纸选用100%的可回收材质，并且其中至少30%进行废纸再利用；
- 在客房、大厅、会议室、餐厅、厨房和办公室放置回收容器。

结论

底线就是钱说了算，但人要有行动。要害问题是贵饭店的众多竞争对手已经或多或少地在推行这些生态项目，并从中赢利。同时，它们还在项目推行过程中赢得了更高的声誉。更重要的是，它们在此过程中又还能帮助保护环境。在这个问题上，你如何抉择呢？

资料来源：作者是雷·伯格，《房务纪事》，第13卷第6期第4～6页。

请致电866-READ-TRC获取相关订阅信息。

绿色团队

要确保饭店落实良好可行的环保政策，意味着需跟进大量跨部门的琐事。许多饭店建立了相关的委员会或团队，互相协作，来评估能源使用，来设定目标，并且监控环保活动。虽然这些绿色团队规模各异，但关键是从高管到各部门，都要有代表参与其中负责资源管理。这些部门包括：

- 客房部（含洗衣房）；
- 工程部或维修部;
- 厨房;
- 前厅部;
- 采购部。

有一些饭店的绿色团队还下设废弃物减排委员会。它们订立废弃物减排目标，并且对饭店员工进行有关再循环方案的培训。

每次环境评估后，绿色团队通常会负责为整个饭店以及各部门设立环保目标。它们也会通过营造竞争性环境、设立意见箱、设置奖励项目来帮助员工提升环保意识。

认证项目

随着对更高环保责任需求的增长，监管机构和其他团体开始对饭店业提出了更多的要求。例如，最高法院最近加强了《空气洁净法案》，国会也进一步要求企业履行环保责任。为鼓励饭店业落实健全的环保政策，美国国家环境保护局宣布，为旅游业投入 5000 万美元资金，且首批资金将投给那些经过自我认证，通过了 14 点环保检查要求的饭店和会议中心。

表 2-2 佛罗里达州绿色住宿认证项目

> 1. 确定一个环保挑战等级。
> 2. 征得最高管理层许可，提交参评申请。
> 3. 组建一个绿色团队。
> 4. 开展环境评估。
> 5. 设定目标并确定环境改善项目。
> 6. 将环境基础数据提交佛罗里达州绿色住宿认证项目办公室。
> 7. 实施环境提升计划。
> 8. 评估和监控该计划的实施。
> 9. 安排现场认证考察。
> 10. 持续改善。

资料来源：佛罗里达州环境保护部

佛罗里达州绿色住宿认证项目 一些州的环境部门甚至开始为推行绿色战略的企业颁发证书。佛罗里达州就是其中之一，该州通过州环境保护部开展了佛罗里达州绿色住宿认证项目。表 2-2 列出了参评该州环保部认证项目的 10 个步骤。

LEED 认证 美国绿色建筑协会设立了能源与环境设计先

锋认证（Leadership in Energy and Environmental Design）[②]。该协会推广建筑设计及管理方面的可持续综合方案。新的饭店落成之后，它们可以在不同类别上得分，这些类别包括可持续场所、能源与大气、水的利用效率、室内环境质量和材料与资源。近几年，很多饭店都陆续加入到这个认证中来。

能源之星 美国国家环境保护局对饭店的能源效率进行分级。他们针对一些标准的执行情况来对饭店评级，并将结果公布于众。

绿叶认证 加拿大绿叶组织和奥杜邦国际集团一起创建了奥杜邦绿叶生态等级认证项目。该项目根据企业是否达到了环境最佳实践标准，来审核饭店住宿设施，并给予 1～5 个等级的绿叶奖励。该项目始于 1998 年。

客房部在绿色饭店中的作用

鉴于客房部员工频繁接触饭店的各项设施，他们在发掘饭店环保潜能上发挥着重要作用。行政管家尤其担负着多种环境管理责任，这其中包括：
- 沟通；
- 培训；
- 采购。

沟通

客房部的管理者必须决定该如何与员工和客人沟通饭店环保项目。为了使整个沟通达到最好的效果，可以借用多种媒体形式，例如，宣传栏、标识、网站、年度报告、客房中的标语牌、电视视频信息，以及可张贴在客房手推车上的提醒传单等。可指定由行政管家或其他的部门代表在每日员工简短例会、培训会议，以及其他员工会议期间，向员工传达信息。也可以设立正式流程，供员工和客人就绿色环保行动提出反馈意见，包括设立员工意见箱或客房调查问卷等。

一般而言，客房部是饭店最复杂的部门，也是最早面临多元文化问题的部门。饭店行业普遍会雇用相当数量的来自不同国家的员工。

由于大多数培训手册、公告板和饭店标识都使用的是单一语言，而员工们操不同的语言，这就产生了前所未有的挑战。因为误解和无效沟通而出现的交流障碍，会导致大量的能源浪费。在美国典型的住宿企业里，受语言问题影响最大的 3 个部门分别是客房部、洗衣房和厨房。

①译者注：LEED 认证由非营利性组织美国绿色建筑协会（USGBC）于 2003 年开始运作，是目前在世界各国的各类建筑环保评估、绿色建筑评估以及建筑可持续性评估标准中较完善、较有影响力的评估标准。

客房部员工每天都要进入饭店各个房间做日常勤杂工作，他们有责任发现问题，及时补救，并向上汇报。为了提供高品质的服务和节约能源，客房服务员需要有一些具体的工作程序。无论使用何种语言，他们必须能够在这些事情上实现无障碍交流。

在美国，对于客房部中不使用英语的员工来说，温控器的温度设定是最常见的挑战。由于世界上大部分地区都使用公制，非美籍员工通常会想到摄氏度量，而不是华氏度量。这就会导致在温控器上设定适宜温度时出现困难。其中，一个解决办法是给每个房间的服务员发放一张印有常用客房温度设定示意图的标牌。

客房服务员在清洁完客房后，还要负责关闭所有的照明设备和电器，并且拉上窗帘。他们还应报告在清洁房间过程中所观察到的任何潜在的管道隐患。

客房部内另一个容易出现语言交流问题的区域就是洗衣房。清洗、甩干、熨烫都必须妥善完成，只有这样，才能确保布草的品质、舒适度，以及使用寿命，同时，还可以节约能源、水和化学清洁剂。行政管家需要想办法和员工沟通定期检查计划，需要列出检查清单。让员工无论使用何种语言，都能看得懂。

培训

据估算，培训员工学会高效管理饭店的设施设备，每年可降低饭店 10% 的能源和水资源耗费。培训可以在无资本投入的情况下帮助饭店减少能源损耗。

各个饭店的员工培训风格以及培训方式都不相同。因此，行政管家要依据企业文化合理设计培训项目。

客房部 客房部员工每日要在饭店 80% 的区域内工作。因此，客房部培训对于客房区的高效运行来说是至关重要的。培训应包含以下"绿色"技能：

- 控制好客房的暖通空调系统至关重要：空客房的温度应根据季节和地理位置因素而重置，通常，暖通空调在寒冷季节会将温度调至 74°F (23.3℃)，而在炎热季节调至 68°F (20℃)，客房管理的一个重要工作是要通过公告栏向客房服务员说明当天暖通空调温度的设定情况；
- 客房服务员应关闭空置客房内所有的排气扇和窗户：在暖季或冷季，外界空气进入客房会导致能源的巨大浪费；
- 客房服务员在清洁时应打开窗帘以借用自然光，离开客房时，应将遮光窗帘拉回，并让其间保持不到 15 厘米的距离；
- 客房服务员在离开客房前，应该拔下咖啡壶、吹风机和熨斗的电源，这么做，不仅可以保障安全，还可以节约能源，客房服务员还应在离前关闭每个房间的所有电灯、吊扇和涡旋式按摩浴缸（若在使用中）；
- 客房服务员应在日常工作中清洁客房内所有的灯具，尤其是应该确保浴室带有镜片的荧光灯具每年至少清洁两次，这样做，能将光的输出量提高将近 25%；

- 如果饭店配备了中央制热／制冷系统，客房服务员应确保所有的排气格栅是洁净的，且窗帘没有阻挡系统送出的气流。

洗衣房 洗衣房（连同厨房一起）是饭店能源使用最密集的区域之一。洗衣房和厨房每平方米所消耗的能源大约是饭店其他区域的 5 倍。这些区域的管理者必须要更加用心地培训他们的员工。一些基本的节约能源策略介绍如下：

- 尽量使洗衣机和烘干机满负荷工作，如果有必要较小负荷地工作，就要考虑配置家用洗衣机和烘干机；
- 绒毛过滤网和排气通风烘干机须经常清洁和排放：确保烘干机内空气的正常流通以维持燃烧器的使用寿命；
- 天然气烘干机的火焰必须定期检查以确保天然气的燃烧效率，同时为确保天然气的充分燃烧，烘干机需要充足的助燃气体；
- 洗衣房里的所有灯具必须经常清洁并定期更换进气网，累积在洗衣区的绒毛会降低洗衣烘干装置的有效运转并容易产生火灾隐患；
- 确保根据洗涤剂的水温要求，将洗衣机热水温度调节在合适的位置。

采购

采购在饭店环保计划方面发挥着重要作用。生态采购涉及要对购买行为和产品的多个方面进行评估，包括耐用性、可再利用性、可再循环性，以及产品内容，还有传统方式中的产品价格和质量标准。另外，产品包装和产品交付方式也宜纳入评估范围。

有专家建议采取即时购买方式，来帮助减少浪费。即时购买行为是指在所需物品将快用完之前，才补购的做法。专家们认为如果在货架上某种产品堆放得越多，员工们就会用得越多，相反，如果货架上只放了少量的这种产品时，员工们就会节约着用了。

行政管家可采取下面几种方式让整个购买过程更加"绿色"：

- 大批量集中采购；
- 要求供应商收回货盘和不可回收再利用的货箱；
- 选择本地供应商；
- 寻求简约型和小包装的产品；
- 保留不需要经常更换的耐用物品，并继续采购其他耐用物品；
- 采购经久耐用、布纹密度更高的床单。

能源之星按照能源效率将设备分级。能源之星的网站上 (www.energystar.gov) 提供一款计算器，可帮助行政管家计算某件设备可在多大程度上帮企业节省能源。

节 约 用 水

节约用水是一家饭店可以实施的最符合成本效益的诸多项目中的一项。饭店既节约了水资源、降低了用水花费，又能降低电费、污水处理费和清洁剂成本。

饭店每天使用大量的水、洗涤剂和清洁剂。美国饭店业协会的一项研究发现，每间有人住宿的客房的平均日用水量是 791 升。如此之高的用水量已经使得水资源的保护日益重要，尤其是在干旱肆虐的地方。

2007 年，美国南部地区经历了重度干旱，导致水库储水量降到一个很危险的水平。拥有 1260 间客房的亚特兰大凯悦丽晶大饭店，每年需要使用数千万升的水。该饭店除了坚持已有的节水措施以外，仍在寻找其他的办法以达到节约用水目的。该饭店已经将洗衣业务外包给亚特兰大市外的一家企业（该地实际上旱情更加严峻）。该饭店采用一项布草再利用政策，并在客房安装低流量用水装置。由于旱情的加剧，该饭店已经开始用从冷却系统流出的冷凝水来灌溉绿色植物，并且开始减少在会议室摆放的瓶装水数量。

1992 年，美国国家环境保护局倡导成立志愿节水联盟（WAVE）。该项目得到美国饭店业协会的支持，这是一个最初主要聚焦于住宿业，并随后推广到全美的项目，旨在提升水的使用效率。志愿节水联盟从经济和竞争的效益角度来鼓励饭店减少水的使用量。很多联盟成员每年减少了 30% 的用水量。这些联盟成员包括威斯汀、凯悦、喜来登和拉昆塔等饭店集团。

很多饭店——尤其是有大量景观美化要求的度假饭店——也开始使用出水或者中水。出水是指将社区或企业排出的污水经部分处理后所得到的水。此时，水中的主要污染物虽被处理干净，但仍含有微量的盐、矿物质和细菌，所以，还不能饮用。但这类水可用于灌溉、冲马桶、喷泉和冷凝塔。

其他节约用水的措施包括：
- 推行布草再利用项目；
- 客房使用低流量的水龙头和淋浴喷头；
- 客房使用低流量马桶；
- 公共卫生间使用自动水龙头和自动冲水马桶；
- 节水型洗衣机。

布草再利用计划

布草再利用项目是节水效果最明显和最广泛推行的节水措施之一。在家里，人们很少每天都更换床单和毛巾。布草再利用项目提醒客人，并邀请他们再利用客房里的布草和毛巾以免更换后清洗时浪费水资源。自 20 世纪 90 年代早期开始，全美国的饭店都采取了各种各样的再利用项目。对饭店环保意识持赞赏态度的客人更加钟爱和支持这些再利用项目。一些饭店表示，有 70% ~ 90% 的客人参与他们的布草再利用项目。

　　大多数专家估计，实行布草再利用项目的饭店每天每间客房可节约 51 升水和 6.5 美元。这些布草再利用项目不仅可以节约水，也可以节约电、天然气、清洗剂、毛巾、床单和劳动力。

　　饭店可以为他们的客人设计自己的信

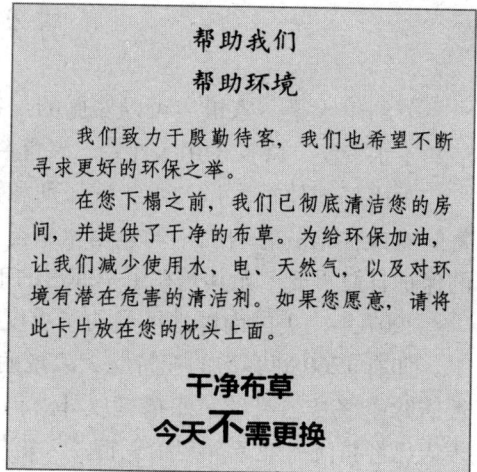

　　帮助我们
　　帮助环境

　　我们致力于殷勤待客，我们也希望不断寻求更好的环保之举。

　　在您下榻之前，我们已彻底清洁您的房间，并提供了干净的布草。为给环保加油，让我们减少使用水、电、天然气，以及对环境有潜在危害的清洁剂。如果您愿意，请将此卡片放在您的枕头上面。

干净布草
今天不需更换

图 2-1　布草再利用卡

息卡，也可以使用其他组织已设计好的卡片，例如，美国饭店业协会或者绿色饭店协会等。这些卡片可以悬挂在毛巾架上，也可以放在床上。如图 2-1 所示，这些卡片解释了为什么该饭店要推行布草再利用计划，以及其使用步骤。除非应客人要求，或者客人已住 3 ~ 4 天以上，通常情况下，大多数实行布草再利用项目的饭店可不更换客房的床单。挂在架子上的毛巾一般不用更换，但是放在地板上的毛巾则需要更换。一般而言，在客人退房时，床单和毛巾才会被更换。

客房

　　客房是饭店里用水量最高的区域之一，主要是因为客房里配置了浴室，装有淋浴、马桶和洗漱台。但是，客房也是可开展最低成本节水措施的地方。

　　目前，按美国国家标准规定，饭店里所有淋浴喷头每分钟出水量不得超过 6.6 升。为测试出水量，可以将一只桶放在淋浴喷头下，让水流 1 分钟，然后测量桶中的水。与老式的节水淋浴喷头不同，新型节水喷头水量适宜，体感舒适。使用新型淋浴喷头节省下的水，和本应该用于加热这部分水而节省下的能源费用，能让饭店的成本在不到 6 个月的时间里就可收回。

　　测试淋浴喷头流水量一定要注意当打开淋浴分流器时，有没有水溢出水龙头流入浴缸。如有水溢出，说明淋浴分流器需要立刻修理。

　　老式马桶每次冲水需消耗 11 ~ 15 升的水。现行的用水标准规定，每次冲水水耗不得超过 6 升。为此，可以安装新型马桶或者在老式马桶里安装新型冲水板阀，以减少水耗。

在饭店里，客房浴室内马桶的挡板阀是最臭名昭著的浪费水的设备，因为不间断的水流噪声和漏水的挡板阀会招致大量客人投诉。马桶水箱的挡板阀至少每隔 2 ~ 3 年需要用高质量的天然橡胶阀更换。挡板阀的防水密封可通过在马桶水箱里放入食用色素并观察水箱内反应来检查。如果色素渗入水箱，就表明橡胶阀需要马上更换。漏水的橡皮阀会导致用水浪费，饭店每间房每年为此可多花费 150 美元。

浴室洗漱台的水流量以每分钟不超过 3.8 升为宜，可以通过安装曝气器来降低水流速度。曝气器可以将空气喷入水中，造成水流量大的假象，从而减小水流量。一个更简单的方法就是将洗漱台下的手动阀调到一个接近最低，但又可接受的水平。这样就会节约用水和加热所需的能量。

洗衣房

在饭店洗衣房的所有设备中，用水量最大的就是脱水机。再强调一下，员工们让洗衣机满负荷运转非常重要。脱水机也配有自动进水阀，但该自动进水阀有可能停止转动，并浪费大量的水。洗衣房员工若听到持续的水流声，就需要请修理人员立即修理有故障的阀门。

减少每日的洗衣量也可大量缩减用水量。这就要求推行自愿的客房布草再利用项目或者改进操作程序标准。

洗衣房经理们可以和设备供应商合作，改进洗衣机操作功能，以确保能源使用效率的最大化。例如，提升洗衣机的旋转速度可以使烘干时间降低一半。

节约用水的另一种方式是进行大的改造。许多洗衣房开始转而使用臭氧型洗衣机系统，该系统的用水量不到传统洗衣机用水量的一半。

公共卫生间

大多数公共卫生间的马桶和小便池使用冲水系统。这些马桶和小便池没有水箱，只是简单地把水释放到便池中实现彻底冲洗。现在大多数饭店的标准做法是在这些设备上安装感应器，可以使马桶和小便池在每次使用后，以适量的水进行自动冲洗。这些装置虽然并不一定能大量节约用水，但它们的确保证了每次使用这些设施后能被自动冲洗，因此，有助于消除管道堵塞。

能源效率

根据美国饭店业协会提供的数据，饭店业每年花费在能源方面的费用是 37 亿美元。美国饭店业协会估计，如果在全美国饭店业降低 10% 的能源使用，该行业在提

升客人满意度的同时每年可以节
省 2.85 亿美元。表 2-3 列举了对
未来 25 年能源资源需求的预测。

　　致力于提升能效的饭店不但
减少了它们对自然资源的耗费，
也可以大量省钱，并提高它们的
利润底线。节能恰恰就是在不降
低服务质量及客人满意度的前提
下降低成本的好方法。

　　美国国家环境保护局预计每
节约 1 美元的能源费用，就相当
于增加了 2 ~ 3 美元的营业利润。
喜达屋国际酒店集团推行的能源管理计划可能已为其节省了 34 亿美元的能源成本，
这相当于额外出租了 9370 个房间。

　　希尔顿酒店推行的能源管理计划每年已节约了将近 4300 万度电，并且避免了
6500 万磅的二氧化碳排放量，这相当于 6450 辆汽车一年的二氧化碳排放量。

表 2-3　能源资源需求

市场发展趋势表明能源资源需求将在未来 25 年急剧增长：
- 全球对各种能源资源的需求在未来 25 年预计将增长 57%；
- 美国对各种类型能源的需求在未来 25 年内有望增长 31%；
- 到 2030 年，全球 56% 的能源将被用在亚洲；
- 到 2032 年，美国对电力的需求将至少增长 40%；
- 目前美国发电量的 50% 依赖于煤这种化石燃料，而美国 85% 的温室气体排放量正是由化石燃料支撑的能源消费所导致。

资料来源：《年度能源展望》（DOE/EIA-0383，2007），《国际能源展望 2007》（DOE/EIA-0484，2007），《美国温室气体排放量目录：1990-2005》（2007 年 4 月）（EPA430-R-07 -002）。

能源管理

　　正如前面提到的，美国国家环境保护局的能源之星项目，能帮助饭店选择高效节能的产品。饭店经理们在购买产品前，可以在网上咨询能源之星对该产品的评价。能源之星也提供计算工具，帮助他们确定每件产品为饭店节省的能源量。

　　计算机能源管理系统越来越受到饭店青睐。这些软件项目帮助饭店经理们收集主要的能源消耗设备的数据并进行分析。系统可以帮助饭店决定某个装置应何时运转，它需要怎样进行维修，是检修还是更换设备更划算。

　　常见的提高能效的途径包括：
- 使用由能源之星评定为高效节能的产品；
- 使用可编程的自动调温器；
- 在室内外使用感应照明装置；
- 在前台和后台区域均使用节能照明设备；
- 使用计算机能源管理系统；
- 安装可再生能源发电设备（如太阳能）；
- 通过当地的公用事业购买绿色电力；
- 安装有色或双窗格的窗户。

表 2-4 列举了行政管家可以影响饭店能源消耗量的诸多方法。

表 2-4　能提高能源效率的客房部行动

下列客房部程序节约的能源:	
1. 客房无人时，将制热和制冷系统关闭或调至休眠状态。	在不影响客人和员工舒适度的情况下，关闭无人房间的制热和制冷系统能有助于减少开支。
2. 离开客房时拉上窗帘。	这将在冬天减少热量散失，在夏天减少热量吸收。
3. 客房无人时，关掉灯、电视和收音机。	为客人准备提醒卡片，提醒客人在离开房间时，关掉灯、电视和收音机。
4. 清洁客房时，用自然采光。	提醒客房工作人员离开客房时拉上窗帘。
5. 清洁照明设施。	清洁后的灯泡照明效果会更好。
6. 控制好清洁时的热水使用量。	控制清洁时的热水使用量将能节约水进行加热的开支。
7. 及时报告任何需维修设备。	定期进行设备维护能提高能源利用效率，减少损耗。
8. 安装有"能源之星"标识的洗衣设备。	有"能源之星"标识的洗衣设备可节能 50%，节水 40% ~ 50%，意味着可少加热水，缩短烘干时间。
9. 回收再利用洗衣过程中排放的余热。	回收再利用洗衣过程排出的余热将降低能源费用。

资料来源：佛罗里达州绿色住宿认证项目、佛罗里达州能源推广部。

有时候节省能源的方法非常简单，例如，你可以干脆关掉设备。PSA 能源咨询公司在开展全方位服务的能源审计时（表 2-5 展示了该公司采用的步骤），总是会识别大量可以在白天或者夜间的某些关键时间段不用开机的能源消耗设备。总工程师或者设施服务经理能识别可在这些时段关闭的设施，如空气处理机组、排风扇、照明、空调以及其他设施。

表 2-5　成功能源管理 6 步骤

1. **能源核算** 设定基准值，跟进饭店实施进度。
2. **全方位能源审计** 列出所有能想到的能耗设备，然后对有助于节能的改进项目进行优先排序。
3. **实施** 既能够提高客人舒适度，还可节省工作程序，对员工，尤其是客房部和工程部员工开展培训。
4. **高回报重点改造项目** 实施一些重点项目，如照明改造、照明控制、节能马达、计时卡、变速传动装置等。
5. **针对饭店的重点项目** 这可能会包括些大项目，如热电联产、免费供冷、机械系统升级、店内所有设备的计算机控制。但有的项目不一定能节省成本。
6. **持续保障方案** 核实已完成的节能工作，并根据技术进步情况，持续升级全方位能源审计工作。

资料来源：PSA 能源顾问公司

识别出这些能耗设备之后，饭店可以考虑安装一套 7 天或 24 小时制的计时器来自动控制这些设备。如果饭店有中央能源控制系统，为该系统安装一个计时器或许是个省钱的选择。这是一项可以在饭店独立推行的最大节能理念，即通过非常小的资本投入，就可得到显著的节能效果。

客房能源控制变得更可靠、更易操作且更经济。通常情况下，在客房空闲期间，这些能源控制系统会关闭或者重新设置制热和制冷水平。新的无线模型安装起来成本更低，并有更多附加功能。

整个饭店公共空间的总体控制也越发经济、有效、易操作。这是一个典型的资本开支；控制系统的尺寸大小相差甚远，成本在 5 万 ~ 15 万美元。根据设备的使用和确定的节能能力，饭店有望在 3 ~ 5 年内获得投资回报。

照明

紧凑型荧光灯这种节能灯是高效照明的主力军。它们比白炽灯更节能，耐用 10 倍，并且不会散发太多热量，造成能源浪费。紧凑型荧光照明产品在持续改进，其使用寿命在不断延长，颜色和规格方面也有更多的选择。在饭店里，使用节能灯最多的地方就是客房。一间客房里，台灯和落地灯一般有 3 ~ 5 盏。一个普通的 20 瓦的螺旋节能灯，其照明效果要优于 75 瓦甚至 100 瓦的白炽灯。

为了展示节能效果，我们以一个拥有 300 间客房的饭店为例，对老式白炽灯和新型紧凑型荧光灯的使用效果，从能源耗费方面进行比较。假设每个客房需要使用 4 盏 100 瓦的灯具，每天需要使用 4 小时，那么，一年下来，总共需要使用 1460 小时。以每度电 0.8 美元来计算，使用老式照明系统产生的每年花费是 14016 美元。但是如果该饭店将 300 间客房全都换上 20 瓦的节能灯，饭店一年下来节省的费用大约是 11212 美元。这样的改变，还会在更换烧坏的灯泡方面节省 90% 的人力（白炽灯容易烧坏）。

根据估算，购买每个节能灯的费用大约为 5 美元，全部更换需要耗费 6000 美元，所以，整个项目的投资回报期大约为 6 个月。在此价格基础上，会有 50% 的安装费用，因此，项目还需增加 3 个月的投资回报期。对于饭店，这是一个重要机会，既能减少用电量和能源消耗，又不会影响客人的舒适度。

紧凑型荧光灯技术也可用作一些特别的装饰灯光，包括火焰、蜡烛以及功率低至 15 瓦的直流灯。

饭店大部分公共区域，如舞厅、走廊、大厅、会议室、游乐厅都使用固定的设备照明，通常被称为内嵌式灯。这些照明设备普遍使用 75 ~ 150 瓦不等的白炽灯。大部分这种照明设备，尤其是安装在会议室、餐厅、酒吧的，可通过可调光线的开关，即变阻器来进行控制。可调光线的节能反射灯会缓慢变亮，但是目前这类产品的质量和可靠性还存在一定问题。这类灯泡中有些不能调节到一定程度的弱光，而且购买成本会在一定程度上增加。如果有朝一日可调节光线的节能灯变得更加实用，那将意味着一个巨大的进步，也是饭店所有公共区域进行节能的大好机会。这样的灯不仅能够直接节省能源成本（开灯的费用会减少），还能够间接节能，因为这样的节能灯可减轻饭店公共区域的空调负荷。

房务纪事

实话实说饭店节能小秘诀

荧光灯

很多人认为将荧光灯一直开着比关掉再打开更能节省能源，这种观点是完全错误的。关灯能够百分之百地节约能源，再也没有比这更节能的方式了。但是，经常开关灯会在一定程度上影响到灯泡的使用寿命。

磁铁和臭氧

在节能方面，很多供应商推出了一些特别的产品和概念。例如，有供应商就推荐将磁铁放入冷却塔的底盆中，作为水处理的一种方式。他还推荐将磁铁绑在游泳池供水管的周围。该供应商推广时宣称磁极会对水进行奇妙的处理，因此能够减少饭店中各类用水的处理费用，如游泳池水、洗衣水以及空调的冷却水等。

要特别警惕供应商出于销售产品的目的减少水处理。如果由于不恰当的水处理造成设备腐蚀或者引起健康问题，终将会造成巨大的经济损失。

这几年，大量臭氧概念的产品充斥市场，但是其功效有待验证。再次重申，水处理不过是臭氧产品最普通的应用。几年前，麻省理工学院对这类产品和能源促销概念进行了广泛检测。他们的结论认为：一般而言，大部分这种臭氧设备不起什么作用。

现在臭氧产品已经更新换代，发展到了可代替清洗剂，并为客房和饭店公共空间提供新鲜空气。其中有些产品比以前有了很大进步。但是如果有供应商向饭店推荐利用臭氧省钱或者净化空气的产品时，我们还是建议先彻底了解该产品，调查其所宣称的技术，并向一些使用过该产品且值得信赖的人来了解些参考信息。

灯泡扣

把灯泡旋进灯口前，紧贴在灯泡底端的一块小圆片即为灯泡扣。在白炽灯上的灯泡扣可以节能30% ~ 50%。但灯泡扣的缺点在于，它会使光输出相应减少。

过度夸张的节能效果

众所周知，营销商或多或少都会夸大所售产品的节能效果。因此在进行节能设备投资的时候，有必要咨询独立的能源顾问。

对某一种节能方式花时间进行调查，事先了解些专业知识，能够获得额外的回报。要通过实际验证和常识判断来确定它是否真正节能。要记住，实现节能不仅靠产品的质量，或者所消耗的能源类型，也要靠产品的利用率，在饭店的每个特定区域，利用率都会有很大差别。

资料来源：《房务纪事》，第14卷第2期第1 ~ 3页。

请致电866-READ-TRC获取相关订阅信息。

安装感应式开关。饭店里能源浪费项目之一就是在根本无人使用的情况下，灯还亮着。为改变这种现状，可以在一些区域，如服务员的工作间、仓库和办公室等地方，安装感应灯开关。通常这种感应开关的费用不超过 25 美元，而且，工程师在几分钟内就能够安好。根据它的应用特性，这种感应开关的投资回收期不到 6 个月。审计数据表明，在接待室、会议室和一些公共的休息区域，照明设备使用之后不关掉的概率更大，因此在上述区域的天花板上也可以安装吸顶式感应开关。这种装置虽然价格较高，费用在 200 美元左右，但是能够承担更大的照明负荷。

废弃物管理

与以前的学术前沿讨论一样，减少废弃物的"3R 模式"，也就是再减少（reduce）、再循环（recycle）和再利用（reuse），正迅速地变得广为人知。使用上述 3 个方面的废弃物减排计划有助于让饭店真正改观。根据佛罗里达州能源推广部的数据，一栋大型的饭店建筑物每天会产生多达 8 吨的废弃物，其中高达 60% 的废弃物可以再循环使用。最大的废弃物来源地是厨房。

为了明确"3R 模式"的应用范围和应用方法，很多饭店管理者会从制定每个工作区域的废弃物统计程序来着手。行政管家可能会接到要求，对客房部和各个房间的废弃物进行统计。在统计中，需对每一个区域的可再循环使用物品、物品来源，以及从其中已回收的数量和丢弃的数量等方面来进行全面认定。在此分析基础上，再来决定谁负责回收废弃物，产生的废弃物的类型有哪些何时需要进行回收，回收后存储在何处，以及如何在废弃物的发源地进行回收和再循环。

负责废弃物减排计划的团队可以根据统计数据以及收集到的其他信息来制订方案。饭店各工作区域都应有专门制订的废弃物减排计划。如针对客房、游泳池和水疗区、公共区域以及洗衣房等不同的区域，都需制订单独的废弃物减排计划。

以下是常见的废弃物减排措施：

• 循环使用办公用纸、报纸、铝罐、杂志、铁罐和硬纸板等物品；
• 购买含有可再循环利用材料的产品，如办公用纸、厕纸、擦手纸和纸巾等；
• 进行批量购买；
• 购买使用简包装的物品，或者供应商会回收包装并再利用的产品；
• 使用垃圾压缩机；
• 对园艺垃圾和餐厨垃圾进行堆肥处理。

再减少

在废弃物再减少方面，客房部能够发挥非常积极的作用。饭店企业已积极寻求多种废弃物减排途径。毕竟，不同类型的废弃物减排方式也不尽相同。

有个方法在刚实施的时候受到抵制，但是现在已越来越受到欢迎。那就是将浴室的洗发水和护发素放在固定的大分装瓶中，摒弃使用那种导致大量废弃物产生的一次性小瓶。厂商还开发出能够防止随意开启的分装瓶，来保护客人的安全。使用这种方法后，饭店会发现，可用节省下来的钱购买更好的名牌洗发护发产品，从而更能吸引客人。因此，这个方法也开始越来越受青睐。

纵然瓶装水深受人们的喜爱，可由于其所使用的塑料瓶，也是潜在的浪费之源。怀俄明州杰克逊霍尔镇的四季饭店已经选择换掉瓶装水了。服务员提供开夜床服务的时候，会将盛有当地自来水的水壶放进客人房间。

其他的便利物品也需要审查。很多饭店已将客房中使用频率较低的免费便利物品移除，并只在客人有需要的时候才提供。这些物品包括：浴帽、擦鞋布、针线包和漱口水。有些物品如果没有打开包装，还可再次使用。

很多饭店在减少纸巾、厕纸和擦手纸的废弃物方面也做得很成功。应该对客房服务员进行培训，告之客房中厕纸快要用完时，才能进行更换。或者在客房里给客人留一卷备用纸，以确保客人的需要。在一些公共卫生间，有些饭店将擦手用的纸巾更换成干手机，就是为了最大限度地减少废纸产生。

很多环保组织提倡饭店把一次性杯子换成可循环使用的杯子。饭店如要这样做，就必须保证能遵守健康卫生条例，要每天把这些杯子从客房拿走，并进行清洗和消毒。切记，不可以在房间内进行清洗。

提供干洗服务的饭店会发现，针对此项服务，也有些方法能够减少废弃物。它们用可以循环使用的衣物袋或者衣物筐为客人送还衣物。只是在客人特别要求的时候，才对干洗衣物提供塑料外套。衬衫清洗后，也不再使用衬衫的纸板衬垫。

清洁剂的使用也能实现节约。行政管家可以设立一个专门的工作台来混合配比清洁剂，减少外溢浪费。应该训练员工如何混合液体浓缩液，以保证安全，并节省费用。同样地，客房部可以使用能够再灌装的泵式喷瓶，取代不能再次使用的喷瓶。

再循环

废弃物管理项目的第二部分是回收和使用可回收材料。表 2-6 中列出了饭店再循环项目中的一些常见物品。饭店可以通过很多方式参与废弃物的再循环利用。华盛顿州西雅图市的华威克饭店通过制订废弃物再循环计划节省了一大笔费用。由于这个计划，饭店的 5 个垃圾桶的收取次数从每周 4 次减少到每周 2 次，这样，每个月就会节省 730 美元收垃圾的费用。

客房服务员每天从客房收集废弃物。一般说来，这些废弃物包括纸制品、食物垃圾和浴室垃圾。最初制订再循环利用计划的时候，行政管家（或其他的客房经理）需要随机选取 3 间客房，每天收集废弃物，连续 7 天，用以统计客房产生的废弃物的种类和数量。这样制订再循环计划时就能够做到有的放矢。客房部管理层还要确定

表 2-6　饭店再循环计划中可涉及的物品

饭店再循环计划通常涵盖如下物品:		
铝罐	节能灯	画
防冻剂	餐厨垃圾	塑料瓶
电器	氟利昂	塑料桶
电池	家具	收音机
建筑材料	玻璃瓶	废金属
硬纸板	园艺垃圾	铁质容器
毛毯	杂志	电话本
手机	电动机润滑油	电视
食用油	报纸	木头
计算机	办公用品	

回收物品的存储地点，以及培训员工如何进行废弃物的回收和分类整理。

现在一些饭店会在客房提供两个垃圾桶，一个用于可回收垃圾，一个用于普通垃圾。这样客房服务员就不用对废弃物进行筛选分类，从而节省时间。客房服务员可以在打扫房间时收集并整理可回收废弃物，并在客房服务车旁边挂些不同颜色的袋子，以区分可回收垃圾和普通垃圾。

除了客房里产生的废弃物可以进行再循环以外，客房部后台区域产生的废弃物也可以进行再循环利用，如纸板箱、衣架、塑料容器和卫生纸等。

行政管家也可以评估当前饭店正在使用的各种房务用品，并判断是否改用可再循环回收产品或者含有可再循环回收成分的产品。

很多饭店开始实施"报纸回收项目"（尤其是大量接待商务旅客的饭店）。这一项目具体实施细则因饭店而异，有的只是简单地回收报纸，有的则尽量减少报纸供应量。在一些饭店，前台服务人员在客人办理入住手续时就会询问他们是否需要赠送报纸的服务。如果不需要，则无须提供报纸。一些饭店在每个客房门上放一个挂牌，如果客人不需要报纸，可将挂牌挂在门外。另外一些饭店选择在公共区域放置免费报纸而不是分发到各个客房，如在电梯旁的桌子上、早餐厅、前台等地方。这样做有助于减少报纸数量。有时，未使用的报纸还能退给报商。此外，可以将报纸捐赠给动物收容所、宠物店、鱼市、快递公司、搬家公司以及油漆店。饭店本身也可以利用旧报纸。

再利用

多数由饭店产生的废弃物可以被饭店、其他组织，甚至由客人再次利用（表 2-7）。布草便是很受欢迎的再利用物品。沾上污渍的台布可以变成抹布、房间服务用的托盘垫布、厨师用的围裙，或制服领结。淘汰的床单可制成洗衣袋。不用的绒布可以

做成隔热垫，或厨房盖布。废弃的布草、毛巾或是用剩的洗发液瓶、润肤液瓶、香皂、手纸都可以捐给学校、收容所、人道组织团体、兽医所，或宠物寄养站等。此外，多余的衣架（或者客人留在客房的衣架）也可以捐给本地的干洗店或者旧货店。

表2-7 把香皂带回家

> 香皂是所有饭店都会提供的客房便利品。这也是一些旅游组织，如美国汽车协会和美孚开展等级评定时的要求。但客人未用完的香皂常被客房服务员丢弃。以下是一些对用过的香皂进行再利用的方法：
>
> - 把香皂块通过压碎、切片或泡入水里等方法来做成液体状香皂。
> - 捐赠给收容所。
> - 作为雕刻原料，用于手工艺品项目。
>
> 但这些方法仅能再利用很少一部分每天都会被丢弃的香皂。绿色饭店协会给出的言简意赅的答复是：让客人把他们用过的香皂带回家。它还建议在浴室标示：留下包装纸。这是在劝诫客人勿浪费并鼓励人们保留拆下来的包装纸，以便离店时可用旧包装纸把香皂带回家继续用。

室内空气质量

数十年以来，住宿企业一直关注空气洁净问题。早在1995年，美国饭店业协会教育学院就发表了一份《饭店空气质量管理手册》，专为饭店的工程师和管理者们提供工作指导。在这份手册中，R.A.里德尔写道："美国国家环境保护局指出建筑物内空气污染指数有时竟是室外空气的100倍之多。这被认为是危害人们健康的最严重的环境隐患之一。"

常见的空气净化措施包括：

- 使用环保型清洁剂；
- 使用环保型高效空气粒子（HEPA）过滤器；
- 至少每年清洁一次所有的空气处理装置和线圈；
- 使用排气扇向室外排气；
- 使用干燥器；
- 确保能抽烟的房间通风良好，并能合理过滤。

健康的室内环境有助于提高劳动生产率，增强人体舒适度，传递幸福安康的信息。室内空气应该没有明显的气味、灰尘以及污染物，并且能够保持良好通风状况，不闷热，没有穿堂风。温度和湿度应适合季节、客人的着装多少和所进行的活动需要。

室内空气污染物来源于几个方面，包括室外污染空气（花粉、尘土、工业污染物、汽车尾气），周围污染源排放物（例如，装货码头、垃圾箱异味、周围建筑物的废气排放、室外进气口附近的不卫生垃圾等），土壤气体（氡、地下燃料罐泄漏、农药），滋生细菌的湿地或死水池（降雨后屋顶蓄水池、一些狭小空隙、嵌在墙内的排气和供水系统、墙内的凝结装置、浸水的家具、由堵塞或有设计缺陷的排水管形成的死水），高压交流电系统，个人活动（抽烟、烹饪、体味或化妆品气味），客房工作（清洁材料和步骤、除臭剂和清新剂、打扫或吸尘过程中飘浮的空气尘埃或污垢），由家具产生的化学制品或有害气体（地毯、墙皮、天花板上的瓷砖、室内油漆和涂料），以及二次装修及改建，或修复活动产生的污染（新家具的辐射性、拆除过程中的灰尘和纤维）。

室内空气质量计划

由于有很多室内空气污染隐患亟待处理，饭店经营者就要制订相关计划提升室内空气质量。通常，工程师和饭店各部门经理要负责实施室内空气质量预防性维护计划。该计划可以造福客人，且从长远看，可以节省不必要的开支。室内空气质量定义如下：

- 适度通风，控制空气分布；
- 控制空气中的污染物；
- 维持适当的温度和相对湿度。

饭店业所面临的一大难题，就是它们已经尽力降低能源消耗，可室内空气质量仍然很差。管理者必须确保调整某一区域时，而不会损坏另一区域的性能。

掸尘和垃圾清理工作如若做得不彻底，有可能会导致客人抱怨室内空气质量。但另一方面，一些清洁剂有显著气味并排放出各种化学气体，客房部工作人员在工作过程中有可能最先发现这些潜在的空气质量问题并做出回应。行政管家应该注意以下方面：

- 空气清洁的重要性：行政管家既要考虑到经济因素，也不要忘记人文因素；
- 清洁日程安排：行政管家应该考虑怎样安排清洁活动，尤其是公共区域的清洁活动，行政管家可能需要在客房出租率低时，安排清洁人员使用一些清洁剂，原因是这些清洁剂会产生强烈的气味，并对环境造成一定污染；
- 采购：行政管家应该熟悉清洁过程中需要使用的各种化学物品，和其他维护保养用的物品，以及它们的潜在毒性，确保选择使用最安全的清洁物品，这些信息可从商品标签和化学品安全说明书中找到；
- 材料处理和储存：行政管家还要保证清洁人员能够合理地使用和贮存这些清洁材料；
- 垃圾处理：行政管家应该确保员工按照合理的垃圾处理步骤进行操作，如果饭店内有餐厅，易腐坏垃圾应该每日进行处理，另外，要确保垃圾箱是有盖子盖着的，以及对虫害的有效控制，还有，垃圾堆放区域至少要每日清洁一次。

所有员工都要接受关于洁净空气措施重要性的培训。客房部员工尤其应该熟知并能够辨认重要的空气特征，如煤气泄漏、不合理的废气排放等。当客房部工作人员有能力识别并及时汇报问题时，问题就能得到及时妥善的处理，而不会变得更严重，花费更多钱。

防霉变

饭店霉菌和霉变问题变得日益紧迫，尤其对在极度潮湿的气候下新建的饭店、更是如此。有些饭店有新建的，或刚扩建的配楼，但在几年后都以关门告终，原因是它们受霉菌侵扰而不适宜居住。这样就得再花好几年，耗费大价钱进行修葺，才可能重新开业。

霉菌和霉变可导致严重的室内空气质量问题。尤其是饭店的工程部门，要采取积极行动防止霉菌滋生。美国国家环境保护局建议采取以下措施来帮助控制湿度，从而有效预防霉菌：

- 尽快修复漏水问题；
- 发现冷凝水和水渍，要立刻处理；
- 防止局部区域内的湿度骤增；
- 保持暖通空调盛液盘的干净；
- 保证加湿装置的通风；
- 保持较低的室内湿度；
- 定期进行检查，坚持记录文档日志。

很多饭店在清理客房时，会使用抽湿机来防止霉菌。饭店全年都会进行客房地毯的深度清洁。通常，如果饭店使用湿型吸尘器的清洁方法，那么要花很长时间才能弄干地毯，原因是因为客房在一个封闭的空间里不易通风。美国国家环境保护局建议地毯必须在 48 小时以内烘干，否则会产生霉菌；美国绿色建筑协会更是建议应在 24 小时以内烘干地毯。使用低水分抽洗机可以将地毯的烘干时间缩短至 30 分钟，并且清洁剂的使用量也会相应减少。使用无水箱低水分抽洗机是最高效的方法，这样烘干地毯所需的时间最短。

化学清洁剂

饭店的客房部和洗衣房工作人员要比其他饭店部门的服务人员在每日工作中使用更多的清洁剂。这样一来，行政管家就有责任监督管理，让他们合理使用清洁剂。而从采购到使用，再到用后处理等环节，行政管家都必要谨慎管理。

　　行政管家须意识到选择环保型清洁剂对于服务人员和客人都会更安全。商品标签上有清洁剂生物降解的信息，商家还应该提供选择环保型清洁剂的成本资料。

　　行政管家会选择含有低挥发性有机化合物的清洁产品。除此之外，他们还想选择无毒、能进行生物降解、无腐蚀性的清洁剂。客房部员工在使用时要严格按照说明书来操作。行政管家有时会做一些实验：通过递增或递减清洁剂的用量，来计算某种商品使用时能发挥的最大效能。能使用最少的清洁剂完成某项清洁任务这才真叫"令人称道"。

　　饭店可通过巧妙的库存管理来减少有毒副作用清洁剂的存放量。使用即时库存管理系统可帮助饭店减少清洁剂和其他潜在危险品在饭店的堆放时间。

　　客房部员工在使用清洁剂过程中需要及时和迅速地清理洒溅、过量使用，或是溢出的清洁剂，以防它们渗入到地毯或其他材料中，或是漏入通风设备，从而引起故障。如果在某一特定区域内使用高浓度清洁剂而影响了那一区域的空气质量，工作人员应张贴告示来提醒顾客。

　　最后需要注意的是，行政管家要确保处理清洁剂时，是通过废弃物管理系统，而不是直接排入排雨管道。

尾注:

① Patricia Sheehan, "Seeing Green," Lodging Hospitality, July 1, 2007, pp.22—24.

② Shelli Johannes-Wells, "Moving Hospitality into 'Greener PaSTURES,'" Southern Hospitality, Summer 2007, Volume 30, Issue 2, pp.14—16.

③ Kevin Maher, "Gome Green: The AH&LA's Environmental Partnership," Lodging, JUly 2007, p.24.

致谢

　　本章有较多信息摘自《房务纪事》（*The Rooms Chronicle*®），尤其是下列卷本中如下文章贡献良多。

- Volume 10, No.3 Energy savings comes from employee training.
- Volume 11, No.4 Water conversation can be invisible to the guest.
- Volume 11, No.5 The top 10 energy-saving projects for a hotel.
- Volume 12, No.2 2004Lighting technology update.
- Volume 12, No.3 Finding ways to minimize energy expense as gas costs keep rising.
- Volume 13, No.4 It's time to reexamine energy saving capital projects.
- Volume 15, No.4 Time to get serious about water conservation-Here are several steps to get started.

如需获取《房务纪事》相关订阅信息，请致电 866-READ-TRC。

主 要 术 语

生态采购（eco-purchasing）：在采购原则中会要求评估产品的耐用性、可再利用性、可再循环性、产品内容、产品包装和产品交付方式的一种采购方式。

出水 (effluent)：指对社区或企业排放的污水经部分处理后所得到的废水。

即时购买（just-in-time buying）：指在该物品现有库存将快用完时，才补购的做法。

可持续性 (sustainability)：减轻个体的生态足迹，使资源不会被不负责任地消耗尽。

三重底线 (triple bottom line)：指从生态、社会、环境管理方面三管齐下的可持续发展路径。

挥发性有机化合物 (volatile organic compounds)：也叫 VOC，其所排的毒气能在短期或长期内损害人体健康。例如，脱漆剂、不褪色记号笔、消毒剂、脱脂剂及其他清洁产品。

复习题

1．现存的哪些项目能够使饭店成为更出色的环保卫士？
2．客房部在整个饭店的环保项目中扮演何种角色？
3．布草再利用项目如何实现节水？
4．最节能的照明形式是什么？
5．废弃物管理计划的 3 个要素是什么？
6．室内空气质量改善计划有哪些重要内容？
7．行政管家在选择清洁剂时应考虑哪些因素？

网址：

若想获得更多信息，可访问下列网址。网址变更恕不通知。若你所访问的网址不存在，可使用搜索引擎查找新网址。

1．美国饭店业协会的 "善护地球" 项目：www.ei-ahla.org/content.asp?ID=146
2．地球：911www.earth911.com
3．EC3 全球：www.ec3global.com
4．能源之星：www.energystar.gov
5．佛罗里达州绿色住宿项目：www.FloridaGreenLodging.org
6．绿色住宿新闻：www.greenlodgingnews.com
7．明智对付废弃物：www.epa.gov/wastewise

第 3 章

学习目标

1. 识别客房部典型的清洁工作职责。
2. 描述客房部在计划安排工作时所使用的工具。
3. 解释行政管家在客房部工作中的组织作用。
4. 识别行政管家的基本管理职能。

3

客房部计划与组织工作

　　与饭店其他部门经理一样，行政管家需要利用现有资源去努力实现管理层确立的目标。这些资源包括人员、资金、时间、工作方法、材料、能源及设备。这些资源供应有限，大多数的行政管家坦率地承认自己不大可能得到想要的全部资源。因此，如何通过计划使用好这些有限的资源，来实现饭店的目标，就成为行政管家工作的一项重要内容。

　　行政管家要根据总经理制定的目标，为客房部规划出更具体、更量化的客房部目标。打个比方，行政管家在安排工作伊始，就要明确本部门的清洁工作职责，并制定出有效执行这些职责的策略。这些策略明确了清洁任务的种类，指明了执行这些任务的频率。

　　本章首先识别了行政管家的若干堪称最重要的计划职能，对客房部的主要清洁工作职责加以明确，并对本部门计划工作提出建议。此外，本章审视了若干客房部的组织机构图，介绍了行政管家这个职位的职务说明实例。这些实例适用于在典型的中档型饭店里担任行政管家职务的人士。本章在结尾处，还就行政管家的其他重要管理职能，以及如何与总体管理程序相契合做了阐释。

识别客房部职责

　　无论客房部的规模和架构如何，其清洁工作的职责范围通常由饭店总经理委派。多数饭店的客房部会负责清洁如下区域:
- 客房;
- 走廊;
- 公共区域，如大堂和公共洗手间;
- 游泳池和庭院区;
- 管理部门办公室;
- 储物区;

- 布草房和缝纫房;
- 洗衣房;
- 饭店后台区域,如员工更衣室;

对于提供中档型服务饭店和世界级服务饭店而言,它们的客房部通常还会负责清洁下列区域:

- 会议室;
- 餐厅;
- 宴会厅;
- 会议展厅;
- 饭店经营的商店;
- 娱乐室;
- 健身房。

至于客房部在餐饮区域承担的清洁工作职责,则因饭店而异。多数饭店的客房部对餐饮区域里有关食品制作、生产及储藏区的清洁工作仅担负有限责任。这些地方的清洁任务比较特殊,通常会在行政管家的监督下,由厨房员工完成。有些饭店的餐厅员工会在早餐和中餐服务结束之后清洁服务区,随后,再由客房部夜班清洁人员在晚餐后或清晨营业前进行深度清洁。行政管家和餐厅经理必须紧密合作,以保证对客服务区域和服务台区域可维持应有的质量标准。

客房部与宴会部或会议服务部门之间也需要保持此种合作。宴会或会议服务人员通常负责宴会厅和会议室的布置工作,以及使用结束后的一般清洁工作。但最终的深度清洁还得由客房部来完成,这就意味着维护这些区域的清洁程度与整体环境的最终责任,还得落在客房部员工的肩上。

总经理通常会指定需要由客房部来负责清洁的区域。但是若出现需要由多个部门共同负责的清洁区域,就得由这些相关部门的经理坐下来商榷如何落实这些有争议区域的清洁工作职责。经理们所达成的协商结果需上交总经理批准执行。一个好的行政管家应能够与其他部门经理们一起有效地解决问题,帮总经理从日常事务性问题中解脱出来。

对于行政管家来说,一个不错的方法是准备一张饭店的楼层平面图(纸质的或电子版的),并在图上用颜色标出由客房部负责清洁的区域。对于其他部门负责清洁的区域,则可用不同的颜色标注。为确保该图已包括全部饭店区域,避免今后发生责任不明确的问题,宜将做了颜色标记的平面图副本发给总经理及其他各部门经理。这样,整个饭店区域的清洁工作职责就能依靠这张图来概览全局。该图能把客房部在饭店清洁维护工作中所发挥的作用明确展现出来,令人印象深刻。

　　如今的住宿企业多会要求各部门在运营中要尝试向绿色环保迈进，客房部也不例外，这会让行政管家的责任更重。无论是鼓励客人重复使用布草，还是更广泛地践行可持续性，多数饭店正在或将要行动起来，启用对环境更加友好的客房工作标准。

　　一旦明确识别出客房部的责任区域后，客房部计划工作的重心就聚焦到对各区域清洁及维护工作的具体分析上了。

房务纪事

行政管家是动力之源

　　假定今天是周一，一切正常。客房服务员已开始清扫客房，洗衣房正忙，公共区域的保洁工也已经开始工作。行政管家此时得出去巡查一下了。毕竟，经过一个忙碌的周末，有大量的客人在店入住，该去看看客房状况了。

　　巡查是行政管家最重要的工作职能之一。无可否认，行政管家的首要工作是确保饭店清洁，因此，巡查很关键。但行政管家在巡查时到底该注意哪些方面呢？走廊是否干净？公共区域的摆设是否整齐？地面有无垃圾？员工是否各司其职？是的，除去这些，还有很多需要注意的。行政管家得从大处着眼。

　　打个比方，公共区域的清洁工在饭店的走廊巡查时，会注意清拣垃圾，并清空烟灰缸。而行政管家在巡查饭店时，他们会注意检查整个楼宇的状况。

　　行政管家要从大处着眼，例如，要注意大堂沙发套的洁净状况和走廊护栏是否有划痕。行政管家的职责就是要在发现饭店某些有破损迹象的设施后，尽快调用必要的资源，将它们修复如初。发现问题后是否整改；是有赖于同其他部门的协同努力，还是提交预算并申请款项，所有这些活都得由行政管家牵头推进。

公共区域

　　门上和走廊的划痕是设施维护时容易疏忽的环节。顶尖的行政管家会追寻划痕来源，进而从根本上消除产生划痕的根源。例如，是不是某辆或某几辆客房服务车的台角比较尖锐所致？还是行李车所致？或是折叠床所致？又或是客房送餐服务车所致？行政管家会在全店范围内调查，确定问题的严重性，并请工程维修人员修缮。有时为消除这些有碍观瞻的划痕，得与其他多个部门搞好沟通协作，重新安排油漆工补漆，甚至关闭部分区域的客房。

　　行政管家得心系饭店建筑全貌，客人对饭店的第一印象如何？大堂家具的状况、自动售货区的面貌、客房服务车的摆放秩序，这些都是客人入住房前一眼就能够看到的。

　　行政管家会注意自动售货机里是否又有某样商品售罄，并有责任督促补货。也会留意绿植是否按合同规定被适时地养护，还会关注某些区域入口是否需要铺长一些的地垫。

客房

　　就客房内部来说，行政管家不仅要关注房间是否清洁，更要关注房间的整体状况，例如：

- 床垫、枕头和床罩是否出现破损？
- 橱柜家具是否按厂家要求安装妥当？
- 如发现通风口有灰尘沉积，行政管家还得过问原因，看是客房服务员没有履行好清理职责，还是空气调节系统出了更严重的问题。

（续）

- 客房的窗户有无凝雾？工程人员该更换哪个地方的窗户？

- 阳台栏杆是否还牢固如初？栏杆是否需要更新、喷漆或焊接？

- 客房窗帘如何？应采取何种清洁方案？该吸尘，还是该换下来用烘干机处理，抑或是外包送出去干洗呢？

- 整个饭店的做房质量如何？行政管家将一个刚做好的床铺拆开，细致检查床铺的各个细节以及客房服务员的做床技能。

- 浴室固定装置是否完好无缺？有无破损、污渍或是渗漏？客房服务员是否将问题上报？工程维修人员是否已对上报的问题采取处理措施？

- 客房内是不是有过多的促销材料？比如促销单，长途电话拨号说明，最新的常客奖励计划，每张促销单都会占用客房空间，影响客人对客房的印象。所以，行政管家的职责就是要检查客房，确保这些材料是适时的、必要的，务必要使房间看起来不至于凌乱。

- 电视机能不能用？遥控器好使吗？电话的快速拨号键是否管用？客房里的各种使用说明是否是最新的？并且，它们应容易读懂并方便照做。

行政管家巡查后，会发现有好多设施需要修缮，这就需要饭店其他部门经理共襄其事。例如，工程部必须同客房部携手共同维护饭店设施。在库存盘点以及准备资本支出预算的文书工作方面，财务部必须全力支持。采购部也应为更换库存物品做招标。而总经理需要做的就是全力支持这些改进方案。

饭店的氛围是其最有价值的资产，所以，行政管家必须带动各部门力求完美。事实上，万事俱备，只待行政管家行动。

但在现实的工作情况下，在试图解决问题时，行政管家往往得不到其他部门经理的帮助，时常会陷入无助状态。但是，行政管家确实要依靠其他部门开展工作。例如，客房部要得到前厅部的允许才能关闭一部分客房进行深度清洁。所以，行政管家要持续与其他部门打交道，以寻求协助。行政管家的角色不只要从大处着眼，更要抓住一切机会，让"知"转化为"行"。

资料来源：作者是玛丽·弗里德曼，《房务纪事》，第8卷第3期第4~5页。

请致电 866-READ-TRC 获取相关订阅信息。

制订客房部工作计划

制订计划或许是行政管家最重要的管理职能。如果计划不周，危机每天都有可能发生。危机频发，会让员工士气低下，劳动生产率下滑，而且，部门开支也会增加。此外，如果没有工作计划的指导和聚焦，行政管家很容易偏离工作方向，被琐事缠身，或被与实现饭店目标无关的杂事困扰住。

在饭店里，由客房部负责清洁和维护的区域为数众多，制订部门的工作计划会让人感到头绪繁杂。行政管家若缺乏系统性考虑和步步为营的工作方法，就会难堪重担，并迷失于上百种重要的细节中。但这些细节又不能不加以处理；不但得处理，还要保证事事处理恰当、高效、按时，而且尽可能地节省部门开支。

表 3-1 显示的是行
政管家应如何安排本部
门工作。该表列出了行
政管家在计划工作时需
先列入初步考虑的一些
问题，并给出了计划过
程中每一步骤指向的最
终结果。这些最终形成

表 3-1　基本计划活动

计划中初步考虑的问题	结果文件
1. 该区域必须清洁与维护的物品有哪些？	区域物品清单
2. 该区域物品的清洁与维护的频度如何？	频率表
3. 该区域主要物品的清洁与维护工作有什么要求？	绩效标准
4. 按部门绩效标准，一个员工需多长时间才能完成一项指派的任务？	劳动生产率标准
5. 为达到客房部绩效标准与劳动生产率标准，应向他们提供多少设备与供应品？	库存量

的结果文件如能在工作计划中获得恰当应用，将有助于客房部实现平稳运营。下面
分别对计划过程中的每一步骤加以剖析。

区域物品清单

　　客房部制订工作计划的第一步就是列出区域物品清单（译者注：原文为 area
inventory lists，国内也有饭店称之为"区域库存清单"或"区域盘点表"），列出客
房部负责清洁的各区域的所有物品。之所以将计划活动的第一步定为准备区域物品
清单，这是因为该清单确保了余下的计划活动能列出客房部负责清洁的每一项物品。
区域物品清单难免冗长，而且纤毫毕现。鉴于多数饭店会有几种不同的房型，因此，
有可能需要就各种房型分别列出物品清单。

　　在准备客房区域物品清单时，明智之举是按客房服务员做清洁以及查房的顺序
来列。这是行政管家能将区域物品清单作为开发清洁程序、制订培训计划及查房检
查表的基础依据。例如，房间的物品可根据摆放位置，依照从左至右、从上到下的
次序列于区域物品清单上。除此种方法外，其他方法也可以达到让工作井然有序的
功效，这些不同方法都需秉持的关键一点是都得遵循与客房服务员及查房人员日常
职责相同的程序。

频率表

　　频率表说明区域物品清单所列各项物品所需的清洁与维护频率。一般而言，需
要每日或每周清洁的物品会被归于日常清洁周期的内容，并纳入标准工作程序。
其他需要每两周、每月、每两个月，或按其他周期进行清洁或维护一次的物品，
则需要列入每日或每周例检内容，但多视情况而定，有时会被转编入深度清洁计
划，或列为专门清洁项目。表 3-2 是一家大型会议型饭店的某公共区域照明固定装
置的清洁工作频率表示例。表 3-3 则是客房部夜班清洁人员清洁专门项目的频率表
示例。

应就区域频率表上已编入客房部深度清洁计划的工作任务排出工作日程表（电子版或纸质版均可），并列为专项清洁任务。行政管家应按照日程表安排适当的员工承担必要的工作。在计划开展客房深度清洁或其他专项清洁任务时，行政管家需要考虑多方面因素。例如，在尽可能的情况下，应将深度清洁安排在客房出租率较低的时段。而且，如果本部门的安排与其他需要配合的部门的工作安排有冲突，应灵活安排本部门的深度清洁计划。例如，当工程部计划对若干客房大修时，行政管家应设法将这些客房的深度清洁计划安排时间与工程部的工作时间协调好。缜密的计划安排不但能为本饭店带来良好效益，还能把给客人及其他部门所造成的不便降到最低限度。

绩效标准

行政管家在编制绩效标准前，可先回答下列问题，在这个区域里，如要清洁与维护主要物品，必

表 3-2 频率表示例

公共 2 区—照明固定装置			
位置	**型号**	**数量**	**频率**
1 号入口	壁式灯台	2	1 次 / 周
大堂	枝形吊灯	3	1 次 / 月
3 号入口	皇冠型壁式灯台	2	1 次 / 月
喷水池后	壁式灯台	3	1 次 / 月
狭窄通道	柱灯	32	1 次 / 月
低层建筑	柱灯	16	1 次 / 月
喷水池区	柱灯	5	1 次 / 月
餐厅庭院	柱灯	10	1 次 / 月
餐厅庭院	壁灯	5	1 次 / 月
餐厅露望台	半柱灯	16	1 次 / 周
餐厅入口	白色灯泡柱灯	6	1 次 / 周
透明眺台	白色灯泡柱灯	8	1 次 / 周
通向狭窄过道的二楼楼梯	白色灯泡柱灯	2	1 次 / 周
喷水池	白色灯泡柱灯	4	1 次 / 周
休息厅露台	壁灯	4	1 次 / 周
餐厅入口	枝形吊灯	1	1 次 / 周

表 3-3 夜班清洁项目频率表示例

专门项目	频率	
	每周	**每月**
1. 彻底冲洗公共洗手间墙面瓷砖	1	
2. 撤空场地杂物并给以下区域打蜡		
洗手间（必要时）		1
地下室走廊	1	
休息室、大堂和楼梯		1
3. 用洗涤剂清洗以下区域		
入住登记区		1
楼梯		1
洗手间		1
所有餐厅		2
所有休息室		1
咖啡馆		1
会议室		1
客用电梯		2
员工餐厅（需要时）		2
4. 用洗涤剂彻底清洗以下区域		
正面入口		2
侧面入口		2
前台区域		2
5. 擦洗游泳池区窗户		1
6. 为游泳池区固定百叶窗除尘		1
7. 清洁客用与服务用电梯轨道	1	
8. 擦亮厨房设备		1
9. 擦亮饮用水出水器	1	
10. 清洁电梯间外表	2	

须做哪些事？所谓标准就是对绩效质量水平的要求。绩效标准不仅说明必须做什么，而且，还详细描绘该项工作必须该怎样去完成。

客房部开展计划工作的主要目的之一就是要确保所有员工能始终如一按要求做好工作。2006 年的一项研究表明，同一间饭店（或同一班次）的客房服务员在清洁产品的使用量上可能存在巨大的差别，这就更凸显出制定、贯彻以及评估绩效标准的重要性。[①]保持始终如一的关键就在于行政管家所制定、贯彻和控制的绩效标准。尽管不一样饭店的客房部会有不一样的标准，但行政管家可以要求本部门员工百分之百地遵守绩效标准，确保清洁工作的质量始终如一。如果发生绩效标准制定不当、贯彻不力或没有坚持管理的情形，客房部的劳动生产率就会受到影响，原因就在于员工们无法做到有效地工作，自然也就不可能发挥其最大的能力。

制定标准时最要紧之处是在该怎样开展清洁任务及在其他任务上达成共识。这种共识可通过让从事实际操作的员工参与论证，让他们为部门形成最终的标准献策献力来获得。

绩效标准的宣传贯彻需要通过不间断的培训项目来落实。很多饭店也将自己编制的绩效标准纳入了有着令人印象深刻封面的客房部工作程序手册中。然而，这些手册往往到头来只是被扔在行政管家办公室的书架上蒙灰。手册写得不错，但束之高阁，这个标准依然是分文不值。必须知道贯彻标准的唯一路径是在饭店的工作场所实行有效的培训计划。

房务纪事

实施轮流清洁任务项目，让客房呈现百分百清洁

客房清洁工每天将分配给自己负责的每间客房都打扫得百分百清洁吗？也许不能。由于缺少设备、物资且时间有限，他们很难把每间客房清洁得尽善尽美。然而若是有了精确的日常职务说明以及完善的任务组织，客房清洁工就能做出高质量的客房，并能坚持始终如一。

客房部管理人员应首先制定出精确的日常职务说明。到客房中去，记下所有需要打扫的区域。接下来就要测出客房清洁工完成清洁任务列表中各项工作所需的时间。有了这些信息，管理人员就知道该把哪些工作归入日常工作，哪些工作可做另外处理。

诸如换床单、洗刷墙壁或者清洗地毯这类不用每天打理的事项，可以编入专项清理项目或者深度清洁项目。客人强烈期望入住时面对的是彻底打扫过的客房，因此，客房清洁工必须井井有条，使房间看起来如同当日恰被彻底打扫过一样。要做到这一点，经理们必须准备一份专项清洁项目频率表。

很多项目都会归入深度清洁类别。例如，更换薄纱窗帘可算深度清洁项目，半年一次即可。进行深度清洁项目的一个简单易行办法就是关闭一片客房并进行深度清洁。给一系列客房做深度清洁时，只需准备好供应品库存和清洁设备，组建专门的清洁团队，即可轻易完成。此时，也是工程部复查客房，开展预防性维护的绝佳时机。

（续）

圆满安排客房深度清洁项目还有其他许多方法可供选择，例如，可以制定一份简短的走房列表，供清洁团队开展深度清洁。明尼阿波利斯市中心的一间饭店雇用了一支由有障碍人士组成的专项清洁团队，大致每天指定 6 间客房由他们进行深度清洁，并按照所清洁客房的数量付酬。

另一种深度清洁方法就是每天为每位客房清洁工指定一间客房做深度清洁。客房清洁工承担起每天一间客房的深度清洁任务后，管理层就可以出台"完美客房"计划来激励员工保持客房高品质。

然而，有些清洁工作不需要每天做，但是除深度清洁之外，也还是要经常进行，如清洁门框、电灯开关板，以及浴室通风口。完成这些工作的窍门之一就是在每天早会时，将其中的一项工作指定为当天的专门清洁任务。周一可能是"清洁门框"日，每位客房清洁工都会将其负责的客房的门框清洁干净。

管理专项清洁任务的难点是追踪哪些客房已经完成了清洁。例如，周一饭店只有 75% 的出租率，那么就有 25% 的客房门框还没清洁。

为了解决这种窘境，许多行政管家会为客房清洁工绘制出项目图表，并存放在每层楼的清洁工工作间里。客房清洁工只需标出每间客房已经完成哪些清洁项目即可。有了这种机制，接班的其他客房清洁工就能很容易看到所负责楼层的客房清洁状况，并很快投入清洁工作中。

综上所述，虽然有很多不同的客房轮流清洁系统，但它们的目标都是一样的，那就是为每一位入住的客人呈现出经过彻底清洁的客房。

资料来源：作者是玛丽·弗里德曼，《房务纪事》，第 5 卷第 5 期第 4 页。
请致电 866-READ-TRC 获取相关订阅信息。

通过举办持续的培训活动宣传贯彻绩效标准后，行政管家还必须管理那些标准。这意味着必须通过检查，来确保员工工作符合标准要求。有经验的行政管家对这条要求深以为然：没有检查，难有落实。开展完专项在职训练和再培训项目后，日常检查和阶段性绩效评估应随即跟进。这样才可以确保每位员工都能始终如一地以最有效率及效果的方式完成工作。行政管家每年应至少复查一次本部门的绩效标准，如果导入了新工作方法，还应对绩效标准做相应的修订。

劳动生产率标准

绩效标准确立了期望达到的工作质量，而劳动生产率标准则明确了本部门员工可被接受的工作数量。行政管家在制定劳动生产率标准前，可先回答下列问题，一位客房部员工如按照本部门的绩效标准，完成一项指派的工作任务需要多长时间？制定劳动生产率标准时，必须确保本部门的员工配备不能超出饭店营业预算所规定的限额。

由于绩效标准与每家饭店的独特需要和要求有关，所以，绩效标准也不尽相同，因此，不可能制定一种适合所有饭店客房部的劳动生产率标准。由于在经济型饭店、中档型饭店以及豪华型饭店工作的客房服务员的职责差别很大，他们的劳动生产率标准也各不相同。

在制定切实可行的劳动生产率标准时，行政管家没必要为着要去研究区域物品清单上所有物品在清洁与维修时所需的时间与动作，带着卷尺、秒表和写字板四处跑。行政管家及其他管理人员的工作时间也同样十分宝贵。然而，行政管家必须了解到一名客房服务员在完成频率表上所规定的一项诸如客房清洁作业之类的主要任务时，需要花多长时间。一旦有了这些信息，劳动生产率标准就可以制定出来了。

让我们假定：在一家中档型饭店里，行政管家确定一名客房服务员能按照绩效标准，在大约27分钟内清理好一间典型的客房。表3-4是劳动生产率标准工作单示例，说明怎样计算一个实行8小时工作制的客房服务员的劳动生产率标准。该表在计算时，对员工30分钟的午饭时间是假定为不付工资的。该表显示，8小时工作制的客房服务员的劳动生产率标准为每1班次清洁15间客房。

表3-4 劳动生产率标准工作单示例

步骤1
按客房部绩效标准，确定清洁一间客房所需的时间。
约27分钟*

步骤2
确定一个班次的工作时间为多少分钟。
8小时 ×60分钟 =480分钟

步骤3
确定清洁客房可使用的时间。
一个班次的总时间 480分钟
减去：
班前准备时间 20分钟
上午休息时间 15分钟
下午休息时间 15分钟
班后收尾时间 20分钟
清洁客房可用时间 410分钟

步骤4
将步骤3得出的数除以步骤1得出的数。
410分钟 ÷27分钟/间=15.2间客房
（8小时工作制下每班可清洁的客房数）

* 由于不同饭店有不同的绩效标准，此处数字仅用来说明问题，不作为建议采用的时间数。

房务纪事

密歇根州水晶山度假饭店的计件工资尝试成效显著

由于劳动力短缺，越来越多的雇主在争抢员工，行政管家很难找到且留住顶尖的员工，也不再那么容易鼓动员工高效工作。这些难道要全归咎于外部原因吗？也许饭店内部可以采取措施吸引并留住那些好员工。

水晶山度假饭店是一家坐落于密歇根州83个县中最小一个县内的家族饭店。该饭店全年营业，每年会雇用250～480名员工（其中很大比例是客房部员工）。即使作为当地最大的雇主，水晶山度假饭店也难免被全国的行政管家们所面临的普遍难题所困扰，那就是如何留住好帮手。

（续）

当水晶山度假饭店的设施服务总监莎勒尼·托马斯在查看本饭店在这个将来临夏季的客房出租率预测时，她感觉得做些改变。由于饭店新增了一个高尔夫球场，而且，会议生意激增，这个夏天饭店将面对的是客人人数再创新高。而员工们将面对的则是客房清洁任务创纪录。托马斯很清楚她得采取措施来激励员工高效工作，并通过足够优厚的报酬留住员工了。她也清楚，按水晶山度假饭店现行的制度，员工时薪并不足以留住好员工，也不足以让她在其他雇主面前占有竞争力。

听说附近有家名叫霍姆斯泰德的度假饭店实施"计件工资"给员工付酬的成功案例后，托马斯致电该店希望进一步了解情况。霍姆斯泰德的行政管家前来与托马斯、水晶山度假饭店的行政管家及人事服务主任会晤，大家都很赞赏按清洁房间数量支付员工报酬的想法。

除了按清洁房间数量付酬外，还需按照所清洁的住宿单元数支付客房服务员报酬。从水晶山度假饭店的个案来看，该饭店有很多不同类型和规模的住宿单元，每个住宿单元都有不同的清洁时间及报酬标准。客房服务员的工资不仅取决于所清洁的住宿单元数，也取决于房型因素。

1998 年 3 月，在水晶山度假饭店开展春季深度清洁计划时，饭店开始尝试按清洁房间数量支付员工报酬。在此之前，客房服务员平均时薪为 6.95 美元。实施按清洁房间数量支付报酬后，客房服务员的人均时薪能提高到 9.95 美元。

"这么做起初很冒险，"托马斯承认，对很多人来说，"这是个巨大的改变，我们多次开会商议，研究实施细节。"托马斯注意到，客房服务员会特别关注他们在清洁住宿单元之外所花的时间，例如给库房入货、为客人递送物品或从洗衣房取床单等。"我们要确保这些额外的工作也支付员工报酬。"

水晶山度假饭店同时也借此契机在部门内做了些许改变，尽可能给客房服务员减少非清洁作业类工作。

当托马斯向员工解释新的制度时，她强调按清洁房间数量支付报酬会使员工受益。"较之以前赚时薪的制度，我们的客房服务员能增加收入，只要他们愿意努力高效工作，"她指出，"按清洁房间数量支付报酬也让我们能更灵活地安排工作时间表。一些客房服务员可以一周只用工作 4 天，他们在 4 天里就可以赚到之前要 5 天才能赚到的工资。不过，我们仍然依据房间出租率情况和清洁工作任务需求来安排员工的工作时间表。"

"按清洁房间数量支付员工报酬的制度让两名客房服务员每小时能赚到 15～16 美元，也能让他们每周只工作 4 天。"托马斯补充道。

这给水晶山度假饭店带来了什么好处呢？"员工的劳动生产率更高了，"托马斯说，"劳动生产率提高了 30%。如果没有计件工资制度，今年夏天我们的营业额根本不可能翻番。"

在水晶山度假饭店，质量也是关键。只有质量达标了，才能支付报酬。托马斯或另外一位主管会在客人离开时检查，任何返工都得由之前负责清洁该住宿单元的员工自己完成。

新一轮的招聘起薪为 6 美元每小时。经过一周的培训，就按照所清洁房间数量的标准来支付报酬。如果有服务员愿意加班，加班费将按照他们当周平均时薪的 1.5 倍支付。

不过，按清洁房间数量支付报酬的办法并未完全解决问题；仍旧很难找到好的客房服务员。水晶山度假饭店在夏季时总会人手不足，在最忙的时候，还不得不把一些工作外包出去。然而，托马斯深信，按清洁房间数量支付报酬让员工很高兴，能让她留住现有的优秀员工。"一旦这个消息扩散开，我相信我们一定能吸引到更多的员工。"

"我们的客房服务员责任重大，"托马斯说，"我们要求高品质。然而如果只给员工支付 6 美元

（续）

> 的时薪，能不能达到高品质就很难说。"依托马斯所见，约99%的客房服务员都喜欢这种新的制度。"我们还在探索，"她说，"我们还需要大概一年的时间让这个制度实现双赢。"

（作者注：文章中提到的工资水平是文章出版时的普遍工资范围。）

资料来源：《房务纪事》，第7卷第1期第13页。

请致电866-READ-TRC获取相关订阅信息。

质量与数量可看作是一枚硬币的正、反两面。一方面，假如对质量的期望值（绩效标准）定得太高，相应完成的工作数量会受影响，可能会低得不能接受。这就迫使行政管家得不断增加人手，以确保如期完成全部工作。

然而不久（很可能比预料得要快），总经理就会削减客房部的高额人力成本开支。这一举措会使行政管家缩小员工规模，重新调整质量和数量的关系，并根据更实际的劳动生产率标准来重新审定绩效标准。

但在另一方面，如果绩效标准定得太低，相应可完成的工作量会超出预期。一开始，总经理可能会对此感到高兴。然而，随着客人与员工的投诉和抱怨增多，且饭店逐渐显得疏于清扫、不再光亮时，总经理可能会再次采取对策。这次他也许会决定选择更换行政管家，换一位能制定更高的绩效标准、也能更密切监控部门开支的人。

当前面临的挑战是要有效平衡绩效标准与劳动生产率标准。质量和数量都能互相牵制和平衡对方。例如，一些饭店取消走房和过夜房的部分清洁任务，并培训客房服务员专注于客人切实会留意的区域。这样一来，过夜房的打扫时间就降低了8～9分钟，而且，还能保持客房带给客人的好印象[2]。关注劳动生产率并非一定要降低绩效标准；可以采取改进当前的工作方法和工作程序的方式来提高工作效率。如果客房服务员为拿清洁用品和客房供应品需要往返跑动，这就说明他们在客房服务车的装载方法和物品配置数量上出了问题。做不必要的动作就意味着是在浪费时间，而浪费时间则消耗了客房部最重要、最宝贵的资源——劳动力。行政管家必须始终密切注意新的、更有效的工作方法。

记住，行政管家很难获得做一切想做的事所需的全部资源。所以，必须认真仔细地安排劳动力，使工作在符合可接受的绩效标准的同时，又能达到切合实际的劳动生产率标准。

房务纪事

标准还是30分钟吗

最近，TRC员工拜访了一位来自一间具有代表性的商务饭店的行政管家。大家坐在客房内，环视整个客房的便利设施，发现在过去的10年中，饭店客房中已经引入了不少稀罕物。请考虑以下额外供

（续）

应品及其人力成本。

羽绒被芯和被套

羽绒被芯和被套，通称羽绒被，仅是近年来高档床上用品的一部分。在此之前，饭店的床只有一张床垫，两张床单，一个毯子，一个床罩。您可以比较一下为高档床和为标准床更换床上用品的时间。都是钱啊！

床裙

近年来，饭店开始选用带有防尘荷叶边的羽绒被罩。有人管这个叫床裙，可以让做床的环节简化并节省时间。都是钱啊！

双枕头

为了提升客人的舒适感，很多饭店现在为客人准备双倍数量的枕头。双人床4个枕头，大号床6个枕头。这种新做法，客人们非常赞赏，却让做床时更换枕头套的时间翻倍。都是钱啊！

咖啡机

另外一个给个人带来便利的就是咖啡机了，可这也在无形中占用了客房服务员宝贵的时间。刷洗咖啡壶、清理过滤篓、弄干净溢出的咖啡、补给冲制咖啡的原料，可见在客房中添置咖啡机增加了员工的工作负担。都是钱啊！

瓷杯

玻璃杯的使用曾经让客房服务更贴心，因为咖啡机而添置瓷杯也是周全的考虑。杯子必须用厨房的洗碗机清洗消毒，且用客房服务车将杯子拿进拿出都要格外小心。都是钱啊！

熨衣板和熨斗

饭店已经想出如何在客房壁橱放置熨衣板和熨斗，他们采用带回卷电源线、能够自动关闭及自动清洗的熨斗，且已找到了熨衣板罩替代品，客人们却又开始抱怨客房没地方插熨斗。经理们也在想方设法防止熨斗失窃。都是钱啊！

迷你厨房

要清理成套的4个碟子，炒锅和煎锅，厨具和冰箱，擦净微波炉，把要洗的碗碟放进洗碗机，洗好后再取出，迷你厨房里既然放了垃圾筐，必定有垃圾要清理（参阅《恶心的食物垃圾》（*Yucky Food Trash*））。会有虫子出现，会有鼠害。是的，越来越多的客人喜欢订带有家庭式生活设施的套间。都是钱啊！

抽拉式沙发

以前的话，如果客人需要加床就会加个折叠床。没错，这对饭店来说的确是一笔额外收入。现如今，饭店在很多客房添置了抽拉式沙发。这就需要额外配置布草以及额外的劳力。不再有加床的额外收入。都是钱啊！

浴袍

若房价定得高，便利设施就要丰富。添置浴袍就是非常受客人欢迎的举措。经理们必须确保房价能支撑住高级浴袍采购、维护、清洗以及更换的成本。都是钱啊！

电子设备

几年前传真机风靡一时，很多饭店就在客房添置了传真机。现如今随着技术的发展，客房服务员不仅要清理传真机的灰尘、添置耗材，还要清洁计算机屏幕和键盘、整理电源线、给遥控器消毒。都

（续）

是钱啊！

绿植

饭店设计师希望客房变得更有宜居感觉，因此，在角落里添置绿植是个不错的主意。有时候，饭店会从绿植养护公司租用绿植并请他们负责养护。但大多数饭店直接购买绿植并指定客房服务员去照顾。都是钱啊！

客房保险箱

虽然客房的保险箱不需要客房服务员费神，但是一定要细致培训员工如何操作保险箱。客房服务员还必须在客人退房时查验保险箱是否完好。都是钱啊！

壁橱衣架

起初饭店为客人提供的衣架是那种最基本的、带防盗环的衣架。现在有裤夹、裙夹以及缎面衣架，可以直着挂衣服，不打褶。使用不带防盗环的衣架固然美观，可是客人会经常将衣架带回家。都是钱啊！

总结

客房的发展演化很有意思，不是吗？总体说来，客房内添置新物品以提高客人的舒适度。有时，客房添置新物品也是为了应对行业竞争。在类似咖啡机和熨斗的案例中，免费为客人提供这些客房用品实际上可能和之前的一些赢利性服务相冲突。都是钱啊！

那么饭店如何补偿客房升级奢华服务的开支呢？对这些增加的便利设施和物品的补偿来自提高房价。房价在过去10年上涨了吗？当然上涨了。然而，普遍承认的清洁一间标准客房的时间标准还是30分钟，这难道不是个有意思的现象吗？

资料来源：《房务纪事》，第10卷第6期第8～9页。

请致电866-READ-TRC获取相关订阅信息。

库存量

在计划出该做什么且怎样做之后，行政管家必须确保员工有必需的设备和供应品来开展工作。行政管家在拟定适当的库存量时，要先回答以下问题：为达到部门绩效标准及劳动生产率标准的要求，客房服务员需要多少设备和供应品为宜？该问题的答案是客房部平稳开展日常工作的保证，也是建立高效采购体系的基础。该体系须始终注意维持客房部库存中所需物品的数量。

基本上，行政管家主要负责两类库存。一类是饭店运营中可循环使用的物品；另一类是非循环使用的物品，即那些会在客房部日常工作中消耗掉或使用掉的物品。由于储存设施有限，而且，管理部门也不希望资金因库存过多而被搁置，所以，行政管家必须为可循环物品及非循环物品制定合理的库存量。

可循环使用库存品 可循环使用库存品包括布草、大部分设备及部分客用品。可循环使用的设备有客房服务车、真空吸尘器、地毯清洁机、地面磨光机，以及许多其他物品。可循环使用的客用供应品则包括诸如熨斗、熨衣板、婴儿床，以及冰箱等客人住店时可能需要用到的物品。一般由客房部来负责储备、维护，以及租借给有需求的客人。

为了确保部门平稳运转，必须备足的可循环使用一次的物品数量称作一个标准量。标准量是指支持客房部日常顺利运作所必须准备的物品数量。例如，布草的一个标准量是指饭店一次装备全部客房所需要用到的布草的总数量，两次则需两个标准量，以此类推。

非可循环使用库存品 非可循环使用库存品包括清洁用品、客用品（如浴皂）及客人便利用品（牙刷、洗发水、护发素、芳香沐浴盐及花露水等）。由于非循环使用物品在饭店运营中不断被消耗，所以，库存量与饭店的物品采购体系关系密切。该采购体系为购买非循环使用物设置了一个标准量，它依据最小储备量与最大储备量这两个数值来制定。

最小储备量指饭店随时需备足的物品的最小购置件数。购置件数是指装运货物使用的一般规格容器的数量，如箱、盒及桶等容器。库存量永远不能低于最小储备量。一旦非循环使用物品的库存水平快降至最小储备量时，就必须另行订购了。

需补充订购物品的实际数量取决于最大储备量。最大储备量是指饭店随时需备足的物品的最大购置件数。最大储备量必须要考虑到与饭店的仓库储存能力相一致，且要防止因为过多的库存导致饭店资金积压。物品可保存期限的长短，也对仓库储存能力所允许的最大购物件数有影响。

开展客房部组织工作

行政管家的组织职能是指在建立客房部组织机构与工作划分方面的职责。目的是使每个岗位的员工都能承担一份合理的工作，并且使所有工作能在规定的时间内完成。

确立组织机构是指建立垂直领导关系及本部门的信息流动方式。部门组织工作的两条重要指导原则是：

- 每位员工只应有一位主管；
- 为方便指导员工开展工作，应将权力及必要的信息一起授予管理者。

行政管家在授予主管权力的同时，还必须确保每位员工清楚了解本部门组织机构中的上下级关系。行政管家可以将权力委托给主管，但无法将责任进行委托。行政管家对由自己授权的这些主管的行为需要承担最终责任。所以，行政管家有必要向这些主管们详细通报涉及饭店政策、工作程序以及他们所拥有的权限等方面的情况。

部门组织机构图

客房部组织机构图能明确显示出该部门的垂直领导关系及内部信息传递渠道。图 3-1 至图 3-3 是不同规模档次及服务水平的饭店的客房部的组织机构图示例。小型经济型饭店的客房部管理者的头衔根据该职位所负担的具体职责而定。这一职位的头衔往往是"客房部主管"或直接称"管家"。跟其他类型的饭店相比，经济型饭店的客房部的员工规模较小。但在这类饭店里，客房部员工的数量有时能占到饭店全部员工数量的一半左右。图 3-2 显示出在提供中档型服务的饭店里，行政管家手下的员工较多。图 3-3 显示，提供世界级服务的特大型饭店可能会单独设立房务部，并会在房务部主任下面设置若干经理职位。

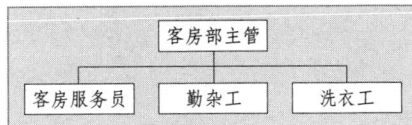

图 3-1　一家小型经济型饭店的客房部组织机构图示例

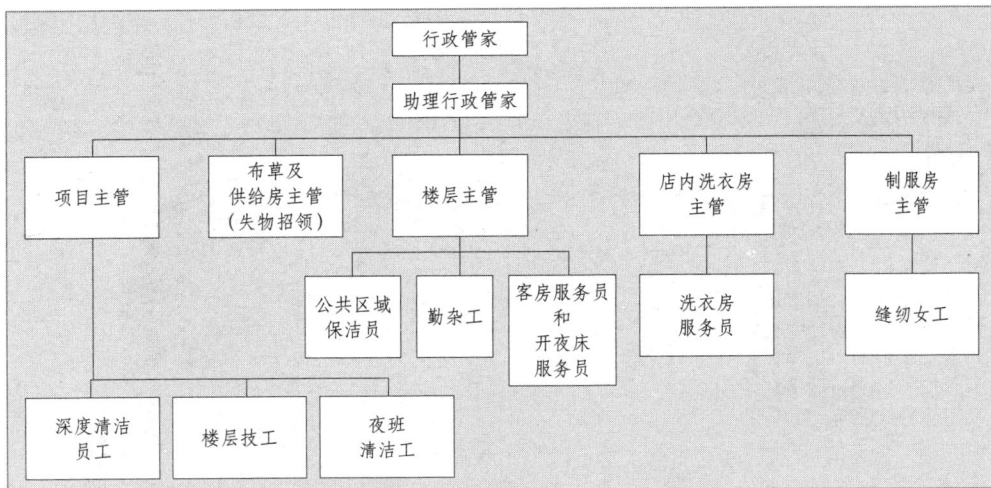

图 3-2　一家中档型饭店的客房部组织机构图示例

部门组织机构图不仅展示了指挥指令在系统内的传递路线，也有助于避免造成对员工的多重领导。从图 3-3 可以发现，每个员工只从其直接领导那里接受指示。还可以发现，申诉或其他信息怎样通过部门渠道进行传递。

应当把组织机构图张贴起来，让所有员工能清晰地了解自己在整个组织机构中所处的位置。有些客房部在其所张贴的组织机构图里，把员工岗位放在图的上方，而将行政管家岗位则放在图的下方。这样摆放的组织机构图强调了员工岗位的工作重要性，传递了"员工至上"的信息。该图还说明，整个部门如何有赖于行政管家与其他部门经理的管理才干来维系平衡。

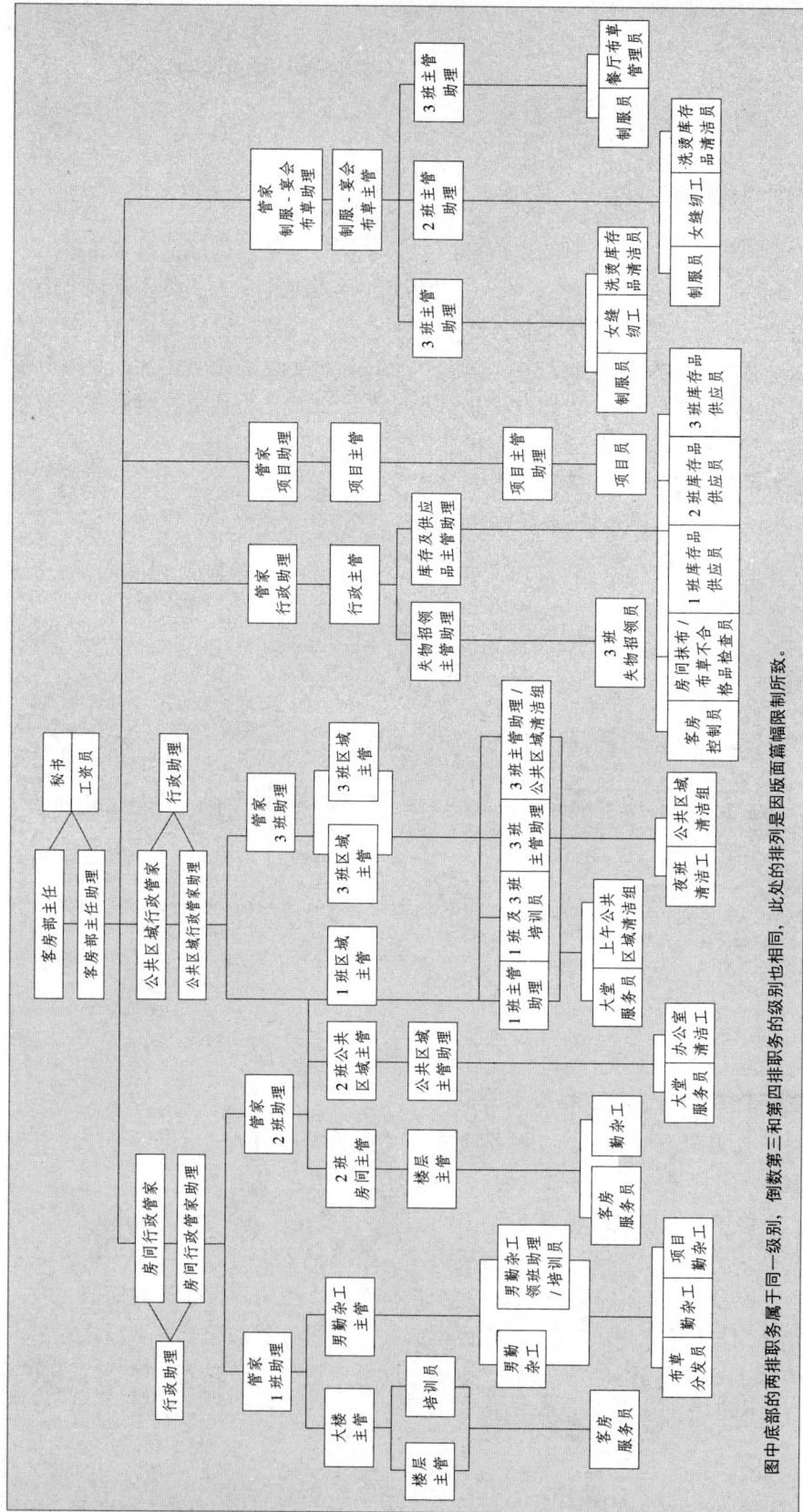

图3-3 一家大型豪华饭店的客房部组织机构图示例

图中底部的两排职务属于同一级别，倒数第三和第四排职务的级别也相同，此处的排列是因版面篇幅限制所致。

工作任务清单与职务说明

如果行政管家能制订出恰当的部门计划，就能相对容易地将本部门员工组织在一起工作。行政管家要利用先前做计划时所收集的信息，来确定本部门所需岗位的数量与类别，然后再为每个岗位编制工作任务清单和职务说明。

工作任务清单明确了部门某一岗位的员工必须完成的工作任务，能反映该员工所承担的全部工作职责。不过，工作任务清单不应是对员工完成各项工作任务所需工作程序的详细分解，而应重在阐明员工完成一项工作所需要的能力。

有些种类的职务说明仅仅在相关的工作任务清单上增加少许信息。该信息可以包括隶属关系说明、附加责任及工作条件说明，以及在工作中要使用到的设备和材料。表3-5是一家中型规模的中档型服务饭店的典型客房部工作岗位职务说明示例。

表3-5　典型客房部工作岗位职务说明示例

客房服务员

基本职能

接受楼层主管的监督，完成客房与浴缸的保持清洁工作。

职责

1. 进房间做清洁准备。
2. 整理床铺。
3. 给房间和家具掸尘。
4. 备足客房与浴室用供应品。
5. 清洁浴室。
6. 清洁壁橱。
7. 给地毯吸尘。
8. 检查房间后，锁门。

隶属关系

直接向楼层主管汇报。

勤杂工

基本职能

完成以下任何任务组合，保持客房、工作区域及饭店整体干净有序。

职责

1. 使用吸尘器、扫帚和地毯清洗机清洁小块地毯、连片地毯及有装饰的家具。
2. 清洁房间、过道及公共卫生间。
3. 清洗墙面与天花板，搬移与摆放家具及翻转床垫。
4. 扫、拖、擦洗地板，给地板上蜡并抛光打亮。
5. 金属物品去尘并擦亮。

大堂服务员

基本职能

保持所有门厅及公共设施整洁、干净（如大堂公共洗手间、电话区、前台和办公室）。

职责

1. 清洁所有门厅与公共卫生间，并保持卫生。
2. 清扫地毯。
3. 把烟灰缸和水壶倒干净。
4. 把家具和固定装置擦亮。
5. 电梯间吸尘与擦亮。
6. 保持饭店门厅地面无垃圾。

隶属关系

向楼层主管汇报。

布草与制服员

基本职能

储存与分发制服、床上布草与桌用布草，清点库存与维持布草用品供应。

职责

1. 分拣并统计物品，记载已用脏物品数量。
2. 将布草用品及制服放入盛器以便运输至洗衣房。
3. 检查已洗涤的物品，确保物品干净，可供重新使用。
4. 将破损物品送至女缝纫工处修补。
5. 核实物品的件数与种类，把洗净的布草和制服存放在架子上。

（续）

勤杂工	布草与制服员
6. 收集用脏的布草并送洗。 7. 接收布草供应品。 8. 将布草供应品储存入楼层布草壁橱内。 9. 补足客房服务车上的供应品。 10. 清除客房服务员清扫出来的垃圾。 **隶属关系** 向勤杂工领班汇报。	6. 只根据以已用脏换已洗净物品的原则，分发已洗干净的布草与制服。 7. 统计并记载补充需用的布草。 **隶属关系** 向布草储藏室主管汇报。

　　职务说明必须量体裁衣，要适合个别饭店在运作上的具体需要，以达到最大的效果。所以，不同的客房部的职务说明在形式和内容上会有所不同。表3-6是一家中档型服务饭店的行政管家的职务说明。

表3-6　中档型服务饭店的行政管家职务说明示例

行政管家

职务说明： 行政管家负责确保客房部的高效运行，同时，监管整个客房部，包括客房、饭店前台区域和后台区域、公共区域及洗衣房。

工作职责：
- 制定并维护部门的关键控制系统；
- 监督并指导全体客房部及洗衣房员工；
- 每日客房巡视；
- 审核客房部员工的工时以制作工资单；
- 根据业务预测、工资预算及劳动生产率要求给员工排班；
- 按月或季度采购所有必需的供应品和便利物品，使客房部和洗衣房的所有供给处于标准量水平；
- 按月或按季适时开展客房部的库存盘点工作；
- 确保客人的隐私和安全；
- 激励并指导部门所有员工，为其提供中肯建议，严明部门纪律；
- 与饭店其他部门经理、员工及其他所有部门保持职业化的工作关系，并提升与他们开展公开坦率交流的水平；
- 与前厅部经理协调可用客房数量；
- 监督客人意见卡的留言，发现问题并制订解决方案；
- 不断检查饭店的整体清洁水平，并持续跟进；
- 尽力减少部门内事故发生；
- 按要求为轮岗清洁和特殊清洁项目制订计划并监督项目执行；
- 巡视并检查已打扫的房间，监督客房质量；
- 制定维护工作指令，如家具或固定装置等的更换或维修；
- 确保工作指令完成，落实事故、损失预防项目及健康、卫生标准。

工作要求：
- 至少具有1年的饭店或相关领域工作经验；
- 要求有监管经验；
- 需偶尔长时间工作；
- 能够清楚传达信息和观点；
- 须在压力下保持镇静和客观；
- 能够在工作场所有效处理问题，包括在必要时能预见问题，预防问题发生，发现问题，并

（续）

> 解决问题；
> * 对同事及客人的顾虑问题，能够做到聆听、理解、澄清，并解决之；
> * 能跟金融信息及数据打交道，有数学基础；
> * 遵循饭店的一切政策及惯例；
> * 能按时准时签到上班；
> * 能安全工作，成绩显著，达到劳动生产率标准；
> * 遵循饭店制定的仪容仪表标准；
> * 践行公开透明的开门办公政策；
> * 能营造出热情、高标准的完美工作环境；
> * 礼貌对待团队成员，感谢他们的出色工作。
>
> 是否为管理岗位：是

　　行政管家的职责在不同规模和类型的饭店中差异很大。这是因为在小型、独立、经济型饭店里，客房部管理职能有可能会由总经理来代为执行。至于在连锁集团的下辖饭店里，通常由总部人员来行使其客房部的管理职能。在此种情况里，贯彻标准化程序操作的任务就落在了该具体饭店的总经理和客房部主要管理人员肩上。

　　因随着工作任务的改变，职务说明会变得开始不相适应，所以，对职务说明有必要至少每年进行一次修订。适宜的书面形式的职务说明能阐明该岗位对任职者在责任、工作要求和特性方面的要求信息，能有助于员工减轻对新岗位的焦虑和不安。应将员工以合适的方式吸纳到与其岗位职务说明相关的编写和修订工作过程中。

　　客房部应给每位员工发放一份与其岗位相关的职务说明。如条件许可，在正式决定岗位任职人选之前，也可给该岗位的所有备选人员发一份与该岗位相关的职务说明。这种做法比较合理，能尽量避免出现员工在尚不明白工作要求的情况下接受一份工作，随后，又发现这份工作不适合他的情形发生。

行政管家的其他管理职能

　　图3-4展示的是管理流程概览，它旨在说明各项管理职能如何促成饭店或者相关其他商业机构的全面性成功。

　　最高管理人员必须通过确定饭店的目标来计划饭店各项工作。实现这些目标的强烈愿望驱使他们去开展各种组织、协调及员工配备活动。一旦选

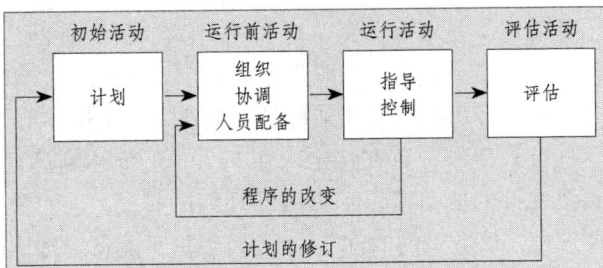

图3-4　管理流程概览

资料来源：杰克·D.宁迈耶，《餐饮企业的计划与管理》第六版第16页（密歇根，蓝星，美国饭店业协会教育学院，2004）

定饭店员工，管理部门就可以带领他们去完成各项工作计划，并实施控制系统来保护饭店的资产安全，以及确保顺利高效的经营活动。最后，管理部门必须对企业目标的实现程度进行评估。对实际运营业绩的分析可能会导致组织、协调和员工配备程序上的变动。同时，由于对规划和经营活动的评估，管理层能发现对组织计划或目标做出修改的必要性。

行政管家的一项重要计划工作是拟定客房部的经营预算。该预算会对下一年度部门各项开支做出估算。包括劳务、布草、洗衣房运营、场地清扫、某种设备及其他供应品。最初的开支预算是根据财务部的资料做出的。这些资料有去年和今年每月的支出报表，以及对下一年度每月客房出租率的预测。

饭店的最高层管理人员会根据饭店下一年度的财务总体目标对行政管家的最初开支预算进行修订。饭店业主、总经理和财务总管会协同确定整个饭店的年度经营预算。最后形成的预算为行政管家（以及所有其他部门经理）提供了一份逐月计划来开展组织、协调、员工配备、指导、控制和评估经营活动。

尽管管理岗位不同，具体的管理任务也各不同，但是饭店内每一位经理都执行相同的基本管理职能。本章前面部分集中讨论了行政管家在计划与组织方面的职能。下面将简要地审视行政管家在工作协调、员工配备、指导、控制和评估客房部经营活动的其他管理职能。

工作协调与员工配备

工作协调这种管理职能就是要在客房部日常工作的层面上体现和执行计划与组织工作的决定。行政管家每天必须在时间与工作任务安排上进行协调，并确保员工在顺利完成工作任务的过程中，能方便地获得所需的设备、清洁用品、布草和其他供应品。

员工配备涉及员工录用、挑选优秀者填补空缺以及为员工安排工作时间表。由于劳动成本是客房部最大的费用开支项目，所以，合理安排员工工作时间也就成为行政管家最重要的管理职责之一。

多数客房部采用某种员工配备指南来指导工作。这些指南通常基于一些公式，这些公式用来计算在特定入住率水平下为达到运营需要所应配备的员工数。劳动力预测软件的使用博得了饭店经理们的喜爱，有证据表明该软件有助于减少部门经理调度员工所花费的时间[3]。但是，为员工配备管理职能绝不能仅简单地运用一道公式。为了满足饭店各区域深度清洁计划以及其他专项清洁项目的需要，人员配备必须合适。因此，这就要求行政管家的工作要有灵活性、创造性，建立起自己的员工配备模式。这种模式能在有限的预算范围内，实现本部门的目标。

有一种方法叫作团队清洁法。很多年前，团队清洁客房是饭店业一个热门的新程序。但由于种种原因，包括个体客房服务员缺乏责任感，对这一工作程序的热情冷却了下来，团队清洁法没有成为饭店的一种常规的实践。但是，现在这种做法似乎可以用来解决如今客房部所面临的挑战。随着对安全和保安方面的关注越来越多，安排两个人清洁一间客房能节省法律责任和诉讼方面的很多金钱。此外，团队清洁法可能会为相对平凡的工作增加一些乐趣。

这里介绍一个如何运用团队清洁的方法。通常安排两人为一个团队，负责清洁30～35间客房。两个人轮流清洁卧室和浴室。客房服务员自己挑选搭档，新员工在组新团队之前，会作为轮替人员参加工作。

有一家饭店采用三人一个团队的做法，并添加了贵宾酒柜服务职责。第一个人撤去脏布草，给室内酒柜补货。他在帮助完第二个人的做床工作后，去下一间客房继续工作。第三个人还在清洁浴室，这时，第二个人完成了该卧室的清洁工作。这个方法节奏很快，平均清洁每间客房大概只需要 8 分钟。

目前采用团队清洁法的饭店建议，让员工们自发产生建立清洁团队的要求，并给他们充分的自主权以决定是否实施这个程序。刚开始只有一个团队先行先试，慢慢地等这一体系运行顺畅起来后，再增加更多的团队。列出一份轮替人员名单，以便团队成员生病时能很快补上。另外，对团队工作还要实行监督，以确保团队搭档们以基本一致的速度工作。团队清洁法的优点如下：

- 需要更少的工具：例如，一个团队只需要配备一台吸尘器、一辆客房服务车和一小箱清洁用品；
- 士气更高：当有一天其中一位员工感觉没有充足的干劲时，他的队友会为他缓解压力；
- 出勤率提高：因为一个客房服务员不太可能打电话请病假而让他们的搭档失望；
- 有些专项清洁任务由两个人一起完成会更容易（例如，移床或者拉开餐具柜）；
- 非常重要的一点是：两个人做一间客房提高了安全性；
- 团队让新员工跟上进度好像更容易，因为他们有搭档在一旁辅助；
- 团队让新员工好像更容易提高自己的工作速度，因为他们有好伙伴在一旁辅助；
- 客房清洁工好像喜欢在他们的"工作区"有机会接触更多的客房，各种各样的房型让工作不再单调乏味。

缜密的计划是成功的关键。行政管家需要留意以下注意事项：

- 平均分配布草和化学用品，以免各团队之间为得到这些物品而发生争执；
- 与传统的一人清洁一间客房的情况截然不同，如果有事情阻碍了团队工作，两三个人就会都停滞下来，所以，备好供应品非常关键，这和给清洁团队开列精确的客房分配任务单一样重要；

- 由于团队清洁客房比一个人清洁客房要快，一些饭店节省了劳动力成本，但是，节省的主要原因在于出勤率更高，设备用得更少、事故发生率更低，以及很多员工对改进程序很感兴趣；
- 工作调度需要特别努力来保证能让团队成员在同一天休息。

在一家滨江饭店，行政管家给每个团队提供一个单独的可上锁的大箱子，里面可以放各种用品、一辆客房服务车和一台吸尘器。如此一来，员工就不会去动用别的团队的东西了。

一家小饭店的经理发现，一些有潜力的员工如果独自接受新工作会感到紧张，但在团队中一起干活则会感到很舒服。他们互相交谈，并帮对方有效完成工作。这位经理在其他饭店也引入了团队清洁法。顺便说一句，他相信4只眼睛要好过2只眼睛，他在自己经营的饭店里不用主管来监督，全依靠团队成员他们检查自己的工作。他相信团队清洁法对饭店提供长盛不衰的服务以及保持客房部员工的高士气大有裨益。

有一家饭店使用团队清洁法已超过25年，发现这项举措有助于减少客房部的人员流动，保持较好的士气和工作速度。两位客房服务员清洁一间客房，使服务员感到更安全。因为有人互相交谈，也会减少在房间内看电视的时间。他们有不同的工作任务，一个人掸尘、吸尘，另一个人清洁浴室，然后到下一间客房再调换过来。"4只眼睛要好过2只眼睛"，他们能看到客人遗落的物品以及房间内摆放不对的东西。有经验的员工可带新员工进行岗上培训。大部分客房服务员每天都变换团队。经理说客房部员工是一群快乐的工作伙伴，其中，许多员工在饭店已经工作了10年,甚至更长时间。

团队清洁法能在那些愿意做出改变的饭店里起作用。成功的关键是让员工参与到计划中来，并给客房服务员更多灵活性来完成工作④。

指导与控制

许多人混淆了指导和控制两项截然不同的管理职能。最容易的区分方法是要记住：经理是指导人事并控制事态。

指导职能是指引员工围绕着计划中既定的目标开展工作，采用管理部门在组织、协调与员工配置方面制定的策略和组织形式。对于行政管家来说，指导工作包括监督、激励、培训和约束员工的行为。激励员工努力工作是特别重要的技能，它与行政管家领导部门的能力紧密相连。员工的积极性（或缺乏积极性）是可以传播的。主管的工作态度与工作表现对员工有潜移默化的作用。而客房部主管的态度和工作习惯通常反映了行政管家的领导能力。一个强有力的行政管家对每位员工的工作表现都会给以真诚的关注，并因此能营造出一种激发员工积极性的氛围。从另一方面说，偏袒主管的行政管家会发现到处都有不满情绪，因为主管在他的指导工作中也会反过来偏袒某些员工。

控制职能指的是行政管家构建和贯彻维护饭店资产的工作程序。资产是饭店所拥有的具有商业或交换价值的任何事物。行政管家通过执行对钥匙、布草、供应品、设备以及其他事项的控制程序来保护饭店资产。

评估

评估是对计划目标的实现程度做出评估的一种管理职能。饭店会计人员制作的月度预算报告，是饭店各部门经理评估使用的重要依据。这些报表为评估客房部运营，尤其是部门每月劳动力成本提供了适时信息。行政管家利用这些报表将部门的实际成本与预定成本相比较，即得出了两者的差额。若差额较大，行政管家就该做出深入分析，并对这一情况采取进一步措施。

另外，行政管家需要每日或每月获得相关信息，以便密切评估员工绩效和部门的整体劳动生产率情况。对这些方面的评估可以从先前制定的员工绩效标准及劳动生产率标准着手。通过每日检查报告与季度业绩评估表，来监察员工的实际表现与绩效标准及生产率标准的差异。

房务纪事

缅因饭店团队清洁法成效高

为了设计更有效的客房深度清洁计划及开发新员工培训的新程序，客房部抛开了一切旧标准和传统禁忌。例如，员工决定：

- 将注意力集中在将所打扫的房间做到符合标准，而不是所要求的时间内；
- 要求客房服务员自己检查自己的房间；
- 不再按资历分配区域任务；
- 指定两名客房服务员进行团队作业。

实施这些决定绝非易事。事实上，虽然这些新标准难免被认为有些激进，可员工们还是硬撑下来了。选定了两名客房服务员（不是最好的清洁工，而是最好的领导）实践团队清洁法。第一周，他们协作清理客房，一起打理细节，得到了双倍报酬。然后让他们与其他客房服务员结对工作，直到所有员工都得到了培训。一些员工并不能适应团队清洁法，觉得不如辞职算了。

该饭店建立了6个清洁团队，负责两层楼共117间客房，每层有3辆客房服务车和3台吸尘器。将每辆客房服务车和吸尘器从1～6编号，且每套工具还包括清理客房的必需品。要求客房服务员守在自己的区域，机动岗员工为客房服务车添置供应品，并取走已换下的脏布草。如要求添置衣架、床罩或电话簿，可以给机动岗员工发送语音邮件。

密苏里州圣路易斯的华美达会议中心实行该制度已经3年了。清洁每间客房的平均时间约为16分

（续）

> 钟，这里面包括了客房服务员和机动岗员工的午餐时间以及为客房服务车添置供应品的时间。
>
> 每天早晨，客房部主管会为每个清洁团队分配 20 间房或者更少些的清洁任务。当客房服务员到岗后，他们抽签决定当日的搭档和客房服务车（例如 1-A, 1-B, 2-A 等）。清理客房的任务被分步写下来，分为任务 A 和任务 B，做床是两人的共同任务。工作任务清单包括稍后检查自己清理的房间，留意需要维护的事项，用空气清洁机挨个房间清洁等。
>
> 这么做不仅提升了客房清理的质量和一致性，员工也只需携带半数的设备，例如客房服务车和吸尘器。此外，新员工的培训也只需 2 天，在这 2 天之内就能将他们完全训练得熟练。华美达的上一季度质量检测报告显示，客房部距离完美只差 1 分。不仅仅是管理层喜欢团队清洁的制度，到目前来说，甚至客房服务员也认为这是个好主意。

资料来源：作者是盖利·亚当斯，《房务纪事》，第 7 卷第 3 期第 4 页。

请致电 866-READ-TRC 获取相关订阅信息。

主管的困境

经济状况已推动了一种取消中层经理的趋势。在饭店业，这一趋势使人们对主管职位产生了疑问。总经理们好像在寻求更多的利益，也许授权给按时计酬的员工是个办法。没有了客房部主管查房，还可能让饭店既干净又赢利吗？

尽管客房主管职位起初只是大型饭店里行政管家实施管理职能的一个延伸，但近 20 年里，客房部主管的职责就是检查客房。这个角色是否不可缺少呢？饭店在这个职务上花的每一分钱都值得吗？

饭店必须考虑的关键问题如下：

- 饭店是否雇用了合适的人选担任主管一职？
- 饭店系统是否支持主管的职责？
- 该职位是否能直接提升饭店的使命？
- 如何将这种使命感引入并得以实行？
- 客房检查的次数是否要减少或直接取消？
- 如果有需要的话，谁来做客房检查工作？
- 谁来开展培训？
- 职务说明要做哪些变动？
- 质量标准要如何保持或提升？
- 要使用什么系统来确保准确的房态更新？

《房务纪事》杂志针对客房主管主题对一些读者做了调查。一些经理取消了主管职位，却因为客房状况逐渐下滑而失望。其他经理在做了变动之后，发现顾客意见以及员工士气都有所改善。

有一家受访饭店在 6 个月后重新实行百分之百的客房检查，另外一家饭店在一年后也这样做了。然而一些饭店成功地保持了 50% ~ 75% 的客房服务员独立工作，其他饭店也干脆取消了主管一职，并也获得了成功。

这一做法的起因为何？尽管许多饭店是出于权力下放的全面质量管理理念，但大多数饭店取消主管职位的决定只是基于节约薪水的想法。有一家饭店取消主管职位是因为他想加快向前台报告已清洁房间的速度。

成功取消客房主管的饭店对所有的后果都有超前、缜密的想法，并且让员工参与规划工作。一些饭店征求员工建议时会问："让别人来检查你所做的一切工作感觉如何？"当员工表露出一些挫败感时，他们开始探讨其他经营方法，并整合了客房服务员想要独立工作的想法。

还要查房吗？有一家受调查的饭店在运营中不检查任何客房。管理层认为：具有职业道德的客房服务员有能力对其所属区域的状况担负全部责任。不过，多数饭店每周抽检每个客房服务员所负责的 1 ~ 5 个房间。正如中西部一家豪华饭店的客房高管说道，"我们随机核查客房服务员的工作，就像我们检查游泳池的含氯水平一样，只需少量采样，也就是一个小样本，就可以知道游泳池的整体状况。"

如果不设主管，谁来查房？根据饭店规模，大多数饭店授权客房部管理人员进行随机检查。较大的饭店保留一位或更多主管来做这项工作。佛罗里达州一家度假饭店的总经理让饭店所有员工都参与检查工作。总经理、营销部、行李员、前台工作人员（早晚轮班）、客服代表和客房部秘书每人一天检查 2 个房间。

"我感到很幸运，在我任职期间，我们设立主管一职。"另一家度假饭店的行政管家说道，"据我在其他饭店工作的经验，取消主管的做法在很多情况下都会失败。如果客房服务员的基础不牢固（比如，由于较高的人员流动率，或者聘用很多临时工），客房质量就会受到影响。"她补充道，"如果强迫不合格的客房服务员独立工作，行政管家可能会花很长时间试图检查所有客房，部门其他区域的工作就会出现经理身心疲劳或失职现象。"

"用不用主管不一定是非此即彼的极端决定，"一家中西部度假饭店的总经理说道，"我们只在夏天使用主管与我们的季节性雇员一起工作。这一年的其余时间，我们的客房服务员独立工作。我们采用这样的方法已经超过一年了，并且客人意见卡的满意率依然很高，94 分。"

职务说明要改变吗？客房服务员的职务说明一般要作修改，它把"保证每间客房洁净有序与及时更新房态"的最终责任包含在内。客房服务员必须检查客房内的设备，保证客人不会因为房中物品失修而不满。有些饭店还增加了清洁客房周围过道的职责，并指定专人负责更换床罩或其他供应品。勤杂工或行李员的职务说明通常也有相应修改，是对新组织结构的补充。

"卓越清洁团队"是南方一家饭店的行政管家新设立的一个称号，客房服务员通过工作表现、出勤率和工作态度争取成为该团队的一员。职务说明包括以上全部，并且团队成员要签订绩效合同。

工资水平有变化吗？客房服务员的工资级别有时会发生变化。多数饭店或是根据工作质量加以定级，或是发放超质量标准工作奖金。有一家饭店检查后，给得分90 分及以上和每小时能清洁 1.9 间客房者，每两周发 35 美元奖金。

一家套房饭店的总经理提出了这样的方案：对于工作质量好、出勤率高且制服保养好的客房服务员时薪提高 25 美分。之前提到的那家饭店的"优秀清洁团队"成员若达到扩大职责范围的标准，则每小时能多赚 1 美元。在其他饭店，组织机构中的所有员工都独立工作，这种情况下，工资水平不会升高。

谁来做培训？因为大部分饭店是由主管来培训新雇员，如果没有主管，谁来做培训呢？客房部管理者可以兼此责任。但是在人员流动率走高的今天，培训常常是专职工作。一种选择是指定一个或多个客房服务员担任在职培训员。在其他饭店，至少保留一名主管，专门从事培训和再培训。客房服务员对客房状况负有最终责任，因此不能没有完善有效的培训计划。

"如果我雇用合适的人选并开展持续培训，我的员工会达到我们制定的标准。"一名客房部管理者说，"我们依靠各项支持以及正向强化来保持我们客房服务员的工作热情高涨。"

在所有被调查的饭店中，如果客房服务员的工作质量下滑，他就会参加再培训项目以达到所需的改进，另外，如果还未能达到标准，就会采取例行纪律性惩戒措施。

房态怎么办？客房服务员分得的不是一张需清洁的房间名单，而是一片责任区域，上午空房检查的任务通常列入服务员的职务说明中。他们对该区域内所有房间、走廊、售货区、电梯区的清洁工作负责。是他们最早在这里迎来客人，也是他们最后在这里送走客人。他们必须认真仔细报告房态，以使前台始终掌握有关租出房、空房、清洁房或待清洁房的准确信息。

很多饭店管理系统都使用了计算机接口装置，这样通过客房电话输入密码即可更新房态。在其他饭店，客房服务员必须要给客房部或前台打电话才能更新房态。当前台对房态产生疑问时，还要派人再去复查相关的客房。

不设置主管一职，对房态差异做核查就会花去更多的时间。客房服务员清洁某间客房时，可能认为该房是延住房。可当他们去另一间房作业时，前一间房的客人可能结账离店了。如果饭店不能对这样的问题做出妥善解决，裁掉主管省下的工资开支，又会因可供房源管理不善而流失。

有什么成功的诀窍吗？周密考虑的计划会提供每间客房的清洁度、维护和房态方面的报告。因为主管通常会在准备贵宾房、延迟退房时做些协调，帮助处理紧急事故，协助库存盘点，为不会英语的客房服务员做翻译，以及在人员短缺时清洁客房，所有这些事情都必须考虑在一个成功的计划之内。

让客房服务员参与计划的制订会使他们产生自主感。员工们对管理部门为节约劳务成本而让他们吃亏的事也十分敏感，所以，计划必须是双赢的。事后对工资级别或奖励计划做出调整，都会抑制员工的积极性。所以，在实施计划前要仔细调节，先试行。

如果这种做法适应饭店的需求，且得到谨慎实施，员工和饭店都会受益。

客房部该如何改进提高？"如果一直墨守成规，永远难得推陈出新"，如果你的饭店有主管一职，但对结果不满意，可后撤一步再做仔细分析。如果你的饭店有主管一职，但正考虑取消它，那就得想明白到底想要什么结果，并且，要创造性地思考，怎样才能达到最终想要的目标。

房务纪事

饭店智慧：贝克给客房部主任的若干策略

1.学着从运营的角度审视饭店，把自己看成老板

最成功的客房管理者会把自己当作饭店的主人。无论是公共区域，客房还是浴室，客房部主任都要给客人营造好印象。客房部负责走廊、游泳池、露台、办公室、仓库和布草区，洗衣房及其他相关区域。成功能干的客房管理者能靠库存控制、标准设置，以及坚持计划来有效地安排部门工作。

2."饭店就好像你家，饭店的客人就是你的客人"，要以这种想法为荣

正是主人翁的自豪感，才让"工作"和"事业"有天壤之别。要做到：

- 心系整个饭店，包括停车场、公共区域、饭店入口以及至关重要的饭店外立面，尽管这并不是你的直接职责范围内的事；

- 与饭店其他部门经理打交道（相对于"躲"在办公室），因为，为客人创造良好的住宿体验需要整个团队的合作；

- 高效的客房部主任会通过适当地帮助其他部门，即使是营销方面的高层管理人员，来体现自己的自豪感，请记住，"销售人人有责"应是饭店的成功信条之一，客房管理者应经常联系销售商或其他需要饭店服务的人。

3.从第一手经验了解饭店状况

定期亲自检查饭店的各种房型。了解饭店的变化能让管理者觉察到潜在问题。一位行政管家说："总想象着饭店某个地方出现状况，如浴室门后、墙上的挂钩或者浴帘杆上挂着一块脏抹布。"她不希望别人比她先发现这些不妥。

（续）

4. 招聘员工时，注重"人"力资源的角色，平衡"高接触"与"高技术"

明智地选择与录用员工。鼓励饭店总经理提高员工工资，使饭店的工资水平具有竞争力，从而刺激员工努力工作。作为客房部主任，经常用"谢谢"等赞赏性的语言让员工得到认可。想尽一切办法留住他们，培训他们，帮他们成功；和其他员工分享这份成功，并激励更多的员工取得成功，让他们有凝聚力且以团队为荣。对员工来说，最大的回报就是将工作做好并得到他人认可。

5. 坚持和深化培训

对客房部来说，坚持和深化培训至关重要。员工培训的目标就是让客房服务员把自己当作客房的主人，以自己清洁的客房为荣，从而精神饱满地完成工作。应当允许在客房清洁质量检查中做得最好的员工自我检查。以下是其他的一些想法：

第一，现如今，如果客房服务员准备不足或者缺少培训，这些都是不可原谅的。大型品牌饭店会提供很多收费低廉的在线培训课程；市面上也有很多培训用光盘、书籍、简报，互联网上也有培训材料。当饭店客房出租率高的时候，许多经理就会说，部门太忙了，没办法开展培训。当出租率不景气或者走下坡路的时候，为了节省开支而削减培训计划反而会付出更大代价，因为那些优秀员工会考虑离职，且忠实的客人会考虑投向别家饭店。请记住："未经培训的员工离职不是最可怕的；最可怕的是未经培训的员工还在为你的客人服务。"

第二，在当今社会中，成功且自信的客房部主任会在培训中使用科技手段，如计算机、培训光盘，甚至是没有语言讲解的视频材料。

第三，如果你的饭店有相当规模的国际客人，就要认识到外语给客房部员工带来的挑战，并向员工强调外语的重要性。你可能就要向饭店争取费用，培训一门新外语，提升部门员工的沟通效率。还可用来给员工开设第二外语课程，同时为员工购买可供选择的语言培训材料。

6. 清楚地向员工传达饭店业主或者饭店管理层提出的期望和工作目标

刚投身饭店业的员工比较了客房房价和自己的时薪后，可能会觉得饭店赚取了高额的利润。那些在饭店业工作了多年的员工可能会意识到，饭店的利润和损失是不断循环的。运营一家成功的饭店花费也是巨大的，因此，要让所有员工知道运营饭店的各项花费，包括工资福利、特许经营费用、还本付息的概念等。要让员工清楚了解饭店对他们的预期，有理有据、利弊清晰，且会公正地对待他们的努力。

7. 客房部和洗衣房要坚持定期进行一对一汇报

该汇报不应只是正式的工作总结，而应当是发扬好的做法，且防患于未然。20多年前我开始这么做的时候，起步非常艰难，因为员工们十分谨慎，以为我有不可告人的目的。后来当他们发现这只是坦诚的谈话，就敢于提出潜在的问题，并制订计划提高工作绩效。

8. 时常评估时间管理

"80-20"原则多数情况下还合用。80%的问题总是出自20%的客房和员工；而解决这20%是个问题。调查一下为何剩下的80%不会出问题，然后复制这种成功。问题不是说"我们这么做对吗"，而是"我们把该做的做对了吗"？

9. 同前厅部合作，利用订房预期实现长期效率

运营预算要由远在饭店之外的业主或者管理集团批准。通常情况下，客房部的预算是与入住率预测报告联系在一起的。因此，通过前厅部了解入住率预测报告可以有效安排淡季的深度清洁计划，且保证在旺季时，更换关键物品不会影响客人入住。

（续）

10. 掌握库存品控制的艺术

需要顾及以下库存品：

- 布草；
- 食品及饮料；
- 枕头及家具；
- 制服；
- 清洁设备；
- 清洁用品；
- 客用品；
- 客人租借用品。

出于财政原因考虑，一定要向员工讲清如何订购、接收、使用、储存物品及确保物品安全。

11. 不断提高安全意识

房务和洗衣部门员工经常要接触各种清洁剂。大多数清洁剂都会装在容器里集中存放，需要正确使用，确保安全。要对员工进行安全培训，并发放检查单，检查房间的布草、洗衣房、客房服务车和设备的使用。张贴政府的规章制度，如美国职业安全和健康署、州或省内方针，并严格遵守。要研究、复习、讨论并时常监督员工的安全操作。客房部员工可能在独立区域内工作，因此要培训他们尽可能安全执行清洁任务。

12. 支持品牌标准及供应商

现如今在美国，多数饭店都是品牌饭店，而且这种趋势也在全球蔓延。客房部主任在执行客房服务和清洁工作时，应清楚了解该品牌的要求和预期。向员工传达品牌的预期并在所有的客房服务中严格遵守该标准。归根结底，除掉员工和资本，饭店最大的资产就是饭店的品牌得到客人认同。至于供应商，你有没有花时间同总经理或采购部经理一起研究品牌的供货方案？如果本地某产品价格更优或配送更好，你是否想过使用该产品？至于品牌旗下的饭店，本地饭店协会应该清楚哪些是有资质的供货商、方案或产品，可以帮助你维持供应的高水准。

13. 了解你的预算、花费及结果

一般说来，客房部是饭店雇用员工最多的部门。优秀的客房部管理者能够有效降低员工流动率，为员工争取更高的赔偿金；维持总的预算并使服务超出客人预期。预算并不一定要保密。大多数细心的总经理很乐于和相关员工分享运营预算的信息，因为这能让大家了解大局。

资料来源：作者是注册饭店业高级职业经理人、注册饭店业高级教育导师约翰·霍根博士，《房务纪事》，第14卷第5期第4~5页。

请致电866-READ-TRC获取相关订阅信息。

如何改进主管和客房服务员的招聘流程，使所招来的人在素质方面能提升团队的实力呢？应识别出部门最优秀员工的胜任特征，并雇用有同样特征的人。

如何加强客房服务员的培训，使工作质量不只依赖于检查工作来实现？制造业在对所有产品进行全面的质量检验时通常不会获利。建立系统以确保在第一时间准确地生产出产品，这样就没有必要再花费时间和资金对产品做检查、重新加工或报废工作了。抽样检查只是用来保证工作体系正常运行的方法。饭店运营应该与此不一样吗？

如何修正饭店的运作系统，以确保主管及客房服务员队伍有工作热情，并对贯彻饭店愉悦客人的宗旨抱有使命感？设法让主管如同老师和传播者一样具有前瞻性，而不是像警察一样带来消极的影响。客房服务员会因为自己对客人有直接责任而倍感自豪吗？

如果发现有改进空间，可能是时候要重新思考整个部门，并重建适宜的工作职责条款了。与创造性地实现饭店长期目标的收获相比较，取消主管一职所获得的短期利益可能是无关紧要的[5]。

尾注：

① Michael C.Sturman, "A New Method for Measuring Housekeeping Performance Consistency," The Center for Hospitality Research Reports, Cornell University, September 2006, pp.613.

② Rob Heyman, "Shaping up Hotel Housekeeping Programs,Lodging Management,October, 2006, www.lodgingmagazine.com.

③ Adam Kirby, "Spare the Spreadsheets," Hotels Magazine,May 2007.www.hotelsmag.com/article/CA6485309.html.

④ The section on team cleaning was adapted from Mary Friedman,The Rooms Chronicle,Volume 2,Number 6, p.4；and Marilyn Faulkner,The Rooms Chronicle,Volume 2, Number 4, p.13.For subscription information, call 866—READ—TRC.

⑤ The section on supervisors was adapted from The Rooms Chronicle,Volume 2, Number 3, p.5；and Mary Friedman,The Rooms Chronicle,Volume 2, Number 5, pp.45.For subscription information, call 866—READ—TRC.

主要术语

区域物品清单（area Inventory list）：一份清单，列明在某一特别区域内，需要客房部人员清洁或关注的所有物品。

深度清洁（deep cleaning）：在客房或公共区域所进行的细致的或专门的清洁工作。常常根据专门的计划日程安排或专项活动的要求而实施。

频率表（frequency schedule）：一张表单，显示了区域物品清单上每项物品的清洁或维护的频率。

职务说明（job description）：详细列明一项工作所含的一切主要职责以及该职务的上下级关系、附加职责、工作条件及工作所需设备与材料的文件。

最大储备量（maximum quantity）：在任何一个时段都应采购供库存的最高数量。

最小储备量（minimum quantity）：在任何一个时段都应采购供库存的最低数量。

非可循环使用库存品（non-recycled inventories）：客房部日常运作中消耗或用掉的库存品，包括清洁用品、小件设备、客用品及便利物品。

组织机构图（organization chart）：说明机构内部岗位之间关系的略图，图上显示各个岗位在整个机构中所处的位置、部门之间的关系及人员间的垂直领导关系。

标准库存量（par number）：某项库存品的一个标准量的倍数，它表示支撑客房部日常运作的某件物品在目前必须有的数量。

绩效标准（erformance standard）：本项工作达到质量标准需具有的绩效水平。

劳动生产率标准（productivity standard）：根据制定的绩效标准，在一定时间内必须完成的符合最低要求的工作量。

可循环使用库存品（recycled inventories）：客房部运作中反复使用的、但受一定使用寿命限制的库存品，包括布草用品、工作服、主要机器与设备以及客人借用物品。

复习题

1. 行政管家为完成饭店最高层制定的目标时能使用哪些资源？
2. 大多数客房部需要负责清洁饭店中的哪些区域？
3. 根据饭店的服务水准，客房部可能会负责哪些额外区域的清洁工作？
4. 行政管家在制订工作计划时，为什么必须重视采用系统有序、逐步推进的方式？
5. 为什么要制定区域物品清单？清单上的物品应以何种顺序排列为好？
6. 什么是频率表？如何将频率表的使用与饭店的深度清洁计划相融合？
7. 绩效标准与劳动生产率标准有何不同？
8. 绩效标准中的关键点是什么？传达贯彻已制定标准的最佳方法是什么？
9. 在指导客房部组织工作过程中，应运用哪两条重要原则？
10. 每个饭店管理者都应承担的基本管理职能有哪些？

案例分析

案例 1：重压之下

菲利普试探着敲了敲总经理办公室的门，"史密斯夫人，您要见我？"

"是啊，菲利普。请坐。"总经理把一些文件放到桌上，递给行政管家菲利普·斯通一份劳务成本预算，"看看上个月的报告。注意一下劳务成本的走向。"

菲利普很快扫了一下报告，在此之前他就已经详细研究过了。"劳务成本上涨了约2%，基本和本季度前几个月持平。事实上，过去一年一直是以这个比例增长。"

"好的，菲利普，这些我都很清楚。我们为什么请你来工作？你本应该把这种增长趋势逆转。现在呢，你已经工作了90天，一点也没有逆转的迹象。我要你立刻采取措施。我不能让这笔花费越来越高！明天带着你的方案再来找我，告诉我你打算怎样在下个月让劳务成本降下来。"

说完，史密斯夫人就起身开门，让菲利普离开。

回办公室的路上，菲利普想到要实施一个立竿见影的方案，例如让每个客房服务员多打扫一间房。他正在心里盘算怎么把这个消息告诉员工们，发现有人在他办公室。

"贝蒂、简！有什么能为你们效劳的？"他一边问，一边走进办公室。

"斯通先生，我们好几个礼拜前就想和您谈谈了。"简说道，"您是新来的，但是我们不想让您觉得我们爱发牢骚。"

"当然不会这么觉得。怎么回事？你们两位是客房部工作最努力的员工。你们的工作效率最高，为其他员工树立了很好的榜样。"

"嗯，我们就是要和您谈劳动生产率的问题。我们是想把房间打扫好，可是最近您对我们要求太高了，我们觉得筋疲力尽。不仅仅是贝蒂和我，其他好些人也像我们一样。大家辛苦太久，撑不住了。如果您不想办法减轻一些我们的工作量，我们就没命了。"

贝蒂也应和着："我记得我们之前每班只要打扫 17 间客房。现在我们经常要打扫 22 间！斯通先生，我保证，我们不是懈怠了，如果我们打扫超过 22 间客房，房间不会被打扫得好。我不想客人入住到我打扫的房间，然后觉得房间没被打扫干净。"

菲利普意识到，现在向员工们提出多打扫一间房或者每间房少花些时间打扫绝对不行。他觉得很头疼，"那你们觉得有什么能改善呢？"

"有啊，"简说，"让我们少打扫几间，我们就不会精神不振了。"

"好吧，女士们，休息时间结束，你们赶紧回去工作吧。我很高兴你们能来和我谈。过两天我会告诉你们我的方案。"菲利普说话间，看看手表，希望她们能赶紧走。

两位客房服务员交换了一下失落的神情。贝蒂耸耸肩说，"好吧。您一定会告诉我们您的方案的，对吧？您并不仅是想支走我们？"

"不不，我后天就找你们，行吗？"菲利普问道。

"如果那时候我们还没得心脏病的话，当然可以找我们。"简和贝蒂边走边嘀咕。

菲利普叹了口气坐在桌前，拿出部门的劳动生产率标准。前任行政管家留给他的文件显示打扫一间客房需要 26 分钟。他决定分析一下每个客房服务员实际打扫多少间客房。

花了半小时分析了劳动生产率数据，菲利普发现了以下问题：

- 他辖下的客房服务员中，40% 的人能遵守或超出饭店的劳动生产率标准；
- 他辖下的客房服务员中，60% 的人每天清洁的客房数少于 17 间，而且，每清洁 1 间客房平均需要耗时超过 26 分钟；
- 60% 的人低于饭店的劳动生产率标准，他们或是新员工或是正在培训；
- 在过去的 10 个月里，由于员工流动率高，客房部 60% 的员工都是新员工或者正在培训。

菲利普于是开始准备向总经理汇报，也是向员工汇报。首先，他决定，要向总经理解释劳务成本上涨的原因。我会告诉她，"由于高员工流动率且员工缺乏培训，才会出现这样的局面。

我们没有在合适的岗位聘用合适的员工，且我们也没有把他们的劳动生产率提高到标准范围。"

菲利普决定要告诉史密斯夫人，她需要花钱去减少劳务成本。他建议如下：

• 更新工作职能说明，让新员工有更现实的目标；
• 向培训部提供更多资源；
• 更好地组织培训，让客房服务员能在 30 天之内上手；
• 新员工 30 天后如果达不到劳动生产率标准就解雇；
• 每周就员工聘用与人力资源部碰头。

他希望，虽然他的建议不能取悦史密斯夫人，至少表明了短期之内所需的资源虽然要花钱，但是也比劳务成本稳步增加要合算。

菲利普又纠结了一下要怎么和员工谈。理想的话，他认为，可以鼓励 40% 有经验的员工传帮带剩余 60% 的员工，让他们尽快上手。现在努力一下，长远来看，他们会省去不少压力。他认为，他所要做的就是说服员工。"至少，我没让他们多打扫房间。"

菲利普把方案展示放在一边，回归日常工作。他停下来又看了方案一眼，"嗯，"他想，"也许我应该问问在其他饭店工作的同事怎么处理这个问题。"

讨论题

其他的行政管家会给菲利普什么反馈？

案例 2： 团队清洁法试行告捷

乔安妮·萨默刚来到阿斯科特饭店做行政管家。饭店总经理杰克·罗宾斯跟乔安妮说，他想沿用并改进团队清洁法方案。该方案 3 个月前由前任行政管家实施，全体客房部员工参与。

罗宾斯先生过去从没试过团队清洁法。作为一个有大局观的人，他注重结果，并不在意实施过程的细节。他在一篇管理类文章中读到团队清洁法，产生了兴趣，因为该文章说团队清洁法能够削减成本，降低员工流动率，提高出勤率，提高客房打扫的效率。这些就是他想要的。

遗憾的是，最初的实施并非一帆风顺。前任行政管家一下子把整个部门都分成了若干团队，然后发现很难制定工作时间表。流水作业的效率很难实现，因为其支撑体系无偿配合。例如，洗衣房把破损或有污迹的布草放到客房服务车上，直到清洁团队的成员铺床单时才发现床单不能用。宝贵的时间就浪费在了去取替换的床单上，尤其是在给客房服务车补货也滞后的时候，而这种情况经常发生。这样，团队中的两个人都没遵守时间表，花费了饭店更多的时间和劳务。

现在，团队会更快发现他们的供应品用完了，需要回库房补货。团队有时候要等客人退房，也会浪费时间。这一直就是个问题，但现在是两个员工被耽误，而不是从前的一个。

更糟糕的是，起初分配的团队现在出现了内部不和谐。有些员工喜欢独立工作，不喜欢和别人搭班。由于这样那样的问题，大多数员工都不喜欢这个新制度。

乔安妮相信，如果实施得当的话，团队清洁法会在阿斯科特饭店起效。她认识到，团队清洁法起初并没实施得当，且加深了员工的负面情绪，以至于想要再成功实施很困难。

讨论题

1. 有哪些证据能显示团队清洁法起初没有实施得当？

2. 乔安妮怎么做才能让员工认可并支持该方案？她怎么做才能让客房部员工对团队清洁法感兴趣？

3. 如要使团队清洁法在阿斯科特饭店取得成功，乔安妮要向罗宾斯先生澄清哪些问题？要给罗宾斯先生何种信息才能让他答应继续支持团队清洁法方案？

下列业界专家帮助制定和开发了这些案例：

密苏里州圣路易斯市的注册饭店业行政管家盖尔·爱德华兹，明尼苏达州埃迪纳地区的玛丽·弗里德曼，以及明尼苏达州加菲尔德市的注册饭店业高级职业经理人、《房务纪事》杂志创始人阿莱塔·尼奇克。

第 4 章

概　要

多样性

住宿业的多样性举措

只准讲英语的要求

员工流动

员工流动成本

员工招聘

预招聘过程

内部招聘

外部招聘

招聘资源

内部资源

外部资源

创造性招聘策略

在线招聘

移民政策改革

员工选拔

技能培训

准备培训

实施培训

指导演练

跟踪检查

安排工作日程

人员配备指南

劳动生产率难题

编制员工的工作日程安排表

激励

激励的定义

激励员工的方法

学习目标

1. 解释为什么饭店客房部要依赖于有效的多样性管理。

2. 描述几种潜在的员工来源，其中，包括内部和外部资源、创造性招聘策略以及在线资源。

3. 解释移民政策改革是如何影响饭店业的。

4. 描述选拔员工时应考虑的因素。

5. 列举技能培训的步骤，并指出每一步必须要达到的程度。

6. 描述在编制员工的工作日程表时会遇到的挑战。

7. 识别激励员工的几种方式。

4

客房部的人力资源问题

任何饭店经营的生命力都在于员工；没有他们，饭店经营就会停滞。显而易见，管理层必须竭尽全力地去招聘优秀员工，并且提供必需的培训，使他们能够胜任工作。

培训在现今繁忙的客房部显得尤为重要。在客房部，为了在取悦客人的同时完成工作，员工就必须在技能上达到甚至超出部门制定的标准。

成年人对培训的期待不同于青少年和孩子；他们更重视实用的东西，而不是理论。他们希望了解如何应用从培训中所学到的内容，以及这些在现实生活中对他们有何价值。成年人希望参与其中。他们通过实际做来学习，而非通过听人讲来学习。成年人希望自己的经验有人赏识。他们有丰富的生活阅历和工作经验。他们为这些经验在培训中受到尊重并得以利用而感到欣慰。最后，成年人需要一个有意义的、成熟的环境；他们希望被当作专业人士，而不是被居高临下地进行培训。

除了培训客房部员工外，还要对他们进行高效的工作日程安排，以完成组织目标。如果激发出了员工的工作积极性，如果他们也确实想尽全力做好工作，那么，这些目标就会更容易实现了。高效的工作日程安排和员工激励对行政管家来说意味着更多挑战。

这一章涉及所有人力资源管理方面的问题。首先介绍多样性和员工流动问题，然后是有关招聘、选拔、培训和调度员工的问题。最后，本章会谈及激励员工的技能与方法。

多样性

住宿企业的成功一直在很大程度上依靠管理人员寻找和留住有才华员工的能力。由于最近以来，美国人口统计数据发生变化，并可预见到整个市场将日益变得复杂、竞争激烈，以及充满变数，在这种情况下，饭店只能更加依赖于员工绩效。这已经成为一种商业需要，饭店需要不拘一格地从各个方面（不同的种族与民族背景、语言、年龄、宗教、性别、性取向、生活方式、教育和能力）寻找有才华的潜在员工，而不再是囿于所谓的理想主义或仅仅是"政治选择"。

饭店能通过积极管理员工多样性，来获得诸多潜在利益，这包括：能够获得种种现有和潜在客户目标市场的第一手资料；能够提高员工劳动生产率，并提升员工对客服务的创造力。如果饭店在管理员工多样性和包容性方面失败，则会产生很多消极后果，如负面宣传、员工士气低落、劳动生产率低下、招聘和培训成本增加、在竞争中流失潜在员工，以及高员工流动率。

住宿业的多样性举措

在 1998 年和 2004 年，美国饭店业协会教育基金会分别开展了关于住宿业员工流动和多样性的调查，结果表明了饭店员工多样性的作用。这些研究报告有助于饭店管理人员和行业决策者获取可靠的数据，做出关于未来资源配置的明智选择，并可作为对未来成果进行评价的基准。

美国饭店业协会成立了多元文化和多样性咨询委员会，旨在提升多样性意识，识别在开展包容性实践、培训与指导项目支持等方面的最佳管理实践，并鼓励这样的管理实践。美国饭店业协会还出版了《棱镜》和在线通讯季刊，该季刊的内容主要为对不同背景的真实人物开展深入专题报道。在激动人心且繁荣发展的饭店业中，这些人正开创自己的事业，为自己、为所服务的饭店，以及整个行业的成功，贡献自己的力量。想要获得更多资源和信息可登录网址 www.ahla.com/content.aspx?id=3312。

只准讲英语的要求

管理形形色色的员工给饭店管理人员带来了诸多机遇和挑战。最近一个给美国饭店业管理人员带来挑战的是一些饭店推行的要求员工使用英语的政策。这尤其关系到客房部。

在饭店业，建立品牌价值至关重要。积极管理饭店基础要素，包括其硬件设施及服务水平，是长期获得成功的关键。因此，理论上，一个饭店应有能力管理与客人互动的所有方面，包括要求员工在工作场所只准讲英语。然而，这些规定也许与联邦民权法和美国平等就业机会委员会 (EEOC) 提出的指导方针相冲突。

没有什么比美国平等就业机会委员会与纽约梅尔罗斯（Melrose）饭店集团在 2006 年 3 月 20 日达成的和解更能反映这种潜在的冲突了。事情是这样的：双方花费了 80 万美元受理了 13 个员工关于工作环境不友善的投诉，其中包括对要求讲西班牙语的员工只准讲英语的指控。

美国平等就业机会委员会收到数以百计的类似投诉。因此，对于饭店业主、经营者和管理人员来说，考虑在创建和传递品牌独特体验的利益与日益多样化的劳工权益之间，如何实现最佳均衡，这非常重要。

在美国，日益多样化的劳动力大军使得关于"只准讲英语"政策的争论不再仅是一个学术问题了。例如，讲西班牙语或拉丁裔的美国员工总数已由2004年的1790万和2005年的1860万，增长到在2006年5月就已突破的1950万。根据美国饭店业协会教育基金会的调查数据，2004年在饭店业工作的小时工里，25.8%的人是讲西班牙语的。

美国联邦劳动统计局提供了更为详细的数据分析，介绍在2005年美国讲西班牙语或拉丁裔的员工在多个行业就业人员中所占的比例，包括：

- 占所有饭店、汽车旅馆和度假饭店员工总数的14%;
- 占所有旅游者住宿行业员工总数的23.7%;
- 占所有物业和地勤及维护员工总数的30.6%;
- 占所有客房服务员和清洁工的35.2%。

伴随着劳动力的日益多样化，潜在的语言障碍在工作场所中将不可避免地越来越为凸显。事实上，在2000年时，还有1030万美国人在家很少说或根本不说英语，这比1990年的数据多了53%。这种语言障碍使得很多饭店都需要实施一些有关提升管理层之间、同事之间，以及与客人之间交流水平的项目。例如，万豪国际酒店集团在2006年7月12日宣布，将启动一个在23个饭店试行的语言项目，给以英语作为第二语言的员工培训职场英语及生活技能英语。该项目旨在让员工能提升英语技能，以便更舒服、更自信地和客人及管理层交流。通过对比梅尔罗斯饭店的案例和万豪国际酒店集团的新项目可知，在饭店业里，是采取"只准讲英语"的政策，还是采取职场语言技能多样化的政策，管理人员在做决定前必须要深思熟虑。

1964年颁布的《民权法》第7条禁止在工作场所出现基于他人出生国及其他因素的歧视。美国平等就业机会委员会也发布了识别出生国歧视的4项基本准则：

- 要求员工在工作场所所有时间必须讲英语的规定;
- 雇主出于求职者的讲话方式或口音而拒绝雇用求职者;
- 因种族原因对员工以种族诋毁或肢体行为的方式进行骚扰，并营造不友好的工作环境;
- 对某特殊种族的求职者区别对待，只要求他们提供雇用鉴定。

尽管美国平等就业机会委员会的准则进一步规定，在任何在工作场所要求员工"只准讲英语"的政策都违反了《民权法》第7条（由此把对必要性的举证责任转移给了雇主），但是该准则仍允许有例外情况，即可以要求员工仅在某些时候只准讲英语，前提是雇主要能够出示该要求的商业正当性。

　　饭店经营者和业主们可遵循某些实操经验，以确保遵守《民权法》第 7 条的要求。以下的实操技巧将有助于制定出公平的政策，更好地管理饭店员工与客人的交流环节。

　　首先，不要制定或强制实施面向全体员工的"只准讲英语"政策。这样一个涉及面广的政策肯定会违反《民权法》第 7 条的要求。与任何其他与工作场所有关的政策相比较来看，采取这类政策必须要有非歧视理由。例如，午餐时间在员工休息室接打私人电话，身处饭店内但还未开始工作或已经结束工作，如果在这种情况下限制使用其他语言，将很有可能被视为基于出生国的歧视。

　　其次，任何"只准讲英语"的政策都应局限于一些被归为有商业必要性的情况。这些情况或许包括：

- 与只会讲英语的顾客、同事或主管交流；
- 使用统一语言可以更好地促进紧急情况下的任务协调；
- "只准讲英语"的政策可促进协同作业的高效完成；
- 确保只会讲英语的主管能够监督那些工作职责中要求与同事或顾客有交流的员工的绩效。

　　所以，在饭店经营中，如果对客服务人员与客人交流时需要使用英语，那么，要求使用英语的政策在这些情况下也许就是合理的。抑或是：在与只能讲英语的主管交流时，也会要求使用英语。然而，在饭店制定这样的政策时，应权衡和考虑到这些可能会产生歧视效应政策的商业正当性。

　　再次，任何"只准讲英语"的政策应包括某些例外情况，这就确保了这个政策很灵活，可以配合饭店商业正当性的要求做修改。这包括准许或甚至鼓励员工使用他们的母语与愿意使用该语言的国际客人进行交流。

　　最后，要告知员工与 "只准讲英语"政策相关的所有信息。这对于员工理解这一政策实施的原因和如果违反该政策会有什么后果都非常重要。根据其指导原则，如果未有效告知，美国平等就业机会委员会将把全部有关"只准讲英语"政策的员工投诉视为对基于出生国的歧视。

　　也许能提供的最好建议就是，即使真的要实施这一政策，也不要称之为"只准讲英语"。这是个有误导性的名称，有可能引发不必要的危险。而其他一些名称，例如，"与顾客交流语"或"有效的员工交流语"就更能恰当地表述政策的期望目标。毕竟，饭店内有效交流是每一个饭店管理人员都应力求做到的。[1]

员工流动

　　无论新员工是否自愿，每当有一个职位空缺，就必须要雇用并培训这样一个人。

这种更新循环被称为员工流动。当前及今后劳动力的短缺现状，都让员工流动正在开始受到它应有的关注。在 20 年或 30 年前，饭店管理人员很少担忧他们的员工从哪里来。那时，大多数饭店每年的员工流动率都在 60% 左右，就算是高达 3 位数的员工流动率，也不算罕见。即使如此，可供雇用的人员还是往往供大于求。

尽管员工流动率过高，一些管理人员总会找出些原因来解释，如季节性工作、年轻员工跳槽、来自新业务操作的竞争，但所有这些理由以前说得通，现在仍然说得通。只是现如今情况变了。员工流动率居高不下，但是可到岗的人员供给却在减少。其结果是饭店业会发现自身出现了严重的员工短缺。尽管这不是一蹴而就的，但管理人员仍然会错愕不已："到底发生什么了？"

发生了两件事。第一，"婴儿潮"一代（译者注：大致指 1946 年至 1965 年期间，出生于美国生育高峰期的人们）出生的人已经长大了。他们中的许多人以前是做小时工，但现在他们是客人。同样地，"X 一代"（译者注：大致指出生于 20 世纪 70 年代的美国人）也长大了，并成了客人，而非员工。第二，管理人员没有处理好"临时工问题"。许多员工认为到饭店来工作，这仅仅是一份他们找到"真正"工作前的临时性工作而已。

现在，饭店业仍然在与高员工流动率做斗争。他们开始很深刻地认识到员工流动问题。例如，员工流动的代价极高。一项研究表明：更换一个员工，无论是经理、主管或一线员工，其成本高达该员工年薪的 100%。员工流动对那些朋友和同事离职后仍留任的员工，有着非常负面的影响，而且高员工流动率与低客户维系程度，以及投资者漠视程度之间有着非常显著的正相关关系。研究同时表明，在组织机构稳定性与员工流动之间也存在正相关关系，因此，高员工流动率会导致组织机构的不稳定性。另一项研究表明，在高员工流动率与组织机构低效率之间也存在着正相关关系。恼人的员工流动会导致组织机构的不稳，影响组建有效的员工团队。

员工流动成本

对每个小时工而言，员工流动成本在 3000 ~ 10000 美元，也可能会更高。许多饭店将流失一个训练有素的管理人员的成本等同于这个经理的年薪；通常情况下，一个新管理人员需要一年的时间才可以有效工作。

员工流动成本分为有形成本和无形成本两种。有形成本是指更换员工所直接导致的成本，范围包括从制服到广告宣传。无形成本（如低劳动生产率）并不是直接支付出去的费用，但在许多情况下都可以观察得到。

离职成本是因现有员工流动所直接导致的。这些成本或许包括离职或解雇费，全部以及与进行离职面谈、整理文档、在工资单中除名、终结福利和支付失业税相关的成本。

员工更换成本还有与招聘新员工相关的一些费用：广告宣传、雇用前的筛选、面谈、测试、内部关于讨论雇用求职者的会议、求职者差旅费用、一些求职者的搬家费用、入职前的医学检查费用，以及其他成本。

培训成本是与新员工岗前指导相关的成本，包括准备和印刷新员工信息、制作或采购培训材料，以及进行培训。低劳动生产率（正进行培训的员工和正接受培训的员工都包括在内）是培训的无形成本。

在认识到与员工流动相关问题的同时，也需要认识到并不是所有的员工流动都是不好的，在一定程度上人员流动是不可避免的，认识到这一点也很重要。即使在最好的情况下，员工也会升迁或退休，而且，如果饭店正在蓬勃发展或扩张，就非常有必要增加更多的员工。因此，无论员工流动率高或低，客房部管理人员通常都要担负起时刻准备招聘新员工的责任。

员工招聘

员工招聘是指根据业务经营岗位的要求，寻找合适人选并进行筛选的过程。这一过程涉及通过适当的媒介公布空缺职位、对求职者进行面试和评估以确定补缺人员。

在大型饭店里，人力资源部会协助行政管家寻找并雇用最能胜任的员工。然而，许多住宿企业并没有人力资源部。因此，行政管家通常会介入这些工作，例如初试、联系求职者的推荐人，以及相关的选拔工作。无论在哪家饭店，行政管家都应亲自为部门的空缺职位面试最佳补缺人选。依据饭店的组织机构的设置，行政管家可以直接雇用求职者或向饭店组织中更高层次的管理人员推荐人选。

最后，在进行面向外部资源的招聘之前，饭店应进行工作分析，并写出工作说明和工作规范。这样做可以有助于确保找到、招聘和雇用合适的人。

预招聘过程

正如图 4-1 所示，大部分招聘工作实际上都先于在报纸刊登广告或在员工休息室张贴布告之前，就已开始了。预招聘过程由一些相关步骤组成，始于界定职位要求，止于评估招聘方法。

第一，界定职位要求。为了界定工作岗位及其要求，客房部管理人员需要了解这一工作岗位的主要职责和所涉及的任务、掌握工作所需的背景特征、所要求的人格特质、本饭店文化的关键特点，以及管理者的管理风格。

第二，审查工作分析信息、工作说明和工作规范。客房部管理人员应核实并确

界定职位要求

审查工作分析信息、工作说明和工作规范

识别和复习适用的法律法规

确定传达给求职者的信息

确定应该从招聘中了解到有关竞争对手和团体的内容

明确是要内部招聘或是外部招聘，抑或是两者兼具

确定招聘地点

选拔应聘人员

选择并实施招聘策略和方法

建立用于评估大量求职者的标准

建立评价招聘方法的标准

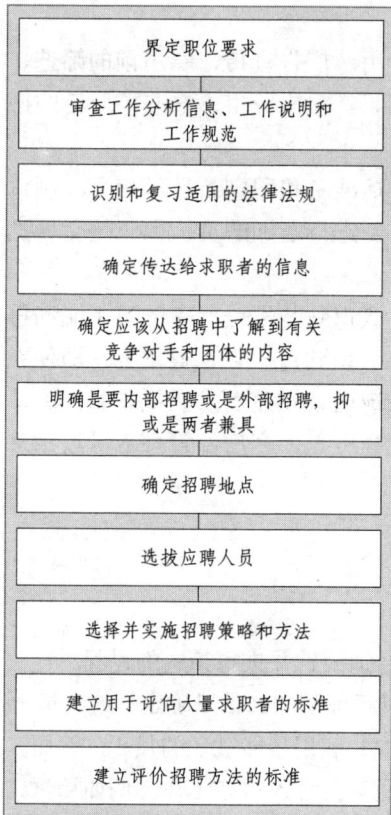

图4-1 预招聘过程

保这些工具是最新的，是适用的，并且很完整。在必要时，还应作适当的修改和增补。

第三，识别和复习适用的法律法规。许多关于招聘、选拔和升迁的问题会受限于联邦和所在州的相关法律法规。客房部管理人员应在招聘前复习这样的法律法规。

第四，确定传达给求职者的信息。介绍业务和岗位是招聘的一个关键部分。许多求职者被饭店的招聘广告所吸引，但却发现广告中的工作与实际工作场所的工作有相当大的差距。企业如果仔细考虑它们想要传递的信息，并向求职者展示真实情况，就会为取得长远的成功打下基础。

第五，确定应该从招聘中了解到有关竞争对手和团体的内容。尽管确定潜在员工是招聘的首要目的，但是它并不是唯一目的。招聘同样给了客房部管理人员许多机会去了解外面的世界。来自其他饭店的求职者能提供很多有价值的信息，包括饭店经营如何在竞争中脱颖而出，以及饭店经营该如何被认同。

第六，明确是要内部招聘或是外部招聘，抑或是两者兼具。一些饭店已通过成功设立的一些项目，基本能做到只从外部招聘入门级员工。而所有的主管和管理岗位则都由内部求职者填充。

其内部招聘项目设计目的在于通过创建职业阶梯，鼓励员工在本饭店留任更长时间。另一些饭店则通过成功设立的一些项目，基本能做到管理人员和入门级员工都从外部招聘。有关内部和外部招聘的优势和劣势将在本章稍后讨论。

第七，确定招聘地点。客房部管理人员应确定内部招聘和外部招聘的招聘范围。对于外部招聘，管理人员必须确定求职者最有可能来自哪些地方，如学校、同行竞争对手、公寓大楼、教堂等。客房部管理人员也必须确定内部招聘的有效地点。连锁饭店要考虑这类问题就要找客房业务主管解决。这家饭店也许能从与他们连锁的其他饭店的客房部获得更成功的招聘人员，而不是只局限在他们自己的饭店部门。

第八，选择并实施招聘策略和方法。招聘可以采取许多形式。在一些情况下，面试的效果也许最好。但其他通过大众媒介（广播、电视、报纸和网络）的招聘方式

也不错。不同的方式针对不同的市场。因此，方式的选择对于招聘过程非常重要。

第九，建立用于评估大量求职者的标准。客房部管理人员经常简单地给出一个招聘条件来看求职者是否可以达到。这种方式有两个后果，但都是少有收益的。一方面，当合适的求职者符合这些条件时，其他人也能符合。然而，这些人可能并不是要找的人，这就浪费了参加面试的管理层的时间。另一方面，这种方式可能无法找到真正达到标准的求职者。在一些情况下，招聘人员会认为他们应在求职者中选拔最有前途的求职者，这仅仅是为了证明招聘成本是值得的。为了避免这些误区，要在招聘一开始就建立清晰明确的评估标准。

第十，建立评价招聘方法的标准。招聘成本、每次雇用成本、联系求职人员的数量、接受聘用比率和薪水要求比例，这些都会因招聘方法的类型而异。在招聘项目开始之前，客房部管理人员应为上述内容，以及其他评价标准，拟定一个可接受的比例。

作为预招聘过程的一部分，管理人员同样应考虑他们的人员需求是否可以通过内部或外部的员工资源达到最好的满足。由于客房部管理人员的最终目标是均衡内部升迁和外部雇用的关系。为了达到这一目标，管理人员就需要多了解内部和外部招聘资源各自的优势和劣势。

内部招聘

正如前面提到的一样，一些饭店通常只在外部资源中招聘入门级员工；所有的主管和管理岗位都在内部招聘，这或可称为"内部雇用"。许多饭店都是这样做的。通过内部招聘，饭店可以获得几项收益。这包括，内部招聘可以：

- 提高升迁员工的士气；
- 提高同样想获得机会升迁的员工的士气；
- 由于对内部招聘的员工已经进行了长时间的考察，这会使管理人员在内部招聘时拥有更高的评估能力；
- 一系列主管和管理岗位升迁的结果，意味着每一次升迁都会有一个新的需要填充的升迁职位留下。这种继任替换行为有助于强化饭店的"内部职业阶梯"；
- 比外部招聘成本更低；
- 减少了培训成本，因为入门级岗位培训要比管理岗位培训的成本低。

内部招聘同样有其劣势。这些劣势包括：

- 促进了内部选拔，但久而久之，注入饭店的新理念会逐渐缩减；
- 导致没有得到升迁机会的员工士气低落；
- 具有派系意味，一些员工会因为与经理和主管们是朋友或亲戚而得到升迁；
- 当用一个部门的员工来填充另一个部门的岗位空职时，会对人员流出部门造成严峻的岗位空缺。

外部招聘

外部招聘，或从外面的资源雇用，通常是招聘入门级员工最便捷的做法。因为管理人员可以轻松地对这类工作岗位所需要的技术和能力进行评估。外部资源同样包括作为竞争对手的同行。有经验的客房部管理人员通常会从其他饭店挖有才干的员工。

尽管外部招聘会比内部招聘成本高，但它有一些显著的优势。外部招聘的主要好处包括：

- 给饭店带来"新鲜血液"和新理念；
- 通过与来自直接或间接竞争对手的求职者的交谈，为招聘人员提供了了解外界的机会；
- 为组织机构提供了新面貌，有时这会坚定饭店现有员工留任工作；例如，想象一下当新员工这么说时的价值："你们的休息室比我之前工作的饭店干净多了"，或"来自门廊的灯光肯定会把工作的地方变得更加令人愉悦"；
- 有时会让培训成本更低；
- 可以避免内部招聘会涉及的许多派系争斗；
- 可以作为饭店广告宣传的一种形式：报纸广告、海报、公告栏通知、简报等方式都会引起公众对饭店产品和服务的关注。

正如内部招聘一样，外部招聘也有不好的一面。有时，客房部管理人员需注意以下事项：

- 外部招聘中，要找到非常符合饭店文化和管理哲学的员工是比较困难的；
- 如果现有员工感到没有提升机会，就会导致员工士气的问题；
- 外部招聘员工比内部招聘员工会需要更长时间的入职培训，因为，内部招聘员工早已了解饭店的目标、工资管理系统的运作等；
- 外部招聘员工在短时间内的劳动生产率较低，因为在一些情况下，新员工不能像内部招聘的员工那样快速、高效地工作；
- 当员工认为他们和外部招聘的员工一样能干，就会导致派系问题和个性冲突；
- 外部求职者也许并不像最初表现的那样，任何一个外部求职者都仍是一个未知的风险，管理人员毕竟总是对内部求职者还是知之甚多些。

招聘资源

现在的招聘比过去更加困难。婴儿潮时期出生的人们渐渐老去，这就意味着行业中不再像以前那样，有大把的 16 ～ 24 岁的求职者。但是仍然有许多选择留给具有创新精神的管理人员去探索。

内部资源

内部招聘策略通常包括职业规划、技能储备和内部职位公告系统。保持充足的技能储备、更新和接任者图表会使内部招聘更加容易；这样做会使管理人员有更好的想法来决定到底谁可能具备胜任一个空缺岗位所需的技能，谁会对某个职位感兴趣。这些储备和图表在那些看重内部招聘的组织机构里尤其重要。为了让现有员工知晓空缺岗位，许多饭店会：

- 在公告栏张贴通知、正式的职位公告、简报，或在饭店内部网站公布现有职务空缺：通常情况下，海报或公告包括工作说明和工作规范，以告之员工该职位所担负的职责和所需的技能；员工如果有意申请公告职位，就会在备选名单上签字，之后参与工作招标。
- 将员工视为推荐人来源：一些饭店成功地把现有员工转变为向外部招聘员工的信息来源，这种方法的优势是定位于现有员工的朋友和熟人；这些员工都对组织机构的优劣势有更现实的看法；另外，员工们只倾向于推荐那些他们相信会称职的朋友；他们知道推荐差的求职者会影响到他们自己的判断力。

尽管许多饭店的报告称他们采用员工推荐计划找到了新的员工，但一项 1999 年发布的研究成果认为，这些饭店并没有做到他们想的或说的那样，即使这种方法被认为是现今最符合成本效益的方法之一。例如，这项研究发现许多管理人员并不知道如何利用推荐人来做有效招聘。向员工提供奖励和承诺未来升迁这些方式，都是使员工推荐式招聘效果更好的有效方法。仅仅将推荐人作为招聘的唯一来源，会导致法律分歧。因为这种方法也许会趋向于对一些受保护群体的歧视。例如，一家饭店或餐厅位于以白人为主的生活区，它就会很自然地招聘或雇用更多的白人员工。如果这个饭店仅仅依靠员工推荐来招聘，它的这项政策很可能就会被视为是有歧视性的。

万豪酒店通过强化内部招聘，成功地主要使用内部资源填充了主管和管理岗位，培养了有效的"自我成长型"管理人才。它的每家饭店都有一个由部门领导和一些执行委员会成员组成的管理应征者审查委员会。这个委员会主要负责审查即将达到管理岗位培训水平的员工。如果员工表现出了管理才能，执委会会为他寻找机会，使其在饭店内获得拓展能力的机会。万豪酒店培训项目主管和管理人员通过提供参与者工作手册来推进这个活动。这个参与者工作手册记录有这些参与者的学习经历，指导者会对这些参与者进行评议和辅导。事实证明这些项目是比较成功的，因为每年会有 30% ～ 40% 的成功管理人才从万豪酒店的员工队伍中脱颖而出。

外部资源

饭店所在地区的情况决定了外部招聘资源。对客房部管理人员来说，以下资源可能是非常有价值的：

- 职业介绍所，包括州立和私立的；
- 学校，如高中招聘会、管理人员去班级演讲、通知学生辅导员、与教师和教练私下接触、参与半工半读项目；
- 高校，如招聘会、联系就业辅导员、去班级演讲、联系讲师和教练、参与半工半读项目、联系学校的社会与职业社团、饭店管理项目、联系宿舍辅导员；
- 教堂与宗教集会；
- 青年团体；
- 公寓大楼，如洗衣房公告栏、"门把手上的公告"；
- 公寓通告栏；
- 地方运动队（赞助）；
- 女性团体；
- 儿童保育中心；
- 职业与行业刊物；
- 手工艺中心；
- 健身中心；
- 老年人团体；
- 政府老龄化单位；
- 疾障人士代理机构；
- 学生组织，如家庭、美国职业与社区活动家、美国未来农场主协会、美国职业教育社团等；
- 销售商、供应商和机械制造商代表；
- 社区活动；
- 可以提供技能培训与岗位安置—福利—工作的城市联盟与其他代理机构、墨裔美国人机会基金等；
- 政府康复机构；
- 政府退伍军人代理机构；
- 美国商会；
- 社会／卫生组织，如基督教青年会或基督教女青年会；
- 社会服务组织，如美国红十字会或救世军；

- 志愿团体，如美国妇女选民联盟、收容所、健康服务机构等；
- 欢迎组织，如欢迎新居民团体、你好俱乐部、新来者等；
- 军队机构，如地方国民警卫队的预备和现役单位；
- 公开招聘会；
- 在外就餐、购物或其他日常活动中遇到的在其他饭店或服务型机构就职的员工；
- 本州的美国饭店业协会分支机构；
- 州立餐饮协会；
- 地方和国家援助项目，如向有需要的人提供温饱；
- 地方"省钱一族"或其他低成本或无成本印刷品上的广告。

另一个可以考虑的资源是同一连锁饭店集团的员工。他们在季节性淡季减缓期间，可能被裁员。例如，有两家索纳斯塔饭店，一家位于佛罗里达州的萨尼伯尔岛，另一家位于马萨诸塞州的剑桥市，它们就制定了一个在淡季调动员工的安排。

在人员短缺或其他有需要之际，饭店退休员工也乐于前来帮忙，他们具有专业知识，可以直接上手。同样地，信誉良好的前员工和现有兼职员工也可以成为短期用工的可用资源。

还有其他的一些小型饭店成功尝试了如下招聘方式，饭店管理人员也可以采用，这些方法包括：

- 远程招聘；
- 猎头名片；
- 销售点信息；
- 直邮宣传；
- 数据库招聘；
- 国家资助项目；
- 课程讲座；
- 推荐人奖励；
- 签约奖金。

不管锁定的招聘资源如何，如果一家饭店想要刊登广告，它必须首先要识别潜在的法律后果，以及广告可吸引的人员类型。在很多地方，法律要求饭店在向外界资源分发用工通知和公告之前，需获得相关许可。为了避免非法歧视，饭店也需要对它们的广告措辞给予特别关注。

创造性招聘策略

有些饭店探索出了有助于克服其劳动力短缺问题的创新方式。例如，万豪酒店开发了一个招聘和培训无家可归者的项目。同样，它的"独立之路"项目也被证实是一个非常有效的招聘工具。"独立之路"项目给接受福利救济者提供基本技能和工作场所适应性培训。这个项目能确保许多潜在的员工可以更加胜任工作。万豪酒店报告说参加此类培训的员工有 80% 的毕业率，90% 的 90 天后留职率，以及 55% 的一年后留职率。万豪酒店在饭店职业技术院校中采用了同一类型的方法，并得到了华盛顿哥伦比亚特区的拥护和支持。

一些州立协会，例如，佛罗里达州饭店业协会和得克萨斯州饭店业协会，已成功实施高等学校半工半读计划和实习计划十余年了。又如美国饭店业协会教育学院和国家餐饮协会教育基金，这些国家行业协会的教育部门也已开发了面向高等学校的课程设置，旨在使学生们在毕业前能为进入成年人的工作世界做好准备。这些项目把课堂上所学到的知识与在岗工作经历联系起来。在工作场所学到的技能，随后会通过课堂实践互动来得到进一步强化。

像许多其他饭店一样，万豪酒店采用校园招聘来确定诸多潜在的管理应征者。然而不同于一些饭店做法的是，万豪酒店喜欢把目标锁定在拥有大量国际生源的大学，以此来吸引其他国家的学生。他们毕业后，会回到祖国接受雇用。万豪酒店同样正在像华盛顿哥伦比亚特区、凤凰城和波士顿这样的城市中设立地区招聘中心。这些中心位于市中心零售区的一楼，以便让许多潜在员工每天经过时能看得到，并为潜在求职者提供一站式服务。

雇主团由三大饭店公司和 25 个其他主要雇主联合组成。他们同样在开发用于招聘的协同合作方式。

另外，还有一些饭店发现，在如今的招聘中，如果能与时俱进，则可以展示出不同寻常的效果。例如，号称要关注员工的"智力、身体和精神"，这听起来像是新世纪的宣传口吻，但实际上能够产生很显著的底线成果。这种专注于提升生活技能、生活质量和个人兴趣规划的员工管理方法，在传统和非传统饭店同样传承了下来，而得到的回报便是较高的招聘率和留职率。

在线招聘

通过网络空间开展招聘已变得越来越流行。许多饭店都会通过在线招聘机构或他们自己的网站来进行全国性的招聘。有人做了些研究，试图确定哪些网站是最有效的。评估网站质量最常见的方法，包括网站审查地址的可读性，和针对潜在客户和潜在员工的情况，进行自我提升的有效性。如果每一个潜在访问者都可被视为一个可能的客户或员工，就像一些网站做的那样，那么，在这些网站上发布职位公告信息就势在必行。这种方法始于一些高科技饭店，但已经在行业内迅速传播开来。

因这更方便潜在求职者知晓特定职位、饭店发展潜力、入职培训和薪酬方案以及其他可能影响他们去某一饭店求职的因素。这方面做得好的网站，应包括在线申请或申请地址链接功能。

万豪国际酒店集团是在线招聘的一个成功案例。它拥有超过 13.1 万名员工。万豪酒店发现利用网站来鼓励现有和潜在员工查找招聘信息，是一个费用低廉的方法。

除了饭店行业特定的招聘网站外，互联网上也有大量猎头、职位公告和职位推荐网站。Monster.com, AquentPartners, futurestep.com, employment911.com, careercentral.com, internweb.com, FutureCollegeGrads.com, jobsleuth.com, careermag.com 以及许多其他的网站，都提供了完整的职位公告和简历投递服务。

房务 纪事 ▰▰▰▰▰

关于招聘与留任员工的提示

人员配备仍然是许多客房部面临的最大挑战。然而，即使在全美国失业人数非常低的情况下，仍有人求职做客房清洁工。那些时刻评估和提高他们招聘与留任实践的管理人员，能成功地保有充足的人员配备水平。

招聘

- 毋庸置疑，员工推荐是招聘的最好方法。所有员工的朋友、邻居和亲戚都有可能成为被雇用的潜在应征者。而且，由于员工都不愿因推荐了表现不好的员工而感到尴尬，所以，他们仅会推荐可以达到饭店标准的人。管理上可以通过设立关于这种行为的实质性酬劳，来鼓励员工推荐。给这些推荐的回报比其他任何招聘方法的花费，都要廉价而且效果更好。对于饭店来说，如果某个员工推荐的人员在雇用后连续工作满 90 天，就会奖励该员工 100 美元。这种奖励并不为奇。最高明的管理人员会在员工会议上，当着全体员工的面，奖励推荐新员工的人。这是对成功招聘的庆祝，这样做更会鼓励其他人也来推荐。

- 现有员工也可以通过为饭店张贴广告来帮助招聘。可把"聘请"通知张贴在他们的杂货店、自助洗衣店和教堂。

- 管理人员不应低估福利套餐对员工招聘的重要性。若管理人员关注其他饭店能提供给员工什么，那么，本饭店就该设立一个非常有竞争性的福利套餐。虽然健康保险和带薪假期的确非常重要，然而，客房部员工也许对计时工资、制服、选择性工作日程安排和交通补助更感兴趣。

- 高明的客房部管理人员会与其他饭店的同事保持联系。除了分享招聘策略外，还可分享一些职位信息。

- 杰出的管理人员还会与政府机构保持联系，通过电话、私人拜访和传真发布职务空缺。

- 最后，当人员配备成为挑战时，管理人员必须一直安排时间约见那些潜在的新雇员。一直安排时间面试。

留任

一旦雇用了新的员工，他们会留下来吗？

- 首先，这听起来非常简单，但是许多饭店完全忽视了这一点，要特别善待新员工。每个人都必须

（续）

善待新员工，包括管理人员、新员工的推荐人，以及现有员工。新员工应得到额外的特殊关照。欢迎他们，把他们介绍给其他人，与他们交谈，给他们发放制服。给他们指定一个培训师，给他们指定一个工作伙伴，告诉他们有关午餐和休息的注意事项，给他们一个干净的客房服务车和用品，花时间和他们在一起，给予他们积极的反馈，给他们工作安排表，询问他们进展如何。除此之外，还要确保第一份薪水要准确及时发放，要经常表达对他们的赞赏。

- 给员工一个有益、有利且合意的工作日程安排表。如果说饭店一贯在周末客房出租率高，那么，就有可能要同一批员工每周都要承担这一工作量，这会导致员工流动。管理人员设计好的工作日程安排表中，应允许周末轮班，或采用一些折中的办法来进行平衡，例如，员工可以挑其中一天，让兼职的学生帮忙。或者如果饭店出租率允许的话，管理人员也可以减少需要在周日打扫的房间数量。因为员工需要更多的计时工资，如果低出租率导致他们的收入减少，威胁到了他们的生存，那么，高明的管理人员就要积极努力，防止人员流动。要在出租率波动之前与员工谈话，也可让自愿者休假，或者安排每一个人放假一天，或者更好的是建立可实现的清洁计划预算，供出租率下降时使用。工作日程安排表通常会被提前张贴出来，以便员工可在事先有所安排。而且，管理人员要办事灵活。无论管理人员在工作日程安排上做努力，他们都必须建立和遵守公平一致的指导方针。当然，如果工作日程安排没执行好，他们也要记得惩戒员工。

- 为了提高留职率，管理人员要设法使工作有乐趣。可以为员工举办生日聚会和特殊庆祝活动，可以在员工工作完成得好时分发糖果和现金，要确保办公区域明亮、令人愉快和整洁。可以策划有关客房服务车、厕纸或做床比赛的竞争性活动。可以带领员工走出饭店去打保龄球、野餐或参与社交活动。可以鼓励员工摆出自带的家庭照片或度假照片。也可以邀请员工带来自家食物举办家常的午餐会。

- 这些招聘和留任的方法已经过反复验证。当这些方法运用在与饭店员工有关的项目中时，会提高他们的士气，降低员工流动率，并带来更多利润。

资料来源：作者玛丽·弗里德曼，《房务纪事》第 9 卷第 3 期第 4 页

请致电 866-READ-TRC 获取相关订阅信息。

　　雇主希望了解更多有关员工招聘的事宜，例如，关于员工外包，就很容易在互联网上找到答案。互联网甚至可以提供那些不为人熟知的某些招聘方面的信息。最后，互联网还可以提供足够的机会，用以购买或租赁求职者跟踪软件，人力资源信息系统软件等。

　　在互联网发布职位的优势之一就是具有快速回复的潜在好处。因为在互联网上传送信息只是一瞬间的事，求职者可以立刻了解信息，并提出申请（有时也在互联网上）。美国饭店业协会与 hcareers.com. 有合作关系。会员饭店可以在职位发布上得到 20% 的折扣。这是一个专注于饭店业的网站，它每月聚集 300 多万找工作的人，而这些人全都在寻找与饭店业相关的工作。除了这些招聘资源外，许多饭店机构还能让求职者通过饭店主页来进行直接联系。

移民政策改革

移民政策改革在 2000 年中期就已成为一个热门的政治话题，许多团体呼吁收紧边境管制政策，减少移民。这对于饭店业来说，已变成一个尤为重要的问题。人工服务是住宿业，尤其是客房部的生命线。雇用工人来填充重要的服务岗位是饭店业最为紧要的问题之一。

根据美国劳工部统计局的数据，在 2004 年，饭店业雇用了 140 万工人。由于住宿部门的适度增长，到 2014 年，这个需求将多出 30 万。近年来，饭店人通过众多举措来吸引和留住员工。这个行业已成为"从福利救济转向工作"和"从校园转向工作"活动的先行者。美国饭店业协会通过与一些杰出的组织开展合作，希望推进住宿业发展。这些组织有美国承诺、全国有色人种协进会和美国埃斯佩兰萨组织等。尽管已投入这些努力，但住宿业仍面临着普遍的劳动力短缺。

同样需要引起这个行业关注的问题还有员工可能会给雇主提供不真实的证件。在美国，每一个员工都要求提供他可以合法工作的证明。但如果这些证明文件看起来是真的，联邦法律会禁止雇主私自查验这些证件的有效性，这无疑会存在风险。

员工选拔

一个成功的招聘过程将会为空缺岗位找到应征者。客房部管理人员要面临的下一个挑战是要从中找到最适合的那一个人。在大多数饭店企业中，对客房部岗位应征者的选拔工作仍然得由客房部管理人员执行，并要确定谁能最终得到这份工作。

客房部管理人员在选拔员工时应遵循以下 4 个原则：

- 明确性：确定每个人都有一张目标员工的清晰画面，无论是选拔 2 个人，还是选拔 10 个人，这个标准一直不能变，标准越明确，饭店就越可能找到合适的人选；
- 客观性：整个选聘过程从头到尾都必须是可以量化的，如有可能，应给求职者打分，让他们知道自己与饭店选拔标准相比对的结果如何；
- 深入性：所有的选拔过程必须深入，应分为 3 个阶段进行：初步筛选、面试和测试，以及与主要决策者会面；
- 一致性：整个选拔过程中，如能始终保持人员、目标和程序的连续性，则会产生更好的结果。

饭店采用的选拔方式将决定选拔过程的长短。客房部管理人员在选拔新员工时，通常至少应开展面试。面试细节将在下文涉及。

房务纪事

你的问题来了——面试时应询问什么问题

第一个问题：冰山为什么危险？

回答：因为 90% 的冰山隐藏在水平面以下，看不见。你永远不知道你会在下面发现什么！

第二个问题：人什么时候最像冰山？

回答：当他们正在接受工作面试时，因为通过申请、简历或面试，只能看到真人的 10%。你看不到的那些，却恰恰是你真正想要的。

所以，饭店管理人员在面试时，要思考如何发现隐藏在求职者冰山表面下的事物？如何评定应征者真正的能力、兴趣、人格和态度？

最近有项研究与筛选大学生的因素有关，研究认为：筛选标准中诸如工作经验、课外活动和平均成绩等因素，仅占到了大学生细节特征的 50%。这表明对招聘者而言，要常认识到，其他因素也很重要。

但是这些"其他"因素有哪些？通常情况下，最先是"个性相关因素"，诸如积极的第一印象、长相，即兴的语言谈吐等。

可以通过以下简单规则来提升面试中的信息收集水平。这 4 个基本规则是：

- 面试前做准备；
- 创建适宜环境；
- 建立融洽关系；
- 了解职位信息。

现如今，一般主要采用的两种面试方式是：结构式和非结构式。在不同含义的非结构式面试中，评价也是不一样的，然而，它也许是最常用的方法。一些人相信，因为它不那么正式，而且比较轻松，因此，它使得应征者的回答是开放的。然而，有些时候，使用非结构式面试的理由是错误的，或者仅仅是因为客房管理人员并没有做好面试准备。

而结构式面试则需要精心设计。要事先准备好问题，要用同样的方式向每一个应征者提问。通过结构式问题，从不同应征者所得到的答案，是可以相互比较的。如能在面试前花时间做好准备，这将在接下来的过程中，节约时间和金钱。因为客房部管理人员将会为对的职位选拔对的人。

行政管家该如何选择合适的问题来挖掘自己真正想了解的信息，并主导整个面试过程呢？通常而言，应问下列 5 类问题：热场类问题、行为事件类问题、适应性类问题、岗位胜任力类问题，以及结尾类问题。

热场类问题

尤其是在面试刚开始时，管理人员经常试图通过非正式闲聊，或不涉及工作内容的寒暄，来让应征者自在一些。能让应征者轻松自在，这当然很理想了，然而这时候也最容易由于不适当的提问惹来是非，或所问的问题和其所申请的岗位毫无关联。一般的规则是，应聚焦在普通评论和一般问题上，要永远避免问及应征者的年龄、种族、性别、宗教、肤色、残疾或出生国。除非这些与职业资格相关，否则就只应问些普通的热场类问题。例如：

- 今天过得怎么样？
- 可以给我简单介绍一下你自己吗？

- 你熟悉我们饭店吗？
- 你对我们饭店了解些什么？
- 告诉我一个让你感到非常兴奋的计划。
- 最能恰当地描述你的 3 个形容词是什么？
- 对于你的上一份工作，你最享受的是什么？

行为事件类问题

这类问题通常以"你能告诉我"或"描述一个情况"开头。这类问题更多地聚焦应征者过去的表现。过去的表现能最准确地预测其未来的可能行为。问题例如：

- 告诉我一个你创造性解决问题的例子。
- 描述你上一位主管的管理风格。
- 告诉我你服务客人时最糟糕的一次经历，以及你是如何处理的。
- 如果你在上一份工作中可以改变两件事，是哪两件事？你将如何改变？
- 你希望你的下一份工作与现在的工作在哪方面有所不同？
- 描述一次你成功地组织大家在一起有效工作的经历。
- 你是如何解决你所遇到的问题的？结果怎样？
- 告诉我一个你能够说服他人，让他们明白你的办事方式更好的例子。
- 你所经历的最令人惊讶的异议是什么？你是如何处理的
- 如果有客人投诉你服务不到位，你会如何解决它？
- 告诉我一个你现在回想起来会采用不同处理方式来对待客人的例子。你现在做的有什么不同？
- 一个好经理最重要的特征是什么？
- 告诉我一个你与同事共同处理棘手情况的例子。

适应性类问题

是否有个性、灵活性及能否承诺高质量工作，这些都可以通过问一些特定问题来确定，由此判断一个求职者是否具有适应饭店团队和企业文化的潜力。

- 你将如何成为一个有团队精神的人？
- 你将如何与工作背景和价值系统不同于你的人相处？
- 你喜欢与他人一起工作还是独立工作？
- 给出 2～3 个你最满意的成就并解释原因。
- 描述一下你的理想工作。
- 你为什么选择在这一特殊领域工作？
- 你的过往经验能为这个工作带来什么？
- 你在过去的岗位上，有什么技能得到了表扬或奖励？
- 你喜欢和什么类型的人一起工作？
- 你为什么觉得你很适合这份工作？
- 你的同事会如何评价你？积极和消极的都要有。
- 你能适应改变吗？
- 给"合作"下个定义。

（续）

- 是什么使你想要努力工作?
- 上一份工作你的职位是 _____，请给出一个职位描述。

岗位胜任力类问题

这类问题强调工作和能力。这些也许是提问最早的问题。面试者已经看过应征者介绍其具备这一岗位必备技能的求职信和申请或简历。在这个时候正可以提一些问题以核实其所言。通常情况下，这些问题会用"如何"或"是什么"来提问；它们不能仅以"是"或"否"来回答。听取答复时，要考查求职者能多快回答出问题，他们的回答是否完整或准确，以及他们的实际回答是不是答非所问，或是否偏离主题，是否只回答了一些他们更熟悉的内容。例如:

- 职场多样化的优势是什么?
- 如果面试官认为你没有很多组织工作经验，你会对他说什么?
- 你的团队精神如何?
- 作为客户服务代表，每天清晨应最先做什么?
- 告诉我你是如何清洁客房的。
- 你会如何跟你的同事相处?
- 当客人坚持他们是对的，但他们的确错了，你会如何处理这种情况?
- 你如何让客人感到自己很重要?
- 在为这个岗位雇用人员时，你看重哪些品质?
- 你会怎么去写部门的使命宣言?
- 你能告诉我一个你在工作中处理过的道德问题吗? 你是如何处理的?
- 在你的一生中，让你有最高忠诚度的组织机构是什么? 为什么?
- 如果你的经理在一天给了你两项工作，但你只有时间完成一项，你会怎么做?

结尾类问题

在所有情况下，最好的结尾问题应是: "你有什么问题要问我?"其他还包括:

- 你还有其他什么方面需要让我了解的吗?
- 还有什么问题是我应问但还没问你的?
- 你对你现在的岗位做过的最重要的3个贡献是什么?
- 我面试了几个有能力的应征者，其中包括你。在我做决定时，你希望我记住你什么?

资料来源：作者休·加伍德，《房务纪事》，第15卷第2期第6~7页

请致电866-READ-TRC获取相关订阅信息。

技能培训

确保部门员工接受到适当的培训是行政管家的主要职责之一。这并不意味着行政管家必须要担负起培训师的责任。实际上，培训也可以让主管或才干出众的员工来做。然而，行政管家必须负责对部门持续地开展培训计划。

大多数管理人员和培训师都应明白，培训的目的是要帮助员工学会能够胜任工作的技能。然而，许多经理和培训师并不是很清楚何为最好的培训方式。通常，他们需要一个培训框架。4步培训法提供了这个框架。这个方法的4步分别是指"准备培训""实施培训""指导演练"和"跟踪检查"。

无论是培训一群新员工，还是有经验的员工，4步培训法都可以做到最好。

准备培训

成功培训的基础在于做好准备工作。否则，培训就会缺乏逻辑顺序，而且关键细节也容易被忽略掉。培训师也会产生极度的焦虑。开始培训前，应回顾员工招聘前就已完成的工作分析。岗位培训需求正是基于这一工作分析结果制定的。

工作分析是培训员工和防止操作问题发生的基础。工作分析决定了员工必须要具备哪些知识，员工需要完成哪些工作任务，以及需要达到的操作标准。如果不了解每位员工该干什么，就无法把培训做好。

工作分析包括3步：确定业务知识、编制工作任务单，以及制定客房部各岗位所含各项任务的工作任务分解表。这些知识、任务单和分解表共同构成了一个评估员工绩效的有效系统。

业务知识明确了员工完成其工作所应了解的知识。为了做好工作，员工需要深入了解饭店、自己所在的部门，以及工作岗位。例如，客房服务员要具备所有员工应了解的知识，像血液病原体和《美国残障人法案》；要具备所有客房部员工应了解的知识，像电话礼仪、《美国职业安全与健康署条例》和安保工作；要具备客房服务员应知晓的知识，像异常客人情况和深度清洁任务等。

工作任务单应反映出员工的全部工作职责。表4-1为工作任务单示例，注意该任务单中每行均以动词开头。这种形式强调了行动并明确指出一个员工所负责的工作。要尽可能按照日常工作职责的逻辑顺序排列工作任务。

表4-1 工作任务单示例

工作任务单	
客房服务员	
1. 使用客房任务分配表。	7. 开始清洁浴室。
2. 领取所分配客房需要的宾客便利品。	8. 清洁浴缸和淋浴区域。
3. 领取所分配客房的清洁用品。	9. 清洁马桶。
4. 保持客房服务车和工作区域井井有条。	10. 清洁水池及洗漱台。
5. 进入客房。	11. 清洁浴室地面。
6. 准备清洁客房。	12. 完成浴室清洁。

（续）

13. 清洁客房橱柜。	20. 离开客房。
14. 做床。	21. 解决检查中发现的清洁工作疏漏问题。
15. 客房掸尘。	22. 履行下班前的职责。
16. 补充客房供应品及便利物品。	23. 翻转并轻拍床垫。
17. 清洁窗户、窗帘轨道及窗台。	24. 设置或移除宾客特殊服务设备。
18. 做好客房收尾修饰工作。	25. 清洁多居室套房。
19. 用吸尘器清扫客房并汇报房态。	26. 提供开夜床服务。

工作任务分解表在每个饭店可依据适当的需要和要求而有所不同。表 4-2 显示的是一个工作任务分解表示例。这个样表包括完成工作任务所需的设备和供应品清单、步骤、操作方法和说明工作方法的要点。

表 4-2 工作任务分解表示例

清洁马桶	
所需材料：手套、护目镜、清洁用品、湿海绵、洁厕扁头刷、干毛巾、笔、房间分配表。	
步骤	**步骤**
1. 戴上防护手套和护目镜。	□ 擦拭马桶周围墙壁。
2. 冲洗马桶、如果马桶不能正常冲水或蓄水要在房间分配表上做记录。	□ 擦拭导向马桶的管道。
3. 在马桶内外、马桶旁边和后面墙壁及洗漱台下喷洒清洁溶剂。	□ 擦拭洗漱台下面的墙壁及排下水管道。
4. 清洁马桶周边区域。	□ 擦拭马桶顶部、盖子、底座及其外部。
5. 清洁马桶内部。	□ 用洁厕扁头刷刷洗马桶内部、务必清洗马桶边缘及底座。
6. 擦亮马桶。	□ 用完后，在马桶内冲洗洁厕刷并冲水。这把洁厕刷专用于清洁马桶。
	□ 用干毛巾擦拭马桶外部。同时擦亮墙壁及管道。

资料来源：《客房服务员指南》（饭店技能培训系列），（蓝星，密歇根州：美国饭店业协会教育学院）。

员工应知道将用什么标准来衡量他们的工作绩效。因此，对工作任务进行分解，并详细说明相关的标准，这显得尤为重要。为了起到绩效标准的作用，每一项工作任务都必须是看得到，而且是可以量化的。表 4-3 展示的是现职员工的培训需求评估表示例，可以用来做绩效评估。行政管家（或客房部主管经理）在进行季度绩效评估时，只需要在相对应的小方格里打钩，就可对员工的绩效做出评价。

表 4-3 培训需求评估表示例

在职员工培训需求评估				
目前员工的工作表现如何？请用此表对他们的工作加以评级				
第 1 部分：工作知识				
评估员工对下列问题相关知识的了解程度	远远低于标准	略低于标准	符合标准	高于标准
所有员工都应了解的知识				

（续）

评估员工对下列问题 相关知识的了解程度	远远低于 标准	略低于 标准	符合 标准	高于 标准
优质宾客服务				
血液病原体				
个人形象				
紧急情况				
失物招领				
回收利用程序				
安全操				
工作习惯				
值班经理				
本饭店基本情况单				
员工政策				
美国残障人法案				
所有客房部员工应了解的知识				
与同事和其他部门协同作业				
电话礼仪				
安保工作				
客房钥匙管控				
美国职业安全与健康署条例				
正确安全地使用清洁用品				
维修保养需求				
特殊清洁要求				
客房部库存品				
客房服务员应了解的知识				
客房服务员做什么				
优秀绩效标准				
小费分享				
异常客房情况				
深度清洁作业				
房态代码				

在职员工培训需求评估

第 2 部分：工作技能

评估员工完成 下列操作的技能	远远低于 标准	略低于 标准	符合 标准	高于 标准
使用客房任务分配表				
领取所分配房间的便利物品				

（续）

评估员工完成 下列操作的技能	远远低于 标准	略低于 标准	符合 标准	高于 标准
领取所分配房间的清洁用品				
保持客房服务车和工作区域秩序				
进入客房				
准备清洁客房				
开始清洁浴室				
清洁浴缸和淋浴区域				
清洁水池及洗漱台				
清洁浴室地面				
完成浴室清洁				
清洁客房橱柜				
做床				
客房掸尘				
补充供应品及便利物品				
清洁窗户、窗帘				
轨道及窗台				
做好客房收尾修饰工作				
用吸尘器清扫客房及汇报房态				
离开客房				
解决检查中发现的清洁工作疏漏问题				
履行下班前职责				
翻转并轻拍床垫				
设置或移除宾客特殊服务设备				
清洁多居室套房				
提供开夜床服务				

制定工作任务分解表 如果仅指派客房部的某个人来负责制定每一项工作的任务分解表，除非这个部门非常小，所涉任务也非常有限。否则，这个工作恐怕永远完成不了。最好的工作任务分解表都是由那些实际操作过这些任务的人来编写的。如果饭店的客房部员工很多，可以组建工作标准制定团队来编写任务分解表。团队成员应包括部门主管和若干有经验的客房服务员，以及公共区域服务员。

在小一些的饭店里，会委托有经验的员工单独完成工作任务分解表的制定工作。图 4-2 总结了制定工作任务分解表的过程。

大多数饭店机构都有一本涉及政策规定和程序的工作手册。尽管这些手册中很

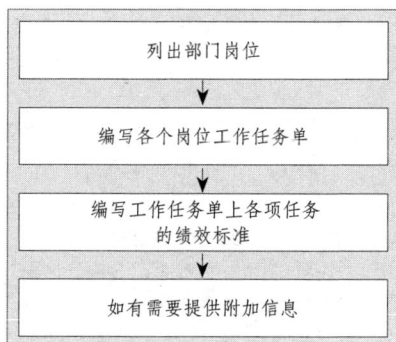

图4-2 制定工作任务分解表

少会包含有建立有效培训和评估计划所需要的必要细节，但是它或许对客房部工作标准制定团队成员完成部门岗位工作任务分解表有一定帮助。例如，如果手册在程序部分包括了工作说明和工作规范，这些内容就可以帮助团队成员编写工作任务单和绩效标准。而手册的政策规定部分则可以作为有益的附加信息资料，编入工作任务分解表中。

如果工作任务涉及设备使用，其工作任务分解表可能已在供应商提供的使用说明书上写清楚了。标准制定团队就不必再为诸如地面打磨机、湿式真空吸尘器，或其他机器的使用等内容来编写工作任务分解表了。相反，标准制定团队只要简单地指出（或甚至是附上）供应商所提供使用说明书的相关页码，就可满足内部培训之需。

制定工作任务分解表涉及要对客房部工作任务单中的每项任务进行分解，要定出绩效标准，也就是要描述清楚员工完成该任务所需做的每个特定的工作步骤，并且，这些步骤要符合可观察和可测量的要求。行政管家应协助标准制定团队至少制定2～3个本部门岗位的绩效标准。在协助该团队时，行政管家应强调每一个绩效标准必须是可观察的和可测量的。如果主管或经理在做季度绩效评估时，只需要在相对应的小方格里打钩就可评估员工的绩效，这就可以证明所制定的该项绩效标准是有效和实用的。

当标准制定团队制定完2～3个工作任务分解表后，就可以委派该团队中的成员分头去制定客房部其他的工作任务分解表了。在规定时间内，行政管家或行政管家助理收齐这些成果，并进行整合，然后，按统一格式打印出来（图4-2所示），再将副本提供给所有标准制定团队的成员。在最终召开的会议上，标准制定团队需要认真分析本部门内每个岗位的工作任务分解表，一旦最终确定下来后，就应立刻用来培训本部门员工。

房务纪事

帮不能讲英语的客房部员工提高工作效率的5个方法

现在，各地饭店的客房部，交流和沟通都极具挑战性。无论是应对一个想要额外毛巾的客人，还是回应客房部主管要求用吸尘器清洁地毯，对于一个不能讲英语的员工来说，答案是一样的：耸耸肩、笑一笑、不知所措。

然而，这些不能说英语的客房部员工很可能拥有许多极好的品质，例如他们是做清洁的好手，他

（续）

们的工作积极性高，他们的出勤率优异，他们微笑友善。这里有5个方法可以帮助他们成为团队中有价值的成员。

1. 至少雇用两名员工

努力做到至少雇用两名同一国籍的员工，这样环境对他们来说，就不那么可怕。有人聊天，有人一起用餐或学习新的工作，这都能让他们感到舒服。

2. 让员工感到容易沟通

在北部的一家饭店，客房部主管随身带着印有不同语言的抽认卡，上面写着简单的要求。当客房服务员忽略了一个常规任务，这个主管就会指指卡片上的有关要求，告诉员工如何掸尘、如何使用吸尘器、如何更换床罩或其他工作。一位客房协调员这样说道："这些卡片非常有效。等员工逐渐懂得了这些用语所表达的技能和知识后，卡片就用得越来越少了。"

抽认卡很容易制作。当地学校、职业介绍所、图书馆或双语员工都可以帮助翻译一张客房服务员工作任务单。还有一些饭店试图利用图表来传达主管的要求。无论使用哪种方法，这种卡片都应做压薄膜处理，并放入每辆客房服务车中。

3. 让客人感到容易沟通

不能讲英语的员工往往很难理解客人的要求。在一家西海岸的饭店，员工让这种交流变得简单。所有的客房服务员在他们的客房服务车上都带有一张写字板。写字板上用英语和其他语言列出了客人的基本要求，包括需要香皂、毛巾和指路等。当客人走近客房服务员时，他们仅需指一下他们的要求，员工就可以很快地采取行动。这使得交流更加利于行动，并且"有了写字板，再没有客人投诉"，客房部主管如是说，"我们让客人都觉得没必要再打电话给前台了。"

4. 提供英语课程

许多移民想要学着说英语。大多数地方教育和社区中心都会开班提供课程，专门帮助其他国籍的人学习英语口语，并作为第二语言使用。

在州文化理事会和一些有志向的员工志愿者的帮助下，有一家饭店选择了在工作地点提供将英语作为第二语言的课程。每周上三次课，时间安排在上午上班前。起初，员工学习的是如何问候和打招呼，接着是学习客房或餐厅术语。同时，还教他们如何听懂简单的要求，以及如何给人明确地指路。在培训班结束时，学员已经能够用英语谈论他们自己的家庭和背景了。英语培训课程的好处很多，如帮助员工提高自信。这也会提高员工的劳动生产率以及帮助他们更多地参与团队工作。

5. 了解员工

去国外旅游的美国人能了解，当有人用英语说"早上好"时，会令人感到多么舒服。当员工的主管学习了几个他们的母语单词时，这些不能讲英语的员工也能感到同样的心情。当你可以用员工的母语说"请""谢谢""祝你有一个美好的夜晚"和"干得好"时，员工的士气将会大增。

有一位行政管家，在她的团队里有来自11个不同国家的员工。"对他们的文化有个初步了解是非常重要的。"她说，"我们努力尊重他们的节假日、认可他们的风俗，以及允许他们和其他员工一起分享他们的文化。抽出时间饶有兴趣地听他们讲述他们的生活，能够激发他们产生忠诚感，能让团队更强大。"

许多了不起的员工在工作中碰到的唯一障碍是不会说英语。客房主管若肯花时间去让这些人受教育和培训他们，这不仅会提升客人的满意度，还会使员工因接触新文化，而变得更加踏实。

资料来源：作者玛丽·弗里德曼，《房务纪事》，第3卷第4期第4页。

请致电866-READ-TRC获取相关订阅信息。

分析新员工培训需求 工作任务单是用来制订任何新员工培训计划的最好工具。现实地讲，不能期望新员工在上班前就学会所有的任务操作。在培训开始之前，要研究一下工作任务单。然后，按照员工应学习掌握的时间先后顺序分类：顺序为在独立上岗前需掌握的，在上岗后两周内需掌握的，以及在上岗后两个月内需掌握的。

选择一些分在第一类中的工作任务，并把它们列在第一次培训的内容中。在员工了解并掌握这些任务操作后，在随后的培训中，指导完成余下的任务，直到员工已经完全掌握了所有的任务。表4-4展示了一个基于表4-1中的工作任务单和"须知主题列表"编制的培训时间表示例。

表 4-4 培训日程表示例

建议采用的新员工培训日程表

一份训练日程表只有同时符合饭店和学员的需求才是有效的。以下是建议采用的培训日程表。仔细阅读此表，必要时对它加以修改，以便组织培训。培训师应至少在进行相关培训的前一天，向学员分发与培训学习内容相关的知识材料和工作任务分解表。

第一天：

部门情况介绍：

所有员工都应了解的知识：

- 优质宾客服务；
- 血源性病原体；
- 个人形象；
- 紧急情况；
- 失物招领；
- 回收利用程序；
- 安全操作习惯；
- 值班经理；
- 本饭店基本情况；
- 员工政策；
- 美国残障人法案；
- 客房服务员工作任务单。

第二天：

回顾第一天的培训内容（如有必要可额外增加培训时间）

所有客房部员工都应了解的知识：

- 与同事及其他部门协同工作；
- 电话礼仪；
- 安保工作；
- 客房钥匙管控；
- 美国职业安全与健康署条例；
- 正确安全地使用清洁用品；
- 维修保养需求；
- 特殊清洁需求；
- 客房部库存品。

任务 1～5 的工作任务分解表

任务 1：使用客房任务分配表；

任务 2：领取所分配房间的便利物品；

任务 3：领取所分配房间的清洁用品；

任务 4：保持客房服务车和工作区域井井有条；

任务 5：进入客房。

（续）

建议采用的新员工培训日程表

第三天：

回顾第二天的培训内容（如有必要可额外增加培训时间）

客房服务员都应了解的知识：

- 客房服务员工作内容；
- 优秀绩效标准；
- 小费分享；
- 异常客房情况；
- 深度清洁作业；
- 房态代码。

任务 6 ~ 12 的工作任务分解表

  任务 6：准备清洁客房；

  任务 7：开始清洁浴室；

  任务 8：清洁浴缸和淋浴区域；

  任务 9：清洁马桶；

  任务 10：清洁水池及洗漱台；

  任务 11：清洁浴室地面；

  任务 12：完成浴室清洁。

第四天：

回顾第三天的培训内容（如有必要可额外增加培训时间）

任务 13 ~ 21 的工作任务分解表

  任务 13：清洁客房橱柜；

  任务 14：做床；

  任务 15：客房掸尘；

  任务 16：补充客房供应品及便利物品；

  任务 17：清洁窗户、窗帘轨道及窗台；

  任务 18：做好客房收尾修饰工作；

  任务 19：用吸尘器清扫客房，汇报房态；

  任务 20：离开客房；

  任务 21：解决检查中发现的清洁工作疏漏问题。

第五天：

回顾第四天的培训内容（如有必要可额外增加培训时间）

任务 22 ~ 26 的工作任务分解表

  任务 22：履行下班前的职责；

  任务 23：翻转并轻拍床垫；

  任务 24 设置或移除宾客特殊服务设备；

  任务 25：清洁多居室套房；

  任务 26：提供开夜床服务。

培训师观察员工清洁一个完整的房间。

第六天：

员工独立清洁少量房间

员工取得进步后，给员工增加工作量。

    在每个培训环节，一旦决定了将讲授哪些任务，都要回头审视工作任务分解表。要把每个任务的工作任务分解表看作一个培训课程计划或自主学习指南。因为工作任务分解表列举了员工必须要完成的所有步骤，并准确地给出了培训中需要做的内容。工作任务分解表可以指导教学进程，并确保关键点或步骤不被忽视。

    员工所必须要了解的知识通常是写在单独的一张纸上。每次可分发 9 ~ 10 个知识材料或工作任务分解表供新员工学习。不要让员工一次就读完所有的知识材料和工作任务分解表。这会让他们消化不了，而且，他们也无法记下足够的信息来把工作做好。

房务纪事

新客房服务员十天培训检查表

对于一些打算制定培训项目但又抽不出时间的行政管家而言，这里有一些基本资料。这个检查表是专为没有任何客房工作经验的新客房服务员设计的培训检查表。

尽管各家饭店会修改这个检查表上各项内容的前后顺序，并有可能添加一些特殊条目（例如，阳台或厨房餐具），但这些仍是每个新客房服务员必须要学习和掌握的基本技能。许多客房部主管推荐员工一次只学习一个任务，这样不至于学习内容过多，而不知所措。例如，教学如何做床时，就要让员工集中注意力学习做床，直到完全掌握这项技能为止。当能将床上的物品都摆放齐整后，再开始讲授如何限制去客房服务车取物的次数，以提高清洁房间常规作业的效率。培训师通常会在头两周内得到奖金。在整个新员工试用期内，他会持续地辅导新员工。

事实是经过全面和不断培训的员工，将对部门的投入给予多倍的回报。

资料来源：作者盖尔·爱德华，《房务纪事》，第3卷第4期第5页

请致电866-READ-TRC获取相关订阅信息。

第一天 入职介绍	第二、三、四、五天 指派培训师进行技能培训
参观所有的公共空间、员工工作区和客房样品间 陈述部门目标和使命 介绍本部门员工 对工作绩效的预期 工作日程安排、打卡表、休息 安全操作程序（包括化学清洁剂的使用） 安保工作程序（包括钥匙管控） 失物招领	防护设备的使用 更换脏布草 清空垃圾桶和烟灰缸 冰箱除霜 做床 整理沙发床 整理滚动式折叠床 检查床底 给家具、抽屉、图片、窗台掸尘 清洁灯具，检查灯泡 检查电视遥控器和频道器件 清理废纸篓 清洁窗框和窗户 清洗软垫椅子 放置家具 清洁和关锁毗连门 清洁电话 给数字时钟设置时间 供应和更新适当的纸品 清洁浴缸、瓷砖、铬合金制品

（续）

第二、三、四、五天 分配给培训师的技能培训	第六至第十天 完整的例行程序
清洁瓷砖填缝胶泥 清洁马桶、座圈、底座 清洁浴室墙、地面 清洁洗漱台、水池、塞子 清洁洗漱台镜子 清洁浴室灯具 折叠毛巾、手巾、厕纸 放置干净玻璃杯和冰桶 供应和更新适当的浴室便利物品 更新厕纸和香皂 用吸尘器清洁地毯 摆放床和家具 放置衣架和洗衣袋 检查熨斗和熨衣板 清洁咖啡器具并补进存货 清洁门和墙壁上的指纹 清洁通风口和角落的蜘蛛网 妥善安置窗帘 暖通空调设备调节 改变房态 延住客人的特殊需求 有宠物房间的处理程序 完成任务的次序 请勿打扰情况的处理 清洁房间时，电话响了如何处理 清洁房间附近的过道 清空真空吸尘器吸出的脏物 处理钥匙 满足客人要求 限制人员进入客房 填写维修报告 记录丢失的布草用品和家具 失物招领后续处理程序 包裹进出通行请求 迟到缺席处理程序 检验程序 出入口使用 客房服务车和供应品照料 午餐休息程序 供足供应品 客房楼层的安全规则 员工交往	作为对前五天培训的总结，培训师应与客房服务员和主管一同回顾培训检查表，以此来评估培训进展情况，并听取员工的反馈意见。从第六天开始，会分配给客房服务员一小部分客房的清洁任务（也许是8间）。然后，每天多分配2个房间，直到新员工达到技能娴熟，有信心操作为止。一般而言，在培训师的指导下，新员工在第二周结束时能够达到每天清洁16间房的水平。

分析在职员工的培训需求 行政管家有时会感到有一个或几个员工的工作出现了问题，但是又并不很清楚他们到底是哪里出了问题；或觉得员工工作有什么不足，但又不知道从何处开始提高。这时，对培训需求做一个评估，能帮助发现单个员工在一个团队或部门中的弱点。

为了进行单个员工的培训需求评估，可对其目前的工作表现做 2 ~ 3 次的观察，并把观察结果记录在一个类似表4-4所示的表中。该员工在表中得分低的部分，就是在开展有针对性的再培训教育的内容。

制订部门培训计划 最好是一年制订 4 次培训计划，即 3 个月左右做一次培训计划。而且，最好是在每个季度开始的前一个月来完成该项计划。

可按照以下步骤来为培训课做准备：

- 认真复习所有培训中会讲到的知识内容章节和要用到的工作任务分解表；
- 给每一个接受培训的人员印发每个知识内容章节，以及工作任务分解表；
- 建立一个培训日程安排表，这将取决于谁将接受培训以及将采用什么方法来培训；切记：要把每次培训课要传递的信息限定在员工可以理解并记得住的范围内；
- 选择培训时间和地点：如果可能，培训要安排在不忙的营业时间段内，并在合适的工作区进行；
- 通知员工或员工们每节培训课的日期和时间；
- 练习培训演示内容；
- 将完成培训演示所需的各种用品收集在一起备用；

实施培训

精心编写的工作任务分解表提供了4步培训法中"实施培训"这一步所需的全部信息。工作任务分解表可当作培训指南来使用。可按照每份工作任务分解表中所列的步骤顺序推进。每做一步，给员工示范，并说明该做什么、怎么做以及为什么要注意细节。

要让员工有时间做些准备。让新员工通过学习工作任务单，来对他们将要学习的所有任务有一个整体了解。如果有可能，应至少在开始第一次培训课的前一天，就将工作任务单发给他们。每次培训前，至少提前一天，让新员工和在职员工复习一下相关培训内容中将要涉及的工作任务分解表。然后，在每次培训开始时，先向员工交代他们将要做什么。让他们知道培训活动需要多长时间，以及会在中间什么时候休息。

当向员工讲解每个操作步骤时，要进行演示。要确保员工们能看明白培训师所演示的步骤。要鼓励员工多提问题，以随时获取更多的信息。

要确保有足够的时间进行培训。要放慢速度，认真讲解。如果员工不能马上理解，必须有耐心。至少要把所有步骤重复一遍。当第二遍示范某个步骤时，要通过提问，来检查员工是否已经明白。如有必要，可以多次重复这些步骤。

要避免使用术语。术语是指某一行业的技术词汇或特定的语言，如用"railroad schedules"指代公共区域清洁工。使用的语言要让新进入接待业或饭店企业的员工能够听得懂。他们可以在日后再慢慢学会术语。

房务纪事

请教盖尔——通过培训实现一致性

亲爱的盖尔：

我如何才能让客房服务员的操作保持一致性？他们每个人似乎都有自己的风格。

B.C.

亲爱的 B.C.：

在部门中保持一致性的最容易的方法是让一位培训师培训所有人。如果你已经传达给这位培训师关于你希望如何清洁房间的准确方法，他就可以让所有员工进行这个良好工作习惯的强化培训。你也可以给每个人（不仅是新员工）开展一对一的培训，因为我们所有人都需要不定期地进修培训。

接下来，你应拥有大量能利用的视觉辅助教具，例如，正确摆放布草和便利物品的图片等。记住图片要比记住一串文字容易一些。

还有一个办法是做检查游戏。你可以提前布置一个房间，故意让一些地方出错，然后让员工一个个去检查这个房间，并填写房间的检查表格。奖励那些发现了所有错误的员工。对于那些没能找出错误的员工，要让他们继续查找。好的习惯就是在不断地重复中产生的。

资料来源：《房务纪事》，第 2 卷第 4 期第 9 页

请致电 866-READ-TRC 获取相关订阅信息。

指导演练

当培训师和受训者自己都认为受训者对工作已经非常熟悉，并且，能够合格地完成这些步骤时，就应该让受训者尝试独立完成任务。当场实践有利于形成良好的工作习惯。在培训过程中，让每个接受培训的员工展示任务的每个步骤。这将显示他们是否真的明白该怎么做。要忍住想替员工完成任务的冲动。

辅导工作将有助于员工获得完成工作所必需的技能和信心。在员工正确执行操作后，要立即赞扬。当他们执行操作不正确时，要温和地纠正他们。在培训时养成的坏习惯，在以后都会很难改正。要确保受训者不仅能理解，还要能解释每一步该怎么做，以及每一步要达到的目的。

跟踪检查

管理人员可以通过以下选择来使他们的员工更易于在培训后重返工作岗位：

- 在培训中和培训后，提供使用和展示新技能的机会；
- 让员工和他们的同事对培训展开讨论；
- 创造机会与员工就所取得的进步和所关注的问题，进行持续的、开放的交流。

继续开展在岗辅导培训有助于员工学习新知识、发展新技能和培养正确的工作态度，而辅导则侧重于在实际工作中应用培训中所学。作为辅导者，应对员工在培训中所学到的知识、技能和工作态度加以考验和鼓励，要及时纠正不足的一面，并积极强化好的一面。

以下是若干开展在岗辅导的技巧：

- 观察员工们的工作，以确保他们能正确地完成工作任务；
- 时而提出温和的建议，以帮助改正细小问题；
- 当员工犯了严重错误时，要婉转地纠正；通常情况下，最好是在一个安静的环境里纠正员工错误；
- 如果有员工的操作不安全，要立刻纠正问题。

给予经常性反馈。是指管理人员要告之员工他们表现如何。有两类反馈，一类是积极性反馈，旨在认可员工的工作做得好；另一类是咨询性反馈，旨在指出不正确的操作行为，并帮助员工改进。

以下是一些做这两类反馈的技巧：

- 让员工们知道自己对在哪里，或者错在什么地方；
- 培训后，当员工工作做得好时，要给予肯定，这将有助于他们记住他们所学到的东西，也能鼓励他们在工作中去使用那些所学到的操作方法和信息；
- 如果员工没有达到操作标准，首先，要对他们做得正确的地方予以表扬，然后，要告诉他们如何改正自己的坏习惯，并解释改正坏习惯的重要性；
- 反馈要具体：要通过准确陈述员工怎么做的和怎么说的，来描述行为；
- 反馈时，用词要谨慎。反馈应是帮助性的，而不是批评性的，例如，不要这样说，"当你询问一位看似迷路的客人是否需要帮助时，你向客人提供了优质的客户服务，但是你应知道餐厅营业的时间。好好学一下你的那张饭店基本情况单"，而应该这样说，"当你询问一位看似迷路的客人是否需要帮助时，你向客人提供了优质的客户服务，如果你能知道餐厅和其他部门的营业时间就会提供更好的服务，让我再给你一张饭店基本情况单"；
- 管理人员应确保自己理解了员工所说的内容，可通过这些方式来确认信息，例如，"我听到你是在说"；

- 确保员工理解了反馈：可通过这些方式来确认信息，例如，"我并不确定我把每件事都解释清楚了，我希望听听你对我刚才所说的这些的想法"；
- 在做评论时，要做到真诚而委婉：员工欣赏对某一具体行为的诚实评论，没有人喜欢因为批评而感到尴尬或感到被贬低；
- 告诉员工当找不到你时，他们该去哪里寻求帮助。

评估。评估员工的进步情况。将工作任务单作为检查表来使用，逐一查证员工是否已掌握所有工作。对尚不熟练的工作任务，开展进一步的培训和实践。

听取员工的反馈意见。让员工对他们所接受的培训进行评价。这能帮助管理人员提升培训工作的质量。

为接受培训的每位员工建立培训记录。跟踪每个员工的培训历史，并在每个员工的个人档案中保留一份培训日志。[②]

安排工作日程

由于人工费用是客房部最大的单项支出，所以，行政管家的重要管理职能之一就是要确保每天安排适当数量的员工上岗。如果安排的员工过多，部门就会人浮于事，这将导致过多的人工成本，会降低饭店利润。如果安排的员工过少，部门就会人手不足。尽管人员少可以降低人工成本，但由于人安排得少会导致工作达不到绩效标准的要求，而这会引发客人不满意，以至于饭店丢了生意，所以，最后依然有可能降低饭店利润。

有效安排工作日程的第一步是要确定客房部有哪些岗位是固定的，哪些岗位是可随着饭店出租水平的变化而有所不同的。

固定岗位是指那些不受业务量大小的影响，都需要设置的岗位。这些岗位一般都是实际的管理性质和行政性质的岗位，例如，行政管家或行政管家助理。无论饭店的出租水平如何，这些岗位的员工通常一周都要工作至少40小时。

可变岗位的数量则会随着饭店出租率的改变而不同。这些岗位包括：

- 主管；
- 客房服务员（白班和下午班）；
- 勤杂工（白班和下午班）；
- 楼层主管；
- 大堂服务员。

这些岗位需要安排的员工数量主要取决于前一晚已租房的数量。一般来说，前一晚的出租率越高，第二天就需要安排越多的员工来上班。每一班对勤杂工和大堂服务员的人员数量需求也可能会受到诸如会议和宴会功能、会议业务和饭店餐厅营业额等因素的影响。

为了给客房部的可变岗位安排正确数量的上岗员工，行政管家应制定一个人员配备指南。

人员配备指南

人员配备指南是一种人员工作日程安排和管控工具，能在饭店处于某一具体的出租率水平时，帮助行政管家确定客房部运转所需的总劳动工时、员工数量和人工费用预算。

制定客房服务人员配备指南。下面的章节将展示一家虚拟的詹姆斯国王饭店制定白班客房服务人员配备指南的具体步骤。该饭店拥有 250 间客房，提供中档型服务。

步骤 1：要确定当饭店处在某一具体的出租率水平时，必须要安排的岗位总劳动工时。这可根据劳动生产率标准来推算。假设詹姆斯国王饭店白班客房服务员的劳动生产率标准是大约 30 分钟（0.5 小时）清洁一间客房。按照这个信息，我们就可以计算出在不同的出租率水平下，白班客房服务员所需要的劳动工时的总量。

例如，当饭店出租率为 90% 时，第二天将有 225 间客房需要清洁（250 间 × 0.9 = 225 间）。那总共需要 113 小时来清洁房间（225 间 × 0.5 小时 / 间 = 112.5 劳动工时，四舍五入为 113）。如果出租率为 80% 时，第二天将有 200 间客房需要清洁（250 间 × 0.8 = 200 间）。那得需要总共 100 小时来清洁房间（200 间 × 0.5 小时 / 间 = 100 劳动工时）。

步骤 2：确定当饭店处在某一具体的出租率水平时，必须要安排上班的员工人数。人员配备指南所显示的这个数字仅涉及全职员工。

如果劳动生产率标准是 0.5 小时清洁一间客房，詹姆斯国王饭店的一名白班客房服务员每天正常上班 8 小时就要清洁 16 间客房。按照这个信息，在不同的出租率水平时，全职白班客房服务员的数量必须按已租房总数除以 16 来计算。

例如，当饭店出租率为 90% 时，第二天将有 225 间客房需要清洁。用 225 除以 16，就需要 14 个全职白班客房服务员来清洁这些房间（225 ÷ 16 = 14.06，四舍五入等于 14）。当饭店出租率为 80% 时，第二天就将有 200 间客房需要清洁。就需要 13 个全职白班客房服务员来清洁这些房间（200 ÷ 16 = 12.5，四舍五入等于 13）。

任何一天实际安排的客房服务员的数量会有所变化，这取决于行政管家安排上班的全职和兼职员工的数量。例如，当饭店出租率为 90% 时，行政管家可以安排 14

个全职客房服务员或 10 个全职客房服务员（每天工作 8 小时）加 8 个兼职客房服务员（每天工作 4 小时）工作。不管采用哪种安排方法，总劳动工时都大约是 113。

步骤 3：计算出在某一具体的出租率水平时，客房部运转所需的人工费用预算。詹姆斯国王饭店白班客房服务员的人工费用可以简单地通过总劳动工时乘以客房服务员的平均时薪来计算。假设平均时薪是 10 美元，当饭店出租率为 90% 时，白班客房服务员第二天的预计人工费用是 1130 美元（113 总劳动工时 × $10.00/ 小时 = $1130）。无论最终安排上班的全职和兼职员工比例情况如何，当出租率为 90% 时，饭店支付给白班客房服务员的人工费用总计不应超过 1130 美元。

制定其他岗位的人员配备指南类似的计算方法也可应用于客房部的其他可变岗位。假设詹姆斯国王饭店的行政管家审查了其他岗位的劳动生产率标准，并确定在每班 8 小时工作中：

- 每 80 间已租房需要一名楼层主管，其劳动生产率标准是 0.1（8 小时 ÷80 间客房 = 0.1）；
- 当租出 100 间房时，公共区域需要配备一名白班大堂服务员，其劳动生产率标准是 0.08（8 小时 ÷100 间客房 =0 .08）；
- 每 85 间已租房需要一名白班勤杂工，其劳动生产率标准是 0.094（8 小时 ÷85 间客房 = 0.094）；
- 每 50 间已租房需要一名下午班客房服务员，其劳动生产率标准是 0.16（8 小时 ÷50 间客房 = 0.16）；
- 每 100 间已租房需要一名下午班勤杂工，其劳动生产率标准是 0.08（8 小时 ÷100 间客房 =0 .08）。

将这些劳动生产率标准乘以已租房数量，便可确定在某一具体出租率水平时，每个岗位所需的总劳动工时。将每个岗位的总劳动工时除以 8，即可得出第二天清洁饭店所必须安排工作的全职员工上班人数。所需劳动工时乘以平均时薪便可得出每个岗位的预计人工费用。表 4-5 展示的是詹姆斯国王饭店的可变岗位人员配备指南示例。

表 4-5 可变岗位人员配备指南示例

詹姆斯国王饭店										
出租率（%）	100	95	90	85	80	75	70	65	60	55	50
已租房数	250	238	225	213	200	188	175	163	150	138	125
客房服务员（上午） （劳动生产率标准 =0.5）											
工时	125	119	113	107	100	94	88	87	75	69	63
员工	18	17	16	15	14	13	13	12	11	10	9
人工费用	$1250	$1190	$1130	$1070	$1000	$940	$880	$820	$750	$690	$630

（续）

勤杂工（上午）(劳动生产率标准=0.08)										
工时	20	19	18	17	16	15	14	13	12	11	10
员工	3	3	3	2	2	2	2	2	2	2	1
人工费用	$200	$190	$180	$170	$160	$150	$140	$130	$120	$110	$100
大堂服务员(劳动生产率标准=0.07)										
工时	18	17	16	15	14	13	12	11	11	10	9
员工	3	2	2	2	2	2	2	2	2	1	1
人工费用	$180	$170	$160	$150	$140	$130	$120	$110	$110	$100	$90
检查员(劳动生产率标准=0.07)										
工时	23	21	20	19	18	17	16	15	14	12	11
员工	3	3	3	3	3	2	2	2	2	2	2
人工费用	$230	$210	$200	$190	$180	$170	$160	$150	$140	$120	$110
客房服务员（下午）(劳动生产率标准=0.09)										
工时	35	33	32	30	28	26	25	23	21	19	18
员工	5	5	5	4	4	4	4	3	3	3	3
人工费用	$350	$330	$320	$300	$280	$260	$250	$230	$210	$190	$180
勤杂工（下午）(劳动生产率标准=0.07)										
工时	18	17	16	15	14	13	12	11	11	10	9
员工	3	2	2	2	2	2	2	2	2	1	1
人工费用	$180	$170	$160	$150	$140	$130	$120	$110	$110	$100	$90
总计工时	239	226	215	203	190	178	167	155	144	131	120
总计劳务开支	$2390	$2260	$2150	$2030	$1900	$1780	$1670	$1550	$1440	$1310	$1200

劳动生产率难题

在许多饭店里，客房部的工资总额要占到饭店全体工资总额的 1/4 ～ 1/3。客房部的工资单在册员工通常包括公共区域服务员、主管、开夜床服务员和客房服务员。其中，客房服务员所占的份额最大。

当制定与客房服务员相关的预算时，管理层会根据某个劳动生产率标准来推算需要多少工时，以及每位员工每班需要清洁多少间房。这些数字会基于客房的大小、露台的面积、厨房、冲浪按摩浴缸、双浴室，或期望的对客服务标准这些因素的不同，而有所变化。

当通过预算后，客房部管理人员必须密切关注房间数，并以此来做员工的工作日程安排。即使是在这方面非常出色的经理也必须时刻准备为由于员工缺勤或房间数增加而额外多出的房间安排替班人员。然而，过于频繁地安排替班人员清洁额外多出的房间，会降低利润。不过，要面临的难题可还不止这些。

新员工／员工流动 客房部管理人员无法指望一个新员工在第一天，甚至在他上班的第一周，就能满负荷地工作。但是必须要有一个基准用来衡量受训人员在劳动生产率方面的进步。大多数饭店都希望新员工能在 2 ～ 4 周内达到 100% 的劳动生产率。

通常情况下，人力资源部会为饭店新员工的入职培训支付费用。但通过培训使客房部新员工真正能上岗工作的成本其实往往由客房部来承担。如果客房部确实要承担这些培训费用，就请记住：若给任何员工安排的工作量少于预算规定必须完成的客房数，就会对整个客房部的劳动生产率产生不良影响。

客房部管理人员必须评估员工试用期的业绩，并辞退那些无法达到绩效要求的员工。

返工 一些客房服务员经常要靠返工来纠正他们在第一次清洁客房时所遗漏的工作内容，这无疑对劳动生产率会产生不良影响。由于已经接受过培训，所以，对不能达到饭店绩效标准的客房服务员，就不能留用。因为跟在他们后面做检查工作的成本实在太大了。

开会 如果人力资源部承担继续培训和开会的费用，或如果客房部在这些事情上有一个独立的预算线（译者注：作者借用经济学中常见的概念表述方式。预算线的意思是指在既定的价格水平下，消费者用给定的收入可能购买的各种商品组合点所形成的轨迹），那么客房部管理人员也许会感到开晨会、周会或月会可随心所欲一些。然而，如果一个会议开上半个小时，就意味着每个客房服务员要少清洁一间客房，那么，客房部管理人员就得想办法把这些时间补回来。高明的客房部管理人员会开非常简短的每日晨会，会运用不同的方法来就一些主题进行沟通，而不必都靠开会来说明。例如，与薪水共同发放打印好的备忘录，在公告栏上用海报传递信息，或在帮助做床的时候抽空做一对一的谈话。

凌乱的房间 当一个客房服务员发现了一个 "堆满垃圾" 的房间，就得需要更多的时间来清洁。主管和公共区域人员可以协助客房服务员保持其进度。同样地，客房服务员也可能在普通房间中靠偷工减料来照常完成日常工作。一个区域有太多凌乱不堪的房间会降低劳动生产率。

一般情况下，周末客人的房间会比平常工作日客人的更加凌乱些，所以，一个精明的管理人员会安排员工先撤去凌乱房间的垃圾和布草，但把房间清洁任务推迟到第二天（通常，周末客人会晚些结账退房，所以，要事先为清洁工安排灵活的工作开始时间）。

套房 从饭店入住的整体情况看，套房算是一间房。但是在客房部房间分配表上，清洁套房所需的劳动工时上可足以等同于 2 ~ 3 个房间。这一矛盾无疑会影响劳动生产率，并波及随后的预算编制过程。因为通常情况下，套房所获得的收入越多，就越应成比例地分配更多劳动力去清洁它，这才算公平。

延时退房和换房 许多大型饭店会安排员工两班倒上班，以应对可能出现的延时退房和换房。这些大型饭店会为正常上班的员工每晚安排固定工时，而在繁忙的夜晚则会额外增加不同工时。在固定工时中，白天剩余的许多工作都可以处理完。

没有安排两班倒上班的小型饭店会对延时退房和换房做好记录工作。在这些饭店里，晚班也许一直是只有一个客房服务员。

许多小型饭店依靠他们的客房部管理人员来处理延时退房与换房。这种情况只有在管理人员能在正常工作时间内把其他任务都完成了以后，才行得通。

维修房 工程师、油漆工和维修人员时常要对客房进行维修。一般情况下，当他们工作的时候，所维修的客房是不能使用的。饭店管理系统会将维修房额外又标记到脏房名单中，以便及时通知客房部检查这些客房。管理卓越的饭店的工程部和客房部一般会有非常有效的沟通：维修工会准确地告知客房部他们维修好那些房间所需要的工时（如有需要的话）。

展示房 一般而言，销售部喜欢设置日常不用的特殊客房作为展示房来吸引潜在的预期顾客群体。尽管这些客房没有住客，但是它们仍然需要客房部做每日一次的简单清洁。

重查日常工作分配 另一个重要但也许不太引人注意的可引起劳动生产率损失的问题是无法产生收入的脏乱房间。大多数饭店会对已清洁或空置的客房开展日常检查。有时，一些本该空置的客房却发现被使用过。尽管这也许是因为延时退房或换房造成的，但也许还可以查出其他原因。例如，也许一位客人做了入住登记，但前台记录的是个不同的房间号。在这种情况下，同样会有一间可租房在客房部记录中显示的是已出租。另一个导致可租房被使用的原因常常是员工未经授权而擅自使用房间。员工或许是溜进空置房间里小睡或看电视。或许更糟的是：也许是行李员或夜审员在违规出租客房赚取外快。

为了确保这些未经授权的客房使用现象不再发生，行政管家应在每天工作结束前，重查每个客房服务员和主管的工作分配情况。如果发现"脏的"房间出现在工作单上，但并没有出现在出租报告上，这就得查查原因了。

编制员工的工作日程安排表

房务部所提供的出租率预测和人员配备指南，可用来帮客房部确定每天各岗位需安排上班的"正确"人数。行政管家们发现，下列技巧有助于制定员工工作日程安排表：

- 一个工作日程安排表要涵盖一个完整的工作周，通常界定为从周日到下周六；
- 工作日程安排表应在下个工作周开始前，至少提早3天张贴出来；
- 休息日、假期和请假休息日应都在张贴出来的工作日程安排表中标注清楚；
- 对当前一周的工作日程安排表，应根据相关的出租率数据开展每日复查，如有需要的话，要对工作日程安排表做修改；
- 所张贴的工作日程安排表的副本可用来监督员工的每日出勤，这个副本应作为部门永久记录的一部分予以保留。

选择性工作日程安排技巧　正如其名称所指，选择性工作日程安排与典型的上午9:00到下午5:00的工作日程安排不同。变化的形式包括兼职、弹性工作时间，压缩性工作日程安排和工作分担。

兼职员工　兼职员工可囊括出于种种原因不能全职工作的学生、年轻妈妈、退休人员。雇用兼职员工，可使工作日程安排享有更多的灵活性。它同样可以减少人工成本，因为这样做，可减少企业的福利费和加班费用支出。

弹性工作时间　弹性工作时间或灵活时间允许员工改变他们开始和结束工作的时间。每一班次的某些时段要求所有员工必须在岗，而其他时间则是灵活的，允许员工自行决定他们的上下班时间。当然，行政管家必须确保客房部每天无论何时都有人上班。弹性工作时间的好处包括提高员工士气、劳动生产率和工作满意度。而且，饭店会因此吸引更多的优秀员工。

压缩性工作日程安排　使用压缩性工作日程安排可允许客房部员工在短于5天的工作时间里，完成相当于一个标准的一周5天工作量的机会。较普遍的做法是把一个工作周的5天共40小时，变成4天，但每天工作10小时。压缩性工作日程安排通常是不能变动的，但是有许多员工宁愿用4天固定的工作时间来换取每周一天的额外休息，而不要弹性的每周5天工作日程安排。从雇主的立场来看，这种做法的主要益处在于提高招聘吸引力和员工士气，减少缺勤率。

工作分担　是指由两个或更多兼职员工在一起完成一份全职工作的义务和责任。所涉及的员工通常不在同一时间工作，但若是有一些重叠的工作时间，则比较理想，因为这能让员工们有时间做必要的工作交流。工作分担可以缓解部门人员流动和缺勤率，并提升员工士气。另外，因即使工作伙伴中有一个人离开不干了，另一个人往往不会走，这留任的员工还可以培训新加入的工作伙伴，这对客房部来说比较划算。

激励

任何组织机构的管理层都有责任创建一个有利于员工专业成长和个人发展的工作环境，这包括对员工开展培训、指导、教育、惩戒、评估、引导和领导等方面的工作。如果管理层没有行使好这些基本职能，员工就可能会变得消极、挑剔，以及对组织目标漠然冷对。这样的感觉会反映在他们的缺勤率、低劳动生产率和高人员流动方面。

饭店经理所面临的一个主要挑战是要激励员工。现在劳动力市场的变化和员工流动的高成本，都要求组织机构能寻找到留住优秀员工的方法。实现这一目标的方法之一是实施有效的激励机制。

激励的定义

"激励"一词大概有几百个定义。结合本章来看，激励可描述为针对特定工作、项目或主题，激发一个人的兴趣的艺术，它使被激励者保持专注、谨慎、热情和忠于职守。激励是一种终极结果，它能达到和满足与自我价值、价值观和对机构或部门的归属感联系紧密的那一类人的需求。

激励员工的方法

管理人员激励员工的方法可有多种选择。最后的结果是要让员工感到其自身价值通过从事某项工作得到了提升。对某项工作成功做出积极贡献并通过自身努力得到认可和表扬的员工，更有可能是一位受到激励的绩效表现优异者。以下将介绍几种激励员工的技巧。

培训 一个保证不会出错的激励员工的方法是让他们参与一个有效的培训计划。培训给员工传递了大量信息，显示管理层非常关注他们，并且，为此提供了必要的教育和指导，以确保员工在饭店中取得成功。员工往往是因为不知道要做什么，或因为不了解该如何使用适当的工具和必需品，而产生挫折感，而培训能显著减少员工的这种挫折感。有效的培训能既让员工了解工作本身，还能让员工了解各种应学会使用的工具和用品。管理人员应舍得花时间来培训员工，因为这将造就劳动生产率及工作效率更高的员工，还有很重要的一点是，这还将造就更易于管理的员工。

交叉培训 简而言之，交叉培训就是教会员工从事其本职工作以外的本领。交叉培训对员工和经理都有许多好处。对员工来讲，它防止了员工滋生自己被禁锢在某个特定工作中的感觉，并且允许员工习得额外的工作技能。对经理来讲，它提高了工作日程安排的弹性。交叉培训对一个组织或部门来说更有价值，因为员工由此可以完成许多工作职能，而不仅仅只是少数几个。交叉培训可以成为一个有价值的激励工具,并能够消除许多与员工成长和进步相关的障碍。

认可 积极的顾客评价和回头客业务反映出:为他们提供服务的员工满足了他们的需求。管理人员应向员工们传播这类信息,以此来作为对其工作能力的认可。图表也是很有效的激励因素,因为它让员工们很直观地了解了自己所取得的成就和进步。书面客房检查报告同样也是很有效的激励因素。得分高的员工可通过成为当月明星客房服务员,或通过赢得某种物质奖励,来获得表彰。

沟通 沟通是一切激励机制的关键。不断向员工通报饭店或本部门内所发生的事情,会产生积极效果。了解所发生的这些事情,会让员工具有更强烈的归属感和价值感。

编辑发布部门通讯是保持流畅信息沟通的一个绝好方法。一些饭店允许员工创办部门通讯并投稿发表他们自己的文章。投稿文章或与工作有关,或是与个人有关,可包括以下主题:

- 升职;
- 调任;
- 新员工;
- 辞职;
- 质量提升技巧;
- 特别表彰;
- 当月明星员工;
- 生日;
- 结婚;
- 订婚;
- 生子;
- 各种自带食品形式的聚餐;
- 即将到来的聚会。

布告栏是张贴日程安排表、备忘录和其他相关信息的地方。它传递的信息清晰易懂。要把布告栏放置在所有员工都能看见的地方,并且,要告知员工每天都要去关注它,这样它才能发挥最大的效用。

房务 纪事

通过认可和奖励留住员工

许多饭店目前都面临着客房服务员严重短缺的问题。他们竭力想要留住他们现有的员工。减少人员流动的最好方法就是保持员工的高满意度。以下是一些想法。

（续）

自始至终

不要忘记给员工提供完成工作所需的基本工具。定期购买库存品，以确保布草和化学清洁剂保持标准量水平。员工同样需要培训和直观的教具来帮助他们理解必须达到什么样的工作要求。提供制服，使员工显得整洁又精神。在晨会上与员工交流；给他们讲述有关预计抵达客人、预计离店客人、在店团队、贵宾的信息，以及饭店的目标。一对一地花时间倾听他们讲述自己的家庭、工作需求和人生梦想。

员工喜欢较稳定的工作日程安排表，包括正常的休假。如果饭店管理人员必须要求员工加班，就应作为请求向员工提出来。可通过雇用兼职员工和周末工作的客房服务员来保证能让正式员工可以至少有一个周末休息日。如果有可能，可把脏房间留到第二天再清洁，以此来稳定员工。

让工作使人兴奋

许多饭店设有可以兑现成商品或饭店福利的奖励积分。一些兑换条件或许包括一个月内没有事故、评价高的意见卡得分、全勤和仪容整洁。一些饭店会基于客房检查或客房零投诉，来给予客房服务员奖励积分。总经理走进客房，给工作出色的客房服务员现金奖励，这也是一个绝妙的办法。

其他额外奖励花费不多，但对员工而言，却意义重大，这包括寄到他们家里的生日卡；一份印有家庭照片，并配有说明的员工通讯；炎热时的一瓶冰镇苏打水，忙碌时的一个糖果；为他们准备的给客人留言时用的个性化便签；彩色布告栏；称呼其姓名；一句"早上好"或"晚安"的问候，以及一句真诚的"谢谢"。

大多数饭店都有"当月明星员工"计划。客房部管理人员应每月推荐一名部门成员。即使该员工最后并没有获此殊荣，但这种对其绩效的肯定也很重要。

失物招领可算是能为员工提供娱乐的激励因素。如果客人没有依据饭店指南领取丢失物品，就可让客房服务员保有他们发现的这些物品。一些饭店甚至允许客房服务员保留从客房收集到的铝盒罐头。

工作之余玩得高兴

员工留任靠的是对他们工作的认可，就这么简单。对一贯出色的工作给予认可，既能让人快乐，又不用花很多钱。一家饭店带员工去打保龄球。该部门由越南、柬埔寨、老挝、中国、西班牙和美国的员工组成，大多数人没有打过保龄球，甚至没有见人玩过这种游戏。整个下午充满了欢笑、挑战、相互的"喝彩"和许多支持。这次活动成本非常小，但他们却能够在长达数月的时间里继续谈论这些游戏。

资料来源：作者玛丽·弗里德曼，《房务纪事》，第 3 卷第 3 期第 4 页

请致电 866-READ-TRC 获取相关订阅信息。

奖励计划 几乎每一个组织机构的员工都希望自己的工作能获得赞许。有时对绩效达到或超出预期的员工，一句简单的"谢谢"，就能体现真诚的感谢。但在其他时候，只这样做还不够。奖励计划是对工作出色的员工给予回报与认可的最有效方法之一。在制订奖励计划时，需要注意几个基本原则。管理人员应该：

• 制订出适合部门或组织机构的奖励计划；

• 概述该计划的具体目的和目标；

- 界定员工获得认可与奖励所必须达到的条件和要求；
- 集思广益想出多种多样的奖励形式，如果涉及财政支出，提请必要的批准；
- 确定计划开始的日期和时间，确保每个员工都参加，并尽量为他们带来更多乐趣。

奖励计划对员工的表彰与奖励是基于达到特定条件的能力而确定的。在这些奖励中，管理人员可考虑提供：

- 表扬信；
- 奖励证书；
- 现金奖励；
- 与总经理和部门领导合影，并将其张贴在饭店公共区域和后台区域；
- 表彰晚宴、大家自带食品的聚餐或郊游野餐；
- 饭店餐厅的双人晚餐；
- 礼品券；
- 提供周边城市或附近州本公司所有或本公司所经营饭店的周末免费套房；
- 30 天的免费泊车权；
- 表彰牌匾。

房务纪事

让员工持续得到很多奖励

当管理人员对用新方法激励员工方面开始显得无计可施时，没有什么比花一个下午的时间去书店翻翻书更好的了。有一本神奇的平装书名叫《1001 种奖励员工的方法》。它是鲍勃·纳尔逊（沃克曼出版社：纽约，1994）写的。管理人员该如何通过奖励来使员工把工作做得更好？以下有些方法：

- 每天完成一项最不想完成的工作任务；
- 从出售的旧货中购买一个巨大而古老的保龄球奖杯，把它用作一个流动奖杯，设置诸如"你真的比我们做得好的奖项"；
- 在检查结果为优秀的全部客房服务员的服务车上系满气球；
- 在员工入口附近，张贴挂纸板，并写上向员工致谢的语句和成功案例，以便让大家都看得到；
- 如果通过了饭店检查，则在员工自助餐厅，全天免费提供按摩椅服务；
- 邀请钟点工代表饭店参加一个商会会议；
- 租用一辆跑车，供一名员工使用一周；
- 聘请摄影师，某天在宴会厅为员工拍摄全家福；
- 为员工准备一个聚会套盒，让他们在孩子生日时带回家，里面装有标识、蜡烛、餐布、小赠品、气球，还有蛋糕；
- 用某位员工的名字为某样东西命名一周，如埃德娜·波拉斯基员工自助餐厅，V.J. 帕特洛洗衣房；
- 购买地方报纸上的一栏分类广告表达谢意；

（续）

> • 给予现金奖励。
>
> 　　纳尔逊说，95% 的美国工人认为现金奖励是既积极又有意义的激励。63% 的人同样喜欢商品。但是最优秀的管理人员深知，100% 的员工都喜欢听到感谢。这个感谢越有创意，就越会被欣赏。

资料来源：《房务纪事》，第 8 卷第 3 期第 5 页

请致电 866-READ-TRC 获取相关订阅信息。

　　奖励计划形式多样，方案各不相同。它是除了薪水以外，奖励杰出绩效的最佳方法。饭店应通过制订和建立奖励计划，来促成员工、客人和饭店三赢的局面。奖励计划应具有挑战性，应可以在员工中激发出一种竞争精神。

　　在奖励计划中要有一些惊喜。班前会或部门员工会议是宣布获得奖励的最好时机。宣布前，应做些安排，应力求在宣布奖励时，能让获奖者对自己和自己的工作感觉非常好。

　　一个好的奖励计划要：

• 表彰和奖励杰出绩效；

• 激励员工创造更高的劳动生产率；

• 通过提供一个能激励员工去关爱客人的工作环境，来恪守饭店使顾客满意的承诺；

• 对工作出色的员工表示感谢。

房务纪事

营造客房服务员的对客忠诚

　　许多年以前，客房服务员仅被视作清洁房间的人。现在，他们是饭店最重要的实体之一。

　　客房部管理人员必须要确保能让客房服务员明白，付给他们薪水的不是饭店业主、副总裁、总经理或行政管家，而是客人。如果客人不高兴，他们将不再光顾。如果客人不再光顾，饭店生意就不好。如果饭店生意不好，就不需要那么多客房服务员来工作。

清洁客房

　　清洁客房是头等大事。如果客人进入到了一个他认为脏乱的客房，那么他在饭店逗留期间所经历的其他一切都无法抹去这个消极的第一印象。要确保能让客房服务员明白，为自己饭店所坚持的品质标准感到自豪是多么重要。其他用以鼓励员工责任心，以确保客房整洁的措施有：

• 给每个客房服务员发放印有员工名字的个性化卡片，也可印上其照片，用作发给客人的欢迎卡；

• 不要频繁改变分配给员工的清洁区域；

• 允许客房陈设个性化，例如，椅子或灯具的布置，或毛巾的摆放。

沟通

　　客房服务员必须懂得如何与客人沟通。如果存在语言障碍，管理人员就应为每个员工准备压膜的翻译卡片。客人的许多可能提出的基本要求都可用卡片表达出来，例如，对毛巾、洗发水或毛毯提出的要求。

（续）

- 建立快速处理客人物品需求的程序，例如滚动式折叠床或熨斗等物品。
- 当与客人沟通时，必须注意适当的礼仪，并使用正式的语言，例如："是的，夫人""请""我可以帮助你吗"和"谢谢"，适当的穿着装扮也是必要的；
- 如果客人要求客房服务员晚些时候来，服务员应询问客人什么时间方便，将答应客人的事记在任务单上，并一定要兑现服务。

跟踪检查

要求客房服务员必须跟踪检查客人的要求。例如，如果一位客人要求在上午 10 点以前不要打扰，客房服务员就必须将这一要求传达给主管和其他相关员工。或者如果一位客人要求在上午 8 点之前清洁他的房间，管理人员就应允许客房服务员调整工作日程安排表，以配合这一要求。

交叉培训

管理人员应创建机会，让客房服务员能从其他视角看待顾客。在工作不繁忙时，客房服务员应在前台工作一天，以便了解客人对饭店的期望，并了解前台人员在客人入住时，需要房间是干净的。相反地，前台人员也必须花时间去实地体验清洁客房的工作，从而了解客房服务员为迅速清洁客房所付出的努力。

情况通报会

给客房服务员开简短的日常例会非常重要。向他们通报什么团队要到店或离开，昨天饭店的业绩如何，或贵宾光临的消息。这么做会帮助他们更加投入地工作，一起参与到取悦客人的全方位努力中来。会议内容还可包括：

- 邀请销售人员讲述他们对销售的见解；
- 邀请总经理诵读饭店收到的最棒的表扬信；
- 邀请老顾客描述当自己待在一个干净整齐的房间时，那种感觉有多么美好。

饭店应强制要求每个员工都必须参加对客服务培训项目，以确保员工明白为客人提供卓越服务的重要性。有的客房部管理人员的想法走得更远，他们鼓励客房服务员强化其与客人之间的良好关系，这既能建立员工的忠诚度，又能赢得永久的客人。

资料来源：作者万达·基特尔斯，《房务纪事》，第 4 卷第 3 期第 4 页
请致电 866-READ-TRC 获取相关订阅信息。

绩效评估 员工需要随时知道他们表现如何。这样他们就可以在工作中更有安全感，并知道老板对他们的表现是很满意的。设想在下面的情节中发生了什么事：

萨姆向市中心一家会议饭店申请一份夜班清洁工的工作。在行政管家多伊先生面试他的时候，他表现出对这份工作极大的热情，并且承诺饭店会对他的服务感到非常满意。多伊先生雇用萨姆在晚班专门清洁瓷砖地板。

萨姆努力工作以求获得老板欣赏。但是即使地板被清洁得光亮如新，仍然有一个小问题，那就是自他被聘用起已过去 3 个月了，可是萨姆从没有在顶头上司那里听到一句评论。有一天，他决定把自己的声音伪装处理下，给饭店打个电话。当电

话转接到客房部后，他要求与多伊先生通话。

"多伊先生，"当行政管家应答时，他说，"我叫吉姆。几个月前，我注意到你们在报纸上刊登了一条广告，说要招聘一名夜班清洁工。"

"是的。"多伊先生回答道。

当"吉姆"问到这个岗位是否已经有人补缺时，行政管家回答是的。

"告诉我，"萨姆问道，"这个员工干得怎么样？"

"这个年轻人干得非常好，"多伊先生热情地说道，"他110%地提升了饭店的形象。他有非常高超的地板养护技能，而且大家都很喜欢他。他工作很高效，每天晚上都能够出色地完成工作。"

"那太好了。"萨姆说道。

"你为什么问这个呢？"多伊先生问道。

停顿了一会儿，萨姆友好地笑着说道："因为我是萨姆，就是你雇用的那个家伙。我只是想知道我干得怎么样！"

员工与经理之间的沟通，可以影响员工对工作以及自身形象的看法。绩效评估是管理人员可用来激励员工动力和士气提高的最好工具之一。该方法之所以有效，原因在于：

- 给员工提供了关于他的工作绩效的正式书面反馈；
- 指出了员工工作中的优缺点，并提供了提升计划；
- 让经理和员工有机会去筹划达成预期成果的具体目标和时间期限；
- 通过可能的晋升、涨工资和额外职责，对取得杰出绩效的员工进行表彰和奖励；
- 在某些情况下，能显示出该员工是否真的适合这个岗位。

有效的绩效评估会重点关注员工的工作绩效，和员工为提升工作技能和绩效所采取的措施。评估应公平、客观和富有信息量。指出工作中的缺点非常重要，但不必总是提及。接受绩效评估的这个经历对员工来说应是积极的。当绩效评估的最终环节结束后，员工应清晰地知道自己哪些地方做得好，哪些地方还有待提升。

员工绩效评估的方法和技术多种多样。每个组织机构应根据自己的特定要求和目标，制订出适合本机构需要的绩效评估方案。

尾注：

① Adapted from David E. Morrison and Michael L. Sullivan, The Rooms Chronicle ® ,Volume 14,Number 4, pp.1,3. For subscription information,please call 866-READ-TRC.

② Adapted from Mary Friedman, The Rooms Chromicle,Volume 6, Number 4, pp.4-5.For subscription information, please call 866-READ-TRC.

主 要 术 语

选择性工作日程安排（alternative scheduling）：不按照典型的上午9点到下午5点的工作日程来安排员工的工作时间。变化的形式包括兼职、弹性工作时间，压缩性工作日程安排和工作分担。

辅导（coaching）：对培训的延伸，通过给员工提供积极或纠错性的反馈，重点关注技能、工作职责和实际的观察。

交叉培训（cross-training）：对员工进行教育，使其符合承担一个以上岗位的要求。

员工推荐计划（employee referral program）：部门或饭店促使员工鼓动朋友或熟人来应聘岗位的计划。该计划通常会对为饭店成功推荐应征者的员工给予奖励。

外部招聘（external recruiting）：管理人员寻求外部应征者来填充空缺岗位的过程。管理人员可能通过社区活动、实习计划、使用网络、临时人员代理处或职业介绍所找到合适人选。

固定岗位（fixed staff positions）：无论营业额大小如何，都必须要设置的岗位。

弹性时间（flextime）：指弹性工作时间，允许员工在不同的时间上下班。

4步培训法（four-step training method）：一种用于实施在职培训项目的培训方法。4步分别是准备培训、实施培训、指导演练和跟踪检查。

奖励计划（incentive program）：基于员工达到特定条件的能力，为其提供专门表彰与奖励的计划。这些计划形式不同，方案各异，是除薪水之外，奖励优异绩效表现的一种方法。

内部招聘（internal recruiting）：管理人员在部门或饭店内部招聘工作人员的过程。可使用的方法包括交叉培训、继任计划、公布空缺岗位、备存可召回人员名单。

工作分析（job analysis）：明确每个岗位所需知识，每个岗位所需完成任务，以及员工完成任务须达到的标准。

工作招标（job bidding）：员工表明他们有意申请所公示岗位，且在该岗位申报清单上签名参与，并经此程序所产生的招聘结果。

工作任务分解表（job breakdowns）：一项工作的详细操作技术表格。

业务知识（job knowledge）：员工为了完成其工作任务所必须掌握的信息。

工作公告（job posting）：空缺工作的正式通告。

激励（motivation）：激发员工对某项工作、项目或主题的兴趣，促使其保持专注、谨慎、热情和忠于职守。

绩效评估（performance appraisal）：经理定期对员工工作绩效进行评价，并与之讨论提升工作技能和绩效可采取的措施的过程。

预招聘过程（pre-recruitment process）：在招聘广告或招聘通知发布前进行的招聘。该过程包括几个步骤，从确定工作要求开始到评估招聘方法为止，步骤之间相互联系。

劳动生产率标准（productivity standard）：依据所定的绩效标准，在特定时间内必须完成的可接受的工作量。

招聘（recruitment）：依据求职者与岗位的适合性，寻找和筛选人选的过程。

工作日程安排（scheduling）：在各工作日安排适当数量的员工上岗，并完成必要的职责的过程。

人员配备指南（staffing guide）：用于设定所需工时数量的系统。

工作任务清单（task list）：依据重要程度，确定某项工作所有关键职责的清单。

可变员工岗位（variable staff positions）：岗位的填充与饭店出租率变化相关的岗位。

复习题

1．行政管家在配备客房部员工时，将可能依靠什么劳动力资源？
2．什么招聘方法对你的部门或项目最有益？
3．4步培训法的最后一步是什么？为什么它很重要？
4．固定岗位与可变岗位的区别是什么？
5．人员配备指南的作用是什么？
6．有哪些弹性工作时间的安排法？
7．为什么交叉培训受到饭店和员工的一致欢迎？交叉培训对饭店和员工有什么益处？
8．如何运用奖励计划来激励客房部员工？
9．为什么要进行绩效评估？

案例分析

令人头疼的客房部人员雇用问题

蒂姆·麦克法伦在一家商务饭店担任总经理已经6周了。这家饭店位于市中心，有200间客房。当他还在熟悉该饭店及其人事情况的时候，就出现了一个需要立即予以关注的部门：客房部。客房清洁工作拖沓，上班人手短缺，而且部门还要给那些为赚取加班费而拖延时间的员工支付加班工资。这天上午，蒂姆·麦克法伦先生通知行政管家海伦·雷德曼来他的办公室开会。

海伦在这家饭店担任行政管家一职已经17年了。这些年她被持续的人员短缺问题困扰不堪。这似乎是因为没有足够的人想要从事客房服务员的工作。当她见到蒂姆·麦克法伦先生时，她竭力解释，持续的人员流失与不断要雇用和培训新员工，这是客房部无法改变的事实。"很难找到愿意全职工作的人。杰西在这一点上，也比较认同我的看法。"

"那让他也来参与我们的讨论。" 蒂姆·麦克法伦先生说道，并让他的秘书叫来了杰西。

杰西·罗德里格斯是饭店人力资源部主任。他在饭店工作的时间几乎和海伦一样长。他告诉蒂姆·麦克法伦先生，海伦说得没错，客房部是一个很难招到人的部门。"您可以看看我的广告费预算；我每周都在报纸上刊登广告！但没有人来应聘。城里的饭店都在找客房服务员。"

"我也许还是个新手，但我知道我们必须要有优秀的员工，才能把我们饭店办成最好的饭店。"蒂姆·麦克法伦先生回答道，"我要求你们都要有所创新。在一个大约有 100 万人口的城市里，一定有足够的优秀人员愿意来到我们的客房部工作。我将竭尽全力帮助你们，你们需要什么支持？"

讨论题

1. 海伦和杰西如何才能有创新性地为客房部招聘到一流的员工？
2. 海伦和杰西应向总经理寻求什么样的支持？

下列业界专家帮助制定和开发了这些案例：

密苏里州圣路易斯市的注册饭店业行政管家盖尔·爱德华兹，明尼苏达州埃迪纳地区的玛丽·弗里德曼，以及明尼苏达州加菲尔德市的注册饭店业高级职业经理人、《房务纪事》杂志创始人阿莱塔·尼奇克。

第5章

学习目标

1. 明确标准量、标准量水平以及标准量数量的定义。

2. 识别客房运营中布草库存控制的挑战。

3. 描述如何建立制服标准量水平和制服库存控制。

4. 描述如何建立客人借用物品标准量水平和客人借用物品库存控制。

5. 描述如何建立机器及设备标准量水平和机器及设备库存控制。

6. 描述如何建立清洁用品标准量水平和清洁用品库存控制。

7. 描述如何建立客用品标准量水平和客用品库存控制。

5

管理库存

行政管家负责两种主要类型的库存。可循环使用库存品是指那些使用寿命相对有限、但在客房运营工作中可反复使用的物品，包括布草、制服、客人借用物品和一些机器和设备。非循环使用库存品是指那些在日常客房运营过程中会消耗或用尽的物品，包括清洁用品、小型配套设备、客用品及便利用品。

本章描述了由客房部维护的库存品类型，并说明了如何建立各种类型库存品的标准量储存水平。本章也讨论了库存控制的重要措施。

标准量水平

有效管理库存首要也是最重要的任务之一是确定每一项库存物品的标准量水平。标准量是指手头上必备的、用于支持日常的客房例行运作所需库存品的标准数量。

可循环使用和非循环使用库存品的标准量水平的确定方法并不相同。客房部工作所需的可循环库存品数量与饭店其他职能工作相关。例如，布草的标准量水平取决于饭店的洗涤周期。饭店所需的非循环使用库存品的数量与日常运营工作中不同物品的使用率相关。例如，特殊清洁用品的标准量水平取决于日常清洁工作中的消耗速度。

可循环使用库存品的库存水平是根据标准量数量进行衡量的，或者说是支持日常工作所需物品的倍数。非循环使用库存品的库存水平是根据它们的最小与最大需求量之间的范围进行衡量的。当非循环使用库存品的数量达到该物品所设定的最小库存量时，就必须根据需要再次订货，以使其库存达到设定的最大库存量水平。

布草

布草是行政管家职责内最重要的可循环使用库存品，也是客房部仅次于人工成本的最大费用。需要制定谨慎的政策及程序来控制管理饭店布草供应品的库存。行政管家负责制定并维护布草库储存、分发、使用及更换的管理程序。

房务纪事

库存系统能控制成本

这是星期五的下午，快速检查周末所有供应用品的情况，"哎呀！"然后，仓促地与供应商联系，落实一项缺失的必需品。听起来很熟悉吧？可以通过定期（每周、每月、每季度）实地清点盘存，以及保持库存标准量水平，来减轻这样的压力。

实地清点盘存的难点在于组织工作。但是一旦形成一种体系，就易于管理了。一名优秀行政管家的标志之一就是有能力维持供应品的最小库存量，而且，从不出现短缺情况。因为货架上的供应品代表所投入资金的搁置，所以，总经理会很欣赏能把库存量维持在最低水平的部门经理。

- 为清洁用品、客房用品、洗衣用品等建立中心储存区，确保这些储存区的安全，只有指定的客房部员工才有权进入；
- 按照逻辑顺序整理库存品，可以按字母顺序、供应商的名称或者体积大小进行排列，给所有的物品都留出空间；
- 按储存的次序给库存品列清单：清单内容应包括供应商、每箱数量、物品单价等，以便能够快速进行订购，请注意下面的库存清单示例；
- 审视供应商可能提供的特价物品，他们经常想让你超量买下几箱物品才给予价格折扣，应仔细研究一下，确保不会有大量的资金"闲置在货架上"；
- 在努力维持最小库存量的同时，需考虑的重要问题是要允许一个合适的从订货至交货的间隔时间，从饭店下订单那一刻起，要过多长时间才能收到货品；
- 研究货运费以及供应商的其他附加条件：如果订购了达到一定数量的物品，一些公司会免运费，而其他公司在同样物品上的价格虽稍高一些，但也可以免去运费，应尽量让当地的经销商在最低购买量的情况下免费送货。

记住要权衡所有因素的利弊，包括：特殊定价、从订货至交货的时间、货运成本、储存空间和消耗量。

库存清单式样

1. 在"初始库存"一栏清点每一件物品并记录数量。

2. 挑选一名有责任心的员工，记录所有物品的采购和到货情况。在将新到货品放进储存区前，必须记录在库存清单"本期进货"一栏。

3. 在月末（或者任意时间段），再一次盘点库存。清点储存室的每一件物品，并在"库存总量"一栏记录总数。每件物品乘以"单价"，所得结果记录在"库存总值"一栏。

4. 从"初始库存"和"本期进货"的总和中减去"库存总量"，得出的结果就是本月消耗的物品数量（已使用物品总量）。每件物品乘以"单价"，然后将所得结果记录在"已使用物品总值"一栏中。

库存清单式样

1. 物品	2. 供应商电话	3. 每箱物品（件）	4. 每箱每件单价	5. 初始库存	6. 本期进货	7. 库存总量	8. 库存总值	9. 已使用物品总量	10. 已使用物品总值	11. 每间已租房已用物品总量	12. 预测所需物品数量

（续）

> 5.用"已使用物品总量"除以该库存周期内的已租房总数，可得出"每间已租房已用物品数量"，再将这一数字乘以下一周期的预计出租客房总数，得出"预测所需物品数量"，并且据此安排订购。

资料来源：玛丽·弗里德曼，《房务纪事》，第 1 卷第 2 期第 4 页。

请致电 866-READ-TRC 获取相关订阅信息。

布草类型

行政管家通常负责 3 种类型的布草：床用布草、浴室用布草以及桌用布草。床用布草包括床单（各种尺寸和颜色）、配套枕套、床垫衬垫或床罩以及羽绒被。浴室用布草包括浴巾、手巾、专用毛巾、面巾和地巾。客房部同样负责为饭店的餐饮部储存并分发桌用布草。桌用布草包括台布和餐巾。宴会用布草是一种特殊类型的桌用布草。由于尺寸、形状以及颜色各有不同，所以在库存控制系统中需要将宴会用布草与其他餐饮布草分开管理。管理布草库存的基本原则和程序也适用于毛毯和床罩。

建立布草标准量水平

有效管理布草的首要任务是为饭店使用的所有类型的布草确定合适的库存水平。尤为重要的是要保证布草的库存水平足以保障客房部的平稳运作。

如果布草库存水平设定得太低，就会出现短缺现象。库存短缺会扰乱客房部的工作，使等待分配到已清洁客房的客人感到不快，使准备就绪的可租房数量减少了。而且，由于库存水平太低，布草不得不频繁洗涤，但这会缩短布草的使用寿命。如果库存水平设定得太高，客房部运营会很顺利，但是管理层会反对低效率地使用布草，会反对将过多的资金搁置在过量的库存上。

为布草库存设定的标准量数量，是适应典型的客房运营所需的标准量水平。一个布草的标准量等于各类布草满足所有客房一次配备所需的总量。最近，在那些已经采用每张床 3 层床单和额外枕头的饭店里，已经向上调整了该数字。一个布草的标准量也称为一个标准饭店配置。

显而易见，一个标准量的布草不足以支撑饭店有效地运营。布草的供应量应是所有客房所需布草一次配置量的若干倍。两个布草标准量等于两次配备所有客房所需的布草总数；3 个布草标准量等于 3 次配备所有客房所需的布草总数；以此类推。行政管家必须决定需要多少布草标准量来支持客房部的有效运营。在确定布草标准量数量时，行政管家需要考虑 3 个因素：洗涤周期、布草更新和紧急情况。

饭店的洗涤周期是确定布草标准量水平的最重要因素。大多数饭店每天更换和洗涤布草（考虑到环保因素，经过客人许可之后，很多饭店已经放松了"件件天天洗"

的老规矩）。任何时间都有大量的布草往返于客房与洗衣房之间。当设定适当的布草库存水平时，行政管家必须仔细思考清楚当饭店旺季，即饭店连续几天都是100%的客房出租率时的洗涤周期。如果客房部的洗衣房的运营卓有成效，洗涤周期显示客房部必须保持3个布草标准量：第一个是洗涤完毕的、放入储存室今日待用的布草标准量；第二个是昨日使用的、今日待洗的布草标准量；第三个是今天从客房撤走并准备明天洗涤的布草标准量。行政管家同样需要考虑到客人额外要求的布草及折叠床、沙发床和婴儿床对布草的使用要求。

采用外包商业洗衣服务的饭店，其洗涤周期会比有内部洗衣房运营的饭店的要长一点。商业洗衣取送服务的频率会影响饭店需要储备布草的数量。取送服务越频繁，就需要越少的库存来弥补从饭店向洗衣服务公司送洗和取回布草的时间。商业洗衣服务的标准运转周期是48小时。在这种情况下，行政管家可能需要添加一个标准量的布草来补充在饭店与外包布草清洗服务之间中转的布草。另外，一些商业洗衣机构不会在周末取送布草。这就意味着需要额外的库存来应付周末的需要。

确定布草标准量水平要考虑的第二个因素是对磨损、损坏、丢失或被偷布草的更换和补充。因为布草的损耗因饭店而异，所以，行政管家需要基于饭店的历史记录，来确定一个合理的更新布草标准量水平。可以通过研究每月、每季度或每年记录的损耗和更换需求的库存报告单，来确定更新库存的需要量。一种根据经验做出的估计是：储备一个标准量的新布草，作为一年里更新布草的储备。

最后，行政管家必须为紧急情况做好准备。停电或设备损坏都可能会使饭店的洗衣房停止运转，并且会中断整个洗涤周期中布草的连续流动性。行政管家可以决定储备一个标准量的新布草，以便在紧急情况下，客房运营工作仍能顺畅进行。

因此，饭店的洗涤周期、布草的更新需求以及紧急情况库存储备等诸多因素表明饭店每年至少应保持5个标准量的布草。使用外包商业洗衣服务的饭店将需要增加到6个标准量，以便补充用于周转的布草。

表5-1阐明了拥有300张特大号床的饭店，其所需求的特大号床单的标准量数量的计算方法。在这个案例里，饭店的布草库存里应一直备有4500张特大号床单。饭店所使用的每一类布草都需要采用与之相似的计算方法。

表 5-1 标准量计算示例

本例是一家饭店制定特大号床单建立标准库存水平的计算方法，该饭店使用店内洗衣服务，并为300张特大号床配备3张床单。 　　300张特大号床 × 每张床铺的3张床单 = 900（每个标准量） 　　客房内1个标准量　　　　　　　　　　1 × 900 = 900

（续）

楼层布草壁橱内 1 个标准量	1 × 900 = 900
洗衣房 1 个标准量（已用脏的布草）	1 × 900 = 900
更新库存 1 个标准量	1 × 900 = 900
紧急情况备用 1 个标准量	1 × 900 = 900
总数	4500
	4500 张床单 ÷ 900 张床单 / 标准量 = 5 个标准量

完美布草 6 步骤

"完美布草"到底是什么意思？床罩、毛毯、床单、枕套和床垫衬垫必须完全一尘不染，并且没有撕裂的痕迹。必须保证床用布草没有任何被其他客人使用过的迹象。

客房部管理层必须确保布草处理周期中不会因为出现任何不妥，而导致客房使用脏污或破损的布草。

第一步：注意并处理污渍 防止出现脏污布草的第一道防线是客房服务员。当从床上撤走和从浴室收集脏布草时，客房服务员需要目测检查这些已使用过的布草。训练有素的员工会：

- 注意到污渍：当从床上或浴室收取布草时要密切注意污渍。
- 将已有污渍的布草分开处理：他们会把已有污渍的布草放入指定的袋子或客房服务车上。

客房部管理人员也需要审视对客房服务员的激励计划，要确保对他们加快工作速度的奖励不会影响他们对已有污渍布草的关注。激励计划也应包括对识别和处理污渍的奖励。

第一次发现污渍就处理还有两个好处：第一，较早处理能更好地抓住时机，彻底去除污渍；第二，当布草从客房服务员的客房服务车运送到洗衣房时，所喷洒的去污喷剂能够在这段时间内起作用。

第二步：洗衣房意识 洗衣房是防止出现脏污布草的第二道防线。洗衣房员工在进行布草分类、放入洗衣机、从洗衣机拿出放入烘干机、再从烘干机取出，以及折叠，这期间会数次接触到布草。每一次操作都提供了发现污渍和破损之处的机会。

第三步：修复或祛除 当布草有污渍、破损或磨破时，不能给客人使用。制定相关标准能够帮助洗衣房员工识别不能使用的布草。

许多饭店会指导员工将破损或抽线的布草放入专门的衣篮里，以便主管之后复查。一些饭店会把破损布草变成抹布，其他饭店则会通过裁缝做一些细小的修补，再利用破损布草。枕套破损的褶边修补一下还可以用，但是床单中心的裂口即使缝合之后还是让人无法接受。

客房部工作人员必须对有污渍的布草做专门处理。专业的洗涤剂供应商会提供去污产品套装，以及相关的培训材料。大多数洗衣房都设有一个去污区，用来做一些预处理和浸泡工作。通常，洗衣房会专门培训一名员工，使其成长为去污专家。会由这个人来处理由其他员工分拣出来的脏污衣物，先进行预处理，然后再采用特殊清洗程序。

大多数化学洗涤剂公司常规设定饭店洗涤剂清洗脏污布草的清洁度为 97% ~ 98%。为什么不是 100% 呢？从理论上讲，为达到 100% 清洁度所需增加的时间和化学洗涤剂，对于饭店来说并不符合经济节约要求。所额外需要的化学剂会导致布草不必要的化学剂滥用，以及布草的过早报损。

因此，每次大约有 2% ~ 4% 的洗涤衣物需要再处理。（事实上，大型高度自动化洗衣房的情况并非如此，他们会通过加大化学洗涤剂的使用力度，弥补因缺少人员来处理布草的不足。）

店内洗衣房进行再处理洗涤衣物时，会使用一套专门的再清洗模式，其中包括使用更强效的化学洗涤剂和设置更长的洗涤周期。这样的"二次清洗"一般能清除掉第一次清洗没有洗干净的污渍。去污专家会对二次清洗后依然存留的污渍进行进一步的问题诊断。

第四步：调查复发情况　当洗衣房员工确定布草上的裂缝或污渍频繁发生，或总是出现在同一个地方时，就需要开展进一步的调查。往往通过与工程部合作，就能发现问题的来源。

例如，洗衣滑槽粗糙的边缘会撕破布草。洗衣机的洗涤剂注入格被堵塞，也可能会导致不能充分发挥洗涤剂的作用。熨烫机滴油或滴蜡可能会造成布草污染，或者饭店某处的员工正在滥用布草。当洗衣房员工找到问题来源时，他们就能做出改变，并消除对布草的损坏。

第五步：管理层支持　饭店管理层必须全心全意支持"完美布草"的理念。当从库存中清除污损布草后，就必须进行额外的采购。足够的布草标准量水平是成功实施去污计划的基本要素。将有污渍的床单铺在床上，和等到下午晚些时候拿另一条床单，如果客房服务员不得不在以上两种情况之间做出选择，他们通常会选用有污渍的床单。或者如果洗衣房员工只有两个标准量的浴巾时，他们会很不情愿在服务中清除脏污浴巾。

如果饭店没有一个长期坚持执行的正确识别不合格布草的计划，就会有相当大比例的布草因种种原因被有目的地清除，结果会因布草大量更新而造成巨大的费用。但如果有了该计划，通过尽早识别污渍，会增加布草再利用的比例。通过早发现问题来源，会减少受损布草的数量。

第六步：持续检查 经理如何知道正提供给客人的就是完美布草呢？

- 客人会通过意见卡告诉管理者；
- 与饭店签订合约的质检员会提供对饭店访查结果的综述，当然，管理人员也能通过亲自巡查客房和洗衣房来亲自发现问题，这是任何一家饭店能成功经营的一部分；
- 在客房巡查时，应时常专门打开做好的客床，检查布草；
- 洗衣房巡查时，应对已准备好待用的布草进行检查。

当发现污损布草时，应检查所有的相关处理程序。想要员工为自己的粗心大意承担责任，就要采取一定的惩罚性措施。

每一个人，包括业主、管理人员以及员工，都要全身心投入，确保客人能够使用完美布草。①

决定布草更换时间

饭店应每天都更换已租房的床单吗？或是每隔 2 ~ 3 天更换一次床单？在美国，一些饭店管理者借环保运动蓬勃开展之机，要求行政管家执行隔日更换床单的政策。辩论的一方称：饭店房价上涨，而且客人的期望值提高了。所以，不能这么做。另一方则称大家环保意识和责任感增强了，能这么做，而且能增加利润。那么，在这种情况下，饭店能为所有人创造双赢的局面吗？

在最近的一次调查中，半数的调查对象声明他们已经有政策规定，在客人入住期间每隔 2 ~ 3 天更换一次床单。不过，调查对象中囊括所有类型的饭店，所以，该结论似乎并不取决于饭店的价格水平。

饭店管理层必须决定采纳何种政策。一些饭店会每天都更换已租房的床单。其他饭店则会在床上或门把手上放置一张卡片，让客人自己来决定是否需要更换。如果客人需要更换，就在卡片上说明要求。然而另外一些饭店会直接执行指令，在客人入住期间，每 2 天或 3 天更换一次床单，并且不会通知客人或听取客人意见。

在这一决策里，并没有多少的赞成和反对意见。首要的问题是：客人想要什么？因为以优质的服务赢得回头客以及换来积极的口碑宣传才是饭店员工的首要任务，权衡客人对该问题的反馈意见尤其重要。尽管隔天更换一次床单的饭店称，确实有一些客人会投诉，但大多数客人会支持饭店通过限量用水和化学洗涤剂，来保护环境的努力。饭店必须从自己的客人那里获取反馈意见。②

寻求反馈意见以外，研究③表明留给客人的卡片信息可能会影响他们选择是否要重复使用布草的决定。测试发现：最有效的信息（有45%的客人选择的结果）表述道，

"我们正在尽自己的力量保护环境。我们可以依靠您吗？因为我们致力于保护环境，我们已经代表饭店及客人，为非营利性环保组织提供了财政捐赠。如果您愿意在保护自然资源的同时，帮助我们弥补这部分费用，请您在入住期间重复使用您的毛巾。"

另外，通过实行何种程序进行质量控制，才能在保证客房清洁的过程中既让客人满意，又让客人觉察不到这种质量控制呢？

最后，劳动力、化学品或能源方面节约的成本，能弥补因客人投诉、提早离店重新整理客房，或因维持系统运转进行的其他工作所产生的费用吗？一些饭店声称其每天的劳动生产率已提高了 1.8 间客房之多，但是许多饭店称并没有任何变化。

运营中产生的一些问题包括：

第一，已经经过每天更换床单培训，或面临纪律处分及解雇的客房部员工，必须接受再培训。尽管大多数客房服务员很高兴不用再为每一张床更换床上用品，但是与客人沟通哪些床上用品该更换、哪些不该更换会很困难。饭店若雇用不大会英语或完全不会英语的员工，就面临着更大的沟通难题。

第二，必须设计一套系统来记录哪些床单需要更换，哪些床铺只需要整理。该系统必须使用代码来识别标准间各床的床况。该系统必须为要过夜但离店很早的客人做好准备。该客房服务员（如果他还在饭店当班）应返回到该房间重新做床，并换上干净的布草。如果该服务员当天已离店，就要有其他人重新整理床铺，直到该房间被记录为干净的可用房。

第三，如果只是隔天更换床上布草，就要建立一个系统，在客房服务员的每日工作任务单上注明当日哪些床需要更换。准备晨报的员工回顾一下过夜客人的到店日期，并重点强调或标出需要更换床单的房间，这样就大功告成了。

第四，一些饭店通过给客人提供一张卡片来表明是否要更换布草，客房服务员必须在工作任务单上标明床单是否换过。如果客人在营业时间过后回到房间，并投诉没有更换床单，随时响应号召的员工就得迅速重新做床，之后要查看当天日志，要调查投诉事件。避免类似问题再现。

第五，当客人并没有提出要求更换，但是床单不够干净，客房服务员必须学会判断是否需要更换床单。例如，床单上沾染了化妆品，是否意味着要更换呢？如果枕套上有墨水渍，怎么办？

第六，因为大多数饭店要让客人感觉床单已经更换过了，所以他们会把床罩盖过枕头并折好。另一种做法可以让床看上去像开夜床模式，让客人感到很温馨，而且，要让员工知道该床单实际没有换过。

第七，如果员工选择让客人决定是否要更换床单，就应慎重选择信息卡或门挂卡上使用的语言。有些团体提供附带材料，像美国饭店业协会提供的材料中有一张专门为毛巾设计的卡片，卡片嘱咐客人如果愿意继续使用毛巾，就将它放回毛巾架上。第二张卡片是床单卡。通常，这些卡片经过压膜处理，使用寿命更长，上面印有英语、法语、德语、日语和西班牙语的文字说明。

床单不用更换的比例因饭店而异，取决于平均住店时间长短和客人类别。例如，如果饭店的平均入住时间为 2.8 天，政策规定就是每 3 天更换床单，实际执行的政策其实就是只在客人结账离店时才更换床单。

总经理要知道这一政策的改变如何影响饭店赢利。当客房清洁工作的劳动生产率保持相对稳定时，一些饭店预计布草的使用寿命会延长 15%，外包洗衣费用可能会减少 9%。事实上，真正的节约来自布草洗涤。由艺康公司（译者注：Ecolab 公司的官方译名为艺康公司，1923 年创立于美国，主要为饭店、食品饮料、超市卖场等行业提供清洁、消毒、灭虫产品、服务和运作方案）开展的全国性调查结果表明，清洗饭店客房布草的平均成本是每磅 0.232 美元。这些成本数据是在洗衣房最大运行效率下得出的。考虑到一条特大号床单重 0.8 千克，一条双人床单重 0.5 千克，以及一个枕套重 0.1 千克，每间客房至少有节约 1.4 千克洗涤量或将近 1 美元费用的余地。

对员工来说，最重要的是坦诚面对自己，以及客人。确实是环保的问题吗？或者其实是想要赢利？如果客人在其他区域并没有看到一致的环保行为（像荧光灯泡、资源回收箱或者传感器控制的暖通空调系统），他们不会理解服务内容的减少。客人不会再入住某家饭店，仅仅是因为没给更换床单吗？我们能指望客人在预订时会问："你们每天都更换床单吗？"我们会看到"我们每天都更换床单"这样的广告语吗？大概不会。事实上，如果饭店提供适当的培训、周密的操作程序以及相关的环保投入，就会节约很多水资源、大量的洗涤剂以及更多的能源，同时仍能让客人满意。如果客人支持饭店所付出的努力，那这就是双赢的局面。[④]

布草库存控制

为了有效管理布草库存，行政管家需要通过制定标准政策，来管理布草的储存方法、储存地点、分发时间、分发对象，以及如何通过洗涤周期来监控布草的流动情况。

行政管家必须与洗衣房主管合作，保持每日对往返洗衣房的所有布草数量进行正确盘点。与洗衣房主管的有效沟通能够帮助行政管家发现布草数量短缺或超额。

储藏 饭店大多数的布草都是不停地往返于客房和洗衣房之间。洗好的布草应在使用前在储存室至少放置 24 小时。这样有助于延长布草的使用寿命，以及让免熨烫布料的褶皱有机会变得平顺。布草一般会储存在客房部主储存室、洗衣房附近的配发室，以及方便客房服务员取用的楼层布草壁橱里。

储存布草的地方需要相对干燥，且足够通风。货架必须平滑，没有任何会损伤到布料的障碍物，并且，要按照布草类型进行整理。要求有充足的空间防止布草受到挤压。这些布草储存室应上锁紧闭，并且遵循所有标准钥匙管控程序。对于储存在主储存室还没有投入使用的新布草，尤其应采取专门的安保措施。

分发 管理布草的一个有效方法是保持楼层布草壁橱的楼层标准量。楼层的一个标准量等于配备一次该楼层布草壁橱所负责供应的全部客房所需的各类布草的数量。应建立楼层标准量，并张贴在各楼层布草壁橱里。分发程序要求在每一天开始时，在楼层布草壁橱内，都储存有符合标准量数量要求的布草。

表5-2 布草控制表示例

送洗衣房的客房布草		
日期_____		
品名	**颜色**	**数量**
枕套	象牙白	
特大号床单	蓝色	
大号床单	蓝色	
双人床床单	象牙白	
地巾		
浴巾		
手巾		
面巾		
客房服务员 _____		

要善于利用前台提供的客房出租率报告来确定每一楼层布草壁橱的布草分配需求。利用这份报告上的信息，行政管家能创建一个布草分配清单，标明每一楼层的楼层布草壁橱需要多少布草才能达到第二天的标准量。这份清单被用作补充楼层标准量的申领单。将这份清单交付给洗衣房主管，他会留出所需数量的干净布草，并将多余的干净布草储存在洗衣房的配发室。

一些饭店要求客房服务员按照布草类型记录从客房收取，并再运送到洗衣房的脏污布草的数量。表5-2就是用于该目的的工作单示例。从客房收取的布草总数应与客房出租率报告的数据在逻辑上相一致。

白班结束时，由客房部的一名夜班员工用洗衣房主管留出的布草重新补足各楼层布草壁橱的库存。这使每一楼层布草壁橱能补齐标准量，并为第二天的工作做好准备。主管可以通过抽查楼层布草壁橱，来确保已遵循标准程序。这样，每天分发布草，就可以每一楼层布草壁橱的楼层标准量所需的数量为准。

对于需要更新的布草，同样需要制定特定的程序。任何因破洞、裂缝、污渍或磨损太严重而被认定为不合适的布草，都不应再在客房使用，也不应将这类受损布草放置在盛放布草的柳条篮内。而应由服务员将受损布草放在专用的废弃筐里，并亲自将其运至客房部主储存室或客房部办公室。然后填写专门的更新布草申请单，详细记述所涉及的布草类型、受损情况、原来所属的储存室，以及发现布草受损情况的客房服务员的名字。洗衣房主管也会相应增加该楼层第二天的布草分配数量，来满足布草更新的需求。

干净但受损的布草应单独拿出来，并送到洗衣房主管（或其他适当的职员）那里，由他决定这些布草能不能使用，或者可以修补。所有判定不能使用并丢弃的布草必须要做好记录。表5-3展示的是布草报损登记表示例，可以用作库存管理的一项重要手段。布草丢弃记录应保存在洗衣房工作区内，供分拣受损物品的员工使用。该表格提供纵栏来记录报损布草项目的具体类型和数量。在该期期末结束时，将这份表格注明日期，并转交给行政管家。行政管家会复查该记录，然后，在进行实地盘存时，再将表上所列的总额转入布草库存管理总表。自动化或计算机系统会加快处理速度，并很方便地得到历史数据做预测。不过，人工卡片系统还是整个处理过程成功的基础。

餐饮布草的库管程序设计与客房布草的相关程序大致相同。应建立各餐饮营业店所使用的全部桌用布草的标准量。应每晚统计脏污布草的数量，而且要准备开列给洗衣房的物品清单。洗衣房主管和行政管家都可利用这份清单来实施控制，并作为第二天分发物品的凭据。各餐饮营业点应每天都补充餐饮布草，以维持其标准量。特殊活动所需的布草要在夜间盘点表上注明，并纳入第二天餐饮布草的配送单据上。

开展布草实地盘存

对正在使用的和储藏的所有布草进行实地盘存是布草库存管理的重点。应每月进行一次完整彻底的统计。应至少每季度进行一次实地盘存。通常在每个会计月度的月末进行实地盘存，为行政管家提供监控部门预算所需的重要成本控制信息。

由于定期进行实地盘存工作，行政管家掌握着正在使用的所有布草数量，以及认定丢弃、遗失或需要更新的布草的准确数字。为了进行谨慎的预算，以及确保客房部有充足的供应，能满足饭店的布草需求，这项管理措施必不可少。确定补充饭店布草供应的需求大小，是以每一次实地盘存为基础的。

房务 纪事 ▰▰▰▰▰

客房部后勤和宾客服务

他们面临一场挑战。缓慢的电梯速度会招致客人投诉，以及使饭店失去了回头客生意。海滩饭店有一群员工齐心合力地找到了解决办法。

团队成员来自前台、客房部、预订部、保安部、总机、维修部以及行李房。他们发现正是他们自己的工作程序造成了电梯的拥堵。当客人要使用电梯时，搬运工正在用电梯运送布草。通过重新安排运送供应品的工作时间表，将其调至早上7点以前，这样在早上的高峰时间，客人就可以随时使用电梯。

但是这个团队的使命还没有结束。现在饭店需要每一楼层都有储藏室。尽管有可用的壁橱，但是里面塞满了各种饭店的收藏物，如会计记录和旧的销售手册之类的东西。这个团队成员每个人都参与到清理壁橱工作中来，而且，他们是自愿贡献出自己的时间，重新安排壁橱内的使用空间，并建起了

表 5-3 布草报损登记表示例

布草报损登记表

客房管家（姓名缩写）：＿＿＿＿　　总经理（姓名缩写）：＿＿＿＿　　截止日期：＿＿＿＿

日期	浴巾	手巾	面巾	地巾	浴帘	双人床床单	特大号床单	双人枕套	特大号枕套	双人枕头	特大号枕头	双人毛毯	特大号毛毯	双人床垫衬垫	特大号床垫衬垫	双人床床罩	特大号床床罩	婴儿床床单
总报损数																		

布草报损登记表示例（上表背面表格）

报损方法

品名	如何报损	品名	如何报损

备注：＿＿＿＿＿＿＿＿

经办人：＿＿＿＿＿＿　（行政管家）

资料来源：由全球假日酒店惠允使用。

（续）

搁架。他们根据每一位客房服务员的个人喜好，把这些区域漆成不同颜色，使整个工作变得有趣多了。

总经理说道："你们所做的一切提升了客人的满意度，提高了员工劳动生产率，这意味着给饭店带来 84000 美元的收益。你们这个员工团队功不可没。"

资料来源：《房务纪事》，第 2 卷第 1 期第 5 页。
请致电 866-READ-TRC 获取相关订阅信息

通常，行政管家会和洗衣房主管一起合作开展实地盘存工作。在大型饭店里，还会找其他客房部员工一起来帮助清点布草供应品。在大多数情况下，员工们会进行团队合作，清点库存。一个人报出每种类型布草的数量，另一个人同时将数量记录在库存盘点表上。惯常的做法是：饭店的审计员或会计部门的代表参与抽查盘点结果，并确认期末库存报表的准确性。当完成库存盘点时，将最终报告交给饭店的审计员或总经理，审核后登记入册。

库存盘点必须包括储存在所有地点的全部布草。首先，行政管家应在客房与洗衣房之间布草传送停止的间歇时间段进行库存盘点。这通常意味着进行盘点时，洗衣房已结束工作，所有客房已换装干净布草，以及所有楼层布草壁橱已经补齐至标准量，白班也已结束，而此时，所有的脏污布草滑槽通道也应停止运行或锁闭，以避免还有布草运送。

接着，下一步是确定饭店内所有可能发现布草的地点。行政管家需要考虑到所有可能的地点，包括：
- 客房部主储存室；
- 客房；
- 楼层布草壁橱；
- 客房服务车；
- 脏污布草篮或布草滑槽通道；
- 洗衣房的脏污布草；
- 洗衣房储物架；
- 移动布草车或推车；
- 拼装成的折叠床、小床、沙发床、婴儿床等。

行政管家应准备一份布草库存盘点表，用来记录每一处每一类型布草的数量。每份盘点表的顶端都应留出空格填写日期、地点和负责盘点的员工的姓名。表格的左下方应是要盘点的每一种类型的布草清单。在制作该表格时，行政管家一定要区分所有布草类型、大小、颜色以及其他特征。另外，如果盘存清单跟储物架上的布草项目放置顺序一致，盘点过程会更快、更容易。表 5-4 显示的就是一份记录楼层布草壁橱和相应客房服务车上布草数量的盘点表样本。

两人一组，使用盘点表，就能在各布草储存点开展实地盘存。一人点数并报出某一特定类型布草的数量，与此同时，另一个人在盘点表上适当的地方记录数量。可以指派第三个人抽查盘点数，以确保其准确性。

在完成盘点程序，并填写完所有标准格式的盘点表后，行政管家应收齐表格，并汇总合计，将总数转入库存管理总表。把库存盘点的结果与上次盘点数进行比较，来确

表5-4 布草库存盘点表示例

库存盘点表 客房布草				
姓名	日期		楼层	
品名	壁橱	客房 服务车一	客房 服务车二	客房 服务车三
枕套				
特大号床单				
大号床单				
双人床单				
地巾				
面巾				
浴巾				
手巾				
面巾				

定布草实际使用量以及更新布草的采购需求。

表5-5 显示的是客房部布草库存盘点总表示例。表格第一部分的顶行列出了饭店布草供应的所有库存项目。这一列表应与标准量盘点表上的布草目录清单相对应。

表格第 2 行标明上一次实地盘存的日期。行政管家应将上一次盘存记录中的布草盘点数转写在这一行。

表格的第 3 行用来记录自从上一次实地盘存后新进的布草数量。这些数字应包括未开封的布草货物以及已经投入使用的新布草。

第 4 行是上次实地盘存现有库存数量（第 2 行）与新进布草数量（第 3 行）的总和。

接下来，第 5 行用来记录自上一次实地盘存后，确定已经报损的布草项目数量。通过查阅报损布草记录即可得到这些总数（表5-3）。

将报损布草数（第 5 行）从合计（第 4 行）中减去，行政管家会知道预期备用的每一种类型布草总量。这些预期总量在第 6 行作有记录。

表格的第二部分空格用来记录各布草储存点的每种布草类型的盘点总量。这可以通过清点和转登标准盘点表格上每种布草类型的总量得到。各布草储存点的每种布草类型的清点数量在这个表格的第 5 行进行汇总合计。这些数字表示饭店库存中每种类型布草的实际现有库存数量。

表格的第三部分会帮助行政管家分析实地盘存的结果。将每种布草项目的清点总数（第 15 行）从相应的预期库存数量（第 6 行）中减去，行政管家能确定每种布草项目的实际损失数量。第 16 行有记录这一数据。布草损耗是上次库存量（加上新

采购的库存）和当前库存量的差值。尽管实地盘存揭示了布草项目的损耗，但它并不能说明其发生的原因。如果预期数量和实际数量的差异较大，就需要开展进一步的调查。

每次实地盘存后，行政管家都应确保标准量水平恢复到最初为每一种布草所设定的库存水平。第 17 行记录了每一种布草类型的标准量。这些数字表示在库存中应始终保持的每一种布草类型的标准数值。将每种备用布草类型的实际数量（第 15 行）从相应的标准量（第 17 行）中减去，行政管家就能够确定恢复到标准量水平所需的每种布草类型的数量。这些数据记录在第 18 行。减去已经订购却还没有到货的布草品种的数量（第 19 行），行政管家就可以精确地知道，还需订购多少布草来补齐标准量。这个数据记录在第 20 行。由于实地盘存的结果，行政管家能够确定需要哪种类型的布草，以及每种布草类型的数量，以更换损失的库存，并保持已建立的标准量水平。

完整的库存管理总表应连同布草报损记录表一起交给饭店总经理。总经理在核实并批准报告后，将它转交给财务部。饭店财务部会为行政管家提供关于已租房在使用、损耗和费用方面的成本资料。这些资料在确定和监控客房部预算方面非常有用。

对餐饮部使用的餐饮布草进行实地盘存应与客房部布草实地盘存的程序大致相同。应遵循同样的原则和程序，以及使用同样的通用表格。应为各餐饮营业点都准备盘存清单，包括宴会场所等。并详细列举饭店所有餐饮布草的类型、大小和颜色。应在往返洗衣房的桌用布草传送已停止，并且，每个餐饮营业点的库存配置达到既定的标准量水平的时候，才开始实地盘存。按照与客房部布草实地盘存同样使用的程序，就能计算出餐饮布草的库存总量，此时，行政管家也就能确定补充储备的需求了。

表 5-5　库存控制总表示例

客房部布草库存									
地点名称：＿＿＿＿＿　　　　　　　　　　　　　　制 表 人：＿＿＿＿＿									
地点编号：＿＿＿＿＿　　总经理（姓名缩写）：＿＿＿＿＿　盘点日期：＿＿＿＿＿									
第一部分									
1. 品名									
2. 上次库存盘点日期（　　）									
3. 新进库存记录									
4. 小计（第 2 项加上第 3 项）									
5. 报损记录									
6. 合计（第 4 项减去第 5 项）									
第二部分									
7. 储藏室									
8. 储藏室									

（续）

9. 储藏室						
10. 布草房						
11. 洗衣房						
12. 在客房服务车上						
13. 在客房内						
14. 在折叠床、婴儿床等上面						
现有库存合计						
15. 第 7 ~ 14 项合计						
第三部分						
16. 损耗（第 6 项减去第 15 项）						
17. 标准量_____个						
18. 需补充量（第 17 项减去第 15 项）						
19. 已订购数量						
20. 还需订购数量（第 18 项减去第 19 项）						

资料来源：由全球假日酒店惠允使用。

制服

　　许多饭店部门的员工都需要穿着制服上班。有时，有些饭店会让各个部门自行负责维护本部门各种类型和尺码的制服库存。但更为典型的做法是由客房部负责储存、分发以及管控整个饭店所用的制服。这是一项非常复杂的职责，尤其是在有许多不同类型、数量和尺码的制服的大型饭店里。

建立制服标准量水平

　　确定手头应有多少类型和尺码的制服可能是非常困难的。在这些因素中，各式各样的部门需求、尺码要求分布不均匀、无法避免的人员流动，以及事故造成不可预测的损害，都会使这项任务成为真正的挑战。

　　基于各部门负责人所提供的信息，行政管家要确保能够充足供应所有类型的制服。为了建立所有类型制服的标准量水平，行政管家需要知道每个部门有多少穿制服的员工，他们需要哪种特定的制服，以及该制服需要多久清洗一次。在第一次给新员工分发制服时，可通过裁剪定制来解决尺码问题。

　　建立标准量水平需要考虑的另外一个因素是洗衣房处理制服所需的周转时间。在很大程度上，制服的标准量水平取决于制服需要多久进行一次洗熨。例如，如果只是一周洗熨一次制服，那么，每位员工每周就得被分发 5 件制服。在这种似乎不大可能出现的情况下，每位员工要在每周开始时，将 5 套脏制服换成 5 套干净的制服，如果把当天员工还得穿在身上的制服也算上，这就需要保证每位员工有 11 套制服的标准量。

　　一个更有可能出现的情况是员工每天都洗熨制服，而且，每一天都是用 1 套脏制服换 1 套干净制服。在这种情况下，最少需要 3 套制服的标准量。员工穿 1 套，另外 1 套上交进行清洗，第 3 套换制服时分发下去。比起每周洗熨制服，每日清洗会更加实际，而且花费较小。每一位员工应有一套备用制服（除了现穿的这套之外）以防日间工作的时候需要。制服房可配备员工，以便每天每次轮班开始时，有人能给员工换制服。

　　行政管家可能会以为保持 5 套制服的标准量会更合理些。这样新员工和现有员工在更换制服时，都能够有充足的供应。如果万一发生事故或意外损害，5 套制服的定额，能同样确保备用制服的充足供应。

　　行政管家也要考虑各部门穿制服人员的实际需求。因为饭店前台区域的员工会不断出现在公众的视线里，所以他们需要全天保持整洁干净，这显得尤为重要。行政管家要保持前台员工较高的制服库存量，因为他们需要更频繁地更换制服。同样的，厨师、餐饮服务员以及其他厨房员工可能需要每天换 2 套制服，因为干净整洁对直接处理食物的饭店员工而言，也很重要。

　　在很多饭店里，会由员工自己负责制服的维护。但因为法规要求如果由员工来清洗制服，则企业应给予员工一定的报酬，所以，饭店或许可以通过自己的洗衣房处理制服，这样更能降低成本[⑤]。

房务 纪事

不管是为了顾客还是为了制服，都得选定一个管理系统

　　这是中佛罗里达州普通的一天：温暖、阳光充足、人潮涌动。在奥兰多的迪士尼世界，有成千上万的演员刚刚下班或刚刚开始上班。他们身着各种服装。这个迪士尼世界每周有大约 4 万名演员，7000 多套道具服装，来来回回、忙个不停。穿脏的服装交回去，然后分发一套干净的。这当中，既有灰姑娘的、米老鼠的、还有公园维护人员的服装，总之，每个人可都是盛装打扮。

　　这些数量庞大的迪士尼世界的服装是通过条形码、无线电芯片和扫描仪来控制的。那么，艾克美饭店的 150 位员工的服装该如何管理呢？艾克美饭店的管理人员应选择什么样的制度来管理制服呢？在制服管理系统上，他们应建立一个人工系统，或是一个自动化系统，抑或是根本不采用任何系统？

　　人工系统

　　在人工系统里，所有对制服的追踪和报告都是通过纸和笔来完成的。例如，一个员工或许拿着穿脏的制服来到制服房，登记一下，和制服房的工作人员确认下他的员工号，然后，就可领走一套干净的制服。

以下例子解释了人工系统如何运转：

- 每位员工配有 3 ~ 5 套制服，这些制服都有编号，且和每位员工匹配；
- 每位员工都有一个数字标签贴在员工卡的背面；
- 通过向管理人员出示贴着数字标签的员工卡，员工可以领到 1 套干净的制服；
- 当制服穿脏后，员工把它还回制服房，记录一下脏制服的跟踪卡上记录的制服号，员工就可以领到干净的制服了；
- 如果员工当时不需要领干净的制服，员工可以拿一个票据，以备之后领干净的制服时使用；
- 如果员工需要 1 套干净的制服，但是既没有脏制服上交也没有票据，办事员就要通过追踪之前的记录，来确定这个员工现在领干净的制服是否合理，还是其制服已经丢失了。

执行人工系统有时会遇到些问题，包括员工间缺乏合作、人工错误、效率较低等。这些通常会在时间和金钱上，增加很大一笔费用。

自动化系统

先进科技可基本帮助饭店实现制服管理的全程自动化。典型的做法是将条形码和无线电芯片植入每件制服，这样从脏服上交，到洗净、分发、收回，这整个过程都可以轻松通过扫描来完成。

这个计算机管理系统是和人力资源、采购、财务等其他部门的相关系统连接在一起的，这样就可以获得实时信息。例如，如果一个员工辞职了，人力资源部门就会更新系统，财务会在给该员工发最后一笔工资前，检查是否所有的制服都归还了。通过该计算机管理系统的指令传达，可以掌控制服标准量水平，并通知各相关管理部门。采购人员在发出更新制服指令前，可以通过系统查出所有制服类型的库存还有多少。客房部可以给外包洗衣工发送电子邮件，证明所有送洗的制服都已取回。总而言之，自动化系统简化了制服交接的全部流程系统。

不采用任何系统

一些主要的饭店使用的是"没有系统"的管理体系，意思就是这些饭店并没有一个日常的制服交接系统。当有新的员工进来后，给他们一次性发放全部制服，通常是 2 ~ 5 套。在整个雇用期间，员工必须保持自己的制服整洁并对其负责。当员工退休、辞职和被解雇时，他们必须归还所有的制服。这种系统有时被称为家庭护理，这就可以为饭店制服部门避免大量、昂贵、烦琐的工作。

如果能与人力资源及财务部门商定，为自己清洗制服的员工提供相应的补偿，家庭护理模式就可以获得执行。员工必须要保持制服的整洁，而且必须建立日常的评价标准。除非制服需要修补或更新，饭店员工在从入职到离职期间不需要和饭店制服部门发生联系。

"在 10 个月的调查中发现，员工自己清洗制服这种模式要比饭店管理制服的模式更好。"保拉雷诺说，他是制服行业的顾问。"与商业洗衣店使用强力化学清洁剂洗涤相比，家庭的洗衣机洗得更轻柔。"这样可以延长制服的寿命，也帮助饭店提高了利润。

健康问题则是与家庭护理系统相关的另一个重要方面。饭店员工有时会因为使用商业洗涤的制服，而引起皮疹和另外一些化学反应。但如由员工自己清洗，则不会出现这种事，并为此承担责任。

另一种情况

一些成功的博彩公司会要求员工按照公司的制服要求，自行购买制服。例如，发牌员要按要求购买黑色裤子和白色衬衣并且自行做好日常维护。离职时，员工自己保留自己购买的这些制服。在这种方案里，饭店提供修补费用，但是员工自己要为制服的维护工作负责。

（续）

> 考虑使用哪种制服管理系统时，饭店应考虑建立这种系统的前期成本，以及后期维护成本。员工要直面客人，而员工的形象代表了饭店，管理人员必须谨慎选择。

资料来源：作者为注册饭店业行政管家盖尔·爱德华兹，《房务纪事》，第 7 卷第 6 期第 4 ~ 5 页
请致电 866-READ-TRC 获取相关订阅信息

制服库存控制

所有制服都应通过制服房来分发和管控。制服房应为不同尺码和数量的制服提供适当的储存空间，并且应将制服房整理得井然有序。所有制服应按照部门进行分类，以便员工每次交接班更换制服时，可以节约时间和减少麻烦。行政管家需要建立制服管理的具体操作程序。应建立一个管理体系，收取待洗的制服，并为制服房和洗衣房提供收取记录单。制服房员工应每日将当天要洗熨制服的记录交给洗衣房。

出于管理的目的，大多数饭店都制定了一项政策，即必须用穿脏的制服来换取干净的制服。而另一些饭店的做法是：只有凭部门经理签字的专项申请单，才能给员工发放制服。

员工上交制服时，应收到凭据。如果采用交换系统，员工所换到的干净制服就是凭据。当第一次分发制服时，全体员工都应核实制服的数量和类型并签收。表 5-6 的卡片可以用于此目的，并且会为每一位着制服上班的员工归档。这样的制服库存卡可以由制服房保存，也可以由员工所在部门存档。一些饭店也把制服记录归入员工的人事档案里。分发给员工的所有制服总记录应由客房部保存。

在分发制服时，员工应承担保管、照看和管理制服的全部责任。当员工离职时，应交还其所保管的所有制服。制服房员工应向财务部提交一份报表说明该员工是否已经妥善归还分发的全部制服，否则该员工的离职工资将扣除因未交还制服而产生的赔偿。

行政管家有责任确保维护好所有的制服。着制服上班的员工最了解自己的制服是否需要修补。可以使用一份简单的修补申请表来通知制服房员工。员工在将穿脏的制服换成干净的制服时应填好这份表格，制服房服务员应把修补标签挂在通常挂干净制服的地方。修补标签

表 5-6 制服库存卡示例

制服库存卡
姓名_____   日期_____
职位_____   部门_____
制服_____   编号_____
我清楚我将对所发制服负有全责。如果我变动工作岗位或离开公司，将归还全部制服。我同意公司有权从我薪水中扣除因我丢失这些制服以及非正常使用导致破损而需修补所造成的损失。同时，我还明白任何时候都不得将制服带出饭店。
员工签名
客房部
签名_____   编号_____

上的信息包括员工姓名、工号、部门、制服类别、修补要求、收到制服时间，以及需要交还制服的日期。当洗衣房返还制服时，修补标签会提醒制服房员工将该制服送去修补。如果无法修补受损制服，行政管家应判定该制服是否可以再用，还是需要将其换掉。与报损布草一样，应由行政管家保管制服报损记录。

应至少按季度盘存所有制服。适合布草实地盘存的通用原则同样适用于盘点制服。盘点时应临时关闭制服房，停止制服传送。应参考分配给员工保管的制服和因为破损而不能再使用的制服记录。当盘点制服时，需要考虑到所有制服的储存地点，包括员工更衣室。一般来说，盘点制服库存时，需要饭店所有部门的协助。

通过使用如表 5-7 所示的制服库存控制表，行政管家能收集到饭店制服各种类型和尺码的准确数量。通过比较当前现有库存数量和上次盘存数量，行政管家能够确定所有已丢失或已报损制服的数量和种类。以此方式，能够利用每季度的制服库存盘点来确定年度制服使用率。能够通过比较现有库存和每种制服类型的标准量水平，来确定所需更换制服的数量和种类。

表 5-7 制服库存控制表示例

数量	尺码	说明	单价	数量	尺码	说明	单价
		大厅服务				前台	
		行李员上装				前厅部男士套装	
		行李员下装				前厅部男士背心	
		行李员领结				前厅部男士领结	
		泊车员上装				前厅部女士套装	
		泊车员下装				前厅部女士领巾	
		泊车员夹克式衬衫					
		泊车员领结					

制服挑战

尽管制服对于展示饭店员工良好面貌是必需的，但它也是大多数客房部运营工作的"死穴"。行业内的饭店和博彩企业总是事后才想起制服管理系统和维护问题，结果导致了突破底线的大量资金损失。

这里仅是制服管理系统遇到的若干典型问题：

- 员工需要干净的制服，但没有干净的制服可用；
- 员工没有交还制服；
- 部门经理解雇员工，却没有收回其制服；
- 不清楚员工到底领了什么制服，由此导致制服盘点很难开展；
- 管理层不愿意为每个岗位购买 3 个标准量的制服；
- 洗衣费用高得惊人；
- 洗衣工因操作不当导致制服损坏；
- 供应商延期交付所要求尺码的制服货品；
- 供应商的账单不准确；

• 为制服问题受挫的部门经理收回制服费用支付的职权；

• 没有裁缝能修补好受损制服；

• 储存室装满了已停止使用的制服（但仍在库存清单上）。

如下方法可以改造岌岌可危的制服管理系统：

第一，准备一份员工花名册。将之前使用的制服系统里的员工名单及员工卡，拿出来与现在的花名册进行比较。将已解雇员工的名字移至一个单独的档案，并将新员工的姓名输入系统中。原则上需在饭店管理系统中完成这一工作。

第二，实地盘存。清点制服房、洗衣房和员工所持有的全部制服。按照部门、颜色、说明、货号和尺码，将总数记录在饭店库存数据库程序里。包括记录因受损或因款式改变不再使用的制服（穿过的和没穿破的），但是在库存清单上要单独标记出来。

第三，核实尺码。确保为每位员工记录的尺码是准确的。必要时，可通过为员工实际测量来加以核实。

第四，给各类制服建立编号系统。如果需要引入新的编号系统，就要保持该系统简单易行，要跟踪编号系统在每套制服整个使用过程的情况。按字母 A ~ Z 给每个部门指定一个字母。例如，客房部的字母可能是"H"。然后给每件制服编号。例如，如果有 100 件客房服务员的衬衫和 100 条裤子，衬衫编号可从 H01 到 H100，裤子编号从 H101 到 H200。如果将来订购了更多的衬衫超过了 100 的库存量，就给它们再指定一个超过最高指定编号的号码。如果将受损制服从库存清单上删除，新衬衫就用该受损衬衫的原有编号。

第五，订购。针对制服的当前需求复查库存清单，并为新进物品编制订购单。不管是因为员工临时换班，或者制服受到意外的溢溅或破损，为了延长制服的使用寿命，和确保员工总是看起来很精神，要订购 3 套标准量库存的制服。

第六，员工试穿。制服到店时，要为每一位员工安排时间试穿制服。

第七，分发制服。要保证分发记录简单明了。计算机表格和数据库程序此时会非常有用。每位员工应有一份分发制服的登记表。

例如：宴会部，员工号 43867

• 黑色裤子，36 号，货号 #566030-90，分发于 8/1/2008—B213，B214，B215；

• 白色裤子，L 号，货号 #102115-38，分发于 8/1/2008—B424，B425，B371。

每一件制服都应有包括有全部细节的登记记录。正是在这份登记记录里，列出了制服的修补状况和日后分配到这件制服的员工的姓名，以及该制服因磨损原因从库存清单删除的日期。

库存总表中涵盖了所有制服以及现有每类制服的总资料。栏目包括部门、颜色、物品说明、货号、供应商、尺码、价格、流通数量、库存数量、总数量、所需标准量、由于受损不再使用的数量，以及由于款式改变不再使用的数量。

第八，去除不适用的制服。当制服已经破损，或不再推荐作为岗位制服使用时，这些制服一般被称为终止使用的制服。客房部管理人员应与财务部合作，及时把这些制服从库存清单中删去。并可以采取下列处理方法：

- 给拉格公司［译者注：拉格公司（The Rag Company），美国的一家提供性价比较高的多种织物清洗、购买等服务的专业公司］打电话。他们经常购买报损布草或制服，加工成各种纤维布，并重新投入销售；
- 将这些物品捐赠给慈善机构；
- 允许员工购买作为自用[6]。

客人借用物品

向旅客提供所需的各种常用设备是饭店的对客服务内容之一。这些设备会应客人的需求，免费出借。通常会由客房部来负责维护客人借用物品的库存管理，回应客人的借用需求，跟踪掌握各项物品的使用情况，以及确保客人已归还这些物品。

客人借用物品类型

饭店供客人借用使用的物品类型因饭店而异，一般包括冰箱、针线包、空气净化器、白噪声机（译者注：白噪声，是一种功率谱密度为常数的随机信号或随机过程。即此信号在各个频段上的功率是一样的。白噪声的典型好处是当周遭总是有繁杂的声音时，可以选用这种声音来加以遮蔽。可以帮助睡眠、增强隐私、防止分心、掩饰耳鸣、缓解偏头痛、配置音响设备等。白噪声机是一种能播放出白噪声的机器）、婴儿床、床板、计算机和手机充电器，以及电压适配器。其他供客人方便使用的物品可能还包括花瓶、卷发器、各种枕头和毛毯、便于残障人士专用的通信和报警设施、折叠床、桌子和椅子。

建立客人借用物品标准量水平

饭店提供的客人借用物品的类型通常取决于饭店的服务水平以及客人的典型需求。库存需保持的数量则取决于饭店的规模和预计的客人需求量。客人需要借用特定物品的频率，一般会因饭店的类型、客房出租率、客人当日抵店或离店模式，以及在某一特定时间内住店客人的类型（商务、休闲，长住型等）而有所不同。行政管家需要与饭店总经理，以及营销部，共同合作来确认需维护的客人借用物品的类型和数量。行政管家负责维持充足的供应以满足客人的需求。

客人借用物品库存控制

行政管家应制定各种程序，来保持客人借用物品的准确库存记录，按客人的要求借用物品，跟踪借用物品，以及确保借用物品的返还。

行政管家需要为客房部储存的所有客人借用物品维持完整且准确的库存记录。对每项物品，库存记录上都应能显示物品名称、生产厂家、供应商或卖方、购买日期、采购成本、产品保修信息，以及储存位置。还应记录每项物品的标准量。当停止使用破旧或受损物品，或新物品投入使用时，客人借用物品的库存记录应保持更新。

有必要建立分发客人借用物品和跟踪物品使用情况的具体政策和程序。可以根据饭店通常接待的客人的性质和历来借用物品的丢失和偷窃情况，来制定工作程序。无论采用什么方法跟踪客人借用物品的使用情况，都必须在控制饭店损失和为客人提供优质服务这两个方面取得平衡。

表 5-8　客人借用物品记录单示例

日期	房号	要求借用物品	接到电话		递送		取回	
			时间	经手人	时间	经手人	时间	经手人

行政管家能够通过表 5-8 中所示的记录单来监控客人借用物品的需求情况。这份表单记录了客人借用物品的类型、客人房间号及客人要求的物品、借出和归还时间。同时，要标明客人的预计离店时间，以便跟踪像特殊枕头和床板这样的物品，这些物品都是在客人入住期间借用的。通过使用这种记录，行政管家能够确定客人要求借用最多的物品，要求借用特殊物品的次数，以及不同物品的借用期有多长时间等。这份记录还可以帮助行政管家跟踪掌握客人借用物品的地点，并确保所有物品得以归还。

一些饭店会要求客人在物品借用单上签字。在这种情况下，递送借用物品的客房部员工应在收据上记录物品类型、客人姓名、房间号以及递送的日期和时间。然后，让客人签名。另外，一些饭店会要求客人支付一定的押金。押金的数量视借用物品的类型而定。在这种情况下，递送借用物品的客房部员工应向客人解释清楚，如果未归还物品，则会从客人的账单中扣除相应的押金。一些饭店还规定：不享受价格优惠的预付客人需支付现款押金后，才能借用物品。在这种情况下，应要求客人到前台支付押金。在任何情况下，客房部工作人员或行李员都不应擅自收取或处理现款押金。

押金收据应交给前台，并放入客人账单中，但是当时并不将金额记入账单。当客人归还借用物品时，切记要将收据从客人账单中调出并立即销毁。否则，即使客人已归还物品，却也还得要为其支付费用。

其他一些有关管控客人借用物品的标准也应视作是必要的。只要有可能，任何要求借用物品的客人都应接到跟进电话来确认他们已收到物品，以及看看他们是否还需要别的帮助。当将物品送达客房时，应要求客人稍后给客房部打电话安排当天晚些时候收取该物品。如果几个小时后客房部没有接到客人的电话，就应给客人打电话，核查该借用物品的使用状况。大多数情况下，借用物品不应过夜不还。

应定期检查各项客人借用物品，确保物品处于正常状态，并且，客人可安全放心使用。在物品借出的当天，同样应对其进行检测，以确保客人使用它能达到预期的目的。应根据需要，及时更新磨损、受损或破损的物品。

机 器 与 设 备

行政管家应负责确保客房部员工都有适当的工具来完成所分配给他们的工作。这些工具包括清洁客房和公共区域的主要机器和设备。所有的机器和设备都必须保养完好，只有这样，员工才能安全有效地使用它们。行政管家需要为管控饭店的机器和设备库存制定相应的管理系统和操作程序。

机器与设备类型

客房部员工每天需要使用各种各样的机器和设备。客房服务车就是员工较常使用的基本设备之一。为了完成一些特殊清洁工作，员工也可能要用到各种类型的吸尘器，包括客房吸尘器、背负式吸尘器、过道吸尘器、空间吸尘器、轻型立式吸尘器（译者注 有的地方俗称电扫帚）和湿型吸尘器（译者注：湿型吸尘器，有的地方俗称吸水机。还有些饭店配备的是干湿两用型吸尘器）。为了完成地面适宜的保养工作，则需要配备地毯泡沫清洗设备、摆刷式地毯清洗机和洗地机。另外，客房部还要负责维护和管控洗衣设备、缝纫机以及各种垃圾处理设备。

建立机器与设备标准量水平

需要内部维护的设备数量和类型取决于饭店的规模和清洁工作需要。行政管家可能会决定租用而不是购买高度专业化或极少需要的设备。客房的数量和位置，地面和墙面材料的种类以及洗衣房的运作规模，也会同样影响对设备的需求。

在饭店总经理的帮助和建议下，行政管家可以确定库存所必须维护的机器和设备，以及每一种类的数量。行政管家同样应保留完整的清单，记录客房部所储存的全部机器和设备。

机器与设备库存控制

对客房部储存的主要机器和设备库存实行控制，需要保持精确的库存记录，需要建立分发程序，以及需要确保储藏区安全。

管理库存的一个有效方法是采用库存卡系统。应为客房部使用的每一件主要机器和设备准备一张库存卡。卡片上应详细说明该物品的名称、型号、序列号、生产厂家、供应商、购买日期、进货成本、预计使用期限（通常根据工作时间来衡量）、产品保修信息，以及本地维修点信息。这些记录有助于确定某件设备需要更换的时间。卡片上还应列出饭店拥有的这些机器和设备所使用的全部配件。同样应列出库存保管的任何零部件（软管、皮带等）。卡片上还应注明保管这些设备、配件和零部件的准确的储存区或工作区位置。

应保留修理记录，并与相应的库存卡一并存档。修理记录应记录该物件被送修的日期、问题说明、维修人、具体修理工作、所更换的部件、修理成本，以及设备停止工作的时长。这些记录有助于查明维修代表应解决的问题。行政管家也要能够利用这些记录，来估算机器和设备使用期限内的修理成本和停工时间。

在建立分发程序后，应通过设备记录单，来记录每天所有分发和归还的设备。记录单上应记下日期、所分发的设备、给谁分发了设备、使用设备的地点，以及设备归还的时间。理想情况下，应由专门承担分发设备职责的一名工作人员，从中心地点集中分发所有设备。员工领取和归还设备时都应签字确认。

在决定主要机器和设备的储存室条件时，安全是需关注的重点。在不使用的时候，所有设备应储存好，并上锁。饭店内部使用的设备不允许带离饭店。当其他部门借用机器和设备时，行政管家应做好详细记录，并负责跟进，以确保归还设备。

应每季度对所有的主要机器和设备进行实地盘存。要这样做，就要确定一个所有设备器械储存锁闭的时间。应查阅库存卡，核实所有物品的准确储存地点。清点所有配件和零部件，并在相应的库存卡上记录数量。最后，应检测所有机器和设备，以确保其处于良好的工作状态。

清洁用品

清洁用品和小型清洁设备是客房部非循环使用库存品的一部分。在客房部日常运营工作中，这些物品会逐渐损耗掉。管控所有清洁用品库存，以及确保其有效使用，是行政管家的一项重要职责。行政管家必须与客房部所有员工通力合作，确保清洁用品的正确使用和遵守成本控制程序。

清洁用品类型

完成客房部的工作，需要各种各样的清洁用品和小型设备。基本的清洁用品包括多用途清洁剂、消毒剂、杀菌剂、马桶清洁剂、碗碟洗涤剂、窗户清洁液、金属上光剂、家具清洁上光剂，以及擦洗垫等。

每天所需的小型设备包括敷料器、扫帚、尘拖、湿拖把、拖把绞干机、清洁用提桶、喷雾瓶、橡胶手套、防护眼罩，以及百洁布和抹布。

建立清洁物品库存水平

因为清洁物品和小型设备是非循环库存品的一部分，所以这些物品的标准量水平与它们在日常客房部运营工作中的损耗率紧密相关。实际上，清洁物品的标准量介于两个数字之间：最小库存量和最大库存量。

最小库存量是指始终应储存在库的最小采购单位数。一般会根据清洁物品所使用的正常货运装箱情况（箱子、纸箱或圆桶）来计算其采购单位。清洁物品的现有库存量绝不该低于该物品既定的最小库存量。

应基于每项物品的使用要素来建立最小库存量。使用要素是指某项非循环库存品在一定的时期内用掉的数量。客房部运营的清洁物品消耗率是决定这些非循环物品库存水平的主要因素。

某项清洁用品的最小库存量，是通过将该项特定物品的交货期使用量与其安全库存数量相加来确定的。交货期使用量是指从提交供货订单时间到与收到订货的时间之间所消耗的采购单位数量。之前的采购记录会显示要花多长时间来接收一定量的用品供应。行政管家不仅要牢记供应商得花多长时间交付订货，还要记住饭店得花多长时间来处理采购申请需求和下订单。某一清洁用品的安全性库存是指如果发生紧急事件、损坏、交货时间意外延期或者其他情况时，客房部总是有现货备用以保证顺畅运营的采购单位数量。通过将安全性库存所需的采购单位数量与在交货期内所使用的采购单位数量相加，行政管家就能够确定需要始终储备的最小采购单位量。

每项清洁用品所确立的最大库存量，是指始终应储存在库的最大采购单位数。在确定清洁用品的最大库存量时，行政管家应考虑到如下几项重要因素。第一，行政管家必须考虑到客房部可用储存空间的大小，以及供应商是否愿意将定期发给饭店的货物储存在他们自己的仓储设施中。第二，必须考虑到某些物品的货架期。如果在使用前，这项物品在货架上储存的时间太长，其质量和效用将下降。第三，不应将最大库存量设定得太高，以免饭店大量的资金无谓地搁置在过量的仓储物品上。

清洁用品库存控制

管控清洁用品库存，包括建立严格的分发程序来规范从主储存室到楼层清洁壁橱（译者注：不少饭店的楼层布草壁橱和楼层清洁壁橱以及下节提到的楼层服务壁橱都位于同一个设备间或工具间内）的产品流动，也包括掌握主储存室现有产品的准确数量。

行政管家可给楼层清洁壁橱建立标准量水平管理系统，客房服务员都从这里给他们的客房服务车备货（没有楼层清洁壁橱的饭店通常会在一个班次开始时，给客房服务员分发足够一天使用的清洁用品）。根据不同客房出租率情况下各种清洁用品的使用率，行政管家能确定每一楼层清洁壁橱内备有足够支持一周的清洁用品标准量水平。并安排从主储存室分发清洁用品，使每一楼层清洁壁橱的库存达到标准水平。通过掌握从主储存室到各楼层清洁壁橱所分发的清洁用品数量，行政管家能够监控使用率，以及使用不足或过度使用的情况。可以通过定期检查楼层清洁壁橱，以确保维持标准量水平。如果楼层清洁壁橱内清洁用品出现短缺，检查客房时就会发现很多缺陷，会给客人造成不便，而客房服务员也会因为要四处寻找完成工作所需的清洁用品而白白浪费劳动时间。一旦建立了标准量水平，行政管家应对其进行定期审核和调整，以适应运营或客房出租率方面出现的变化。

行政管家需要确保所有的仓储设施安全，以及全体员工能严格遵循标准分发程序。应在储存室内摆放每一项物品的架子上，贴牌显示每项清洁用品所确立的最小和最大库存量。这样做能使行政管家对现有的清洁用品库存是否足量一目了然。

永续盘存系统常与各种清洁用品的标准量库存系统一起配合使用。永续盘存系统为各楼层清洁壁橱提供所有材料的领取记录。通过同时使用这两个系统，使行政管家能严密控制客房部员工在清洁工作中所使用的清洁用品情况。当主储存室接收到新的订货，并给楼层清洁壁橱分发一定数量的物品后，要调整清洁物品在永续存盘记录上的数量。当永续盘存记录显示特定清洁用品的库存数量已达到再订购点时，可要求重新订购补足数量的物品，使物品储备重新回到最大库存量水平。

应定期对饭店每一间储存室进行实地盘存。每月对所有清洁用品进行实地盘存，使行政管家能够确定订购数量。损耗越快的物品需要越频繁地开展实地盘存。表5-9中展示的库存记录可以用作对所有清洁用品进行实物盘点的工作表。通过确定每项物品的最小和最大库存量水平，以及对不同储存室地点的现有库存总数进行清点，行政管家能够很容易确定每项物品要订购多少，以便使物品储备恢复到最大库存量水平。如果库存记录所列出的物品与储存室货架上的摆放顺序一致，实地盘存工作会更快更简便。

表 5-9 库存记录样本

Holiday Inn

假日酒店库存记录单

饭店:		清点人
库区编号.		记录人
部门:	日期	批准人
		的第 _____ 页

物品描述	标准单位	最小/最大量	库存				库存总量	单位成本	总成本
			储存室	1	2	3			

资料来源：由环球假日酒店惠允使用。

通过记录清洁用品的采购和分发情况，行政管家能够监控各项库存品的实际使用率。表 5-10 展示了一份表格，行政管家可用来确定每项清洁用品和设备的预期的期末库存。下个月的"初始库存"一栏就列出了上个月实地盘存得出的结果。实物盘点的结果可以与预期的期末库存进行比较。每月的进货量添加到这些物品原有的数量中，同时扣除已分发的用品数量。总计或者"期末库存"这一栏可估算出每月月底应储存的每项物品的数量。实际现有库存数量与预期期末库存数量之间的差异体现了本月清洁用品和设备的亏损。如果这种差异过高，行政管家应调查员工们是否已遵循合适的储存、分发和记录保存管理制度。

表 5-10 期末库存估算表格示例

				月份_____
客房部供应品和设备库存计算单				
品名	初始库存 ＋ 本期进货	－ 分发数量	＝ 期末库存	
清洁用品				
多功能清洁剂				
喷洒剂				

（续）

品名	初始库存	+ 本期进货	- 分发数量	= 期末库存
玻璃清洁剂				
垃圾篓衬垫				
地毯清洁剂				
除渍剂				
百洁布				
海绵				
工作手套				
护眼罩				
设备				
拖把				
扫帚				
簸箕				
吸尘器				
水桶				
马桶刷				
地毯清洗机				
玻璃刮				

客用品

饭店为满足客人的需要和方便，会提供各种各样的客用品和便利物品。通常会由行政管家来负责客用品及便利物品的储存、分发、管控，以及维持其适当的库存水平。

客用品类型

饭店日常提供的客用品的类型和数量，在很大程度上取决于该饭店的规模、客户群以及服务水平。客房部通常负责提供的客用品和便利物品包括浴皂、洁面皂、厕纸、面巾纸以及衣架。其他用品可能包括玻璃杯、塑料托盘、水壶、冰桶、火柴、烟灰缸，以及垃圾篓。一些饭店会为所有客房提供润肤乳、洗发水、护发素、浴液、浴帽、防滑垫、针线包、擦鞋布、一次性拖鞋及其他物品。清单上还可能包括洗衣袋、塑料袋、卫生袋、指甲锉以及薄荷糖。也会定期分发笔、信笺、信封，及各种印刷品，诸如"请勿打扰"牌、消防说明、客人意见表、饭店或地区营销宣传材料等。

建立客用品库存水平

每家饭店都有其客房客用品的配置要求。客用品的标准量是一次配备饭店内所有已租房所需的每项客用品的数量。通过了解每间已租房的预计使用数量，行政管家能够确定下一个月配备全部客房所需的每项客用品的数量。尽管如此，因为客用品是饭店非循环库存品的一部分，所以它们的使用率是确定库存水平的最重要因素。表 5-11 展示了根据该月的预计已租房数量，计算 3 项客用品的每月所需标准库存量的示例。该表还显示了在该月份里，这些客用品的实际使用量。请注意，其实际使用量可能远远超出了根据客房设置要求所保持的标准库存量。如果这些客用品的库存水平仅仅基于按照已租房标准配置的需求量来做出，就会导致严重的物资短缺。

表 5-11 客用品标准库存量与实际使用量比较示例

客用品月度标准量库存						
品名	每间已租房潜在使用量	×	预计已租房数量	=	标准量库存需求	
洗发水	1.0	×	450	=	450	
沐浴液	1.0	×	450	=	450	
小香皂	1.0	×	450	=	450	
月度实际使用量						
品名	每间客房潜在使用量	×	已租房数量	=	潜在消耗量	－ 实际消耗量 = 差异
洗发水	1.0	×	450	=	450	－ 370 = <80>
沐浴液	1.0	×	450	=	450	－ 513 = 63
小香皂	1.0	×	450	=	450	－ 752 = 302

房务纪事

便利物品之浴衣

订阅《房务纪事》的读者们分享了他们将浴衣作为便利物品放置于客房的经验：

- 大多数将浴衣作为便利物品的饭店会在每间客房里放置一件浴衣，并会根据要求再提供第二件浴衣。平均入住两名或两名以上客人的房间则放置两件浴衣。
- 一般在上一个客人离店后，会给房间更换浴衣。如果客人有要求，也可以经常更换浴衣。
- 大多数饭店保持 2 ~ 2.5 倍的浴衣标准量，以确保客人离店高峰期时，仍能够周转得开。
- 所使用的浴衣类型从加厚毛巾布（很难塞进手提箱）到华夫格织布的 100% 全棉材质，应有尽有。一些豪华饭店还会将它们饭店的标识绣在浴衣的胸前口袋上。
- 必须小心处理洗衣环节。一些浴衣得用冷水清洗，以免缩水和掉色。

（续）

- 处理浴衣的节奏有时会稍慢下来，因为要妥善处理浴衣的腰带，它们可能需要熨烫。
- 通常展现浴衣的方式是把它们挂在衣橱内，衣带整齐地打好结。但是有些豪华饭店的做法是将浴衣翻转，并整齐地叠放在床边。
- 一般而言，饭店所上报的浴衣损耗比例不等，有从每年 2% 到每季度 10%，再到每年损耗一个标准量，损耗通常是因磨损和偷窃所致。
- 可经常将印刷卡片置于衣架上或浴衣口袋里，以便告知客人，如果他们感兴趣的话，该如何购买这件浴衣。例如："为了使您入住愉快，我们特别提供这件浴衣。如果您愿意购买这些特制的 XYZ 牌豪华浴衣中的一件，请拨打分机号 493，或者来我们的礼品店。"还有卡片会写道，"如果在您离店时我们发现您房间的浴衣丢失，您的账单会增加 89 美元。"
- 饭店警告客人如果浴衣丢失会收取相应费用时应小心。据一家饭店报道，收取丢失浴衣费用的 10 张信用卡账单中有 9 张都会在后来因这笔费用起争执。饭店要思考为客人提供便利和给客人造成不满之间的平衡点在哪里。
- 当房价上涨，客人的期望值升高时，作为一项豪华体验，当然要考虑提供浴衣作为便利服务了。

资料来源：《房务纪事》，第 7 卷第 2 期第 7 页。

请致电 866-READ-TRC 获取相关订阅信息

与清洁用品一样，饭店客用品和便利物品的库存也是通过确定最小和最大库存量来设置和控制的。在确立饭店客用品最小和最大库存量时，需要考虑客房出租率和物品使用率。可以以浴皂为例，来探讨如何确定它的最小和最大库存量。

最小和最大库存量是根据物品的采购单位数量来计算的，因此，一般第一步是要确定一个标准包装箱里包含有多少块浴皂。现假设一箱里装有 1000 块浴皂。

第二步是要计算在饭店营业高峰期时，平均每日会消耗掉多少块浴皂。显然，这取决于已租房的数量和每间客房每天用掉该项物品的数量。假设饭店在营业高峰期间，平均已租房数量为 200 间，每间已租房每天使用 1 块浴皂，这就意味着饭店客人每天会用掉 200 块浴皂。

第三步是要确定饭店客人消耗完一标准采购单位的浴皂要花多少天。因为每箱有 1000 块浴皂，每天会用掉 200 块浴皂，那么，就得花 5 天时间用完一整箱的浴皂（$1000 \div 200 = 5$）。这就是说每 5 天消耗完 1 个采购单位的浴皂。

第四步是要确定在任何特定时间总是应储存的浴皂采购单位的最小库存量。通过将交货期的使用量和该物品已确立的安全库存量相加起来，可确定任何一项客用品的最小库存量。假设行政管家确定适合浴皂的安全库存量是 1 箱，或者说是 5 天的供应量。行政管家也知道浴皂的货架期相对比较短，而且，确定 5 天的供应量足以应付各种紧急情况、损坏或交货延期。但为了确定支撑从下订单到交货期间所需的浴皂数量，行政管家必须考虑饭店得花多长时间处理和批准一份采购申请单，以及供应商得需要多长时间处理订单和配送订货。假设行政管家确定得花 5 天时间处理并收到一单浴皂订货。则由于 5 天浴皂的消耗量恰好是一整箱，所以，行政管家需设定最小库存量为 2 箱（1 箱安全库存量 +1 箱交货期使用量箱）。因此，浴皂的再购点就是 2 箱。

第五步是要确定浴皂的最大库存量，或者说是在任何特定时间里，都应储存的最大数量。除了关注储存空间和为库存产品开源节流外，影响浴皂最大库存量的主要因素是订购频率。将两笔订单之间的天数除以消耗完每一采购单位的天数，然后加上最小库存量就可以计算出最大库存量。假设行政管家每月订购 1 次浴皂。从一个订购点到下一个订购点的时间为 30 天。因为消耗完一箱浴皂的时间为 5 天，那么 30 天内消耗的浴皂数为 6 箱（30 ÷ 5 = 6）。再加上之前已确立的最小库存量两箱，这样，浴皂的最大库存量可定为 8 箱（6 + 2 = 8）。

当浴皂的库存箱数达到最小库存量时，行政管家应订购足够量的浴皂以使库存水平重回到最大库存量。例如当浴皂的供应量只剩 2 箱时，行政管家应再订购 6 箱使库存水平回到最大库存量 8 箱。

可以按照同样的方式确定各项客用品和便利物品的最小和最大库存量。影响计算的关键因素是客房出租率、物品使用率、储存空间、采购供应品可使用的现金额度以及该项供应品的再订购频率。

房务纪事

采购中的事实和提示——洗发水和润肤乳

- 个性化的瓶装便利用品常会给饭店客人留下持久的印象；客人不仅在住店时因使用这些物品而记住了饭店，而且可以把它们带回家，填充这些瓶子以供下一次旅行使用，这样客人会时常想起饭店。
- 接待长住型客人的饭店会发现为客人订购入住期间所使用的瓶装便利用品很划算，接待短期入住客人的饭店会发现提供一次性单独包装的便利用品比较节约成本。
- 当订购洗发水和护发素时，一个可能省钱的做法是订购"洗护二合一"的产品；护发素包含在洗发水中，而且这种洗发护发水只比常规洗发水稍微贵一点。
- 当订购瓶装便利用品时要小心，避免订购会给客人带来过敏反应的物品。
- 在决定是要订购普通型的还是名牌洗发水或润肤乳时，可以要求饭店员工和选中的常住客人来进行样品测试；供选择的产品应在水分含量、质地、起泡度、气味和出液难易程度方面各不相同。
- 大多数经销商或是提供将饭店标识与相关信息用丝网印刷术印在瓶装便利用品上，或是将这些内容印制在贴在瓶身上的标签上。
- 大批订购瓶装便利用品能享受价格优惠；订购特大数量能使每采购单位的价格减少 5% 或更多。
- 当收到便利用品进货时，每次都应取几个瓶装物品进行抽样称量，以确保订单的准确性。

资料来源：《房务纪事》第 4 卷第 5 期第 16 页。

请致电 866-READ-TRC 获取相关订阅信息

如有必要，应严密监控和小心调整客用品的库存水平和使用率。很多考虑事项可能会促使行政管家调整客用品和便利物品的最小和最大库存量。需要考虑出租率水平的季节性变化。当客房出租率下降时，需要的供应品也减少了。出租率水平可能在每月变化得都很大，所以行政管家需要每月利用预计的客房出租率来计算当月的客用品和便利物品的标准量水平。

有些物品的标准包装量也会影响对最小和最大库存量的确定。例如，浴帽是以高达每箱1000顶的数量进行销售的。考虑到该物品可能太便宜，以至于行政管家可能会认为库存过剩的后果远不如物资短缺的影响那么严重。

有些客用品，例如，喝水用的玻璃杯，实际上属于可循环库存品。应按照类似于房间布草及其他可循环库存品的方法来确定这类客用品的标准量水平。仅仅考虑清洁周期，所有客房可能只需要储存3个标准量的玻璃杯：1个标准量的为干净的、已包好备用的玻璃杯；另1个标准量为已在客房用过的待回收的玻璃杯；第3个标准量为正在清洗并准备次日分发使用的玻璃杯。考虑到偷窃、破损，以及客人可能额外要求增加玻璃杯的潜在请求，行政管家可能决定需要4个或5个标准量的玻璃杯。

客用品库存控制

因为大多数客用品都属于饭店非循环库存品，所以它的库存管理方法与清洁用品大致相同。确立标准量水平，进行实地盘存，以及保持做记录。其管理原则、收集物品使用率和库存水平信息的程序也大体相同。

除了确立主储存室和楼层服务壁橱的标准量水平，大多数饭店还建立客房服务车的标准量水平。表5-12展示了客房服务员为12～14间客房准备的客房服务车客用品标准示例。给客房服务员制定分发客用品及便利用品的管理程序，将取决于

表5-12　客房服务车标准量示例

12 小香皂	12 火柴	6 大香皂	12 铅笔
12 洗发液	3 针线包	12 沐浴液	6 明信片
6 浴帽	3 安全须知卡	12 洗衣袋	12 信封
6 记事本		12 印有抬头的信笺	3 杂志
3 送餐服务菜单		3 防火须知	12 宾客意见卡

这些物品的发放方式：即是每天按照客房服务车的标准量从主储存室分发，还是以每周或其他频率按各楼层服务壁橱的标准量来分发。这两种情况下的管理程序是一样的，都是由出租率水平和物品使用率决定了所需的标准量水平，以及只发放够补足标准量水平的物品。可以使用如表5-13所展示的管理表格来监控从主储存室分发的客用品的数量。

表 5-13　客用品分发控制表格示例

客房供应品需求单				
品名	标准量库存	再订购点	需求（同标准量）	所需求物品的成本
块状肥皂	1 箱	1/2 箱		
纸巾	1 箱	1/2 箱		
厕纸	1 箱	1/2 箱		
浴帽	100 个	50 个		
火柴	6 盒	3 盒		
钢笔	1 盒	1/2 盒		
便签本	2 包	1 包		
铅笔	1 盒	1/2 盒		
"请勿打扰"牌	30 个	15 个		
玻璃杯	1 箱	1/2 箱		
客房文件夹	30 个	15 个		
废纸篓	6 个	2 个		

印刷材料和文具

印刷材料和文具一般是连同其他客用品和便利用品一起分发到客房的。虽然饭店营销部通常直接参与这些物品的设计和生产，却是由客房部来负责这些物品的分发，以及确定其库存水平。

为了方便客人使用，饭店会提供一些印刷材料，如书写纸、信封、便签本、明信片、电话留言单以及传真纸。同样可能提供的还有"请勿打扰"牌，消防说明或其他紧急事件说明、客房送餐服务菜单、地图、当地餐厅或旅游景点宣传手册、电视节目单，以及客人意见表或饭店服务评价表。

印刷材料和文具的改变或更换频率会影响这些物品的最小和最大库存量。一些印刷材料是客房中相对长久的特征。这些物品不需要很频繁地改变或重新设计，除损坏磨损的情况外，很少需要更换。紧急事件说明书，以及像电话、电视和暖通空调系统这样的设备说明书就属于此类。这些物品的库存水平很可能取决于印刷成本的高低。

另有一些印刷材料，如电视节目单或特殊活动日历，可能需要每日更换。其他一些材料，像客房送餐服务菜单则不需要那么频繁地更换。此类印刷材料一旦过时，库存就完全成了废品。

其他使用期限相对有限的印刷材料有营销手册和与饭店服务相关的宣传单。营销部一般会列出重新设计和替换这些宣传材料的时间表。行政管家必须与营销人员密切合作，来确定这些物品适当的库存水平。

诸如便签本、印有抬头的信纸、信封以及明信片这类文具的标准量水平，按照非循环库存品的常规方法来确立即可。当确定其最小和最大库存量时，应考虑到出租率水平、物品使用率、安全等级、交货期使用量以及采购计划等因素。

尾注:

① Source:Mary Friedman,The Rooms Cronicle®, Volume 10,Number 5,pp.4-5.For subscription information, call 866-READ-TRC.

② Source：Mary Friedman,The Rooms Chronicle®, Volume 4,Number 4,pp.4-5.For subscription information, call 866-READ-TRC.

③ Noah J. Goldstein, Vladas Griskevicius, and Robert B. Cialdini, "Invoking Social Norms：A Social Psychology Perspective on Improving Hotele' Linen-Reuse Programs," Cornell Hotel and Restaurant Administration Quarterly,Volume 48, Issue 2, May,2007, pp.145-150.

④ Friedman, Volume 4, Number 4, pp.4-5.

⑤ According to the Fair Labor Standards Act, if clear costs would reduce an employee's weekly earnings to under minimum wage, the employer must clean the uniforms or pay the employee to do so.

⑥ Source：Gail Edwards, CHHE, The Rooms Chronicle®, Volume 7, Number 5, pp.8-9. For subscription informating, call 866-READ-TRC.

主要术语

楼层标准量（floor par）：在某楼层布草壁橱里，为其负责的所有客房的一次供应而需储存的各类布草的数量。

饭店配置（house setup）：一次配备所有客房所需的各类布草的总数。也称作布草的一个标准量。

库存品（inventories）：商品、营业用供应品及饭店运营中其他供日后使用的储存品。

分发（issuing）：从储存室向使用正式物品申领单的人员发放库存品的过程。

交货期使用量（lead-time quantity）：从提交供货订单到实际收到订货之间所消耗的采购单位数量。

最大库存量（maximum quantity）：始终应储存在库的最大采购单位数量。

最小库存量（minimum quantity）：始终应储存在库的最小采购单位数量。

非循环使用库存品（non-recycled inventories）：客房部日常运营中消耗或用掉的库存用品。非循环使用库存品包括清洁用品、客用品，以及客用便利物品。

标准量（par）：手头必须有的、支撑客房部日常运作所需某样库存品的标准数量。

标准量数量（par number）：手头必须有的、支撑客房部日常运作所需某种库存品的标准量的倍数。

永续盘存系统（perpetual inventory system）：一种记录收到与发放物品的库存系统；该系统能随时提供关于库存水平和销售成本的可用信息。

可循环使用库存品（recycled inventories）：使用寿命相对有限，但在客房部运作中可反复使用的库存品。可循环使用库存品包括布草、制服、主要机器和设备，以及客人借用物品。

安全性库存（safety stock）：在各种情况下，如紧急事件、物品损毁、交货意外延期或其他，能始终保证客房部平稳运作所必须备足的采购单位数量。

复习题

1. 典型的可循环使用库存品和非循环使用库存品有哪些？
2. 确立可循环使用库存品标准量水平的基本前提是什么？对于非循环使用库存品来说又是什么？
3. 制定布草标准量水平应考虑的 3 个因素是什么？
4. 行政管家和洗衣房主管共同采用哪些常用方法来控制布草库存？
5. 开展实地盘存的主要好处有哪些？应多久进行一次实地盘存？
6. 造成制服的标准量水平难以确定的因素有哪些？
7. 库存卡上应列出某件机器或设备的何种信息？
8. 什么是最小库存量？什么是最大库存量？
9. 如何使用最小库存量和最大库存量两个理念来控制非循环使用库存品？

第 6 章

学习目标

1. 明确与预算制定过程有关的行政管家的职责。

2. 解释行政管家如何将经营预算用作控制工具。

3. 描述饭店损益表和房务部损益表，并识别房务部损益表中受客房部费用影响的项目。

4. 解释在预算制定过程中，行政管家应如何估算本部门的费用。

5. 识别行政管家在控制费用时可采取的4种行动。

6. 描述行政管家所负的采购责任，识别在确定年度布草采购量时应考虑的因素，并对资本预算进行讨论。

7. 识别在考虑使用外包商进行清洁服务时，行政管家应处理的问题。

6

控制费用

鉴于客房部不算是创收部门，因此，为了实现饭店的财政目标，行政管家的主要职责就是控制部门费用。除了薪金和工资之外，行政管家采取成本控制措施的一个主要领域就是库存品。

本章主要讲述了预算过程，并说明在行政管家的职责范围内，如何做经营费用预算。本章还探讨了行政管家在客房部运营中所承担的成本控制职责，并讨论了行政管家在制定资本预算时应发挥的作用。

预算过程

经营预算概括地列出了饭店的财政目标，其目的是将经营成本与年度预期收入挂钩。年度经营预算可细分为该财政年度中的月度经营预算。而且，每个部门都需要制定各自的月度预算。这些预算会涉及各个责任分区，并会指导该部门为饭店的财政目标做出预期的贡献。

就本质而言，预算就是一种计划。它规划出饭店在该预算周期内的预期收入，以及为创造这些预期收入所需承担的费用。在制定预算的过程中，行政管家负担有双重责任。首先，行政管家会参与预算制定的整个规划过程。这就需要根据预测的客房销售情况，向房务部管理人员和总经理报告客房部会产生哪些费用。其次，既然预算代表了该年度的经营计划，行政管家就要确保本部门的实际费用，跟预算的成本和实际的出租率相一致。

然而，作为一种计划，预算并非一成不变。根据不可预测的或者变化的情况，它可能需要做出调整。如果客房销售没有达到预期水平，那么分配到不同部门的费用就需要进行相应的调整。如果出租率超过预期水平，则需要增加费用，并将增加的费用纳入修改过的预算中。如果产生了预料之外的费用，则需要评估此项费用对于整体计划所产生的影响。此时，饭店可能需要通过确定新的方法，来实现其财政目标。

作为一种计划，预算也是一个指导性文件。预算为管理人员提供了衡量经营是否成功的标准。通过将预算拨款同实际费用进行对比，行政管家能跟踪客房经营的效率，并对本部门在预算内进行控制费用的能力进行监管。

预算类型

在管理饭店的财务资源时，会应用到两种类型的预算：资本预算和经营预算。两者的本质差别在于其所涉及的费用类型不同。

通常而言，资本预算是为 1500 美元以上的公司资产费用项目制订计划。这些物品在正常经营中一般不会消耗掉，使用寿命都会超过 1 年。家具、固定装置以及设备，这些都属于典型的资本支出。客房部在设备方面的资本支出包括购买客房服务车、吸尘器、地毯清洗机、堆件提升机、旋转型地面清洗机、洗衣房设备、缝纫机和垃圾处理设备。而且，经营初期采购的大宗可循环使用的库存品，如布草、毛巾、毛毯和制服等，也都属于资本预算项目，这是因为它们的使用期限比较长，在正常的经营过程中一般也不会消耗掉。

经营预算是指在一定时期内，预测饭店日常经营的收入和费用。经营支出是在饭店的正常业务经营过程中，因创造收入而产生的成本。在客房部中，最昂贵的经营成本就是薪金和工资。非循环使用库存品（如清洁用品和客用品）成本，也被视作经营成本。

制定经营预算

预算过程早在该预算周期开始前就已启动了。年度经营预算的制定过程通常要花费几个月的时间，包括收集信息、制订初始计划、重新考虑目标，以及做最终的调整。在整个预算制定过程中，都需要所有管理人员互相协调，密切配合。

经营预算通常得根据每个财政年度来制定。年度经营预算概括了在该年度结束时的预期结果。在饭店财政年度的基础上，也会制定月度经营预算。这样，管理人员就能清楚地列出预期收入和相应费用的季节性变化。而且，每月经营预算计划还能为管理人员和各部门主管提供监管实际结果的宝贵工具。

在制定预算时，第一步是要预测客房的销售量。这样做是出于两方面的原因：一方面，客房销售为各部门的经营创造了收入。另一方面，各个部门可预期的大部分费用，也就是各个部门最容易控制的费用，通常都跟客房出租率有极其直接的关系，客房部尤其如此；这是因为诸如薪金和工资，以及可循环和非循环使用库存品的利用率，都会直接受到饭店已租房数量的影响。"已租房平均成本"是行政管家用来决定各类物品费用水平的主要依据。一旦行政管家知道出租率预测水平，那么，就可根据每间已租房的平均成本，来确定薪金和工资、清洁用品、客用品、洗衣房以及其他部分的预期费用。

通常，出租率预测报告由跟饭店总经理有密切工作关系的前厅部经理来负责完成。该预测报告不仅要依据过去的出租率水平（以及在该预算周期中出租率水平高低的分布情况）而定，还要根据市场营销部所提供的有关特殊事件、广告和促销活动对客房销售将产生的影响而有所考虑。有些饭店甚至还会对下一年度的每日出租率水平做出预测。

一旦做出了出租率预测，成本随出租率而波动的各部门就能估算出各自的预期成本，并向总经理和财务总监提交准备好的部门预算以备审查。上级管理部门会对各部门所提交的预算计划进行分析、调整，以体现本饭店的整体目标。一般而言，在附上评价和修改建议后，这些预算还会反馈给各部门主管。这些反馈建议主要反映出上级管理部门在希望保持适当服务水平的同时，对于实现利润最大化和费用控制方面的考虑。

通过确定跟客房销售有关的费用水平，预算也体现了饭店未来所能提供的服务水平。因此，各部门主管有必要报告预算调整将如何影响到服务水平。这一点对于行政管家而言，尤其重要。如果上级管理部门要削减行政管家所提交的经营预算，那么，行政管家应清楚地说明：削减预算会取消哪些服务或降低哪些服务的水平。

各部门主管会根据上级管理部门的反馈建议来补充新内容，来调整预算计划，这种反馈和讨论循环会不断地往复继续。通过这种来来回回的过程，最终能达成一致。最终的预算体现出每个人都需采纳的经营预测、饭店目标和对大家的约束。每个部门都要根据预算限额来开展运营，并为达到总体规划目标做出贡献。一旦经营预算获得审批通过，部门运营即可以此为标准，绩效评估也应以此为标准。

将经营预算用作控制工具

经营预算是非常宝贵的控制工具，可用来监测某一特定时期内的经营过程。饭店财务部门每月都会制作每类费用项目的实际成本报表。这些财务报表的形式跟经营预算报表的形式几乎相同；实际成本就列在预算成本旁边。行政管家能根据这些报表，监测客房部在实现预算目标和遵循预算限制方面的表现如何。

控制客房部费用意味着要将实际成本和预算进行比较，并评估两者的差额。在对实际费用和预算费用进行比较时，行政管家应首先明确是否已实现预测的出租率。如果已租房的数量低于预期数量，则需相应地减少部门费用。类似地，若出租率高于预期，则行政管家需相应地增加客房部费用。无论是哪种情况，对费用方面的调整，都应跟出租率水平保持相应比例的变化。在评估行政管家控制客房费用的能力时，一般会依据其维持各类每间已租房预期成本的能力而定。

关于实际费用和预算费用之间会存在较小偏差的情形，管理者无须意外，也不必大惊小怪。但是，在出现严重偏差时，则需要进行调查，并做出解释。如果预测的出租率没有变化，但实际成本远远超过预算，则行政管家需要找出问题的根源。除了要找出部门会"超出预算"的原因之外，行政管家还需要制订计划来纠正这个偏差，并使部门回到预算轨道上。例如，有必要重新检查员工的工作日程安排程序，或者更密切地监督操作流程与标准。其他的步骤则还可能包括评估客房部所使用物品的效率和成本，以及寻找更好的替代品。

即使行政管家发现本部门的实际费用水平远远"低于预算"，这也未必是件值得庆祝的事。这有可能表明本部门的服务水平已低于原预算方案的要求。应特别关注任何严重偏离预算计划的情况，并需要解释其原因。在经营预算方面，行政管家所能行使的最重要职能就是要及时地发现并调查这些偏差。

经营预算和损益表

经营预算与损益表在形式上相同。损益表显示了某一财务报告期内的实际经营结果，识别了在报告期内所创造的收入，并一一列出因此而发生的费用项目。损益表和经营预算的差别在于前者表明已结束的这一报告期的实际经营结果，而后者表明当前期或下一期的预期经营结果。一个是对实际情况的报告，而另一个是对未来情况的预测或者计划。经营预算是针对某一时期的计划，它预测在该时期结束时损益表将显示的实际情况。饭店预算计划成功与否，这将取决于所预测的数字，能在多大程度上与该周期在结束时损益表上所显示的数字相一致。

在制定预算的过程中，上级管理部门会向各个部门主管收集信息，来为制定整个饭店的预算做准备。这个预算所采用的形式，跟即将产生的损益表的形式一模一样。与用来汇报实际结果的损益表相对而言，这种用来预测目前或者将来经营结果的损益表，通常被称为预计损益表。

饭店损益表

损益表为揭示饭店在某一特定时期的经营结果提供了重要的财务信息。该时期可定为 1 个月，或者更久，但一般不会超过 1 个营业年度。

由于损益表能显示出在某一特定时期内的净收入，因此，最高管理部门会把损益表当作最重要的财务报表之一，用来评估饭店的经营成功与否。虽然行政管家可能永远不会直接使用到饭店损益表，但这个报表在一定程度上得依赖于客房部所提供的详细信息而定。

表 6-1 所给出的损益表示例通常称为汇总表，这是因为该表综合反映了整个饭店财务运行的情况。在表中经营部门栏目下的第 1 行，就会显示房务部的相关信息。在损益表所覆盖的时期内，房务部所创造的净收入减去工资及相关费用，再减掉其他费用，即为房务部所创造的收益额。记入房务部的工资及相关费用的内容一般包括：付给客房部及前厅部员工、预订代理人和穿制服的服务人员的工资、薪金，以及福利。鉴于房务部并非一个商品部门，因此，也就不存在需要从净收入中扣除销售成本的问题。

表 6-1　损益汇总表——假期旅馆

假期旅馆损益汇总表

年度截止日期　20XX 年 12 月 31 日

	明细表	净收入	销售成本	薪资和相关费用	其他费用	收入（亏损）
经营部门						
客房	1	$1041200	$ 0	$185334	$79080	$776786
食品	2	420100	160048	160500	44013	55539
饮料	3	206065	48400	58032	22500	77133
电话	4	52028	46505	14317	6816	(15610)
经营部门总计		1719393	254953	418183	152409	839848
未分摊经营费用						
行政及一般费用	5			104244	48209	152453
市场营销费用	6			33231	33585	66816
物业运营及维护费用	7			31652	49312	80964
公共事业费用	8			0	88752	88752
未分摊经营费用总计				169127	219858	388958
经营毛利		$1719393	$254953	$587310	$327267	504863
租金、财产税和保险费	9					200861
折旧及摊销	10					115860
净营业收入						188142
利息费用	11					52148
税前收入						135994
所得税	12					48707
净收入						$87287

资料来源：雷蒙德·S.斯米盖尔，《饭店业管理会计》，第 6 版（蓝辛，密歇根州，美国饭店业协会,2006），第 100 页。

在饭店各大收入中心中，房务部通常是创造最大单笔收入者。从表 6-1 的数据中可看出，在该年度，房务部所创造的收入是776786美元，而总收入为893848美元，占总收入的86.9%。因为房务部通常是饭店的主要收入来源，而在房务部中，客房部又是一个发生费用的主要部分；所以，行政管家在饭店总体财务状况中所担任的角色非常重要。

房务部损益表

饭店损益表仅显示了一些概括性信息。而更详细的信息则还需通过每个收入中心所准备的各分部门的损益表来体现。这些部门损益表被称为明细表，是饭店损益表的明细表。

在表6-2中，房务部被列为明细表1。该房务部损益表可见于表6-1。表6-2中所显示的房务部净收入、工资及相关费用、其他费用和部门收入的数据，跟表6-1的经营部门栏下房务部中所列的同样项目的数据相同。

房务部的部门损益表格式和每行的具体条目会根据各单位的要求和需要而有所不同。下列内容将简要地描述房务部损益表所列出的典型栏目。

房务部损益表的第1栏记录了该期的客房销售收入。第2栏是折让，指在收入中应扣除的回扣、退款和多收款。在记录客房销售额时，这些数据往往还是未知数。多数折让在以后的日子中还会进行调整，且有可能不会出现在预计损益表的预算项目中。

从总收入中减掉折让，即可得出净收入，记入饭店损益表的是客房销售业务的净收入数字。

行政管家直接参与了房务部损益表所列的许多费用项目的支出事宜。损益表中所列出的最大单笔费用类别是薪金和工资。客房部的员工成本会纳入此项费用总额中，该项费用总额也包括所有房务部员工的工资成本。列入该类别费用的项目还包括：固定工资、加班工资、假期工资、解雇赔偿金、奖励工资、假日工资和员工红利。

"员工福利"一栏的费用项目通常由人事部门或者财务部门统计

表6-2 房务部明细表示例

假期旅馆房务部	明细表 1
年度截止日期 20XX 年 12 月 31 日	
收入	
暂住——散客	$543900
暂住——团队	450000
长住	48000
其他	2000
折让	(2700)
净收入	1041200
费用	
薪金和工资	159304
工资税	10420
员工福利	15610
工资及相关费用总计	185334
其他费用	
有线／卫星电视	4900

（续）

清洁用品	3200
佣金	5124
外包服务	3100
客用品	5126
洗衣房和干洗	12706
布草	9494
杂项	3000
经营用品	12742
预订	9288
电信	4685
培训	4315
制服	1400
其他费用总计	79080
总费用	**264414**
部门收入	**$776786**

资料来源：雷蒙德·S.斯米盖尔，《饭店业管理会计》，第6版（蓝辛，密歇根州，美国饭店业协会，2006），第99页。

得出。包括与工资有关的保险费用、养老金和其他相关的员工成本。客房部员工的福利费用也包含在此项目中。

列在"其他费用"栏下的很多费用项目都归行政管家直接负责。这些项目包括：

- 外包服务；
- 洗衣房和干洗；
- 布草；
- 经营用品；
- 制服。

外包服务包括签约外包给外面的公司，用来清洁大堂和公共区域、擦洗窗户，以及房务部区域消毒杀菌工作的费用。对于行政管家启用外包清洁服务的利弊，将在本章末尾部分加以讨论。

洗衣房和干洗方面的费用项目包括店内和店外两个方面的费用。既包括干洗窗帘、帷帘的成本，也包括洗涤或清洁房务部遮阳篷、地毯和小地毯的成本。店内洗衣房设施所产生的全部费用（薪金、工资和福利除外）都会在此费用项目中有所反映。洗衣房自身运营所用的全部供应品的成本，以及用于保持店内洗衣房清洁卫生的供应品的成本，都将被包括在内。而且，跟洗衣单、印制的表格、服务手册，以及店内洗衣房工作人员所使用的办公用品的有关的印刷和文具成本也都被包括在内。最后，为店内洗衣房员工购买或者租赁制服的成本，以及制服清洗或者缝补成本也都应记入该栏的总费用中。很多饭店会使用单独的明细表，来罗列此项费用类别中的各项成本。

布草费用项目包括床单、枕套、毛巾、面巾、浴室地垫、毛毯和其他布草库存品的更新或者租赁成本。

经营用品费用项目包括客用品、清洁用品，以及印刷品及文具用品费用（译者注原文即如此。但该表述与表6-2和表6-3中所显示的将经营用品和客用品并列显示的情况不相符合。经勘校本版英文原版和前几个版本的英文原版，发现不同版本中的文字描述相同，都将客用品作为经营用品的子分类来列举，但对应的表格却在本版英文原版中出现了变化，开始将两者并列。从专业角度来分析，两者应是从属关系，可能在本版中作者所选用的表格内容存在偏差）。

对所有客用品和清洁用品的监管，也都属于行政管家的职责范围，并且，这些库存品会由客房部保管。

制服费用项目则包括为房务部所有员工购买或者租赁制服的成本，以及其他的相关费用。

列在 "其他费用" 栏下的有些费用类别并不属于行政管家的职责范围。 佣金费用指支付给外部人员的酬金，如旅行代理人和网上销售渠道（Orbitz®, Expedia®, Travelocity® and Priceline. com®），它们为饭店客房销售业务开拓市场，并对该项业务提供一定的保障。预订这一项目中包括预订服务费用和中心预订系统所产生的电话、传真和网络等费用。在报表示例中没有出现但又很常见的其他费用通常还包括有线 / 卫星电视、电信、培训和宾客交通服务 （译者注：原文即如此。但该表述与表 6-2 和表 6-3 中所显示的将经营用品和客用品并列显示的情况不相符合。经勘校本版英文原版和前几个版本的英文原版，发现不同版本中的文字描述相同，都将客用品作为经营用品的子分类来列举，但对应的表格却在本版英文原版中出现了变化，开始将两者并列。从专业角度来分析，两者应是从属关系，可能在本版中作者所选用的表格内容存在偏差）。

在预算制定过程中，房务部管理人员会从行政管家处获取客房部职责范围内费用类别的有关信息，并会对评估预期费用尤其感兴趣，预期费用通常会占预期客房销售收入的一定比例。每项可控成本都能够表达为收入的一定比例。对于每项费用类别，房务部管理人员都会设定一个标准比例，以作为跟所产生的收入相称的合适的费用水平。房务部管理人员会希望所有的预计费用都不超出各类别中可接受的标准成本比例范围。房务部管理人员也可能会对以往的费用比例加以完善，并应用到所选择的费用种类中去。并通过更好的培训、更加密切的监管和更加严格的控制，来提高效率。房务部管理人员的目标是通过费用最小化来达到部门收益最大化，同时，又能保持或者提高服务水平。实现上述目标的关键是行政管家对预期费用的周密计算，以及对预算调整将如何影响服务质量所提出的意见。

指导行政管家工作的经营预算会以房务部月度损益表的形式展现。在该预算周期中，每月预计的收入和费用将集中体现为房务部的经营计划目标。行政管家将负责控制属于客房部职责范围的费用部分。随着预算周期的向前推移，将产生月度损益表，并会在原预算数额旁边显示实际数额。

表 6-3 是房务部月度预算报告，显示了预算结果和实际结果。在表 6-3 的最后两栏，列出了两者在金额和百分比方面的差异。金额差异表明了实际数额和预算数额的直接差别。根据如下情况，可以判断在金额差异方面，是顺差还是逆差：

表6-3 房务部月度预算报告示例

假期旅馆房务部预算报告
20XX 年 1 月

	实际数额	预算数额	差异 $	差异 %
收入				
客房销售	$156240	$145080	$11160	7.69%
折让	437	300	(137)	(45.67)
净收入	155803	144780	11023	7.61
费用				
薪金和工资	20826	18821	(2005)	(10.65)
员工福利	4015	5791	1776	30.67
工资及相关费用总计	24841	24612	(229)	(0.93)
其他费用				
佣金	437	752	315	41.89
外包服务	921	873	(48)	(5.50)
客用品	1750	1200	(550)	(45.83)
洗衣房和干洗	1218	975	(243)	(24.92)
布草	1906	1875	(31)	(1.65)
经营用品	1937	1348	(589)	(43.69)
预订	1734	2012	278	13.82
制服	374	292	(82)	(28.08)
其他	515	672	157	23.36
其他费用总计	10792	9999	(793)	(7.93)
费用总计	35633	34611	(1022)	(2.95)
部门收入（亏损）	$120170	$110169	$10001	9.08%

	顺差	逆差
收入	实际数额超过预算数额	预算数额超过实际数额
费用	预算数额超过实际数额	实际数额超过预算数额

例如，在1月份，房务部员工的实际薪金和工资的数额是20826美元，而相应的预算数额则为18821美元，这就产生了2005美元的差异。这个差异在图中加了括号，说明这是逆差。然而，如果收入差异出现了顺差，那么费用中的逆差影响（例如在工资单中出现的逆差）未必是负面的。相反，它可能仅仅表明由于实际接待的客人数量比制定预算时所预计的客人数量要多，从而产生了更大的费用。

差异百分比由收入的实际数额与预算数额的差额除以预算数额得出。例如，表6-3中显示净收入的百分比差异是7.61（四舍五入），这就是由金额差异的数字11023美元除以预算中净收入的数字144780美元，然后，再乘以100而得出的结果。

实际上，在房务部经营中，所有实际结果的数额，跟预算报告中所列出的收入和费用项目的预算数额，都会有所不同。之所以会出现这种情况，这是因为任何预算过程，不管多么周密，都不可能完美无缺，对这种情况的出现不必惊诧，行政管家大可不必去分析每一次的差异。一般而言，只有出现重大差异时，才需要管理层对此展开分析，并采取措施。总经理和财务总监应为行政管家提供一个标准，用以确定哪些情况属于重大差异。

预算费用

预算过程从预测客房销售开始。鉴于部门损益表中所有费用项目都会随着出租率的变化而变化，所以，经营预算中的所有项目都将取决于对出租率预测的准确度。

在预算规划的初期，房务部管理人员会向行政管家提供年度出租率预测报告，并将之细化到以每月为单位的预算周期。该信息可用表6-4的方式反映出来。利用历史数据，并配合饭店市场营销部所提供的信息，房务部管理人员能预测每个预算周期的出租率。在该表的第2栏中，会把预测的出租率转换成预期的已租房数量。把预期的已租房数量跟平均房价相乘，房务部管理人员就能够预测出客房销售所将带来的预期收入。对房务部管理人员来说，收入预测是经营预算中最重要的部分。至于预测的所有费用是否适宜，则需要按照每个费用类别事先确定的收入百分比率来衡量。

对行政管家而言，房务部管理人员所预测的最重要信息并非预期的客房销售总计，而是报告中对每个预算周期中的预期的已租房数量。这是因为几乎所有需要由行政管家负责的费用数额都直接取决于客房部需要接待的已租

表6-4　客房销售预测汇总表

预算周期		出租率	已租房数量	平均房价	客房销售总计
月份	1.				
	2.				
	3.				
	4.				
	5.				
	6.				
	7.				
	8.				
	9.				
	10.				
	11.				
	12.				

房的数量。

如果行政管家了解如下情况，他就能够预测各类费用的某一水平：

• 每间已租房的各类费用；

• 各预算周期中预期的已租房数量。

此时，预算过程只涉及把每间已租房的费用与预期的已租房数量相关联起来。

薪金和工资

客房部的薪金和工资费用跟下列职位有关，如行政管家、行政管家助理、主管、布草房服务员、客房服务员、勤杂工、大堂服务员，以及在客房部运营中所聘用的其他员工。

通过使用员工配备指南，行政管家能确定在每个工作类别中，需要多少个工时，才能确保本部门在不同出租率的情况下的平稳运营。在为经营预算制定薪金和工资费用时，行政管家可使用员工配备指南和出租率预测，来确定在每个预算周期中，所需要的人员配备数量。在明确了每类工作所需要的工时数之后，可将该职位的平均小时工资乘以工时数，即可计算出该类工作的预计成本。将所有岗位的预计成本进行汇总，就能得出各预算周期的工资成本总计。客房部中与发放薪金相关的职位的成本，可以平摊到各个月度预算周期中。在预测薪金和工资成本时，行政管家需要对任何薪金和工资的增长计划，以及饭店所定的任何生活费用津贴的调整做出解释。

房务纪事

关于将客房劳动生产率与预算周期望值保持一致的提示

延时离店、乱七八糟的房间、培训生、临时工，这些导致客房服务员劳动生产率降低的因素无穷无尽。在考虑了所有影响客房效率的问题之后，一个称职的管理人员是否依然有可能保持住预算的劳动生产率？当然可以！下面就是一些方法提示：

"预订未到"客房

前厅部员工会在饭店管理系统所显示的预订日期到期之前，为有保证金的预订办理入住手续。但是，夜班审计人员在次日早晨下班之前，会给这些房间办理退房手续。这些房间会包括在已租房总数内，但不需要打扫。这些房可算是客房部中的"红利"，在大型饭店里，其通常会高达一个员工的完整工作量之多。

主管、公共区域员工和客房部其他员工

在紧急情况下，会有很多不包括在预算劳动生产率内的人能参与房间清洁工作。客房管理人员可在关键时刻将主管、公共区域员工，或者洗衣房员工派上岗位，但因为这些人还有其他的职责，如果过度使用这一招，则其他区域的工作就会受到拖累。

（续）

"无须服务"房或者"请勿打扰"房

如果客房服务员遇到不需要服务的客人，这个房间就是劳动生产率"红利"。这时应奖励客房服务员，可要求他们完成其他的客房清洁任务；也可准许他们早些回家，还可以让他们去饭店别的区域帮忙，这时，他们的工资也能相应地转到该区域进行累计。

推销客房清洁任务

在有些饭店里，将房间清洁任务推销给客房服务员是很常见的做法。换句话说，客房服务员在完成任务要求之外，每额外清洁一间客房，都会根据事先商定好的价格获得额外的报酬。如果员工很愿意多挣些钱，且他们认为他们能在每天8小时之内将客房清洁干净，该系统就能提高劳动生产率。不过应记住的是：如果用推销比例来衡量客房部，则在客房总收入为一定额的情况下，额外工资奖励会给客房部带来反作用。

每天分配些额外客房清洁任务

分配些额外的客房清洁任务，可算是保持预算劳动生产率最容易的方法之一了。例如，若在每天工作8小时的班次中，预计是清洁15间客房，则可将标准任务量设定为16间客房。多出的1间客房清洁任务可以冲抵由于培训生、会议及清洁套房等所多占用的时间。

同样地，在能达到劳动生产率时，也可偶尔少分配1间客房清洁任务。客房服务员对这些能偶尔减少的工作量会心存感激的。

另外一种选择是在一周的工作日多分配1间客房清洁任务，但周末时少分配1间客房清洁任务。对于那些周末得接待各式各样的度假客人，而在工作日主要接待商务旅行客人的饭店而言，这个方法比较奏效。

跟其他部门交流

客房部管理人员应与其他所有部门保持良好的沟通。由于受其他部门影响而导致客房服务劳动生产率降低，这种事司空见惯。应与其他部门的管理人员建立起稳固的工作关系。例如，销售部可能会要求客房部将游泳池边所有的客房变成展示区域。客房管理人员对此可做出回复：若销售部能帮助客房部减少人工成本的话，客房部也可帮销售部实现这个要求。

又例如，客房部工作人员如发现每天都会有很多差异房（指那些标记为干净，但实际是脏的房间，或者相反），则有必要跟前厅经理面谈一下，告知他的员工应为所犯的这种错误付出成本。为了帮前厅经理解决这个问题，建议在发现房态差异时，要立刻反馈，并建议前厅派一名在岗员工检查每一间差异房，并适时更新房态。

再例如，财务部给工资单上各条目所做的账可能不甚清晰。这时，可与财务总监见面，逐行分析上个月的预算，检查每位员工编码。经常会有客房服务员被指派去清洁办公室或公共浴室，但又没有重新对这些工作进行编码，并累计薪酬的情况出现。要确保能弄清楚财务部是如何分配客房部成本的。

最后，若能让工程部员工体验一些清洁工作，或接触一下清洁用的喷雾瓶，他们就可能在客房里做完修理工作后，快速清理好他们所留下的杂乱环境。通常情况下，尤其是当客房部工作人员通过付出额外努力，来保持工程部员工的办公室或工作场所干净整洁时，工程部员工会将心比心，试着在工作后做好清洁工作，而完全不再麻烦客房部的工作人员。

分析日常例行工作

在分析客房服务员的劳动生产率时，要检查他们的日常例行工作，这极其重要。例如，某家饭店

（续）

可能会发现：因其服务电梯运行缓慢，会导致每个客房服务员每天得降低 1 小时的劳动生产率（早晨去工作场所花 15 分钟时间，中午吃饭花 15 分钟时间，返回又花 15 分钟时间，还有 15 分钟时间花在结束一天的工作时）。另一家饭店则发现：其客房服务员每天要跑 2 趟洗衣房去取布草，而这些布草本来应由布草送洗员送到客房服务车上的。有的饭店发现：客房服务员需共用吸尘器，而这导致他们得经常在两个区域之间跑来跑去。还有的饭店则发现：饭店竟在为员工的午饭休息时间支付工资。

　　一旦发现这些运营问题后，饭店就能着手制订解决方案。例如，可以通过将客房服务员的开始时间和休息时间错开，或把客房服务车放在楼层，以及在傍晚时增加 1 名员工为客房服务车和壁柜补充供应品来解决电梯问题

　　有家饭店导致劳动生产率损失的原因竟是每天播出的肥皂剧。客房服务员常利用半个小时的休息时间偷跑进一间空客房，去看他们所喜欢的电视节目。早晨，他们匆忙清洁完房间，但在他们的工作单上并不标出这些客房已清洁完毕；然后，在整个下午，他们就可以放松了。这可通过临时增加人手进行检查，来部分解决该问题，管理层几乎可紧跟在每个客房服务员后面进行检查。在检查完每间客房后，应在每位客房服务员的工作单上做出标记。如此一来，每个客房服务员的自然"节奏"很快就会变得很清晰，而且，还能相应地调整劳动生产率措施。当然，在这个过程中，也可采取一些惩罚性措施。

　　行政管家有责任去弄清楚每个员工的工作时间是如何分配的。只有如此，管理人员才能真正地控制好劳动生产率。

资料来源：作者玛丽·弗里德曼，《房务纪事》，第 6 卷第 5 期第 4 ~ 5 页。

请致电 866-READ-TRC 获取相关订阅信息

员工福利

　　员工福利的计算取决于预期的计划工时数、所涉及的工作类型，以及跟员工福利相关的饭店政策。此项费用的福利种类可能包括如下费用：带薪假日或假期的成本、员工餐费、工资税、医疗或者保险费用，以及诸如养老金之类的社会保险费用，还有员工聚会或者社交活动所需的费用。在人力资源部或者财务部员工的帮助下，行政管家能确定员工福利费用的预算水平。

外包服务

　　如果饭店雇用了任何来自饭店外部的承包商来负责主要的清洁项目，或者洗衣房及干洗服务，那么，这些成本都需要平摊到整个预算周期中。行政管家可以查阅现有的合约或者以前的发票，以便确定该项费用的预算水平。

店内洗衣房

　　行政管家需要跟洗衣房主管密切合作，来预算洗衣房费用。房务部所提供的出

租率预测以及饭店所提供的员工配备指南，将是决定洗衣房员工的薪金、工资和福利等所有相关费用的基础。

店内洗衣房的经营成本跟待洗物品的数量直接相关。反过来讲，这就是饭店出租率的一个应变量。因此，可根据以前洗衣房运营中每间已租房的成本信息，来开展布草和制服的洗涤成本预算。将每间已租房的洗衣房服务成本乘以每个预算周期所预测的已租房数量，就能得出在预算周期内所预计的洗衣房费用额。

布草

虽然客房部的布草供应品属于可循环使用库存品，但其使用寿命终究有限。布草会因为丢失、损坏或者老旧，而不能使用，所以全年都需要购买一些新的布草。布草的更新成本是在预算制定过程中需加以计算的一项费用。

每月的布草实地盘存能为行政管家显示如下信息：现有的布草库存能维持多久，以及为了保持适当的标准库存量，每种布草还需要再订购多少。布草的实地盘存库存量结果将提交给饭店总经理，而总经理会依惯例，将这些信息转达给饭店财务部。反过来，财务部会定期处理这些信息，并提供与每间已租房的物品使用率、丢失情况和费用相关的有价值的统计信息。行政管家能利用每间已租房的布草更换成本，来预测在该经营预算周期中的布草费用。将每间已租房的布草更新成本乘以在该预算周期所预测的已租房数量，就能得出应记入经营预算中的布草费用数额。

房务纪事

工钱流向何处

导致客房部浪费工钱的常见原因有两个，其一是员工因来回跑动而导致时间浪费；其二是四处寻找各种供应品而导致时间浪费。这些问题都可通过改进部门的组织工作来加以解决。

来回跑动时间指员工把时间浪费在了去某个地方的路上，而非将时间花在完成某项工作任务上。例如，因所承担的客房清洁任务分别处于不同楼层，甚至不同楼体之间，结果导致客房服务员可能不得不来回跑动轮换工作地点。再或者，电梯很慢，这可能就意味着服务员要等很久才能到达工作区域。又或者，服务员从工作区域到休息室或者餐厅，得走很长时间的路。其他可能引起来回跑动时间过长的原因则是延时退房，在这种情况下，尽管该区域已经基本清洁完毕，但服务员却还得再回去一趟。主管派服务员回去重新整理一间不合要求的客房，这也可能引起来回跑动时间过长。

对公共区域的清洁工而言，来回跑动时间也是一个影响因素，有时分给他们的工作任务顺序，可能其本身就意味着需要更多来回跑动时间。

饭店员工必须要配备合适的工具，才能有效地完成工作。如果时间都花在找东西上，那就是在浪费工钱。例如：

• 客房服务员得需要翻遍一摞枕套才能找到一个不脏的枕套呢？

（续）

- 客房服务员要到何处寻找才能挑到一个能用的吸尘器呢？
- 客房服务员需要半小时才能给客房服务车装好便利物品和供应品吗？
- 客房服务员需要站在洗衣房区域等待毛巾烘干吗？
- 客房服务员需要往返客房部才能取到卫生纸、火柴、香皂等物品吗？

对公共区域的清洁工而言，他们得在不同工作任务中不断更换工具设备，这往往会比较浪费时间。例如，清洁工在离开客房部时带的是吸尘器，但10分钟之后，还得回来取扫帚和簸箕，过一会儿，又得回来取抛光机。如此这般情况可曾出现过？

1.要向前台说明，在出租率较低时，若在整个饭店范围内随意为客人分配房间，这就意味着工钱会浪费在员工不必要的来回跑动上。因此，应设计一个系统，将可提供给客人的房间尽可能地限制在预先指定的区域，同时，还能为客人提供不同的房间类型。

2.在出租率较低时，不要把清洁工作安排到某个区域中一些散落的房间。过一两天之后，等该区域的待清洁房间达到一定数量时，可再派客房服务员去做清洁。

3.要指示所有客房服务员应待在自己的工作区域里，通过打电话来补给所需物品。若非急需物品，可等到休息时间再去取。急需物品则可通过指定的"应答"者（如洗衣房员工、公共区域清洁工，或佩有传呼机能易于联系上的人），来送交物品。

4.要将客房服务员的上班开始时间和休息时间错开。这能有助于解决因电梯运行繁忙，而导致的客房服务员无法及时赶到工作区域的问题。把开始工作的时间错开，还能够满足客人较早时段的清洁需求和较晚时段的退房要求。

5.要通过面向客房服务员开展的培训项目，确保把他们回房返工的情况降到最低限度。

6.要对洗衣房施行质量控制计划，避免将脏布草运送到各客房楼层的可能性。

7.要对吸尘器进行预防性维护，以保证其能正常使用。应定期购买新设备来替代那些旧损的吸尘器。

8.要保持足够的布草库存标准量。因为布草缺短，常会导致以下情况出现：工钱浪费超过多购买一个布草库存标准量的费用。对于此种情况，应向管理部门提出建议。

9.要指派1名夜班客房工作人员负责把布草、卫生纸、纸巾和玻璃杯等装载到客房服务车上。

10.要在中央储存区域准备一些装客房供应品或者便利物品的篮子，以便每天早晨能发放给客房服务员。他们只要把这些篮子提到客房服务车上，就可立即准备清洁房间了。如有必要，在午餐休息时，还可再次备足这些篮子。

11.要给公共区域安排推车，以便装运那些最常用的物品。

12.要在储存区集中放置公共区域设备，从而最有效地利用清洁工的时间。

13.要既从地点，又从工作任务的角度，来合理地安排公共区域的工作任务。

14.要警惕那些会夺走员工时间的事情，并想办法加以解决。

资料来源：注册饭店业行政管家盖尔·爱德华兹，《房务纪事》，第1卷第3期第5页。
请致电866-READ-TRC获取相关订阅信息

经营用品

客房部经营用品费用类别主要包括非循环使用库存品，如客用品、便利物品、清洁用品以及小型设备。与其他客房费用类型一样，行政管家可根据每间已租房的成本来对这些物品做成本预算。

客用品包括笔、信笺信封、火柴、香皂、洗发液、卫生纸和面巾纸、衣物袋，以及饭店为方便客人使用而为每间客房提供的其他便利物品。每间已租房客用品的成本与配置每间客房的客用品标准量的成本相同。每间已租房的成本乘以预算中预期的已租房数量，即可确定客用品的预算数额。

清洁用品不仅包括化学清洗剂、抛光剂和洗涤剂，还包括日常使用的小型设备，如涂抹器、扫帚、刷子、拖把、桶、喷雾瓶，以及各种清洁用的抹布。通过遵循库存控制程序，行政管家能有效地跟踪在不同出租率水平情况下，各类清洁用品的使用率。将每月所用掉的采购物品的成本除以该月的已租房数量，就可得到每间已租房的各项清洁用品库存的成本。再将所有清洁用品库存的成本相加，就可得到每间已租房所使用的全部清洁用品的成本。将这个数字乘以在该预算周期内所预测的已租房数量，就能得出经营预算中的清洁用品费用。

制服

在经营预算中必须包括用于购置制服和更新制服的成本经费。而且，制服的水洗或者干洗成本，以及因制服缝补破损所产生的成本，也必须在经营预算中有所体现。

与布草一样，制服也是可循环使用库存品。但与布草不太一样之处是：制服的使用率和更新需求很容易预测；在预算周期内，新制服的需求将取决于人员流动和新聘员工等因素。为了帮助经营预算和日后的采购工作来收集信息，行政管家应保存一份涉及本部门所有种类的制服库存的详细清单。该信息资料应对每种制服类型的各部分衣物逐件列举（例如，衬衣、罩衫、长裤、裙子）。可从人力资源部获取每类制服所对应岗位的在岗人数。由于同一岗位所对应的男女制服并不一样，有时其成本甚至也不一样，因此，行政管家也需对每个制服所对应岗位的男女人数加以考虑。

行政管家在制定制服采购预算时，应使用经验法则（译者注：原文为"rule of thumb"，可直译为"拇指规则"，本书意译为经验法则。具体指那些可用于多种情况下的具有简单性、经验性、探索性的但不是很准确的原则）。这些经验法则可能会有帮助，但行政管家还要记住：不同的饭店，制服的标准库存数量也不一样。

行政管家应先从给一位员工采购第一套完整的制服来开始预算。接着，应为每位员工增加另外一套需干洗制服的预算。对于需水洗的制服，应为每位员工另外再做第二套制服的预算，这是因为水洗会在很大程度上缩短制服的使用寿命。作为最后一项经验规则，行政管家还应为厨师制定另外第三套制服的预算。考虑到全年的制服更新计划，行政管家应将采购新制服的成本平摊到该预算周期内的各个月份中，并按月进行采购。

在确定制服的缝补成本时，行政管家不仅需要考虑缝补所需的材料，还要考虑主管或者裁缝师为缝补制服所花费的时间成本。行政管家在确定制服缝补成本预算时，可从过往的缝补记录和缝补劳动生产率标准中获寻相关信息。

控制费用

控制客房费用意味着要保证实际费用跟经营预算中的预期费用相一致。基本上行政管家有4种方法能用来控制客房费用：准确的记录、有效的工作日程安排、认真的培训和监督，以及高效的采购。

要保持准确的记录，这是控制费用和识别库存管理中所存在问题的第一步。保持准确的记录能使行政管家得以监测物品使用率、库存品成本，以及跟标准清洁程序相关的可变因素。

高效的工作日程安排使行政管家能控制薪金和工资，以及跟员工福利相关的成本。根据员工配备指南的指导原则来调度客房部的全部员工，这尤为重要。员工配备指南的指导原则是建立在客房出租率水平的基础之上的，因此，它能保证员工成本跟出租率相一致。同时，鉴于若要保持预期的服务水平，就需要足够的员工配备，所以，留给行政管家来用于削减的员工上岗人数富裕空间极少。行政管家所能调度的员工数一般不能少于指南所推荐的人数。因此，行政管家的一项经常性的职责是要能保证始终按指南中的指导原则安排所有员工的工作日程；并根据预期的出租率水平，来调整每周工作安排。

培训和监督作为一项成本控制措施，其作用不容忽视。饭店员工配备指南所提出的建议其实是基于如下假设，即饭店能持续保持一定的绩效标准和劳动生产率标准。在某个时间段内，新员工的劳动生产率会低于为有经验的员工所设定的劳动生产率标准，而有效的培训计划能快速把新员工"带上路"，可显著地缩短这个时间段。密切而严格的监督，以及举办进修培训，可确保员工达到绩效标准和劳动生产率标准，甚至还能在标准之上有所提高。最后，有效的培训和监督也是控制库存品成本的重要环节。例如，通过训练员工合理地使用清洁用品，能提高物品使用率，延长其使用时间，并进而能降低每间已租房的清洁用品成本。

高效的采购方法能使行政管家有绝佳机会控制本部门的费用。行政管家肩负着重要职责，要确保饭店的资金能得到合理利用，所采购的物品能获得最大的价值。

采购系统

高效的采购方法能使行政管家为客房费用控制做出巨大贡献。实际上，在行政管家的职责范围内，最容易控制的费用就是由客房部所保存的各种库存物品。库存控制程序能让行政管家知晓每种库存品的购买时间和购买数量。对于行政管家而言，在决定采购什么、向谁采购以及如何采购之前，都需深思熟虑。

虽然实际的采购工作可能都是通过饭店采购部来实施的，但采购数量和采购规格却是由部门领导提交给采购部的。在采购客房部物品时，行政管家需填写采购单并签字认可（表6-5）。然后，该订购单必须由财务总监和总经理批准。行政管家应对客房部所需采购的全部物品的种类、数量和采购来源提出建议。虽然采购处理和审批程序会因具体饭店而异，但评估需采购什么，需何时采购，需采购多少，以及需从何处采购，这些都是部门领导的责任。行政管家在购买客房部所需物品时，应知道该如何获得最大价值。

表6-5 采购单示例

采购单				
采购单号：_____		采购日期：_____		
		支付方式：_____		
致：_____		来自/运往：_____		
（供应商）		（公司名称）		
_____		_____		
（地址）		（地址）		
		发送日期：_____		
请运往：				
采购数量	描述	运输件数	单价	总价
		总价		

重要说明： 本采购单明确上述条款、本采购单背面所注明条款及在此附加或指明的条款为限定条件。销售商所提出的任何附加条款和条件均不予接受。

授权签名

布草更新

布草是客房部中仅次于薪金和工资的第二大费用预算项目。饭店最初采购的布草，将在很大程度上影响日后因丢失、破损或过度使用等原因而产生的布草更新成本。织物的种类、规格以及颜色，既会影响最初的采购，也会影响后来的更新成本。例如，彩色物品通常会比白色物品价格更贵，使用寿命也更短，这是因为反复的洗涤会导致褪色。

实地盘存记录能为行政管家显示如下信息：现有的布草库存能维持多久？为了保持适当的标准库存量，每种布草还需要再订购多少。对布草的采购一般是每年一次，然后，会直接安排直达货运按季度定期送货。这种安排使行政管家能利用供应商的储存设施，保留饭店的可储存空间，同时，也能定期收到更新的库存品。

以年度为单位制订布草采购计划，还能节省可观的费用。布草中间商能帮助实施方便快速的采购，但价格很贵。批发采购的数量较大则通常能得到更低的物品单价。布草年度采购计划也能让大型连锁饭店直接从厂家订购布草。虽然这些订单需要相当长的交货周期，但饭店可省下布草中间商因处理订单以及安排送货而向饭店收取的附加费用。不过，无法预料且急需的布草还要通过中间商来补充解决。

布草采购数量可通过评估饭店为保持适当布草库存量所产生的季度需求来加以明确。实地盘存的结果可用于计算布草的年度消耗率。不论是因正常的使用磨损所致，还是由于破坏、丢失或者失窃所致，年度消耗率都可显示出到底"用完了"多少布草。通过该信息，行政管家能按如下公式来确定布草的年度采购量：

$$年度采购量 = 标准库存量 - 布草现存量$$

行政管家应精心挑选供应商和布草产品，以确保饭店所购产品能物有所值。待考虑的最重要因素是产品是否对路、是否切合饭店需求、是否经济实惠。以布草为例，在确定产品是否更实惠时，布草的预期使用寿命通常比购买价格要更重要。而布草使用寿命中的洗涤成本通常又比购买成本更高，也更重要。

布草的使用寿命是由它在失去使用价值前所能洗涤的次数来决定的。廉价的布草经过有限的洗涤就会显得破旧，这会破坏客人对饭店质量的感知，只能通过不断更换布草来提高了布草的年使用率，这从长远而言，实际导致了费用的增加。应把耐用性、洗涤考虑因素，以及购买价格，作为挑选布草时的主要考虑标准。为了评估待采购的布草产品，可通过如下公式来计算布草的每次使用成本：

$$每次使用成本 = \frac{采购成本 + 使用寿命期内的洗涤成本}{使用寿命期内的洗涤次数}$$

布草产品在其整个使用寿命期内的洗涤成本可这样计算：将该项布草的重量乘以饭店每千克布草的洗涤成本，然后，再乘以在过度磨损而无法使用之前，该项布草所能经受的洗涤次数。

在收到所采购的新布草后，应核对采购单，并检查所运抵的货品，以确保布草能符合质量和数量方面的规格要求。应立即将所收到的新布草运到布草主储存室保存。在主储存室，尚未投入使用的新布草应与已使用的布草分开储存。

饭店中所有新布草库存品的接收和发放是个永续的过程。这意味着要对主储存室现有的各种布草不断开展清点工作。库存品记录应能显示出布草种类、具体物品、价格、储存地点以及采购和接收的日期。为了替换破旧、损坏、丢失或者失窃的布草，会不断将新布草投入使用，因此，应对永续盘存记录上的物品数量做出相应的调整。

行政管家负责在有需要时才将新布草投入使用，以保持每种布草的标准库存量水平。对于日常经营中所需使用的新布草，通常会根据实地盘存的结果，每月发放一次。有时因为需要更新报损的布草，也可能在两次月度实地盘存之间发放。有的饭店会根据过往的物品使用率情况，按预先设定的间隔期，将一定数量的新布草直接投入使用。使用新布草时，应遵循"先进先出"的原则，尚未投入使用的新布草应由行政管家或洗衣房主管负责，放在主储存室，或其他的安全地方。

房务纪事

记住这些提示，以免在采购时犯错误

不论是在只有 60 个房间并仅提供有限服务的饭店，还是在有 1500 间客房且提供全套服务的度假饭店，所有管理人员都不可避免地要面临采购物品的挑战，管理者作为致力于保护业主或经营者经济利益的代理人，必须通过创造最大化的产出或服务，来降低成本，并获得稳健的赢利成果。一个优秀的采购计划能帮饭店实现这些目标，并有效地节约成本。

饭店规模非常重要

不论是作为独立企业，还是作为较大规模的集团化公司或管理集团的一部分，饭店规模都是有效采购决策的基石。请记住：很多定价策略都是建立在数量规模的基础之上。

不论买什么，从床上用品到布草，从地毯到窗帘，在谈判价格时，都得讲求实际。与街边只有 300 间客房的饭店相比，一家拥有 2000 间客房的度假饭店的物品使用率应会高很多，而且，也能要到更低的价格。现实地估计自己在购买时能发挥的杠杆效应，可为买方省钱，为卖方省时间，减少谈判麻烦，并避免双方撕破脸，或失去互信。

例如，若为了在买布草时省钱，节俭的管理人员会考虑现在就采购 2 倍的货物量，以获得更低的价格，但不会考虑把其变成在 6 个月内采购 2 次，并支付更高的价格。这样做可以省一大笔钱，但也有弊端。这是因为购买布草需更多的资金，如果资金压在布草架的库存上，饭店可能就不能将资金用于其他更需要考虑的项目上了。最终的选择取决于管理层到底最重视什么，是想利用大宗订购省钱，还是想利用这笔资金开展其他投资，并进而获利。

信用很重要

在招标过程中，应如实说明饭店的大概使用量。如果该饭店预计在来年会更换 100 套床垫，那就不要跟供应商说估计使用量是 125 套或 150 套。说谎的饭店经理可能还会沾沾自喜，认为能省很多钱，但从长期结果来看，这种行为所带来的负面影响，会大于短期经济利益。管理人员的信用可能会受到质疑，对该供应商而言，这家饭店的采购声誉恐怕会大打折扣。

请牢记：在每个市场上，只有数量相对较少的饭店供应商和机构供应商。跟那些所谓的竞争法则相反，供货商之间的确也会互相交流，并分享对可疑客户的反馈信息。不错，虚夸使用量会使第一年的情况很好，因为该饭店会陶醉于自己的购买威力之中。然而，如果供应商感到自己已被毫无道德感的客户所利用，其就会在将来给饭店的供货中悄悄地抬高价格，从而让饭店不得不支付更多的钱。

（续）

折扣和采购促销

如果采购经理能够就某一产品的销售价格进行谈判，如客用咖啡机，他并不应假定饭店也能拿到生产商折扣，因此，会有意将最终报价定得更低些。其实，在很多情况下，如果在合适的时间购买某些产品，饭店也能为未来的采购增加多一些"积分"。对于已经很低的谈判价格，则可能不会有积分。面对这种情况，饭店管理人员必须弄清楚，对饭店来说最重要的到底是现在就拿到更低的价格，还是为将来赢得更大的折扣。可能在这一次采购时，价格就只能这么低了；在不同的促销活动中，可能会有低价促销存在，但终归得有一个底价，不能奢望还有没完没了的更低价格。

清晰的交流

从做生意的各个角度来看，有效的沟通都是成功的关键，有效的沟通在采购时会特别有用。可考虑在采购需定制的打印信纸和规范表单，以及招标传真纸时的情形。此时，很重要的一点是：要明确饭店的采购政策、支付条款以及收货时间，要将其清晰地列在招标过程所使用的表格中。其原因如下：

饭店必须提供准确的采购规格和采购数量，以使参与竞争的供应商们，能就相同的产品，开展公平而准确的竞标活动。而且，这些信息会帮助供应商决定他们能否根据招标条款的规定，来履行采购合约。如果没有这些信息，则多多少少总会出些问题。例如，一个供应商可能理解为是在为饭店供应高级纸张而投标，而另一个供应商则可能会理解为是在为饭店供应质量低一些的纸张而投标。

这可能会导致在招标时出现报价差异，但比这更应引起重视的是：可能饭店最终实际收到的产品会不同于其真正想要采购的产品。如此一来，饭店和供应商都得安排额外的时间、人力和费用来处理这些被拒的货物，处理因拒收而导致的信用麻烦，以及重新履行最初需要的采购单。更可能出现的糟糕情况是：供应商或许会在该交易中损失资金，因为他们本想通过提供更高质量的货物来让饭店满意；但饭店的拒收行为或供应商履行采购单的错误，都将让双方的感情受到不可避免的伤害。

这是做生意

最后，要记住饭店为什么要做生意。任何生意的基本目的，包括饭店，都是要通过交易来赚钱或赢利。同样，也请记住饭店供应商为什么要做生意：还是赚钱或赢利。双方都要生存；都需要在彼此之间进行良好的沟通，需要互相理解，需要发展各自的企业。

所以，饭店和供应商并非竞争对手；大家需要互相合作，需要坦诚相对，并需要开展有效的交流，只有这样，双方最后才都能够发展得更好。

资料来源：路易斯·A.夸利亚纳，《房务纪事》，第 12 卷第 2 期第 14 页。
请致电 866-READ-TRC 获取相关订阅信息

制服更新

损坏或者破旧的制服得需要更新。行政管家应建立一个发放新制服或更换制服的程序。在接收并淘汰遭损坏的制服以及发放新制服时，应在员工制服卡上注明。并在库存卡上记录日期，且应要求员工签字。

行政管家通常负责接收、储存以及保管饭店所有未投入使用的新制服。行政管家还负责把新制服投入使用，以确保满足全部要求，保证有干净的制服可供替换，保证洗衣房不会因过重的制服洗涤任务而不得不超负荷运转。

与采购布草相似，在制服更新采购时，主要考虑标准应是耐用性、使用寿命及材质。制服购买价格应是次要考虑因素。另外，还应着重考虑制服的舒适性、适用性和易保养性。在购买新制服时，应维持既定的制服标准库存量。把现有的制服数量跟既定的标准库存量相比较，行政管家就能清楚地知道在做制服更新采购时，到底需要订购多少套。

采购经营用品

为了获得大宗采购所带来的折扣，有些连锁饭店会通过全国性集中采购系统，来采购客房部所使用的主要物品。而另外一些饭店则可以通过联合采购常用物品，来享受到大宗采购的优惠。但在大多数情况下，饭店都是在行政管家的直接参与下，独立采购经营用品。

可以利用库存品跟踪表来创建经营用品消耗单，行政管家可根据消耗单来进行定期采购。库存控制程序会显示该以什么频率来采购经营用品，以及得多大的采购量才能保持标准库存量水平。库存记录能显示物品使用率和每间已租房的成本。这些信息为建立高效采购系统奠定了基础。按周密的采购程序运作，行政管家能帮助饭店控制成本，并确保能维持充足的供应品水平。

在购买任何产品之前，行政管家都应索要样品，并进行测试，以判断该产品是否能满足既定的规格要求。在判断产品是否经济实惠时，除了价格以外，该产品的适用性、质量、是否便于操作，以及对储存条件的要求等，也都属于重要的考虑因素。在做采购决定时，首先应考虑的因素应是价值，而非价格。以同样的洗涤效果为例，价格更便宜的清洁剂的使用量会比较贵的要大得多，但从长期来看，可能贵一点的清洁剂要更划算。所以，最应关注的是如何把钱花得更有价值。

挑选合适的供应商通常能够让行政管家更有效地发挥采购系统的作用。行政管家需要货比三家，为定期采购产品选择供应商和零售商。在对外咨询报价时，行政管家必须尽可能简洁地说明对产品规格的要求，如重量、质量、包装、尺寸、浓度、数量以及交货时间。

在评估可供选择的供应商时，行政管家需考虑这家供应商能给饭店带来什么利益。对供应商而言，则应懂得饭店客房部的经营，应充分了解自己所卖的产品，并能提供产品演示，甚至能提供产品使用培训，这些都很重要。行政管家有时会挑选一家供应商采购所有的客用品，而选择另外一家采购清洁用品，然后，再选另外一家采购所有的纸张产品，这种做法也很常见。通过限制供应商的数量，行政管家能精简采购过程，减少文件处理工作，并更加有效地利用时间。而且，集中跟有限的几家供应商做生意，通常能增加采购数量，获得更强的议价优势，带来更大的数量折扣，并享受到更好的服务。

在挑选供应商时，另外一个考虑因素是供应商能否将饭店所购买的产品储存在他们自己的仓库里，然后，再根据饭店的需要直接出货。这样行政管家就既可能随时通过大宗购买来节省费用，同时，还可以解决饭店现有储存空间有限的问题。

在再次订购经营用品的过程中，行政管家需定期对现有产品的适用性问题进行再评估。要跟使用过该产品的客房员工交流，找出该产品所存在的问题，从而可重新考虑该产品的质量或者性能问题。行政管家应检测这些产品的性能，以决定是否应对现有的产品规格做出改变。还应对市场上的替代产品进行调查，并就其性能、耐用性、价格和价值，与饭店已使用的产品进行比较。

可使用工作表单监测物品使用率和库存中各类经营用品的使用成本。表6-6展示的就是这类用于跟踪各种化学清洁剂使用情况的表单。该月度化学品使用报告上列明了各项产品的供应商、产品名称，以及其用途。通过掌握每月的实地盘存结果，行政管家能了解到每种化学清洁剂已使用了多少采购单位。将该数量乘以该物品的单价，即可得出本月使用该产品的总成本。把总成本除以已租房数量，便能得出每间已租房使用该产品的成本。把每个物品的采购单位量（诸如加仑、罐、品脱、夸脱）换算成常规使用量（如盎司），再用该物品的采购数量乘以常规使用量表示的每个购买单位的数量，就能得出总数量，这能够使不同包装容量的产品之间开始变得具有可比性。在使用统一的量度计算出实际使用的数量后，行政管家可将其除以已租房数量，就能确定每间已租房中各种产品的使用量。通过这种方法，利用月度化学品使用报告，行政管家能比较在类似工作任务中，使用不同产品时的相对效率。通过比较每间已租房的成本和不同产品在每间已租房的使用量，行政管家就能评估出使用哪种产品更能节约成本，并据此做出相应的采购决定。

资本预算

客房部的大多数库存品都是按月进行采购。在经营预算中，这些采购成本会表现为同期收入项目下的费用。经营预算并不包括对客房部的大件机器和设备的采购。这是由于该类采购物品的成本相对较高，使用寿命也较长，还会涉及额外的资本投资，因此，一般将其纳入资本预算之中。

资本预算按年度制定。行政管家要明确客房部所要购买的机器和设备的详细资金需求。还必须给出充分理由，以证明任何资本支出要求的合理性，这一点至关重要。这些要求有可能是饭店整体现代化项目或改造项目的一部分，但通常更多见的是涉

表6-6 月度化学品使用报告

20XX 年 4 月
已租房数量 25410

销售商	产品	拟定用途	用量	单价	总价	每间已租房成本	单件包装量	总件数	每间已租房用量
Johnson	G.P. Forward	多功能清洁剂	108 加仑	$15.48	$1671.84	$0.066	128 盎司	13824	0.544
Johnson	Spartan	脱油剂	39 加仑	17.02	663.78	0.026	128 盎司	4992	0.196
Johnson	Brady	地板脱蜡剂	48 加仑	25.28	1213.44	0.048	128 盎司	6144	0.242
Armstrong	S-490	特殊区域脱蜡剂	5 加仑	25.88	129.41	0.005	23 盎司	115	0.005
Johnson	Complete	复合地板蜡	142 加仑	26.32	3737.44	0.147	128 盎司	18176	0.715
Johnson	Fortify	多孔地板密封剂	67 加仑	34.20	2291.40	0.090	128 盎司	8576	0.338
Johnson	Snap Back	抛光剂	0.5 加仑	40.00	20.00	0.001	128 盎司	64	0.003
Johnson	Conq-R-Dust	除尘剂	10 罐	4.58	45.80	0.002	128 盎司	1280	0.050
Dillon Chem	Waterless Cleaner	木地板脱蜡剂	35 加仑	12.80	448.00	0.018	128 盎司	4480	0.176
Ecolab	Revitalize	地毯清洁剂	17 加仑	26.01	442.17	0.017	128 盎司	2176	0.086
Amrep	Misty	喷雾去污剂	6 加仑	11.61	69.66	0.003	128 盎司	768	0.030
Johnson	Carpet Odor Eliminator	粉状除味剂	3 罐	3.65	10.95	0.001	24 盎司	120	0.005
Core	Unbelievable	地毯去渍剂	70 品脱	6.72	470.40	0.019	16 盎司	1120	0.044
SSS	Gum Remover	除胶姆剂	61 罐	4.86	296.46	0.012	12 盎司	732	0.029
Dumond	C Lift Away	除斑膏	3 罐	14.95	44.85	0.002	15 盎司	45	0.002
Zep	Once Over	墙壁和乙烯清洁剂	27 罐	5.95	160.65	0.006	22.5 盎司	608	0.024
Ecover	Ecological Bathroom bowl	浴室马桶清洁剂	3 夸脱	4.69	14.07	0.001	32 盎司	96	0.004
P-G	Safeguard Dispenser	皂液分配器	12 加仑	15.31	183.72	0.007	128 盎司	1536	0.060
Johnson	Lemon Shine Up	家具上光剂	35 罐	11.04	386.40	0.015	15 盎司	525	0.021
3M	Stainless Steel Polish	金属去污剂	52 罐	11.04	574.08	0.023	21.5 盎司	1118	0.044
3M	Tarni-Shield	黄铜制品去污剂	43 瓶	9.42	405.06	0.016	10 盎司	430	0.017
	Vinegar	中和剂	26 加仑	1.59	41.34	0.002	128 盎司	3328	0.131

及对现有机器或设备的更新需求。

一般情况下，当某台大件机器和设备无法修复时，才会产生这种更新需求。但根据机器的使用频率，以及设备生产商或供应商所提供的该机器的预期可工作时数，行政管家应能有效预测客房部每台机器的使用寿命。不过，行政管家也应清楚，频繁使用的机器和设备将达不到供应商保证和估计的物品使用寿命。

在购买客房部设备时，行政管家重点应考虑长期需求。大件机器和设备的采购属于饭店的资本费用，需要制订采购计划。应尽可能选择一家能提供快速有效的机器维护服务的供应商，这点很重要。如果找不到这样的供应商，行政管家则需要订购足量的备用零件，以便确保饭店能自行维护这些机器和设备。

为了保持客房区和公共区域的清洁宜人，行政管家需推荐适当型号、质量和数量的设备。客房部需要能够持久使用且维护工作量最小的设备。成本效益应是最重要的考虑因素。当然，跟以前一样，在考虑购买价格的同时，还需要考虑产品的质量和耐用性。

外包清洁对比店内清洁

很多外部承包商为饭店提供各种清洁服务。外部承包商几乎能提供饭店所有需要做的清洁工作，包括洗衣房和干洗服务、地面清洁和维护服务、外部窗户清洁服务、天花板清洁服务、砖墙清洁服务，以及卫生间固定弯形管的除垢和擦洗服务。除去这些服务以外，饭店甚至还可以与外部承包商签约，让其负责整个客房部的经营工作。

在越来越多的情况下，需要做出一个重要的决定：这些清洁工作是该采用外包服务来完成，还是该由饭店内部来完成。要处理这一问题，必须考虑好如何才能既有效地控制成本，又保证做好一切必要的工作，还可以维持质量标准。在很多情况下，这个问题不仅应考虑作为资本预算，而且应考虑作为经营预算。

工资和材料属于月度费用，可以制定预算，然而，用于启动店内清洁计划的设备属于一次性资本费用，是突然产生的。一般情况下，除去机器和设备的初始成本之外，饭店用于完成内部清洁计划的月度费用会少于使用外部承包商的月度费用。而且，很多行政管家会认为，由于管控日渐增强，店内员工的工作质量会高于外部承包商的工作质量。

通过实施店内清洁计划节省下了月度费用，但需要过多久才可收回机器和设备的初始成本？这个问题需行政管家进行论证说明。将所需购买的设备的资本费用总额除以每月可节省的费用数额，就能计算出收回初始投资到底需要几个月。在确定店内清洁作业产生的月度费用时，行政管家需考虑薪金和工资成本、员工福利成本、材料和清洁用品成本、培训成本和监管成本。初始投资是否可行，以及是否值得采用每月节省费用的方式收回投资，这得由饭店高层管理部门，甚至最终得由业主来做出决定。

在有些情况下，相对于每月所节省的费用，人们会认为初始成本还是太高。在另外的情况下，有些清洁工作的专业性质非常强，或者这些清洁任务并不是经常要进行的，此时，实施店内清洁计划并不见得就合理或划算。还有在一些情况下，完成相同的工作任务时，每月给外部承包商的费用会低于店内清洁作业所产生的费用。总而言之，在评估外包清洁工作的必要性时，总是会有人赞同，有人反对。

不论出于什么原因，行政管家有时候总要负责安排一些清洁工作外包给承包商。这时，首先碰到的问题便是要选择合适的承包商。行政管家应向至少要求 3 家不同的承包商来提供成本估算单。对于区域清洁工作而言，承包商的报价一般以待清洁区域的准确面积为基础；如没有进行过准确的测量，行政管家就没法得到具有可比性的成本估算。对于洗涤工作而言，报价一般以待洗衣物的干重或件数来进行报价，而且，在报价中还会详细列出所需服务的频率，以及收集和送洗衣物的次数。对于任何外包清洁工作，行政管家都应仔细界定需求，精确说明要求，清楚给出服务频率，然后，再根据这些条件来获得成本估算。应给每个承包商提供相同的情况说明，以保证各家能提供完全具有可比性的成本估算。

应对每家承包商以前和现在的客户做一番调查，以了解其服务质量和服务效率。应评估承包商在当地的该行业内的声誉及能力，这可用当地机关所颁发的证明书来进行佐证。也可到承包商的营业地点参观考察，以深入了解该承包商所从事的业务活动类别。

在选定好合适的承包商之后，很重要的一点是要在书面合约中，清楚地界定服务性质和所需服务的频率。应尽可能清晰准确地描述工作任务、频率和预期的绩效。在所有合约中，都应包含合约取消条款。在某些合约中，甚至还应包括惩罚条款，以确保执行效果能与合约中的要求相一致。

在将清洁服务外包以后，关键是要对承包商的工作质量进行监督。例行检查、与承包商的定期会面，这些都能有助于行政管家及时发现问题，并讨论值得关注的情况。应与承包商明确商定好具体工作和完成日期，并要通过书面形式记录在案。对承包商所交付的发票也应仔细检查，这很重要。得确认发票正确无误后，才可将发票提交给财务部，以供支付报酬。

在饭店业中，虽然使用外包清洁服务的情况变得越来越多，但行政管家还是应定期进行评估，以确定是否有充分的成本控制理由将外包服务改成店内服务。在通过节省月度经营费用收回机器和设备的初始资本投资之后，对饭店而言，店内服务所能带来的低成本和高控制效果还是具有非常重要的价值的。

房务纪事

外包清洁能否扭转乾坤？或者饭店应该省点钱

饭店不论大小，都会有些需要借助于外部解决的清洁工作。其原因可能是饭店没有必要的设备、供应品、时间或人员来完成这些工作。

饭店需要外包清洁商的帮助。不管你是喜欢，还是憎恶他们，外包清洁商都在饭店行业中扮演着重要的角色。比较常见的外包清洁工作有擦洗窗户、清洁地毯、清洁厨房、在夜班清扫公共区域，以及在整修后清扫环境。以下是在签约之前需要考虑的若干事情。

使用外包清洁的优势
- 他们通常能提供在专业领域受过良好培训的技术熟练工人；
- 他们能提供所需的全部供应品和设备；
- 他们能提供统一着装的工人，并负责工人的全部工资和福利；
- 他们的工人能持续工作，直至完成任务；
- 他们对工作效果负责。

使用外包清洁的劣势
- 工人们并非饭店的代表，可能没有跟客人交流的技巧；
- 工人们可能会在指定的工作时间缺勤；
- 外包清洁商的清洁结果可能达不到饭店的质量标准。

使之有效的提示
- 应至少找3家竞标者：要确保每家公司的代表能在投标前到饭店参观了解项目，并要求投标公司列出其将会使用的设备和供应品；
- 应只与信誉好、有口碑的公司合作：要求这些公司至少得具有5年的业界服务经验；
- 应彻底核实一些参考资料，并参观这些公司的其他工地。
- 应询问每家公司给各自工人们所提供的培训；
- 应把工作的预期完成时间写进合约；
- 应把饭店的预期质量要求写进合约；
- 应核实工人、客人、饭店员工和财产的保险范围；
- 应接待前来上班的工人们，并回顾工作指标要求；
- 应在工作开始之后不久，巡视工作场所，以确保能符合饭店的期望；
- 应在项目结束时，仔细查看结果，并检查这些外包清洁承包商的工作；
- 千万不要提前付款。

资料来源：玛丽·弗里德曼，《房务纪事》，第3卷第5期第4页。
请致电 866-READ-TRC 获取相关订阅信息

主 要 术 语

资本预算（capital budget）：为了获得设备、土地、建筑物，以及其他固定资产而制订的详细计划。

资本支出（capital expenditures）：用于在正常经营中一般不会消耗掉，使用寿命超过一年，且价值在 1500 美元或以上的物品的支出。

损益表（income statement）：关于企业经营的赢利能力报告，包括在该表报告期内所创造的收入，以及因产生该收入而发生的费用。

经营预算（operating budget）：饭店运营中对各部门所产生的收入与发生的费用所做的详细计划。

经营支出（operating expenditures）：在正常业务经营过程中，因创造收入而产生的成本。

预计损益表（pro forma income statement）：关于预测当前或者未来经营成果的报告，包括在该表报告期内所创造的收入，以及因产生该收入而发生的费用。

明细表（schedule）：为饭店财务报表提供详细情况说明的报告。

复习题

1. 行政管家在预算过程中负有哪些基本职责？
2. 资本预算和经营预算之间有什么差别？
3. 为什么出租率水平预测在预算规划过程中如此重要？
4. 如何将经营预算作为控制费用的一种手段？
5. 经营预算与损益表有什么关系？
6. 在制定本部门的预算时，行政管家可能会需要计算哪些典型费用（或部门费用项目）？
7. 哪两种因素有助于行政管家预测各类费用项目的费用水平？
8. 行政管家可使用哪 4 种基本方法去控制费用？
9. 在采购经营用品时，行政管家应负有哪些基本责任？
10. 在决定是否使用外部承包商来进行清洁服务时，应对哪类情况做出评估？

案 例 分 析

案例 1：危险的差异

康默多尔饭店总经理赫伯特·麦克默特里在上午 10 点钟召集了饭店前厅部经理、行政管家和总工程师开会。麦克默特里先生感觉有些沮丧，因为当天上午的报告显示，有 6 间空房竟还在向客人"收费"，而那些客人早已在一天或两天之前就离开了，这样的错误在饭店里已变得有些见怪不怪了。

麦克默特里先生威严的身影出现在小小的会议室里，他的开场白是："感谢大家今天早晨跟我一起开会，因为我有几件事要说，而且我并不想耽误大家的工作……" "嗯，"他停顿了一下，皱着眉头，"托德在吗？"

麦克默特里先生刚问完，前厅部经理托德就冲进了会议室，"非常抱歉，我迟到了，麦克默特里先生，"托德说道，"我刚去处理了另外一间麻烦的差异房。"

"这正是我想跟大家谈谈的事情。"麦克默特里先生继续说道，"我很难过，由于房空着收不到钱，饭店的收入一直在遭受损失。更糟糕的是，上周我接待了一位非常生气的客人，来自斯潘塞·斯比内特公司的斯潘塞女士，人家大老远从纽约飞来，却住进了一个还没打扫的房间。她是我们饭店的常客，为这里支付了高昂的费用，现在她很可能会把这笔生意改到别的饭店去。这可不是我头一回遇到这种投诉了。我想知道，到底是怎么回事。我感觉你们几个部门互相之间好像并不沟通。如果继续这样下去，将会影响到我们的利润和你们的奖金。"

托德赶紧说道："嗯，大部分房空着但收不到钱的情况，是因为客人在退房时并不通知前台，有时候在预期的退房日期的好几天之前就离开了。我们却还在根据最初的预订信息，等着给客人结账；而这些客房就一直没再租出去，我们可亏大了。我觉得，在每天下午，我们都应派人检查所有客房的入住情况。"

行政管家伊莎贝尔立即回应道："托德，你必须考虑这需要增加的人工成本，以及对我这边员工的需求。检查房间仅仅是掩盖更大问题的'创可贴'而已，治标不治本。肯定有更好的方法来处理这件事。让我们想些办法来鼓励客人在退房时告诉我们一声吧。说不定客房部的员工能够帮上忙。"

"我不清楚空房收不到款并造成退单这回事，"饭店总工程师托马斯说，"但是我觉得如果每个人都遵守既定的待修房程序，我们就不会遇到这样的问题，让客人住进没准备好的房间。"

"唉，得了吧，汤姆，"托德插话，"我派房的压力很大啊。说实话，客房维修工作，对我来说实在是太慢了。如果有可能出现客满的情况，我们的员工就去检查待修房。如果房间看起来还不错，我就把它卖出去。"

麦克默特里先生生气地看了一眼托德。"我们的房间的确空不起，可是如果给客人待修房，对我们的生意也是有害无利的，托德，"他强调道，"只是简单地看一看，检查一下，不能保证你们的员工知道房间哪里有问题。我们需要比你更有经验的眼睛。"

托德表示同意，"记得回形针生产商协会在城里开会那次吗？我们让一个客人住进了一间漏水的房间。他入住的时候，房间需要修理，但是，因为我们这边满员了，只能卖掉那个房间。我们后来不得不把他搬到另外一家饭店，因为他最终发现浴室的积水有 5 厘米深！"

"你来开会之前，还有问题与你碰到的差异房有关，托德，"伊莎贝尔补充道，"我的员工在中午之前刚打扫好一些房间，一个小时后，这些房间竟被列为待打扫的房间，这是怎么回事？"

"如果有客人在入住房间之后，觉得不满意，"托德回答道，并尽量显得不是在给自己辩解，"我就会让他们搬到别的房间。计算机程序会将这些房间默认为脏房间。"

"但是据我所知，有些客人根本连房间都没看过，"伊莎贝尔回答，"他们在前台的时候，就改主意了。如果前台能够自动将这些房间划为干净的空房，对我们大家都会更好。"

"我明白你的意思了，"托德说，他尽量耐着性子，"但是我的员工真的很忙，如果他们一直在屏幕前改来改去，会影响他们的其他工作。最糟糕的是，他们在计算机前摆弄来摆弄去，而让客人一直等着。"

麦克默特里先生很快接过托德的话，"是的，可是匆匆忙忙地把客人安排到没有准备好的房间，或者让他们等待实际已经准备好的房间，这都是一样没有意义的。"

谈话开始变得激烈起来，麦克默特里先生知道，如果他不打断这场对话，他们今天会一直坐在这里争论不休。"我们在这里已经谈了很多了。现在我希望你们几个能够达成至少 3 种解决方法。并在今天结束之前，带着执行计划来找我。"说完，他就让这些管理人员离开了，等着他们排除障碍，带着好消息再来报到。

讨论题

1. 对于该饭店出现的因空房收不到款并导致退单的现象，你会建议采取什么解决方案？
2. 康默多尔饭店的各个部门之间可以通过何种合作来解决房态冲突问题？
3. 前厅部可以采取哪些方法来消除房态差异？

案例 2：地段虽好利润差

有 600 间客房的奈茨雷斯特饭店以接待商务旅客为主，位于机场和一家繁忙的政府机构附近，地理位置优越。饭店虽然很少住满，但生意倒也还不错。可是业主们还是对利润率感到失望。总经理南希·伍德已经查明，导致饭店财务状况不够理想的一个因素就是客房部费用高得太离谱了。她跟行政管家苏·米勒提了这事，他们都同意聘请一名客房顾问邦妮·汉森来考察一下奈茨雷斯特饭店的客房经营情况。

邦妮开始了她的咨询工作，问苏如何订购供应品。苏解释说，饭店每两周进行一次常规采购，来更换那些"所谓"已使用了的物品。

邦妮在饭店转了一圈，她记下了几件事。所有的客房服务员都能进入主储存室，主储存室的门一直开着，可以让服务员自行进去，装载自己的客房服务车。虽然每辆服务车上的供应品数量差别很大，但整个饭店大多数客房服务员的小罐子里都装着同一个牌子的清洁用品（像苏跟邦妮解释的那样，是在打折店里采购的，能省很多费用）。邦妮听到一些客房服务员解释说，他们会不时地在客房服务车上多装些所需要的物品，因为在主储存室中，有些东西经常一下子就用完了。不过，有些服务车上装的品牌物品，是邦妮在主储存室中并没有见过的。邦妮还注意到，在每层楼的布草壁橱里都装满了客房供应品；实际上，客房供应品好像储存在每个角角落落，就连电话设备房里也有。有些供应品紧紧地堆在一起，有的都压坏了。尤其是那些印着饭店标志的客房文具用品，更是损坏严重。

邦妮在查看客房时还注意到：所有的客房都在使用同一种质量很好的便利用品。在延时离店房里，每天都放进新香皂和洗发液。她看到一名客房服务员在使用家具抛光剂来擦福米加牌胶木表面。客房服务员还告诉她，这是她自己要这样擦的。"他们让我们只是用水擦，"这位客房服务员解释道，"但是这个闻起来很好。"服务员还跟邦妮解释说，饭店所提供的用于清洁浴缸的化学清洁剂不起泡，所以她和很多别的客房服务员就会把饭店客房的洗发水加进去，以达到更好的清洁效果。

通过一整天的观察，邦妮发现客房部员工只使用大号的垃圾袋，很多垃圾袋才装了一半就扔掉了。走进厨房，她发现员工们头上戴着印着饭店标志的浴帽。她看到公共区域的清洁工汤姆·哈珀，跑前跑后地找所需用的物品。汤姆先是注意到地板上有点泥，他就去取拖把和水桶。在弄干净了地之后，他又注意到有些窗户被油烟熏脏了，于是，他又返回去归还拖把和水桶，然后，他带着清洁窗户的用品回来了。最后，他又离开了一次，几分钟之后，又带回来一个吸尘器。但吸尘器的吸力很小，很显然尘袋里已装满了脏物。

邦妮又转了几圈，看见几个员工在休息时间阅读《今日美国》。苏向她解释，饭店为每间客房都订了一份。邦妮还注意到，实际上所有的员工，包括管理人员，都在使用带有饭店标志的便笺纸，而这些是作为客房便利物品来采购的。

邦妮要去总经理办公室跟伍德女士谈一谈，在路上，她发现每个行政办公室里都有咖啡机，但似乎每个人都使用的是作为客房用品的单份咖啡供应品，费用当然算在客房部的账上了。邦妮还看见很多桌子上都有客房部用的润肤乳瓶子，以及纸巾盒、笔和文件夹，和她在主储存室所看到的东西一模一样。

讨论题

1. 邦妮在与伍德女士和苏女士的讨论中，她可能会谈到哪些问题和不足？
2. 针对这些问题和不足，她可能会提出什么建议？

下列业界专家帮助制定和开发了这些案例：

密苏里州圣路易斯市的注册饭店业行政管家盖尔·爱德华兹，明尼苏达州埃迪纳地区的玛丽·弗里德曼，以及明尼苏达州加菲尔德市的注册饭店业高级职业经理人、《房务纪事》杂志创始人阿莱塔·尼奇克。

第7章

概 要

安全

  对保险和法律责任的关注

  对员工士气和管理层的关注

  潜在的危险状况

  工作安全分析

  安全培训

客房部常用化学品

  水

  浴室清洁剂

  多功能清洁剂

  使用化学品需用到的安全设备

职业安全与健康法案

  工作区域

  人员疏散出口

  环境卫生

  标志与标牌

  急救

  血液病原体

  美国职业安全与健康署检查

《职业安全与健康法案》中的危害通报
与教育准则

  开列危险化学品清单

  向化学品供应商索取《化学品安全说明书》

  给所有化学品容器贴标签

  制定危害通报与教育书面计划

安保

  安保委员会

  可疑活动

  冰毒提炼室

  盗窃

  爆炸物威胁

  火灾

  钥匙管控

  失物招领

  客房清洁

学习目标

1. 明确与客房部员工常规作业相关的
   安全程序。

2. 明确客房部运营中常用的化学清洁
   剂，以及使用这些化学品时需要穿
   戴哪些安全设备。

3. 解释在饭店运营中如何贯彻《职业安
   全与健康法案》的要求。

4. 描述客房部如何遵循《职业安全与健
   康法案》中的危害通报与教育准则。

5. 明确客房部在盗窃、钥匙管控、失物
   招领程序及突发事件中的安保责任。

7

安全与安保

丽塔正在用一种氨水清洁剂清洗一个污迹斑斑的马桶。她用力地刷洗那些污渍，却怎么也刷不掉。她又倒了一些这种清洁剂，可那污渍还是去不掉。最后，她从一个容器中取了些含氯漂白剂倒入马桶，然后弯腰继续擦洗。

这一幕强调了客房部在化学品使用上一个极重要的课题：要对员工开展恰当培训，让其学会安全有效地使用化学品。丽塔不知道氨水和漂白剂混合后，会产生一种致命气体，这很有可能会导致她死亡！

安全与安保是饭店管理者的两项重要职责。客人希望在安全、没有危险的地方住宿、聚会、用餐和娱乐，他们有权依法得到合理的照顾。客房部员工可以帮助客人满足他们的期望，并且在某些情况下，可以在饭店的安全与安保系统中起到很大作用。

在饭店经营中，安全指工作环境中的实际条件。安保指防止盗窃、火灾以及其他紧急情况。本章将重点讲述饭店安全与安保问题的必要性、客房部在保障安全方面承担的角色、客房部常用化学品的简介、饭店在遵守美国联邦《职业安全与健康法案》时需要做的工作，以及安全与安保工作对客房部工作人员的影响。

安全

饭店中最容易出现各种事故和伤害的两个部门是维修部和客房部。这两个部门容易频发这些问题的一个原因是它们都属于劳动密集型部门。在很多饭店里，客房部和维修部聘用的员工多于其他任何部门。另外一个原因则是：这两个部门的工作都涉及体力劳动和设备的使用，这两种情况都增加了发生意外和伤害的风险。

为了降低安全风险，行政管家必须弄清楚有哪些安全隐患，并要通过制定相应的工作程序，来防范事故的发生。安全应是第一位的。持续的安全培训方案有助于确保各工作领域中安全措施的贯彻实施。在制订这些培训方案时，管理层必须清楚法律法规在该行业工作环境中的相关规定，甚至要具体了解这些法律会如何影响到客房部工作人员。

房务纪事

饭店智慧：贝克尔安保策略若干条

"9·11" 这 3 个数字已经不仅仅是一个应急系统，它能够触动人们一系列的情感，尤其是美国人。现在 "9·11" 是一个生动的提示，提示我们要小心意外事件的发生。在 2005 年的飓风季节，美国西部诸州遭受的火灾，以及 2006 年年初美国东北部的水灾都是活生生的例子，这些潜在的危机都能让我们遭受牵连。

在每一场危机中，饭店都会或多或少地受到些影响：饭店要么是灾难的直接受害者，要么就成了灾民的避难所。因此，对饭店员工和客人的安全保障必须列入每个饭店经理的优先考虑范畴。

1. 要意识到真正的安全成本

直接成本和保险成本是显而易见的。更高的索赔，特别是涉及工作失误的索赔，会引发拖延支付，或者法律纠纷的耗时耗力。同时，也不要忽略由下列问题所导致的饭店隐性成本，如劳动生产率降低、因受伤员工无法上班而只能让其他员工加班、服务效率低下，以及因客人流失到其他饭店而需要昂贵的营销费用来赢回丢失的市场份额等。这些成本涉及的面很广，也很昂贵。

2. 要通过安全演习与消除工作场所危险隐患来明确安全要求

你的保险承保公司会支持你在这方面的努力，因为他们希望你为客人和员工都提供安全的环境。

3. 要在招聘时考虑到职位安全分析

职位安全分析是一种能够用于识别、分析和记录如下事项的方法：

- 开展某项具体工作的步骤；
- 每个步骤中现有的或者潜在的安全和健康隐患；
- 推荐采取的能消除或减少危害及在工作场所受伤或生病隐患的行动或程序。

而且，在面试有身体障碍情况的求职者时，这个过程尤其重要，因为其对工作的要求很明确，对该求职者需具备的工作能力要求也很明确。

4. 要记住工伤补偿还会产生附加成本

在确定工伤补偿之前，行政法官通常会要求法律代表举办相关的听证会。这些费用以及庭审费用都变成了饭店必须承担的附加因素。

5. 要时时致力于饭店维护，要将对公众和客人的危害降到最低

对于可能引发的意外情况，饭店员工要时时关注、及时处理，这一点很重要。考虑到现在社会诉讼成风，如果企业对那些能预见的危险没有引起足够重视，未能及时消除隐患，很多法庭和陪审团成员会对这些企业产生成见。如果管理层意识到饭店存在危险，它们必须采取以下一种或者几种措施：

- 处理这个危险；
- 警告其他人有危险；
- 设置隔离设施，阻止人们靠近这个危险地方，避免有人受伤。

如果未能做到及时合理处置危险，既会带来伤害，也会带来可能的法律诉讼麻烦。

（续）

6. 设立并积极资助饭店安全委员会

在预报和防止潜在危险方面，能吸引员工、督导人员和管理层参与并有效运转的安全委员会确实能发挥实际作用。而且如果饭店能证实已采取合理举措来防止危险情况发生，这也会有助于饭店在相关诉讼中开展积极抗辩。

7. 选择适当的工伤赔偿类型，如一般责任险和员工责任险

工伤赔偿在事发之后才开始，因此，管理层能通过有效的事故预防方案直接影响和控制保险费成本。同样，在涉及客人和公众的事件中，或由于员工行为引起伤害时，一般责任险和员工责任险将覆盖相同的范围。但是每个州要求雇主提供工伤赔偿的类型不尽相同，通常也不会对所有企业强制要求缴纳责任险。尽管如此，对于企业来说，上保险仍是必需的，且应以适当的标准和额度投保。

8. 培训，培训，再培训

很多饭店在防火和生命安全系统、急救用品和应急通信设备上的花费成千上万。但是多数员工是否知道或接受过该如何使用这些设备和在紧急情况下应如何应对方面的培训？所有的员工都必须接受防火安全及疏散程序的培训和血源性病原体处理的培训，以及心肺复苏程序或自动体外除颤器使用程序的培训。有了这样的培训，在大多数紧急情况下，至少能有人知道如何应对。

9. 制定并实行预防性维护

在整个饭店范围内建立一个持续的文件化安全和检查体系。为了能与安全委员会协调配合工作，基本行动应既包括定期检查、随时边走边看抽查，又包括火灾演习、疏散演练、第一反应急培训，以及危机管理准备等。

10. 认证员工

可通过美国安全工程师协会（ASSE）认证注册安全师，也可通过美国红十字会获取急救培训认证和心脏复苏术培训认证。认证证书可证明员工参加过某一行业标准的培训，并且，认可该员工的经验和所做出的奉献。认证也是对优秀员工的一种激励。要考虑通过提供额外的待遇，来奖励那些完成了各种认证任务的员工，如小幅度加薪，或增加一天的带薪假期。

11. 让安全实践活动看得见并凸显其重要性

应在饭店组织中，为个人、部门或物业在安全工作中的出色表现设立表彰方案，让他们获得客人和员工的赞赏，甚至是金钱回报。

12. 关注最新要求

应与美国饭店业协会防损委员会，国家安全委员会零售、服务和物流部，或美国安全工程师协会接待业分会保持联系，这是对安全工作保持警醒的可行方法。另外，还必须持续关注并遵守《职业安全与健康法案》中的条例，这相当重要。

13. 从饭店各区域的团队处搜集信息

应鼓励饭店员工、主管和管理人员通过正规建议程序向安全委员会提出建设性意见，在理想状态下，这个建议程序应包括对一些好点子的奖励。再次强调，安全是每个人的事！

资料来源：作者是注册饭店业高级职业经理人、注册饭店业高级教育导师约翰·霍根博士，《房务纪事》，第15卷第3期第6~7页。

请致电 866-READ-TRC 获取相关订阅信息

对保险和法律责任的关注

从医疗、法律以及劳动生产率方面来讲，不安全的工作环境会产生昂贵的成本。工作中发生的事故会导致员工失去工作机会。此外，受工伤的员工需要就医；在某些情况下，还需要进行全面的治疗，所需的医疗费用会非常昂贵。

接连不断的员工事故一般会导致责任保险和医疗保险费用的增加。如果饭店不安全的工作环境被记录在案，还会导致饭店被处以罚款，或者遭到起诉。即使没有发生因员工和客人受伤引起的诉讼，可仅仅是责任保险费用，也已经很高了。如果在一段时间内有很多工伤补偿索赔，饭店整体的工伤补偿费用也会增加。所有这些费用加在一起，可就不是个小数目了。换句话说：不良的安全习惯，日积月累，会产生非常巨大的花费。

对员工士气和管理层的关注

不安全的工作环境会对员工士气产生消极影响。如果员工在工作场所只顾着躲避危险，他们就没办法发挥出最好的工作状态。就很大程度上而言，如果不能消除工作环境中的不安全因素，就很难激发出员工的士气。

管理层最关注的问题之一，应是员工的健康和福利。员工是饭店最重要的财富之一。如果饭店管理人员想要让员工提供优质服务，他们就必须善待自己的员工，并尊重他们。尊重员工在安全环境中工作的权利，这会是一个很好的开始。

房务 纪事

　　　　　　　谈到责任——要害是"你是否知道有责任"，而非"知道是谁的责任"

　　如果由于饭店的原因导致客人受伤，饭店业主和管理人员可能需要承担责任。即使饭店方面的确没有注意到哪个地方出了故障，也不能免责。在此类情况下，如果提出诉讼的客人能够证明饭店对引起伤害的情况"推定知情"，客人就一定会胜诉。

　　"推定知情"是一个法律概念，它将导致饭店付出的代价一点也不比"实际知情"少。在路易斯安那州的一家饭店里，客人在有水的大厅地面上滑倒了，饭店在这种情况被认定为"推定知情"，并因此被判罚93万美元。在纽约州一家度假饭店里，客人在有食物的俱乐部地面上滑倒了，该饭店被判支付该客人27.5万美元。

　　推定知情的定义

　　推定知情适用于饭店对所存在的安全隐患虽没有做到实际知情，但根据当时的情况推定，饭店方面应该"知情"。在与特朗普城堡协会相关的一个案件中，曾有如下解释：如果某一过失状况是明显可见的，并在事件发生前，这种过失状况存在了足够长的时间，使饭店员工能够发现并修正该过失状况，则这种情况适用于推定知情。有证据显示，放置在该地的制冰机在大理石地面上形成了水坑。事故发生后，现

（续）

场的水坑依然明显可见。间接证据包括水坑尺寸以及制冰机中制出的冰块在半融化状态下的尺寸，这些证据能够帮助确认过失状态是否存在了很长时间。在此情况下，如果证据充分，便能够认定"推定知情"。

一旦出现过失状况，或者出现饭店方面应知道的过失状况，员工应特别警觉，要进行修正，并实施预防性策略。例如，进行系统性检查，让客房工作人员或者维修工作人员留意，并汇报过失状况。及时查看所有的状况报告，甚至仅仅是运用常识，都有助于饭店提前采取措施，预防卷入推定知情的事故案件。请牢记：应预料到暂时的季节变化和糟糕的天气状况，这些都不能当作意外情况来处理。雨雪天气时，要放置防滑垫，并密切留意饭店出入口。此外，要使用黄色警示牌表明"地面湿滑，谨防滑倒"，告知可能会发生的危险，以此作为对饭店客人以及过往行人推定知情的提醒。

出现"推定知情"过失的主要区域

毋庸置疑，任何一家饭店的管理人员都要经常对其饭店进行审查，要确定出可能存在滑倒或跌倒的问题区域，或者其他可能出现推定知情问题的区域。作为参考指导，注意审读过往相关案例也会大有裨益。一般情况下，普遍需受到关注的区域可作如下分类：

- 大厅区域，尤其是连接店内外的区域；
- 放置自动贩卖机以及制冰机的地方；
- 门厅、走廊和楼梯间，特别是铺地毯或者铺有其他覆盖物品的地面区域；
- 人行道、车道和停车场；
- 提供食物和饮料的服务区域；
- 椅子、桌子和其他家具的状况，以及摆放现状；
- 娱乐设施、健身设施和泳池设施的状况，以及摆放现状。

确保知道的方式

在避免推定知情的问题上，任何一家饭店能够做到，也应做到的一件事是实施系统性的检查政策，要进行详细记录，要特别留意上面所提到的那些区域。然后，要通过鼓励员工留意，并汇报潜在的危险状况或者处理汇报的状况，这些应能够帮助避免大部分的问题过失。接下来所需要做的事情就是解决问题了。

资料来源：作者是迈克尔·简泰尔法学博士，《房务纪事》，第13卷第4期第4页。

请致电 866-READ-TRC 获取相关订阅信息

潜在的危险状况

无论是做例行的工作还是有难度的工作，饭店管理人员和员工都必须共同努力，尽量避免在任何一种工作中出现危险。关键是要在问题危及员工、客人和饭店之前，就要及时发现隐患。饭店管理人员必须训练员工，使他们能够识别潜在的危险状况，并采取适当的解决措施。一名警觉、谨慎的员工是饭店最好的防御系统。

湿滑的地面和过道都是事故多发区。杂乱的地面以及挡在路上没有收拾的清洁工具都会让意外伤害不请自来。不恰当地提举重物的方法、一下子提举或者移动过重的物品，这些都会危及员工的健康。客房部员工最常见的受伤类型有扭伤、劳损和摔倒。

这些事故和伤害并非无法避免。只要通过遵循 3 条简单的原则，员工就能创造一个安全的远离事故的工作环境。

- 花足够时间从容地完成工作：没有任何工作紧急到需要员工冒着风险，急急忙忙地去做完；
- 立即处理不安全的情况：如果员工不能自己处理不安全甚至危险的状况，应立刻汇报给主管；
- 从一开始就要注意安全：每名员工必须以安全正确的方式进行自己的工作，这是防止事故发生的最佳方法。

房务纪事

受伤员工的目标是重返工作岗位

事故总会发生。即便有最好的培训，最好的执行者和最好的监督，早晚也会有员工在工作场所受伤。在美国，如果员工由于受伤无法工作，他们一般领不到正常的工资，但可以领到工伤补偿。不过，因为工伤补偿会影响到饭店的保险费，所以，对雇主和员工都最有利的做法就是：一旦治疗状况许可，应尽快安排员工重返工作岗位。下面给出了处理受伤员工的一些重要秘诀：

1. 处理事故

在事故发生后，最重要的事情是要照顾好员工：提供急救、安排紧急救助、安排车辆、通知其家人，以及调查实际情况。要确保找出事故的根本原因，要确定事发前员工是否受伤或者生病，是否由于先前的伤病导致本次事故的发生。依据美国联邦政府及州的工伤补偿法令，非雇主责任的伤害可免于赔偿。

虽然联邦法律适用于大多数州，但各州还有不同的法律规定，因为他们有高于联邦的授权。因此，饭店管理人员每两年就应从州劳工部索取一份新的法规文件。

2. 重返工作岗位指南

员工就诊后，医生会给雇主开具一份《工作能力报告》，并就员工重返工作岗位以及一些职责或工时上的限制问题提供指导信息。

一旦条件合适，雇主的目标应是让员工尽快返回工作岗位。但是通常情况下，员工会受到限制，不能从事一些原本属于他们正常工作范围的工作任务。出现这种情况的时候，饭店管理人员的职责是为受伤员工指派一些过渡性的工作任务。例如，如果一名前台员工腿受伤，医生的指导建议可能会清楚地说明：不能要求该员工站立。那么可以为该员工安排以坐姿完成的替代工作。接着可能需要在工作台后放一张凳子，直至该员工能够完全恢复其工作职能。为员工选择过渡性工作时，必须考虑员工的受伤程度以及饭店人员配备的层次和规模。

通常员工的工作时间也会受到限制。可能受伤的员工已被告知不能全勤工作。无论如何，哪怕雇主只能安排该员工每周工作 10 小时，这样的过渡性安排对员工和饭店而言，也会有所裨益。

（续）

3. 可能分配的临时工作

在分配工作任务的时候，要考虑的一个重要因素就是必须彰显公平。不能给一个员工分配的工作很轻松，而给另一个员工的工作却特别令人讨厌。原告律师和平等就业机会委员会（EEOC）可能会利用这个矛盾对饭店提出起诉。再就是，不论给受伤员工分配什么工作任务，都不能取代其他正常工作的未受伤员工。

大型饭店进行临时工作任务分配时，很少遇到困难。既然没有什么规定要求受伤员工必须做他们的专业工作，那么在饭店很容易找到其他各种工作。但是，也有些州要求，调整过的工作必须与员工受伤前的工作时间和休假时间一致。

饭店管理人员必须记住一点：员工刚进入恢复期时，医生的限制可能会非常严格，不能够安排任何过渡性工作。在此种情况下，雇主应与员工保持联系，一旦员工能够工作，就为其分配工作任务。

有些员工可能拒绝临时分配的工作任务。这种情况下，饭店管理人员应该用文件记录下被员工拒绝的工作任务，因为这可能会导致员工在工伤补偿方面的偿付损失。

资料来源：作者是玛丽·弗里德曼，《房务纪事》，第9卷第6期第4～5页。
请致电 866-READ-TRC 获取相关订阅信息

所有的住宿机构都应有一份安全条例。所列出的安全指南应是客房安全计划的一部分，以此来鼓励员工养成良好的安全工作习惯。表7-1给出了一个客房区域的安全条例样本。

表7-1 饭店安全条例样本

客房与客房部区域：安全条例

- 见安全条例总则（第一部分）；
- 不要让玻璃碎片掉入布草内；
- 警惕被包裹的碎玻璃；
- 及时清理剃须刀的脏物；
- 过道处不得放置电线；
- 床罩不能放置于地板上；
- 禁止在电梯内抽烟；
- 烟灰缸应放置于梳妆台上，不能置于床侧，以免客人误以为可以在床上抽烟；
- 避免电梯超载；
- 推车进出电梯时应小心谨慎；
- 工作时选用合适的清洁设备；
- 不能将送餐服务的托盘留在客人走廊上；

（续）

- 靠走廊右侧行走；
- 搬运尖头物体时，应将尖头朝下并与自己保持一定距离；
- 禁止使用椅子或纸盒替代梯子；
- 将碎玻璃和金属废弃物放置于恰当的容器中；
- 立即清除易绊倒和滑倒的险情；
- 上下楼梯时使用楼梯扶手；
- 立即向主管汇报有问题的电线、插头插座以及未经检查的电器；
- 电器通电之前，都要检查电线和插座，如果有任何破损或者火花飞溅，不要通电，应将电器还回电器商店并要求更换；
- 跪在地毯或者浴室瓷砖上之前，要检查是否有碎玻璃，如果有，则用扫把清扫，然后使用便携式吸尘器清理，禁止徒手清理玻璃碎片；
- 将玻璃碎片丢弃在位于服务大厅的"碎玻璃容器"中；
- 应将烟灰缸的烟灰倒在马桶中，不要倒在垃圾桶里；
- 汇报客房中由于吸烟不小心留下下任何证据，如烧坏的毯子或者床单，地板上燃过的火柴梗等；
- 不要徒手从垃圾桶里收集垃圾，因为里面可能会有玻璃碎片或者剃须刀片；
- 在公共区域和行李房放置行李时要小心谨慎；
- 不要试图运送过多的行李，要力所能及；
- 应该捡走楼梯或者地板上异物；
- 等驶入的车在路边停稳后才能开车门；
- 确定乘客的手脚离开门框之后再关门；
- 知晓轮椅和急救设备的存放位置；
- 知晓客人受伤以及生病的处理程序。

资料来源：由特拉华州威明顿市都彭饭店惠允使用。

在任何一个工作日，客房工作人员可能都需要抬重物、爬梯子、操作机器以及使用危险的化学洗涤剂，在所有这些工作中，都可能出现危险。提供了若干安全建议如下，以便安全有效地完成这些例行工作。

提举物品　客房部工作中经常有提举重物的苦差事。为了进行彻底的清洁工作，可能也会要求客房员工搬动家具。

搬动一些诸如箱包、盒子以及容器等重物时，如果用力不当，可能会导致肌肉扭伤、拉伤以及背部受伤。随后，因为受伤，不仅不能工作，还会有长时间的疼痛和折磨。提举垃圾或者脏的客房布草时，如果里面有尖锐的物品或者碎玻璃片，员工还可能会被划伤或者割伤。员工应清楚在所有这些情况下，需要注意哪些危险情况，并要采取特别的预防措施。表7-2列举了若干客房工作人员安全提举物品的技巧。

员工在完成像开窗子这样的客房服务工作时，也应特别小心。如果窗子被卡住了，或者不好打开，一定不能用力敲打或者拖拽窗框。不恰当地推拉被卡住的窗子，有

表 7-2　安全提举重物指南

1. 提举前应检查物品。不要提举任何两手不能合抱的物品，也不要提举会阻碍视线的物品。
2. 检查是否有任何突出物，尤其是提举垃圾或者成堆布草时。通常其中会有尖锐的物体或者玻璃碎片，应该引起特别注意，避免受伤。
3. 提举时，一只脚放在物品旁边，另一只脚轻轻后移并分开，保持好平衡。
4. 背和头保持平直。因为背部肌肉力量通常比腿部肌肉要弱，所以不能使用背部肌肉提举物品。
5. 可以轻轻屈膝撅臀，但是不能弯腰。
6. 使用双手，并在抓举物品时使用整只手。
7. 用腿部肌肉抬举物体。
8. 将物品靠近自己身体，避免扭曲身体。
9. 如果物品太重或者不好抓住，或者物品阻碍了视线，那么将物品放下。
10. 放下物品时不能用背部肌肉。使用腿部肌肉，并遵循物体的提举程序。

可能会导致背部受伤，或者被碎玻璃割伤。如果窗子被卡住，客房服务员应寻求帮助。通常工程人员能够通过使用润滑剂或者修理窗框来将窗子打开。在需要拖拉一些重物时，如客房服务车和成堆的待洗衣物，客房服务员也应特别小心，避免用力不当。跟搬运物体一样，拖拉动作也经常容易引起伤害。

梯子　清洁天花板及其附近区域，或者更换灯泡时，都会用到梯子。选择梯子进行某一特别清洁工作时，要根据高度要求和放梯子的立足点的实际情况，来选择梯子。要检查梯子的稳定性和横挡的牢固程度。不要使用已损坏的梯子。而且，要把损坏的梯子贴上标签，弃之不用，并向具体负责的客房主管或者维修部汇报情况。

梯子的类型很多。有很小的梯凳，也有 12 米的伸缩梯。梯子的材质也各不相同，有木质、玻璃纤维、铝或者其他的金属材料。如果工作中需要靠近或接触电气设备时，不能使用金属梯子。

在瓷砖地面上和厨房区域使用的梯子必须带有橡胶梯脚，以防止滑倒。任何情况下使用梯子，地面都应保持干燥清洁。梯子必须要有足够的高度，这样工作人员可以站在梯子上从容地工作，而不必把手臂伸得老远。任何时候都不要站在梯子的最上面一层。如果站在倒数第二层横挡上，还有地方够不到，那说明对于这项工作来说，这个梯子太矮了。在放置伸缩梯时，梯脚离墙边的距离应至少是梯子本身高度的 1/4。例如，如果梯子高度为 4 米，那么梯脚应离开墙边 1 米的距离。绝不能将梯子靠在窗子边或者放在不平的表面上。如果可能，员工在高处工作时，应让另外一名员工用脚踩住梯子，以稳定梯脚，并用手握稳梯子。

上梯子之前，要测试梯子的稳定性。不论是靠在墙上还是支撑在地板上，都要保证梯子的平衡和安全。一定要面向梯子攀爬，而且手脚都要干燥。手里不要握任何物品或者工具，这样可以避免爬梯子时得占用一只手，甚至双手。放置梯子的地方要设置警示牌，提醒客人或者员工不要从梯子底下走。迷信的说法认为，从梯子下面走是不吉利的，其实这样做也确实是不安全。

房务纪事

背部受伤在美国工作场所安全问题中排在首位

防止背部受伤是任何行业的一个主要的安全挑战。住宿行业也不例外，尤其是在客房部。饭店洗衣房的工人，需要装卸很重的布草；客房工作人员需要每天运送脏的或者刚洗净的布草和垃圾等；客房服务员也需要定期搬动床垫。他们都是需要减少背部受伤的主要被关注群体。

问题所涉及的范围

根据美国劳工部统计局的数据，美国每年有超过100个工人出现背部受伤。在工作场所发生的伤害或引起的疾病中，每5例中就有1例是背部受伤。全部工伤补偿索赔中有1/4涉及背部受伤，各行业为此要支付几十亿美元的费用。因员工受到伤痛而引起的索赔中，背部受伤高居首位。2003年，在工作场所发生的所有的非致命性伤害中，休闲接待行业的工人占9.7%。这个数字与饭店业报告的数字45300例工伤或者职业病例基本是一致的，并由此出现了24100例因病假导致的误工。因受伤员工的工作受到限制，或只能临时转到别的工作岗位，这样的情况也有21200例。2003年美国饭店业有6.7%的工人在工作场所受过非致命伤或者疾患。到目前为止，这些伤害中大多数还是背部受伤。

减少背部受伤

引起背部肌肉骨骼伤害的主要原因是工作时需要提举、放置、搬运、抓握及放下物品或者材料。美国劳工部统计局的调查表明，有4/5的伤害由弯腰引起，3/4的伤害由员工的抬举动作引起。虽然通过有效的控制方案，以及对工作任务进行人体工程学方面的设计，可以大量地减少受伤事件，但还没有发现一种方法能够完全消除由抬举物品引起的背部受伤。

预防背部损伤的技巧

行政管家应负责采取合理的预防措施，将员工背部受伤的概率降到最小。具体步骤包括：

- 要求所有的员工遵循安全提举程序；
- 要定期再培训员工，学习安全提举的方法；
- 要鼓励员工在提举、搬运或者投掷重物或者大宗物品时，互相合作；
- 要求员工在运送或者搬运重物时，应使用推车、人力搬运车、绞车或洗衣吊索；
- 要求经常搬运或者提举重物的员工穿背部支撑服；
- 要记录所有的工伤情况，以识别伤害类型或者在工作场所易引起伤害的工作任务；
- 如果客房部或者洗衣房连续6个月没有任何工伤事件，可通过举办聚会或者其他的认可方式来奖励员工；
- 要通过主管的监督和实施渐进性惩处（译者注：此处所讲的渐进性惩处是指管理者对员工的处罚，应采取逐步加强严厉性的方式进行，例如，从口头警告，逐步升级到书面警告、降级、降职、停职，甚至解雇）来强制员工养成安全的提举习惯。

（续）

结论

　　所有员工可能都得需要提举不同重量、形状或者规格的物品和材料。如果员工能够使用合适的提举方法，就能避免由于弯腰引起的背部受伤的风险，或者能够把受伤的风险降到最小。一旦员工的背部受伤，在恢复过程中，可能需要减少工作量、卧床休息、物理治疗或者手术。所有的这些治疗都会导致雇主的费用，使客房部损失工作时间，降低劳动生产率，而其他的员工可能不得不加班，或者接管落下的工作。

　　一旦员工背部受过伤，即使第一次伤害已经治愈，也容易再次受伤。普遍认为，没有人能够100%地完全从背伤中恢复。员工只好带着这种不适继续生活，活动能力也会受到限制，甚至会依赖上止痛片，或者肌肉松弛剂。整体而言，采取预先防范措施以防止背部受伤，这符合员工、客房部、管理层以及业主的最大利益。

资料来源：《房务纪事》，第 13 卷第 1 期第 6 页。

请致电 866-READ-TRC 获取相关订阅信息

　　机器　员工在操作机器之前，应取得授权并接受过培训。大多数的设备、机器和电动工具都带有使用说明书。在工作中，进行独立操作机器设备之前，有些员工可能需要额外的培训，以及要在有人监督的情况下，进行练习。

　　很多电动工具和其他一些机器都会配有防护罩或防护设备。这些安全防护设备不能弃之不用。可能也会要求员工戴防护镜或者防护手套。必须根据说明书使用所有的防护设备。

　　必须有人看管正在使用的机器设备。使用完毕，应关闭所有的工具和设备，并妥善储存。绝不使用运行不当的机器或者设备。此时，应联系有关主管或者维修部，催促将其尽快修好。

　　电器设备　使用电器设备时，要特别小心。即便是一件普通的客房服务电器，如吸尘器，如果操作不当或本身存在不安全因素，也可能会造成伤害，甚至致命。客房部使用的所有电器设备都应经过保险商实验室（UL）的核准。保险商实验室是一家独立的非营利性机构，提供电器设备以及用电装置的检测。检测的目的是保证电器无故障，不会引起火灾或者导致触电。通过检测的设备在包装、说明书或标签上都会印有带圆圈的"UL"字样。通过零售店或者批发商购买的大多数设备都会符合UL 标准。

　　员工绝不能站在水里操作电器，如果手是湿的，或穿着湿衣服，这时也不能操作电器。在易燃液体、化学品或者蒸汽附近，操作电器设备也是不安全的。因为，电器使用中产生的火花可能会引起火灾。

　　电器设备产生火花、冒烟或起火时，要立即关闭。在安全而且可能的情况下，应切断电器设备的电源。在任何情况下，员工都不应试图重启设备，要将故障报告给相关主管或者维修部。

应定期检查设备的电线和接口。如果设备的接口松动或者电线有破损时，应禁止使用。禁止用拉扯或者猛拽电线的方式来拔掉电器插头。这种做法会使电线和插头的直接连接处松动，会引起火花或者短路。拔电器插头时，要用力拿住插头，从插座处轻缓拔出。

使用电器设备时，电线应避开人流不息的地区，如门厅或者门廊的中心。但有时候不能也无法完全避免上述情况，尤其是用吸尘器清洁走廊的时候。在这种情况下，应将电线放置在靠墙处，并且在工作区域设置警示牌。如果电器会固定在一个地方，而且，使用时间会较长，则应该用胶布将电线固定在地面上，并在固定的位置，设立警示标记。

当电源插头不在工作区域附近时，需要用到延长线。跟使用其他电线时一样，在使用前也要检查延长线是否破损。延长线有很多种，但不是所有的延长线都适合于饭店。当地的消防部门会详细描述符合当地的、州级或者国家级防火规定的电线类型。

清洁客房时，客房服务员要检查电灯、电器和其他固定装置，看是否有电线破损、接口松动以及插头松动等问题。如碰触到破损电线，可能会导致触电、受伤甚至死亡。应检查插座盒以及电源开关盒，确保其盖合妥帖，无破裂或者损坏情况。如发现任何一种上述情况，客房服务员都不应试图自行修理，而是要将这些可能出现问题的情况报告给相关主管或者维修部。

化学品 客房部很多员工在日常工作中，都会接触到危险的化学品。这些化学品基本都是强力洗涤剂，如果使用方法正确，并且使用合适的防护用具，这些化学品是无害的。但同样是这些使用效果良好的化学品，如果使用方法不当，则可能引起恶心、呕吐、皮疹、癌症、失明，甚至导致死亡。

在饭店所有的区域，包括浴室、厨房和地面，都需要使用化学品进行清洁。一些危险化学品也可能用来除虫灭鼠。客房服务工作中，有些情况需要员工使用一些有毒物质来疏通厕所堵塞，或者处理其他的管道固件问题。使用危险有毒的化学品，在客房部工作中常常是不可避免的。

所以，持续进行化学品安全培训很有必要，原因有两个：第一，误用化学品能够在短时间内引起非常严重的伤害。第二，新员工需要立即进行培训，尤其是在员工流动频繁的饭店里。

重复性运动损伤 客房服务员都面临重复性运动损伤的风险。随着饭店使用的床越来越大，枕头越来越多，使用三层被单，而且被子也越来越重，这种风险引起了越来越多的关注。加拿大的一项研究结果表明，客房服务员大概每3秒钟，需要改变一下身体姿势，或者在每次当班期间，身体姿势会改变8000次左右。2007年11月，洛杉矶一家饭店因为违反重复性劳动规定而受到传讯。该饭店的其他连锁店已经接受并遵守相关政策，而该饭店没有遵守同样的政策，因此被罚款 14000 美元。该饭店员工说，饭店在客房中配置了太多都需要清洁的物品，但是，从未减少员工需要打扫的客房数量，这种情况导致他们受到各种损伤，如肌腱炎等。

重复性运动损伤的主要风险是过重的工作负荷，和过度用力的上肢动作。有助于减少这种伤害概率的方法如下：

- 提供英语和西班牙语的培训材料；
- 减少每个客房服务员每班次必须打扫的房间数量；
- 至少指派两名工作人员负责提举重物和清洁设备；
- 确保员工在工作过程中能够得到适当休息，以避免伤害；
- 安排 2 ~ 3 名客房服务员轮流进行清洁工作，如做床、清洁浴室以及用吸尘器清洁客房等（在每次轮换中，可让每个客房服务员都做不同的工作）；
- 分团队进行清洁工作：培训员工用正确的方法提举搬运物体；
- 培训员工采用合理方法，尽量减少弯腰次数。
- 购买更加方便使用的吸尘器，要比标准模式的吸尘器更加轻便、震动更少，有符合人类工程学的手柄，能自动推动，能调节高度，以适应客房服务员的身高。

工作安全分析

入职培训和不间断的培训常常是传递安全信息的最佳途径。编制和使用客房服务安全手册也是一个很好的交流工具。这种手册应详细介绍客房部的不同工作，并指导员工以安全和恰当的方法进行每项工作。编制手册的第一步就是进行工作安全分析。

工作安全分析是一份详细列举了所有客房部员工各项工作职能的报告。这个列表为分析本部门某个岗位的潜在危险提供了基础。工作安全分析可用类似于工作任务分解表的模式，列出安全提示和可能的危险分析。

例如，客房服务员的工作任务单包括吸尘、清洁浴室、装配客房服务车和倾倒垃圾。每项工作都可以继续细分成一系列步骤，如使用吸尘器清洁客房的步骤就可包括：

- 对吸尘器进行安全检查；
- 清除房间角落和地毯边缘的污垢；
- 将吸尘器插入离客房门口最近的电源插头；
- 使用吸尘器清洁客房各个区域；
- 拔掉吸尘器电源，妥善绕好电源线，并将吸尘器放回客房服务车。

每一个步骤都要写上简短的说明，描述操作该步骤的安全标准方法。例如，上面步骤中"对吸尘器进行安全检查"的"做法"部分可以如此分解：

- 当天用吸尘器清洁第一间客房之前，要检查并确定吸尘器的脏物袋已经被清空；
- 如果脏物袋是满的，要更换或者清空它；
- 要及时处理吸尘器电线缠绕或者打结的情况，因为这样可能引起短路；
- 如果电器出现火花、烟雾或者起火，要立即关掉电器；
- 要将待修理的吸尘器送到客房部。

最后，工作安全分析的安全提示部分应该列出工作人员在执行特定工作步骤时可能遇到的任何危险。例如，在检查吸尘器时，可能列出的安全要点如下：

- 任何时候，安全第一：如果怀疑所使用的设备有任何不安全因素，应将其汇报给主管，待修理好之后再使用；
- 不要使用电线有损坏情况的吸尘器，否则可能会受到伤害，或者因短路引起火灾，要小心，不要让吸尘器的电线绊倒；
- 如果站在水里，或者手是湿的，或穿着湿衣服时，禁止使用任何电器，如吸尘器。

一份完整的工作安全分析应包括客房部所有的工作及其涉及的任务。工作安全分析应装订成册；饭店的每个员工都应持有跟自己工作密切相关的那部分内容。

只给员工提供工作安全分析是不够的，不要指望员工会好好阅读它。客房部管理人员应演示并解释每一项工作。等培训结束后，每个员工都应签署一项声明，说明本人已经完全理解工作安全分析及其相关规定。声明还应包括如不按工作安全分析的相关指导规定进行操作，必须承担的安全与纪律后果。

安全培训

安全培训要始于员工开始工作的第一天。在客房部员工的入职培训中，必须包括对饭店安全规范和相关规定的介绍内容。为了更安全地完成工作，员工必须清楚所应注意的安全事项。

好的安全政策应以员工为出发点，说明安全是如何使员工和饭店受益的。这种说明针对整个饭店，是整体概括性的安全理念，而不仅仅只是针对客房部。表7-3给出了某一饭店进行员工入职培训时所倡导的安全理念。

在进行入职培训时，应提出具体的安全规范和程序。入职培训是分发任何书面安全信息材料的大好时机。上述信息可作为入职培训内容的组成部分，也可以作为独立的小册子，或者制成光盘、在线视频等。在一些饭店的员工入职培训手册上，会给每个区域旁边都有留白，可以让员工把自己名字的英文字母和日期写上。这些都能够强调出这些规矩的重要性，并能保证员工接收并理解这些信息。

表7-3 安全理念陈述示例

杜邦饭店的安全理念

杜邦饭店全体员工把安全视为头等大事。我们可以共享杜邦公司的安全理念，通过有效的安全程序消除各类伤害和事故。饭店的安全程序主要以员工为导向，员工最大化的参与是成功的关键要素。我们教育员工把安全作为一种生活方式，不仅在工作中，而且也要带回家，带给他们的家人。

安全在杜邦饭店确实有几层含义。当我们谈起我们饭店的安全程序时，我们可能指下列任何一种情况：

- 员工的工作实践；
- 下班后的安全；
- 生命安全；
- 设备安全；
- 安全管理；
- 食品卫生；
- 安保；
- 伤害预防。

这些领域综合在一起构成杜邦饭店的安全理念。

资料来源：由特拉华州威尔明顿市杜邦饭店惠允使用。

房务纪事

跟饭店员工工作场所安全有关的创新方法

众所周知，饭店是工作场所，所有员工工作时都必须加倍小心，以保护自己和其他人不受伤害。但考虑到很多职位的日常工作性质，员工一定不能因此就放松警惕，更不能对工作场所的安全风险麻痹大意。饭店为很多人提供就业机会，员工来自不同民族，有不同的文化背景，讲各种各样的语言。因此，管理层需要努力寻找一种交流方式，以有效并反复地跟员工强调工作场所安全的必要性。现在，找到并使用一种让所有员工都认可的有效沟通媒介，或许已经不是什么难事了。

欧文传媒安全世界跟20世纪福克斯合作，开创了一种以霍默·辛普森以及《辛普森一家》角色为特色的安全意识体系。根据不同来源的信息显示，《辛普森一家》是世界上排名第一的电视节目，每年观看的集次超过130亿。2007年，在黄金时间播出的第17季已被翻译成至少45种语言，在150多个国家播放。

欧文传媒开发了一个方便员工识别并可留下持久印象的综合性工作场所安全交流方案。该方案的目标是帮助员工记住他们所参加的安全培训内容，这是减少伤害事故频发的关键。这独特的方法中包括安全会议测试卡，它把《职业安全与健康法案》中与安全意识相关的内容，和《辛普森一家》里的小幽默结合起来，很能吸引员工的注意力。其他的署名安全材料还包括将《辛普森一家》的安全海报

（续）

与类似自助餐厅风格的桌签，以及员工出入通道、人流密集区域结合起来，以加强每月安全会议的效果。

通常管理人员会从第一版的辛普森海报上随机抽出一些内容。部门经理先分发安全会议卡。在读完5分钟的安全会议提纲后，员工需要在他们的安全测试卡上画出正确答案。除此以外，整个饭店里的其他海报和桌签也是颜色亮丽、形象鲜明，有很好的视觉效果。这些能够持续强化安全信息的深入人心。

据欧文传媒的区域经理布莱恩·克劳斯透露，他们的"无逃脱信息传递"方案已经在希尔顿、万豪和洛斯等饭店集团成功展开。如需在线回顾《辛普森一家》，请打开网址 www.safetyworld.com 并点击主题馆（Topic Library）栏目。

资料来源：《房务纪事》，第 15 卷第 2 期第 16 页。
请致电 866-READ-TRC 获取相关订阅信息。

安全培训不会随着入职培训的结束而结束。每个员工每月至少要参加一次安全教育培训项目。这些培训项目可用于讨论新的安全规范，也可用于学习使用新机器设备。定期的安全教育活动也应作为新老员工的进修与培训之用。要经常复习和优化常用的安全程序。

在培训初期，通常是在开始工作的第一天或者第二天，员工就应学习法律规定的具体的安全工作条件，尤其是那些跟危险化学品使用有关的部分。下文提供了化学品安全规范的概述。

客房部常用化学品

水

水是大部分清洁溶液中的基本化学物质。具有讽刺意味的是，水也可能是使用中最需慎重对待的东西，因为不同的城镇、不同的州或不同的国家，其自来水都不一样。水会溶解矿物质，影响其清洁能力，或具有跟清洁剂进行反应的能力。

水中的一些常见矿物质包括钙、铁、硫和磷酸盐等。钙能够降低清洁剂的清洁能力，因此，对于含钙高的水，在清洁工作中，需要加更多的清洁剂才能达到清洁目的。铁和硫能引起物品褪色；硫黄还会发出臭鸡蛋般的气味。磷酸盐实际上可以增强有些洗涤剂的清洁能力，从而减低清洁剂的用量。

浴室清洁剂

客房服务员有时候用氨基或者氯基化合物清洁客房浴室。必须得知道这些常见的化学清洁剂不能混用。氨水严禁跟含氯基、氟基、溴基化学清洁剂混用。一旦这些化学品混合到一起，就会产生剧毒气体。例如，氨水跟氯在水里混合，就会产生致命的碳酰氯（译者注：Phosgene gas，碳酰氯，又称光气，剧毒，常温下为无色气体，有腐草味，化学性质不稳定，是剧烈窒息性毒气，高浓度吸入可致肺水肿）。

如果可能，在氨基清洁剂、氯基清洁剂、氟基清洁剂、溴基清洁剂中，客房部应只购买或者使用其中的一种。如果只给客房服务员提供一种洗涤剂，混合使用化学品的风险就基本能够避免。但是，有时候不可能完全做到这样，毕竟，客房服务员需要清洁物体表面有很多种类型。因此，加强培训和增强员工的安全意识才是抵御这些潜在化学品风险的最好保障。

多功能清洁剂

目前市场上有很多种多功能清洁剂。顾名思义，这些清洁剂能够用来清洁墙面、地板、浴缸和淋浴设备，甚至是清洁窗子和镜子。多功能清洁剂通常是浓缩液，需要用水稀释，以适应不同的清洁需要。有些多功能清洁剂含有添加剂，这在一定程度上限制了其使用范围。下面将讨论几种常用的添加剂。

研磨剂 研磨剂是含砂物质，用于去除顽固的污渍，并进行上光。研磨剂可以放心地用于多数物体的表面，不会担心出现划痕。但是，较柔软的表面有可能会受到破坏，例如大理石或者玻璃纤维表面。多数专家都会警告饭店，应避免使用可能会对瓷器和合成树脂的表面造成损伤的研磨剂。

酸 弱柠檬酸和醋酸可以用来清洁玻璃、青铜和不锈钢。

碱 和洗衣房使用的其他清洁剂类似，清洁剂中的碱或者碱基，能够增强清洁剂的清洁能力。它们还有消毒作用。在多功能清洁剂中，碱的 pH 值在 8 ~ 9.5。pH 值测量物质跟水相比的酸度或者碱度。pH 值为 7，则为中性。酸的 pH 值在 0 ~ 7，如果 pH 值为 0，则酸性最强。碱的 pH 值在 7 ~ 14，如果 pH 值为 14，则碱性最强。

脱脂剂 脱脂剂（又称乳化剂或稳定剂）是一种能够清洁各种油脂和污渍的产品。其溶剂具备去除油污的功能。

去垢剂 去垢剂能够去除矿物积垢，这些积垢会使物体表面黯淡、剥落或褪色。

除臭剂 除臭剂，或称为空气清新剂，用于掩盖房间内清洁剂的气味。有些空气清新剂可能会在客房物体的表面形成一层薄膜，应注意避免。不要每天都使用空气清新剂，否则其强烈的气味会让人难以忍受。而且，很多粉状空气清新剂里含有玉米淀粉，这会招来虫子。

杀菌剂 杀菌剂可以杀菌、祛霉，以及防霉变。含有杀菌剂的清洁剂往往会比较贵。不过，这种由于含杀菌剂而增加的额外费用往往是没有必要的，因为，并不是所有的表面都需要杀菌。在饭店的运营中，若使用一种效果较好的多功能清洁剂，再配以适当的清洁、冲洗和干燥程序，基本就足够了。

玻璃纤维清洁剂　很多较新的浴缸或者淋浴房都是采用的玻璃纤维材质。在清洁纤维玻璃时，需使用市场上一般有卖的专用清洁剂，不用乱擦，就能清洁这些设施。

金属清洁剂　一些油基金属清洁剂能去除污渍，但会在金属表面留下一层保护性薄膜。这种保护膜容易留下指纹印。如果保护膜黏附到衣物上，对很多纤维会造成损伤。而水基金属清洁剂则能够避免这些问题，效果也很好。

润湿剂　润湿剂能够破坏水的表面张力，使水能够穿透污渍，进而从物体表面移除污渍。

使用化学品需用到的安全设备

客房部员工有可能要用到一些需要佩戴防护用具的化学品。个人防护用具可用于保护眼睛、脸部、头部、双手，有些情况下，也能防护全身。使用危险化学品或者有毒化学品时，必须佩戴防护用具。在工作或使用某些设备时，为防止飞溅的物品可能导致的身体伤害，也需要采取保护措施。

在稀释化学品做清洁，或者混合化学品处理泳池时，可能需要佩戴手套、护目镜或者面罩。化学品生产商必须清楚地说明使用该产品时需要使用哪种类型的个人防护设备。

清洁高处时，如天花板通风孔等，可能需要佩戴护目镜和防尘雾口罩。清洁落尘较重的区域也需要佩戴防尘雾口罩。这些口罩可以保护员工的口和鼻子，防止吸入灰尘和其他较小的空气悬浮颗粒。

职业安全与健康法案

美国联邦政府对工作区域和商业场所的安全都做出了规定。《职业安全与健康法案》颁布于 1970 年，旨在为在工作场所的工人提供保护。《职业安全与健康法案》范围非常广泛，涉及很多行业，包括饭店业[①]。

该法案提出的标准涉及客房部员工的方方面面，侧重于雇员的工作场所、工作中使用的材料，以及其他安全问题。这些标准的制定主要是为了保护雇员，而非客人。不过，其中有些标准也涉及有关客人的安全领域。

下文仅讨论了《职业安全与健康法案》中涉及饭店业经营的部分。想要了解更详细的规定，饭店管理人员应联系当地与《职业安全与健康法案》有关的部门，或者美国劳工部办公室，或者访问网址 www.osha.gov。

工作区域

《职业安全与健康法案》标准所涉及的区域有走廊、储存室和服务区等。要求工作区域保持干净、整齐、卫生。在走廊、过道和楼梯两边要求安装栏杆。超过四级（包括四级）的阶梯必须至少安装一个栏杆。

《职业安全与健康法案》的标准还涉及在这些区域使用的便携梯。规定指出，这种梯子必须有很好的结构设计，不能随意改变其结构。如果需要修理，必须把梯子贴上标签。规定还涉及脚手架、活动梯和塔楼等。

人员疏散出口

《职业安全与健康法案》的标准要求必须清楚地标示饭店的逃生出口。该法案还说明了对逃生出口标识的详细尺寸和照明要求。逃生出口及其通道在视线上不能受到阻碍，也不能有杂物阻塞出口及通往出口的通道。逃生出口的大门不能锁闭，以防火灾时员工或客人无法逃离。必须清楚地标注通往出口的路线，以便在紧急情况下迅速找到。

《职业安全与健康法案》的标准根据饭店出口的数量、可用防火设施和建筑结构情况，强制性地规定了单个房间和整个饭店的最高入住水平。更多详细信息请参考《职业安全与健康法案》。

所有的饭店都必须有书面的紧急逃生方案。必须清楚标明紧急逃生路线和程序。该方案应详细规定在紧急情况下员工的职责和应处的岗位。管理层应能凭借这些方案在紧急情况下安全正确地疏散全体员工，并于紧急事件中或善后工作中查询每个人的下落。书面逃生方案还应详细规定在紧急情况和火灾时应首先报告的对象。方案也必须明确员工和当地服务机构的救援和医疗职责。

《职业安全与健康法案》的标准还要求有工作职位列表，以及紧急情况下的联系人名单，以便深入了解情况，或者要求他们解释其在紧急情况处理方案里的有关职责。行政管家或者客房主管也可能被包括在此列表中。

环境卫生

《职业安全与健康法案》对卫生情况也做出了详细规定。废弃物处理、员工盥洗设施和对食品饮料的进食要求都属于这一部分的规定。

废弃物处理 《职业安全与健康法案》详细规定了所有盛放废物的容器都必须能防止泄漏，并且要加上密封的盖子。这些容器必须保持干净卫生。运送废弃物时，不能对公众健康造成危险或者威胁。应经常处理或定期清除这些废弃物。

盥洗设施和淋浴设备 《职业安全与健康法案》的标准规定盥洗设施必须保持干

净，每个浴室必须安装有冷热水供应。必须提供洗手液或香皂，手巾或暖风干燥机应安放于方便员工使用的位置。该标准甚至还规定，根据员工人数和性别比例，饭店必须提供的卫生间的数量。

如果员工在工作之前、工作中或者工作完成后需要淋浴，雇主必须提供与上述盥洗设施中所要求的相同规格的物品。必须提供个人使用的毛巾。该法案标准规定平均每 10 名同性别的员工必须配备一套淋浴设备。

对食品饮料的进食要求 《职业安全与健康法案》的标准要求在盥洗场所禁止饮食。法案还规定：在存有危险化学品或者有毒化学品的储存室也需要禁止饮食。

《职业安全与健康法案》提出：若企业为员工提供工作餐，所提供的食物必须健康卫生，没有变质。准备、提供以及储存食品时，必须保证干净卫生，避免污染。

此外，还有很重要的一个规定是饭店需将客房中的玻璃杯取走，用洗碗柜清洗并消毒。用客房的水池涮洗玻璃杯属于违反公共安全规范的行为。饭店每天都应将清洁干净且消过毒的玻璃杯放于客房中。

标志与标牌

《职业安全与健康法案》的标准要求，出于安全原因，必须要设有专门的标志。客房部需要的标志类型有 3 种：危险标志、警示标志和安全指示标志。同时，还需要用到事故预防标牌来警告员工注意可能的危险状况。

危险标志 危险标志仅用于有即刻发生危险的区域。这种标志用于紧急危险的警告，要求人们必须特别小心。例如，发生腐蚀性清洁剂溢出的区域就应使用合适的危险标志。《职业安全与健康法案》的标准规定，危险标志的颜色应是红色、黑色和白色。

警示标志 警示标志用于警告可能出现的危险。由于水洒落地面或者拖地造成地板湿滑，应使用警示标志。警示标志应放于水桶或者拖把附近，便于取放。警示标志的颜色应为黄色和黑色。

安全指示标志 安全指示标志是绿色和白色，或者黑色和白色。某一特定区域需要进行总体安全说明时，需要用到警示标志。例如，这种标志可用于提示员工不要在储存区域饮食或者抽烟。

事故预防标牌 事故预防标牌是暂用的一种方法，警告员工注意危险的状况或者出故障的设备。使用这种标牌的另外一种情况就是：如果吸尘器的电线破损，应用标牌来说明。标牌上应写"禁止启动""设备故障"，或者"无法使用"。这种类型的标牌不能作为完全的警告，而仅仅是一种临时处理方法，警告可能出现的危险。这类标牌应是红色配白色字母或者灰色字母。事故预防标牌应放于电器设备、梯子或者其他客房工具附近。

急救

《职业安全与健康法案》规定雇主应为员工提供就近医护人员的服务。有些饭店配有常驻医生或者设有护理站。如果没有医务人员，雇主必须指定能够处理工伤的当地医疗机构或者医生。

经过顾问医生批准的急救设备应妥善保存，以备随时使用。如果员工在工作中需要接触到腐蚀性物品，应提供相应的设施，用于发生意外时冲洗眼睛、脸部以及身体。腐蚀性的清洁剂通常用于清洁厨房过滤器，排风罩和烧烤架。

血液病原体

为了保护员工，避免乙肝以及艾滋病等疾病的传染风险，《职业安全与健康法案》要求雇主必须遵守《血液病原体标准》的相关规定。为此，他们出版了一本指导手册，以方便各家饭店根据需要做出修改，以提纲填空的方式，详细规定了饭店必须做到的事项。

饭店努力的核心应是根据饭店工作场所的实际情况，制订职业危害控制方案（暴露控制计划）。下列是《血液病原体标准》中的关键内容。根据《职业安全与健康法案》提供的指导手册提供如下范例：

- 要求雇主写一份决心声明，通过实施职业危害控制方案，为全体员工提供安全健康的工作环境；
- 雇主必须在书面声明中指定管理和实施职业危害控制方案中各项内容的负责人；
- 雇主必须明确指出每一个工作职位中可能存在的血液或者其他感染源的危害，上述内容必须通过书面方式提供，而且还应包括可能对员工引起危害的具体任务和工作程序；
- 雇主必须制订方案，控制员工可能暴露于职业危害的情况，而且必须详细说明实施的相应培训和工作程序，上述方案可能包括提供防护设备、写出书面培训方案、详细规定如果客房中发现针头应怎么办、如何处理沾染血液的布草等。

美国职业安全与健康署检查

客房部管理人员应清楚，《职业安全与健康法案》的监察官员有权检查任何一家饭店。这种检查通常在不预先通知的情况下进行。这种检查也可能被饭店拒绝，但是监察官员会拿到法院授权许可之后再回来对饭店进行检查。通常情况下，一旦监察官员能够提供有效的身份证明，最好允许他们检查。

监察官员可能希望对饭店及其设备和文件记录进行检查。除了《职业安全与健康法案》的文件记录，监察官员可能还希望看到《职业安全与健康法案》的宣传画张贴在醒目的位置。这种检查还会包括安全委员会报告、环境采样以及同个别员工的单独谈话。管理层代表，可能就是客房行政管家，应陪同监察官员进行检查。

《职业安全与健康法案》中的危害通报与教育准则

《职业安全与健康法案》有一整套规定，为各个行业和领域的工作人员提供保护，避免不同工作环境带来的安全危害。联邦政府经常对这些规定进行修改或者增加新的条例，并通知雇主新条例何时贯彻及生效。

《职业安全与健康法案》要求饭店的雇主必须告知员工，在他们的工作中可能要使用到的化学品及其风险。该规定还要求雇主要提供化学品安全使用方面的培训。这个规定被称为《危害通报与教育准则》（简写为 HazComm）。认真遵守这些规定能够让饭店真正受益。有一项调查表明在饭店行业，全体员工中有 9.7% 的人遭受过工伤的痛苦。据估计，如果危害通报与教育准则方案能够阻止一例安全事故，就能够收回实施整个方案的成本[②]。

此外，如果不遵守《职业安全与健康法案》，将会付出昂贵的代价。每有一项违规，就会被罚款 1000 美元，诸如有员工没穿制服，这就可能是一项违规。目前，美国职业安全与健康署每次去饭店检查《危害通报与教育准则》方案时，都会做出评述。另外，各州可能会制定与《职业安全与健康法案》同样严厉的化学品安全法规，甚至更严厉。

《职业安全与健康法案》规定，饭店遵守危害通报与教育准则时，需按照如下 5 个步骤进行。饭店必须：

- 宣读危害通报与教育准则。
- 列出饭店中使用的危险化学品；这包括盘点饭店使用的化学品库存，同采购部核查以确保库存品清单没有遗漏；建立危险化学品档案，并要制定工作规程以确保该档案能及时更新。
- 向饭店所使用产品的供应商处索取化学品安全说明书(MSDSs)，并提供给员工。
- 确保所有的化学品容器上都妥善贴好了标签。
- 制订并贯彻危害通报与教育准则方案，在方案中要向员工讲解化学品安全说明书，说明贴标签的程序，以及告知员工相关危险和防护措施。

开列危险化学品清单

饭店可指派专人来负责储存饭店使用的所有化学品，或指派各部门主管负责储存该部门使用的化学品。表7-4给出了职业安全与健康署所提供的库存单，可用于编制危险化学品清单。

表7-4　危险化学品清单与化学品安全说明书索引表

危险化学品清单 和化学品安全说明书（MSDSs）索引表		
危险化学品	作业/使用区域（可选择）	化学品安全说明书存档

在化学品安全说明书和标签上所出现的每一项化学品名称，都应列在库存单上。还可以列入该化学品的通用名称或者商标名称。客房部所使用的危险化学品清单上可能出现的化学物质如下：

- 喷雾器中的物质；
- 腐蚀剂，如洗衣房用的强碱；
- 清洁剂和抛光剂；
- 洗衣房用的去污剂（乳化剂）；
- 洗涤剂；
- 可燃材料，如清洁剂和抛光剂；
- 地毯或洗衣房用的杀菌剂和防霉剂；
- 地面用的封闭底漆、起蜡液和抛光剂；
- 杀虫剂。

不仅来自于生产商的溶剂和化学品应列入清单，任何在工作中使用到的危险物质也都应包括在内。

《化学品安全说明书》会指出某一种化学品是否危险。为了判断化学品是不是危险，可查看标签上是否有"小心""警告""危险""易燃""可燃"或者"腐蚀"等字样。

如果某一特别的化学品没有提供《化学品安全说明书》，或者如果《化学品安全说明书》上并没有指出该化学品是否该列入危险品清单，职业安全与健康署建议，将此类物质应当作危险化学品来对待。

有些化学品并不包括在《危害通报与教育准则》的范围之内。例如，急救站所使用的擦拭用酒精就不包括在内，因为它仅仅是供员工个人使用的物品。而且，一些普通的消费品，如果仅仅是个人偶尔使用，也不包括在内，例如，一般的润滑油。

危险化学品清单是饭店危害通报方案的一个组成部分。该清单必须提供给员工，让他们能够随时见到，而且要制定程序以确保该清单能及时获得更新。

向化学品供应商索取《化学品安全说明书》

一旦完成危险化学品的库存清单列表，该库存品负责人就应检查列表中所有《化学品的安全说明书》是否已都齐备。如果饭店有某一个《化学品的安全说明书》，负责人可以在表 7-4 中的最后一栏加以注明。如果某一化学品没有安全说明书，则饭店必须联系该化学品的生产商，并索要说明书。很多化学品安全说明书也可以通过网络来获取。

应仔细检查所有的化学品安全说明书，确保其内容完整，清楚明了。如果危险化学品的安全说明书不能为员工培训提供足够的数据和信息，那么危险化学品清单列表的负责人就应联系生产商，索要更多的信息资料，或者进行信息确认。

《化学品安全说明书》可以按危险性、成分或者工作区域来进行分类编辑。其实，任何一种方式都可以，只要能保证员工在紧急情况下容易找得到即可。每个班次都应能拿得到《化学品安全说明书》。不应在下午班或者晚班时，就因储存地点上锁而拿不到说明书。

很多化学品生产商都使用职业安全与健康署制定的《化学品安全说明书》。有些生产商制定了自己的化学品安全说明书样本。表 7-5 给出了一份表格的复印件。附录中给出了一份生产商提供的《化学品安全说明书》的样本。如果制定得当，生产商的《化学品安全说明书》必须包括下列信息：

- 化学品品名；
- 有害成分；
- 物理和化学特性；
- 燃烧与爆炸危险数据；
- 反应性数据；

- 健康危害数据；
- 安全操作和使用中的预防措施；
- 控制措施。

化学品品名　职业安全与健康署要求生产商必须列出物质的化学名称和通用名称，必须提供生产商的名称、地址和电话号码，以便紧急情况下，能够及时获取相关信息。

有害成分　生产商必须列出化学品中的有害物质。

物理和化学特性　化学品的物理和化学特性能够帮助员工通过视觉或嗅觉来识别该化学品。这些特性能让员工更加清楚该化学品的性质，并提醒他们采取必要的预防措施。

燃烧与爆炸危害数据　在培训员工处理化学品引起的紧急情况时，一定要知道该化学品是否易燃或易爆，以及在什么情况下易燃或易爆，这一点极为重要。职业安全与健康署要求生产商推荐灭火程序和灭火时所使用的灭火剂。生产商必须注明任何可能发生的火灾危险或者爆炸危险。

反应性数据　化学生产商必须提供该化学品在稳定性方面的信息。在正常条件下，稳定的化学品不会发生燃烧、不会挥发，也不会爆炸或者以其他的方式起反应。《化学品安全说明书》应说明在何种情况下该化学品会不稳定。例如，极端的温度或者震动会引起某些化学品燃烧。

表 7-5　化学品安全说明书示例（美国职业安全与健康署）

《化学品安全说明书》 可用于贯彻执行《职业安全与健康法案》 中危害通报与教育准则 29 CFR 1910.1200. 具体要求须查阅标准	美国劳工部 职业安全与健康署 （非强制性表格） 美国管理与预算局 批准文号 1218-0072
品名（与标签和物品单上相同）	注意：不允许留空白处。如物品不能使用，或未提供任何信息，必须在空白处用标记表示出来。
第一部分	
制造商名称	紧急电话
地址（门牌号，街道，市，州，邮政编码）	咨询电话
	填表日期
	填表人签名（可选）
第二部分——危险成分／品名信息	
危险成分（具体化学品名；通用名称）； 美国政府工业卫生学家会议确定的阈限值；	《职业安全与健康法案》中的允许暴露限制值； 其他推荐的限度值　　％（可选择）

（续）

第三部分——物理／化学特性			
沸点		比重（水 =1）	
蒸汽压（毫米汞柱）		熔点	
蒸汽密度（空气 =1）		挥发率（乙酸丁酯 = 1）	
水溶性			
外观和气味			

第四部分——燃烧与爆炸危险数据

爆点（使用方法）	可燃极限	爆炸下限	爆炸上限
灭火介质			

特殊消防程序

异常火灾和爆炸危险

（本地复制）　　　　　　　　　　职业安全与健康署 1741985 年 9 月

第五部分——反应性数据

稳定性	不稳定	应避免状况	
	稳定		

不相容性（应避免混合的物质）

危险分解作用或副产品

危险聚合作用	可能发生	应避免状况
	不会发生	

第六部分——健康危害数据

侵入人体途径：　吸入？　皮肤接触？　咽下？

健康危害（急性和慢性）

致癌性：正常温度和压力？　国际癌症研究机构专论？　《职业安全与健康法案》规定？

接触后出现的征兆与症状

接触后通常出现恶化的医学症状

应急与急救措施

第七部分——安全操作和使用中的预防措施

物质释放或溢出时应采取的措施

（续）

废弃物处置方法		
操作与储存时应采取的预防措施		
其他预防措施		
第八部分——控制措施		
呼吸系统防护（说明种类）		
通风方法	局部排放	特殊方法
	机械排放（通常使用）	其他
防护手套		眼部防护
其他防护服和防护设备：		
工作／卫生保健		

健康危害数据 化学品如何侵入人体，其所蕴含哪些急性危害物和慢性危害物，这些都必须列入化学品安全说明书中。急性危害物能够对使用者立即产生影响；慢性危害物则通过反复长期的使用，对使用者产生影响。而且，生产商必须根据国家防毒方案、国际癌症研究机构或者《职业安全与健康法案》的规定，来说明该化学品是否为致癌物质；是否会引起任何其他医疗状况的恶化；一旦接触到该化学品，若出现危险情况，应采取哪些紧急和急救措施。

安全操作和使用中的预防措施 化学生产商必须提供有关如何使用、储存和处理化学品的建议。以及如何妥善处理化学品洒漏的正确方法。

控制措施 必须概括列出如何安全使用该化学品。生产商可能会推荐使用者佩戴手套、护目镜、防护服或者使用其他的个人防护设备。还要说明如何才算是正确的工作方式或者符合卫生保健的做法。

给所有化学品容器贴标签

除了《化学品安全说明书》之外，化学品生产商还要给化学品提供恰当的标签。职业安全与健康署要求雇主需检查所有标签的完整性和准确性。标签内容必须包括化学品的名称、危险警告和生产商的名称和地址。如果某个化学品没有标签，雇主必须根据化学品安全说明书制作标签，或者向生产商索要标签。

在《危害通报和教育准则》的规定中，提出贴标签的要求，是为了给化学品的使用者提供一种"早期预警体系"。标签必须注明在符合《职业安全与健康法案》规定的条件下，正常使用该化学品，可能对身体健康产生的危害（因为几乎不可能把在意外情况下或不当使用时，可能出现的所有危险都列出来）。例如，标签中不能仅仅简单地说明"禁止吸入"；它还必须解释吸入该化学品会出现什么影响。但是，如果标签过于详细，员工可能会注意不到其中真正重要的警告。

为了使标签易读易懂，有些饭店使用了由颜色、字母和数字代码组成的标签系统。例如，红色标签可以表示该化学品会对身体产生危害；字母 F 可以表示该化学品具有可燃性；数字 4（级别从 1 ~ 4）可以表示危险程度相对比较严重。员工必须接受相关的培训，要认真阅读并理解饭店所使用的标签系统。

《职业安全与健康法案》中关于标签的条款还要求，雇主要保证员工对倒入化学品的容器贴注正确的标签。在有的州还规定，如果员工将化学品倒入便携式容器并立即使用，这种情况下不必贴注标签。但其他州则要求所有的便携式容器也都要贴注标签。饭店应根据各州的具体情况要求建立标签体系。

制订危害通报与教育书面计划

《危害通报与教育准则》方案的培训仅适用于在工作中需要使用化学品的员工。而前台工作人员、行李员、财务人员和其他日常工作中不使用化学品的工作人员则不必参加此方面的培训。

讲座、电影和视频都可以作为员工培训的部分内容。但是，培训中还必须安排时间让员工提问题和开展讨论，这有助于让员工学以致用。美国劳工部通过网址 www.osha.gov 提供相关的培训资料。还提供了几种出版物，包括危害通报与教育服务工具包，可以从网上购买或者通过拨打美国政府印刷局的电话 (202) 512-1800 来购买。

全国饭店业中已有很多很成功的危害通报与教育准则方案可供参考借鉴。

安保

在饭店经营中，为人员和资产提供安保是一项涉及面很广的任务。安保工作可能涉及客房安全、钥匙管控、外围控制等很多方面。每个住宿企业都不尽相同，都拥有各自的安全需求。

安保应作为一种管理工具得到认可和使用。该饭店是否需要大量的安保人员，或该饭店的值班经理是否应是唯一的安保主管人员，这些问题都必须进行明确的界定，并需要付诸实践。管理层和主管团队的成员都应参与到饭店安全指导方针的开发制定过程中来。

这里提供的信息仅对安保工作做些介绍，只包含与客房部相关的内容。饭店管理层应咨询法律顾问，以确保饭店这方面的工作遵循相关的法律[3]。

安保委员会

一些饭店通过成立安保委员会，来制定和完善安保指导方针。安保委员会应由饭店主要管理人员，包括各部门主管组建而成。也可吸收一些主管和经挑选的按小时计酬的员工参与进来，他们也可能提供重要的安保信息，并增加委员会的工作成效。

编制安保指导手册，设计各种培训和安全意识宣贯计划，这些都属于安保委员会的主要议程内容。这些材料和项目应包括客房安保、钥匙管控、照明、应急程序和安保记录。一旦编制出来后，委员会必须对这些材料和计划不断加以修订和更新，以满足饭店不断变化的需要。

委员会应每月举行一次例会，监督饭店安保计划和项目的实施情况。委员会在其他职责方面，一般还会包括：

- 监控和分析一再发生的安保问题，并为这些问题提出解决方法；
- 对偷窃、破坏公物和店内发生的暴力事件等做记录；
- 进行安全抽查和饭店巡查活动；
- 调查安全事故。

最后一点是：安保委员会应与当地警察机构保持畅通的信息交流。在安保培训和基本财产安全保护方面，当地警察机构会通常是很好的可用资源，他们也会有不少很好的想法可供参考。

房务纪事

客房部员工安全提示

1. 把万能钥匙佩在腰间或系在腰带上或放在口袋里，以确保钥匙不会不经意间落在客房服务车上或某个房间里。

2. 不要为客人打开房间门锁。应要求出示证件，并要给前台或饭店安保部门打电话，通报情况。

3. 如果在客房里看到珠宝、现金、枪支或血迹，应退出房间并电话召唤主管处理。

4. 向维修部门报告烧坏的灯泡、破损的窗锁、电量不足的电池和其他安全问题。

5. 在任何时候，储存区域、壁橱、布草滑槽都应保持上锁状态。

6. 在客房摆放清晰、完整的安全和安保说明，以便客人使用。

7. 不要把客人的私密信息（如包含姓名和房间号码的分房名单）放在公众视野内或放在客房服务车上。

资料来源：《房务纪事》，第 1 卷第 3 期第 8 页。

请致电 866-READ-TRC 获取相关订阅信息。

可疑活动

住宿企业虽然面向公众开放，却具有私人使用的性质。饭店经营者有责任监督店内人员的活动，在合适的情况下，如有必要，甚至可加以控制。鉴于此，饭店应建立如何应付和处理那些不请自来的未经授权人员的相关政策。

允许在客房区域活动的个人包括饭店的客人、饭店客人的探访者以及在授权区域工作的值班员工。客房服务员可成为饭店有效安保力量的一部分，在客房区域尤应如此。应让客房服务员接受相关的培训，让他们学会识别可疑活动、非授权人员，以及不受欢迎人员。如果看见有人在客房区域闲荡、查门锁、敲门，或者看上去很紧张，对这些人应引起怀疑，并需要上去盘问。

要谨慎处理这些出现在客房区域的未经授权人员或不受欢迎人员。如果员工感到受威胁或处于危险，则不应接近他们，而应退到一个安全区，如储存室或空闲的客房，锁上门，然后给前台或安保人员打电话。

如果员工决定接近这样的人员，应做得有礼貌些，应询问对方是否需要提供帮助，但注意要避免与之长谈。如果这个人声称自己是客人，服务员应要求看一下房间钥匙。如果这个人说自己不是客人，或拿不出房间钥匙，服务员应向对方解释饭店的政策，并给对方指明前台的方位。然后，应观察这个人是否走向前台，再给前台或安保人员打电话，告知相关情况。

饭店员工本身也可能会引起类似的安保问题。对不在指定工作区域出现的员工应加以制止，询问他们是否需要帮助。应根据对方的反应和态度，确定是否应给安保人员或客房主管汇报情况。

员工的朋友和来访者不应获准在客房区域或员工更衣室活动。饭店管理层应指定一个区域，以方便员工的朋友和来访者等候会见。该政策也有助于减少潜在的偷窃现象。

冰毒提炼室

冰毒提炼室是很多饭店碰到的非常具体的问题。那些想生产非法毒品的人常会选择饭店房间作为生产地点，因为在他们自己家里这样做太危险了。他们常使用客房的咖啡壶等设备来烹煮挥发性物质，这就给在他们之后住宿的客人造成了危险。

在制造冰毒的过程中，常会有剧毒气体泄漏。一旦发现有客房被人用作冰毒提炼室，任何饭店都得花费 2000 ～ 20000 美元才能将其彻底清理好。不管是哪个客房服务员，一旦发现有人将客房用作冰毒提炼室的蛛丝马迹，都应立即联系安保人员，因要想彻底清理这麻烦，得需要有一个处理有害物质的团队一起作业才行。为了员工和客人的安全，饭店需要认真遵循地方和国家有关如何清理冰毒提炼室的相关法规，严格按步骤进行处理。

在以前，客房服务员主要通过识别有没有出现一些关键物质，来确定是否有冰毒提炼室存在过的迹象，这些物质包括：碱液、排放口清洁剂、盐酸、红磷、锂金属、乙醚、氨、苯和伪麻黄碱。

现在，与冰毒提炼室相关的其他迹象还可以包括：

- 有强烈的类似于指甲油、猫尿或氨水的气味；
- 在浴室内有发现被碘或化学物质污损的固定装置；
- 有被染成蓝色的配件的丙烷罐；
- 有过多的垃圾，包括大量废弃的容器或含有麻黄碱或伪麻黄碱的感冒药包装盒、管道疏通剂、防冻液、工业酒精、灯笼燃料，以及被染红的咖啡过滤器；
- 有配有玻璃管的瓶子或罐子。

盗窃

在饭店经营中，很难杜绝员工和客人的偷窃行为。门未上锁、缺乏库存控制和简单的粗心大意，这些都会增加失窃的机会。不过，管理层可以通过减少发生偷窃的机会，来降低家具、固定装置、设备和布草的失窃数量。

客人偷窃 令人遗憾的是，饭店屡屡发生客人偷窃的现象。有些客人的偷窃行为被认为是一种促销形式；但其他客人偷窃行为则并非如此。多数饭店会假定客人将带走有饭店显著标志的物品，如火柴、笔、洗发水、烟灰缸和针线包。在多数情况下，这些物品能为客人提供便利，也确实是饭店所使用的一种广告形式。然而，毛巾、浴袍、垃圾篓和画的失窃，则不是此促销策略的一部分。饭店并不想让客人把这些物品带走。这些物品的丢失会给饭店经营增加一大笔费用。

为减少这些物品的失窃现象，一些饭店会坚持清点放置在房间里的毛巾数量。当客人需要配备额外的毛巾时，得到前台登记。第二天清洁客房时，服务员会记录房间里的毛巾数量。客房服务员发现失踪物品的能力，将为饭店赢得充裕的时间，来向客人收取被带走物品的费用。

一些饭店也有用到别的办法。在它们的礼品店里，会放置一些物品出售，如毛巾、浴袍和皮革文具文件夹。这可能会减少发生偷窃行为的可能性，因为客人可以选择购买这些物品。此外，在礼品店出售这些物品有助于确定一个标准价格，以向客人收取所丢失物品的费用。其他有助于减少客人偷窃行为的方法包括：

- 尽可能少使用印有饭店徽标的物品：大多数客人拿走毛巾或浴袍，是为了将它们留作纪念，而并不是真的想偷窃，减少使用带有饭店徽标的物品，会减少诱惑。

- 让储存室保持关闭和上锁状态：不要让客人从储存室带走任何物品，同时，存储在客房服务车上的便利物品应放在一个安全的地方或锁在一个隔间里；如果物品被放在客房服务车的顶部，走廊里走动的客人在几分钟内就可以很容易地带走够在家使用一年的洗发水和香皂。

- 在客房用品及设备上署名，或把它们系在适当物体的表面：如果这些物品不是被钉、粘，或用螺栓来固定住，或固定到墙上，并且这些物品又够小，小到可以装在一个手提箱里，那么，这些东西就会成为客人偷窃的首要目标；越容易被移动的物品越有可能被挪动，所有画框、镜子和墙饰应谨慎地贴在墙上；灯应足够大，以至于不能轻易放进箱子或袋子，昂贵的物品诸如电视，应用螺栓来拴住，并配备一个警报，如果试图移动该物品这个警报将提醒前台或安保人员；登记如电视机等物品的序列号，在一个不起眼的地方附上饭店名称，也是一个很好的做法。

   许多豪华饭店为了维护某种形象，对诸如闹钟、电视遥控器或者是书等物品，并不采取任何安保措施。这并不意味着它们就没有失窃的问题。然而，在这些饭店里，通常会对被盗物品索取很高的赔偿价格。尽管如此，饭店服务员在清洁库存品时，还是应将任何失踪物品告知前台、保安部，或有关的主管或部门。

- 关好窗户：客房越靠近停车场，房间物品就越可能丢失；一个发生在饭店的典型事例是：一楼客房内的重达34公斤的木框镜子，竟然被人从后窗移走了。这种镜子太大、太重，要想从大堂正门带出去是不可能的，但通过客房窗户移动到车里，却很不容易被人察觉；所以，要注意保护所有一楼的窗户，以及玻璃滑门，以确保它们不能完全打开，如果有可能，要限制可供客人进出其房间的出入口数量。

非客人偷窃 客人开始把越来越多的贵重物品带到饭店，特别是技术设备和工具，它们已成为想方设法到饭店窃取财物者的目标。客房服务员必须保持警惕，注意可疑的人，不允许未经授权的人进入客房。在无人值守时，客房区域的门永远不应大开着。

笔记本电脑失窃问题一直让饭店特别关注，因为笔记本电脑偷窃团伙会把饭店作为主要目标。在无须身份证明的情况下，窃贼会在客房服务员正清洁客房时走进房间。他们还会进入笔记本电脑经常处于无人照管状态的会议室。据统计，饭店业每年的损失中，计算机失窃要占10亿美元左右。如果客人的笔记本电脑被偷，他们可能会寻求赔偿，但不只是索赔重新购置笔记本电脑的钱，他们还会要求对文件、数据和工作效率的损失进行赔偿。

很多饭店已经安装了客房内置保险箱，它大到足够容纳大多数笔记本电脑和其他贵重物品，可以保护客人的金钱、珠宝、护照、个人电子产品 (DVD 播放器、个人数字助理、MP3 播放器、手机) 等其他贵重物品。这可以帮助饭店减少些责任。

员工偷窃 减少员工偷窃现象应该由管理层负责设立规范，并身体力行，为员工做出表率。一个管理人员，如果他拿走饭店的牛排到家里做烧烤，就很难有效要求员工不要偷饭店的食物、布草和其他财物。管理层也应详细制定关于员工偷窃行为方面的规定。《员工手册》应说明偷窃饭店财产的后果。如果饭店明确规定偷窃的员工将被起诉和解雇，那么饭店就应一直坚决贯彻实行下去。尤为重要的是，当管理人员在执行这些规则时，应一视同仁，不歧视任何员工。

管理人员应在提供工作机会之前就对申请人进行筛选，应对申请人开展彻底的背景调查，包括审查申请人是否有前科。在问任何问题或做任何询问之前，应查询当地法律、州法律和联邦法律，以确保所用的筛选方法不违法。

良好的库存控制程序也可以帮助控制偷窃现象。对所有物品都应有详细的登记，对任何异常或原因不明的数量变化更要特别记录。例如，在某家饭店里，每月都会发生某个固定数量的卫生纸丢失事件。后来，通过严格细致的库存控制发现，原来是一名客房服务员在每次发运卫生纸时，都会拿走一箱卫生纸，并按卷卖给饭店停车场的同事。

一个好的做法是可对所有的客房供应品，包括卫生纸、便利物品和布草，进行月度库存清点。如果物品储存与使用率不匹配，或如果放在架上的库存品太少，这可能就预示着存在员工偷窃行为。月度库存盘点结果应告知员工，尤其是在发现物品短缺的时候，更应如此。

除了保持库存记录外，还应保持被盗或丢失物品的记录，包括那些在客房被盗或丢失的物品。记录应包括该客房服务员的名字，和任何其他进入该房间的饭店员工的名字。例如，如果送餐服务员去过该房间送餐，该员工的名字应被写进记录。久而久之，如此详细的记录更容易管理与安保，也更容易帮助识别是否是窃贼与特定员工相互勾结。

所有储存室的门均应上锁。储存室应装有自动关闭和锁定装置。储存室的门锁应定期更换，以减少偷窃行为发生的机会。

如果饭店规划许可，管理者应设定专门的员工出入口通道。这些出入口处应该光线充足，并且足够安全，能开展日夜的安保检查。可在员工出入口处设置安保人员办公室，来监控来来往往的员工。

饭店也应该让员工清楚地知道什么物品可以带入或带出饭店。管理人员可以为带入物品和带出物品之类的情况建立检查系统。如果员工得到许可，可将物品带出饭店，之前就应给该员工发放一个由主管或相关管理人员签署的许可证。

精心选择一个区域让员工停车，也可以帮助控制物品丢失的情况。保持区域照明良好，既能减少偷窃的诱惑，也使很多天黑后来取车的员工变得更安全。员工停车场不应建在靠近大楼的地方，因为那样会让员工更容易将赃物迅速转移到自己的车上。

如果饭店非常大，或者员工流动率很高，员工之间又不太熟悉。在这种情况下，就需要识别身份徽章，以防止冒充员工的陌生人进入饭店。

爆炸物威胁

客房部处理爆炸物威胁的程序应是饭店安保手册的一部分。客房部的作用通常是帮助搜寻任何可能是爆炸物的可疑物品。

搜索地点和方式将取决于饭店收到爆炸物威胁的情况。依据打电话或者信件反映的信息，可为人们应在什么地方搜索和搜索什么类型的爆炸物，或搜索什么可疑物件来提供线索。搜索地点通常包括楼梯、壁橱、烟灰缸、垃圾容器、电梯、出口处和窗台。光线暗淡的检查区域可使用手电筒帮助照明。

搜索团队的员工应注意寻找通常在一个区域里一般见不到的物品。客房部员工在搜寻活动中有优势，因为他们的日常工作使其对饭店许多区域很熟悉。一旦发现可疑物品，不应触摸和移动它，不要触碰邻近地区的任何东西，包括电灯开关。应立即报告搜索团队的负责人或有关的主管。最好是当面报告或通过电话汇报。要避免使用收音机、对讲机或者手机。一些爆炸物对这些通信工具所产生的声波很敏感，可能会引爆爆炸物。

如果搜索完成后并没有发现什么可疑的东西，搜索团队应在一个指定区域内重新部署。当所有的搜索程序都结束之后，可发出危险解除的信号，管理人员会为客人、员工和饭店不受任何真正的威胁而欣慰。

当收到爆炸物威胁时，通常不会直接向客人通报。这是因为很多爆炸物威胁只是恐吓而已。然而，仍然需要启动爆炸物威胁应急程序，以防出现真正的紧急突发事件。一般来说，这些程序不包括通知客人，直到完成搜索过程，都应如此。如果万一在搜索过程中，有客人确实问询到员工，该员工应注意回答问题的方式，不要引起不必要的猜疑和恐惧。

安全与安保手册应包括疏散计划，以防爆炸物真的被发现或在店内发生爆炸时无所适从。还应包括紧急医疗服务方面的内容。假如发生爆炸物爆炸，客房服务员应遵循有关程序，来协助救援工作。所有的爆炸物威胁都应报告给当地的警察机构。如果警方对这样的电话开始采取措施的话，饭店应遵循警方的指示安排。

表7-6描述了Nexus操作系统的一些情况，该计划是纽约市警署为预防恐怖袭击，而付诸实施的。

表 7-6　Nexus 操作系统

> 　　纽约市警署 (NYPD) 的 Nexus 操作系统是一个有商业机构和企业参加，并致力于预防恐怖袭击的宽带网络。这个网络包括 25000 家公司，还有若干全国性的商业机构、职业协会、行业协会（包括美国饭店业协会）正加入其中，并承诺要将这个操作系统"最佳实践"项目的效果传达给其成员。
>
> 　　纽约市警署相信，那些想方设法制造恐怖事件的人会把自己装扮成要购买或租赁特定材料和设备的合法客人，或想通过参加某些正式培训来获得重要技能和执照的合法客人，这想法催生了 Nexus 操作系统。还有一个问题，这些人可能只是想偷取合法企业库存里特定类型的车辆、设备或材料。但无论如何，一旦这些东西被他们据为己有，就可能会被用于实施恐怖阴谋。
>
> 　　通过该操作系统，纽约市警署积极鼓励业主、经营者和他们的雇员，要他们将自己专业的商业知识和经验运用到每一笔对客业务或与每个客人的交往上，要辨别任何不寻常的或可疑的、可能与恐怖主义有关的事。并且，应把这种情况报告给地方或联邦当局。
>
> 　　有了这些目标，纽约市警署虽然不能列出所有的，但要求参与者们至少注意以下清单中所列的可疑行为，这些行为应被视为"最佳实践"项目反恐指南的一部分，应在发现后立即通知执法当局：
>
> - 在重大事件的前一天（如新年夜）的最后时刻，到店办理入住登记手续的散客；
> - 连续数天拒绝客房服务员进入其房间执行清洁程序的客人；
> - 虽然允许客房服务员进入房间，但又不同寻常地监督或严格监控服务员行为的客人；
> - 有证据表明在故意改变其外貌特征的客人（例如，剃发 / 修剪头发、染发剂、大量的剃须膏、剃须刀），或有让员工清理因大量头发而堵塞排水管要求的客人；
> - 要注意识别可疑房间预订文件的真实性（例如，在"官方"文件中出现拼写错误，照片修改痕迹，邮政信箱地址，或无电话号码）；
> - 要注意用大笔现金而不是信用卡来支付昂贵住宿账单的客人，或有任何其他不寻常的登记和预订信息的客人；
> - 要注意房间电话账单中有海外电话的客人；
> - 要报告客人行李或行李包含的敏感文件被窃的事情，如护照、签证和其他类型的身份证明被窃等；
> - 要注意所招待访客的数量不寻常的客人，以及在楼层闲逛的人；
> - 要注意有不寻常或过多行李、容器、工具、电线等东西的客人，也要注意客人丢弃的行李；
> - 要注意抵店时似乎携带的是空行李的客人；
> - 拥有非常昂贵的摄影或监测设备，双筒望远镜，或其他客人或游客不常有的设备（例如，夜视镜、军事望远镜）的客人；
> - 拥有未经授权的制服（例如，机场、邮政、警察、军队）的客人；
> - 拥有不寻常的气味或未知物质的客人，例如，油性染色剂或其他易燃材料；
> - 请求入住特定房间的客人，因为从这些房间可以看见城市的另一栋建筑或其他可被视为恐怖主义的潜在目标地点；
> - 邮递可疑包裹的客人，例如，重量或衡量不寻常、有电线隆起、包装或信封上有油迹、异味、未知来源的人工传递等；
> - 在不寻常的时段还在饭店大堂游荡者；
> - 在暖通空调系统排风口、通风口、设备等附近闲逛的可疑者。

资料来源：美国饭店业协会网站。

火灾

根据不同的燃烧材料，可将火灾分为 4 类。A 类火灾涉及木材和纸制品；B 类火灾涉及易燃液体、油脂和汽油；C 类火灾是电器火灾；D 类火灾由可燃金属引发，通常与饭店经营无关。

饭店里的许多火灾一般是由多种可燃物引起的。例如，在发生火灾时，是由 A 级易燃物引起的，但继而引发 B 类和 C 类火灾，这是很有可能出现的情形。

引发火灾的原因很多。一些火灾是由于意外事故或机械故障引起，其他则是纵火的结果。在 20 世纪 80 年代，发生在饭店行业的一些火灾造成了人员死亡。据查，最严重的两个火灾原因是电气故障和纵火。

火灾探测系统　由于饭店火灾所带来灾难和影响巨大，州和联邦立法机构已通过立法，对饭店运营提出了更高的消防安全要求。这些要求包括安装烟雾报警器、火势控制系统和报警器。

烟雾报警器　安装在客房中。有些是由蓄电池来驱动运行，并独立于饭店报警系统之外的。其他的烟雾报警器则是连接电线的，具有固定线路。一旦启动，不仅在客房或周边区域能听到报警声，前台或维修部办公室的控制面板也能发出警报。

烟雾报警器通过检测烟雾而启动，分为两种类型：光电烟雾报警器和电离感烟报警器。光电报警器因报警器中的一束光受到烟雾干扰或被烟雾隔断而启动。电离感烟报警器也因为检测到烟雾而启动，但报警器的报警声却是由两个电极板之间的离子导电性因烟雾而发生变化引发[4]。

烟雾报警器可在非火警情况下启动。有时长时间的热水淋浴蒸汽以及因客人吸烟产生的烟雾也会在无意中启动这些警报。

火势控制系统　火势控制系统包括喷水灭火的洒水装置。这种装置通常由高温引发而不是烟雾。因此，如果一个烟雾报警器响起警报，喷水灭火系统并不一定会启动喷水。洒水喷头通常位于客房的天花板上或附近区域、客房部储存室、洗衣房以及其他公共区域。因为洒水喷头从天花板或墙壁突出了几厘米，所以，员工在清洁喷头周围时必须小心。清理时，如果喷头有被损坏或碰撞，就会启动火灾报警，并在该区域射出数百升的水。

消防拉手窗　警报可以由烟雾报警器、热探测器、自动喷水灭火系统和消防拉手窗发出。消防拉手窗位于公共区域，如大堂、走廊、电梯和出口处附近，这些窗位通常是红色的，使用时，必须打破玻璃面板，并拉动拉杆来启动火灾警报。员工应清楚消防拉手窗的位置，并知道发现火灾或烟雾时，应如何启动火灾警报。

消防安全培训　火灾发生时，客房服务员可能得参与疏散客人和其他员工。在某些情况下，客房服务员还可能被要求搜索火灾未被波及的客房区域，以确保所有客人已经撤离饭店。在任何消防安全计划中，培训都是很重要的，应通过培训，让员工知道在真正发生紧急情况时，该如何冷静处理，并专业地应对。

消防安全培训也应提供指示信息，指导员工在发现火灾时，该如何报警以及该如何应对。培训计划还应包括应急逃生计划和对客房部员工参与帮助疏散客人的基本职责的说明。还应讲述在紧急疏散后清点所有员工的方法；要事先告知所有员工在饭店外集合的指定地点。

在火灾中，大多数伤亡是由于烟雾和有毒气体所致，而不是火焰。所以，要向员工演示，该如何从烟雾缭绕的走廊或房间逃脱。当试图逃离烟雾弥漫的房间时，员工应将身体贴近地面，并用湿毛巾捂住嘴巴和鼻子。应提醒员工，在发生火灾时，绝不能使用电梯，而要通过消防通道或楼梯来逃离饭店。

应教育员工如何扑灭垃圾篓内，或有限区域内发生的小火。不同的便携式灭火器能扑灭不同类型的火灾。表 7-7 列出了经核准使用的灭火器类型。大多数饭店有ABC 型灭火器；这些灭火器对饭店中发生的绝大多数火灾都有效。应告知员工灭火器所在的位置，以及训练他们如何使用灭火器。

职业安全与健康署颁布了有关突发事件和防火计划的消防安全培训标准。相对于只是学习《职业安全与健康法案》和当地消防安全法而言，更深入的员工培训能使饭店在多方面更加受益。第一，它为饭店员工提供了一个更安全的环境。第二，训练有素的员工为客人提供了更高级别的安全保证，这可以作为饭店服务的特色。第三，消防安全培训对于发生过火灾事故的饭店来说，是一种法律上的自我保护。培训员工可以证明饭店管理层对消防安全采取了一些切实的预防措施，而非疏忽懈怠[⑤]。

耐火材料 火的燃烧需要燃料。在饭店，可燃物包括床、布草、窗帘、地毯、化学清洁剂。作为一个全面的消防程序，只要有可能，饭店应购买和使用抗火纤维织物和材料。耐火材料是根据火焰蔓延率来分级的。最低的是零火焰蔓延。地方、州和联邦法规可能对每种材料的最低耐火等级做出认定。当地消防部门也可以提供相关阻燃纤维和材料的信息。

钥匙管控

饭店推行适当的钥匙管控程序，这对确保客人的安全和隐私而言，十分重要。钥匙管控还能减少发生客人和饭店内部偷窃行为的可能性，有助于保护饭店的利益。客房部主要涉及 4 个类别的钥匙：应急钥匙、万能钥匙、储存室钥匙和客房钥匙。

钥匙类型 应急钥匙能打开饭店的所有房门，甚至是那些客人已双重锁上的门。这些钥匙应保存在一个安全的地方，如饭店保险箱或保安室。有些饭店也在店外存

表 7-7　灭火器的类型

灭火器类型	A		AB	BC				ABC		
释放介质	水剂（含阻冻剂）		水成膜泡沫灭火剂与成膜蛋白泡沫灭火剂	二氧化碳	固态化学品		卤化型 1211/1301	多功能固态化学品		卤化型 1211 1211/1301
释放方式	内压式	泵箱式	内压式	自贮式	碳酸氢钾 内压式	弹筒式	内压式	内压式	弹筒式	内压式
可用规格	2.5 加仑	2.5～5 加仑	2.5 加仑（33 加仑）	5～20 磅（50～100 磅）	2.5～30 磅（50～350 磅）	4～30 磅（125～350 磅）	1～5 磅	2.5～20 磅 50～350 磅	5～30 磅（125～350 磅）	5.5～22 磅（50～150 磅）
横向射程（约英尺数）	30～40 英尺	30～40 英尺	10～25 英尺（39 英尺）	3～8 英尺（3～10 英尺）	10～15 英尺（15～45 英尺）	10～20 英尺（15～45 英尺）	10～16 英尺	10～15 英尺（15～45 英尺）	10～20 英尺（15～45 英尺）	9～16 英尺（20～35 英尺）
释放时间（约秒数）	1 分钟	1～3 分钟	50～65 秒（1 分钟）	8～15 秒（10～30 秒）	8～25 秒（25～60 秒）	8～25 秒（25～60 秒）		8～25 秒（25～60 秒）	8～25 秒（25～60 秒）	10～18 秒（30～45 秒）
操作程序与灭火剂的局限性	电导体。须防冻。阻冻剂的除外。燃液体与油脂上使用将促使火焰蔓延。		电导体。须防冻。在消防酒精这种可溶于水的液体上无效，除非有商标标牌另有说明。	在高浓缩状态下将火闷熄。避免触及角状喷口。大风情况下效力受限。在华氏零下气温下效果严重下降。	净化环境。尤其适用于精密电子设备。在狭小区域内能见度很低。		避免使用高浓度的，避免使用无谓的使用。	净化环境。电子设备会受损。在狭小区域内能见度很低，对深层的 A 级火灾有一定的渗透力。		避免使用高浓度的，避免无谓的使用。

注意：气温低于 40°F 或高于 120°F 时。

* 未列入 D 类灭火器。

注意：仅仅固态化学品型灭火器对加压可燃化学型灭火。可燃液体见能很低，ABC 多功能固态化学品型灭火器不可用于深油炸锅型灭火。

注意：括号内数字指轮子的灭火器；　＊未列入 D 类灭火器；获准根据美国消防设备材料销售商协会《轻便型灭火器材选用指南》改编（美国，伊利诺伊州，芝加哥，1988）。

放一把应急钥匙。应急钥匙只应在紧急情况下，才可以被分发和使用，例如，在火灾或当客人或员工被锁在房间，需要立即援助的时候。大多数客房服务员并非每天都需要使用应急钥匙。

万能钥匙也可以开多个客房。万能钥匙的使用分为3个级别。最高级别是总钥匙。这个钥匙可打开饭店的每间客房。在很多时候，它还可打开客房部所有的储存室。如果客人已经用插销锁上门，则万能钥匙无法打开门。在发生紧急情况时，员工如果必须进入饭店某些或所有区域，万能钥匙可以派上用场。为此目的，万能钥匙应由保安室或前台来负责存储和发放。

第二级别的万能钥匙是区域钥匙。这种类型的钥匙可打开饭店一个区域的所有房间。这种类型的钥匙给客房主管可能不止发放一把，以方便他们去检查饭店多个区域客房服务员的工作。

最低级别的万能钥匙是楼层钥匙。一般来说，这种钥匙主要配备给客房服务员，让他们能打开房间，并完成分配给他们的房间清洁任务。如果员工要清洁的房间分布在不同的楼层或区域，可能就需要配发不止一个楼层的钥匙。楼层钥匙通常可打开该层的储存室，除非该储存室使用的是专用钥匙，或必须使用另一把万能钥匙才能打开。

客房钥匙 客房钥匙是分发给客人的。这种类型的钥匙只能打开一间客房，在某些情况下，它可开启其他带锁区域，如游泳池、健身房、商务中心或各种通入饭店的外部入口。客房钥匙不使用时需要存放在前台。

钥匙管控程序 应建立日志来监控万能钥匙的分发使用情况。这个日志应包括日期、时间、某把钥匙领取人的签名，以及见证人或发放钥匙的管理人员与安保人员的签名。在较大的饭店，由布草房服务员来负责分发和保管客房服务员使用的钥匙。在较小的饭店，行政管家或前台会承担这个职责。

员工拿到钥匙后，应始终随身携带。为了不遗忘钥匙，推荐使用钥匙带、腕套或颈链等设备。万能钥匙绝不能遗忘在客房服务车的顶部、客房中或者其他不安全的地方。员工不应将万能钥匙借给其他员工或客人使用。签收万能钥匙的客房服务员要对该钥匙负责，不应把它带离饭店。最后，客房服务员决不应用万能钥匙为客人打开房间。如果客人要求员工打开房间，员工应礼貌地解释饭店的规定，并让客人直接到前台解决问题。

如果客人将钥匙遗留在房间里，客房服务员也有责任将客房钥匙回收。许多饭店会在客房服务员的客房服务车上安置带锁的箱子来存储客房钥匙。如果没有锁箱可用，房间钥匙应保存在一个安全区域，直到送回到前台为止，但谨记不要放在车上。如果客房服务员在走廊或公共区域发现有房间钥匙，应立即通知前台，并将钥匙送回前台，或放置在锁箱里。

AHLA 饭店客房经营管理

门锁系统 大多数饭店的客房和储存室的门都使用电子门锁系统或磁卡门锁系统。这种类型房间的上锁机制是使用特殊的门锁和定制的塑料卡片来作为钥匙开门。电子卡片钥匙看起来像信用卡，内有磁条，而机械卡锁则利用塑料卡片上的穿孔来开门。前台的钥匙代码机会在每个电子卡片钥匙打开门后启动第二顺序代码。每个锁可识别一系列的超过百万个的代码。一旦新的电子钥匙编码完成并导入新锁，前面的代码就会自动废弃。电子卡片钥匙还可以通过编码，允许客房服务员进入多个特定的房间。

房务纪事

饭店对客人个人财产负有重大责任

对饭店业来说，一个由来已久的问题是保护饭店客人的个人财产。传统上，客人财产包括服装、行李、金钱、珠宝和度假用品。现在，饭店客人有可能带着诸如笔记本电脑、手机、各种电子设备，可能还有旅行推销员带的货品。这些东西有时可能价值上千美元，这也许揭示出饭店得为客人的损失承担重大责任了。

谈到为客人保管个人财产问题时，饭店管理人员应意识到自己义不容辞。

委托书 委托书在法理上被界定为：以明示或默示的协议形式，交付一个有形动产用于某些目的，当目的达成，签收人应在相同或相似的条件下返还该有形动产。从本质上讲，它是委托饭店暂时保管个人产权，这将包括客人放置的保险箱或安全存款箱、行李寄存、代客泊车、代客洗衣服等服务。如果因委托造成明示或者暗示，所适用法律将有所不同。

责任理论 仅在饭店内或在饭店人员照管或负责的范围内，管理部门才对客人丢失的财产负有责任。普通法律责任规定：饭店在本质上是责任承担人，并负责赔偿损失，除非饭店能说明损失是由客人的粗心大意或不可抗力或一个常见的行为或公敌造成的。法定责任，有时被称为一个限制责任条例，在大多数司法管辖区里，倾向于限制饭店的普通法律责任。美国的 50 个州已经通过立法，旨在限制饭店所有者对客人个人财产的责任。然而，要接受限制责任管理保护法令，必须做到以下几点：

- 要么在房间里，要么在中心区域，应提供保险箱，以抵御火灾和偷窃风险；
- 要张贴通知，让客人知道有保险箱可供使用；
- 要张贴通知，说明该州的赔偿金责任限额；
- 如超过国家法定限制时，客人需申报货物的价值。

下一步应分析委托书的类型，以确定丢失财产的责任。如果饭店提供了保险箱或其他服务来保存客人财产，就要创建一个明示委托。当客人把财产委托给饭店管理时，双方都要获得一些好处（如行李员的小费），这可能被称为互利委托。在这些情况下，饭店应被要求承担对财产的普通保护责任。这责任甚至会被延伸至饭店保存非住店客人或结账客人的财产，如客人在入住前或结账退房后的行李寄存。

失物招领 关于失物招领问题，已形成一项建设性的委托管理惯例。虽然饭店在无须经过双方同意的情况下，即可合法持有这些物品，但是这些物品仍要按照客人的财产来对待。因此，一旦员工发现有客人丢弃的，或因放错位置而遗忘掉的物品，就构成了一个委托保管关系。现在，饭店有责任将客人丢失的物品归还给失主，以完成这种委托保管关系。遵照规则，饭店管理部门应采取下列步骤：

- 审视所在州的有关失物招领的法律；
- 要求员工立即将客人丢失的物品上缴给饭店失物招领部门；
- 保留一份找到丢失物品的记录；
- 努力以合理的方式寻找物品主人，尤其是贵重物品，要将寻找过程记录在案；
- 按照本地适用的州法律规定的有关时限，保存和维护被丢弃的或被误置的客人物品；
- 在归还失物之前，要求前来认领者提供拥有该失物的证明，或与该物品相关的识别材料，以便确定失物的真正主人；
- 如无法找到失物的原主，则按照书面程序和所在州的法律来处置该失物。

丢失的财产可能是一个棘手的问题。该财产是真正丢失了？还是忘带了？还是客人故意将其丢弃的？该失物有金钱价值或者情感价值吗？必须要做什么样的努力来找到它的主人吗？管理层应谨慎，宁可假定该财物是真正被丢失的，然后，再按照以上的步骤处理。

资料来源：作者是迈克尔·简泰尔法学博士，《房务纪事》，第 12 卷第 5 期第 14 ~ 15 页。

请致电 866-READ-TRC 获取相关订阅信息。

电子门锁能让饭店更加安全。电子门锁备受青睐，有些专家甚至认为，不安装电子门锁的饭店要购买保险会越来越难。电子钥匙系统自动生成记录，记载谁在什么时间进入过房间。这对许多被指控有偷窃行为的客房服务员提供了一定的保护作用。

电子门锁系统还可以用来确定客房的房态。一些饭店把该系统锁确定的房态反馈给能源管理系统，这样温度控制功能就可以被激活了。

相比之下，机械卡锁在技术方面复杂程度较低。每次客人离开房间后或者客人丢失房间钥匙后，都需要人工直接到客房门上重新打开机械卡锁。

失物招领

很多时候，都会由客房部来办理失物招领事宜。被找到的丢失物品要放置在一个安全的、很少有人接触到的地方。每个班次要指定一位员工兼管失物招领事宜。

在大型饭店里，布草房服务员也可以处理失物招领事宜。在较小的饭店里，该任务可以指定给行政管家或前台人员来承担。当员工发现客人所遗失的物品后，应立即将其交到失物招领处。在任何情况下，都不应将客人所遗失的物品留在不安全的地方，如客房服务车的顶部。

遗失物品交到失物招领处后，要给贴上标签并登记，以确保其安全。标签可以用数字编号，以便物品识别。日志应记录日期、时间、发现遗失物品的地方，以及发现该物品的员工的姓名。日志上还应留有空间来记录失物是否有失主认领，以及认领的时间。

如果由客房部来主要负责饭店的失物招领事宜，则客房部员工应在其办公室关闭期间把日志转交到前台；这点很重要，因为这样就可以让饭店在客房部下班期间，仍能快速应对物主咨询其丢失或错置物品的信息。

所有遗失物品应至少保存90天。如果在90天后，仍然没有客人认领，饭店管理部门将决定如何妥善处理这些物品。许多饭店会将无人认领遗失物品捐赠给当地的慈善机构。重要的是要保证本饭店的失物招领政策得符合当地或所在州的相关法律规定。

客房清洁

客房区域的安保对维护客人和员工的安全很重要。客房服务员应尊重客人的财产，不应擅自打开客人的行李、包裹，或窥探梳妆台的抽屉或橱柜。一些饭店甚至有政策专门禁止客房服务员挪动客人的财物。在这些情况下，饭店应指导其服务员如何在客人物品的周围进行清洁。

因为客人有时会把贵重物品和个人物品隐藏在枕套或床垫内，所以，客房服务员在收取布草时要格外小心。客人最喜欢隐藏其贵重物品的其他一些地方还包括壁橱的顶端和台灯的下面。

如果客房服务员在清洁的时候注意到有下列物品，应立即联系自己的主管、安保人员或者前台：

- 任何类型的枪支或武器；
- 受法律管制的物质或毒品；
- 未经授权在饭店使用的烹饪器具或不安全的电器用品；
- 恶臭；
- 未经授权带入店内的宠物；
- 患病的客人；
- 大量现金或贵重珠宝。

在做清洁时，服务员应保持客房门关闭（除非饭店有其他政策），并把客房服务车推至客房门口，以阻止有人从外面进入。如果服务员正在清理房间时客人想要进入房间，服务员应有礼貌地询问客人的名字，并要求其出示房间钥匙。客房服务员一定要把钥匙插进门锁，确认正在清洁的房间是否正是该客人的房间。如果客人没有钥匙或者钥匙无法开门，服务员应告诉他联系前台。即便客人只是要求进入客房看一看，也不要让其进入。同样，服务员还应解释说这是饭店的政策，是为了保障客人的安全。

在没人的情况下，绝不能让房间门敞开着。如果员工在清理房间时需要离开一会儿，在出去时应锁上门。即便只是离开几分钟，员工也要遵循好这个程序。

在清洁完房间后，所有的窗户和玻璃滑门都应上锁。还应检查客房门，以确保上锁。

遗憾的是，如果客人万一在房间里丢了什么物品，他们经常会指责客房服务员。这更有理由要求客房服务员关注客人财产，杜绝在客人的房间发生偷窃事件。总的来说，一位警觉又谨慎的员工会帮助饭店营造出让人放心又安全的整体氛围，让客人在饭店住得又安全又无烦忧。

尾注：

① This discussion on OSHA is adapted from Raymond C. Ellis Jr. and David M. Stipanuk, Security and Loss Prevention Management (Lansing, Mich.: American Hotel & Lodging Educational Institute, 1999), Appendix.

② "Is Your Hotel a Hazard?", Lodging Hospitality, October 1988, p.228.

③ This discussion is adapted from Ellis, Jr. and Stipanuk, Security and Loss Prevention

Management. The information provided is in no way to be constructed as a recommendation by the American Hotel & Lodging Education Institution or the AH&LA of any industry standard, or as a recommendation of any kind, to be adopted by or binding upon any member of the hospitality industry.

④ Brian Ledeboer and A.H. Petersen Jr., "Detect, Control Fires Before They Become Infernos," Power, June 1988, p.27.

⑤ Walter Orey, "Full Fire Protection Requires Diligence," Hotel and Motel Management, January 12, 1987, p.32.

主要术语

急性危害物（acute hazard）：可即刻造成伤害的东西。例如，接触皮肤即可导致皮肤灼伤的化学品就属于急性危害物。

慢性危害物（chronic hazard）：长期使用可能引起伤害的东西。例如，长期反复使用会导致癌症或器官损伤的化学品。

应急钥匙（emergency key）：可以打开所有客房门的钥匙，甚至客人已双重锁上的房间也不例外。

客房钥匙（guestroom key）：打开单个客房门的钥匙，双重锁上的房间除外。

危害通报与教育准则（HazComm Standard）：即危害通识标准，是美国职业安全与健康署（OSHA）的规定，要求雇主需把与员工工作中所使用的化学物品可能造成的有关危害告知雇员。

工作安全分析（job safety analysis）：列出客房部所有员工的各项工作任务的详细报告。每项工作任务还细分成一系列工作步骤。每项步骤都附有如何安全操作的提示和说明。

钥匙管控（key control）：饭店里通过严密监督和跟踪钥匙的使用，减少客人和饭店内部盗窃及其他与安全相关事故的过程。

万能钥匙（master key）：可以打开所有的未双重锁上的客房门的钥匙。

《化学品安全说明书》（*Material Safety Data Sheet*, MSDS）：化学品制造商提供的有关某一化学品信息的表单。

《职业安全与健康法案》（*Occupational Safety and He alth Act*, OSHA）：美国施行的一套保护各行各业工作人员免受各种不安全工作环境影响的综合性规章。

pH 值（pH scale）：它用于测量物质的酸度或碱度，根据 pH 值，pH 为 7 是中性的，酸的 pH 为 0 ~ 7 之间；碱的 pH 为 7 ~ 14，但大于 7。

安全（safety）：使在工作场所工作的人免遭伤害、危害或损失的工作条件。

安保（security）：在工作场所，对偷窃、火灾和其他紧急情况的防范。

安保委员会（security committee）：由主要管理人员和选定的员工组成的委员会，负责制定和监督饭店的安全计划和项目。

保险商实验室（Underwriters Laboratories）：一个独立的、非营利性的组织，对电气设备和装置进行测试，以确保设备没有缺陷，不会引发火灾或触电事故。

工伤补偿（workers' compensation）：员工受雇期间，因受伤必须予以赔付的赔偿金。

复习题

1. 员工为防范事故和伤害可以采取哪3项简单措施？
2. 为什么有必要为清洁化学品的安全使用建立一个持续的培训计划？
3. 客房服务员经常使用的化学品有哪些？这些化学品分别有什么功能？
4. 员工使用化学品时可使用哪些类型的安全设备？
5. 《职业安全与健康法案》的目标是什么？举出在饭店经营中该法案涉及的3个领域。
6. 比较危险、小心和安全指示标志的主要用途。
7. 为什么说《危害通报与教育准则》对雇主和雇员都有利？
8. 《化学品安全说明书》来自何处？该说明书包含哪些信息？
9. 美国职业安全与健康署对化学品容器的标签有什么要求？为什么给化学品容器贴标签很重要？
10. 哪3种方式可以使饭店减少客人偷窃事件的发生？减少员工偷窃事件发生的方法又有哪些？
11. 饭店运营中需要哪3类火警探测系统？
12. 客房部在饭店钥匙管控的努力中扮演什么角色？
13. 客房服务员在清洁客房时发现哪4种情况或物品应报告自己的主管或安保部门？

网址：

若想获得更多信息，可访问下列网址。网址变更恕不通知。若你所访问的网址不存在，可使用搜索引擎查找新网址。

1. Allied Safe and Vault: www.alliedsafe.com
2. Carneil Solutions (Door Sentry): www.carneillsolutions.com
3. HazCom safety training: www.osha-safety-training. net / HOT/hotel.html
4. OSHA: www.osha.gov

案例分析 ——————————————————————

耳环丢失案

奎克斯托普汽车旅馆是一个小型的旅馆,员工很少。40年前,高速公路穿城而过,它是建在该市的第一家饭店。

当一位客人向朱厄妮塔的客房服务车走来时,她抬起头笑着说:"下午好,蒂尔斯先生。"

"我敢打赌,你认为这是一个很好的下午,"蒂尔斯向她吼叫道,"你生活中最好的下午,嗯?"

"先生?"朱厄妮塔问,一脸困惑。

"哦,一脸无辜相!"他讽刺地说,"我猜你根本不知道任何关于我妻子耳环的事情。"

朱厄妮塔的眼睛瞪大了,她缓缓地摇摇头:"先生,我不知道您在说什么。"

"你偷了我妻子的耳环。昨晚她取下它们,放在房间里了,今天下午它们不见了,就在你清洁了房间之后。如果你马上把它们还给我,也许我不会告诉你的主管。"

朱厄妮塔继续摇着头:"先生,我不偷东西!我不是贼!"

"那么你愿意告诉我耳环在哪里吗?当然你不会那么迟钝,你会用吸尘器吸走一对价值1000美元的钻石耳环吗!"

"先生,不,我……"

"算了,"蒂尔斯厉声地对她说,"我这就去前台,你可以相信,如果我找不回它们,我将从你的工资里拿走这1000美元!"

蒂尔斯先生转身踩着重重的步子朝前台走去,留下一个心烦意乱的朱厄妮塔,她迅速丢下清洁车,径直前往客房部办公室,进入了储存室,行政管家辛迪和行政管家助理钱迪斯正在那里检查库存品。

"沃尔克小姐,有个客人刚才指控我是小偷。"朱厄妮塔大声喊叫。

辛迪把写字夹板放下来。朱厄妮塔似乎马上要哭泣或尖叫起来。辛迪早就希望饭店有安保人员处理这种情况。她向钱迪斯示意跟她走,并温柔地说:"朱厄妮塔,我们去办公室坐下谈,你可以告诉我发生了什么事。"

3个人很快回到行政管家的办公室,辛迪坐在朱厄妮塔旁边,钱迪斯把椅子移到辛迪的桌子后面。

"好吧,朱厄妮塔,你看起来很沮丧。发生了什么事?"辛迪问。

"蒂尔斯先生说我偷了他妻子的耳环,还说要从我的薪水里拿走1000美元。如果我必须付给他1000美元我怎么养活我的家人?还要干上好几个月时间来赔偿他!这不公平!我没有偷任何东西;你知道我不会偷任何东西,沃尔克小姐。我已经在这家饭店工作20年了,至今还没有人叫我小偷!我没必要忍受这件事,沃尔克小姐。我受不了了,我要辞职!"

辛迪拿起一个记事本,"我知道你很生气,朱厄妮塔。如果有人指责我偷窃,我也会不好受。这么说,蒂尔斯先生声称他妻子价值1000美元的耳环丢失了是吗?"

朱厄妮塔点了点头，"我当然生气——大家都会听说这件事，都会叫我是小偷。"

"嗯，我不会说你是小偷，朱厄妮塔。深呼吸，让我问你一些问题，这样我们可以设法理出头绪。今天早晨你有没有清洁蒂尔斯夫人的房间？"

"是的，但是我根本没有看到任何耳环！"

"所以，当你清洁房间时耳环不在房间？"

"我怎么会知道？我又没有翻过她的钱包或他们的手提箱。"

"你什么时候清洁的房间？"

"大概早上 9：30 左右。我看到蒂尔斯夫妇离开房间去吃早餐了，我想在他们回来之前清洁好房间。"

"你有没有注意到在客房周围有任何不寻常的事？有人进入客房或试图开门进去吗？"

"我不确定。"朱厄妮塔回答，"但埃文斯正在大厅对面的房间工作，他可能看到一些事。我只清洁那层游泳池边的客房，当时有一个篮球队入住大厅那边的客房。"

"好吧。当你清洁客房时，你有没有移动过手提箱或打开抽屉？"

"让我想想，"朱厄妮塔闭着眼睛说，"这是我清洁的第二个房间。他们有一个化妆包放在床上，我放到床头柜上了，那样我就可以做床。"朱厄妮塔再次睁开了眼睛，"我没有打开抽屉，我从来不会在客房打开抽屉。你告诉我们不要那样做。"

正当辛迪要问另一个问题时，电话铃响了。钱迪斯迅速拿起电话以终止那烦扰的铃声，然后递给辛迪电话。"辛迪，是前台的马克。他说他需要立即跟你谈谈。"

"失陪一会儿，朱厄妮塔。我会很快说完。"辛迪歉意地说，从钱迪斯那里接过电话。"早上好，马克，有什么可以效劳？"

"辛迪，我这有一个饭店的客人，蒂尔斯先生。他告诉我，你的客房服务员偷了他妻子的耳环。"

辛迪叹了口气，看着朱厄妮塔，她的痛苦慢慢地转向愤慨。"我正在了解情况，马克。客人告诉你什么了？"

"昨晚他妻子把耳环摘下，放在梳妆台的抽屉里未使用的烟灰缸内。她今天下午要戴耳环，但它们都不见了。蒂尔斯先生确信客房服务员拿走了它们。你想听他怎么描述客房服务员的样子吗？"

"不必了，马克。她就在我的办公室，蒂尔斯先生今天和她谈过了。"辛迪说，她希望阻止愤怒的客人可能会给的任何诋毁的言辞。朱厄妮塔开始小声抱怨客人和她说话的方式，辛迪继续她与前台谈话。"马克，蒂尔斯仍然在你那里吗？"

"是的，他在。"马克说。

"好吧。我马上就过去。请你让他在办公室坐下来，那样我可以和他在离开大堂的地方谈谈。"

"我会告诉他，辛迪。谢谢。"马克说着随即挂断电话。

"朱厄妮塔，如果你需要的话，冷静冷静。然后继续去清洁你的房间。我要跟蒂尔斯先生聊聊，下班前我会把结果告诉你。"

讨论题

辛迪对这个事情的调查应采取什么步骤？

下列业界专家帮助制定和开发了这些案例：

密苏里州圣路易斯市的注册饭店业行政管家盖尔·爱德华兹，明尼苏达州埃迪纳地区的玛丽·弗里德曼，以及明尼苏达州加菲尔德市的注册饭店业高级职业经理人、《房务纪事》杂志创始人阿莱塔·尼奇克。

工作任务分解表：安全与安保

本部分所提供的程序只用作说明，不应被视为是一种推荐或标准，虽然这些程序具有典型性。请读者记住：每个饭店为适应实际情况与独特需要，都拥有自己的操作程序、设备规格和安全规范。

对偷窃与破坏企业财产行为做出恰当的反应

所需用具用品：本地方有关偷窃的政策资料、警戒区域的录音录像资料、客房／场所库存品单、家具库存品单、项目鉴定单、地方有关破坏公共财物政策资料、笔、纸、交班日志或值班日志。

步骤	方法
1.建立或回顾有关处理前台抢劫或偷窃客人与员工财物的地方政策。	
2.对偷窃事件报告做出回应。	☐向主管报告情况。 ☐遵循地方程序办事。 ☐对偷窃报告做出反应的步骤因饭店而异。 ☐向安保部门通报情况。
3.如果情况允许，保护好犯罪现场。	☐封锁或用警戒线围住犯罪现场。 ☐不要触碰任何潜在的证据。 ☐监控所有通往犯罪现场的入口，严防擅自闯入。 ☐等候警方赶到（如已通知的情况下）。
4.列出被窃物品。	☐询问员工或客人丢失了什么。 ☐在周边区域搜寻丢失的物品。
5.查核丢失的物品是否标有序号。	☐查核家具库存清单与客房库存清单，了解饭店拥有的物品。
6.带领保安去偷窃现场。	
7.重新学习有关处理破坏公共财物的地方政策。	
8.寻找破坏公共财物的迹象。	☐注意发现： • 打破的玻璃； • 墙上的涂鸦； • 戳破的轮胎； • 毁损的消防设备。 ☐向主管报告破坏公物的迹象。

（续）

步骤	方法
9. 对破坏公共财物事件做调查。	☐对公共财物拍照，以供事故报告使用。 ☐向客房与员工询问有关事件的情况。 ☐查清： • 肇事者是谁； • 周边巡逻频度是否太低； • 是否是以前不满的客人或现在的客人或员工因某种原因导致破坏行为的发生。
10. 确保公物遭受的损毁得以立即修复或清除。	
11. 破坏公物事件发生后，立即在日志本上加以妥善登记。	☐登记内容包括： • 涉嫌者； • 发生的事件； • 发生的地点； • 反应与采取的行动； • 其他重要信息。 ☐用钢笔书写所有内容。 ☐登记完毕后签署姓名缩略字母。 ☐在事故报告表上签名。

对可疑人员做出恰当的反应
所需用具用品：笔、交班日志或值班日志。

步骤	方法
1. 留心那些可疑的人或不速之客。	☐注意发现下面几种人： • 看似紧张或疑惧的人； • 不断回头张望的人； • 在一处耽搁很久的人； • 在平时无人进出之处出现的人； • 非正常时间出现在某一区域的人； • 行为诡秘、躲躲闪闪的人； • 企图进入限制出入区域的人； • 无人陪伴或带领的人。
2. 接近可疑者。	☐应在自己安全不受威胁的情况下接近可疑者。若你感觉不安全，向保安部或其他员工求助。 ☐走近可疑者并亮出自己身份。保持平静，说话有礼。不要对可疑者发出恐吓。 ☐询问此人是否需要帮助。问此人是否是饭店的客人。假如对方说自己是饭店的客人，要求对方出示房间钥匙。 ☐假如对方非饭店客人，向对方说明饭店的规定，指引对方去前台咨询。 ☐假如对方未经允许进入该区域，向对方说明本区为限制出入区。客气地请对方离开该区域或饭店。 ☐假如对方是未经允许进入某一区域的饭店员工，询问对方有什么事。提醒对方本区限制出入，务必让对方离开本区。
3. 带领未经同意进入限制区域者离开该区。	☐与未经同意进入限制区域者一起去出口。 ☐避免肢体接触。 ☐假如他们拒不离开，电话报告有关人员。 ☐看住出口，直到未经授权人员离开限制区域。
4. 确保做好该区域的安全保卫工作，防止无关人员进入。	☐询问员工或客人丢失了什么。 ☐在周边区域搜寻丢失的物品。

（续）

步骤	方法
5. 发现可疑者要报告。	☐向前台报告发现可疑者。 ☐将此情况记入日志，包括有关该事件的所有细节。

对火灾做出恰当的反应

所需用具用品：饭店应急程序方案、火灾报警器、电话机、广播设备、客房出租报告、灭火器、万能钥匙、笔、值班日志、万能钥匙日志与交班日志。

步骤	方法
1. 要求主管与你一起回顾饭店应急程序。	
2. 假如发现烟雾或火苗，启动报警器。	☐就近去火警拉闸站报警。 ☐如果情况允许，大喊"着火啦"。
3. 使用电话或广播向前台、消防部门和其他相关人员报告火警。	☐前台可向相关人员通知火警。火灾警报器可能会自动向消防部门报警。搞清楚饭店的报警器是否也能自动向消防部门报警。
4. 努力扑灭小火灾。	☐如果灭火是安全而轻松容易的，且你受过正规的消防培训，努力去将火扑灭。 ☐扑灭小火灾的步骤因饭店而异。
5. 疏散该区域人员。	☐按照饭店制定的策略与方法从危险区域撤离。 ☐疏散路线应明显地张贴在每间客房和每一层楼上。
6. 防止火灾蔓延。	☐假如时间允许且没有危险，关上门窗，关掉电器。 ☐不要锁门。
7. 去自己的工作区域。	☐与起火建筑物保持安全距离。 ☐根据类别，如饭店的客人、员工和访客等，立即清点人数。
8. 按照应急处理人员指示行事。	
9. 将一套万能钥匙或应急钥匙与房屋统计数据及住房分配表一起交给消防队长。查清楚哪些客房可能有客人失踪。	

对医疗紧急情况做出恰当的反应

所需用具用品：电话机、急救箱、笔、交班日志或值班日志。

步骤	方法
1. 快速对情况做出评估。	☐问清情况。确定此人受伤还是患病。 ☐尽量判断重要症状，但不要花太多时间分析细节。 ☐假如患者出现流血或流出其他体液，使用防护设施。避免直接接触体液。
2. 立即派人求得紧急医疗援助。	☐拨打911电话或如果情况合适，拨打地方急救号码。 ☐拨打哪个救助电话一事因饭店而异。 ☐说出你的正确位置，并尽可能详细报告紧急事件的有关情况。
3. 在医疗救助人员到达前对受伤者提供帮助。	☐告诉受伤者救助人员将很快到达。 ☐让受伤者平静： • 轻声地说话； • 使用关切的声调说话； • 以尊重的态度对待受伤者。 ☐尽可能让受伤者感到舒服些。 ☐让受伤者保持安静。不要搬动受伤者，除非待在那里有危险。 ☐询问受伤者是否召唤他们的亲人或朋友。 ☐设法把发生的事搞清楚。受害者提供的细节将有助于医疗人员对他们的救助。 ☐不让旁观者靠近现场。 ☐查找医疗警戒标牌或绳带。

（续）

4.如果有需要,提供一些基本急救工作。	□假如你受过训练,立即对受伤者施行急救。受过训练的人才能实施如心肺复苏的急救术。不懂急救的人去施行急救只会造成适得其反的后果。只有那些血流不止、需要维护呼吸或休克者需要施行急救。与当地医疗机构联系急救培训事宜。 □急救箱放置的地点因饭店而异。
5.向赶到的医疗人员讲述具体情况。	
6.需要时对医疗人员提供帮助。	
7.事后尽快将事件记入日志。	□记录应包括所有重要细节。 □用钢笔做记录。 □在记录旁签署姓名。

对自然灾害做出恰当的反应

所需用具用品:自然灾害应急计划、气象报告、应急供应品、恶劣天气使用的装备与防洪设备。

步骤	方法
1.了解何处能查到防御各种自然灾害的应急计划。	□应急计划放在何处因饭店而异。
2.暴风雨来临前密切注意气象报告。	□弄清楚何时需要将潜在危险通知客人与员工。 □遵循地方有关气象警报与风暴警报的处理程序。
3.完成你肩负的职责。	□按主管或地方紧急事件处理当局的指示行事。 □保持平静。 □指派的职责因饭店而异。发出风暴警告期间的职责可包括: • 给窗户装上风暴防护百叶窗,以保护客人免遭飞来的玻璃片或其他东西的袭击; • 大风来临时,将可移动的物件,如椅子、垃圾箱与桌子搬入屋内; • 用胶带或密封材料将窗和门封闭。
4.了解应急供应品存放的地点、何时取用及如何使用。	□应急供应品存放地点因饭店而异。 □应急供应品可包括: • 防水电筒与电池; • 食品与水; • 沙袋; • 工具。 应急计划帮助你: • 保护客人与员工; • 保护饭店财产; • 在自然灾害降临后做出更快捷的反应。 □检查便携式收音机,确保其工作正常。 □确保应急照明设备处于良好状态。 □采集任何需用的设备。
5.将钱物、重要文件和其他贵重财物存放在不透风雨的安全地方。	□存放钱物、重要文件和其他贵重财物的地点因饭店而异。
6.将所有有害材料存放于安全的地方。	□必要时将饭店所有煤气阀关闭。 □需安全存放的有害材料因饭店而异。 □安全存放有害物质的步骤因饭店而异。

（续）

步骤	方法
7. 应付洪水。	□一旦发生场所进水或水淹，电话通知维修部门。 □与其他部门合作： • 发放恶劣天气下适用的装备； • 第一次警报发出后，设置大型防洪水泵； • 准备好防洪设备； • 安装任何可以增加的水仓泵； • 清除低洼区域可能丢失或受损或可能阻塞水仓泵的任何物品； • 当水达到设障水位时，建立防洪屏障； • 在合适的地点放置沙袋。 □防洪设备因饭店而异。
8. 对地震做出反应。	□关掉整个饭店的煤气阀与水阀。但不要关闭消防喷水系统水阀。
9. 如果情况允许，疏散客人与员工。	□随时向客人提供风暴移动消息。 □告诉客人与员工撤离饭店的最后时限、向何处撤离，以及离风暴袭击估计还剩下多少时间。 □确保大家都在指定安全区得到庇护。 □在危险过去以前不让大家离开庇护场所。

对设施故障做出恰当的反应
所需用具用品：电话机或广播设备、电梯箱电话或内部通话系统、电梯钥匙及"故障"标记。

步骤	方法
1. 与有关人员进行联络。	□发生设备故障后需联系的人因饭店而异。可能与前台、消防部门或维修部门联系，这取决于故障的类型及饭店的政策。 □如果电话坏了，用广播或亲自前往报警。
2. 向你联系的人说明发生的情况。	□向你联系的人提供下列情况： • 你的姓名与电话号码； • 出事地点； • 设施故障的类型； • 陈述故障情况。
3. 对电力故障的处理。	□向有关人员报警。 □报告设备故障或其他可能的原因。 □去前台报告。 □快速但安全地行进。 □帮助在黑暗中走动的人，引领他们去房间、大堂或疏散地。 □告诉客人有关情况，让他们非绝对必要时不要离开房间。 □提醒客人为防火灾发生，不要点燃火柴、蜡烛等物。 □关掉或拨下电器插头，保护好贵重财物。 □遵循饭店的惯例应对电力故障。
4. 对电梯故障的处理。	□弄清楚电梯被困在哪两层楼之间。 □通过电梯电话或内部通话系统与被困在电梯间的人联络。假如电话或内部通话系统坏了，通过电梯井对电梯箱内的人呼叫。但不要进入电梯井。 □再三向乘客保证，使之相信他们是安全的。 □询问乘客发生了什么事。要求他们详细说明情况，这有助于维修人员或电梯公司人员修复电梯。 □告诉乘客正在采取的修复措施，并要求他们保持冷静。 □别企图将乘客从电梯箱撤离，让消防部门或电梯公司处理此事。 □向维修部门电话陈述发生的情况。让乘客随时了解正在采取的措施及解决问题可能需要的时间。 □在对电梯进行检修修复前防止人们使用电梯。如果可能，将电梯锁定并贴出"故障"标记。

（续）

步骤	方法
5. 对其他设施故障做出反应。	☐ 处理锅炉、空调器及电话系统故障的程序与方法因饭店而异。

处理危害性物质	
所需用具用品: 化学品安全说明书、手套、护目镜、标志、标签、口罩、防漏容器、打字机与个人防护设备。	

步骤	方法
1. 找出并阅读《化学品安全说明书》。	☐《化学品安全说明书》存放处因饭店而异。
2. 安全使用化学清洁剂。	☐ 使用化学清洁剂时戴上手套与护目镜。 ☐ 按化学清洁剂的使用与储存说明行事。 ☐ 用恰当标签清楚标示所有喷雾用瓶。 ☐ 不要换用喷雾喷头。 ☐ 清洁天花板等顶部区域或满是尘埃的区域时戴上口罩。
3. 绝不要混合使用两种化学品。	
4. 只在储存室或后台区域进行化学品的稀释工作。	
5. 将危险性物质放在防漏容器内, 并盖上紧密的盖子。用恰当的方法将其处理掉。	
6. 所有化学品容器都要贴上正确无误的标签。	☐ 在标签上打印或写上化学品名称、危害警示语以及制造商名称与地址。 ☐ 并包含正常使用时, 该化学品对身体与健康的危害的内容。
7. 危害性物质发生溅洒时应立即报告。	☐ 向谁报告化学品溅洒事故因饭店而异。 ☐ 报告内容包括: • 姓名和电话号码; • 告之发生溅洒的地点（大楼、楼层等）; • 发生溅洒的日期与时间; • 溅洒的物质; • 溅洒物质的特性（可燃、腐蚀、有害等）; • 溅洒量; • 溅洒源与造成溅洒的原因; • 溅洒物可能向何处流淌及采取的措施; • 对人体与环境可能带来的危害; • 伤害的程度（如果已发生）。
8. 疏散受污染危险区的客人与员工。	
9. 控制溢出危害物质的蔓延。	☐ 只有受过训练并在安全的情况下, 才能去控制溢出有害物质的蔓延。 ☐ 运用培训中学到的方法去做。 ☐ 佩戴与使用恰当的个人防护设备。

化学品安全说明书　ECOLAB®

克拉克灵（clorclean）液体添加剂

第 1 部分: 化学产品和公司标识

商标名称: 克拉克灵液体添加剂

产品用途: 清洁用品

供 应 商: 艺康（Ecolab）食品和饮料公司

    5105，图肯路，米西索加，ON L4W 2X5

    1-800-352-5326

代 码: 911271

签发日期: 2005-8-26

紧急健康信息: 1-800-328-0026

美国和加拿大以外的电话 1-651-222-5352（在美国）

第2部分: 材料成分及信息

名称	CAS 号	按重量计算的百分比
氢氧化钾	1310-58-3	10 ~ 30
磷酸，三钾盐	7778-53-2	7 ~ 13
聚磷酸，钾盐	68956-75-2	1 ~ 5
次氯酸钠	7681-52-9	1 ~ 5
硅酸，二钾盐	10006-28-7	1 ~ 5

第3部分: 危害识别

物理状态: 液体（液体）

紧急情况概述: 危险!

    可引起呼吸道、眼睛和皮肤烧伤。吞食有害。

    不要进入眼睛、接触皮肤或衣物。不要吸入蒸汽或雾。

    保持容器封闭；仅在通风处使用；触摸之后要彻底清洗。

进入路径: 皮肤接触、眼睛接触、吸入、咽下。

潜在的急性健康影响

  眼睛: 腐蚀眼睛。

  皮肤: 腐蚀皮肤。

  吸入: 腐蚀呼吸系统。

  咽下: 吞食有害。会引起嘴、喉咙和胃灼烧。

毒理学资料（见第 11 部分）

第4部分: 急救措施

眼睛接触: 在这种情况下，立即用大量流动的凉水冲洗眼睛，去除隐形眼镜。继续用大量的水至少冲洗 15 分钟；立即就医。

皮肤接触: 在这种情况下，立即用大量水冲洗皮肤至少 15 分钟，去除被污染的衣物和鞋子；重新使用之前清洗衣服和鞋子；立即就医。

吸 入: 如果吸入，移至新鲜空气处；如果没有呼吸，请人工呼吸；如果呼吸困难，使用氧气装置；立即就医。

咽 下: 用清水漱漱口，然后喝一两大杯水；不要诱导呕吐；不要给无意识的人服食任何东西；

立即就医。

吞　　食: 用清水漱漱口，然后喝一两大杯水；不要诱导呕吐；不要给无意识的人服食任何东西；立即就医。

第 5 部分: 消防措施

自燃温度: 不确定。

燃　　点: >100℃。

可燃极限:

　　上限: 不确定。

　　下限: 不确定。

燃烧产物: 这些产物都是化合物、氯化氢。

消防介质和指令: 使用一个适合大火附近环境的灭火剂。

　　　　　　　　防止扩散。

　　　　　　　　没有特殊风险。

消防员特殊防护设备: 消防员应穿戴合适的防护设备和在正压模式下完整面具的自给式呼吸器 (SCBA)。

产品在机械撞击产生爆炸的风险: 不确定。

产品在静电释放下爆炸的风险: 不确定。

第 6 部分: 意外泄漏处理措施

人员预防措施: 在有泄漏或者泼溅物体的区域进行通风。除非穿适当的防护设备（第 8 部分），请勿触摸损坏容器或溢出的材料。在没有风险的情况下，可以阻止泄漏。应阻止泄漏物进入下水道、河道、地下室或封闭区域。

环保预防措施: 避免溢出的材料扩散和接触到土壤、水道、排水沟和下水道。

清理方法: 如果应急人员不在，控制溢出的材料。少量添加吸附剂（土壤中可能使用的所缺乏的其他合适的材料）把材料舀上来并放在密封的、不渗透液体的容器中进行处理。对于大量泄漏出来的材料，控制材料扩散以确保不会流到航道。把泄漏的材料放在适当的容器中进行处理。

第 7 部分: 处理和储存

处理: 不要吞食；不要流到眼睛、皮肤或衣物上；保持容器封闭；在通风处使用；不要吸入蒸汽或雾；处理之后，彻底清洗。

储存: 储存在儿童接触不到的地方；保持容器紧密关闭；放在阴凉、通风良好的区域；在 -25 ~ 40℃下储存。

第 8 部分: 暴露控制，个人防护

工程: 提供排气通风设备或其他的工程控制措施，确保空气中的蒸汽浓度低于各行业要求的暴露极限。确保洗眼区域和喷淋安全装置靠近工作场所。

眼睛: 用化学闪屏护目镜；穿戴面罩的护目镜用于避免持续或严重的磨损。

手: 使用防化学抗性、防渗手套。

皮　　肤: 使用合成围裙及其他防护设备来防止皮肤接触是必要的。

呼吸系统: 如果风险评估显示这是必要的，使用一个合适、空气净化除尘或被认可标准的空气呼吸器。口罩的选择必须基于已知的或预期的暴露水平，产品的危害和选择呼吸器的安全工作范围。

名称	暴露限制水平
超氧化钾	ACGIH TLV（美国 1/2004）. 天花板：2 mg/m³　　形式：所有形式

第 9 部分: 物理和化学性质

物理状态: 液体（液体）。

颜色: 黄色（浅色）。

气味: 氯气。

酸碱度: 12(100%)。

沸 / 凝点: 不确定。

融化 / 冰点: 不确定。

比重: 　1.331（水 =1）。

气压: 不确定。

蒸汽密度: 不确定。

气味阈值: 不确定。

蒸发量: 不确定。

正辛醇: 不确定。

第 10 部分: 稳定性和反应性

稳定性: 产品稳定。

不稳定条件: 不确定。

反应性: 极活性或不兼容酸。

　　　　　轻微的反应，反应与金属。

　　　　　这个产品与酸或氨混合释放氯气。

各种物质的兼容性: 不确定。

危险的分解物: 这些产品都是化合物、氯化氢、氯气。

第 11 部分: 毒理学信息

潜在的急性健康影响

眼睛: 腐蚀眼睛。

皮肤: 腐蚀皮肤。

吸入: 腐蚀呼吸系统。

咽下: 吞食有害；导致嘴、喉咙和胃灼伤。

产品刺激性: WHMIS 危险材料知识培训标准。

潜在的慢性健康影响

致癌效应: 未知的重大影响或临界伤害。

诱变效应: 未知。

致畸效应: 未知。

生殖效应: 未知。

敏感产品: 未知。

协同产品: 不确定。

（毒理学）

毒性资料

原料名称	测试	结果	路线（方式）	物种
氢氧化钾	半数致死量	273 mg/kg	口服	小白鼠
磷酸，三钾	半数致死量	>4640 mg/kg	真皮	兔子
盐	最低致死剂量	4640 mg/kg	口服	小白鼠
次氯酸钠	半数致死量	5800 mg/kg	口服	老鼠

目标器官: 以上包含材料会造成下列器官损坏: 肺、上呼吸道、皮肤、眼、晶状体或角膜。

第 12 部分: 生态学信息

生态毒性数据

成分名称	种类	周期	结果
次氯酸钠	大型溞（半数有效浓度）	48 小时	0.04 mg/l
	大型溞（半数有效浓度）	48 小时	0.17 mg/l
	大型溞（半数有效浓度）	48 小时	1.57 mg/l
	虹鳟鱼（半数致死浓度）	96 小时	0.059 mg/l
	虹鳟鱼（半数致死浓度）	98 小时	0.09 mg/l
	虹鳟鱼（半数致死浓度）	6 小时	0.2 mg/l

分解产物: 这些产品都是化合物，磷酸盐和一些金属氧化物。

第 13 部分: 处理意见

废物处理: 只要有可能应避免或使废物的产生最小化; 避免溢出材料扩散和接触土壤、水道、排水沟和下水道; 应在所有符合环保要求和废物处置立法及任何地区当局要求的时间内处置这个产物和任何附属产物。

请咨询当地或地区当局。

第 14 部分: 运输信息

监管信息	联合国编号	运送品名	分类	包装类别	附加信息
硫二甘醇分类	UN1719 号	苛性碱液 N.O.S（氢氧化钾、次氯酸钠）	8	II	载客公路或铁路指数: 1 特别规定: 16

仅适用于道路运输。

如包装上任何航运描述发生变化，则不能递送。

第15部分: 监管信息

工作场所危险材料知识培训：E类——腐蚀性材料。

这款产品已经按照产品控制规定的风险标准进行分类，《化学品安全说明书》包含产品法规控制需要的所有信息。

第16部分: 其他信息

签发日期: 2005-08-26

负责名称: 法规事务

日期之前的问题: 2005-01-11

读者注意事项

　　上面的信息的正确性已经被确认，它尊重在原产国生产该产品使用的配方。但随着数据、标准和规则的变化，具体的使用条件和操作已经超出我们的控制，在这种情况下，我们不保证信息完整或持续准确。

第 8 章

学习目标

1. 列举店内洗衣房在业务规划时需要考虑的因素。

2. 陈述店内洗衣房运营流程中有关布草的处理步骤。

3. 识别店内洗衣房运营中可能使用的各类机器与设备。

4. 概述与洗烫（对客洗衣）服务相关的问题。

5. 描述与店内洗衣房运营相关的有效员工配备和日常工作安排问题。

8

店内洗衣房管理

在家里或在洗衣店洗衣服，可能不是每个人都爱干的事情，但也并非难事。一个星期洗 1 ~ 2 次，整理出一篮要洗的衣服，选好洗涤剂，适当调好洗衣机，然后晾干衣物，并折叠好。但要是想象一下，若每天都得清洗一卡车的衣物，你就会开始初步了解住宿企业的洗衣规模了。除了洗涤量大以外，洗涤后还要保证衣物外观好、气味宜人、手感舒适，并要能适时将洗涤物品送回。再考虑到布草（床单、毛巾、台布以及其他物品）是客房部第二大的开支项目，你可能就会明白为什么良好的洗衣房管理对于饭店的成功运营而言至关重要了。

有些饭店不设店内洗衣房，这些饭店会与外部洗衣服务机构签合同，由它们定期来为饭店提供干净的布草。所供应的布草可能属于饭店拥有，也可能是从洗衣服务机构租用的。

而今，饭店开设店内洗衣房已成为业界发展趋势，本章着重探讨店内洗衣房的管理。本章的主题包括店内洗衣房的布局规划、各种织物的洗涤程序、店内洗衣房中布草的洗涤流程、典型的机器和设备，以及人员配备的考虑因素等。

店内洗衣房规划

根据饭店需要而设计的店内洗衣房才是最好的。如果有可能，饭店里与洗衣业务相关的各区域的代表，都应参与店内洗衣房的初期规划工作。以下为在规划时应考虑的若干重要因素：

第一，店内洗衣房预计需要具备的最大洗涤处理能力（洗涤量）是多少？

洗涤量通常以磅为单位来计算。洗涤磅数应与客房的出租率和各餐饮营业点的布草使用量相关。店内洗衣房的设计洗涤量应能满足营业高峰期的需要。

第二，店内洗衣房需要占用多大的空间？

所需空间的大小取决于洗涤需求量、设备数量，以及目前手头所储存的布草的数量。很多饭店在设计时，也会考虑为日后的可能发展预留空间。

第三，店内洗衣房应购买多少设备？

为满足饭店的洗涤需求，所需设备的数量将依据洗涤量而定，而所需设备的类型则通常依据饭店所使用的布草类型而定。另外，对节水节能等方面的考虑，也会影响对设备采购的决定。

第四，店内洗衣房会提供洗烫服务吗？

提供洗烫服务需要配备干洗设备才行，并且还要为洗烫工作人员设置单独的场地。

其他在规划中需要考虑的重要因素包括饭店的规模和所提供的服务类型。在小型饭店里（少于150间客房），洗涤需求的差异会很大。一个很小的、提供经济型服务的饭店，可能只需要37～74平方米的空间来运营店内洗衣房。而一家提供中档型服务并且经营餐饮的饭店，可能得需要140～185平方米的空间来运营店内洗衣房。平均而言，小型饭店的店内洗衣房会配备有洗衣机、甩干机和烘干机，每年能处理40000磅(18000千克)左右的洗涤量。小型饭店通常靠使用免熨烫布草来缩减布草的洗涤时间。然而，免熨烫布草在洗涤多次之后，就会逐渐失去不起皱的特点。这时，通常就得需要一个小型平烫机来让布草弄得看起来平整些。

中型饭店（150～299间客房）可提供从经济型到豪华型的服务。与不做餐饮经营，只提供有限服务或提供中档型服务的饭店相比，经营餐饮的饭店通常需要更多的布草。中型饭店的店内洗衣房每年的洗涤量可能高达150万磅(68万千克)。其店内洗衣房所需的空间可从185或280平方米到多达604～650平方米不等，只有这样，才能有空间容纳带折叠功能的熨烫机、蒸汽式隧道洗衣机或箱柜式洗衣机，以及其他洗熨服务设备。

大型饭店（300间客房以上）的店内洗衣房可能需要743～1672平方米的空间，每年得处理多达850万磅(385万千克)的洗涤量。大型饭店的店内洗衣房比小型饭店的店内洗衣房所使用的设备更先进。

房务纪事

店内洗衣房的10个主要秘诀

以下快速列表展示了能帮助店内洗衣房实现更加高效运营的10件事：

1. 按生产商的建议给洗衣机装载待洗衣物；使用有计重器的推车。
2. 保证洗衣区的安全。
3. 禁止员工滥用布草；管理人员应该勤走动查看整个工作循环。
4. 根据设备和需求来做员工的工作日程安排。
5. 通过良好的预防性维护计划来开展运营工作。

（续）

> 6. 轮岗工作：所有洗衣房员工都要在洗衣房全部工作岗位上轮换工作。
>
> 7. 争取全饭店的配合，将所有当天用过的布草在每天晚上集中到洗衣房。
>
> 8. 维持标准库存。
>
> 9. 开展防变色处理计划。
>
> 10. 提供持续的培训，包括化学品方面的培训。

资料来源:《房务纪事》. 第 10 卷第 6 期第 5 页。

洗涤布草

如今市场上可供选择的织物比以前任何时候都多。织物选择也比以往显得更为重要，因为它能直接影响到店内洗衣房的运营成本。

20 世纪 60 年代面世的合成纤维促进了免熨烫床单的发展。由于这种床单免除或者减少了对熨烫服务的需要，因此很多饭店能开始采用店内洗衣房的服务，而不再依赖于外包洗衣的服务。此外，使用免熨烫布草的饭店还发现这种布草比全棉的布草更耐用。而这种耐用性很大程度上也降低了更换布草的费用（直至现在，依然如此）。

现在的织物既有各种天然纤维（如羊毛和棉花），也有各种合成纤维（如涤纶和尼龙）。大多数饭店选择的则是涤纶和棉花的混纺织物（有时候称为涤棉），因为它比全天然织物更容易打理，而且舒适度相差无几。

然而，免熨烫布草并不能完全达到客人对全棉布草所了解与期望的基本特性。例如，涤纶餐巾的吸水性不如全棉餐巾。涤棉也更容易脏，因为棉花容易吸收污渍，涤纶则容易将污渍留在织物内。此外，使免熨烫织物不起皱的树脂在高温下易失去作用，被洗掉。树脂也易沾染漂白剂中的氯，使织物变脆弱。

不论饭店决定购买什么材质的布草，重要的是一定要确定所有需要清洗的物品都有由供应商所提供的、完整的维护说明书。以下部分将讨论在饭店经营中所使用的一些最受欢迎的织物品种。表 8-1 是此处所列织物的常用维护说明概要。

棉布　棉布比较结实，事实上，它在打湿以后，会更结实。棉布的吸水性非常好，能够上浆，特别适合用作餐巾和台布，也可以水洗和高温熨烫。但有时也会缩水（首次洗涤时缩水率从 5% ~ 15% 不等）。另外，棉织物的保色性能不如涤纶，容易掉色。

矿物酸对棉纤维有害。这种酸由矿物质微粒（称为离子）在与氧气混合后形成。很多水源中都会天然含有离子。矿物酸的破坏作用凸显了店内洗衣房对好水源的需求。

羊毛　从毛毯的选料来看，羊毛不再受到很多商业饭店的青睐，这是因为它没有某些合成材料耐用，而且，摸起来可能还会有不舒服的感觉。羊毛是最脆弱的纤维之一；湿羊毛会更脆弱，也相对容易缩水和起皱。因此，若多次大力度洗涤，将很快破坏一条羊毛毯的纤维。不过，羊毛的确比其他一些普通纤维材料要耐脏，吸水性也很好。

亚克力 亚克力质地较轻，而且不缩水。其纤维强度类似于棉花，但是遇水后，强度会减弱。由于丙烯酸纤维的表面能吸附水分，所以需较长时间才能晾干。

涤纶 涤纶是最结实的普通纤维之一，而且遇水后强度不变。涤纶易干、抗皱，并且耐脏。但在高温烘干和熨烫时容易受损。对于制服、围裙和其他衣服而言，涤纶和涤纶混纺织物是很好的材料选择。但如果用作台布，则效果欠佳。

尼龙 尼龙不论干湿，都很结实。容易洗，也干得快。但是，不耐热。

混纺纤维 很多饭店都使用棉和涤纶的混纺布草。初次洗涤后，它会变得更加结实。混纺纤维织物的特征取决于其混合的纤维类型和数量。在高温洗涤时和高温烘干时，混纺纤维织物容易受到损坏，此处所言的高温洗涤，一般指洗涤温度高于 180 °F（83 ℃），而高温烘干，则一般指烘干温度高于 165 °F（74 ℃）。

表 8-1 布草织物的通常维护要求

纤维类型	清洁方法	水温	含氯漂白剂	烘干机温度	熨烫温度	特殊储存条件
丙烯酸纤维	洗涤	温热	可用	温热	中	无
棉	洗涤	热	可用	热	高	干燥储存
涤棉	洗涤	热	可用	温热	中	无
尼龙	洗涤	热	可用	温热	低	无
聚酯纤维	洗涤	热	可用	温热	低	无
羊毛	干洗	温热	不可用	温热	中(加蒸汽)	要防止蛾虫侵害；不能储存在塑料袋中。

混合纤维材料应按生产商的建议，进行维护。

通过整理洗衣房来节省大量能源

店内洗衣房绝对是能源消耗巨大的区域，其所消耗的能源是饭店其他大多数区域的 5 倍多。有很多方法既能减少能源消耗，又不会对洗衣房的运营产生不利影响。

洗衣房干燥系统 这是洗衣房中能耗最大的区域。典型的洗衣房一般都会配备 4 台燃气式烘干机，每台能耗高达 20 万英热 / 小时 (58614 瓦)。这意味着 4 台烘干机每运行 1 小时所耗费的能源，跟 8 个普通家庭在整个冬季所使用的热能相当。

首先，将烘干机放在洗衣房一角靠近外墙的地方，建造一个充气室，围在烘干机的上面和周围；这样就能够在该设备的周围保存热量，空气从外面进入烘干机之前，能被设备所辐射的热量稍微加热，这可提供一种简单的热量回收方式。

充气室还给烘干机提供燃气燃烧所需的外部空气。为燃烧空气提供适当大小的空气进气口，这非常重要。烘干机每有 5000 英热单位（1465 瓦）的热能输入，就应配置大约 3 平方厘米的自然空气进气口，以便于空气自由流动。饭店需要查证本地法规的具体要求来确认此信息。通常，若该进气口截面积过大，达到必要截面积的 4 倍时，就会让大量的外部冷空气进入到烘干机充气室，这会明显地降低烘干机的工作效率。

另外，还可考虑安装自动调节阀，当关掉烘干机时，它能自动阻断外部空气进入。

饭店应要求总工程师每年检查几次烘干机的火焰。从烘干机的后部来查看时，火焰应呈淡蓝色，而且，火势稳定。如果火焰有些泛黄，燃烧也不旺，则显示运行效率不高。这种情况可能是由于燃烧室区域的污物和棉绒所致，或由于聚积在烘干机燃烧室中燃气所含的积垢引起。应做到每年用小钻头和钢丝刷将烘干机的燃烧室拆解并彻底地清理一次。

多数新烘干机会提供固态电子点火装置作为标准配置。如果饭店有老式的烘干机，可以要求当地的燃气公司将立式控制装置更换为电子点火装置。

请记住：出于安全因素考虑，大多数消防法规都要求烘干机区域和充气室要保持干净整洁。另外，可查看洗衣房的操作手册，应要求员工务必掌握所有与洗衣烘干作业相关的技术。

洗衣房照明　在超过 50 英尺—烛光（译者注：原文为 foot candle，英尺—烛光，为英美制的照度单位，指每英尺距离内的照度）的照明良好的洗衣房内工作，能改善员工的工作效率。多数洗衣房由一些老式、标准荧光设备构成，照明长度在 4～8 英尺。根据美国联邦政府《能源政策和节能法案》的规定，这种类型的照明设备应该替换成新型的高效能 T-8 型荧光灯。这些高效能灯使用电子镇流器，能减少大约 20% 的照明能耗。饭店可以联系本地电气供应商来实施这个建议。另外，也可以要求把所有出口区域的标识灯，更换为 2 瓦的发光二极管新型高效能（LED）灯具。

洗衣房经常会出现闲置的情况，因此，很适合使用移动感应式照明灯具。当人们离开洗衣房后，灯具能自动关掉。

如果洗衣房面积较小，可能更适合使用开关式移动感应装置。这种感应装置便于安装，能直接安置到现有的灯具开关上。这些装置也能让灯具在该区域无人使用时，自动关掉。

水的加热和温度　最近在对很多提供有限服务的饭店进行审计时观察到，它们的客房和洗衣房使用同一套供水系统。因为洗衣房和厨房所需要的水温得是140 °F（60 ℃），所以，饭店也只好对客房维持同样的温度。但是，这样做不仅成本昂贵，而且，也很不安全。美国职业安全与健康署和美国饭店业协会都建议：在客房中应使用家庭用热水温度，即在 115 ～ 120℉（46 ～ 49℃）。强烈建议这些饭店为洗衣房和厨房安装第二套用水加热系统，并正确设置各个区域的水温。

其他各种节能提示 良好的维护计划对于打造高效能洗衣房而言至关重要。例如，在洗衣房中一个漏水的水龙头每年浪费的水费和排污费可高达 100 多美元。泄漏蒸汽的阀门则既浪费蒸汽，又浪费处理蒸汽的化学品，从而降低了整个系统的效率。工程部应记录好这些典型问题，并将其编入全方位的预防性维护程序中。

洗衣房操作手册可提供如何有效操纵设备方面的详细信息。保持适当的工作负荷，会是其首要建议。如果饭店有时会有较小的洗涤量，那么比较明智的做法是可在洗衣房安装一台小型的家庭型洗衣机和烘干机。

在美国，饭店可享受到特别的公用事业费率，该费率鼓励企业在夜间使用能源。尤其对全部电器化作业的店内洗衣房而言，制定夜间洗衣房作业机制可能会更有利。在任何情况下，当洗衣房使用完一天后，一定要确保关停所有设备，并将加热和通

房务纪事

降低洗衣运营费用

洗衣房在胡乱浪费钱财吗？在试图评估和改善这个重要区域的运营时，应考虑以下建议：

- 要让化学品公司对洗衣设备的运行时间和洗涤液配方进行审核，以确保洗涤周期长度、水温和化学品用量符合最有效运作的要求。
- 在运营中，要保持最小量的化学品库存，要限制储存室货架上"闲置资金"的数量。
- 要使用化学品自动分装设备，以确保更准确的用量，限制化学品对使用人员的相应危害。
- 要将设备纳入预防性维护计划，避免引起巨大损失和出现混乱故障。
- 要购买有助于消除事故的设备，如装有弹簧承载升降机设备的洗衣房推车，它能让员工减少弯腰次数，并易于提举东西。
- 要根据需要提供护目镜、手套、背部支撑带，以及合适的鞋子。
- 要保持绒毛收集器的清洁，这不仅是为了加快干燥时间，更重要的是，它有助于消除火灾危险。
- 要安排好员工的工作日程安排，以保证布草能及时准备好；请记住，在非高峰期运行设备能节约能源成本，还能限制洗衣房在客人使用热水高峰期时的热水使用量；另外，饭店在晚上运行洗衣房有个好处是，它使客房部在饭店客人最多的时候能把布草准备充足而可以敞开接待客人。
- 要不断开展化学品和布草处理方面的培训：尤为重要的是应通过培训，让员工对血液病原体和其他危害型物质的处理方式能符合《职业安全与健康法案》的标准要求，此外，对工作中要用到的各种化学品，还要开展《化学品安全说明书》方面的操作培训。
- 要就各项工作任务对洗衣部员工开展交叉培训，这样将使员工在班上轮岗工作时，可减少发生肌肉劳损或拉伤的概率，还能使所需的员工总数减到最少。

（续）

- 要实施有创意的工作日程安排，使员工得到实惠，例如，可允许每周4天工作制、半天工作制或周末停工休息。
- 要培训所有的餐饮部员工，以遏制餐厅经营中滥用布草的情况。
- 要在每月或每季度开展准确的库存盘点，使布草始终保持在3个标准量的库存最小值；标准做法是：在客房使用1个标准量的布草，在洗衣房洗涤1个标准量的布草，还有1个标准量的布草正在客房和洗衣房之间传送。
- 要检查布草的运输情况，以确保布草不至于在送洗途中弄得更脏（如遭车轮碾压、被人踩踏，或沾染水泥污渍等）。
- 要让布草始终处于流动状态：用脏待洗的布草放久了会发霉，洗好还未晾干的布草放久了也会长霉菌，而干了但未折叠的布草放久了则会起皱，若不加熨烫或重新处理就不能去掉这些皱痕了。

请记住，化学品公司一般会很乐意检查5个重要的作业环节（时间、温度、机械运作、化学品功能和工作程序），以确保洗衣房的运行能收到良好的效果。这些重要的作业环节在协助员工培训方面，也会很有帮助。

资料来源：作者是注册饭店业行政管家盖尔·爱德华兹，《房务纪事》，第2卷第6期第5页。

风设备调至停止工作挡位①。

店内洗衣房布草洗涤流程

所有洗衣房的运营都有个基本循环。该循环包括如下步骤：

- 收集脏布草；
- 向洗衣房运送脏布草；
- 分拣；
- 装载；
- 洗涤；
- 脱水；
- 烘干；
- 整理；
- 折叠；
- 储存；
- 向使用区分发布草。

图8-1列出了该循环的简图。行政管家或洗衣房经理可为每个步骤制定程序，避免干净的布草被再次污染，延长布草使用寿命，使店内洗衣房能够有效运作，并能

节约成本。

收集脏布草

清洁客房的服务员应收集床上和浴室的布草，并将其直接放在客房服务车的脏布草袋中，而不能把它们堆在地上，以免被人踩踏，变得更脏或遭到损坏。这样做，还可防止客房服务员使用其中的毛巾、床单、餐巾或者其他东西来擦拭溢出物或污渍。员工绝不能将布草用于任何清洁工作。滥用布草会导致这些物品受到永久性损坏，并可能会导致更高的更新成本。

在有些饭店里，客房服务员需按照程序对脏布草进行预先分拣。这可能仅仅只是在特别脏的布草的一角打个结，但这就能帮洗衣房工人很容易地开展分拣工作。客房服务员也可以按污渍的类型来对布草进行预先分拣，并把布草放在有特别标记的塑料袋中。有些饭店会给客房服务员发一个装有去污剂的喷雾瓶，要求

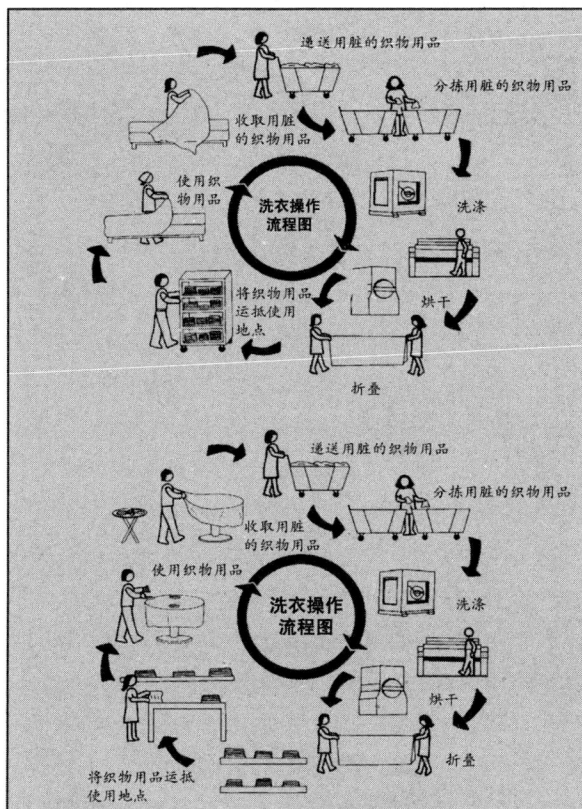

图 8-1 店内洗衣房的洗涤作业流程图

译者注：原图即如此。图中除了有两个完全一样的标题、并无其他文字。对比上下两图来看，差别主要在于左边显示的内容不同。上图显示的布草使用区在客房区域，下图显示的布草使用区在餐饮区域。

资料来源：《饭店、汽车旅馆、保健设施及餐馆的店内洗衣程序》（手册）（明尼苏达州圣保罗市艺康集团教育产品部），出版时间不详。

他们在将布草放到客房服务车上时，要先处理一下污渍。在各餐饮营业店，餐厅勤杂工可在收拾桌子时顺便收集脏布草。因餐具很容易跟布草一起被收集起来，扔到脏布草篮中，所以，要求餐厅勤杂工应很谨慎，要仔细地收拾餐桌上的所有物品。有些制作餐具的金属可能会在布草上留下永久性的污迹。餐厅勤杂工收拾完桌子之后，应对着垃圾桶抖一下餐巾和台布，以便能尽快清除掉上面的碎屑和食物残渣；然后再将布草放在脏布草篮中，等待运送至洗衣房。

向洗衣房运送脏布草

布草一般得用手提或推车的方式运送到洗衣部。手提布草的员工应小心不要让布草拖曳到地上，以免加重污染。另外，若布草在地上拖曳，还有可能带来安全隐患，员工有可能会踩到上面，并被绊倒。也有些饭店使用布草滑道来运送布草。

布草推车不能有突出的障碍，以免钩住或者扯坏布草。布草推车应能灵活移动，以方便员工不用特别弯腰，或拉伸身体就能装卸布草。员工应小心，不要让布草推车或者布草滑道钩坏布草，以免给布草造成细小撕裂。

房务纪事 ■■■■■

布草滑道能省时省力，但必须确保安全

安装适当并且维护良好的布草滑道会是很给力的工具。将布草从上面楼层运到布草滑道另一头的卸货区，这能节省很多步骤，包括过多的抬升和弯腰动作。有些滑道甚至可以直接通往店内洗衣房。

像很多好用的工具一样，布草滑道业经常会被滥用和误用。每个布草滑道的开口处都应该有一个能自动关闭和自动上锁的防火门。不使用布草滑道的时候，滑道的门应锁上，或把位于锁闭门后、客房服务壁柜中的保险拴好。据闻，已发生过几次这样的事情了：有喝醉的饭店客人和喜欢冒险的访客决定沿着饭店布草滑道滑下去。但由于多数通往洗衣房的布草滑道是垂直安装的，所以，滑下的动作就立即变成了跌落，至少有 3 米，最高可达数十米。最好的结果是冒险者不高兴，最坏的结局则是要命。

也曾听说过这样的情况：有人曾将一些异物丢进门打开着的洗衣房滑道里，如保龄球、客房服务用的托盘或者香烟。这种情况对于一个洗衣房员工来说可能会造成致命的打击。所以，在无人照看时，最好将客房楼层上洗衣房滑道的门锁上。

滑道的门必须是防火的，如果在布草卸货区域起火，而卸货区的门又没有关闭锁好，布草滑道就会像个烟囱一样。烟雾以及火焰可能会从滑道的每个没有关闭上锁的开口处冒出来。在卸货区起火的时候，最重要的门是滑道底部的那一扇。这些门应该通过链条、缆线，或类似的装置来保持开放的状态，类似的装置包括在滑道门附着点和墙壁附着点之间的易熔链接，或其他一些能够支撑门的结构部分。门常会因连接晾衣线而不得不开着，但这种情况非常危险，此时，应该用易熔链接来支撑门。易熔链接通常由焊在一起的两片合金构成。当焊接处受热时，会变软或熔化，从而能在关键的时候，把门关闭上。在没有火灾的时候，易熔链接也有可能因负荷过重而断开。

对易熔链接的负荷等级还有待明确。可能从 2 ~ 40 磅（1 ~ 18 千克）不等。常见的情况是拿一个额定 10 磅（4.5 千克）的链接用于支撑一扇打开的 20 磅（9 千克）的门。但结果往往是最初的时候还好，不久就会坏掉。所以，最好安装一个 40 磅（18 千克）的易熔链接，以保证运行的可靠性。在卸货区还应该有一个自动上锁的装置，这样放开的时候，门就能够安全地锁住。

将门上好保险以及正确的操作能够解决很多跟布草滑道有关的问题，能够把巨量的布草快速地运送至洗衣房。洗衣房员工在处理布草滑道送来的脏污布草之前，应穿上个人防护设备。在此情况下，可以采用防刺穿手套和防潮围裙。皮手套可能可以防止一般的针状物刺伤，但会被注射器穿透。围裙

（续）

能够避免布草上的污渍污染洗衣房员工的衣服。

　　最后，工程部人员应每月对每个布草滑道进行检查，以确保滑道门都锁好了。

资料来源：作者是杰斯·丹顿，《房务纪事》，第 14 卷第 5 期第 1～2 页。

分拣

　　店内洗衣房应有一个足够大的分拣区域，可以用来储存洗衣房一天洗涤量的衣物，又不至于影响和迟滞洗衣房内其他的工作。脏布草应根据脏污程度和布草类型来分拣。这两种分拣方法都有助于避免布草受到不必要的磨损和破坏。应将清洁用的抹布分开，单独清洗，严禁将抹布与客用的布草放在一起洗。

房务 纪事

要特别谨慎地处理好油污抹布和棉绒

　　饭店业员工的高流动性给洗衣房的运营带来巨大责任，因为培训并不见得总是能跟上员工流动速度。哪怕只有一个员工没有被培训，也有可能导致饭店的一场火灾。

　　虽然所有饭店的洗衣房都可能由于烘干机过滤点火装置中的棉绒而引发火灾，但更容易导致火灾的却是带厨房的饭店。为什么？这是因为在洗涤时，需要特别注意尤其易燃的油腻的厨房抹布。

　　很多饭店使用老式的毛巾和洗碟布来清洁厨房。当这些抹布变得很油腻时，危险就来了。当油腻的抹布放在袋子里等待洗涤时，就有可能会引起火灾。

　　抹布经洗涤后，如果油污还没有被完全洗干净，就放在烘干机里了，这时还是会有危险。如果员工没有接受过这样的培训，抹布在烘干机中自燃，这就是能够导致任何一家洗衣店运营遭到毁坏的罪魁祸首。最好的预防方法是使用一次性抹布，或向油污清洁公司租用抹布，但是很多饭店更愿意在自己内部来处理这些抹布。

　　为了避免洗衣房的火灾，管理人员应该在员工培训中涉及以下程序：

　　第一，定期清理棉绒过滤器

　　应该每天清理烘干机里的棉绒过滤器3～4次，不能有例外。建立表格记录过滤器清理的时间以及清理者。

　　第二，谨慎地处理油腻抹布

- 送一个19升的桶（装半桶脱脂溶剂）到厨房。
- 训练厨房员工判断一块油污抹布是可以洗涤还是应该扔掉；要清楚有的抹布不论如何洗涤，都是不能有效地清洗干净的。
- 训练厨房员工将脏抹布放到装有脱脂溶剂的桶里，这样可以达到两个目的：抹布在水里不会起火，

（续）

> 并且在等待洗涤时，那些抹布已预先浸泡过了。
>
> - 把清洗抹布作为一项独立的清洗工作记在特制的卡片上，包括特定的温度、额外的化学品和额外的漂洗等方面的要求。
> - 在向烘干机里放抹布之前，要清理烘干机的棉绒过滤器；这将确保最大限度的空气流通。
> - 在热循环之后，要启动冷却循环，以去掉抹布上的热量。
> - 在冷循环结束后，要立即从烘干机中取出抹布，并将其储存在一个有盖的金属容器中；万一抹布上还有足够导致着火的残余热量和油污，因金属容器中能提供的氧气将会迅速用完，所以火苗也会熄灭；带盖的金属容器很容易买到，成本比更换一台烘干机要少多了。
> - 将抹布装在封闭的金属容器中送至厨房：据查，有很多记录在案的火灾，都是由一堆塞在抽屉或者袋子里备用的"干净"油污抹布引发的。
>
> 洗衣房和厨房的员工应把这些简单的程序时刻铭记在心。

资料来源：作者是杰斯·丹顿，《房务纪事》，第 8 卷第 3 期第 8 页。

根据脏污程度进行分拣　在根据脏污程度进行分拣时，洗衣房员工可将布草分为 3 类：轻度脏污、中度脏污和严重脏污。严重脏污的布草需要使用强效洗涤配方，需更长的洗涤时间。中度脏污或者轻度脏污的布草则用较为轻柔的洗涤配方清洗，所需的洗涤周期也更短些（床单通常归类为轻度脏污，而枕套则被认为是中度脏污）。

如果没有依据脏污程度进行分拣，则所有的布草都只能用强效洗涤配方来洗涤。这会导致轻度脏污的布草被过分洗涤，并由此产生不必要的磨损。根据脏污程度进行分拣能减少需要反复洗涤才能去除污迹的布草的数量。

当然，布草分拣会导致出现只有部分装载量的洗涤作业。太多这种只有部分装载量的洗涤作业会导致能源和水的浪费。但是，若不能及时洗涤遭受严重脏污的布草，则会形成顽固污渍，并最终破坏布草。有些洗衣房通过配置若干不同容量的洗衣机来解决这个问题，这样即便少量的布草，也可以马上进行洗涤，还不至于浪费水和能源。

根据布草类型进行分拣　对不同纤维、不同织法以及不同颜色的布草，需要用不同的洗涤配方和洗涤方法。通过布草类型对布草进行分拣，能确保类似的织物使用合适的温度和洗涤配方。例如，羊毛和编制较松的织物，需要柔和的洗涤配方和轻柔的搅动。彩色织物则不应使用含氯漂白剂清洗。新的彩色织物在头几次应与其他东西分开洗涤，以避免发生褪色而影响到其他织物。至于一些特别的布草，如围裙，则应放在尼龙袋中洗涤，以避免缠绕在一起。

有的店内洗衣房会针对不同的织物购买不同的洗衣机。例如，如果饭店只有很少的全棉布草需要在热水中清洗，可能就会使用较小的洗衣机来洗涤全棉织物，这可以节约能源和水的成本。

根据布草类型分拣，还包括对布草按种类进行分拣，例如，按毛毯、床罩、餐厅布草和毛圈织物（译者注：原文为 terry，正式说法为毛圈织物，尤其指用来做各种毛巾的毛圈织物）来区分。因为所有的毛圈织物的整理过程基本一样，所以，可把它们放在一起。而餐厅布草，则可能每件上面都会有污渍。

装载

当洗衣机处于最大限度载荷时，其工作效率最佳。对洗衣机的分级，一般是根据其洗衣重量来进行，例如，装载量为 50 磅（23 千克）的洗衣机，或 35 磅（16 千克）的洗衣机，等等。这里讲的重量是指干净的干布草的重量，或称为 CDW（译者注：CDW 是 clean, dry , weight 这几个英文单词的首字母缩写，即干净且干燥状态的重量）。由于脏的床用布草通常是干的，所以，装载量为 50 磅的洗衣机应可装载 50 磅的床单。但是脏的毛圈织物通常是湿的，湿的脏毛圈织物的重量大约会增加 40%。为了将毛圈织物装满负荷，员工可根据 CDW 指南，给装载量为 50 磅的洗衣机装载大约 70 磅（32 千克）的湿毛巾。多数生产商会建议用户，在向洗衣机中装载衣物时，可装填至在顶部的空间能放进一只手的宽度就可以了。

如果装载不恰当，会浪费很多钱。例如，若每天一台装载量为 50 磅的洗衣机要处理 500 条毛巾，用户可将之分成 7 次，每次约 71 磅，或分成 10 次，每次 50 磅，来作为每次的装载量。假设每次洗衣机装载量的洗涤所需用掉的化学品的成本是 1 美元，若把洗衣机满负荷装载，则每天会省下 3 美元，或每年仅在化学品这一项上就能节省 1095 美元。如果再把 3 次装载所需的额外人工成本算进去，再加上因此浪费的时间和能源成本，就能很清楚地发现，如果给洗衣机装载恰当的负荷，可以节约相当可观的一大笔钱[②]。

洗涤

完成布草分拣后，洗衣房员工要将布草逐包收集好，放在洗衣机里。在放到洗衣机里之前，应对布草称重，以确保洗衣机没有超载。称重对于计算洗衣房的产值也很重要。

有些饭店的洗衣房员工会在洗涤之前，对脏布草进行些预处理。然而，这种预处理会占用很多的时间，也会增加大量的人工成本，因此，多数店内洗衣房都是仅靠洗衣机中使用的化学品来洗涤布草。

如今的现代洗衣设备可以难倒一名过去常在家里用"洗涤—漂洗—脱水"模式的洗衣机来洗衣服的无经验员工。店内洗衣房的洗涤设备要求员工得从多达 10 种洗涤过程中做选择，并且还需要从一系列的洗涤剂、肥皂和衣物柔顺剂中做选择。通过回答 5 个基本问题，可以使我们在做这些选择时，不再那么困惑，并有助于确定某一批布草的正确洗涤程序。这 5 个问题可罗列如下：

第一，要想正确地洗涤该物品，得需要多长时间？

特别脏的布草得需要花更多的时间洗涤；不太脏的布草则需花费的时间较少些。如果洗涤时间设定不正确，将会导致洗涤不干净，或给织物造成不必要的磨损。这样做还会浪费能源和水。

第二，要想把该物品洗涤干净，水温应是多高？

一般而言，洗衣房员工可能会认为："当然是低温了。"因此，他们会选择尽可能低的水温来洗涤，以便节约能源。然而，有些洗涤剂和化学品仅在热水中才能产生较好的效果，有些污渍类型也需要较高的水温才易于祛除。例如，洗涤油污的水温应在 180 ～ 190 °F（83 ～ 88 ℃），洗涤中度污渍的水温至少应有 160°F（72 ℃）。洗涤厨房抹布和布草的水温则应为 140°F（60℃）。

第三，要想去除污渍，应需要多大的搅动力度？

搅动属于洗衣机的"搓洗"动作。如果搅动太轻，这通常是由于洗衣机装载过多引起，这会导致洗涤不充分。如果超载，则会引起设备不必要的磨损。如果搅动太重，则可能对织物造成损坏。

第四，对于特定的污渍和织物类型，要用什么样的化学品，效果才会最好？

化学品包括洗涤剂、漂白剂、柔顺剂等。

第五，要使用什么程序才能推进洗涤作业的完成？

不同种类的布草应该选择不同的洗涤程序。例如，毛圈织物的脱水时间应该比床单的脱水时间更长。

污渍类型和织物类型决定了洗涤时间、温度、搅动的程度、所使用的化学品，以及所遵循的程序。而这些又是互相影响的。例如，在水里放过多的洗涤剂就会产生很多泡沫；而太多的泡沫又会影响洗衣机的转动。表 8-2 提供了对常见的洗涤问题的概述，包括产生问题的原因，以及一些解决问题的方法。

通常会由洗衣房主管来预设时间、温度，以及运转方式。这些设备的销售人员也可以帮忙进行预设定。

洗衣周期。在典型的洗涤过程中，所包含的步骤会多达 9 个：

第一，冲洗（1.5 ～ 3 分钟）：冲洗能溶解并稀释可溶于水的污渍，减少后面泡沫阶段需处理的污渍量。通常用高水位、中等温度来冲洗物品。

第二，分解（4 ～ 10 分钟，可选）：加入强碱性产品来使污渍分解（使污渍松开），接着再冲洗几次。分解阶段通常使用低水位、中等温度。

表 8-2　洗衣房常见问题

问题	原因	解决方法
色泽暗淡	洗涤剂太少。 洗衣周期中温度太低。 分拣不当。 有脏污物互相污染。 颜色"串染"。	提高水温。 增加洗涤剂用量，或使用酶制剂，或使用漂白粉。 升高水温。 设置尽可能高的水温，增加洗涤剂，重新洗涤。使用适合织物的漂白剂。实行合适的分拣程序。 别做脱水处理。用洗涤剂和漂白粉重新洗涤。根据物品的不同颜色更加仔细地分拣。新用的织物在最初几次需要分开洗涤。
泛黄	洗涤剂用量不足。 洗衣周期中水温太低。 在洗涤羊毛、丝绸或氨纶织物时使用了含氯漂白剂。	增加洗涤剂用量，或使用酶制剂，或使用漂白粉。 升高水温。 因这种原因导致泛黄的织物将无法还原，应避免以后在洗涤这些物品时使用含氯漂白剂。
锈斑	在供水管道、水管或热水器中，含有铁或锰元素。	用商用除锈产品重新洗涤衣物，不要使用含氯漂白剂。为避免日后再产生类似污迹，可使用软水剂来中和水源中的铁或锰元素。如水管中有铁锈，可用热水冲洗管道几分钟。间或排空热水器，清除积累的铁锈。
蓝色污迹	洗涤剂或织物柔顺剂中呈现蓝色的物质未能全散掉。	对于洗涤剂造成的污渍，用 1 份白醋兑 4 份水制成溶剂，盛放在塑料水槽或容器中，将织物放入浸泡 1 小时。对于柔顺剂造成的污渍，用肥皂搓洗织物。 为避免污渍产生，应在装载衣物之前，就把洗涤剂添加到洗衣机里，然后，启动洗衣机，确保洗涤剂混合均匀。在添加织物柔顺剂之前，应将其稀释。
去污效果差	洗涤剂用量太少。 水温太低。 洗衣机超载。	增加洗涤剂用量。 提高水温。 每次少装载些衣物，合理分拣待洗衣物，并且使用适量的洗涤剂和设置适当的水温。
油污斑点	洗涤剂用量太少。 水温太低。 未稀释的织物柔顺剂沾到织物上了。 加速烘干织物柔顺剂。	用洗涤前使用的预洗去污剂或液体洗涤剂处理；增加洗涤剂用量。 提高水温。 用肥皂搓洗织物，然后再用水清洗。在添加织物柔顺剂之前要对其进行稀释。 用肥皂搓洗织物，然后再用水清洗。 应避免洗衣机一次装载量太少。 避免烘干机设置不当，或者烘干机温度过高。
残留粉状物（在深色或亮色的衣物上特别明显）	洗涤剂未溶解。 无磷颗粒状洗涤剂与水中的矿物结合形成残留。	应在装载衣物之前，就把洗涤剂添加到洗衣机里，然后启动洗衣机。 用 1 杯白醋和 4 升水的混合液来去除污渍。将衣物浸泡在塑料容器或水槽中冲洗。 为防止产生残留物，可改为使用液体清洁剂。
织物变硬、褪色或者磨损 译者注："织物变硬、褪色或者磨损"所列的原因和解决方法，原书即如此。从内容和专业知识来判断，应有误。其与前页表中紧邻的对"粉状残留物"所列的第二个原因和解决方法完全相同。查英文版前几个版本，亦如此。译者推测或许是本书最初版本的作者在引用其他资料时有转录笔误。	无磷颗粒状洗涤剂与水中的矿物结合形成残留。 分拣不当（将起毛织物同其他织物混放）。 围裙或者制服口袋里有手纸。 洗衣机或烘干机超载。 洗涤剂用量不足。 洗衣机的绒毛过滤器或烘干机的绒毛筛网发生堵塞。 将织物干燥过度，产生静电，吸附绒毛。	用 1 杯白醋和 4 升温水的混合液来去除污渍。将衣物浸泡在塑料容器或水槽中冲洗。为防止产生残留物，可改为使用液体清洁剂。 将物品干燥，并用遮蔽胶带或者透明胶带拍打，重新洗涤，并在最后冲洗过程中，使用织物柔顺剂。要通过更仔细地分拣，来预防此类问题发生。 在洗涤之前要检查口袋。 将待洗涤或烘干的衣物数量减少些。 增加清洁剂的数量。 在使用之后，及时清洁过滤器和筛网。重新洗涤物品。 用织物柔顺剂重新洗涤织物，并在其未干透前就从烘干机里取出。

（续）

问题	原因	解决方法
有破洞、撕碎、破裂的痕迹	含氯漂白剂使用不当。 没拉拉链、没系挂钩，或者没扣腰带扣。 洗衣机内有毛口。 洗衣机超载。	坚持使用漂白剂分洒器，用4倍的水稀释漂白剂。不能将漂白剂直接往布草上倒。 洗衣之前拉好拉链、系好挂钩并扣好腰带扣。 每周检查洗衣机，并视情况进行修理。 避免超载。
褪色	织物染色不稳定。 水温太高。 漂白剂使用不当。 将未稀释的漂白剂直接倒在织物上了。	在洗涤之前，检测织物的色牢度。单独洗涤新投入使用的织物。 用凉一些的水。 检测织物的色牢度；使用含氧漂白剂。 稀释漂白剂。
起皱	未能使用正确的洗涤周期。 洗衣机或烘干机超载。 将织物干燥过度。	使用免烫循环模式；设定较低水温洗涤；及时把织物从烘干机中取出，并立即折叠。 不要超载。 将织物放回烘干机，使用免烫循环模式15～20分钟。褶皱会在加热和冷却过程中去除。及时取出织物。
缩水	将织物干燥过度。 织物剩余收缩工。 对羊毛制品的搅动。	减少干燥时间，并在织物还是潮湿时，就取出。在微湿时就取出针织品（尤其是棉织品），并展开拉平，让织物恢复原状，平铺晾干。 在购买织物时，要考虑织物的正常缩水比率。 在洗涤者漂洗环节设定较低的搅动力度。 常规的旋转不会导致织物缩水。
起毛球	合成纤维织物在穿着后自然起毛球。	通过使用织物柔顺剂和喷洒上浆剂或织物定型剂来避免不必要的磨损。

资料来源：专业工程师埃德温·B.费尔德曼 主编《环境卫生程序清洁指南》（纽约：肥皂与洗涤剂协会，第163～168页）。

第三，泡沫洗涤（5～8分钟）： 这是真正的洗涤周期，在此阶段会添加洗涤剂，会把物品放在低水位、热水中搅动。

第四，漂尽残留泡沫（或中间漂洗）（2～5分钟）： 在这个洗涤周期中，会去除掉污渍和碱性产品，这有助于更有效地发挥漂白工作的效力。这个周期也需要用热水，温度与泡沫周期相同。

第五，漂白（5～8分钟）： 此时，在低水位、热水中加入漂白剂；它能杀死细菌，去除污渍，漂白织物。

第六，漂净（1.5～3分钟）： 以高水位、中等温度，进行两次或更多次的漂洗，用于去除布草上的洗涤剂和污渍。

第七，中间脱水阶段（1.5～2分钟，可选）： 通常是在第一次漂洗后进行，利用高速旋转来去除布草中的洗涤剂和污渍。这个周期不能发生于第三步的泡沫洗涤周期之后，因为这有可能将污渍重新渗回织物中。也不能用于免熨烫布草，除非洗涤水温低于120℉（49℃）。

第八，酸/柔顺剂或者淀粉/上浆（3～5分钟）： 加入柔顺剂和酸，对织物进行护理。这个周期使用低水位、中等温度。对棉织物，加入淀粉可使其挺括；对涤纶混纺织物则应上浆。淀粉／上浆可以替换使用酸／柔顺剂的环节。

第九，脱水（2 ~ 12 分钟）用高速旋转来去除布草中的水分。设备旋转的时间取决于织物的类型、脱水能力和脱水速度。

如今有很多店内洗衣房开始选择带冷水模式的洗衣机。用合成杀菌洗涤剂结合冷水清洗，可以做到如下几点：

- 去除因使用热水而可能导致固结的污渍；
- 保持免熨烫织物的无皱特征和毛巾的吸水性；
- 节约能源成本。

化学品 饭店和其他商业性店内洗衣房在洗涤布草时，所用的化学品要比人们通过家用洗衣机洗涤时所用的化学品多得多。店内洗衣房会适当调配化学品，确保有效的洗涤效果，并让布草在洗涤后尽可能看起来像新的一样。总体而言，洗衣房对化学品的需求主要取决于饭店所使用布草的类型以及布草的脏污程度。另外，店内洗衣房一般会使用较多的碱来增强洗涤剂的洗涤能力。但鉴于碱有一定的腐蚀性，因此还必须用其他化学品来中和。

一般说来，与多个化学品供应商打交道会是一个好主意。这可使管理人员既能了解新技术的发展情况，又能获得在使用化学品方面的好建议。然而，同时跟若干家供应商周旋，也可能不是行政管家最有效的时间利用方式。有些行政管家倾向于接受不同化学品供应商的投标申请，但只挑选一家来作为下一年的唯一供应商。这个方法一般能起作用，因为，被选中的供应商会敏锐地意识到：若不能满足该饭店的需要，别的供应商就会取代他们的工作。

以下简述了在洗衣房运营中所使用的主要化学品的种类。

水。虽然并非总被看作是化学品，但水其实是洗涤过程中所使用的最主要的化学品。每洗涤 1 磅 (0.5 千克) 干衣物，需要 2 ~ 5 加仑 (7.6 ~ 37.9 升) 的水。绝对安全的饮用水却并不一定绝对适合于洗涤布草。例如，某些矿物质会污染或者磨损布草。其他物质也可能会导致异味的产生，或者形成影响泡沫产生的硬水。这些物质中有不少还会堵塞管道，并影响机器设备的正常工作。所幸的是，可以在水里添加其他化学品，来帮助实现更好的洗涤效果，很多店内洗衣房的经营者会建议，要测试洗衣房用水的质量，以发现可能存在的问题。

洗涤剂。洗涤剂这个词实际上是对很多种清洁剂的通称。合成洗涤剂对去除油性污渍特别有效。合成洗涤剂常包含有表面活性剂，它们能够帮助去除污渍，并起到抗菌剂和织物柔顺剂的功效。合成洗涤剂中还常会添加促净剂或者碱，它们能帮助软化水，并去除油污与油脂。肥皂也是一种洗涤剂。中性皂或纯肥皂不含碱，而复式皂则含碱。复式皂通常用于洗涤脏污程度较重的织物；纯肥皂多用于洗涤脏污程度较轻的织物。硬水会降低肥皂的洗涤能力，还会在织物上留下残渣，使织物色泽发暗、发硬，以及产生异味。肥皂的洗涤功效会被酸所抵消。

织物（光学）增光剂。增光剂能让织物看起来像新的一样，使织物更接近其本来的颜色。这些化学品经常得预先同洗涤剂和肥皂混合在一起。

漂白剂。漂白剂能引发强烈的化学反应，如果不能谨慎地控制漂白剂的使用，就会损坏织物。但如果能使用得当，则漂白剂能帮助去污、杀菌，并漂白织物。

有两种漂白剂：含氯漂白剂和含氧漂白剂。含氯漂白剂能用于任何可水洗的、天然的、不褪色的纤维。对于某些合成纤维而言，含氯漂白剂是安全的，但对其他的合成纤维而言，则有可能会造成破坏。所以，在使用含氯漂白剂之前，要对全部待洗涤的合成纤维进行测试。含氧漂白剂则比含氯漂白剂要温和得多，通常对于大多的可水洗织物而言，它是很安全的。含氧漂白剂在热水中去除有机污渍的效果最好。不能同时使用含氧漂白剂和含氯漂白剂，因为两者会互相中和。

必须谨慎地控制漂白剂的 pH 值（酸度或碱度）和水温，防止其损坏织物。干漂白剂中因为含有缓冲成分，所以，能够控制 pH 值，但它的价格要比液体漂白剂高昂。

碱。碱或碱性促净剂能产生泡沫，能使织物中的污渍在分解后悬浮于洗涤水中。碱也能中和酸性污渍（大多数污渍都是酸性的），使洗涤剂变得更有效。

脱氯剂。在漂洗过程中，有时会用到脱氯剂。它能确保去除漂白过程中产生的氯。由于涤纶容易残留氯，因此，在使用含氯漂白剂的时候，通常都会用脱氯剂来进行后续处理。

防霉剂。防霉剂能在长达 30 天的时间内阻止细菌和真菌在布草上繁殖。这两类微生物都能通过产生永久性污渍来造成布草的损害。潮气能为霉菌的繁殖提供有利的生长环境。因此，应立即洗涤又脏又潮的布草，不能任其长时间留滞在推车上。应将从洗衣机或者脱水机中取出的干净布草尽快进行烘干或熨烫。

酸。在店内洗衣房所用的酸通常是弱酸，一般用于中和洗涤和漂洗之后残留在织物上的碱。洗涤剂和漂白剂中都含有碱，残留的碱会破坏织物，会导致织物泛黄或者褪色。而且，残留的碱还会刺激皮肤，并使织物产生异味。

织物柔顺剂。柔顺剂能使织物变得柔顺和更易整理。一般会在最后一轮洗涤周期中，将柔顺剂和酸一并加入。它们可以减少熨烫工作量，也可加速织物的脱水，还可减少织物的烘干时间，更可减少织物产生的静电。但是，若过量使用柔顺剂，则会使织物的吸水性能减弱。

上浆用淀粉。通过上浆用淀粉，能使布草在使用期间显得更挺括。若要给织物上浆，应在洗涤过程的最后步骤中再添加上浆用淀粉。

房务纪事

关于洗衣房布草处理的提示

1. 不能过度干燥免熨烫物品

处理好这些免熨烫布草的秘密就是要避免过度脱水，要限制烘干时间。如果从烘干机取出来时，布草微湿且还有点暖热，应马上把它们折叠好，并放到架子上过夜，布草会继续变干燥（织物还会自动变得平整）。

2. 让免熨烫布草在使用前有段间歇时间

如果在2次使用期之间，让免熨烫布草有24小时的间歇时间，相较于把它们从烘干机里一拿出来就直接铺到床上而言，这能让它们的使用寿命更长。

3. 不能过度干燥毛圈织物

在烘干过程中，起漂白作用的氯会在加热时出现活性增强的现象，过度干燥实际上会导致其棉纤维受到损坏，会缩短毛巾的使用寿命。

4. 制订布草收回方案

不论是员工在洗衣房发现的脏布草，还是在运营区发现的脏布草，都应及时收取，并尽快进行处理。客房服务员可通过在布草的一角打结的方式，标记出已破裂的或已脏污的布草，也可以将其放在单独的枕套里。餐饮部的员工应设置一个特别的盒子或箱子，来专门盛放已破裂的或已脏污的布草。对于待弃用的布草，则要把它们分拣出来，不要让它们再流通使用。要避免在弃用之前再分拣、洗涤和烘干，这样做有助于节约各个区域的人工成本。

5. 提供足够的抹布

让所有员工都有可用的抹布，这样做有助于使好的布草不因遭滥用而造成损坏。

6. 平均分配布草

在给客房服务员分发布草时，要保持均衡，要确保每个人都有足够的物品完成他们的工作。这一点并不难做到，只要根据该服务区域中床的类型，来保持储存间布草库存的最小和最大标准量即可。如果任凭布草在壁橱或客房服务车中储存过多，将导致布草混杂不清，甚至被乱扔一气，结果会导致这些布草还没投入使用就得重新洗涤了。

7. 研究员工的操作动作

观察洗衣房员工的操作动作并重新培训他们，这能使其达到更高的工作效率。例如，可向他们提问，"在处理枕套时，最少得接触它多少次？"要重新安排工作桌和推车的位置，使员工操作能获得最大的空间。

8. 去掉折叠过程中的多余动作

例如，取一条毛巾，平摊开，折叠毛巾的一部分，以上这些都可在一次动作中完成。在第一个动作之后接着就是平放的动作，没有必要在中间还要忙活着把毛巾捋平，或者再摆弄一下。直接进入下一个折叠动作。在折叠过程中精简动作，将能节省时间。

（续）

> **9. 折叠毛圈织物的方式要简单**
>
> 因为放到客房中的毛巾通常会使用比较特别的折叠方式，所以，洗衣房员工根本不必太在意自己已是否把每条毛巾都折叠得很完美。设计好一个适合推车的简单叠法即可，将最后的折叠工作留给客房服务员吧!
>
> **10. 把床用布草打包处理**
>
> 可考虑把两张床单折叠在一起，加上枕套，制出一个可让客房服务员很方便使用的组合包，并做到为每张床准备一个包。这能让服务员便于同时展开两张床单，而不用单独展开每张床单。对没有床单熨烫工或折叠工的饭店而言，这可以节约一半的折叠时间。

资料来源: 作者是注册饭店业行政管家盖尔·爱德华兹，《房务纪事》，第 3 卷第 1 期第 5 页。

脱水

脱水的过程实际上是通过高速旋转，来去除所洗涤衣物中的多余水分。这个步骤很重要，因为它能减少所洗涤衣物的重量，能使员工更轻松地将织物运至烘干机中去，缩短烘干时间。如今，多数洗衣机已都具备脱水能力。

整理

通过整理，能使布草看起来更挺括，无褶皱。这个过程可以只是烘干，或者也包括熨烫。在烘干织物之前，应根据织物类型对其进行分拣。烘干混合纤维织物时，通常会用到蒸汽柜或蒸汽通道，因为这样做可以让这些织物看起来平整无皱。表 8-3 列出了整理过程中的一些常见问题及其解决方法。

表 8-3 整理阶段的常见问题

问题	原因	解决方法
起皱（合成纤维）	洗涤或烘干时的温度过高，导致免熨烫特性遭破坏。	降低温度。
	在烘干机中冷却处理不充分	在烘干过程的最后几分钟调低温度。在布草未完全干透之前，就从烘干机里取出。
纤维呈光滑状（合成纤维）	烘干时的温度过高。或熔化。	降低温度（140 ～ 145°F，即 60 ～ 63 ℃）。超过 160°F（71 ℃）即属于温度过高。
丧失吸水性	洗涤或烘干时的温度太高。织物柔顺剂用量过多。	降低温度。减少织物柔顺剂用量。

烘干 需要烘干的物品通常包括毛巾、洗碟布和一些免熨烫织物。对于不同类型的布草而言，所需的烘干时间和温度也各不相同。但在任何情况下，在烘干之后都必须让这些织物有一段滚动冷却的时间，以防止这些尚处于高温的织物，因遭受

快速冷却和处理，而造成破坏，或产生皱褶。在烘干结束后，应将这些织物立即取出，并尽快折叠。否则，延误久了，会导致织物产生皱褶。

另外，要注意的是当处于空载状态时，绝不能预热或运行烘干机。否则，会形成"热斑"现象，导致织物受损，甚至引发火灾；即使不发生以上现象也会造成能源的浪费。

在烘干任何织物时，都应听取其生产商的建议，或在完全去除织物所带水分的情况下进行。可根据以下因素来确定合适的烘干时间：

- 烘干机的类型；
- 织物在洗涤后的含水量；
- 处于一年中的什么季节（这会使烘干机所吸入空气的温度有所不同）；
- 织物从洗衣机中取出时的温度。

最好与洗衣房一起来开展测试，然后，编写适合本饭店使用的可使织物不至于过度烘干的操作程序。

如果准备手工折叠床单和枕套，则需要操作得当，以尽量减少皱褶的产生。还应尽快从洗衣机或脱水机中取出布草，并装入烘干机中。

要记住，烘干机是通过织物在干净且干燥时的重量（CDW）来进行定级的，例如，装载量为100磅(45千克)的烘干机能处理100磅干净且干燥的织物。但由于织物在装入烘干机时，总是湿的，所以需考虑到这种干湿重量之间的差别。如果饭店有装载量为100磅的洗衣机和100磅的烘干机，那么，可直接把相同重量的织物从洗衣机运至烘干机。但是如果洗衣机的CDW定级为100磅，而烘干机的CDW定级是150磅(68千克)，那么，该烘干机需处理该洗衣机1.5倍的洗涤量才合适。

应始终让烘干机处于满负荷状态。烘干时间并不随所装载布草量的比率的变化而产生波动。换而言之，1台烘干机在45分钟就可以完成1个满载负荷，但它完成0.5个满载负荷却可能得花35分钟。粗心地使用烘干机可能导致能源费用剧增。

烘干后的免熨烫布草需要一段时间冷却才行。在很多时候，有些员工会让烘干机一直转，直到他们有时间折叠布草才停止。但干布草一直在转动时，其纤维会因为撞击烘干机的边缘而发生断裂。这会严重缩短布草的使用寿命，并且浪费能源。因此，等烘干程序一结束，就要立即取出布草。

在使用烘干机时，易遇到的常见问题有绒毛滤网堵塞、燃气火焰失调，以及温度自动控制器发生故障等。烘干时间漫长、布草产生异味或者被烧煳，这些都是因为没有用心看管烘干机，才容易出现的问题[③]。

熨烫 床单、枕套、台布和稍微潮湿的餐巾，都可以直接拿去熨烫。熨烫机的尺寸和自动程度各不相同。对制服而言，通常得用到特别的熨烫设备。在给涤纶混纺制服去除褶皱时，比起使用熨烫机，使用蒸汽通道其实要更多些。

折叠

由于有些饭店还是用人工进行折叠，所以，折叠环节的工作速度往往决定了布草房的整体工作速度。如果折叠环节的工作速度赶不上洗涤环节和烘干环节的，则会导致布草产生不必要的皱褶，或会遭受再次污染。

并不是所有的洗衣房都会配备有能处理布草的熨烫机。在这种情况下，当冷却过程结束后，应立即从烘干机里取出免熨烫布草。如果能立即折叠完这些布草，并将其至少堆成 12 英寸 (34 厘米) 高，然后，放置 12 小时，这样做将会产生很好的效果。这些布草将显得折痕妥当，平顺好看。

负责折叠的工作人员还必须要注意检查布草，要把可再次使用的布草储存好，要剔除脏的、破的或不适合再使用的布草。这种检查工作可能会增加些折叠环节所需的时间，但应是相当值得的。在折叠和存储布草时，应避开盛放脏污布草的区域，应避免干净的布草再受到污染。

应鼓励洗衣房员工采取快速方便的方式折叠布草。他们唯一应关注的是要尽快折叠布草，并把布草运送至仓库，或送到客房。最终把那些毛圈织物折叠成精美造型的活，应是让客房服务员在客房摆放时才该做的[4]。

储存

等完成折叠工作后，得对布草进行再分拣和堆放。再分拣是将那些在预分拣中遗漏未拣出的不同种类与规格的布草再分开。储存室至少应有能容纳一个标准量库存的空间。因很多类型的布草如在洗涤好后马上就投入使用，将容易遭到损坏。所以，应将这些洗涤好的布草至少在架子上"休息"24 小时。而且，一旦把这些布草放到架子上了，也便于很快识别出其泛黄或者褪色的地方。

向使用区分发布草

一般会用推车把布草运往使用区。应至少每天清洁一次推车，必要时可以一天清洁多次。在要使用布草之前才运送它们，并需用东西覆盖推车，这能避免布草遭到再次污染。一个较好的办法是把推车分为运送干净布草和运送脏污布草的两种类别，这可避免不小心弄脏布草。

机器与设备

店内洗衣房的机器设备本身就是一笔大投资，而且，能影响另外一笔大投资，即布草的使用寿命。店内洗衣房机器和设备选择得好坏与否，意味着洗衣房经营的盈亏。例如，处理能力不足的机器会破坏布草，会出现洗涤效果不好，会导致能源和水的费用过高，甚至还会导致维护成本的增加。设备保养不当也会导致更高的布草和设备成本。

多数洗衣房设备生产商会根据店内洗衣房在一天中需处理的布草的重量，对所需设备的类型与数量提供免费评估。以下讨论给出了在店内洗衣房使用的相关设备类型的基本信息。

洗衣机

多数洗衣机都是由不锈钢制成。其规格根据洗涤容量而定（即一次装载能处理的布草的磅数）。规格从 25 磅 (13 千克) 型到 1200 磅 (544 千克) 型不等。饭店中所用的大容量洗衣机跟家庭所用的传统洗衣机不大一样。有些洗衣机有单独的"口袋"，能够一次盛放好几倍洗涤容量的布草。有的洗衣机，则称为隧道式洗衣机，它们有几个洗衣仓；每个洗衣仓都用于某一项洗涤工序。一旦第一批衣物的第一道工序结束，就会把其从第一个洗衣仓转到第二个洗衣仓。随后，洗衣房服务员就会在第一个洗衣仓装载下一批衣物。

洗衣机一般由马达、内外壳和一个箱体组成。外壳是固定的，能够盛洗衣用水。内壳则盛放洗涤物品，而且内壳上还有开孔，方便在不同的洗涤程序中，实现注水和排水。

在过去 10 年中所设计的大多数洗衣机里，孔眼的设计都会避开所洗涤的物品。但老式机器上的孔眼可能会很突出，会对布草造成额外的磨损。这会让布草的使用寿命缩短达 50% 左右。即使在中等规模的店内洗衣房中，老式机器在一年中损坏的布草的费用都够买一台新洗衣机了。

洗衣机通过马达的转动，引发的或是让带孔眼的内壳转动（波轮洗衣机），或是让搅动器转动（搅动式洗衣机）。在洗衣循环中，这些转动的内壳或搅动器，能帮助洗涤剂分解织物上的污渍，并在漂洗循环中，去除洗涤剂和其他化学品。

大多数新型洗衣机都有自动分配洗涤剂和溶液的功能。这些洗衣机由电子程序控制，而这些程序无论是在工厂设定，还是在店内洗衣房设定，都可实现该功能。其他类型的洗衣机则需要一名操作员手动添加洗涤剂和溶液。需要手动分配的机器，其所配置的孔眼或者加料斗（指能够放洗涤剂的开口）比较少。一般而言，这类设备上应有至少 5 处孔眼——2 个放洗涤剂，其他的分别放漂白剂、酸和柔顺剂。直接将化学品倒在布草上会严重破坏布草。为了保证混合均匀，很多商用系统都是采用自动化操作方式的。

不论是用手动还是自动方式来添加溶液，都必须在合适的时间，加入适量的溶液。由于现在所开发出来的化学品越来越高级，往往以较低的成本就可以提高洗涤质量，因此，做好溶液的计量工作，并在合适的时间添加进去，就变得越来越重要。

很多自动化操作的机器比人工添加溶液的洗衣机要显得经济实惠，但如果使用不当，也会引起一些问题。例如，有的饭店让洗涤剂销售人员来摆弄自动化洗衣机，并希望借此来提高洗涤质量，但结果往往却是降低了机器性能。所以，让生产商的代表来定期检查机器，可能是充分利用洗衣机的最靠谱方法。

微处理器，这项洗衣机上的最新发明，与传统的自动模式相比较，它能更好地控制洗衣机的功能。例如，它可以更准确地设置水温。它对于特别的织物类型和污渍，能方便操作者进行更轻松灵活的设置，能实现洗涤剂和溶液的更佳混合。

另一项创新是能进行水循环利用的洗衣机。这种机器能节省饭店在能源、排污、用水和化学品方面的成本。能进行水循环利用的洗衣机会安装隔热水箱。它将需要重复利用的水抽入水箱，以保持合适的温度，并在洗涤下一批衣物时，在合适的洗涤周期里让储存的水实现再使用。根据污渍程度、水的硬度和织物类型，洗衣机操作者可通过控制系统，来调节这些可再使用的水。控制系统能自动保存可再使用的水，并排出不可再使用的水。

一些位于极干旱气候区的饭店开始使用店内洗衣房的废水浇灌草地和花园。但在使用之前，需要对这些水做一定的处理，中和其中的磷酸盐，以及其他的化学物质。要特别注意的是，得确保循环使用的水不会被误当作可饮用水。例如，很多饭店会用一种无害的植物染色剂将循环用水进行染色，以免发生混用。

大多数洗衣机都有脱水功能。清洗完毕后，马达会带动内壳快速旋转，甩出大部分多余的水分。如果洗衣机不能脱水，就必须使用单独的脱水机。脱水机有离心式、液压式和压力式等类型。

许多洗衣机有高速脱水功能。这些机器的突出卖点是能节约时间。而且，因为还能减少烘干时间，所以这些机器通常能节约大量的能源。

高速脱水需要脱水机在脱水时，要有能处理数倍于其装载量的转动能力。例如，店内洗衣房的机器一般能够处理 70～300 磅 (32～136 千克) 的干燥衣物。加上水的重量和转动的力量，在这种情况下，当机器运转起来时，需要处理的实际重量将会达到半吨。可高速脱水的洗衣机应放置在特殊的软垫座上，并用螺栓固定在地面上。软垫座类似于一个减震器，能保证机器不会从基座上松动。

在洗衣机和烘干机的设计中，应该考虑防止灼伤和擦伤事故。在 1980 年以后所生产的大部分机器都有良好的隔热层，以及防止热量散出的玻璃门。隔热层能有助于保护员工免受灼伤。

洗衣机也难免会出现故障。一旦机器运转不灵，饭店就会面临一系列问题，而且费用不菲。首先，若机器坏了，很多饭店客房部的员工就无所事事，这就会导致劳动力的浪费。其次，机器故障会影响到布草的正常流通，会影响到客房整理工作，这可能就意味着销售额的损失。最后，机器故障会造成大量工作的积压，这些也会转化成加班费的费用。

有三条原则能够帮助缩短洗衣机的故障时间。首先，在采购时，只从有信誉的供应商处购买结实耐用的工业设备。在决定采购产品之前，应花充足的时间阅读销售材料，应找出适合饭店洗衣房运营的机器品牌和型号。例如，机器的规格说明书应列出机器的重量。通常越重的机器越耐用，因为内部的框架会支撑滚筒，机器本身的受力就会减轻。其次，要认真阅读和充分理解并遵循设备的维护要求。在所有的机器故障中，有超过90%的故障能通过遵守生产商的维护建议而避免。最后，要考虑购买承保范围较大的设备保险。通常，保险费用会少于设备故障带来的费用。更重要的是，保险能够迫使当地的生产商代表通过维护设备的正常运转来维护其既得利益。

烘干机

烘干机通过高温空气流经转动的滚筒来去除洗涤物的水分。空气通过燃气、电或者蒸汽来加热。为保证烘干机的效能，空气流动不应受到阻碍。

同洗衣机一样，对烘干机也必须进行适当的保养。用旧了的烘干机更应得到更多的维护。但实际情况通常相反，不适当的保养常会导致更多的能源浪费。一般而言，在设计洗衣房时，会让烘干机的处理能力高于洗衣机的处理能力，这是因为烘干所需时间一般是洗涤所需时间的 1.5 ～ 2 倍。在这种情况下，如果烘干机出现故障，工作尚能相对平稳地维持一小段时间。但是，从一开始就做好烘干机的维护工作，总比围着坏掉的机器忙乎要来得容易。烘干机最常见的问题是其空气供应受到杂物或者绒毛的堵塞。通过每天两次检查通风口，可避免这种情况的发生。

《职业安全与健康法案》要求工业用洗衣机必须对空气中的绒毛水平进行控制。大多数烘干机都装有管道系统，能将绒毛吹进容器，从而最大限度地减少空气中的绒毛数量。应定期检查这些管道，看是否出现泄漏，并要定期清空容器。

蒸汽柜和蒸汽通道

蒸汽柜或者蒸汽通道，能消除厚重布草的皱褶，如毛毯、床罩和幕帘等。蒸汽柜就是一个大箱子，能在里面悬挂织物，并通过蒸汽让织物去皱。蒸汽通道实际上就是在其中移动悬挂的织物，并在移动过程中，通过蒸汽让织物去皱。

蒸汽柜的操作非常费时，它会打断店内洗衣房的洗衣流程，不过，蒸汽通道在这方面会好一些。蒸汽柜或者蒸汽通道，都需要人工来装卸，这会增加店内洗衣房的人工成本。所以，只有提供洗烫服务的大型饭店，或者需要经常洗涤大宗帘幕、床罩以及毛毯的饭店，在使用蒸汽通道时才比较节约成本。大多数使用免熨烫布草的饭店不需要用蒸汽柜。

平烫机和熨烫机

平烫机和熨烫机类似，只是平烫机用滚动的方式来熨平织物，而熨烫机则用压平的方式来熨平织物。另外，织物可以放进平烫机中，但是若使用熨烫机，则必须将织物手动展放在熨烫机上。这两个过程很耗费时间，因此只有织物需要熨烫的时候，才会使用这些机器。有的平烫机还能够自动折叠衣物。

织物经过整理程序后应处在良好的状态，这对于熨烫操作的顺利进行和熨烫设备的良好维护都很重要。例如，如果在洗衣过程中没有实现彻底漂洗，则污渍留在布草上，而这会缩短平烫机的使用寿命。如果布草上残留太多酸，在熨烫时，织物会卷起来，而残留太多的碱，则会使织物的色彩发暗。另外，还必须控制脱水程度。在熨烫前，应保持布草湿润。一方面，如果布草太干，会导致静电积聚在平烫机上。另一方面，如果布草太湿，则会导致布草很难放入平烫机。

需注意的是，用旧的免熨烫布草也经常需要熨烫。实际上，免熨烫布草的使用寿命有两个明显不同的阶段。最初，它们是真正的免熨烫织物。但是，这种情况的持续时间一般不到该布草使用寿命的一半。过了这段时间，由于反复地洗涤破坏了织物的纤维，免熨烫布草原有的不起皱的特点就逐渐减弱了。由于布草很昂贵，很多店内洗衣房会发现，购买新布草还不如买台平烫机来得便宜。

折叠机

对于大型饭店来说，折叠机实际上用于减少滚筒烘干和手工折叠的工作。这些占地不大的机器能够进行烘干、熨烫和折叠作业，并且，有时候还能够实现横折，以及堆积作业。有的折叠机甚至有微处理器，能够控制折叠点，并触发其他的相关功能。

对于小型饭店而言，"折叠机"实际上并不是一个恰当的叫法。这些饭店使用的机器可以叫作"额外的手"，它并不是真正地在折叠衣物，而只是夹住织物的一头，这样工人就能够更轻松地折叠。这种非自动折叠机只是一个被动的合作者，为工人提供另外一只"手"，有助于提高生产率，缩短折叠时间。

运输与装载设备

在处理布草时，需要用到运输和装载设备。大部分洗衣房使用推车来运送和装载布草，并在分拣之后送洗、烘干并整理。推车必须摆放整齐有序，这样员工才能够推着推车在店内洗衣房中行动自如。还必须认真给推车做好标记，这样装载干净布草的车子才不会和装载脏布草的车子发生混淆。

特大型的店内洗衣房可能会配备有空中轨道系统，上面挂着洗衣袋，袋里装着准备进行分拣、洗涤、烘干以及整理的布草。一般会根据店内洗衣房的规模而定，这个系统可能是半自动的，也有可能是全自动的。

自动控制的空中轨道系统有若干优点：第一，能够使衣物在店内洗衣房中有序地运送。第二，只需 1 个人就可以移动所有的推车，而不必很多人在店内洗衣房地面上推着推车在洗衣机、烘干机、脱水机、熨烫机和其他设备之间来来往往。这对于大型的店内洗衣房来说，意味着能够节省大量的人工成本。第三，如果洗衣过程中有某个步骤滞后，这个系统能提供额外的存储空间，防止推车在洗衣房的地面上乱七八糟地挤在一起。

非常先进的店内洗衣房会配置自动化设备，它能够把脏布草送到机器旁边。这些自动化设备包括：传送带、空中单轨以及气动导管。

使用先进的布草处理系统可能需要大笔的初期投资，但很快就能通过节省人工而收回成本。业务规模越大，对自动化系统的需求就会越强烈。

无论店内洗衣房使用什么系统，都应遵守以下几条基本的指导原则：第一，运输设备不能有尖锐的弯角，或其他可能撕破布草的零件。第二，设备应便于操作。不能要求工人过度弯腰，或反复地从推车的底部取送物品。布草运输应避免用手提搬运来完成。第三，要确保足够的净空高度和地面空间，以便于工作人员通行。要确保推车能够进出自如。应合理设计装载空间，这样工人就不必伸手够特别高的架子，也不必拼命向后伸手从架子上取东西。

预防性维护

有效运营店内洗衣房的关键是要有详细的且得到严格遵守的预防性维护计划。劳动生产率降低以及昂贵的维修费用无疑都能证明对这些计划的成本投入是正确的。这个计划应包括对设备维修程序和设备维护程序这两方面的记录，以及其各自的总成本。生产商通常会提供设备资料，但也应要求他们对做好并保存好维护记录提供指导建议。这些数据资料有助于帮饭店找出有麻烦并有可能导致严重问题的设备。当维修和维护的总成本将要接近机器本身的成本时，饭店就应考虑更换掉该设备了。

典型的日常维护程序包括检查安全装置；检查蒸汽、水以及空气阀；检查熨烫机的滚动压力；清理烘干机的绒毛滤网。

预防性维护的一个重要方面是要保持对水和能源的有效利用，因为这样做，会减少维修成本和因停工所引起的成本。阀门泄漏、隔热层受到破坏以及燃气、空气和水流管道发生堵塞，这些问题都会导致高昂的花费。应坚持对设备的使用情况做出记录并保留，以便于找出这类问题。应定期检查洗衣机的水量；水太多会影响搅动的力度，会导致洗涤效果不好；但水不够，则又会导致机械动作过度，会对织物造成破坏。

即使饭店制订并严格执行了全套的预防性维护计划，还是有可能出现预料不到的故障或因维修延误工作。考虑到这个原因，很多饭店制订了应急方案，用于应对不可预见的紧急情况。紧急方案应包括对干净布草的库存可维持使用的时间还有多长，以及估计什么时候有必要向店外洗衣店求援。要联系多个店外洗衣店，以保证在发生紧急情况时，能让洗衣房主管做到借助它们来实现及时清洗脏布草，并满足饭店的需要。有的饭店成立了不同饭店间的洗衣房应急联络网，这样，一旦某家饭店的洗衣房出现紧急情况时，大家可以互相帮助，有效解决问题。

员工培训

生产商和销售商可时常就培训员工如何正确地操作机器设备提供帮助，也可就行政管家或洗衣房主管如何制定合理的安全程序提供安全指导和更新的信息。总而言之，应培训员工在每天启动机器设备之前，务必要检查并用心维护所有的设备。

一旦制定了安全程序，行政管家或洗衣房主管就必须要确保员工得遵循这些安全程序。可以采取一些措施，例如，无预先通知的防火演习，张贴安全程序概要图表，召开季度安全会议，以及每月审查并跟进所有工作事故等，这些都是可保证遵循安全程序的很好的方式。行政管家或洗衣房主管应定期跟每位员工回顾安全程序执行情况。要让老员工保持警惕，强化先前所开展的培训，并指导新员工正确地使用设备和供应品。定期进行再培训是任何安全计划的重要组成部分。

有越来越多的工人，尤其是住宿业的工人，不会阅读也不能讲英语，这给整个培训工作带来很多问题；但安全培训中又不可或缺。所以，如有必要，应把安全程序印成包括英语在内的多种文字，并提供给员工。如有可能，还可让能操双语的员工来主持安全报告会或者讲座。有的饭店会通过为英语不好的员工指定双语工作搭档来弥补沟通障碍，并将安全程序有效地传达给这些员工。

洗烫服务

洗烫服务是饭店认真对待客人的洗涤需求的实际表现。有两种方式处理洗涤服务。一种是饭店可以跟外部洗衣店或者干洗店签约，来满足客人的洗衣需要；另一种是饭店可拥有自己的洗衣服务设备和工作人员。不论是签约形式，还是内部服务形式，洗烫服务都可分为典型的"当日取送服务"和"隔夜服务"。当日取送服务意味着早上发出来的待洗衣物，傍晚就会送回客房。隔夜服务即傍晚发出的待洗衣物，次日早晨就会送回客房。

协议洗烫服务

使用外包洗衣服务的饭店应该签订正式协议，准确界定外包洗衣店或者干洗店将会提供什么样的服务。有些饭店会向外包商提供特定的印有饭店名称和标志的洗衣袋或洗衣盒，并要求外包商使用。协议中还应该说明取送衣物的时间。

行李员或客房服务员可以将干净的衣物送至客人房间。在小型饭店中，前台可以激活客房电话上的信息指示灯。当客人来了解信息时，可将衣物送交给客人。

店内洗烫服务

提供店内洗烫服务为饭店自身的运营提供了四大优势：第一，与外包服务相比，饭店内部的洗烫服务更快。第二，饭店内部的洗烫服务更能够赢得客人的好感。第三，店内洗烫服务所需的干洗设备能让店内洗衣房用来处理员工制服以及其他特殊布草。第四，更重要的是，饭店内洗烫服务能创造收入。高效的洗烫服务有助于冲抵店内洗衣房的总成本。实际上，是否经营饭店内洗烫服务，这通常只取决于它是否能赢利。

提供店内洗烫服务要求客房部能够真正地建立起自己的洗衣业务。客房部必须做到如下几点：

- 设定取送衣物的时间；
- 确定如何将衣物送至客房；
- 计算好清洗衣物的账单（虽然饭店财务总监通常会设定好价格）；
- 根据州和地方法律明确饭店的最终赔付责任政策；
- 处理好丢失和损坏的衣物；
- 处理好客人的意见和投诉。

饭店能否提供饭店内洗烫服务，往往有赖于店内洗衣房的空间大小情况。从事洗烫服务的员工需要自己的工作空间，来进行分拣、贴标签、预处理污渍、洗涤、烘干以及整理等工作。这些设备也需要额外的空间。还需要对从事洗烫服务的员工进行特别的培训。通常，应由 1 名洗烫服务主管来负责相应的员工培训和监督工作。

有的饭店设有洗烫服务分机号码，客人可通过打电话让服务员来收取衣物。脏衣物由送洗工来收取，并送至洗衣房的洗烫服务区。在那里，洗烫服务员工会对每件衣物进行贴标签、分拣，以及预处理（如有必要）污渍的工作。有的洗烫服务还会包括一些细小的缝补工作，如缝扣子等。等衣物洗涤熨烫完成之后，还需要进行适当的包装，并标明账单，然后才由送洗工将之送返客房。

承接店外洗衣业务

当一些饭店营业部门试图通过各种方式来增加收入和利润时，有的店内洗衣房已通过成功经营把自己转变为创收部门了。这个办法能为饭店带来额外的收入，而且不论饭店的出租率如何，都始终能为洗衣房员工带来全职工作。

洗衣费用是与饭店经营相关的"生意成本"因素之一。饭店管理人员承接店外洗衣服务要求，能提高饭店的利润。北卡罗来纳州阿什维尔格洛夫公园温泉度假饭店及水疗中心的行政设备服务经理及洗衣部总经理比尔·卡明斯认为，这能减少50%多的洗衣费用。

"利用饭店的设备来洗涤其他公司的衣物"这个概念已经不新鲜了。然而，这个工作并不容易，需要有系统的方法。

饭店内部的洗衣房必须足够大，能处理从别处收取的布草。这种处理能力必须跟实际承载量、目前洗衣房的使用状况、可用设备、洗衣房员工配备、饭店内部需要和可提供的时间相匹配。

设备 根据店内洗衣房的设备和产品结构及其效率水平，劳动生产率的差别会很大。每台机器每小时可处理多少衣物装载量？劳动生产率的产出将根据其衣物装载能力的差别而各不相同。

时间 店内洗衣房在什么日期和什么时间段能正常运营？鉴于当前的设备产出和人员配备水平，还能提升处理能力吗？有无必要延长洗衣房营业时间？如果需延长，是否必须增加员工数量和人工成本？该在什么时候进行设备维护？能否在其他时间进行设备维护，以避免干扰洗衣房的正常运行？饭店是否可通过在非高峰期运营洗衣房，充分利用稍微便宜的能源来节约成本？

人员配备 一旦确定了所需的设备工时，接着就需确定该如何配备工作人员。饭店管理人员必须决定在整个营业时间里，是否可实行满负荷量运转，是否可把特定的时间段用来处理特定的物品，其效果是否会更好。洗衣房员工可在非高峰期进行分拣和清洗工作，并在高峰期完成整理工作。有些饭店会在非高峰期实行差别工资。

洗衣房还必须决定是否因此而需要增加监督和维护人员。

设备空间和产品流程 接下来，就需要确定店内洗衣房是否有富裕空间来处理要增加的工作量。一般而言，每增加 300 ~ 400 磅(136 ~ 181 千克) 毛圈织物的洗涤量，洗衣房就需增加一辆运输推车（如使用标准运输推车）。每辆推车大概得占用 10.9 平方米的建筑面积。由于床单和餐桌布草一般比较密实，其所需要的空间也比较小，所以，每辆推车能装载 800 ~ 1000 磅 (363 ~ 454 千克) 的这类织物，大约也需要占用 10.9 平方米的建筑面积。算上这些新增设备，再加上待洗的衣物，要在哪里分拣脏布草，又要把干净布草送到哪里去呢？如果店内洗衣房要承接医用布草的洗涤任务，现有的设备是否能涵盖这部分服务的要求，是否能符合美国医疗卫生机构认证联合委员会的相关规定呢？如果现有设备要用于处理医用产品，洗衣房还必须得通过相应的监管检查，并通过相关的认证。

运输 一旦饭店决定接受并处理根据合同从店外运送过来的布草，就一定会涉及来往洗衣房的交通问题。如何在顾客和饭店之间进行布草运输？如果由顾客自行运送并收取布草，他们的责任保险会保护或赔付给饭店吗？如果由饭店处理或者管理布草取送，饭店的保险是否能涵盖对各方利益的保护？

饭店还必须确定洗衣房工作人员该使用什么样的交通工具来取送布草。司机必须得经过培训，得能够处理路上的紧急情况，并拥有合适的驾驶员资质。

管理 为所承接的店外洗衣业务顾客服务时，管理层得担负其几种后勤责任。这始于对各种突然情况的未雨绸缪。这包括建立投诉系统、确定收费规则（最普遍的做法是按照重量收费）、建立称重系统（谁来称，称湿重还是干重，谁来核实重量）、处理加急订单、处理发票和支付问题、执行合同，以及保证洗衣房服务饭店的主营业务不受干扰。

有很多关于如何处理洗衣服务来源的变通方式。这其中有 3 种主要方式：
• 布草租赁：洗衣房拥有这些产品，并负责库存管理；
• 布草租借：逐渐把布草库存的所有权从洗衣房转向顾客的方案；
• 只提供服务：顾客拥有布草，洗衣房只负责洗涤和取送。⑤

员工配备考虑事项

合理的人员配备对店内洗衣房的效率至关重要。现在任何饭店都对经营中的头号费用支出项目，即人工成本，谨慎控制，以保持店内洗衣房的成本效益。员工配备太多会严重削减饭店的利润。员工配备太少，又会由于支付加班费以及工作效率降低而影响到利润，并进而会影响到客人，最终，还会导致丢了生意。

员工工作日程安排

为了有效地给洗衣房员工安排工作日程,行政管家或者洗衣房管理人员必须能提前 3 ~ 4 周的时间,预测出饭店日常对布草的需求。

预测布草需求 预测饭店日常布草需求的第一步是审查过去的记录,并确定每间已租房,以及餐厅每人次就餐所用布草的平均磅数。第二步是从房务部和餐饮部获得客房出租率及餐厅上座率的预测资料。这些预测资料里应把能影响饭店布草需求的特殊事件与活动也都考虑进去。这些事件可能是超常数量的宴会和聚会,外部经济环境造成的出租率持续攀高或滑坡,饭店附近的建设工程,以及举办的会议等。

将预计的入住客人(或就餐客人)的数量乘以每间客房(或每人次就餐)所使用的布草平均磅数,便可得到洗衣房第二天需要处理的布草总磅数。

安排员工工作 了解了计划期间的日常需求之后,还必须确定另外一件事情:需要多少员工来完成这些工作量?通过对一段时期的劳动生产率进行记录,洗衣房主管应能计算出一定的比例,来帮助决定处理不同数量的布草所需的员工人数。

依据这些比例,就可为店内洗衣房设定最小和最大员工数量。例如,无论布草需求量有多低,如果店内洗衣房中只有两名员工,都无法顺利完成分拣、洗涤、烘干、整理,以及折叠这些步骤,最终都很难维持洗衣房的运转。同样,如果店内洗衣房空间太小,也无法同时容纳一定数量的员工在那里有效地工作。

如果店内洗衣房 1 个班次的员工不能轻松完成饭店布草洗涤的工作,而需要更多的员工,则可安排人数相等的 2 ~ 3 个平行的员工班次,或按照员工的最大数量来排满 1 个或 2 个班次,而另外 1 个班次则配备足以完成剩余工作的人员。如果洗衣房配备 3 个满员班次还不能满足饭店的工作需要,那就得建一个更大的洗衣房了。

很多饭店管理人员更乐意安排 2 ~ 3 个平行的员工班次,而不是安排 1 个或者 2 个满员班次,并让另一个班次只配备部分工作人员。他们认为,满员的班次容易让机器超负荷运转,而人员不足的班次又会造成机器载荷不足,这会引起不必要的机器磨损和能源的低效利用。有的管理人员却认为,与每个班次都只配备部分员工进行运营相比较,在一部分时间里满员运转,在另一部分时间里关机停业,这样做的效率会更高。但是工会的规定(如果适用)可能会对店内洗衣房人员配备的方式有强制性的要求。

员工配备的其他需考虑因素 除了确定洗涤需求和完成相应工作所需的员工数量之外,员工配备还要考虑到一些其他的相关因素。

很多饭店会对洗衣员工进行交叉培训,这样做能让每个员工都可以完成店内洗衣房的其他工作。交叉培训使工作安排能有些灵活性。例如,在有人休假、生病或其他请假期间,一些员工能够替代别人工作。虽然一般是由洗衣房主管或行政主管来负责员工培训工作，但在店内洗衣房的每个工作区域，例如，分拣、洗涤、整理等，也可以指定负责监管该区域的组长。员工们就能经常定期轮换到不同的区域，并跟不同的员工一起合作。

另一个需要考虑的问题是如何安排好各班次的上班时间。例如，若洗衣房不是位于饭店的地下室，或在一栋独立的建筑中，可能就不应该在夜间营业，因为客人会受到打扰。

是否需要错开安排员工的上班时间，这又是一个需要考虑的问题。让一两个工人提早开始他们的班次，然后，让其他工人分别间隔 2～3 小时再来上班。这种对员工上班时间的交错安排能使当天的中间时段实现满员工作，而此时也正是布草洗涤量最大的时候。

工作任务单和绩效标准

除了要确定合适的洗衣房员工数量，行政管家或洗衣房主管还需要制定店内洗衣房不同岗位的工作任务单和绩效标准。表 8-4～表 8-8 是店内洗衣房不同岗位的工作任务单示例。

表 8-4　工作任务单示例：洗涤工

> **向谁负责：**洗涤组组长
> **工作任务：**
> 1. 分拣布草和制服。
> 2. 对脏污程度重的衣物做预处理和重新洗涤。
> 3. 对洗衣机的装卸与使用。
> 4. 清洁并维护工作区域。
> 5. 向组长汇报所有跟洗衣房有关的问题。

表 8-5　工作任务单示例：洗衣房服务员

> **向谁负责：**洗衣房经理
> **工作任务：**
> 1. 对烘干机的装卸与使用。
> 2. 使用平烫机熨烫布草。
> 3. 使用机械布草折叠设备。
> 4. 手工折叠布草。
> 5. 手工熨烫布草。
> 6. 缝补布草和制服。
> 7. 清洁并维护工作区域。
> 8. 向洗衣房经理汇报任何与整理设备有关的故障或者安全设施方面的问题。

表 8-6 工作任务单示例：布草分发员

向谁负责： 洗衣房经理
工作任务：
1. 使用机械布草折叠设备。
2. 手工折叠布草。
3. 为宴会和餐厅提供布草。
4. 将客用品送至客房。
5. 处理外包洗涤干净的布草和制服。
6. 分发和收取员工制服。
7. 重新配备好客房部壁柜和客房服务车的布草。
8. 为接待区提供毛巾服务。
9. 清洁并维护工作区域。

表 8-7 工作任务单示例：洗涤组组长

向谁负责： 洗衣房经理
工作任务：
1. 负责监管店内洗衣房中洗衣区和分拣区的所有员工。
2. 向洗衣房经理汇报所有与洗衣工作和分拣工作有关的问题。
3. 负责监督：
• 分拣和洗涤程序；
• 补充客房和各餐饮营业点所需要的布草；
• 保持对洁净制服的足量供应；
• 为不同类型的布草和污渍设定不同的处理模式和周期。
4. 确保指定班次的所有员工都在岗工作。
5. 确保员工保持工作区域和设备的干净整洁。
6. 对员工的绩效表现和机器运转情况做记录。
7. 检查供应品储存水平。

在任何一家店内洗衣房，只要安装好了设备，就应制定所有工作的绩效标准，并要对所有员工进行全面的培训。设备供应商常能为绩效标准的制定和员工培训提供一些有用的信息资料。随着如今的机器设备越来越复杂，制定绩效标准，以及开展合适的培训，这些对于有效运营店内洗衣房而言，变得越来越重要。

对于典型的店内洗衣房绩效标准而言，可涵盖诸如员工在装载特定的机器时所应遵循的步骤等内容。该步骤可包括床单、枕套、毛巾或其他物品的单次装载量显示表格；还可包括关于布草称重的说明；也可包括对洗涤之前检查安全装载步骤的说明，以及安全关闭洗衣机门的正确方法等。

表8-8　工作任务单示例：洗衣房主管

> **向谁负责：**行政管家
> **工作任务：**
> 1. 记录洗衣房的成本情况。
> 2. 按要求进行汇报和提出建议。
> 3. 监督预防性维护计划的执行情况。
> 4. 核准向客房和餐饮区域分发的布草。
> 5. 指导店内洗衣房全体员工。
> 6. 同行政管家一起编制店内洗衣房预算。
> 7. 招聘并培训店内洗衣房员工。
> 8. 制定提高店内洗衣房效率的方法。
> 9. 协调机器设备的所有维护和修理工作。
> 10. 监督店内洗衣房安全计划的实施情况。
> 11. 评估店内洗衣房的员工绩效。

　　其他特别适合洗衣房运营的绩效标准还有预防性维护程序（见本章预防性维护部分的内容）、布草处理程序、库存管控程序、计时卡控制程序、化学品使用程序和布草分拣程序。

尾注：

① Source：Phil Sprague, The Rooms Chronicle., Volume 3, Number 6, p. 13. For subscription information, call 866-READ-TRC.

② Source：Mary Friedman, The Rooms Chronicle., Volume 4, Number 1, p. 4. For subscription information, call 866-READ-TRC.

③ Source：Mary Friedman, The Rooms Chronicle., Volume 4, Number 2, p. 4. For subscription information, call 866-READ-TRC.

④ Friedman, Volume 4, Number 2, p. 4.

⑤ Source：Bill Cummings, CRDE, CHHE, CLLM, CFT, The Rooms Chronicle., Volume 14, Number 4, pp. 4 5. For subscription information, call 866-READ-TRC..

主要术语

　　碱（alkalines）：洗涤用化学品，有助于洗涤剂产生泡沫，并使污渍从织物上松开与分离后，悬浮在水中。碱也有助于中和酸性污渍（大多数污渍都呈酸性），从而提高洗涤剂的效果。

　　脱氯剂（antichlors）：洗涤用化学品，有时在织物漂洗阶段会使用到该物品，以确保去除漂白剂中的所有氯成分。

　　漂白剂（bleach）：漂白剂分两种：含氯漂白剂和含氧漂白剂。含氯漂白剂可用于任何可水洗的、不褪色的天然纤维。含氧漂白剂比含氯漂白剂更温和，通常对于大多数可水洗的织物都是安全的。含氧漂白剂绝不能和含氯漂白剂同时使用，以免互相中和。

分解（break）：分解过程发生在织物的洗涤周期，此时添加强碱性的使污物从织物上松开的制品。分解过程通常需设置为中等温度、低水位。

促净剂（builders）：促净剂或碱是通常添加到合成洗涤剂中的洗涤化学品，能够软化水，并去除油污与油脂。

织物（或光学）增光剂 [fabric (or optical) brighteners]：洗涤用化学品，能让织物的外观如新，颜色接近织物本色，常与洗涤剂和肥皂一起混合使用。

平烫机（flatwork ironer）：平烫机和熨烫机类似，只是前者用滚动的方式熨平织物，而后者用压平的方式。有的平烫机还能够自动折叠衣物。

冲洗（flushes）：冲洗是洗涤周期中的步骤之一，能溶解并稀释水溶性污渍，减少随后进行的泡沫洗涤步骤中的污渍量。冲洗过程通常需设置为中等温度、高水位。

加料斗（hoppers）：洗衣机上的开口处，用于倾倒洗涤剂。也称为孔眼。

防霉剂（mildewcides）：在洗涤周期中所加入的化学品，能在长达 30 天的时间内防止布草上长出细菌和真菌。

涤棉（polycotton）：涤纶和棉纤维的混纺织物。

上浆（sizing）：在洗涤周期中所加入的化学品，能使涤纶混纺织物更加挺括。

肥皂（soap）：一种洗涤剂。中性皂或者纯肥皂不含碱；复式皂含碱。复式皂通常用于脏污程度较重的织物；纯肥皂则用于清洗脏污程度较轻的物品。酸会破坏肥皂的效果。

酸（sours）：用于中和洗涤和漂白后残留在织物上的碱。

蒸汽柜（steam cabinet）：内挂织物并让蒸汽从中通过以去除皱褶的箱子。蒸汽柜一般用于消除较厚重布草的皱褶，如毛毯、床罩和幕帘等。

蒸汽通道（steam tunnel）：使挂在衣架上的物品移动通过一条蒸汽通道，使织物皱痕在移动中得以消除的一种洗衣房设备。

表面活性剂（surfactants）：有助于去除污渍，并具有抗菌剂和织物柔顺剂作用的化学品。合成洗涤剂通常含有表面活性剂。

合成洗涤剂（synthetic detergent）：合成洗涤剂去除油污与油脂的效果非常好。在合成洗涤剂中常会加入促净剂或碱，可以软化水质，并去除油污与油脂。

隧道式洗衣机（tunnel washer）：长形的序列式洗衣机，能够连续运转，完成洗涤和漂洗周期的各项程序，并在机器的另外一个部分进行脱水。

复习题

1. 洗涤各类布草织物时，必须考虑哪些因素？
2. 店内洗衣房中布草洗涤流程有哪些步骤？
3. 脏污布草在洗涤前可用哪两种方式进行分拣？为什么这两种分拣方式都很重要？
4. 一个典型的洗涤周期可分为哪 9 个步骤？
5. 在洗涤过程中，不同化学品的功能是什么？
6. 店内洗衣房中会使用到哪几类基本的洗涤设备？
7. 为什么预防性维护计划对店内洗衣房的运营非常重要？
8. 店内洗衣房在提供店内洗烫服务时，需配备什么类型的设备和工作人员？
9. 如何预测布草需求？
10. 在为店内洗衣房配备员工时，必须考虑哪些因素？

网址：

若想获得更多信息，可访问下列网址。网址变更恕不通知。若你所访问的网址不存在，可使用搜索引擎查找新网址。

1. Continental Girbau： www.continentalgirbau.com
2. Ecolab: www.ecolab.com
3. G.A. Braun, Inc.： www.gabraun.com
4. Laundry Today： www.laundrytoday.com
5. Maytag Commercial Laundry: www.maytagcommerciallaundry.com/home.jsp

案例分析

案例 1： 在布草问题上小智大愚

彭妮·怀斯是斯威特雷斯特饭店的行政管家，该饭店拥有 500 间客房。在 10 月份，彭妮对客房部下一年度的预算进行了汇总，其中布草的预算是 90000 美元。该预算根据上一年布草的使用量以及对来年客房出租率的预测，再加上 6% 的成本增长率而得出。

斯科特·庞德是该饭店的财务总监。在 11 月，他审查了彭妮的预算。他基本上同意彭妮的预算数字，但是他决定将布草的预算削减到 70000 美元，比原来减少 20000 美元。他的理由是什么呢？事实上，他必须通过削减预算，来实现明年的利润目标，而布草这部分他认为可以削减。总经理也批准了对布草预算的削减。

在 12 月底，彭妮收到了审批过的预算，看到更换布草的钱被砍掉，她很失望，但并不惊奇。整个饭店行业中，管理人员对待布草的吝啬态度已是众所周知的了。正如几年前一位总经理就曾对她说过的："我何必给你买更多的布草，你就这样凑合着用吧。"她最终也没法让他搞清楚，客房部之所以要使用更多的布草，是因为确实需要布草，而不是因为要铺张浪费，或者只是增加不必要的床垫。

虽然她几乎很确定再做什么努力也没用，但她还是给斯科特写了一个备忘录，解释为什么她把布草的预算定为 90000 美元，以及为什么削减到 70000 美元的预算肯定会给明年下半年的运营带来灾难。在备忘录中，她指出了饭店可能会因为布草短缺而面临的一些问题。她总结备忘录时说明，即使她最初提出的 90000 美元的布草预算可能依然太低了，这取决于明年饭店会接待什么样的团队。有些特定的团队对布草的要求更高。例如，带孩子的团队对布草会有特别的需求（有时候，彭妮怀疑那些小淘气鬼会在面巾和浴巾上吃零食）。

读了彭妮的备忘录之后，斯科特给彭妮打电话说，感谢她的关注，但是考虑到饭店需要生存，70000 美元已经是最大限额了。"可能明年我们再编制预算时，可以再看看，考虑提高布草的预算额度。"

彭妮听了太多"可能明年"这样的话了，这次听了，她甚至都生气不起来了。她只是说了句"好吧"，同时心里暗暗希望饭店能够再熬过一年，布草这方面不要出大问题。

饭店会在每季度开始时购买布草，而彭妮在每年 1 月份也会进行例行的布草采购。时间一个月一个月地过去了，生意比预计得好多了；到 7 月份时，彭妮发现，为了保持布草的标准库存量，她不得不动用 3 ~ 4 季度的布草专款去购买足够多的面巾、浴巾、床单等。她一边花钱一边祈祷，或许到第 4 季度的时候，生意会少些。但为了以防万一，她还是给斯科特发了备忘录，解释了本年度布草预算已经花得一分不剩，而现在才是 7 月份，看来很可能会出现布草短缺。斯科特给总经理发电子邮件，建议将客房布草的标准数量从 4 条浴巾减到 3 条，而面巾从 3 条减到 2 条。总经理同意了这个建议，斯科特将处理意见转给了彭妮。

在 8 月、9 月和 10 月时，饭店的客房销售创出新高。实际入住率比制定预算时的预测入住率高了 15%。彭妮清楚，肯定会出问题的，只不过是时间早晚而已。

到 10 月底，营销部宣布了在最后一分钟所接下的几笔大生意：他们刚刚接受了 11 月份一个大型宗教团体的预订，还有一个大学曲棍球队和一个美容师会议的预订。考虑到先前已经预订的团队，11 月份的入住纪录会被全面打破。

到了 11 月中旬，客房部成了一个战区。一天比一天忙乱。给客房服务员安排工作日程变成了一个噩梦，洗衣房的每个人都在加班加点地工作。彭妮无论走到哪个角落，都会有愤怒的客人向她索要更多的毛巾，要不就是客房服务员哭丧着脸向她要更多的布草。客人的投诉卡数量飙升，就好像客人们在比赛，看谁能够更绘声绘色地抱怨布草短缺一样。前台的电话一直响个不停，而饭店员工一直步履匆匆，努力把刚刚从烘干机中取出的、热乎乎的一堆堆毛巾送给抱怨得最凶的客房服务员。每天早晨，彭妮都忧心忡忡地看着 12 月份的预测入住率，暗暗祈祷，至少有 1 个团——东部区化妆品协会或者美国足科医师学会，或者更好一点，全国家庭顾问委员会——能够取消他们的会议。但是一天又一天过去了，消息很糟糕：没人取消预订，而且 12 月份的生意看起来依然会很火爆。

到感恩节那天，客人的投诉实在太严重了，总经理召集了饭店管理层会议。"到底怎么回事？"他发火了。"生意好得不得了，而我们好像要崩溃了。如果我再听到有人跟我唠叨浴巾的事，我就得抓狂了。谁有什么办法，能够让我们摆脱这种乱七八糟的境况？"

讨论题

1. 通过削减布草预算额，你认为饭店真的节省了 20000 美元吗？为什么？
2. 彭妮可能提出的短期解决方案是什么？长期的解决方案是什么？

案例2："晒晒"洗衣房的事

饭店财务总监罗斯在审查她所在饭店的布草损失数量时，不由得摇了摇头，这个数量每月都在增长啊。总经理伊恩·奥图尔已要求罗斯对这些损失给出回应。行政管家阿妮塔告诉罗斯，她知道这些问题，但是还没能跟厨师长弗朗兹或者餐厅经理谢里谈洗衣房的忧虑。

罗斯以前工作过的饭店有一个布草委员会，能帮助解决布草问题。罗斯决定打电话给奥图尔先生，说服他成立布草委员会，成员包括洗衣房经理、财务总监、厨师长、行政管家、宴会厅领班和餐饮部经理。

罗斯没怎么费劲就说服了总经理，让他觉得布草委员会是一个好主意——她仅仅是将一直增长的布草成本拿给他看，并提出布草委员会能够把成本降低下来的可能性。

在年度预算会议召开的前一个月，布草委员会召开了第一次会议。奥图尔先生做了会议开场白："大家都知道，布草是我们预算中重要的项目之一，但这项预算一直在增长。我希望，通过大家的共同努力，我们能够找到一些办法，把成本降下来。"

"搞不清楚我为什么要在这里，"谢里说，"我的人都在忙着给客人服务，哪有时间管餐巾是不是太脏这种事。"

"或者你甚至没时间搞清楚餐巾是不是送去洗衣房了。"阿德里安小声发着牢骚。

"我希望，"总经理提了一下嗓门说道，"我们能够共同努力，因为我们的各个工作区域都有滥用布草的情况，我们都可以为降低布草的费用做出贡献。我想请罗斯先开始，谈谈导致布草巨大损失的一些问题。"

"乐意至极。"罗斯上台发言。她扳着手指头描述布草滥用的情况：

• 客房服务员把面巾当抹布用；
• 洗衣房员工用推车碾压放在水泥地面上的脏布草；
• 洗衣房员工在处理布草时，使用过多的化学品，温度也设置得过高，或者熨烫过度；
• 餐厅员工和公共区域的保洁员使用餐巾来清洁烟灰缸；
• 宴会厅员工将烟灰缸、银器或者打破的玻璃器皿直接包裹在布草中；
• 餐厅人员将餐巾用作罐或壶的隔热垫及抹布；
• 宴会服务员把所有的布草都包裹在台布中，然后在服务区走廊上拖着一堆布草，使布草磨破，还留下了永久无法消除的水泥污渍；

- 有位厨师长吩咐一名厨师在下班后清洗油腻的抹布，这个厨师把抹布放在烘干机里，结果引燃了一场小火；
- 餐厅员工把布草装到塑料袋里，然后，把袋子扔到洗衣房外面，而不是使用洗衣房的推车。结果有好几次，我竟然在外面的垃圾堆里发现装布草的袋子。

"停一下，"厨师长弗朗兹打断了一下。"我的厨师使用布草，是因为他们没有足够的抹布可用。如果客房部把淘汰的布草全都储存起来，我们就会有足够的抹布用。你当然不会希望我的厨师们会因为手头没抹布用，就让自己烫伤吧？"

"还有，我的餐厅服务员在忙着给客人服务，根本就没时间用推车往洗衣房送布草。"

"如果大家能够把布草放在推车里，而不是垃圾袋中，情况会好很多。"阿德里安反驳道，"我们会保证你们每天有两辆推车运送布草。如果你能让你的员工把布草放在推车上，而不是扔到垃圾袋里，我们就能省下很多布草。"

"谢里，让你的服务员用推车又不是一件多难的事情。把布草袋子扔掉是完全不可以接受的事情。但厨师长弗朗兹说得也对，"奥图尔先生说道，"厨师们不能冒险伤着自己，但是把台布当成抹布使用也的确不合适，这代价很高啊。"

"非常高，"罗斯说道，"我要给大家说明一下这么做的代价有多高。"罗斯发了一张电子数据表和图表，很清楚地展示出布草滥用会花掉饭店多少钱。她还展示了一张昂贵的宴会用台布，却被油渍污染了，还有一些布草和垃圾混放在同一辆洗衣房推车上的照片。整个委员会的成员们都沉默了。

最后，厨师长气呼呼地说："都不错，都很好，但你是让我管那些千人宴会呢，还是让我管布草？"

讨论题

列举几种能减少财务总监所讲的布草滥用情况的方法。要确保考虑到谢里和厨师长弗朗兹提出的对劳动力的关注情况。

下列业界专家帮助制定和开发了这些案例：
密苏里州圣路易斯市的注册饭店业行政管家盖尔·爱德华兹、明尼苏达州埃迪纳地区的玛丽·弗里德曼，以及明尼苏达州加菲尔德市的注册饭店业高级职业经理人、《房务纪事》杂志创始人阿莱塔·尼奇克。

工作任务分解表：洗衣房

本部分所提供的程序仅用作说明，虽然这些程序具有典型性，但不应被视为是一种推荐或标准。请读者记住：每个饭店为适应实际情况与独特需要，都拥有自己的操作程序、设备和安全规范。

对布草和制服进行分拣

所需材料：厚实的乳胶多功能手套，以及运送脏污布草和制服的洗衣房推车。

步骤	方法
1. 对布草进行分拣时，要遵循安全防范要求。	□戴上厚实的乳胶多功能手套。 □小心餐桌布草中的碎玻璃，以免划伤。 □不要处理被体液污染的布草或者制服；通知主管。
2. 在分拣时，要找出并移除脏布草中的异物。	□从制服口袋中去除钢笔、铅笔、开瓶器、零钱、纸片等。 □取掉佩戴在员工制服上的工牌、服务徽章、宣传徽章等。 □在洗涤之前，从餐桌布草中取出食物碎屑、银质餐具、玻璃杯、瓷器、红酒塞子等。
3. 要根据布草的脏污程度来进行分拣。	□将轻度、中度以及严重脏污的布草分开。与轻度或者中度脏污布草相比，严重脏污的布草需要加强洗涤模式，要花费更多的时间。
4. 要根据布草的用途和纤维类型来进行分拣。	□将布草分拣为如下类别： •床单； •枕套； •浴巾； •毛巾； •海滩用或泳池用毛巾； •面巾； •浴垫； •浴帘和衬垫； •毛毯和床垫； •白色台布； •白色餐巾； •浅色台布； •浅色餐巾； •深色台布（通过颜色分类）； •深色餐巾（通过颜色分类）； •客房部清洁用抹布； •缓冲衬垫（单独洗涤，不能烘干）； •厨房清洁用抹布。 □将清洁用抹布和客用布草分开。 □将有火灾隐患的油污抹布同其他清洁用抹布分开。 □将餐桌布草同其他布草分开。 □将喝红葡萄酒和勃艮第葡萄酒时所用的布草同其他布草分开。
5. 根据部门对制服进行分类。	□分别将同色的衬衫、同色的裙子、同色的裤子放在一起。
6. 把分类好的布草放在恰当的推车上。	

（续）

洗衣机的装卸与使用	
所需材料：衣物称重计、洗衣房运营日志、洗衣机、尼龙网袋、洗涤用化学品和洗衣房推车。	
步骤	**方法**
1. 准备装载待洗衣物。	☐ 在不同饭店中，洗衣机每次装载的正确数量也不相同；有的饭店通过计算待洗衣物的件数来确定洗衣机装载量，有的饭店通过使用称重计称出脏污衣物的重量，来确定洗衣机装载量。 ☐ 每次的洗衣机装载量不能太多或太少；超负荷装载的洗衣机无法洗净衣物，而载荷不足则会造成水和化学品的浪费。
2. 组织安排工作。	☐ 根据洗衣房运营日志来确定洗涤批次的顺序；洗衣房运营日志用于跟踪洗衣房的劳动生产率，可能需要在日志上记录洗衣物的批次情况。 ☐ 优先洗涤脏污严重的布草，以免污渍固结，并对布草造成损害。 ☐ 将洗衣机的启动时间错开至少 2～5 分钟。错开启动时间： • 有助于使工作流程持续平稳； • 不会把所供应的水用完； • 不会引起电路超负荷； • 能够防止因机器同时排水而导致的排水管道满溢，或者阻塞。 ☐ 安排好各洗涤批次的时间，满足其他部门对干净布草的需求。 ☐ 保持有足够的需熨烫布草，如台布和床单等，使熨烫机能够持续运作。 ☐ 当有足够需熨烫的布草来使熨烫机不停工作时，利用这段时间来洗涤毛巾。
3. 了解特别注意事项。	☐ 新的彩色布草在头几次使用时，应分开洗涤，以免与其他织物发生互相染色的现象。 ☐ 深色织物需要用低温洗涤，以免褪色。制服通常由不止一种颜色的织物构成，需要用冷水清洗，以免深色织物污染浅色织物。 ☐ 不要用含氯漂白剂洗涤彩色织物。在洗衣机中只使用获得认可的化学品。 ☐ 将纤柔织物、带有装饰纽扣的织物，以及有带子的织物（如围裙），放在尼龙网袋中洗涤，以免受到破坏，或者绞缠在一起。
4. 装载洗衣机。	☐ 从前向后或者从一侧到另一侧装载洗衣机；这样装载可以给衣物留出空间，使衣物能完全浸入洗涤液中。 ☐ 在洗衣机的顶端留出 8～10 厘米的空间。 ☐ 洗衣机中只能放入一个载荷的衣物，不能超载或者载荷不足。
5. 设置洗涤模式。	☐ 服从主管的指示，或者按照每种衣物类型的标签说明来洗涤衣物；织物类型和污渍类型将决定选择何种洗涤模式。 ☐ 弄清楚如下事项： • 时间：洗衣机洗涤所装载的衣物需要多长时间？ • 温度：洗涤这些衣物的水温应该是多少？ • 搅动：分解织物上的污渍需要多大的搅动力度？ • 化学品：对于特别的污渍类型和织物类型，使用什么样的化学品效果会最好？ ☐ 所装载的不同类型衣物的洗涤模式会因饭店而异。 ☐ 对于特定的织物，需要用特定的洗衣机来洗涤。因此，应弄清楚每一种织物类型和污渍情况都需要使用哪种类型的洗衣机。 ☐ 不能用含氯漂白剂洗涤彩色织物。在洗衣机中只使用获得认可的化学品。

（续）

步骤	方法
6. 根据织物类型设置洗衣机的控制系统。	□各饭店对于不同类型织物的控制系统设置步骤各不相同。 □洗衣机在开启之后，不能无人看管。
7. 从洗衣机中取出衣物。	□及时从洗衣机中取出易洗好的衣物，以免产生皱褶。如果洗涤结束后衣物太湿，则可能需要更长时间的脱水处理；否则，就需要更多的烘干时间，从而付出高于脱水处理的成本。 □不要用蛮力搬运沉重的衣物，要先从最上面一次取出几件衣物。 □在取出衣物时，要将衣物抖开，以避衣物缠绕，产生皱褶。 □在把布草放入烘干机之前，可将湿衣物先放在干净的推车上；如果旁边正好有可用的烘干机，则可将湿衣物直接放进烘干机里。

烘干机的装卸与使用	
所需材料：扫帚、小塑料袋、烘干机、衣物称重计、洗衣房推车、衣架和尼龙网袋。	
步骤	**方法**
1. 检查烘干机的温度设置是否正确。	□对于不同的衣物，要遵循烘干机标签上所示的烘干时间和温度说明，或者向主管询问正确的时间和温度。
2. 每天清除滤网的绒毛2次，防止着火。	□取掉滤网前的罩板。 □用扫帚清洁滤网上的绒毛，并将其盛放在塑料袋中。 □系好塑料袋扔掉，扣好罩板。 □在每次装载烘干机时，都要清洁绒毛滤网。
3. 装载烘干机。	□遵循主管的指示或者设备生产商的装载指示来装载烘干机；正确装载烘干机，以免浪费能源。 □根据衣物的重量或者件数来装载烘干机；超载会延长烘干时间，使衣物产生皱褶，载荷不足会导致能源浪费。 □像在洗涤环节中对织物的分拣一样，对待烘干的织物也应该按织物类型进行分拣。
4. 设置烘干时间、温度和冷却时间。	□清楚每种织物的烘干时间和烘干温度。 □始终让枕套和床单有 3～5 分钟的冷却时间，这样做可以减少皱褶，并保持织物的免熨烫特性；冷却循环也能够减少灼伤员工的机会。 □在折叠之前，将桌用布草台布在烘干机中进行 3～5 分钟的冷却。
5. 烘干衣物。	□在烘干有涤纶成分的制服时，要使用中等温度，以免损坏纤维。 □将纤柔织物、有带子的衣物，以及带有装饰纽扣的衣物，应放在尼龙网袋中烘干，以免衣物受到破坏，或者绞缠在一起。 □确保在任何情况下，衣物在烘干之后都必须有一段滚动冷却时间，以防止热布草因快速冷却和处理而遭到破坏，或者产生皱褶。
6. 从烘干机中取出衣物。	□防止高温的烘干机表面对人员造成灼伤。 □即使要熨烫，也应把从烘干机中取出的制服先悬挂起来。 □应避免让干净的布草掉到地面上；如果把干净布草掉到了地面上，要把其与脏布草放在一起，并重新洗涤。 □在洗衣房关闭后，不能让烘干机继续运行。 □不能把布草放在烘干机里过夜；在洗衣房关闭后，还继续运行烘干机，以及把布草放在烘干机里，这些都是很严重的火灾隐患。

第 9 章

学习目标

1. 明确客房服务员在上班签到和准备清洁客房时需要遵循的一般程序。
2. 描述客房服务员在清洁客房时需要遵循的一般程序。
3. 解释客房查房计划的作用。
4. 区分客房日常清洁和深度清洁的作用。
5. 描述饭店应采取何种措施来提供无过敏原客房。
6. 识别客房服务员为客人提供开夜床服务时需要遵循的典型程序。

9

客房清洁作业

　　在饭店所提供的服务中，没有什么比一尘不染的舒适客房更令客人印象深刻的了。客房状况向客人传达了一种关键信息，表现了饭店想要给客人营造干净、安全、愉悦环境的情怀，为此客房部需要肩负重大的责任。毕竟，客房才是一家饭店所出售的主要产品。客房部需要扮演比其他任何部门都更为重要的角色，以确保客房达到客人需要和期待的标准。

　　为了维持这种令客人想再次惠顾的客房标准，客房服务员必须遵循一系列清洁客房的具体程序。一套系统化的清洁方法可以省时又省力；当然，还能降低员工的挫败感。由此可见，客房清洁程序不但为向客人提供高质量客房提供了保证，而且还确保了员工完成任务的效率和工作满意度。

　　客房清洁顺序包括预备步骤、实际清洁任务，以及最后核查。客房检查也是完整的客房清洁过程中不可分割的一部分。在一些饭店里，客房服务员的职责还延伸到提供特殊服务和便利物品［译者注：原文为amenities，本意是便利物品（含便利服务）或便利设施，具体所指多为国内饭店客房里常见的牙膏、牙刷、拖鞋、洗发液、沐浴液等方便客人入住使用的物品或免费刷皮鞋等服务，过去一般译成赠品，意思是不需要客人额外付费的便利物品。不过，近年来，国内饭店行业已开始逐步流行不提供免费的六小件，并开始收费。所以，本书也与时俱进，将该术语译为其本来含义］。无论服务范围有哪些，客房服务员都应认识到实施清洁活动时，其所蕴含的价值和逻辑。坚持认真地进行日常清洁工作，可节约时间，并确保工作的专业性。

准备清洁

　　对于多数饭店的客房服务员而言，他们一天的工作始于布草房（译者注：在不少美国的饭店中，客房部办公室是和布草房放在一起的，所以，有此说法；这与国内很多饭店里的做法不太一样）。布草房通常被认为是客房部的总部。正是在这里，员工要上班签到，要接受清洁客房任务分配、要汇报房态，并接管钥匙 也还是在这里，员工要进行交接班；依旧是在这里，他们会为日常工作做准备，要装备和归置清洁工作所必需的各种供应品。

备齐供应品

跟多数手工艺者一样，客房服务员也需要利用一套特殊的工具来开展工作。对于专业的客房服务员而言，这些工具包括各种各样的清洁用品和设备、布草、房间配件以及便利物品，这些对于客房清洁准备工作而言，都很有必要。

房务纪事

请教盖尔——一天的开始

亲爱的盖尔：

您有什么小窍门可以让客房部员工在每天早晨签到的时候避免混乱情况出现吗？当客房服务员等着拿钥匙、领抹布，还有争抢喷雾瓶时，真是一团乱麻啊！

D.B., 波士顿，马萨诸塞州

亲爱的 D.B.：

要是你们能在手忙脚乱之前做好准备的话，开始一天的工作也是不难的。如果能在前一晚给瓶子装满料、重新补足客房服务车或小箱子里的物资，客房服务员就不必一通乱找了。

要写好工作任务单，并放在桌上，再把需要用的钥匙压在任务单上。要让客房服务员排好队，逐一领取自己的任务单，签到（或上班打卡），在钥匙控制日志上签字并领取钥匙，接受客房清洁任务分配，然后再移至下个窗口或柜台，领取供应品箱子。

规模小一些的饭店可把工作任务单和钥匙放在小工具箱里，以此简化分发设备的程序。规模大一些的饭店可交错安排上班时间，如此这般，员工就不会因为开工前的等待而浪费工时了。例如，对一个有 800 间客房的饭店而言，若员工分三组上班，应可做到每组相距 15 分钟开工。

资料来源：作者是注册饭店业行政管家盖尔·爱德华兹，《房务纪事》，第 2 卷第 4 期第 9 页。

就某种意义而言，客房服务车就像一个超大的工具箱，里面配备了有效开展工作所必需的全部工具。正如一位木匠会尽量避免木料和钉子都没带齐就跑去干活一样，客房服务员也应尽量避免没带够物资，就去清洁一间被分配给他的客房。

一个摆放有序和储备良好的客房服务车是保证工作效率的关键。它可避免客房服务员浪费时间去寻找某个干净的物品，或返回布草房去取更多物资。客房服务车上所装载物品的具体数量要根据待清洁的客房类型、饭店所提供的便利物品情况而定，当然，还应根据客房服务车本身大小的不同而有所变化。客房服务员的服务车通常应有足够大的空间，应可承载完成半天客房清洁任务所需的全部物资。

装载客房服务车 服务车经常会跟客房部物资一起，存放在布草房里。在大型饭店里，清洁物品通常集中在某个特殊区域，并于每天早晨发放给客房服务员。多数服务车有三层空间，下面两层放布草，上面一层放物品。适度装载很重要：既不应超载，也不应装得太少。超载会增加物品毁损、弄脏或在清洁过程中被盗窃的危险。客房服务车上一般应包括如下典型物品：

- 干净的床单、枕套和床垫衬垫；
- 干净的毛巾和面巾；
- 干净的浴室地垫；
- 卫生纸和面巾纸；
- 干净的玻璃杯；
- 香皂。

在多数情况下，所有客房和浴室清洁用品都应放在客房服务车最上面的手提工具箱里。这样的话，客房服务员可以方便地拿取物品，而不必把整个客房服务车都推进房间。为方便起见，可储存于手提工具箱里的物品包括：

- 多功能清洁剂；
- 装在喷雾瓶里的窗户与玻璃清洁剂；
- 马桶清洁刷；
- 除尘喷洒液；
- 抹布和海绵；
- 橡胶手套。

在客房服务车的一头经常有一个装脏布草的洗衣袋，另一头是垃圾袋。为了方便拿取，笤帚和吸尘器也应置于客房服务车的两端。出于安全考虑，不应该把个人物品和客房钥匙存放在服务车上。

图 9-1 呈现了客房服务车该如何合理储放物品的情形。在所有情况下，都应按照饭店规定给客房服务车储备物品。客房服务员还必须

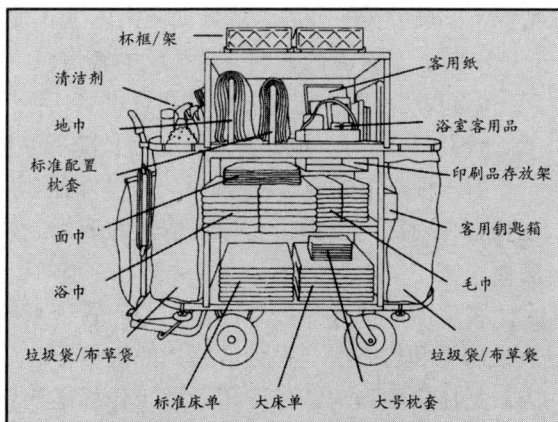

图 9-1 客房服务车的物品储放安排示例

资料来源：由全球假日酒店惠允使用。

保证合理存放保护眼、手和脸部的相关用品。每家饭店都应及时将有关使用这类个人保护设备，以及安全处理清洁剂的政策告知客房服务员。

非传统型客房服务车 目前，有些饭店开始用一种综合运输和储存系统，来替代传统型客房服务车。这种设备在设计上实现了模块化，并由不同容器、盒子和架子组成，在一架较大的客房服务车上，可轻易地移动和排列这些部件。在提供客房服务时，可按照方便原则来装载这些部件，这有助于高效运送布草和供应品。如同一架厢式货车一样，这些主要部件上都装配了单独的、可拆卸的部件，可用于装载垃圾和用脏的布草。

这些看似家具的客房服务车，可辅以能上锁的护栅门以保证安全。由于这些不为人注意的特征，一些饭店会预先为客房服务车配备物品，并直接把它们推去客房楼层，交给服务员使用。除上述优点外，这些客房服务车还很轻便，并易于清洗[①]。

客房清洁任务

在备齐供应品后，客房服务员就可以着手开始清洁客房的工作了。清洁客房的顺序得根据房态报告而定。

房态报告有时也称作客房部报告，能在每天提供有关出租率或饭店客房情况的信息。它经由前厅部和客房部的双向沟通而产生。例如，当一个在客人办理退房手续时，前台会通过电话或计算机系统通知客房部。相应地，一旦某间客房清洁完毕、准备就绪，信息传递方向会反过来再进行一次，就这样，前厅部将会知道哪间客房又准备好了，可再投入销售。

房态报告一般简明易懂地用简单的编码来标示。房态有好几个类型，但在多数情况下，服务员的客房清洁计划应由以下3种房态类型来决定：
- 走房： 客人已办理退房手续的客房；
- 过夜房： 客人已计划继续再住的客房；
- 即将离店房： 预计客人会在当日随后办理退房手续的客房。

另一种常用的房态符号叫作"尽早清洁房"。它指客人所预订的入住时间较早，或指客人对房间已提出要尽快清洁的要求。用于指出这些房态类型的缩略语因各饭店而异。

客房清洁任务分配单通常在饭店管理系统的客房模块中打印。客房清洁任务一般按房号和房态罗列在标准格式的表格上。分配给客房服务员的房间数量应基于饭店对具体房型和清洁任务所设的工作标准而定。客房服务员应利用分配单，安排好本工作日客房清洁任务的优先顺序，并在结束当班时，汇报每间自己所负责客房的房态情况。在表9-1中，表单上有供客房服务员填写各房间房态说明及标示待维修客房物品的栏目。一些饭店已用手持设备代替了客房清洁任务分配单，它能让客房服务员登录饭店管理系统。

表 9-1　客房清洁任务分配单示例

资料来源：由全球假日酒店惠允使用。

　　审视完任务分配单之后，客房服务员将清楚自己应该从何处着手干活。总体来说，清洁客房的顺序应遵从"能最好地为客人服务"的原则进行。首先应完成的通常是"走房"，这样在客人到达时，前厅就有房可售。但是，需尽早清洁房或贵宾房属于例外。在多数饭店里，这两类房都应先于走房。在尽早清洁房、贵宾房和走房之后，客房服务员通常会接着清洁过夜房。即将离店房通常是留待最后被清洁。客房服务员有时可能会等客人确实办理了退房手续后才会清洁这类客房，以避免重复劳动。

房务 纪事

对"请勿打扰"卡片表示尊重

设想一下，如有客人在一张"请勿打扰"卡片上写下："就是对你讲的！"发现该事的饭店召开会议，迅速反思了"请勿打扰"卡片的内涵。它并非"请敲门"，或"把卡片藏到你的客户服务车里，然后再大声敲门"，也非"在我房门旁边的过道里大声喧闹"。而是意味着，"请不要打扰我，稍后再来"。为确保对客人隐私的尊重，可遵循以下程序：

1. 在办理退房手续之前，不要惊动"请勿打扰"房。

2. 若办理退房手续时间已过，可告知主管"请勿打扰"卡片还挂在客房门上。主管可打电话到房间询问客人是否需要服务。如没有回答，主管可与前台核查该房间的房态。

3. 如客人已办理退房手续，客房服务员可进入该房间。

4. 如客人延住，应从门下塞进一张字条，写上：

亲爱的客人：

出于对您门上所示"请勿打扰"卡片的尊重，我们今天未进入您的房间。如您需要干净毛巾或其他服务，请致电分机 XXX。

谢谢。

5. 如该房间的房态有问题，管理人员应去敲门并进入房间。

资料来源：作者是玛丽·弗里德曼，《房务纪事》，第 2 卷第 3 期第 4 页。

就所有情况而论，客房服务员都应尽量避免打扰客人。"请勿打扰"卡片清晰地表明客房服务员应该在该班次晚些时候再回去检查客房。客房服务员必须推迟服务的其他房间还包括客人已从屋内上了双锁的客房。很多饭店会让客房服务员在房门上留卡片，说明曾试图提供服务，傍晚时会再提供干净毛巾或进行做房服务。通常，如果客房服务员无法在下午 2:00 或 3:00 进行服务的话，就得把这些客房情况报告给当班的客房部管理人员。

若某位客人拒绝服务，楼层主管或其他管理人员就应给客人打电话，并安排服务员在客人方便时再去提供服务。打这种电话也是为了查实客人是否发生了需要干预的情况。例如：客人出现严重疾病或事故。一旦联系上客人，楼层主管或管理人员应询问客人是否需要干净毛巾和便利物品。在很多饭店里，还会要求拒绝服务的客人在主管报告单上签上姓名缩写，以此表示其无须服务。在任何情况下，如未经总经理批准，一间客房停止服务的时间不能超过两天。

清洁客房

　　客房服务员必须遵循一套系统方法，以确保能始终如一地向客人提供清洁的客房。统筹安排既能节省时间，又能防止客房服务员忽略某项清洁任务，甚至是重复清洁某一区域。

　　为了达到最佳效果，清洁客房的工作应遵循一套有逻辑性的步骤，频率包括从一踏入客房到最后检查和最终离开的全过程。表 9-2 给出了客房服务员在饭店可能会做的全部工作任务的清单，包括从他们每次到达饭店开始上班，到他们下班离开。解释客房清洁任务的最简单也是最直接的方式便是从客房服务员的角度来逐一说明。

进入客房

　　清洁客房的工作从客房服务员走近房门的那一刻起就开始了。进入客房时，要按照一定的程序来对客人的隐私表示尊重，这点很重要。

　　在走近房门时，要先观察门把上是否有"请勿打扰"卡片。还要检查门是否已从里面被双锁上。不管遇到上述哪种情况，要尊重客人意愿，可晚些时候再来清洁客房。假如这两种情况都未发生，就可敲门，并声明是"客房服务"。不要使用钥匙敲门，因为那样做会损坏门的表面。若房内客人有应答，就应告诉客人自己是谁，并询问清洁客房的合适时间，可将客人所要求的清洁客房的时间记在房态表或工作计划表上。若房内无人应答，则可稍等后再敲门，并重复声明是"客房服务"。如还是没人应答，可将门开一条缝，再重复声明是"客

表 9-2　客房服务员工作任务清单示例

1. 使用洁房任务单。
2. 为所分配的房间备好宾客便利用品。
3. 为所分配的房间备好洁用供应品。
4. 保持小车与工作区井然有序。
5. 进入客房。
6. 为洁房做准备。
7. 开始清洁浴室。
8. 清洁浴缸与淋浴区。
9. 清洁抽水马桶。
10. 清洁洗水池与梳妆台。
11. 清洁浴室地面。
12. 完成清洁浴室工作。
13. 清洁客房壁橱。
14. 做床。
15. 客房掸尘。
16. 补充供应品。
17. 清洁窗户、窗帘轨与窗台。
18. 洁房最后修饰工作。
19. 客房吸尘，并报告房况。
20. 走出客房。
21. 解决客房检查中发现的洁房存在的问题。
22. 完成下班前的职责。
23. 旋转与拍打床垫。
24. 放置或拆除特殊宾客服务设备。
25. 清洁多卧室宾客套房。
26. 提供做晚床服务。

注：完成各项任务的次序可因饭店而异。

房服务"。若说了 3 遍后，仍无人应答，则基本可确定房中无人，就可以进去了。

但是，仅因为某位客人不回应，这并不能总是可以确保客人不在房间内。有时候，客人可能正在睡觉或正在浴室。若是这样，服务员应该悄悄离开，并关上门。若客人被吵醒，应表示抱歉，并解释说稍后会再来，然后，小心翼翼地关上门，再继续进入下一间客房。

在很多饭店里，客房服务员可能会使用手持设备或房间固话与饭店管理系统联系。通过输入员工的身份识别码、房间号（不一定必须有）以及房态代码，客房服务员就能更新某间客房的状态。该系统能自动记录呼叫时间。

当服务员遵循上述程序最终进入某间客房后，应把客房服务车停置在打开的房门前，将客房服务车已开启的那一面朝向房门。这样做有 3 个目的：第一，方便服务员拿取物品；第二，堵塞住入口，防止他人闯入；第三，提醒回房的延时离店客人服务员正在房内做清洁。如在此期间，客人的确返回了，服务员可主动提出稍后再来完成工作。同时，还应请客人出示房间钥匙，以确保他正是入住此间房的客人。这样做是出于安保目的，以此来防止不速之客进入客房。

如今有很多饭店都会要求客房服务员在室内清洁客房时要关上房门，并在门把手上挂出牌子或在门上贴上磁铁牌，以此提醒客人客房服务员正在室内做清洁。履行这一程序，会为经常需要单独工作的客房服务员提供更为安全的工作环境，并防止外来者看到任何摆放在室内的客人财产。

房务纪事

在做客房清洁时应开着门还是关着门

旧习惯难打破

传统上，饭店都会这样培训客房服务员：把客房服务车放在尽可能靠近已打开的房门边，并在做客房清洁时开着门。饭店业多年来有这样一种考虑，认为在做客房清洁时，开着门有利于保护客房服务员和客人私人财产这两方面的安全。业界坚持认为，客房服务员受侵犯时，若开着门，就很容易听到服务员的求救声。此外，业界多年来还一直在私下议论，认为若在清洁客房时开着门，实际上还可以减少员工偷窃客人财产的可能性。

与饭店业其他由来已久的传统一样，或许现在是时候重新考虑开着门做客房清洁政策的优劣与否了。

保护客人财产

实行开着门做客房清洁政策的饭店通常在培训项目中会包含以下几项内容：

- 在做客房清洁时，客房服务员应要求任何进入房间者出示房间钥匙；
- 客房服务员随后应核实该钥匙能否打开该客房门；
- 客房服务员还可要求其报出姓名，以便与前台核实，看此人是否确实是该房间住客。

（续）

客房服务员应把以上要求付诸实践，但令人遗憾的是：有时候他们并不这么做。饭店在进行对客服务培训期间，一般会告知员工：顾客永远都是对的。这类教条式的培训容易导致一些员工会尽量避免跟顾客的正面冲突，不敢大胆地去核实进入房间者的身份。还有些饭店员工对用英语与客人交谈会感到很为难。这两种情况所导致的结果是客人能说服客房服务员允许他们从房间里拿出物品，或让客房服务员离开房间稍后再来做清洁。

保护客房服务员

将服务车拦住客房入口并不能充分保护客房服务员。其可能正在虚掩着门的浴室里放水刷洗浴缸，或正背对着门用吸尘器在房间里吸尘。还有很多情况下，客房服务员都可能会注意不到有人移开服务车并进入客房。事实上，闯入者可以进入房间，关上房门侵犯客房服务员，而没有人会留意关着的房门。

把门关上

既为了阻止此类似事故的发生，也为了增强对客房服务员的安全保护，很多饭店都推荐客房服务员关着门做清洁。采取这个政策后，任何想要进入房间的人都必须持有效的房门钥匙，因此，可避免客房服务员询问客人，或与客人发生正面冲突的可能性。在关着门做清洁时，客房服务员实际上能获得更好的保护，因为对于心怀不轨想从走廊进入房间的人来说，房门根本就打不开。

那么，关着门是否就意味着有可能把客房服务员与有意伤害其的客人一起关到了房间里？执行这项政策的饭店应培训客房服务员，当其开始服务时，如已有客人在房内，或客人在其做清洁期间进入房内，都应把门打开。当客人在房内时，把门开着，客房服务员就能避免因与客人同处一个封闭房间而所致的尴尬和潜在危险。

改变旧习惯和常规都不容易。但是，要求客房服务员开着门做清洁对饭店企业比较有利，因为这能给予客房部员工、客人及其财产更好的保护。

资料来源：作者是温德尔·H.寇奇，《房务纪事》，第 3 卷第 3 期第 12 页。

开始作业

多数客房服务员在清洁客房时，第一个步骤是让房间通风并整理房间。进入房间后，应先打开所有的灯，明亮的房间能让人心情舒畅也能让服务员看清情况，便于干活，同时还可检查是否要更换灯泡。应拉开窗帘，检查拉绳与挂钩是否完好。还应打开窗户，在清洁房间的同时保持通风。应检查空调和暖器，确保其能正常运行，并使设备的设置符合饭店标准。不过，有些饭店会要求客房服务员不要改变过夜房客人自己所设定的温度。

接下来，客房服务员应仔细查看客房情况；记录下任何受损或缺失的物品，如布草或垃圾篓。如有任何贵重物品丢失，或有任何物品需要维修，都应及时向主管汇报。

应移除或替换掉已有污渍的烟灰缸（可吸烟房），以及玻璃杯。应切记要把香烟完全掐灭后再扔到合适的容器中。在更换烟灰缸时，应记得补充火柴。应收集有可能散落在房间各处的托盘、碗碟、瓶子或罐头盒。应按照饭店程序合理处置这些物品。一些饭店会让客房服务员把这些物品整齐堆放在走廊里，并电话通知送餐服务员进行清理。应倒掉垃圾，并更换所有的垃圾篓的衬袋。在清洁过夜房时，应整理所有的报纸杂志，但切记除非是丢在垃圾篓里的东西，其他任何物品都不要随意扔掉。在清洁走房时，应环视整个房间，并检查梳妆台抽屉，看是否有客人的私人物品被落下。至于如何处理这些物品，是该向主管汇报？还是上交到失物招领处？这取决于饭店的相关政策规定。

做床

做床是客房清洁作业中接下来要完成的工作。必须从做床开始整个清洁作业，这很重要，对过夜房尤应如此。这是因为：如果客人回来了，此时，哪怕房间的其他地方还没来得及清洁，但单凭刚刚做完的床铺，也能让整间客房看上去整洁一新。对于走房，有些饭店的推荐做法是一进入客房就先撤去床上的布草，然后等客房清洁作业快结束时，再铺上干净的布草。这样做能使床有机会"透下气"。

房务纪事

通过限制客房服务车往返次数来提高工作效率

优秀的客房服务会形成系统的客房清洁作业方法。无论是否接受过正式培训，经验丰富的服务员自有清洁每间客房的套路。

成为一位出色的行政管家的秘诀之一，就是去帮助每位客房服务员学会既省力又省时间的日常清洁套路。

尽管对何为正确的客房清洁顺序这个问题还存在争议，但限制客房服务车往返次数，还是属于重中之重。以下是在很多饭店已获得成功应用的做法清单。请注意，在这套做法中，客房服务车只需往返4次。

1.将吸尘器搁在门内。带上清洁用品，进入客房，绕室内走一圈，开灯，收垃圾，打开抽屉和窗帘，检查供应品使用情况。然后，回客房服务车倒垃圾，并将已倒空的垃圾篓放在浴室门口待洗。

2.带上已补足数量的供应品，回房间先撤床上的脏布草，再撤浴室的脏布草，然后，把它们全部带回客房服务车。

3.从客房服务车上取回干净布草。回房间先清洁浴室，并放置干净的浴巾等。再做床，接着在房间里走一圈，掸尘、清洁镜子，让供应品整齐有序，然后，把需要清洁的供应品拿回客房服务车。

4.把前几次往返中有可能忘带的供应品带回房间。从距离房间门口最远的地方开始吸尘。拉上窗帘，设置暖通空调系统。一边向门口后退着吸尘，一边随后关灯。最后，再扫视一遍房间。合上并锁好房门。记下房态，记下所有待维修问题。

（续）

在做套房、小厨房和其他特殊情况的房间时，会更需要动脑筋来使清洁程序合理化，目的永远都是要尽量节省步骤。可通过采购工具箱和其他用具，以便把清洁用品和便利物品从服务车上搬到房间。可选择有实用的大口袋的制服或围裙。可把客房用的各种用纸夹进笔记本里，并在客房部办公室由其他员工在班后时间把用过的笔记本重新配满，以便服务员在清洁作业时进行更换。

帮客房服务员理解无用步骤的最有效方法是让他们设想如果自己的鞋底有湿油漆，那么，在完成一间客房的清洁作业后，得有多少脚印留在地面上呢？当然，有些脚印留在地面上是工作中无法避免的，但有些却真有可能是多余的。

资料来源: 作者是注册饭店业行政管家盖尔·爱德华兹，《房务纪事》，第 2 卷第 4 期第 5 页。

在做床之前，客房服务员应先从床上移除掉客人的所有个人物品，放在旁边。再移除所有不会被替换的寝具，如枕头或床罩，并把它们放在椅子上，以保持干净、避免沾上灰尘。如果发现这些物品有已经脏了的，或破了个洞的，或有磨损的，则必须要换掉。应撤下所有已有污损的布草。

接下来，客房服务员应该检查床垫衬垫和床垫，如发现床垫上有任何污渍、烧焦痕迹，或破损之处，都应记录下来，并告知主管。如需要更换床垫衬垫，可撤下旧的，铺上干净的。在铺时，要把衬垫正面朝上，从床中间向四周平铺开，并拉直拉挺，不留褶皱。

最有效的做床方法是先彻底完成一边，再铺另一边。这样做能节省绕着床来回跑的时间。客房服务员可先在床垫上铺底层床单，然后给床左上角的床单包角。包角是一种能叠出符合专业要求的平整床角的简易方法。图 9-2

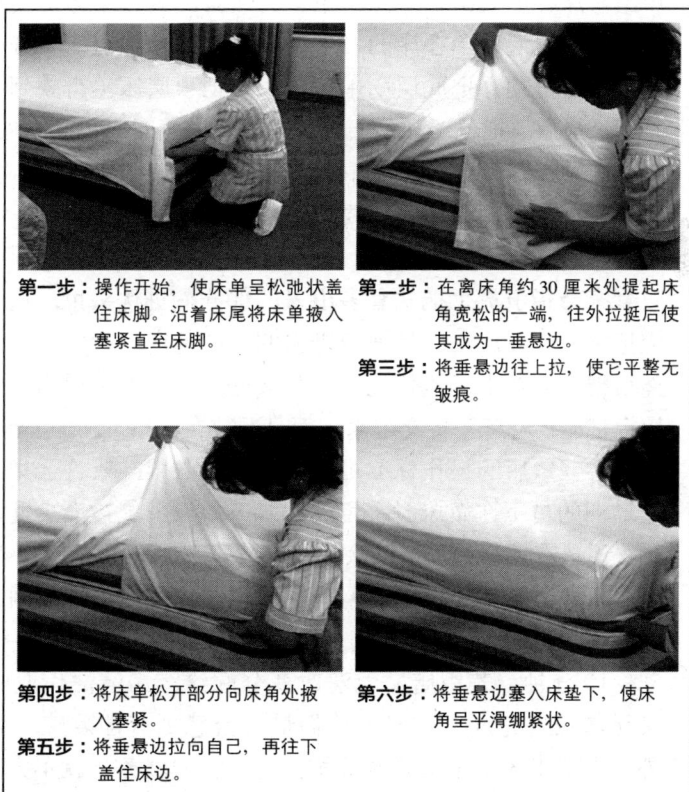

第一步：操作开始，使床单呈松弛状盖住床脚。沿着床尾将床单掖入塞紧直至床脚。

第二步：在离床角约 30 厘米处提起床角宽松的一端，往外拉挺后使其成为一垂悬边。

第三步：将垂悬边往上拉，使它平整无皱痕。

第四步：将床单松开部分向床角处掖入塞紧。

第五步：将垂悬边拉向自己，再往下盖住床边。

第六步：将垂悬边塞入床垫下，使床角呈平滑绷紧状。

图 9-2 包角的步骤

所示即是包角的步骤。接下来，客房服务员需要移到床尾，依然是在床左手边，给左下角的床单包角。不少饭店用床单套来代替底层床单，因其不用包角，能便于客房服务员操作。

做床的下一个步骤会因饭店而异，这取决于具体饭店的标准。传统方式是给饭店每张床配备两张床单、一个毯子和一个床罩。但对如今的饭店而言，采用不同以往的方式也不少见。有的饭店是给每张床只配备一张底层床单和一床被子（由被套包起来），或配底层和顶层两张床单，以及一床被子（带被套）。但在有些情况下，有些饭店会先铺一张底层床单，再铺一张顶层床单，接着，铺一床被子或毯子，然后，再在被子上面铺第三张床单，以保护被子或毯子，这被称为"三张床单"。

如按传统方式，客房服务员会在底层床单上铺干净的顶层床单（背面朝上）。接着再在顶层床单上铺毯子。然后，在床头处把顶层床单折回来，盖住毯子约15厘米长度，接着是抚平布草。这样做，能让床面看起来显得平整，且无折痕。再然后，把顶层床单和毯子在床左手边的左下角包角（很多行政管家会指引客房服务员把床单沿着床体的边沿掖入床垫下）。接着，客房服务员要沿着顺时针方向走到床的另一边，把底层床单在床的右下角包角，再把顶层床单和毯子也包角。然后，到床右手边的右上角，把底层床单包角，并把顶层床单折叠到毯子上，此时，左手边也平整了。最后，把毯子和顶层床单整齐地沿着四周和床脚掖入床垫下。

这种传统做床方法的下一步是把床罩置于床的中心位置，均匀地盖在床上，然后将床罩从床头往下折，要留下足够长度把枕头盖上。抖松枕头，放上枕套。出于卫生原因，在装入枕套时，员工绝不要靠下巴抵着或牙齿咬着来弄住枕头。很多行政管家会指引员工把枕套多出来的部分掖进枕头里，这样看起来会比较整洁。员工应把枕头放在床头，且把掖进去的一端朝向中间，把有悬垂状边的一面放在下方。然后把床罩拉上，盖住枕头，并掖好塞紧。如果饭店为每张床提供额外的枕头，则应把它们挨着床头板立起来，而且要放在床罩上，而非床罩下面。

有些饭店的操作标准可能异于传统方式，或许会用床罩和毯子来代替被子，受过培训的员工在做床时会用到3张床单或羽绒被套。此时，则应特别留意要指导员工采用最有效的方法来拆除和套上被套。

教导员工3层床单的整理细节也同样重要，这是因为铺第三层床单可能会带来一些不一样的挑战。铺3层床单的做法会导致客房服务员清洁每间房的速度要慢5～10分钟。若饭店又无法改变分配给客房清洁作业的最长时限，而客房服务员又无法按时完成工作时，他们最终会感到有挫败感，会很难适应新操作标准。另外，当采用3层床单的系统做法时，客房服务员就不大可能保持"站在床的一侧做床"的系统方法。表9-3即呈现的是整理双层床单和三层床单床铺的步骤指导。解决办法之一就是：采用团队清洁作业；这样做可实现相互帮助，更快地完成客房清洁作业。

表 9-3　做床的步骤

铺两层床单的传统方式做床步骤：

1. 把床套或床单铺在第一层。

2. 铺第二层平整的床单。

3. 把毯子铺在第三层。

4. 把被子铺在上面，并向下拉下一半。

5. 把枕头放在床上。

把被子折上去盖住枕头。

但若该床需铺 3 层床单，则会增加几个步骤：

1. 把床套或床单铺在第一层。

2. 铺第二层平整的床单。

3. 把毯子铺在第三层。

4. 在毯子上面再铺一层平整的床单。

5. 把被子铺在上面，并向下拉下一半。

至此有两种方法可供采纳：

6. 把枕头放在床上。

7. 把被子折上去盖住枕头。

或

6. 把中层床单、毯子和最上层床单沿与床头的对角线折出一个 30 ～ 38 厘米长的角。

7. 拿起所折对角的底角，把它折上来，让它与床边缘平行。

8. 把它的一边整齐地掖进沿对角线折起的角下。

9. 把床单和毯子都掖进床垫下。

10. 拉直床另一边折角的底端。

11. 拉起翻下来的床罩（内有衬里），并把它拉至能使床罩翻下来的边缘恰好碰到所折对角的位置。

12. 把一部分床罩朝枕头方向折起来，遮住衬里。

13. 立起枕头，让它靠着床头板。

后一种方法，比较耗费时间，属于劳动密集型作业；但是可彰显为了让客人住得更舒适和更洁净，通过整理三层床单床铺所付出了额外努力。

资料来源：作者是伊丽莎白·科斯洛斯基，《房务纪事》，第 13 卷第 2 期第 3 页。

　　尽管存在以上挑战，但用 3 层床单或羽绒被套为客人准备客房的做法会更为卫生。对任何一家饭店而言，要定期清洗所有客房的毯子是很困难的。很多饭店每季度才清洗一次它们的毯子。有了 3 层床单的标准，就可在客人和毯子之间提供一个额外

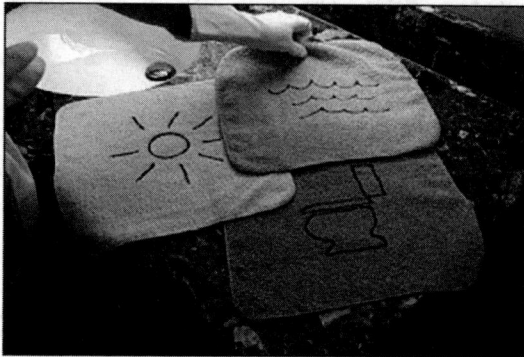

客房服务员在做常规清洗作业、马桶清洁作业和擦干东西时需用到不同的抹布。让抹布带有不同的颜色标识可有助于避免混淆。

的隔离层，这样一来，客人会更自如，而且毯子或被子也不会很快就弄脏了②。

清洁浴室

浴室的清洁要比外表好看更为重要。在市、州和联邦的层面对于健康和安全的很多考虑中，特别强调客房服务员在洗刷、冲洗和擦干浴室时，必须格外留意。

房务纪事

枕头菜单：好便利，低成本

如同奢华的泡沫夹芯一样，床上仅有花边枕头还不够，更多享受只需打一个电话。在曼哈顿的奢华精品饭店本杰明饭店里，专为客人提供了一份完整的枕头选择菜单。饭店把酣睡枕头菜单（译者注：原文为 The Sound Sleep Pillow Menu，意译为酣睡枕头菜单，从该词组首字母均为大写来看，应是该饭店给本店的枕头选择菜单取的专用名）印刷在一张有压膜处理的小卡片上，并在每晚开夜床服务时，把它立在床头柜上。客人可以通过拨打分机电话来预订以下任何一种类型的由饭店免费提供的枕头：

- 软毛枕：受客人喜欢的经典中等硬度；有标准号和特大号两种规格。
- 靠枕：长条圆柱形状的枕头，专为支撑腰部和上背部设计。
- 荞麦枕：荞麦枕采用符合人头部和颈部的设计，能最大限度地起到支撑作用并减少压力。
- 水枕：把头和颈部自然地放在水枕上，会立即减轻头痛和颈椎疼痛；乙烯基材质的枕套里充满了温水或凉水，可以调整硬度和支持度。
- 凝胶圆抱枕：有益于健康的可塑性胶体枕芯符合头部和颈部形状；可拆装的枕芯能被加热，亦可冷冻。
- 绸缎美人枕：软质泡沫材质可减少对面部骨骼的压力；绸缎表面能帮助客人彻夜保持发型。
- 低过敏原枕：经过特殊处理的枕头大幅度减少过敏原的存在，能缓解客人打喷嚏、晨起头痛、静脉堵塞，或其他由毛发、纤维和灰尘引起的过敏症状。
- 防呼噜枕：能缓解客人打呼噜的程度，通过抬高胸腔和下巴，能让客人保持呼吸畅通，能让客人更宁静地深度睡眠。
- 1.5米长的身体靠垫：在帮助客人舒展脊椎，使客人保持更舒适的睡眠姿势的同时能帮客人减少颈部、背部和关节的疼痛；尤其适用于孕妇和术后恢复者。
- 瑞典型记忆枕：该枕头所独具的自我塑造特性，能帮助客人减缓压力，能响应人体温度变化，夏天凉爽，冬天温暖。

（续）

• 健康磁疗枕：能帮客人减缓身体肿胀和不适现象，并缓解客人的失眠和疲惫状态，还能帮客人舒缓紧张肌肉和疼痛关节，并通过促进血液循环来帮客人改善肤色。

　　本杰明饭店位于繁忙的曼哈顿大街，离消防站不远，力求帮客人拥有优质睡眠。除了种类齐全的枕头备选外，客人可以从菜单上点一个防噪声机，用以掩盖各种杂音，还有其他可选的供就寝时使用的便利设施。

　　饭店管理人员约翰·莫泽报告了客人对该菜单的良好反应。"实际上，我们有大概 30% 的顾客至少要了一个特色枕头。"他说。

　　如果要了解持续推行该项目的成本，他回复道："我们有可用的储存空间，我们安排了员工 24 小时为客人送这些物品。但除了原始购买和更新费用，成本其实是十分小的。"而且，这非常有利于客人对饭店产生良好印象。

资料来源：《房务纪事》，第 10 卷第 1 期第 7 页。

　　清洁浴室的顺序通常如下：淋浴区、洗漱台和洗水池、马桶、墙面，以及固定装置，最后是地面。跟多数清洁任务一样，很重要的一点是在工作时应从上到下进行，以避免污染或弄脏已清洁过的区域。必备的清洁设备应存放在手提工具箱里，以便随时拿取。清洁物品通常包括获准使用的浴室表面多功能清洁剂，抹布与海绵，玻璃和镜子清洁剂，橡胶手套，以及护眼罩。一些饭店还会用到无嗅杀菌剂。不得用客人的毛巾来进行清洁作业。

　　先开排气扇或窗户，让浴室通风。为了个人安全着想，千万不要站在浴缸边缘上干活。当清洗和擦洗浴缸或淋浴器墙壁时，应时时注意检查状况，以便能及时向主管报告任何可能需要开展的维修工作。如果浴缸出水处有堵塞问题，一定要查看是否被毛发堵住。在清洁完浴缸之后，接着可清洁淋浴器喷头和浴缸的其他固定装置。要确保将淋浴器喷头朝向恰当的位置。为了防止留下污渍，并使固定装置发亮，请立即用干抹布擦拭并将其擦亮。另外，在清洁浴帘或浴室门时，要尤其注意底部，那些地方易滋生霉菌。当完成清洁作业之后，要记得把门或浴帘复位。

房务纪事

请教盖尔——浴室清洁作业

亲爱的盖尔：

　　我刚接管了一家有 300 间客房的饭店，但在其淋浴区的墙壁上有严重的长霉问题。我们该怎么办？
　　　　　　　　　　　　　　　　　　　　　　　　　T.W.，萨克拉门托，加利福尼亚州

亲爱的 T.W.：

　　当我看到房间成那样子时，我只想把它们炸掉。但是，我们可不能那样干，我这里有套可行的程

（续）

序来搞定它们。先找一种不会损坏固定装置或瓷砖的杀菌效果好的化学品。再把家用漂白剂和水按1：1的比例混合起来，很管用的。接着，用喷壶把它喷在那些墙壁上，约10分钟后，用尼龙鬃刷好好刷洗墙面，包括擦拭瓷砖接缝处的砂浆，然后用水冲洗，并把那块区域完全擦干。再重复弄两次，直到彻底清除霉菌和污渍。

亲爱的盖尔：

我该用什么东西来清洁淋浴器上的镀铬层呢？我们差不多把上面所有的镀铬层全都刷掉了。

D.F.，奎诺尔特，华盛顿州

亲爱的D.F.:

因为金属表面上只是镀了层铬而已，所以得小心地处理。化学品（尤其是含氯的）可将其腐蚀掉，硬水对它也可能造成破坏。推荐的处理方法是先用温和型清洁剂处理，接着用软抹布擦干。如果这还不起作用，可再把小苏打撒在湿海绵上擦拭，这法子应能奏效。还可使用白醋或牙膏，但要记住：得冲洗干净，且要用软抹布擦干。如果镀铬层已磨损，则只有两种选择；对普通的装置，换掉即可。对品级高又不可替换的装置，则撤下来翻新再用。

亲爱的盖尔：

最近对一些浴缸重新灌浆和堵缝之后，却注意到它们很快开始泛黄。我们该怎么做呢？

D.H.，切斯特，弗吉尼亚州

亲爱的D.H.:

如果重新灌浆后，开始变黄，则有可能是所用的产品含有些熟石膏。要确保使用100%的水泥基灰浆才行。如果堵缝的地方又变颜色的话，则有可能是产品质量有问题。不要为了省钱就买便宜堵缝材料，要去买质量好的产品，甚至是那些含抗霉变成分的，有些产品的保用期为50年。如果更换了产品，还不奏效，那就去检查水的硬度，以及其所含的矿物质成分。原因有可能与水和化学品都有关。实在万不得已时，可检查客房服务员所使用的清洁产品，颜色变黄也有可能是化学品混合物造成的。

亲爱的盖尔：

能否帮我们解决保持饭店大理石淋浴间清洁的问题？

一位感兴趣的读者

亲爱的读者：

它们外表虽好看，但确实难清洁。多数客房服务员对设计师把大理石用在饭店一些地方的做法并无感激之意。例如，淋浴间就是其中之一。大理石有很强的渗透性，很柔软，容易有刮痕和污渍。如果你研究过印度人是怎样保持他们漂亮的大理石干净的，就会发现他们的法子是用另一块石头来对它进行抛光。但是，这样做很耗费劳动力。有位行政管家给了条有益的建议，即"要想清洁淋浴间，得先用专为大理石配备的中性清洁液，再用特殊的大理石上光剂抛光。要避免使用磨砂型清洁剂，避免封住墙上的缝隙"。

（续）

亲爱的盖尔：

　　我们在找一种简易的方法来清洁浴缸底部因侵蚀而成的小圈圈。因底部不平整，聚集的脏物使浴缸看上去呈灰黑色，我们好像没法再把它们弄白了。

　　　　　　　　　　　　　　　　　　　　　　　　　J.K.，西雅图，华盛顿州

亲爱的 J.K.：

　　我们有个主意，能像变魔法般发挥作用。先清洗浴缸，再冲洗干净。接着用足够多的热水浸满浴缸底部的污点和条状污渍。然后，加进半杯到一杯的自动洗碗机用的洗涤粉，搅拌，并在浸泡1小时后，用尼龙鬃毛刷好好洗刷。最后，把水放掉，冲洗，擦干。一个又白又干净的浴缸就可跃入眼帘了。每天用刷子刷一下，浴缸就比较容易打理了。

资料来源：作者是注册饭店业行政管家盖尔·爱德华兹，《房务纪事》，第1卷第2期第9页；第2卷第2期第9页；第4卷第1期第11页；第4卷第1期第11页；第2卷第4期第9页。

　　在清洁洗漱台和镜子时，也应该同样一丝不苟，这跟清洁淋浴区是一个道理。在清洁台面和水池时，要确保清除水池塞子和排水管周围的所有头发。要擦干净牙膏或香皂的溢出物或污渍。要冲洗并擦亮镀铬的固定装置，以使它们闪闪发光。要使用玻璃清洁剂来清理镜子，至此，才算完成洗漱台区域的清洁作业。

　　接下来，就该清洁马桶的缸体及其外表面了。有的清洁程序会建议先使用多功能清洁剂。这样一来，在清洁浴室的其他区域时，清洁剂就能有足够长的时间溶解，并发挥作用了。多功能清洁剂比酸性马桶清洁剂更适宜日常使用。如果经常使用，酸性马桶清洁剂会对浴室表面造成腐蚀，还会对使用者带来危害，最明显的就是引起皮肤瘙痒。很多饭店只在每年一两次的深度清洁项目中才会用到马桶清洁剂，平时则对其严加监管。

　　不论采取哪种方法，都要先放水冲洗马桶内所有污物，然后，在内壁四周和边缘洒清洁剂。再从上往下沿着四周清洗马桶外侧直至底座。要用刷子擦洗马桶内侧，包括内壁和边沿下方部分。接着，再次放水冲洗。最后，用蘸有清洁剂的潮湿抹布清洁坐圈的顶面、顶盖以及水箱四周。

　　毛巾、面巾、浴室地垫、厕纸和面巾纸以及宾客便利物品，都应按饭店标准重新补足。要清除墙壁上的手印和其他明显的污痕，尤其是在照明装置和插座周围的。要自上而下擦拭墙壁，要清洁浴室门的两侧。要从离门最远的浴室一端开始拖地或擦地，包括擦踢脚板，要渐退式清洁作业直至门口，然后收拾好用具，做最后核查。然后，稍作停留，从天花板到固定装置，再到地面，全面扫视一遍。要确保浴室已处于最佳状态，至此方可关灯，退出浴室。有些行政管家都声称，很难说服客房服务员跪着去清洁浴室地面。一些人或拒绝如此，或用脚踩着抹布，像临时扫帚似的擦地。为了改变这种局面，一些饭店试图使用带有可替换的拖把头的小型拖把。但这样做，也并不是总能奏效，这是因为拖把很快就会粘上毛发，并产生锈迹。而且，用水桶和拖把，既不卫生，也不雅观。一个可尝试的建议措施是使用微纤维拖把。它们很轻，便于使用，还可以减少花在维护各种地面的时间和精力。鉴于其构造所致，客房服务员通常无须提前清洁地面。微纤维布料可反复清洗，并能通过弹簧铰链安装在拖把上③。

掸尘

同做床一样，掸尘也得有一套系统化的有条不紊的方法，这样才能保证高效和轻松。有些客房服务员从门边的物品开始掸尘，接着再按顺时针方向在屋里清扫一圈。这可减少忽视任何一点污渍的机会。不管在哪种情况下，都应从最高处的表面开始，这样做，灰尘才不会落到已掸过灰尘的物品上。如果你所在的饭店使用某种除尘剂，则应往除尘布上喷洒少量。千万不要把它直接喷洒在物品上，因为这有可能导致留下污渍，或让物品表面增加黏性。

需掸尘的物品，以及它们所摆放的位置一般因店而异。通常言之，下列物品需要掸尘和（或）上光：
- 画框；
- 镜子；
- 床头板；
- 灯具、灯罩和照明灯泡；
- 床头柜；
- 电话；
- 窗台；
- 窗户和滑动玻璃门轨（如果适用）；
- 梳妆台（包括内置抽屉）；
- 电视和电视柜；
- 椅子；
- 壁橱架、挂钩和挂杆；
- 门框顶部、门把手和门的侧边；
- 空调和供暖装置、风扇或通风口。

还应使用玻璃清洁剂或水来清洁客房里的所有镜子和玻璃表面，这也包括清洁电视机的正面。在清洁电视机时，要先把它打开一会儿，以确认它能正常工作。在清洁镜子时，要先用湿海绵，再用干净的抹布。玻璃清洁剂有可能会在镜面上留下条痕。有些饭店会用一种特殊的清洁剂或消毒剂来清洁电话机表面。当绕着屋子四处掸尘时，要记下任何可能需要的卧室用品和便利物品，并按饭店规定补充。最后，要检查墙壁上的斑点和污渍，并用湿抹布和多功能清洁剂擦除。

吸尘

在吸尘前，要用笤帚或抹布掸松踢脚板周围的灰尘，以便易于吸除。要推着吸尘器在地毯上所有露出来的能够到的地方吸一遍，包括桌椅下面和壁橱里面。要注意有些地方吸尘器够不到，如床下面或梳妆台下面等；要清洁这些区域需移动或抬起重型家具，多数饭店会安排专项清洁计划来对这些区域吸尘。但客房服务员有责任来检查床下面和家具下面，要看看是否有客人遗留的物品或有必须移除的碎屑。

应从客房离门最远的一端开始吸尘，然后往后退移，就跟擦浴室地面的方式差不多。在吸尘时，要小心别撞到家具。有些饭店建议在后退着向门移动时，应随手关上窗户、拉上窗帘，并回到门口时，关掉灯。照这种方式做，能减少在房间走动的幅度。还可避免在吸完尘后需重新踩着地面再走回去关窗等步骤，以防在某些地毯上留下脚印和痕迹。

最后核查

最后核查在客房清洁过程中不可或缺，它使打扫客房和让清洁后的客房符合作业标准变得大为不同。

房务纪事

为不抽烟者准备客房

如果要把可抽烟房改造成清爽干净的无烟房，以下程序可能奏效：

- 清洗墙壁；
- 更换暖通空调的过滤器；
- 清洁浴室的通风口；
- 拆除窗帘，清洗纱窗，干洗遮光帘；
- 搬走家具，深度清洁全部地毯；
- 深度清洁有软装饰的家具；
- 用精油皂清洗木质家具；
- 用多功能香皂清洗层压板家具；
- 取下所有灯罩：如果可能的话，可吸尘或清洗，如有必要的话，可将其替换掉；

（续）

> - 检查床垫和床垫弹簧的状况：如闻起来有烟味，要么换掉，要么罩上带拉链的塑料罩；
> - 清洗所有枕头、床垫衬垫和毯子；
> - 清洗或干洗床罩；
> - 清洗浴帘和浴室用小地毯。
>
> 这一过程会耗费很高的成本和大量的劳动力。即使一个吸烟客仅在客房里停留了一个晚上，也有可能毁掉所有这些特殊努力，因此，应额外留意，才能维护好无烟房。

资料来源：作者是玛丽·弗里德曼.《房务纪事》，第3卷第2期第9页。

把吸尘器和清洁用品放回到客房服务车上之后，要再花点时间，从客人角度仔细环视客房。要从屋内某一点开始，从一个角落到另一个角落，以画圆圈的方式扫视客房，直至目测检查了每件物品。这样做，或能发现做清洁时的忽略之处，或发现在第一遍做清洁时不易发现的污渍。

要确保室内所有的家具和陈设都摆回恰当的位置。要查看细节，如灯罩是否斜了，或灯罩是否已露线缝了。要闻闻空气中是否有异味，如发现有任何难闻的气味，要向主管报告；如有需要，还要喷洒空气清新剂。切记：最后所见即是客人的第一印象。若对该客房的整洁和清洁效果满意的话，则关掉灯、锁上门，并确认门已上锁。接着，在任务分配单上记录其状况和房态，然后，再按计划清洁下一间客房。

当然，客房服务员也可使用手持设备或房间电话，而非在任务分配单上做标记，来通知饭店管理系统，以告知客房已就绪、可以检查了。在通知时，系统会自动记录通话时间。客房服务员进出客房次数的日志数据，能帮客房部管理层来确定客房服务员的生产率。

房务纪事

记得清洁客房里那些常被遗忘的污迹

毫无疑问，客人在饭店停留期间会坚持入住干净的客房。研究结果也一次次证实了这一点，顾客维权团体也一直在宣扬这一点，甚至是饭店管理人员在休假或出差旅行时，当他们抵达饭店客房，也会仔细检查客房是否清洁。客人一到饭店，若要判断客房清洁与否，最常检查的地方便是浴缸、马桶和洗手池、床上用品和镜子，还有台面。

当客房服务员再清洁某间客房时，总有某些区域容易被忽略，这需要客房部管理人员在检查时更要多加警惕。

客房服务员好像没有自上而下地给客房掸尘，这种场面比较常见。用人造材质或羽毛材质的掸帚来清除高处和灯具的灰尘会比较管用，而用吸水抹布蘸水来擦拭多数具有坚硬表面的物品也很好使，但这法子不适合用来擦洗玻璃。湿抹布能粘上灰尘，且不会把它扩散到其他物品的表面。为了防止意

（续）

外受伤，客房服务员绝不应用湿抹布来擦拭灯具、灯罩或电视机；而只能在关了这些电器后，再使用羽毛掸帚除尘。

所有掸尘作业都应先从最高处物品的表面开始，并在做完客房后，再延伸到下面。别忘了对浴室洗水池下的明管进行除尘，因为这会是一个常遭忽略的区域。最后，客房服务员才应给客房地毯进行吸尘，且从离客房门最远处开始，一路吸尘直至客房门口。

有 4 项其他类型的清洁任务，常让很多客房服务员无法恰当地完成。第一项是应清空冰桶，如恰好被用过，则还应冲洗一下，并要记得及时更换塑料内衬。不要留下一个用过的冰桶内衬让客人再次使用。

第二项是如果客房有咖啡壶，则应拔掉插头，并彻底清洁咖啡壶，冲洗其储水槽。要把咖啡机从柜台或桌子角落里拉出来，要清洁它所放位置的下面或后面。不无遗憾的是，一些室内咖啡机若烧得太热的话，咖啡就容易溢出来。但很多客房服务员并未意识到这一点，从未把咖啡机从它所放置柜台上的污染区里拉出来。自然也就从未清洁到其下面或后面。

第三项是便利物品篮和托盘，这两样东西常见于浴室的洗漱台上。水、香皂和其他易喷洒物常会浸透它们，如不及时检查的话，也很容易导致台面变色。

第四项是应给室内微波炉和冰箱（包括冷藏柜部分）做全面清洁，而且在清洁每间客房时，都应对其内外进行清洁。可没有人想在打开这类电器的门时，却发现上一位客人在停留期间所剩下的残留物跃入自己的眼帘。

重要提示：得培训客房服务员，让他们在进入客房后知道要拉开窗帘，要打开所有的照明设备、台灯和电视机，要关闭所有闹钟的铃声模式。这会驱使他们顺带着检查窗户有无损坏，确定没有灯泡烧坏，或台灯未接上电源，并防止未出租房的闹钟半夜吵醒别人。

资料来源：作者是注册饭店业行政管家盖尔·爱德华兹，《房务纪事》，第 13 卷第 4 期第 5 页。

个人关怀 有些行政管家会鼓励其客房服务员增加对过夜房客人的个人关怀，这包括：为客人提供更宜人的氛围，诸如，要把他们的鞋子整齐划一地摆放在踢脚板上，要收集他们乱摆放的报纸并把它们归整到客房的桌子上，要把客人的私人化妆品摆放成一排，要整理浴室内台面上的物品，要收起客人拿出来用过的熨斗和熨衣板。④

查房

客房检查是落实清洁制度，并持续获得好效果的保证。这样做是为了在客人发现之前，饭店先将清洁作业中可能疏忽的问题找出来。贯彻较好而且落实得体的检查计划也能激发出员工对工作的热情。大部分客房服务员会为自己所完成的工作感到自豪，也乐于展示自己的工作成果。在检查时，应对高质量的清洁作业表现以及其具体完成者做出肯定的评价，并要记录在案。

　　客房检查的方式可多种多样。有的饭店的做法是任意抽选和检查客房。有的饭店则是每日对每间客房都进行检查。客房检查工作应由主管级人员来执行，例如，楼层主管或班次主管、部门主管、行政管家、来自客房部以外的管理人员等。每位检查员通常应负责检查几间客房，他们应了解自己所分配客房的房态。常规而言，等客房服务员报告某间走房已清洁完毕后，很快就会有人来做检查。对已租房或暂时不需要服务的客房则会按照别的方式来开展检查。对此，行政管家或检查员将会与客人取得联系后，选择在客人方便的时间段来做客房清洁作业或客房检查。对于空房，则会根据其在两次销售活动之间所空闲的天数，而做出不同的客房检查时间安排。

　　客房检查不仅能帮助饭店找准客房清洁作业中存在的问题，还有助于识别客房中需要深度清洁或维护的区域。在客房检查报告中，应填写的内容有家具、固定装置和设备的状况；天花板和墙壁的外观；地毯和其他地面覆盖物的情况；以及窗户内部和外部的清洁程度。表 9-4 所呈现的即是一份客房检查报告表示例。受饭店政策和程序而定，检查员也有可能会出于需要，负责填写维修工作单和维护要求。

表 9-4　客房检查报告表示例

客房检查报告

房号_____

房型_____ 检查日期_____

状况　□优良　　□合格　　□不合格

	卧室	状况		浴室	状况
1	门、锁、链、止动装置		21	门	
2	灯、开关、电源插座		22	灯、开关、电源插座	
3	天花板		23	墙壁	
4	墙壁		24	瓷砖	
5	木制品		25	天花板	
6	窗帘与金属构件		26	镜子	
7	窗户		27	浴缸、捻缝、扶手杆	
8	取暖 / 空调调节装置		28	淋浴喷头和浴帘	
9	电话机		29	浴室脚垫	
10	电视机与收音机		30	洗漱台	
11	床头板		31	固定装置 / 水龙头 / 排水管	
12	床单、床罩、床垫等		32	马桶：冲水设备 / 座圈	
13	梳妆台、床头柜		33	毛巾：面巾 / 手巾 / 浴巾	
14	宣传材料		34	卫生纸：厕纸 / 面巾纸	

（续）

15	台灯、灯罩、灯泡		35	香皂	
16	椅子、沙发		36	便利物品	
17	地毯		37	排气口	
18	图片与镜子				
19	掸尘				
20	壁橱				

其他

_____

_____

_____

检查人 _____

签名

　　对已确认的问题需跟进处理，这与制订良好的检查计划同样重要。对客房检查报告或维护需求中所列出的每个问题，以及其后续处理情况，都应由直接负责那一区域的管理人员予以跟进落实。就常规而言，在做完客房检查后的 24 小时之内，这些问题都应获得解决。

查房程序技术

　　条形码 这是一项已显著影响了零售业的技术，在接下来的几年内，饭店业应也会从该技术的简便易用和效率高超中受益。条形码技术已帮助数不胜数的付款处既节省了时间又确保了精准，它对饭店查房工作也应能发挥类似的作用。条形码是一组粗细不一、间隔距离不等的线条及数字。几乎所有零售物品的包装上都印有条形码。这些设计产生的条形码一般用于扫描，以便读入计算机系统，作为对其所指代物品的识别代码。

　　对饭店而言，条形码所存储的并非价格和库存品信息，而是客房检查数据。检查员或维护人员可通过如信用卡般大小的特殊装置来扫描条形码，从而收集和记录房态信息。这些信息稍后可读入计算机，并编制成各种报告，用以追踪客房部和维修人员的相应工作。

　　在采用了条形码检查系统的饭店里，每间客房都靠一个小小的永久固定的条形码来标识。该标码贴于某个不起眼的角落，例如，贴在门框上。给检查员或维护人员配备条形码扫描器，以及一套卡片，在上面列出需检查、注意或维修的物品或情况。跟客房本身一样，它们都有各自对应的条形码。表 9-5 呈现的是使用了条形码技术的差异及情况列表，它可根据饭店不同的需求来定制。

表 9-5　使用条形码技术的检查表示例

资料来源：由马萨诸塞州伊斯特汉姆条形码技术公司惠允使用。

　　进入客房后，检查员先扫描客房的条形码标签。如此这般，条形码扫描器就能自动记录房间号、扫描时间及日期。再通过扫描适当的条形码或检查卡上的条形码组合，扫描器就能记录每个被检查物品的状况。例如，若做床作业不合格，检查员就会扫描该项目旁边的"召回返工"条形码，这意味着该客房服务员需重新做床。在查房临近结束时，检察员需再次扫描该客房的条形码，作为"扫描输出"标志，以示完成查房作业。

　　通过把卡插入一个连接在计算机系统上的特殊读取器，可重新获取存储在扫描器上的信息。根据查房程序和饭店的不同需要，这些信息能以摘要或报告的形式呈现，能让管理层对每间客房的查房结果一览无余。表 9-6 呈现的即是一种由条形码系统制成的查房报告。

　　条形码技术本身灵活性好，能满足和适应任何饭店的具体需求和工作程序。有些饭店将条形码检查技术与维护和工程工作相结合。有些饭店则对该技术进行调整，以使其适用于诸如设备追踪和安保检查等目的。经收集和编制的这些信息可根据饭店需要或繁或简运用。

　　射频识别技术　射频识别（译者注：射频识别技术的英文为 Radio Frequency

表9-6 使用条形码系统制成的查房报告示例

检报告：安·琼斯					丽晶酒店					4/6/	

位置	检查开始	检查结束	耗时	洁房员	问题	已解决	返工	待维修	登记单 号#
101	9:00 AM	9:15 AM	0:15	史密斯·南希					
103	9:20 AM	9:30 AM	0:10	史密斯·南希	未关闭 取暖器	•			
102	9:40 AM	10:00 AM	0:20	霍尔·朱迪				水管垫 圈	300025
105	10:05 AM	10:30 AM	0:25	史密斯·南希					
工间 休息	10:40 AM	10:55 AM	0:15						
106	11:00 AM	11:17 AM	0:17	霍尔·朱迪	灰尘 缺宾客意见卡	• •			
107	11:25 AM	11:45 AM	0:20	史密斯·南希					
午餐	12:00 PM	1:00 PM	1:00	霍尔·朱迪					
108	1:10 PM	1:16 PM	0:06	霍尔·朱迪					
110	1:25 PM	1:45 PM	0:20	霍尔·朱迪					
112	1:50 PM	2:05 PM	0:15	史密斯·南希					
111	2:10 PM	2:28 PM	0:18	史密斯·南希	未关闭暖气	•			
113	2:32 PM	2:55 PM	0:23	史密斯·南希					
115	3:00 PM	3:15 PM	0:15	霍尔·朱迪					
114	3:22 PM	3:35 PM	0:13	霍尔·朱迪	客用品		10001	浴室瓷 砖松动	300026
116	3:40 PM	4:05 PM	0:25	霍尔·朱迪					
118	4:10 PM	4:22 PM	0:12	霍尔·朱迪					
120	4:25 PM	4:30 PM	0:05	霍尔·朱迪	浴室瓷砖脏		10002		
119	4:35 PM	4:50 PM	0:15	史密斯·南希					

小结

房间数	总耗时	检查耗时	检查比率	维修问题
17	6:45	5:49	87%	2

	#房间数	清洁员	#问题数	#已解决数	#返工数
	8	史密斯·南希	2	2	
	9	霍尔·朱迪	4	2	2

周一，4/11/ 4:45PM

资料来源：由马萨诸塞州伊斯特汉姆条形码技术公司惠允使用。

Identification，缩写为 RFID）又称电子标签，射频识别技术是 20 世纪 90 年代开始兴起的一种自动识别技术，射频识别技术是一项利用射频信号通过空间耦合（交变磁场或电磁场）实现无接触信息传递，并通过所传递的信息来达到识别目的的技术。系统通常由 3 部分组成：转调器（标签），综合无线电频率线路和天线，以及收发器（阅读器）。一般而言，收发器通过天线把无线电频率传输到转调器，并从转调器接收无线电频率。随后，收发器把数据传输给加工装置。该系统通过无线技术和自动化处理流程来收集全饭店的信息。对于客房部而言，可通过射频识别标签来设置客房状态，也可让督导管理人员直接在饭店管理系统中确认其查房结果，还可把待修房或来自客人的"请勿打扰"要求反馈到饭店管理系统。

深度清洁作业

日常清洁作业可让客房在一段时间里维持清新氛围和洁净外观，但这之后，仍需对客房进行深度清洁作业。鉴于深度清洁作业的全面性，这就要求饭店对此做出特殊的时间安排。在一些饭店里，深度清洁作业是由客房服务员作为专项任务来完成的。例如，有些饭店可能会安排客房服务员去深度清洁他们上班那天所需打扫的每间客房的地毯旮旯。有些饭店的做法则是每天安排一名客房服务员做一间客房的深度清洁作业，并把这作为日常工作任务的一部分。还有些饭店的做法则是组建深度清洁作业团队，团队成员每人担负一项具体的客房深度清洁作业任务。

在执行深度清洁作业程序时，需将该房间暂时从饭店可出租客房名单中剔除，并对其实施深入的清洁作业。该作业程序比客房日程维护所依循的常规标准要更加严格。

大多数客房每年需进行 2～4 次的深度清洁作业，这主要取决于该饭店的客房出租率水平。原因在于高出租率会导致饭店客房的家具、固定装置、设备和设施出现更多的磨损和破坏。较高出租率饭店的住宿设施比只有较低出租率饭店的需要更频繁开展深度清洁作业。

预防性维护

就某种程度而言，深层清洁作业实际上是维修作业和预防性维护作业的结合。饭店工作人员平时清洁一间客房约需 30 分钟，在做深层清洁作业时，则允许其花更长的时间（通常总共需 4～6 小时）来清洁一间空房，以求能从上至下地全面清洁房间里的所有表面，能维修或置换房间里任何已磨损或遭毁坏的物品，从而使客房的洁净程度远比日常客房维护作业后的高出甚多。如此这般，饭店能显著延长地毯、墙壁软装、窗帘、家具和固定设施的使用寿命。

可把这项工作与给汽车换机油和做调试做比较。如果车主不经常给汽车换机油，以及通过预防性维护来做保养，这车的使用寿命就注定会比定期进行合理维护的车的要短。鉴于对饭店进行新造和翻新的成本不菲，因此，每位管理人员有责任让饭店从对客房内家具、固定装置和设备的投资中获得最高收益率。该收益率越高，就显示饭店的盈利能力越强，业主由此也就越能从该项投资中获益良多。

房务 纪事 ▰▰▰▰▰▰

客房深度清洁作业十步骤能帮饭店投资保值并延展创收潜力

深度清洁作业通常得完成 10 个方面的任务。任务的实际数量可能会因饭店品牌标准或单个饭店的需求而异。

应考虑的首要问题是客房地毯需用泡沫清洗，还是仅需污点去除。如要对整张地毯进行清洗，这活就肯定得放到最后干，还得搬走客房内的所有家具。并且，只有等到地毯彻底干了，才应将家具搬回。否则，就可从任务 1 开始。如果这个问题搞定了，就可开始下列这 10 个任务。

任务 1：给高处掸尘

使用长手柄掸尘棒掸除所有客房内位置较高的地方的灰尘。一部折叠梯也能帮够到位置较高地方的旯旮和结构较复杂的区域。要多靠改变梯子的位置，而不是靠手伸得太长去够那些地方。别忘了去除烟感器和温感器上的灰尘，但要谨慎，不要弄碎温感器顶上的小玻璃柱，以免引发喷淋系统。要除去散光罩上的灰尘，要对通风格栅进行排气。如有必要，也可用湿抹布擦拭休闲柜或大型衣橱，以及门缝顶这些地方。如有必要，还可暂时移除排气格栅，并彻底清除排气口积累的灰尘。

任务 2：清洁照明设备

先从壁挂式烛台或吸顶灯上移除玻璃或塑料罩。再用抹布或玻璃清洁剂擦拭罩内的灰尘、昆虫尸体和其他污染物。接着从地灯和台灯上移除遮光罩，用缝隙清理工具给纤维遮光罩除尘，用湿抹布擦拭塑料遮光罩，用干抹布或除尘棒清洁灯泡。切记，不要直接将清洁剂喷洒到灯泡、遮光罩或台灯上，尤其是当它们还连在插座上时。不要忘了清洁浴室的灯，完成这个工作得让清洁人员举起装置上的塑料散光罩才行。

任务 3：清洁窗口区域

要记得使用人字梯来拆除窗帘杆或窗帘滑轨上的窗帘和纱窗。可干洗纤维窗帘；可使用多功能清洁剂和干抹布擦拭乙烯布料；可用温和型清洁剂来清洗纱窗。要检查窗帘挂钩和滑轨是否有损坏或有污渍。如有必要，可进行清洁或修复作业。可使用玻璃清洁剂来清洗客房玻璃的内侧。要清洁窗框和滑轨。要确保窗户锁扣啮合无误。要对组装式终端空调（译者注：原文为 PTAC，系 packaged terminal air-conditioners 的缩写，即组装式终端空调。饭店里如采用中央空调，客房等区域就会安装组装式终端空调）的排风格栅进行吸尘。当做到这一环节时，工程部人员应替换或清洁组装式终端空调的过滤器，应对组件进行诊断性检查。要把已替换或干洗过的窗帘以及洗过的纱窗晾干。

任务 4：整理床铺

要拆去床上的被套、床罩和所有的床用布草和毯子，以及床垫。要检查垫子的上面和所有角落，

AHLA 饭店客房经营管理

（续）

看是否有裂口、污渍和突出的弹簧，以及松垮之处。要将垫子的一边靠墙立起，如有可能，还可从弹簧床垫上拆下床裙。用跟上述相似的方法检查弹簧床垫。将其一端靠着垫子立起来。要对床下的地毯吸尘。要检查床框或床台的坚固性。要擦拭床栏杆或床台。要拆除床铺上靠墙的床头板，并检查床两边是否有污染物。如有必要，可进行清扫。随后，要确保将其放回原处。可在床框上转动并换置弹簧床垫，然后重新套上床裙。要遵照生产厂家的建议转动或翻转床垫。要利用缝隙清理工具对床垫菱纹织物除尘。要检查枕头上的污渍和破损之处，如有必要可进行更换。要用已洗涤过的床垫、布草、毯子以及被套或床罩来重新把床做好。

任务 5：清洗墙面、护壁板和门

应使用多功能清洁剂，并戴上护目镜和保护手套。可将多功能清洁剂喷洒在海绵上，但不要直接喷洒在待清洁对象的表面上，不要弄太多水分。要先从下到上清洗以免产生条痕。接着再用干抹布擦干。不要忘记清洁门把手、壁画、行李架和橱柜。在清洁照明设备的开关和插座盖时，要把它们从墙上拧下，以免有触电的危险，可待清洁作业完成后再换上去。要记得检查墙上镜子和装饰画的安全性。要检查门上的猫眼，得确保其干净能用。要确保火灾疏散通道图和业主制定的条理通知或责任通知能合理地贴在房门背后。

任务 6：清洁家具

可用装潢工具来给家具除尘。如果衬布的两面都装了软垫，则要将其翻转并进行清洁作业。可用缝隙清理工具来清除休息区撒落的碎屑。要检查软装饰材料上的污渍和破损之处，如有必要可进行修复。如有必要，也可用除污渍喷枪对软装饰材料进行清洁作业。如有可能，可用清洁剂来处理软装饰材料；可用油基清洁剂或家具上光剂来处理木质家具；可用多功能清洁剂处理压合板家具。不要忘了清洁家具的背部。可用消毒剂来清洁电视遥控器和电话听筒；可用多功能清洁剂来把其他部分擦拭干净。可用多功能清洁剂来处理灯座。要清洁书橱内部和床头柜的抽屉。要检查抽屉滑轨是否能正常运转。要检查摆放的《圣经》和电话簿，看是否有污渍和破损之处，或是否有缺页。如有必要，可进行更换。

任务 7：修复表面、室内陈设和设备

这项工作可由工程部或维修部的员工来完成。当客房部员工对客房进行深度清洁作业时，工程师将应重点修复客房内的各种物品，如墙壁覆盖物、涂料面、有刮痕或污渍的木质家具等。无法在现场修复的物品可搬到工程部的操作间进行修复。很重要的一个关键点是：不应把刚完成深度清洁作业的客房立即放回可出租客房名单里，应直至全部客房物品都已修复好或替换完之后再这么做。

任务 8：更换浴帘

如因太高不易够到，则可站在阶梯或踏凳上拆除浴室的浴帘，但不要站在马桶或浴缸边上。要从浴帘杆上拆除挂钩。可把浴帘挂钩泡在盛有白醋或多功能清洁剂的桶里清洗，以去除日积月累的皂垢。要更换凡坏的浴帘挂钩。要检查挂浴帘的杆子是否生锈，可用多功能清洁剂进行清洗。可待洗涤或替换掉浴帘后，并重新挂起。

任务 9：擦洗地板砖和砂浆

员工应该始终佩戴护目镜和保护手套。不要用钢丝球、研磨剂或刺激性化学物质来处理地板砖或填缝的砂浆。而要用尼龙鬃刷和通用型清洁剂来清洁地板砖。要用清水冲洗，并用干净抹布擦干。可用比牙刷大一点的尼龙鬃刷和消毒剂来处理洗水池的边缘和马桶上的固定装置，并要擦拭干净。

（续）

任务 10：地毯

地毯吸尘要彻底，包括用缝隙清理工具来清洁边缘；要把家具移开后再做这项工作。要按照顺时针方向来清洁。可用泡沫清洗或挤压地毯并彻底弄干它。如果无法挤压地毯，则可用除污渍喷枪去除污渍。可用干净的白抹布进行吸附，然后擦干。

深度清洁作业的目的是为了让饭店对客房的投资获得更长的使用寿命。这是一项劳动密集型工作，通常得安排两个客房部员工一起干活，才能发挥出最大的效率。尤其在搬动家具和翻转床垫时，一定得安排两名员工。要培训员工掌握适当的提举技术，并要求那些抬举重物的人戴上背板支持器，这会迫使他们只得弯膝而非弯腰。最后，有经验的客房部管理人员会事先与前厅经理、销售总监和总工程师进行沟通，提前策划好饭店深度清洁作业计划，以免赶上饭店用到所有房间或需把人手全安排着干其他人力密集型的工作，否则就只能做些预防性维护作业了。

资料来源：《房务纪事》，第 15 卷第 6 期第 1 页，第 3 页，第 10 ~ 11 页。

顾客期望洁净的客房

与洁净同等重要的是卫生。如今的饭店客人会希望客房很洁净、维护良好，并且无明显的瑕疵。多方研究结果发现，对男性客人而言，显而易见的洁净程度是其决定选择入住哪家饭店的首要考虑因素。对于女性客人而言，则是排名第二位的考虑因素。最近一些报纸、杂志和调查记者对客房洁净程度的曝光，以及若干关于客房臭虫危害的诉讼案件，都把客房洁净程度问题直接摆到了游客面前。还有，在线旅行博客日志大大方便了客人与他人分享不满，而那些人很有可能真的会去读这些很挑剔的、有时甚至带有毁谤意味的东西。

频率

除了在最高出租率期间外，多数饭店会拿出 0.5% ~ 1.5% 的闲置客房在平常时间来开展深度清洁作业。这就意味着一个拥有 300 间客房的饭店，每天平均会给 2 ~ 3 间客房进行深度清洁作业。为了避免打扰到客人，深度清洁作业通常会安排在工作日的早上 9 点到下午 5 点之间进行。

一般而言，在一天之内，最好是对一小段客房区域开展清洁作业，而非对散布在整个饭店的 3 ~ 4 间客房开展清洁作业。这样做能把移动深度清洁设备和工具的距离降到最低，而且仅会在某层客房或饭店的某个区域产生噪声。与之类似的是，家具和床垫也可只需从一间客房搬到相邻的另一间客房，就能做地毯泡沫清洗和墙纸清洗以及墙面补漆作业[⑤]。

房务纪事

"快六步"检查法：让忙碌的管理者不失控

你想找个判断客房是否已从上到下都打扫干净的快捷方法吗？或许是苦于没时间彻底检查客房的各个犄角旮旯？好了，下面介绍的这个"快六步"检查法，能帮你不到两分钟就解决。

"快六步"检查法专注于那些对客房部员工来说不易完成的东西。如果连这些东西的清洁都做到位了，就可说明客房服务员已关注到了细节。

打开客房门，在门口短暂停一会儿，观察整间房。一切都井井有条吗？看看床罩、台灯罩、椅子和墙上的画。如果一切都整齐有序，检查工作就算有了个好开头了。

接下来深呼吸一下，味道闻起来还行吗？空气中的所有腐坏、烟尘或潮湿的味道都清除干净了吗？现在要开始检查了。

1. 书橱

可到书橱或大型衣橱附近，检查书橱后面的地毯上是否有灰尘、垃圾或饭店促销单。因为这件家具很难搬动，所以这一区域常被忽略。如果这儿是干净的，那么，至此可算是一切顺利。

2. 床头柜

一般在床头柜和床之间常会落满灰尘、食物碎屑、趾甲屑和烟蒂等。做完床后，床罩会盖住这片地儿，但当客人掀起床罩时，就很容易看到这些脏东西。再检查一下床头柜周围的地毯和墙壁，看是否已被清洁过。

3. 床上用品

靠近床，检查枕头。枕头看起来怎么样？枕套是否干净、有无褶皱？有无头发？闻起来味道怎样？客人会乐意整夜靠在上面睡觉吗？床单看起来如何？有无褶皱？床角包得如何？

4. 洗漱台墙面

走进浴室，检查废纸篓附近的墙壁。垃圾篓一般放在洗漱台的右边或左边。由于垃圾篓搁在这里，所以它上部的墙壁常被灰尘、香皂水或果味汽水污染。这是客房服务员一般注意不到的地方，但客人坐在马桶上，却能一览无余。

5. 淋浴墙

没人喜欢擦浴缸或淋浴墙。那儿很难够到，也不好清洁，如果再加上没选好合适的化学品，有时候就真是白忙一场。当手从干净的瓷砖墙上擦过时，会感觉到很滑，甚至吱吱作响。但从脏的墙上擦过时，手能摸到污垢，并可能在手上留下一层白色的皂沫。所以，如果检查时，发现墙面"吱吱"作响，则可说明清洁工作还是做得很到位的。

6. 马桶

马桶擦洗过吗？拿个棉签，蘸点水，沿马桶边缘向下擦一下。如果马桶没洗过，棉签就会揭示这令人不快的事实。

那么，检查的结果若是不干净应该怎么办呢？你不应恼火和摇头，而该问问：我们今后该如何防止类似问题再发生？该如何通过系统的方法来确保类似问题不再发生？作为管理者，又该做些什么来使客房更干净？

反过来，如果客房清洁得很出色，又该怎么办呢？应奖励相关的员工，颁奖励证书，发奖金或条

（续）

形糖果，写祝贺信，打高分或批准带薪休假等。有管理者的关注员工才会做得更棒，这会让他们感受到团队的力量，让他们觉得兴奋，有盼头，让他们有机会获得认可和奖励。花两分钟时间，试一下"快六步"检查法吧，这法子能让全饭店长期受益。

资料来源：注册饭店业行政管家盖尔·爱德华兹，《房务纪事》，第 3 卷第 3 期第 5 页。

过敏原与过敏症

随着饭店业变得愈加有环保意识，它们也意识到得开始应对与日俱增的对化学品过敏或有过敏症的客人的要求。由于很多的物品都可能引起过敏，所以提供日渐流行的"防过敏"客房，对饭店企业，尤其是对饭店企业的客房部门而言是个很大的挑战。

尽管一直备受关注，但专门为保护过敏人群而提供的客房产品仍处于萌芽发展阶段。美国饭店业协会在 2004 年的调查发现，只有 17% 的饭店配备空气净化器。

2005 年，康奈尔大学调查研究中心发布了一项关于防过敏设备的饭店客人调查报告。结果显示，有将近 1/3 的受访者有过敏症，或跟有过敏症的家人一起旅游过。83% 的受访者说，他们更愿意住在专门去除空气传播过敏原的饭店客房里。甚至那些没有过敏症的受访者也说，他们更愿意住在防过敏客房。超过一半的受访者说，他们愿意付一点额外费用住防过敏客房，还有与此相当数量的受访者也说，他们更愿意选择有防过敏客房的饭店。

各饭店打造防过敏客房的步骤各不相同。一些常用的技术包括：
• 安装空气净化器和水净化器；
• 使用绿色清洁用品；
• 提供特殊枕套和床垫套；.
• 用抗菌涂料；
• 移除小酒吧里的坚果和巧克力；
• 不使用除臭剂；
• 用更高温度的水洗涤床上用品，减少洗涤剂用量；
• 打造"无羽绒制品"楼层；
• 在空调内安装紫外线杀菌组件，确保冷却管无霉菌；
• 采用有木炭过滤装置的淋浴喷头。

一些饭店还打造了更特殊的、专为过敏症患者设计的无过敏原客房。它们撤掉客房里的地毯和窗帘，改用硬木地板和百叶窗，并在浴室的固定装置和门把手上使用抗菌涂层。

有些饭店甚至开始打造无过敏原客房群或楼层，在出租给客人时，会收取额外费用。打造这类客房的成本很高，客房部员工得采取额外措施来清洁这些客房，这导致人工成本升高。但实践证明，这类客房很受欢迎，越来越多的饭店正在考虑设立无过敏原客房。

布法罗大学从 2007 年开始研究防过敏客房的空气质量问题。尽管直至笔者撰写本书时，该研究尚未结束，但其前期研究结果表明：在改造过的防过敏房间里，可吸入颗粒的数量大约能降低 75%。

那些还没有设置无过敏原客房的饭店在日后的经营中，仍得回应那些来自有过敏史顾客的要求。这类要求可能包括：

- 低过敏性的床上用品；
- 客房在此前的 30 天内都无宠物进入；
- 无烟客房；
- 用不添加洗涤剂的热水洗涤床上用品；
- 用无刺激性化学品清洁客房；
- 客房得远离游泳池、海滩、树林或任何有霉菌和花粉密集的区域。

有的客人甚至会要求在抵达前，提前一天租用客房，确保客房空置，并要求在入住前的 24 小时内不能在房间内使用任何化学品。

开夜床服务与特殊要求

顾名思义，开夜床服务指的是把客人的床单折起一角，使客房在晚上变得清新怡人。在有些饭店，尤其是在豪华型饭店和度假型饭店里，会专门配一个班次的客房服务员来负责提供开夜床服务。上这个班次的员工通常少于上白班的，他们每小时得做更多的房。在有些饭店里，这一班的员工每小时差不多能做 20 间房，具体工作量的大小，将取决于开夜床服务所包含的工作任务的多少。

开夜床服务包括下列程序：

- 清洁浴室，补足干净毛巾；
- 更换或补充便利物品；
- 整理客房；
- 清空垃圾篓；
- 向后翻折床罩、毯子和上层床单，或整理被子；

- 拍松枕头；

- 拉窗帘。

为做到锦上添花，有些饭店还会让客房服务员在枕头上放一枝鲜花或一块巧克力等，借此祝福客人做个好梦。

除了开夜床服务外，饭店还可能会要求客房部给客人提供其他种类的特殊便利物品。这一般因店而异，会取决于饭店试图打入和满足哪些市场。从方便类用品、服务类用品到奢侈类用品，便利物品可分为好几大类。在有些饭店的客房部里，储存和分发的物品有各种类型的枕头、针线包、去污剂、轻音乐 CD、瓶装水及能让客人住得更舒适的便利物品。

就很大程度而言，饭店的成功有赖于其所提供客房的整洁度、外观和整体氛围。客房的整洁标准得靠客房部员工贯彻一丝不苟的清洁作业方法来维持。

尾注：

① Robert Propst, The New Back-of-the-House,Running the Smart Hotel (Redmond, Wash,：The Propst Company, 1988).

② Source：Elizabeth Kozlowski, The Rooms Chronicle ®, Volume 13, Number 2, pp.1-3. For subscription information,call 866-READ-TRC.

③ "Cleaning Bathroom Floors in Guestrooms...Are Microfiber Mops the Answer?" The Rooms Chronicle ®, Volume 12, Number 1, p.6. For subscription information, call 866-READ-TRC.

④ "Personal Touches Can Brighten a Guest Stay," The Rooms Chronicle®, Volume 11, Number 4, p.4. For subscription information,call 866-READ-TRC.

⑤ Source：The Rooms Chronicle ®, Volume 15, Number 6,pp.1,3, 10-11. For subscription information, call 866-READ-TRC.

主 要 术 语

便利物品（amenity）：向客人提供的或放置在客房内，为客人提供便利和舒适，且不另行收费的服务或物品。

条形码（bar code）：一组印刷着不同图案的条码、空格和数字，设计目的是便于扫描和读入电脑系统，以作为识别某个物品的标签。

深度清洁（deep cleaning）：在客房或公共区域所进行的细致的或专门的清洁工作。常常根据专门的计划日程安排或专项活动的要求而实施。

手提工具箱（hand caddy）：一种用于存储和运输清洁物品的便携式容器。一般放置在客房服务车的顶架上。

布草房（linen room）：饭店内区域，通常被认为是客房部的指挥部。在这个区域内，员工通常会上班签到；接受所分配的客房任务、领取房态报告和钥匙；备齐并整理清洁物品；交班回家。

包角（mitering）：一种将床单和毯子包在床垫上的方法，要包住床垫四角，而且要包得平整干净。包好的形状有时称为"方角"或"医院式角"。

客房服务车（romm attendant's cart）：客房服务员所使用的有轮子的运载工具，用以运输完成一批清洁任务时所需的清洁用品、布草和设备。

客房检查（room inspection）：系统检查客房清洁度并确认维修需求的详细过程。

房态报告（room status report）：一项能让客房部确认饭店客房出租率或客房情况的报告。每日通过客房部和前台的双向沟通获得。

开夜床服务（turndown service）：由客房部提供的一种特殊服务，客房服务员在傍晚时分进入客房，补充客品，整理房间，并将床罩掀开。

复习题

1. 采取系统化方法进行客房清洁作业的益处是什么？
2. 在装备客房服务车时，通常应将什么物品装于下面两层架子上？将什么物品装在最上面一层架子上？将什么物品装在手提工具箱里？
3. 在查看房态报告后，客房服务员应先清洁哪种类型的客房？然后再清洁哪种类型的客房？
4. 通常情况下，应怎样处理那些拒绝服务的客房（包括那些挂着"请勿打扰"牌子的客房）？
5. 在进入客房后，客房服务员的首要任务是什么？为什么？
6. 为什么在清洁物品表面时，遵循从上到下的工作顺序很重要？
7. 为什么在清洁完客房之后，进行最后核查很重要？客房服务员应注意查看哪些情形？
8. 查房的目的是什么？员工能从这一过程中获得什么益处？
9. 在饭店中，安排深度清洁作业的 3 种方法是什么？

网址：

若想获得更多信息，可访问下列网址。网址变更恕不通知。若你所访问的网址不存在，可使用搜索引擎查找新网址。

1. American Hotel Register Company：www.americanhotel.com
2. Hotel Housekeepers：www.careerprospects.org/briefs/E-J/ Housekeeping.shtml
3. Ecolab, Inc.：www.ecolab.com

工作任务分解表：客房清洁作业

本部分所提供的程序只用作说明，虽然这些程序具有典型性，但不应被视为是一种推荐或标准。请读者记住：每个饭店为适应实际情况与独特需要，都拥有自己的操作程序、设备规格和安全规范。

客房清洁作业的准备工作

所需材料：备足物品的客房服务车、客房清洁任务单、笔、厚型多用途乳胶手套、手巾纸、塑料袋，以及用以警示生物危害的标签。

步骤	方法
1. 放置供清洁客房用的供应品与设备。	□ 将吸尘器放在客房开着的门边。 □ 将清洁用品箱放在浴室门外的地上。
2. 开灯，更换已烧坏或丢失的灯泡。	□ 按门内墙上的开关，接通电流。 □ 开启房内所有台灯，以便看清需清洁的物品。 □ 更换已烧坏或丢失的灯泡。更换前，要先关掉该盏灯。客房服务车上应备有灯泡。 □ 在换灯泡时，应当心。有时候在卸下旋转灯泡时，可能会发生灯泡爆裂的意外。要时时注意，别割伤手。
3. 检查电视机、遥控器和收音机。	□ 用遥控器打开电视机。打开收音机。 □ 检查完毕，将电视机与收音机关掉。
4. 拉开窗帘，检查窗帘杆、窗帘绳或竿子。	□ 如果窗帘和窗纱是用拉绳移动的，则一定要用拉绳来开闭。否则，会损坏窗帘杆装置。 □ 如果窗帘杆与拉绳已损坏，则应将此情况记入任务单。主管应安排工程部人员或公共区的清洁员来做修复工作。 □ 如果窗帘本身没有拉绳，则在拉动窗帘和窗纱时，不要使劲往下拉动。
5. 使用窗户去污剂清洁窗玻璃、窗帘轨与窗台。	□ 参见任务单"清洁窗玻璃、窗帘轨与窗台"内容。
6. 移走客房送餐服务用具。	□ 收拾好所有客房送餐服务用具，并送至房门外。确认送餐服务盘或客房服务车上没有客人物品被落下。 □ 如果在客房清洁结束时，这些用具仍未被取走，则将其移动到客房部壁橱内或服务区。这是因为若将送餐服务用具搁置在客房走廊，会导致安全隐患。 □ 提醒送餐服务员取走这些餐具的方法因店而异。
7. 取下床上布草，以便在清洁浴室时，可给床通下风。	□ 取下放在床上的客人衣服，并将其整齐地放在椅背上。 □ 取走放在床上的客人个人物品，并将其整齐地放在椅子上。 □ 戴上厚型多用途乳胶手套保护自己，以免接触床上布草沾染的任何体液。 □ 要把床罩、毯子和枕头搁在椅上或桌上；如果放在地上，可能会使其受损且有可能绊倒自己。如果让客人看到这些物品丢在地上，会导致客人对饭店产生不好的印象。 □ 取下床单和枕套，放在浴室外面。 □ 取下有污渍或破损的床垫衬垫，放在浴室门外。 □ 将床垫上任何有污渍或受损的情况都告诉主管。 □ 检查床垫与弹簧床垫之间是否有离店客人所遗留的物品。 □ 若发现有遗留物品，按饭店失物招领程序处理。
8. 取走浴室与卧室的脏布草。	□ 收集客人用过的所有毛巾。要确保所收集的床上布草和毛巾中没有客人的个人物品。 □ 若走房中有毛圈织物浴袍，要将其拿出来。 □ 收集用脏的毛巾与床上布草，放入客房服务车的布草袋中。 □ 不要用客用布草或毛巾做清洁。

（续）

步骤	方法
9. 视情况决定何时宜取走过夜房里客人已用过的便利物品及玻璃口杯。	☐ 在过夜房中，如有需要，可放置一块新香皂。 ☐ 把开夜床时送给客人的薄荷糖放在床头柜上。 ☐ 取走玻璃口杯时要仔细看一下，客人有可能会把东西放在杯中（例如药），留待以后喝。

10. 收垃圾，倒空烟灰缸。	☐ 收集浴室垃圾，放入浴室垃圾篓中。
	☐ 收集卧室垃圾，放入卧室垃圾篓中。
	☐ 收取可回收利用的物品，放入客房服务车上相应的容器中。下列物品在一些饭店可供回收利用：
	  • 报纸；
	  • 铝罐；
	  • 玻璃瓶。
	☐ 别把宾客可能包在面巾纸内的任何财物丢掉。
	☐ 在清洁走房时，应打开所有抽屉与壁橱，并：
	  • 清除垃圾；
	  • 取出遗留物品；
	  • 补足客用品；
	  • 整理衣架；
	  • 移除不符合标准的衣架。

11. 收拾好客人散落在房间各处的衣服与个人物品。	☐ 收拾客人散落在房内物品的方法因饭店而异。
12. 把垃圾移走。	☐ 把垃圾篓里的垃圾倒入客房服务车上的垃圾袋里。倾倒时不要触摸篓内垃圾。务必小心，以免被尖锐物体，如碎玻璃或剃须刀片损伤。 ☐ 把垃圾篓放回卧室和浴室。
13. 在清洁作业时，要注意遵循《血液携带致病菌安全操作程序》。	☐ 拿取脏布草时一定要抓住布草顶端，一定不能把手放在布草下面托拿。否则手有可能被针状物扎破。 ☐ 观察毛巾上是否有血迹或体液，应戴上手套后再拿取。 ☐ 把受污染的布草与毛巾放入塑料袋中，贴上"内有生物污染"的标签。并由客房部主管把此袋送到洗衣房。

做床	
所需材料：床垫衬垫、干净布草与客房清洁任务单。	
步骤	方法

1. 检查床垫衬垫、床垫和弹簧床垫。	☐ 观察床垫衬垫是否有污渍、破裂或毁损。若无，则整理一下，确保床垫与弹簧床垫对齐且平整。如有必要，可将其调整一下。在调整床垫位置时，要用腿部的力量来提举床垫，不要用背力，以免扭伤背部。
	☐ 如果床垫衬垫已有污渍、破裂或毁损，则把它移除。
	☐ 观察床垫与弹簧床垫是否也有污渍、破裂或毁损。如发现任何问题，应立即向主管报告。
	☐ 如果床垫与弹簧床垫没有问题，则应确保其对齐和平整。如有必要，可将其调整好。
	☐ 取一条干净的床垫衬垫，将其铺在床垫上：
	  • 把干净的衬垫摊在床上；
	  • 将衬垫正面朝上展开，均匀地摊在床中心；
	  • 抚平皱痕。
	☐ 床垫衬垫要与床垫的尺寸相当。双人床与特大号床分别需要不同尺寸的垫子。要注意选对尺寸。

（续）

步骤	方法
2. 将底层床单居中放在床垫上，使其在床两边垂下部分的长度相等。	☐ 确保所使用的床单尺寸无误。 ☐ 不要使用有污渍或破损的床单。应按照饭店的规定处理这些物品。
3. 包角。	☐ 沿着床的一边将底层床单塞入，直至床角。 ☐ 在离床头角约 30 厘米处，提起床单宽松的一端，往外拉挺，使其成为一个垂悬边。再将垂悬边往上拉，使其平整。 ☐ 将床单松开部分往床角处掖入，并塞紧。 ☐ 把垂悬边朝自己所在的方向拉，再往下盖住床边。然后，将垂悬边塞入床垫下。 ☐ 走向床同一边的尾部的床角，重复以上操作。
4. 往床上铺上层床单。	☐ 将上层床单铺在床中间，褶边朝上。 ☐ 调整床单，使其顶边与床垫顶部对齐。
5. 如果客房使用的是棉被和羽绒被，则应按饭店的规定更换布草。	
6. 如果客房使用的是毯子，则在床上铺毯子。	☐ 铺上毯子，并使毯子的顶边处于低于上层床单顶边约一手掌宽的位置。 ☐ 将床单顶边拉起往下折叠，盖压住毯子的顶边。将床单顶边折叠盖住毯子顶边后，客人就可将毯子拉向自己的脖子，而不会触及毯子。这样既可保持毯子清洁，又能保护其少受磨损。 ☐ 到床尾处，将床单与毯子平整地塞入。 ☐ 在床尾床角处，将毯子与床单包角。但不要把上层床单的边塞入。 ☐ 按顺时针方向，到床的另一边。在床尾右角处，将底层床单包角，然后，再把上层床单与毯子一起包角。 ☐ 到右边床头，在床的右上角处，将底层床单包角。 ☐ 把上层床单折叠，盖压住毯子，床单盖住毯子的部分与左边一致。
7. 如果客房使用 3 层床单，则把第三层床单铺在毯子上。	
8. 把枕套套在枕头上。	☐ 把枕头放到枕套里，将枕头露出部分塞入。双人床常使用两只标准号枕头。特大号床要使用 3 只标准号枕头，或两只特大号枕头。在把枕头装入枕套时，要用手装，不要借助于下巴或牙齿。 ☐ 将两只枕头的开口边相向床中间靠拢，放在床头，枕头的垂边朝向床的两边。
9. 如果客房使用床罩，则把床罩铺在毯子上。	☐ 铺上床罩，使床罩在床头与床尾垂下的部分长度相等。若发现床罩上有污渍或破损，应向主管报告。 ☐ 将床罩往上拉平，盖住枕头直至床头。 ☐ 将床罩剩下部分塞入枕头顶边的下面。 ☐ 将床面抚平。 ☐ 到床尾，检查已铺的床罩是否两边均匀。
10. 在床上放置菜单或饭店宣传资料。	☐ 床上放置的菜单与饭店资料因饭店而异。 ☐ 有时会把与消防出口或应急程序信息相关的重要资料放在枕头上，以确保客人能看到。

（续）

步骤	方法
11. 整理坐卧两用沙发。	□按规定整理坐卧两用沙发。 □按做标准床同样的基本程序来操作。 　铺上毯子，在床尾把它与上层床单掖入塞紧，然后再在床的两边将其掖入塞紧。由于床单可能比两用沙发垫要大一些，所以在塞床单时要特别用心，以求外观平整。 □把枕头整体摆放在床上，检查床的总体外观。 □让坐卧两用沙发打开或合上的程序因饭店而异。 □假如客人要求合上坐卧两用沙发，则取下枕头，整理床铺，然后将床折起变为沙发。此时，可将枕头置于壁橱架上或梳妆台底层抽屉内。
12. 设置墨菲床或西斯科折叠床。	□客房清洁任务单上会指明需设置墨菲床还是西斯科折叠床（这两种床不用时可折起放入墙壁，外观如书架）。当打开墨菲床或西斯科折叠床时，需小心，以防止受伤。要确保将床展开放下时，不会碰到周围的物品。 □将墨菲床或西斯科折叠床完全展开，然后，像对两用沙发床一样进行整理。 □把床折叠起来。 □用干净枕套套住枕头，将其储存于壁橱内或梳妆台底层抽屉内。

开始清洁浴室	
所需材料: 已备足物品的客房服务车、一块干抹布或干刷子，及一把扫帚或羽毛掸帚。	
步骤	**方法**
1. 浸泡脏烟灰缸。	□把烟灰缸浸在装有肥皂水的浴室垃圾篓中。小心操作，以免碰碎烟灰缸。 □把垃圾篓与烟灰缸放在洗水池边洗漱台上，让烟灰缸浸泡一段时间。
2. 清洁通气口。	□用干布、小扫帚或干刷子清除通气口上的灰尘。如需要使用特殊用具完成此项工作，可向主管或行政管家提要求。 □不要在通气口周边墙上或天花板上留下脏的条纹痕迹。
3. 清洁天花板。	□用羽毛掸帚或裹着干抹布的扫帚来清除天花板上的毛发、灰尘、棉绒与蜘蛛网，尤其要注意清理角落处。 □要站在地上操作，不要站在马桶或浴缸的边缘上。在清洁天花板时，不能站立在房内的椅子上。清洁高处时，应遵循《安全作业方法》。彻底清洁很重要，但个人安全应放在首位。为了安全起见，需使用梯子，可向公共区的清洁员求助。在清洁经受强烈音响震荡的吸音天花板时，应小心，因为有可能会有碎裂的天花板掉下来。
4. 若在清洁时，发现需要马上处理的问题，应向你的主管求助。	

（续）

清洁浴缸与淋浴区	
所需材料：纸巾、硬毛刷、海绵、清洁用品、肥皂与干抹布。	
步骤	**方法**
1.擦洗瓷砖与浴缸区。	☐在清洁过夜房时，要围绕着客人留在浴缸里的个人物品清洁。 ☐把客人留在浴缸或淋浴区的衣服拿开，等完成清洁作业后再放回原处。 ☐去除浴缸和淋浴器上的毛发。 ☐使用肥皂与水溶液及硬毛刷或海绵、擦洗灰浆、肥皂盘、固定装置、水龙头、淋浴器喷头、淋浴区毛巾架以及浴缸。 ☐用清洁剂和海绵仔细清洁淋浴间的门。用刷子清洁滑轨。
2.清洁淋浴帘里衬。	☐用清洁剂与海绵清洁里衬。用刷子擦去肥皂污垢。将淋浴帘衬里贴在墙上，从里衬的边一直擦洗到底部。 ☐若淋浴帘或衬里已遭污染或损坏，将其更换。
3.擦洗浴缸和防滑条纹。	☐在浴缸里放入约 3 厘米的水。加入清洁剂。如有必要，可用硬毛刷或海绵擦洗防滑条纹；条纹应保持白色。 ☐对浴缸其余部分，先喷洒多功能清洁剂再用抹布擦拭。然后清除所有皂沫。
4.用干布擦亮固定装置。	
5.用抹布擦干整个浴缸与淋浴设施表面。	
6.安装好淋浴帘和里衬。	☐淋浴帘与里衬的安装方式会因饭店而异。

清洁马桶	
所需材料：手套、护目镜、清洁用品、湿海绵、马桶刷、干抹布、笔，以及客房清洁任务单。	
步骤	**方法**
1.戴上防护手套与护目镜。	
2.冲洗马桶。若冲水器不能正常冲洗与贮水，则应在客房清洁任务单上做相应记录。	
3.向马桶内侧与外侧、马桶后部与后墙，以及洗漱台下面喷洒清洁剂。	
4.清洁马桶外侧。	☐擦洗马桶周边墙面。 ☐擦洗通向马桶的水管。 ☐擦洗洗漱台下墙面及排水管。 ☐擦洗马桶水箱盖、马桶盖、座圈及马桶外侧。
5.清洁马桶内侧。	☐用马桶刷擦洗马桶内侧。一定要注意清洁马桶边缘与马桶座圈下的部位。 ☐完成后在马桶内将刷子洗干净，并冲水。该刷子应专用于清洁马桶。
6.将马桶擦光亮。	☐使用干布擦净马桶外侧。同时擦亮墙面与水管。

（续）

清洁洗水池与洗漱台	
所需材料：一块干净的面巾或手巾、抹布、硬刷子和清洁用品。	
步骤	**方法**
1. 如有必要，移开客人的化妆品。	☐在洗漱台上清洁一小块地方。 ☐在干净的小块地方放一条面巾或手巾。 ☐把客人的化妆品放置在手巾上。
2. 擦拭灯具、毛巾架及浴室其他固定装置。	
3. 清洗烟灰缸与垃圾篓。	☐清洗烟灰缸与垃圾篓。冲洗后用干净抹布擦干。 ☐把干净的烟灰缸放在垃圾篓内。
4. 如有必要，冲洗抹布。	
5. 移开洗水池塞子。	
6. 清洁表面区域。	☐在洗水池、塞子、溢流口与洗水池主排水管、固定装置（四周）与洗漱台上喷洒清洁剂。 ☐用硬刷子清洁洗水池的溢流口。脏物常积聚在洗水池溢流管道中。 ☐用湿抹布擦拭所有表面。 ☐用干布擦亮，防止表面有水迹。
7. 重新塞上洗水池塞子。	

清洁浴室地面	
所需材料：毛巾、小扫帚、抹布与清洁用品。	
步骤	**方法**
1. 用小扫把或吸尘器清扫浴室地面。在浴室地面与踢脚板上喷洒多功能清洁剂。	
2. 擦掉污垢。	☐从远端开始操作，直至门口。跪在毛巾上清洗地面，这样既能保护膝盖，也能防止滑倒。 ☐用海绵或抹布擦洗地面。 ☐同时进行踢脚板的擦拭工作。 ☐需特别注意马桶周围、门后，以及角落。
3. 用干净抹布擦干地面。	

结束清洁浴室	
所需材料：湿海绵、清洁的干抹布、清洁用品、一个冰桶内衬、纸垫、玻璃杯、玻璃用品罩、干净毛巾与布草、面巾纸、厕纸，以及宾客浴室便利物品。	
步骤	**方法**
1. 清洁浴室与客房内镜子。	☐用蘸了水的海绵清洁镜子。因玻璃清洁剂会在镜子上留下条纹，故不宜采用。 ☐用干布把镜子擦干、擦亮。

（续）

步骤	方法
2. 清洁冰桶并更换玻璃水杯。	□拿走已用过的玻璃用品。绝不能把玻璃杯或罩子擦一下就重新使用。玻璃用品必须经过洗碟机清洗与消毒，并使其符合卫生标准，以保证客人的使用安全。 □除非冰桶里盛着刚制成的冰块，否则应将冰桶里的冰倒在洗水池里。 □将塑料袋衬里扔进客房服务车上的垃圾袋内。 □用经核准使用的清洁剂以及干净的抹布清洁冰桶，并予以消毒。 □在冰桶内放入新的衬袋。 □擦拭浅盘后放回冰桶。并更换纸垫。 □将干净玻璃杯与玻璃用品罩放在浴室中，或指定地点。为保持卫生，应始终小心处理玻璃用品。
3. 从客房服务车上拿供应品，补足干净的浴巾与面巾。	□按饭店标准，从客房服务车上取下足量的毛巾、面巾与床用布草。为提高工作效率，应好好利用每次进出房间的机会：在取毛巾时，应带上干净的床用布草，这样做能在做床时节省一次跑动的时间。 □在使用前，将干净的床用布草放在靠近床的椅子上。为保持清洁，绝不能把其放在地上。 □回到浴室，把毛巾摆放在有需要的地方。 □毛巾摆放的标准会因饭店而异。
4. 补足浴室纸质供应品。	□检查盒子里的面巾纸，如果盒子是空的，或只剩下很少量的面巾纸，应换一盒新的面巾纸。注意诸如补充面巾纸或厕纸之类的细节，是很重要的。 □按饭店的规定更换厕纸卷筒。 □装上厕纸卷筒，让厕纸从远离墙的上端挂出来。 □将厕纸伸出的一端折成尖角。 □按饭店规定，在主管指定的地点放一筒除去包装的厕纸备用。
5. 按主管指示，补足客用浴室便利物品。	
6. 把干净的浴室垃圾篓与烟灰缸放回原处。	

客房除尘	
所需材料：干净抹布、除尘液、羽毛掸帚、湿海绵、玻璃清洁剂、杀菌喷剂、笔与客房清洁任务单。	
步骤	**方法**
1. 按主管指示，备齐材料，准备除尘。	
2. 按除尘步骤操作。	□从房间一边开始，转一圈，完成工作。 □从上到下进行除尘。
3. 除去客房内所有门上的灰尘。	□在客房清洁任务单上记下是否缺失任何客房补给品。在报告房态前，补足缺失的客房补给品。 □使用掸尘布去除每扇门里侧和外侧、门框和门槛的灰尘。
4. 除去墙面与天花板装饰线板条的灰尘。	□用羽毛掸帚给手难以够到的区域除尘。去除墙壁和天花板角落的灰尘与蜘蛛网。
5. 除去镜子上的灰尘并擦亮。	□若镜子有木框，用抹布擦拭木框。 □先用湿抹布擦拭镜子，再用干抹布擦拭，从上到下，从一边到另一边横向擦拭。

（续）

步骤	方法
6.除去画框上的灰尘并擦亮。	☐用抹布擦拭画框。 ☐擦净镜框玻璃，并擦亮。
7.确保窗帘无尘土，装置正确。	
8.擦净梳妆台。	☐用抹布擦拭梳妆台的侧面、前部、边与台面。 ☐若客人已结账离店，打开抽屉，擦拭其内侧。 ☐用干净抹布再把侧面、前部、边与洗漱台面擦亮。
9.擦拭床头柜与床。	☐用抹布从床头柜桌面开始清洁，从侧面向下，直至桌腿和底座。 ☐擦拭床架的裸露部分，包括床头板与床脚竖板。
10.电话机的清洁与消毒。	☐拿起听筒，听拨号声是否正常。 ☐在客房清洁任务单上记下电话存在的任何问题。 ☐彻底清洁电话机。 ☐若饭店有程序要求，则用喷了消毒剂的抹布擦拭话筒和听筒。
11.擦拭桌、椅和台灯。	☐从上至下擦净每张桌子的桌面、底座与桌腿。 ☐从上至下擦净木质与铬钢椅子，直至椅腿。 ☐擦拭台灯罩、灯泡与底座。平整灯罩，并将接线缝转向背面。
12.擦拭电视机与机架。	☐擦拭电视机的顶部、侧面，以及机架。 ☐关机后，用已喷洒玻璃清洁剂的干净抹布擦拭电视机屏。
13.设置暖通空调。	☐不要改变已租房的客人对暖通空调的温度设置。 ☐未出租客房中暖通空调的温度设置会因饭店而异。 ☐请求主管示范如何进行设置。

客房吸尘与报告房态	
所需材料：硬质小扫帚、吸尘器、客房清洁任务单和笔。	
步骤	方法
1.检查吸尘器的安全性能。	☐应始终将安全考虑放在首位。若设备看似不安全，应向主管报告，待修好后再使用。 ☐别使用电线有破损的吸尘器。否则有可能会受到伤害，或因短路而引起火灾。当心别被吸尘器电线绊倒。 ☐在当天开始使用吸尘前，应检查吸尘器的集尘袋是否已倾倒干净。 ☐若集尘袋是满的，则应更换或倒干净。 ☐应立即解开缠结的吸尘器电线，否则易造成电器短路。 ☐应立即关掉冒火花、冒烟或起火的设备。 ☐如果站在水中，手或衣服是潮湿的时候，绝不要使用诸如吸尘器之类的电器设备。 ☐应把需修理的吸尘器送至客房部。
2.去除房间角落与地毯边缝的灰尘。	☐使用硬质小扫帚把房间角落与地毯边缝的灰尘扫至吸尘器能吸附的地毯部位。 ☐压住扫帚，从墙边开始，把灰尘朝自己所在的方向扫。
3.将吸尘器插头插入离客房门最近的插座。	

（续）

步骤	方法
4.给整个房间吸尘。	☐从离房门最远点开始吸尘。吸尘器应仅用于给地毯表面吸尘。 ☐边吸尘边退向门边（即沿着自己的脚印吸尘）。 ☐缓慢而仔细地给地毯边缝吸尘。 ☐如有必要，可移动桌椅，以便清洁其下面。吸尘结束后，应将家具放回原处。 ☐检查梳妆台、床头柜与床的下面，以及背后，看是否有垃圾及遗留物品。 ☐当在经过台灯与电灯开关时，顺手关灯。 ☐按饭店规定程序，用吸尘器清洁诸如衣橱、书柜、床、书桌与沙发等重物的下面。 ☐用吸尘器清扫窗帘下面、电视机前面、门后，以及壁橱里面。 ☐用吸尘器清扫房间的中心部位。
5.拔下吸尘器插头，正确卷绕电线，并将吸尘器放归原处。	☐抓住插头（而非电线），并将其从插座上拔下。 ☐吸尘器电线的卷绕步骤会因饭店而异。
6.在客房清洁任务单上记下相关情况。	
7.告知相关人员或部门，该客房已清洁完毕。	☐若是空房，应将该房的房态向主管或前台报告。前台必须迅速获知有关空房已清洁完毕并可接待来客的信息，当饭店业务繁忙时更应如此。 ☐报告房态的做法会因饭店而异。

开夜床服务	
所需材料：已备足物品的客房服务车、开夜床服务任务单、笔以及开夜床服务所需提供的便利物品。	
步骤	**方法**
1.进入客房。	☐开夜床服务任务单会告诉你需要给哪些房间提供开夜床服务。 ☐进入客房前，应敲门并说"客房服务"。 ☐如果客人在房内，询问客人该时间是否方便为其提供开夜床服务。 ☐使用制门器，让门敞开。 ☐将客房服务车置于合适的位置。
2.移开床上的客人物品。	☐有些饭店不准服务员移动客人物品。
3.开夜床。	☐按主管指示，整理床铺。 ☐在某些饭店，可能需要服务员在床尾给每位成年客人放置一件折叠整齐的浴袍。
4.在合适的位置放置开夜床服务所需提供的便利物品。	☐各个饭店所提供的便利物品可能会有所不同，且可能会因时而变。 ☐与便利物品一同摆放的可能还有总经理或市场销售总监的短笺或名片。
5.整理卧室	☐环视卧室，整理摆放无序的物品。若房内一片混乱，则可能需加大清洁力度。 ☐更换吸烟房内的脏烟灰缸，补充火柴。 ☐更换脏玻璃杯。 ☐收集送餐服务所用的托盘与碗碟，送至走廊服务区域。电话联系送餐服务部前来取走。 ☐倒垃圾，更换垃圾篓衬袋。 ☐如有必要，可用吸尘器清洁房间。

（续）

步骤	方法
6. 整理客用浴室。	☐取走浴室内已用过的毛巾，换上干净毛巾。目的是把浴室恢复到白天彻底清洁房间后的状态。 ☐整理和抹擦洗漱台区域。擦干和擦亮固定装置。 ☐整理和抹擦浴缸区域，擦干与擦亮固定装置。 ☐检查厕纸与面巾纸供应是否充足。如有必要，可加以补充。 ☐倒垃圾，并更换垃圾篓衬袋。
7. 营造客房怡人氛围。	☐拉上窗帘。 ☐打开床头灯。 ☐打开收音机，调至令人轻松、受人欢迎的调频电台。将音量调低。 你所在的饭店也有可能要求服务员不要打开收音机。 ☐保持客人所设定的房间温度设置。 ☐当客人晚上办完事回房时，映入眼帘的应是一间舒适而怡人的客房。
8. 复查已做的一切。	☐从房间一处开始，用目光扫视整个客房。这种怡人印象会长久地留在客人心中，并给饭店带来回头客业务。 ☐认真完成此前因疏忽而未做好的任何开夜床工作。
9. 退出客房，锁上房门。	☐离开客房。 ☐锁上房门。 ☐再次检查，并确认门已锁上。这是对客人及其财物安全的保证。
10. 在开夜床服务任务单上记下该房间已整理完毕。	

第 10 章

学习目标

1. 识别客房部在清洁饭店前台区域的职责。

2. 描述客房部在清洁餐厅、宴会厅和会议室方面的典型职责。

3. 描述客房部在清洁行政办公室、员工区域和客房区域方面的职责。

4. 解释客房部应如何应对诸如霉菌、霉病和病毒之类的威胁。

10

公共区域及其他类型清洁作业

包括饭店客人在内的大多数人，都相信自己的第一印象。在饭店里，客人的第一印象通常来自于其在饭店公共区域的所见所闻。

饭店公共区域包括入口处、大堂、走廊、电梯、卫生间和健身房等。其他客人能见到的区域还包括餐厅、宴会厅和会议室、水疗区域，有时还有行政和销售办公室。一些饭店会通过设计某些引人注目的特征，来在公共区域营造一种独特的氛围。例如，高高的天花板、布满绿植的露台、夹层楼面、装饰布面油画、带纹理的墙面及地面、照明、装饰华丽的家具及固定装置。但如果抛开所有的建筑风格和设计，就没什么能比饭店公共区域的清洁表现和整体状况更能成就或破坏客人的第一印象的了。

公共区域或前台区域的状况能在很大程度上反映出饭店在其他区域的状况。一尘不染，并且保持良好的公共区域相当于给客人们发出信号，表明他们可以期待在自己的客房也能享有同样程度的照顾和关怀。同时，也表现出饭店在员工区，以及后台区域中的房间和走廊里，也能最大限度地保持同样高的清洁保养标准。就很大程度而言，饭店公共区域和其他功能区域的清洁责任一般都由客房部承担。

前台区域

建立并执行客房部清洁程序，对公共区域和客房而言，都很重要。不过，相较而言，公共区域的相关标准没那么统一。不同饭店的公共区域对清洁程序的需求会因饭店建筑结构、大堂布局、饭店活动和人流量的不同而异。这些因素，以及一些其他因素，都会影响到日常工作安排，有许多清洁工作甚至得安排在夜间开展，或以专项清洁工作的形式来施行。在典型的饭店前台区域里，需要每天甚至可能是每小时都要加以清洁的地方有入口处、大堂（包括前台）、走廊、电梯、公共卫生间、游泳池、健身房和水疗区域。

入口处

作为饭店人流量最大的区域，入口处需加以很严苛的关注，入口处必须保持清洁，这不仅是出于审美需要，更是源于安全需求。

对饭店入口处的清洁频率如何，这在很大程度上得取决于天气。在雨雪天时的清洁次数一般要多于晴天。在冬季和春季时，客人脚底带入饭店的盐分和泥沙会加快对饭店地面及其覆盖物的损伤，尤其是地毯。

饭店入口处内外的踏垫和长条地毯能减少些麻烦，有助于让这些区域无积水、脚印，以及减少从室外带来的尘土，并能防止客人在此滑倒。如果摆放位置得当，这些踏垫和长条地毯还能起到保护店内地毯的功效。在天气恶劣时，要常更换这些踏垫和长条地毯，或用湿式吸尘器除尘。因为在客流量很大时，踏垫和长条地毯易在平滑的地面上发生移动，因此应指派服务员随时留意这些踏垫和长条地毯是否保持平整，其边缘或拐角有无卷起，以防滋生潜在的绊倒隐患。

无论天气状况如何，饭店都要全天监察入口处的清洁与安全。服务员还应频繁地清洁大门上，尤其是玻璃上的手指印和污渍。这是因为哪怕只有几个手指印，也会破坏入口处的外观清洁形象。对入口处踏垫的彻底除尘，以及对大门表面包括大门轨道的清洁，都应安排在每天清晨，以免给客人带来不便。

大堂

大堂人流量大，是客人进入饭店的必经之路，需要持续地保持清洁。很多大堂还是饭店活动的中心，客人在这里办理入住登记、开展社交以及休闲活动。在有些饭店里，客人甚至还能在这里逛逛精品店或专卖店。

鉴于大堂区域如此繁忙，通常饭店会把清洁该区域的时间安排在深夜和清晨，即晚上 10 点半以后到早上 7 点以前。这样做不但能把给客人带来的不便降至最低限度，而且员工还可以在无干扰或几乎不被干扰的情况下开展清洁工作。尽管如此，仍有一些清洁任务必须得在白天进行，以维持大堂美观。这些任务包括清理烟灰缸和垃圾桶上承接烟灰部位的白沙、捡拾纸屑、清洁人流量频繁处的地面，以及整理家具。

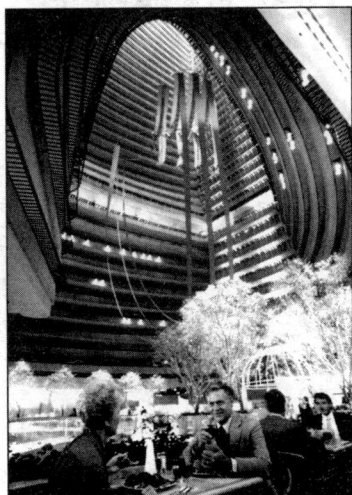

独特的建筑设计给客房部清洁工作提出了特殊要求

资料来源：图片由佐治亚州亚特兰大市的万豪侯爵酒店惠允使用。

一般而言，大堂清洁可以每小时做一次、每天做一次或每周做一次。在大多数饭店里，并无精确严格的标准来规定某项清洁任务应多久开展一次。一些饭店会指派一名大堂清洁员负责巡查，并根据需要进行清洁。应每小时或每天实施的清洁工作通常包括以下内容：

- 清空并擦拭垃圾篓；
- 清洁玻璃和窗户；
- 擦拭大堂电话并抹尘；
- 清洁饮水机；
- 擦亮扶手；
- 清除墙上的手指印和污渍；
- 给家具和桌上陈设除尘；
- 擦亮门把手及擦拭其周围区域；
- 给门侧柱和轨道除尘并做清洁；
- 给地毯吸尘；
- 拖拭地砖或硬木地板区域；
- 整理家具；
- 倾倒并清洁烟灰缸。

房务纪事

通过循环计划表持续开展公共区域清洁作业

如想确保饭店公共区域始终保持清洁，一项可以采用的工具就是《循环计划表》。可用它把所有要做的事开列在一张既方便查看，又井然有序的时间安排图表上。要建立这套东西，需要员工拿着笔和笔记板到大堂实地考察。公共区域清洁员和经理们要碰在一起开列所有需清洁的项目单。

一旦列出大堂的所有任务后，可再移师到其他区域去，如餐厅、卫生间、办公室、走廊等。等完成每个区域的项目单后，大家可通过开会来确定每项任务需多久做一次才能确保该区域的持续清洁。凡需要在每小时、每天或每周内频繁干的活，都应包含在公共区域清洁员的日常职责范围内。凡需要每周、每月或每年才干几次的活，都应包含在循环计划表内。例如，给家具抹尘应一天一次，这可归为日常工作的一部分。但用修补剂给木质家具做划痕抛光则只需一年干两次即可，这就应列在《循环计划表》内。

待明确了所有的时间安排后，《循环计划表》也就建好了。这好比是要把一个复杂的大拼图组合在一起，在这个过程当中，要尽量考虑到不同任务的类型、饭店出租率的规律，以及可利用的工时。这项工作可借助计算机电子制表软件或大型会计分析簿来完成。

有些饭店会安排员工负责特殊项目，全力集中于完成循环计划表上的任务。有些饭店则会把循环计划表上的工作分给每个公共区清洁员，每人每天承担 1 ~ 2 小时的工作，作为他们日常工作的一

（续）

部分。我们饭店的员工倾向于后者，这是因为每个员工都希望在饭店给自己指定的工作区域负全责。

待《循环计划表》完成后，可压上亚克力膜，贴在墙上。当清洁员完成一天的任务后，可很满足地画掉表中相应的项目。如当天情况特殊，有任务没有完成，则可挪到别的时间继续。所有这些记号都可在亚克力膜上做，以便保护《循环计划表》，使它能年年使用。随着我们对待清洁目标耗损规律的预测越来越准，我们会频繁更改最初制定的任务时间表，使它越来越精确。

这种积极主动的系统安排能使所有人都可以有条不紊地工作！清洁员事先就很清楚他们需要干哪些活，也会让客人始终看到的是我们饭店的最佳状态。

资料来源：作者是注册饭店业行政管家盖尔·爱德华兹，《房务纪事》，第2卷第2期第5页。

以下是安排给公共区域服务员并通常会要求每周必须开展的清洁工作：
• 给木质家具上光；
• 给软包家具吸尘；
• 给窗帘或窗户覆盖物吸尘或做清洁；
• 清洁窗台；
• 给天花板出风口除尘；
• 给位置较高或平时难触及的区域除尘；
• 清洁地毯边缘和踢脚板。

一些公共区域的清洁作业可能还会用到梯子，以便能够到墙壁高处、照明装置或墙面装饰。无论在何种情况下，当进行这类清洁作业时，员工都应始终遵循规定的安全程序。对一些拥有独特建筑和室内设计的饭店而言，甚至还得定期外聘清洁公司来完成某些特殊清洁项目。

前台

正如大堂清洁作业一样，前台清洁作业也应安排在非高峰时段进行，以免中断营业流程。前台清洁应和大堂清洁一样受到重视。它也是打造顾客体验的关键区域。尽管前台应算是大堂的一部分，但前台也有自己不同寻常的清洁需求和特点。

前台因设计不同而异。有些饭店在装潢时采用了简单、直接的设计，而有些饭店则选择了更为精心制作的凹纹、弧度或沟槽表面。一般情况下，因可能得用到特殊的清洁技术和设备，后者会比前者需要更长的清洁时间。无论前台是矩形的还是圆形的，是表面光滑的还是凹凸的，都需要公共区域清洁员小心照料，保持一尘不染。

在前台的柜台前后部位，都需吸尘和倾倒垃圾篓。在有些饭店里，客房部员工同时还要负责清洁和擦亮前台台面。应特别注意清除手指印、污渍以及前台底部的鞋印或刮痕。如果发现任何裂纹、划痕或其他表面损坏，都应报告给相关的客房部主管。在任何情况下，公共区域清洁员都不应移动台面上的文件或其他与前台工作相关的物件，也不应触碰设备或拔前台设备的插头。

走廊和楼梯间

在步入客房之前，多数客人还会看到的其他区域是公共走廊。在有些饭店里，走廊也被认定为"客用空间"，因此它应成为客房清洁作业的延伸部分。

大部分走廊清洁作业都涉及对地面的护理。在多数情况下，走廊的地面上应铺有便于清洁保养且美观耐用的地毯。地毯吸尘的频率应基于当日的客流量和出租率而定，一般每天至少需要吸一次；而地毯清洗则通常应安排在淡季或出租率较低的时段，作为特殊工作项目来实施。

很多饭店会建议员工在清洁踢脚板时应从走廊的一角开始，沿着一侧往前，直至另一边的踢脚板；再一直往前，直至回到起点。在做这工作的同时，还应注意擦拭客房门周边的污垢，要特别留意手指印和污渍。对照明装置也要进行除尘，并注意更换全部已烧坏的灯泡。此外，对出风口和报警器的喷淋装置也应除尘，并检查运行是否正常。对紧急出口指示灯的状况也应关注，如果发现任何损坏都应向主管报告。

对墙面上污渍和手指印的清洁作业与对踢脚板的一样，可先清洁完走廊一侧，再清洁另一侧。作为最后一个步骤，员工还应清洁出口处门的正面和反面，擦拭门轨道，除尘，并检查门开关是否自如。

饭店楼梯间同样也被认定为是"客用空间"，这是因为客人通常会在楼层间走动或由此步出饭店建筑。哪怕楼梯间被标注为"只在紧急状况下使用"，客房部员工也必须确保其整洁，以使它也可以体现出饭店对清洁工作细节的整体关注。墙面、扶手、照明装置、台阶和标识，这些都必须依据楼梯间的具体使用情况，定期做整体清洁作业。此外，每个楼梯间都应包含在一份员工日常工作计划表中，以确保有人负责检查该楼梯间有无垃圾或溢出物。

制冰机/自动贩卖机区　一些饭店会在客用走廊上显而易见但又人流量相对较低的区域放置制冰机和自动贩卖机。这些设备及其周围区域，都要公共区域的服务员或客房部员工予以关注，以确保洁净和运行正常。

每天都应检查和清洁制冰机。在开始清洁作业之前，服务员应通过检查分配装置来确认机器是否运行正常。遇有任何堵塞或其他不易修复的故障，都要记录在案，并上报主管。还应该检查地面上是否有水。有时候若制冰机发生故障，冰就会融化成水流出来造成地面损坏。当清洁到这一区域时，服务员应从分配区移除所有未融化的冰，并擦干该区域。对制冰机的表面应使用推荐的清洁液进行清洁，并要擦干。若把手上有指纹和污迹，要给予特别处理。有时候客房部员工还得给这些机器装置做清洁和消毒。此时，应根据生产商建议的操作程序来实施作业。

自动贩卖机可租出去，或者由饭店自行经营。在这两种情况下，公共区域服务员通常都需要负责这些机器的表面清洁和除尘作业，并要检查其是否运行正常。如果机器属于饭店自有，服务员则应对任何需要补足的物品及时记录在案，并报告给主管。同时，服务员还应清洁机器底部和背面区域。因为开展这些作业任务时得把这些重东西抬高和移动，所以通常得作为特殊清洁项目来安排。

电梯

由于使用量大，电梯需时常清洁。正如大堂和前台区域一样，清洁电梯的最佳时机应是深夜或清晨，以避开人流高峰时段。

因电梯内部装饰设计特点而异，电梯的内表面可能由金属、木材、地毯、乙烯基、壁纸、玻璃、镜面或合成材料构成。为了达到最好的清洁效果，公共区域服务员得遵循每种表面所需的一套特殊清洁程序来操作。在大多数情况下，服务员都应从上到下清洁，以免再次污染已清洁好的区域。

在清洁电梯时，靠近地面的边缘处比较难处理，这是最容易产生划痕、刮伤或磨损的地方。这些都应被记录在案，并报告给相关主管。在擦拭扶手、电梯控制板和周围箱体时，都应上光，去除指纹印。当清洁玻璃和镜面时，服务员应后退一步，检查其表面是否有条痕。无论电梯门的里面还是外面，都应自上而下擦拭干净，包括容易藏污纳垢的门轨处亦得如此。

由于磨损范围太集中，电梯内的地毯是最难保持洁净的。一些饭店使用标准吸尘器来清洁电梯地毯，而有些饭店则给服务员配备大功率的带过滤装置的便携式吸尘器。在任何情况下，吸尘作业都应迅速完成，以减少电梯暂停运行的时间。一些饭店会在电梯的地面上铺可移动地毯。这样一来，地毯可以被拿出电梯清洁，而无须在电梯内完成。不过，在把脏地毯拿走清洁时，还得相应地在电梯内再铺一块地毯。

公共卫生间

不同饭店的公共卫生间的情况相对而言基本大同小异。一些饭店会选用华丽的固定装置和镜面来装饰卫生间，并在休息区充盈软装饰家具和绿植，还提供诸如烘手机和更衣桌椅等便利设施，以此来营造一种独特氛围。

增设的任何特别用具或便利设施都需饭店专门设计出相应的有效清洁作业程序。

就很大程度而言，公共卫生间的结构和大小得取决于饭店的服务档次。不管各自特色如何，任何公共卫生间的清洁目标主要还是得为到访客人营造卫生、安全和有吸引力的气氛。本部分将囊括公共卫生间清洁作业的大部分基本要素。

公共卫生间每天应至少清洁两次——早上一次，晚上一次。有些饭店为了要营造更令人愉悦的环境，并确保适当的卫生和安全水平，会加大清洁作业的频率。有时候，这些额外增加的清洁作业的表现为对公共卫生间的"整理"，会依据人流量情况，每小时或每两小时进行一次。

清洁公共卫生间所需的装备基本上与清洁客房浴室的一样：一台多功能地面清洁机、一把圆头刷，再加上抹布和海绵、水或指定的玻璃和镜面清洁剂，橡胶手套、眼部防护罩。有些饭店还会用到无异味的消毒剂。除此以外，服务员同样还需要准备一个水桶、一个拖把以及地面清洁剂。

在进入公共卫生间之前，服务员应检查里面是否有人。如果服务员将要清洁异性客人的公共卫生间，应先敲门，并告之"客房部清洁员"，然后等待回应。一般而言，如果在三声通告后仍没有回应，则视为安全，可以进入。待进入后，服务员应把门撑开，并在入口处放置指定的标识牌，告知该卫生间正处于清洁过程中。

有些饭店会建议在开展其他作业任务之前，应先取适合的清洁剂，喷洒于马桶和小便器内。这样一来，清洁剂可在员工清洁其他区域时发挥功效。随后，应清空垃圾篓，擦拭干净，并重新更换垃圾袋。

接下来应该清洁洗水池及周围台面。大多数服务员会先往洗水池和洗漱台喷洒清洁剂，然后用海绵或抹布擦拭这些区域。接着检查排水管是否有头发和其他碎片；检查水龙头是否滴水。如果有任何裸露在外的管道，服务员都应确保它无灰尘、污垢和泄漏。在清洁台面区域时，服务员应从上而下擦拭，检查是否有污迹和损坏之处。在擦拭固定装置时，应先用清洁剂加湿抹布擦，接着再上光；应用干净抹布把洗水池和周围台面擦干，最后选用指定的清洁剂从上而下小心擦拭镜面，以免在镜面上留下擦拭条痕和水渍。

当清洁马桶和小便器时，应使用圆头刷和干净抹布。在擦完整个桶身或小便器后，应用清水冲洗马桶、小便器，以及圆头刷。其外围区域应用湿抹布或海绵从顶部到基座擦拭。最后一步，要用干抹布擦拭把手并要上光。

当清洁各个厕位时，采用装有洗涤剂的喷雾瓶和湿抹布或海绵可最有效地完成清洁作业。多数服务员会分别清洁每个厕位的隔板，从右上角开始，以横扫的姿势向下擦拭。需要特别留心门锁和抽纸器周围区域，应清除所有污迹和指纹。服务员绝不能站在马桶上清洁厕位高处及其他够不到的地方。而应用一些带有长柄或可延长手柄的特殊工具来清洁这些地方。把表面擦拭干净后，服务员应检查是否有划痕或其他痕迹，应记录在案并报告主管。

待清洁完各个厕位后，服务员便需开始自上而下地擦拭墙壁。因墙壁表面材质不同，所选用的清洁剂也会有所不同。材质可能是瓷砖、涂料或板材，不管是哪种情况，服务员都应有条不紊地清洁作业，从某一点开始，直至最终回到原点。对墙壁上的任何刮伤、裂纹或其他损坏，都应该记录下来。

接下来，需要补充马桶的坐垫、圈垫纸分发器、厕纸、面巾纸、手巾纸和洗手液。通常要等腾空盛装上述物品的容器后再做清洁，以免损坏或污染纸制品。在多数情况下，通过简单的除尘或上光作业，就可以清除这些物品表面的印迹或污渍。

清洁公共卫生间的最后一个步骤是拖扫地面。应从离入口处最远端的一角开始，要清扫所有暴露在外的地面和踢脚板。这样做可先行清除掉能使拖把变得泥泞的浮土和污垢，从而为后面即将要做的地面湿拖作业做好准备；在拖地时，很重要的一点是要选用干净的热水和适量的清洁剂。清洁剂既可以混在水里，也可以直接喷在地面上。和前面的做法一样，服务员应从离入口处最远端的一角开始，逐步往后直至入口处。在拖扫固定装置周围的地面时，要放缓速度、小心进行，以免脏水飞溅到已弄干净的固定装置表面上。

另外，还需再备一桶干净的热水，用于冲洗。当冲洗完拖把后要绞干，然后拖扫地面。在这个工作阶段，要频繁地冲洗和绞干拖把，才可确保能彻底清洁地面。同时，频繁地绞干拖把也可以防止有多余的水留在地面上。就某种意义而言，是要让它起到"干拖"的作用。

当完成作业任务后，公共区域的服务员应收拾工具用品，并做最后核查。如有异常或令人不悦的气味，则说明通风系统运行不畅。如果拖扫后，地面还是不干，则直至地面干了，都需要放置适当的警示标识牌提醒客人小心地滑。另外，和惯常做法一样，应将任何需要维护的情况都记录在案，并报告给相关主管。

房务纪事

公共卫生间能给人带来很棒的第一印象吗

资深的清洁员会这样说明该如何检查公共卫生间："进门后，先抬头看天花板上的通风口是否累积灰尘，再低头看地面排水管是否干净光亮。"快速浏览这两处，行家里手就可知道卫生间是经过定期的细心维护，还是仅仅只是团团应付。

这种仅凭只扫两眼的法子就真能分辨得出洁净和不那么洁净吗？"是的，"资深的清洁员会这样认为，"如果清洁员能仔细到可以爬到高处为通风口吸尘或趴在地上擦亮金属地漏，你就可以确定他们已经清洁了墙壁、地面和其他各种固定装置。"保持公共卫生间的洁净和安全需要日常清洁作业和定期清洁作业的强强结合。

（续）

> **每天／每小时的工作**
>
> 　　所有的公共卫生间都应每天清洁两次，定期做检查，如有需要，还应随时整理。饭店应通过建立清洁作业和检查活动记录，来降低饭店在客人发生意外时需承担的责任。例如，若客人滑倒了，而饭店的记录日志能证明饭店已采用合理的举措来使地面保持干燥，这就可以降低饭店被起诉的可能性。记录日志可以放在卫生间里。有些饭店是将日志张贴在毛巾盒边，或挂在入口处的门背后。还有其他一些饭店则是在服务推车上放一个剪贴板，并且每天在检查结束后更新客房部办公室里的相应记录文件。
>
> 　　在开展清洁作业工作时，员工应注意不要让清洁用品出现在客人的视野内。有些饭店会使用特殊的、有一定屏蔽作用的服务推车，或启用卫生间旁的储室。当关闭卫生间做清洁时，要设置标识牌礼貌告知客人附近的卫生间在哪儿。
>
> **深度清洁工作**
>
> 　　在给公共卫生间做深度清洁时，有不少工作任务都需要暂时关闭卫生间几个小时。例如，依据卫生间的实际人流量而定，一般需要一年给地面做四次刮洗和涂胶密封工作。男卫生间内小便池附近的区域则通常需要更频繁地补修，这是因为溅洒的尿液会破坏地面的密封胶。
>
> 　　其他的工作还有：擦洗地漏、清洁所有墙壁、清洁所有边角线、移除天花板通风口并做清洁、清洁照明固定装置、擦洗垃圾桶、清洗地毯以及清洁窗户。
>
> **报告维护问题**
>
> 　　很重要的一点是公共卫生间清洁员应及时报告维护问题。如果未能及时修缮滴水、泄漏、灯泡烧坏、锁遭破坏以及其他类似问题，饭店将会损失宝贵利润。
>
> **达到客人期望**
>
> 　　如果饭店想要给客人留下良好印象，保持公共卫生间的形象就变得尤为重要。由于始终处于公众审视之下，公共卫生间的状况就成为饭店其他区域的强力代言者。顾客只要去过饭店的餐厅、酒吧，或只要到饭店参加过一次会议，就能凭他们对这些饭店公共区域的印象，来推断饭店客房的状况了。

资料来源：作者是注册饭店业行政管家盖尔·爱德华兹，《房务纪事》，第 4 卷第 3 期第 5 页。

游泳池区域

　　游泳或许是最受欢迎的休闲运动。许多饭店，特别是度假饭店，都会迎合人们的这一爱好，提供游泳设施。

　　游泳池可以是室内的，也可以是室外的。如同饭店一样，游泳池设计也多种多样；既有非常简单的，也有精心布置的。有些饭店的游泳池区域甚至包括涡旋按摩浴缸和桑拿浴。在大多数饭店里，游泳池、桑拿浴或涡旋按摩浴缸的日常维护与保养工作由工程部或维修部负责。不过，客房部员工也得以"巡查"的形式参与游泳池区域的具体任务作业。

通常，由客房部员工承担的游泳池区域的工作职责主要包括：

- 收集湿毛巾；
- 补充毛巾；
- 倒空并清洁垃圾桶；
- 倒空并清洁烟灰缸；
- 清洁墙面；
- 打扫并拖洗硬质地面；
- 护理所有地毯区域；
- 清洁窗户或玻璃区域；
- 清洁和整理休息厅的家具。

和其他公共区域一样，不安全、不卫生或有损坏的情况都应记录在案，并报告给管理人员。

健身房

人们对健美和健康的日益关注催生了对健康产品和服务的长期需求。为了应对这一趋势，许多饭店都配备了健康设施，并使其成为饭店整体包价的一部分。

客房部对这些设施的服务多少很大程度上取决于该区域的规模和范围，及健身和设备的多少。运动健身服务所涉及的范围很广，既包括简单的游泳池和桑拿浴，也包括员工训练有素、设备齐全的健身房。健身房设备可包括综合健身器、心肺功能训练设备（如跑步机、踏步机、椭圆机和固定自行车）、划船机、地垫、杠铃和哑铃。从产品设计来看，这些设备通常需要特殊的地面、硬木表面、镜子或特殊的照明固定装置来配合使用。一些配备有更精细设备的饭店甚至还提供更衣室和淋浴区。

通常由饭店工程部员工来负责维护这些健身设备。而由客房部员工来负责确保这些设备能达到客人在其他公共区域所感受到的同样高的清洁标准。客房部通常得每天安排一名员工完成如下清洁作业任务：

- 给设备除尘和消毒；
- 清洁镜面和玻璃区域；
- 打扫和拖洗地面；
- 撤走已用脏的布草；
- 补足干净的布草；
- 清洁和整理全部家具；
- 给照明固定装置除尘；
- 去除墙面污渍。

出于安全考虑，很重要的一点是服务员把设备的基本情况记录在案，并将设备的任何可疑故障情况报告给主管。服务员同时还要负责清洁淋浴区域和更衣室区域，并补充相应的客用便利物品。

水疗区域

在 20 世纪的最后十年，以及 21 世纪的第一个十年里，很多饭店都在不断增添水疗区域。水疗区域被认为是为打高尔夫球者的伴侣准备的便利设施，它在高档型饭店里几乎变得和游泳池一样，不可或缺。

在一些饭店里，水疗部门的员工负责清洁水疗区域。在服务客人的间歇，水疗部门的员工通常应负责清洁理疗室和每次理疗用过的床单及其他布草。

但更为彻底的清洁作业通常得在每晚水疗区域关闭之后才进行，也有时会在白天固定的营业间歇时间进行。此时，这项工作就可能得由饭店客房部员工来完成。基于健康原因考虑，使用消毒剂变得尤为重要。

大多数水疗区都需大量用水，无论是在修脚台、水疗设备处、按摩缸、淋浴间，还是在浴室里，细菌都很容易在潮湿的物体表面滋生。所以，水疗区域的所有以上物体的表面都需要定期进行彻底的清洁和消毒作业。至于贮水池，也同样需要细心进行清洁和消毒作业。

水疗区域的地面得拿湿海绵或一次性拖把，应用清洁剂和低能消毒剂来做定期清洁作业。而且必须频繁更换抹布和拖把，以免再次污染刚清洁过的表面。水疗区的其他清洁作业任务还可包括：
- 用清洁剂和消毒剂来清洁墙壁、百叶窗和窗帘；
- 给地毯和家具软装饰吸尘；
- 清洁马桶和洗水池；
- 给水疗设备消毒；
- 给更衣室和淋浴区清洁和消毒；
- 清洁和维护管道、风扇以及空调系统。

其他功能区域

除了要负责清洁诸如大堂和公共卫生间等公共区域，客房部员工或许还得负责清洁餐厅、宴会厅和会议室、行政和销售办公室、员工区域以及客房部办公室和工作区。在这些区域里，客房部员工一般只承担有限责任；而在其他区域，清洁活动则需与饭店前台区域一样精细。

餐厅

洁净对餐厅的重要性并不只限于维护形象，还在于这是安全和卫生的需要。根据饭店规模大小和服务方式的差异，客房部一般得负责清洁就餐区或毗邻大堂的早餐服务区域。

餐厅员工将负责餐厅在营业时间内的区域秩序，包括清理餐桌、更换布草、处理现场溅溢的物品，以及局部的吸尘或清扫工作。在大多数饭店里，客房部员工只在每晚、每周或每月的非营业时间里，来给餐厅做更彻底的清洁工作。

在毗邻大堂的早餐服务区域，客房部员工会起到更为直接的作用。通常是公共区域的员工负责供应早餐，而客房服务员则负责布置场地、充当接待员、上菜及做餐后清洁工作（译者注：这种做法在国外人工成本较高的地区的饭店中不少见，在国内饭店企业，尤其是中高档次的饭店企业中并不多见）。

与餐厅和早餐服务区域相关的清洁任务包括：
• 吸尘（通常需要移动家具以确保良好效果）；
• 在有需要时要负责清除污渍和泡沫清洗地毯；
• 擦拭柜台、迎宾台、食物／饮料分发机；
• 清除墙壁污渍；
• 擦拭窗台；
• 给家具除尘和抛光；
• 清洁各种家具软装饰；
• 清理照明固定装置。
很多饭店会建立计划安排表，来确定好该在何时推进哪项清洁任务。

宴会厅和会议室

和餐厅一样，宴会厅和会议室也常常是由另外的部门进行清洁，在这种情况下，宴会或会议服务人员需要客房部员工来协助。所有的会议室应在使用完后立刻进行清洁作业。对于路过的客人或潜在客人来说，没有什么比看到一个前一天晚上欢庆过后一片狼藉的会议室更煞风景的了。而且，地毯或其他家具上的污迹若不及时清理，便会深渗入其中，若等到第二天，就很难完全清除了。

在一些饭店里，等撤走所有特殊会议和餐饮服务用品后，客房部员工还得负责清洁椅子、桌子、家具以及墙壁和地板区域。在清洁家具时，应特别注意清除家具软装饰表面上的食物残渣和污迹。服务员应记下每件家具的状况，并将各种损坏或污迹情况报告给相关的主管。做地毯护理时应彻底吸尘，去除污渍和经常清洗。另外，依据会议场所的设计和功能特性，服务员可能还会分配到特殊的清洁任务。有时同样需要外部合约承包商来提供协助，尤其是清洁位置较高的天花板和华丽的照明装置时，如枝形大吊灯。

行政和销售办公室

大多数饭店在设计时就包含了办公区域，用以开展各种行政和销售活动。依据饭店的规模大小和服务档次，这些办公室涵盖所有部门管理层的行政办公室（例如人力资源办公室、房务办公室、餐饮办公室、市场营销办公室等），以及其他后台人员的办公室。尽管就严格意义而言，行政和销售办公室被认定为属于后台区域，但会在那里定期举办饭店员工与外部客户、供应商、生意伙伴、潜在员工的重要互动活动。

为确保这些区域始终能呈现出最完美的状态，这就要求客房部员工要负责维持其整体洁净和美观。对这些地方的具体清洁任务的范围会因饭店而异。但在很大程度上，服务员每晚得给它们除尘、清空垃圾桶、清除墙壁污渍、清扫地面并吸尘。其他的诸如清洁窗户等工作任务则会在每周或每月定期安排实施。如果要做深度清洁作业，则会要求移动家具，这通常需要安排在业务淡季进行，以便将由此带来的干扰降到最低。在这些区域进行任何清洁作业时，客房部服务员都应避免移动或整理桌上或工作台的任何物件，尤其是计算机、商业票据和文件夹等。

员工区域

后台员工区域通常并不小于前台区域，有时甚至会更大。尽管就严格意义而言，这些区域会向客人"关闭"，但这些区域应如同公共区域一样加以清洁。饭店要确保员工能在安全、清洁和令人愉悦的环境中工作、进餐、休息、淋浴，唯有如此，才能赢得员工们的尊敬和忠诚。从长远来看，这些无疑都会反映在员工所提供的产品和服务质量方面。

尽管每个员工都要尽自己的职责来维护后台区域的整洁，但繁重的后台区域清洁工作仍主要得由客房部员工来承担。正如同饭店前台区域的清洁工作一样，在后台区域也需要制定和实施同样精心设计的清洁计划表，客房部服务员务必要使员工区域远离脏乱、污垢和灰尘。归客房部负责的典型员工区域包括服务通道、服务电梯、员工餐厅、员工卫生间和更衣室、装卸货区和存储区等。在有向员工提供饮食服务的饭店里，客房部员工同样也得在厨房区域负责一小部分清洁任务，例如维持地板、墙壁和天花板表面的清洁等。

饭店后台区域出于功能需要，一般情况下在设计时会比向客人开放的前台区域要更经得起磨损。地面或由诸如瓷砖、油漆混凝土等耐磨损材料，或由既平整又编织紧密的地毯构成。出于同样考虑，墙壁和天花板也通常会采用质地平滑的材料构成，会尽量避免设计有复杂的角度或难够及的角落。虽然后台区域的清洁程序与前台区域的类似，但由于后台区域的表面更平滑，而家具和固定设置会更少，所以服务员所需采用的清洁作业程序一般不会太复杂。通常在这些区域可应用重型设备来进行清洁作业，以加速完成清洁作业。

客房部区域

客房部区域的洁净程度应表现得无可挑剔才好，因为它代表着饭店专业清洁人员大本营的面子。该区域的规模大小和结构组成取决于所属饭店自身的规模大小和服务档次。通常情况下，客房部的运营活动汇集于 3 个基本区域：客房部办公室、洗衣房和布草房。

同任何其他的行政办公室一样，客房部办公室应保持与公共区域同样严格的清洁和维护标准。地面要清扫、拖洗和吸尘；墙壁要去除污渍；垃圾篓要倾倒；踢脚板上不应有灰尘和污物；窗户上不应有尘垢和条痕；家具更不应有灰尘。

同样的要求也适用于洗衣房区。另外，要特别注意保持机器表面的洁净，以防止洗好的布草再遭污染。要把洗衣机、烘干机和脱水机的滚筒擦拭干净，应在圈与圈之间自上而下擦拭；应清除棉绒过滤器和清洁剂区的污垢。要把存放和处理干净布草和脏污布草的区域截然分开。要频繁擦拭和清洁折叠桌、熨斗、衣夹、衣架和其他洗衣用品，以防再弄脏刚洗好的布草。此外，对货架区和存储区也应定期擦拭和除尘。所有洗衣用品都应保持清洁，整齐放置，以便取用和盘点。

布草房里还有成排的供货架，同样需要清洁和除尘。保持这些区域的井然有序，对于提高工作效率和确保库存管理精确都至关重要。鉴于饭店的洁净床单、枕套、毯子、毛巾、脸巾以及餐饮服务用布草都存放在这里，因此，该区域务必确保洁净。除了做好地面和墙壁清洁工作外，布草房的日常清洁任务还应包括给供货架除尘、整理用品，以及将客房服务车摆放到位，以便补货。

房务 纪事

公共区域和员工区域都要进行春季大扫除

行政管家们一提到"春季"这个词，就会自然而然地加上"大扫除"。这两个词常被关注饭店客房管理工作的经理们放在一起用。这个词组能引发一幅生动的画面。说到"大扫除"，就易联想到通风、洗涤、清洁，乃至除旧，会憧憬着一切都该既清新又有序。但是，管理人员该如何把这个美好的想法转变成现实呢？如何才能真正开展春季大扫除呢？

（续）

大多数终年营业的饭店会严格基于所出租房间的劳动生产率测算来做预算，一般不会为额外的春季大扫除工作预算工时。尽管如此，饭店仍得时刻保持最佳状态。

而且，饭店有些清洁项目仅需每年或每两年做一次。想想枝形大吊灯，想想水池设备，再想想那些因苦于平常没有足够时间完成而束之高阁的工作计划，诸如清理需丢弃报废的布草、清理设备库存、整理制服等。

所以，饭店公共区域和员工区域需要开展春季大扫除。客房部必须完成这些活，至于完成时间到底是在春季，还是在一年中的其他时间，这倒反而不重要了，具体开展方式如下：

- 准备项目清单，并做合理排序；
- 在预算内开展工作；
- 如果项目涉及其他部门，则应安排一个可行的时间段来开展清洁作业；
- 全情投入，发动员工，营造欢乐，完成工作；
- 提前计划，确保更多的项目能包含在日常工作任务安排中，这样下一年春季大扫除的清单就无须那么长了。

做好春季大扫除的心理准备，制订出合理的工作计划，就能实现客房部管理人员的工作目标，就有可能创建一个完美洁净的饭店。无论这些工作安排能在一天完成，还是一个月完成，还是横跨一年完成，春季大扫除都大有必要。

资料来源：作者是玛丽·弗里德曼，《房务纪事》，第 11 卷第 1 期第 4 ~ 5 页。

特别关注

依据饭店的设计及建筑特点，可能会指派客房部负责一些特殊清洁项目，它们需要较复杂的清洁技巧、较特别的清洁设备，以及团队合作。包括清洁特殊织法和类型的地毯，华丽的照明固定装置（如枝形大吊灯），楼梯和扶手，室内喷泉，窗户和窗帘，以及其他的装饰品（如壁挂饰品）等。大多数的特殊清洁项目都需要大量的专业技术，并得根据所拥有的物资和设备的组合来安排清洁计划。

一些饭店会要求得与持有相应专业技术或设备的外部公司签订合同，以便完成某个特殊项目。这些项目通常包括清洗高层饭店的外窗，清洁巨大或昂贵的枝形大吊灯，以及清洁通风管道和排气孔等。

本章在操作程序部分提供了清洁较标准的公共区域的指南样本。

霉菌和霉病

霉菌和霉病是客房部工作人员需引起关注的隐患。就本质而言，它们是生长于物体表面、细孔内，以及变质材料内的真菌。它们能导致变色和产生异味问题，能使建筑材料恶化变质，能导致客人和员工产生过敏反应和其他健康问题。在以下 4 种条件下霉菌尤易滋生：

- 温度在 4 ~ 38℃；
- 养分物质，如家具和建筑材料；
- 孢子（无处不在）；
- 潮湿比例超过 70%（相对湿度）。

饭店霉菌问题在 20 世纪 90 年代后尤为凸显，而且四星级饭店要比三星级饭店更为严重。2001 年 4 月，在檀香山，希尔顿酒店集团在其某间度假饭店里启用了一栋新建筑。但在 2002 年 7 月，因为霉菌问题，他们不得不关闭了这栋大楼。如想消除霉菌问题并重新启用该大楼，至少需要花费 14 个月时间和 5500 万美元。

工程部和负责设计饭店的人要为防霉菌工作肩负大部分责任。而客房部也需要参与到与霉菌做斗争的队伍中来。负责巡查全饭店公共区域的清洁员应留心观察冷凝水和潮湿斑点。需要尽快确定导致潮湿问题产生的根源。任何潮湿斑点或湿气都应在 48 小时内完成清洁作业并做干燥处理。任何霉菌迹象也都要立即报告给工程部和管理层。

房务 纪事

预防霉菌和霉病滋生工作面临特殊挑战

除了会导致不显眼的斑点、恶臭和昂贵的修护费外，霉菌和霉病滋生还有可能导致严重的健康问题。根据美国国家环境保护局材料，霉菌滋生可产生过敏原、刺激物和某些情况下的有毒物质。无论是对霉菌过敏的人，还是对霉菌没有明显过敏的人，霉菌都可能对他们的眼睛、皮肤、鼻子、咽喉和肺部造成伤害。

为了确保能给所有客人提供一个安全舒适的住宿环境，客房部工作人员、维护部工程师和总经理们都需要警惕与霉菌和霉病相关的迹象。鉴于霉菌和霉病易滋生在潮湿的地方，因此，最常发现霉菌和霉病滋生的区域是浴室。常见的迹象包括暴露于高湿环境下的物品出现表面变色，有发霉发臭的气味，有高于平均水平的疾病投诉，以及出现黏糊糊的纹理。

促发霉菌和霉病滋生的关键因素是潮湿，而浴室电器的广泛使用恰恰易于导致潮湿，而且主要聚集在浴室和客房里。而限制客用淋浴实施数量的做法既不明智，也不可取。应采用其他的有效方法来防止霉菌和霉病滋生，并修复已发生的损坏。

保持干燥

尽管美国国家环境保护局声称霉菌和霉病孢子无法彻底清除，但是客房部工作人员可采用一些步骤来减少霉菌滋生的可能性。最简单的预防步骤就是要确保所有物品的干燥。要检查并确保在浴缸或淋浴设施附近并无多余水分，垃圾篓里也没有液体，天花板或墙壁上更没有水渍迹象，靠近浴室和客

（续）

房窗户的地毯区域是干燥的。同时，要确保客房部工作人员会定期检查窗户和管道是否漏水，如果出现漏水或过于湿润的迹象，应立即通知工程部。

预防霉菌和霉病滋生的另一个步骤是要持续密切关注有吸附性和多孔的物品。而且，要检查地毯区域有无水渍迹象。另外，布料和塑料材质的浴帘是霉菌滋生的高发区，因为它们长期暴露在潮湿环境中。布帘吸附性很强，但干得很慢；可把塑料浴帘收拢，以便潮湿区域变干燥。

客房部工作人员应经常检查浴帘是否已彻底干燥，是否有任何霉菌或霉病滋生的迹象。如果已有霉菌和霉病滋生，或者应用新浴帘更换现有浴帘，或者应漂白浴帘。漂白有助于杀死和清除霉菌，同时使浴帘变得亮起来。

其他较多孔却又易被忽视的东西有浴室的台面、淋浴设施，以及浴缸。湿气常会渗进用来做台面的多孔性材料的表层，并由此给霉菌滋生提供了理想的环境。同样道理：用于淋浴设施和浴缸区域的多孔性瓷砖由于长期暴露在高湿度环境下，也就为霉菌滋生提供了额外的机会。除了多孔性瓷砖外，通常应给位于淋浴设施和浴缸区域的瓷砖进行泥浆填塞作业。要想高效地给这些物体的表面做清洁作业，是比较麻烦的，但它们却是霉菌滋生的理想区域。

为了预防霉菌在这些物体的表面滋生，应使用特别设计的抗菌清洁喷雾和工具来清除霉菌孢子和已滋生的霉菌。同时，在做深度清洁的过程中，要确保客房工作人员能密切关注各种角落，以及水泥缝、淋浴设施、浴缸和台面的霉菌滋生迹象。

预防客房浴室霉菌和霉病损害的重要步骤是安装排气扇或通风口。没有这些通气口，湿气就会被困在浴室。除非把门打开，否则，在这样的浴室中，所有物体表面的湿度都会变得惊人。

浴室天花板

不要忘记关注客房浴室的天花板，尤其是淋浴设施和浴缸区域周围的。长时间的热水淋浴会产生蒸汽和湿气，一样会增加让浴室天花板成为滋生霉菌和霉病理想之地的可能性。由于大部分客人在使用浴室或淋浴设备时会关着门，这样一来，蒸汽就很容易聚集在封闭的房间里。鉴于大多数客房的天花板只涂有无光漆，所以，几乎没有多大屏障能防止多余的湿气被天花板的衬底吸收。

为了能在天花板和其他涂料的表面设置出防潮层，可使用半光或高光磁漆。还可在商用的浴室里使用由不同公司所提供的特殊配方的防霉漆。在乳胶漆的选择方面，微光、光滑或半光均可，它们都能有效防止脱落和起泡。

整治霉菌

除了拆除有水渍的地毯和台面之外，还有其他更便宜的方法可用来清除霉菌。如果受毁损和霉菌滋生的面积不是太大，小于 1 平方米，客房部就可以自行处理这种情况。要确保客房部工作人员在使用特制的溶剂消灭和清除霉菌时，并不会在霉菌滋生的表面造成进一步毁损。不过，若霉菌滋生和遭毁损的区域分布很广，那就得聘请整治霉菌的专业人了。美国国家环境保护局建议雇用有经验的承包商或清洁员来消灭和清除霉菌。

对霉菌和霉病滋生不能掉以轻心，这是一个严重的问题，一个可以导致饭店付出重大和昂贵代价的问题。尽管用于更换和修缮被霉菌损坏物品的代价很高，但饭店更主要关注的应是客人和员工的健康。要采取适当的步骤，以确保霉菌滋生问题只保持在一个绝对极小值以内。现有的霉菌滋生问题需要及时清除，以排除有危害的健康风险。

欲知更多关于室内空气质量和霉菌的信息，请访问美国国家环境保护局网站（www.epa.gov/

（续）

mold）。另外，美国国家环境保护局还出版了免费的在线广告册，名为《关于学校与商业建筑的整治霉菌问题》。在这本册子上，有商业建筑，包括饭店在内，如何整治或清理霉菌和霉病问题的指南。它主要针对建筑物的管理人员、维修工程师和其他负责商业建筑维护的人员而设计。哪怕对霉菌整治经验甚少或没有经验的人，都可在遵循该文件的指导后，做出合理判断，以确定是否可自行解决霉菌问题。该册子可在 www.epa.gov/mold/mold_remediation. Html 中浏览和下载。

资料来源：作者是纳塔卡·A.格卢寇，《房务纪事》，第 13 卷第 2 期第 8～9 页。

病毒

《饭店业》杂志在 2007 年 6 月曾报道诸多饭店惨遭诺瓦克病毒侵袭，这是一种高传染性肠胃疾病，可引发呕吐及腹泻问题。客人通常在几天内即被传染，且之前并无任何病理症状。

有两家华盛顿饭店曾因该病毒传播而被迫关门停业好几天。这类高传染性病毒甚至能依附在电梯按钮上，为了清除它们，饭店得给每个房间消毒。需要聘请专业经营医疗洗衣服务的公司来清洁布草。饭店中所有 18 厘米高或稍低一点的硬质表面都得用消毒剂消毒，并得在所有软质表面喷洒刺激性化学物质。鉴于这些化学品能通过空气传播散布到一些区域，所以，还应要求所有人撤离至外围区域 24 小时左右。为了防止将来再次爆发类似问题，饭店还必须将清洁剂更换成消毒剂。公共健康专家说，在当前时期，很有必要让客房部员工接受如何清洁硬质表面的特殊培训。与此同时，还应要求客房部员工要留心观察一些疾病迹象，例如呕吐或粪便问题。这些迹象的出现表明该区域应进行消毒处理了。

尾注：

① U.S. Environmental Protection Agency, Building Air Quality: A Guide for Building Owners and Facility Managers, December 1991, p. 141.

主要术语

后台区域（back-of-the-house areas）：饭店的一种功能区域。在该功能区域里，员工很少或不与客人接触，例如，工程与维修部。

频率（frequency）：区域物品清单上每项物品每隔多长时间需进行清洁或维护。

前台区域（front-of-house-areas）：饭店的一种功能区域。在该功能区域里，员工与客人有大量接触，例如餐饮部各营业点，以及前厅部。

复习题

1. 洁净且维护良好的公共区域会给客人传达什么样的信息?
2. 为什么各个饭店在公共区域的清洁方面要求各不相同?
3. 请指出在大堂区有哪些清洁活动一般得每 24 小时进行一次?
4. 公共卫生间每天至少得清洁几次?
5. 许多饭店建议公共区域服务员在进入公共卫生间后,最先需要做的清洁任务是什么? 为什么?
6. 请指出客房部员工通常得在游泳池区域承担的职责。
7. 在配备有健身设施的饭店里,通常得由哪个部门负责维护训练设备的正常运转?
8. 请指出客房部在餐厅区需进行的清洁任务名称。
9. 为什么说在后台区域和前台区域保持同样的清洁标准非常重要?
10. 涉及清洁客房部区域的特殊工作任务有哪些? 为什么这些工作很重要?

网址:

若想获得更多信息,可访问下列网址。网址变更恕不通知。若你所访问的网址不存在,可使用搜索引擎查找新网址。

1. Ecolab: www.ecolab.com
2. Environmental Protection Agency: www.epa.gov/mold
3. Grainger WW: www.grainger.com
4. Jani-King Housekeeping Services: www.janiking.com
5. Stuart Dean Co., Inc.: www.stuartdean.com

工作任务分解表:公共区域保洁及其他类型的清洁作业

本部分所提供的程序只用作说明,虽然这些程序具有典型性,但不应被视为是一种推荐或标准。请读者记住:每个饭店为适应实际情况与独特需要,都拥有自己的操作程序、设备规格和安全规范。

电梯清洁

所需材料:装满公共区域清洁用品的清洁车、电梯钥匙、吸尘器及配件、梯子、刷子和扫帚。

步骤	方法
1. 让电梯暂停工作。	☐暂停电梯的操作步骤会因饭店而异。 ☐把电梯停在某一楼层,保持门开启,直至清洁完毕再启动。
2. 给天花板和灯具除尘。	☐通过梯子来够到天花板。在用梯子时,最高只能爬到上部第二挡。 ☐用干净的抹布为天花板和灯具抹尘。 ☐移动梯子,以便能清洁到整个天花板。
3. 先用潮湿的抹布,再用干净的干抹布对所有表面进行除尘。	
4. 给电梯内的地毯吸尘。	☐如发现地毯有遭划破或散开的迹象,应向主管汇报,并记录在工作单上。

（续）

步骤	方法
5. 清洁电梯内的硬质地面。	
6. 清洁电梯的门轨。	□用小扫帚或刷子清理碎片。 □用吸尘器吸尘。 □用潮湿的抹布清洁轨道内部。
7. 清洁电梯门的内部。	□把电梯门合上，或再次启动电梯并关上电梯门。 □用干抹布擦拭电梯门内侧。
8. 把所有清洁工具放回清洁车。	
9. 让电梯恢复工作。	□让电梯恢复工作的方式因饭店而异。
10. 关电梯门，用干抹布清洁电梯外面的门。	□到各楼层重复电梯清洁程序。

前厅和大堂的清洁
所需材料：装满公共区域清洁用品的清洁车、吸尘器及配件、消毒喷雾器、抹布、扫帚、温和型清洁剂、玻璃清洁剂、橡胶地拖和垫凳。

步骤	方法
1. 清空烟灰缸和烟桶。	□确认没有未被熄灭的烟蒂。把烟灰倒入垃圾桶中。 □清洗烟灰缸内外。 □把清洁好的烟灰缸放回原处。
2. 收拾垃圾，倾倒垃圾桶。	□收拾地面上的垃圾。 □倾倒垃圾桶，并进行清洁。 □分类处理可回收垃圾和其他垃圾。
3. 清洁电话机。	□将消毒液喷洒在潮湿抹布上，清洁每台电话机的听筒和底座。清洁时不要妨碍前台人员或夜审的工作。 □清洁时要特别留意电话机听筒。不要忘了传真机上的电话听筒。
4. 给地毯及软包家具吸尘。	□给桌子下方及其他地方吸尘。必要时可搬移家具。 □正确调制好吸尘器，给软包家具的表面吸尘。 □确信已给家具把手、座位、靠背、背面，以及各个面的衔接部分吸尘。 □卸下并存放好吸尘器配件。
5. 清洁扶手。	□在清洗前，先除去蜘蛛网或污垢。 □先用潮湿的抹布加温和型清洁剂，再用湿抹布将清洁剂擦净。 □用干抹布擦干。
6. 除尘。	□在计算机附近工作时，注意不要影响计算机操作者的工作。只有在计算机关闭后，才可清洁键盘。
7. 拖洗硬质地面并打蜡。	
8. 清洁窗户。	□在窗户上喷水或玻璃清洁剂。 □从上向下，用橡胶滚动轴清洁窗户。 □清洁窗面每个部分，彻底去除水和玻璃清洁剂。 □用垫凳或加长柄的橡胶滚动轴清洁较高的地方。 □用干净的干抹布擦拭玻璃。
9. 按计划定期对地毯进行蒸汽抽洗。	
10. 如在清洁某区域时，有客人走近，应立即让开，直至其离开该区域。	

（续）

餐厅的清洁	
所需材料：装满公共区域清洁用品的清洁车、水桶、消毒液、清洁剂、水、玻璃清洁剂、缓冲器、地蜡、地毯清洁设备。	

步骤	**方法**
1. 做好清洁前准备工作。	☐尽量打开所有灯，以便能看清操作。 ☐打开窗帘或百叶帘，让自然光线照射进来。 ☐察看待清洁区域，计划好如何清洁。
2. 收拾垃圾，倾倒垃圾桶。	☐收拾地面的垃圾，放进清洁车的垃圾袋内。 ☐从垃圾中分拣出可回收利用物品。
3. 清洁座位和桌腿。	☐用小扫帚扫椅子、雅座、条形软包座和凳子，包括座位和靠背。 ☐如果吸尘器有清洁软包家具的刷头，则可给软包家具表面吸尘。 ☐用潮湿抹布蘸消毒液擦拭桌子、椅子、桌腿、横挡。 ☐用潮湿抹布擦拭皮质或乙烯基表面。
4. 清扫地毯和硬质地面边缘。	☐用硬扫帚扫除角落里的食物残渣和碎片。仔细清洁不易触及的边角区域，彻底清除食物残渣，避免吸引害虫。 ☐记录有关害虫的情况，并向行政管家汇报。
5. 清洁地面。	☐拖扫硬质地面。 ☐必要时可给地面打蜡。
6. 除去地毯上食物残渣及溢出物。	☐寻找地毯上遭碾碎的食物残渣或溅溢的酒水。此时，靠吸尘已无法除去这些东西。 ☐用潮湿的干净抹布除去食物残渣或溢出物。要先将该区域弄干燥，再开始吸尘。对红酒污渍要用特殊的去污剂处理。
7. 给地毯吸尘。	☐可用大型工业用吸尘器清洁大块地面，可用较小型吸尘器清洁小块地面。 ☐搬离桌椅。 ☐对桌子下方和工作台附近的区域得仔细吸尘。 ☐将桌椅复位。
8. 蒸汽抽洗地毯。	☐根据清洁计划表或根据实际需要，可安排泡沫清洗或蒸汽抽洗地毯。 ☐采取何种清洁方式应根据所拥有的地毯清洁设备而定（例如泡沫清洗或蒸汽抽洗）
9. 给家具和固定装置除尘。	☐不宜用家具上光剂，因其味道会使用餐的客人不愉快。
10. 清洁并擦拭玻璃。	☐需遵循饭店在玻璃清洁方面的程序要求。

第 11 章

概　要

选择时的考虑因素

　可燃性考虑

　隔音性考虑

天花板表面和墙面装饰的种类

　涂料表面

　乙烯基表面

　织物表面

　天花板和墙面清洁作业

　窗帘

家具和固定装置的种类

　公共区域

　客房

　员工区域

保养的考虑因素

　座椅

　橱柜式家具

　照明设备和灯具

学习目标

1. 识别在最初选择天花板表面、墙面装饰以及饭店家具时，需做哪些至关重要的可燃性和隔音性考虑。

2. 描述常见类型的天花板表面和墙面装饰的关键特点。

3. 描述在饭店公共区域、客房和员工区域常见的各类家具和固定装置通常的保养的考虑因素。

4. 描述座椅、橱柜式家具和照明设备等物品的通常保养事项。

11

天花板、墙面、家具与固定装置

就经验法则而言，做天花板、墙面、家具和固定装置清洁作业时简单易记的要点是：一直按生产商推荐的清洁作业程序操作；否则，可能费时费力寻找的所谓好方法，其实给生产商打个电话就能知道，还可能会导致较大的破坏或损失，甚至可能会毁掉整个贵重物件。除此以外，产品质量保证的作用是防止饭店买入次品，但因操作方法不当所导致的产品损坏，因并非出于产品质量低劣所致，则难以列入产品质量保证范围。

行政管家可通过及时了解市场新产品，并提供明智的采购建议，使天花板、墙面和家具的清洁保养工作更有效，并对饭店安全工作多有裨益。

本章讨论了一些关于天花板、墙面、家具以及固定装置的挑选准则；简述了天花板表面、墙面装饰以及家具设备的若干类型；并且提供了一些基本的清洁保养指南。

选择时的考虑因素

在很多饭店常听到的话就是"如果他们事先问我，我一定会告诉他们这种材质不好保养"。当然，选择会给客人留下良好印象的用品会为饭店带来利润。但同样重要的是应从行政管家的角度做出符合实际情况的选择。不好保养或难以有效清洁的表面和物品，不管在最初买时是多么费钱，都很难吸引客人的目光。挑选天花板表面、墙面装饰，以及家具时都要考虑两项重要因素：可燃性和隔音性。

可燃性考虑

近几十年来，在许多著名饭店所发生的火灾事件使消防安全成为饭店管理者主要关注的问题。因此，一些州政府和地方政府规定商业建筑物所使用的墙面装饰材料、软装饰家具，以及床等都应符合一定的可燃性标准。配备符合安全标准的防火家具、墙面以及天花板材料，这是任何一项消防安全方案的重要组成部分。负责采购者应在购买之前，就要了解这些东西是什么材质做成和可燃性如何。

在美国，许多州和地方的建筑法规要求：饭店只能使用 A 级材料。该类材料的火势蔓延指数在 0 ~ 25（用于衡量火势在某种材料的裸露表面蔓延速度的指标，从 0 ~ 100）。

有些生产商已开发出一种当受热到一定温度时，会触发烟感报警器的墙面装饰材料。例如，当一些商用级的乙烯基墙面装饰材料受热达 150℃时，会散发出无色无味的烟雾。而这种烟雾会触发离子式烟感报警器（它是商业运营中最常见的产品类型）。

有的室内陈设是由天然防火材料做成的，也有的是由生产商通过化学处理使之具备防火性能。很多饭店，尤其是在法律规定必须使用防火室内陈设的美国饭店，往往会要求生产商提供文件来证明其所用材料已经过防火处理。干洗公司或其他专门处理室内陈设的这类公司，可根据具体需要进行再处理。

虽然用天然防火材料所做成的室内陈设的价位一般较高，但即使经过各种作业流程的反复洗涤和清洁，它们仍能保持防火性能，而无须再行处理。这些材料在不能迅速疏散人群的区域，例如在高层饭店这样的建筑物内，尤其实用。

一些室内陈设所用的材质在燃烧时会产生有毒气体。美国国家消防协会 (NFPA) 已建立防火和防毒标准。可通过网站 www.nfpa.org，或拨打电话 770-3000 来获得该标准的相关信息。室内设计师在提交设计图纸时，通常会引用美国国家消防协会的一些具体规范。

隔音性考虑

鉴于私密性是饭店住宿不可或缺的一部分，所以当选择墙面和天花板材料时，考虑隔音性就变得很重要。可用降噪系数 (NRC) 来衡量吸音材料。例如，某板材的降噪系数为 0.75，则说明它能吸收所接收到声波的 75%。大部分商业用材料的降噪系数多在 0.60 ~ 0.95。很难为饭店或其他建筑推荐一个特定的降噪系数，这是因为有许多因素能影响隔音性。例如，铺了地毯的地面也可以隔音，这就降低了对墙面或天花板表面材料所需降噪系数的要求。

天花板和墙面所用的隔音材料通常是板材。它们填充了有隔音功效的玻璃纤维或矿棉纤维材料，并且表面有乙烯基或其他织物。标准的板材一般宽 0.6 ~ 0.8 米，高 2.7 ~ 30 米。这样规格的板材便于安装，通常背部还配有止转楔（窄木条），便于粘贴或用螺栓紧固在墙上。而天花板则通常是固定在天花板金属网格上。

天花板表面和墙面装饰的种类

对天花板、墙面和窗户表面的装饰要追溯到中世纪，那时候，居住在城堡的居民们为了装点屋子或阻挡过道风，挂起了精美的织毯和床帘。如今，比起防寒的作用，选择天花板、墙面和窗帘材料更多是为了饭店的隔音、安全和美观。

如今市场上有品种繁多的天花板表面和墙面装饰材料。到目前为止，涂料是最常见的。尽管如此，但近几年来，因乙烯基生产商带来了大量既实用美观又很吸引人的产品，乙烯基也逐渐成为除了涂料以外另一种适用于各种建筑装修的流行选择。

天花板表面和墙面装饰材料也包括各种类型的木质表面，如强化胶合板、薄片木板和镶板。合成材料则包括地毯、人造板和花式纹理喷涂涂层，墙纸及石材则有瓷砖或大理石等。以下介绍了几种常用的表面用材，包括涂料、乙烯基和织物。

涂料表面

涂料的吸引力在于价格相对便宜，而且对墙面和天花板都适用。对有污渍或划痕的涂料表面很容易"修饰"，或能很快重新装修。还可以用性质较温和的肥皂和清水轻松地进行清洁作业。近几年来，生产商通过降低孔隙率，在很大程度上提高了涂料的耐久性和易清洁性。一般而言，涂料的孔隙率越小，其耐久性和防尘性也就越好。

房务纪事

油漆 VS 乳胶漆——有区别吗

几乎大部分的涂料都能归入两大类之一，要么是油基涂料（译者注：油基涂料，俗称油基漆。一般用油和树脂作为成膜物质的涂料。所用的油有桐油、亚麻籽油、梓油等。所用的树脂有松香甘油酯等。其功用在于油使涂膜具有弹性，树脂使涂膜具有硬度和光泽），要么是乳胶涂料（译者注：乳胶涂料，俗称乳胶漆，是以合成树脂乳液为基料，填料经过研磨分散后加入各种助剂精制而成的涂料）。为手头的工作选择合适类型的涂料，这是确保装饰美观耐久，并减少返工和反复维护的第一步。

油漆

油漆有时也被称为溶剂型涂料或树脂涂料，它能提供较高程度的防护性和耐久性，而且，一般还会呈现出极佳的黏附性能，尤其是在石灰覆盖的表面或者之前已有多层油漆涂层的表面。如果弄在手上，可看见细小的粉末或灰尘，则这种油基涂料就属于很好的选择。

尽管被称为油基涂料，但是这一类别中的大多数涂料都是由石油蒸馏物和植物油复合而成。油漆其实还含有被称为树脂的黏合剂，它是从像亚麻籽或大豆之类的植物油中萃取的。这种树脂通常会在

（续）

诸如矿物油之类的石油基溶剂中溶解。醇酸树脂涂料的生产工艺与之相似，但是它一般用含有植物油的合成树脂来作为黏合剂。

等固化后，大多数油基涂料都能抗刷洗，并且能提供较高程度的抗污性和防潮性。一些用油基涂料喷涂过的内外罩面漆（被称为薄膜），可形成防潮层，能防止水分渗透。

使用油基涂料有很多弊端。最明显的就是：比起乳胶漆，油漆得花相当长的时间才能变干固化，并且常会散发出令人不快的异味。因空气中的水分含量和表面涂料的厚度而定，在上第二层涂料之前，罩面漆、内墙漆往往需要 12～24 小时才能变干。要想到能刷洗阶段，则需要花 3～5 天的时间。其清除工作需要涂料稀释剂，这种稀释剂易燃，且必须按照环境保护局或者州及地方政府规定的危险废弃物指导方针来进行处理。由于含有植物油以及缺乏橡胶黏合成分，经过一段时间后油漆涂层会发黄、开裂或剥落。最后一点，油漆的花费比乳胶漆要高出 20%～25%。

乳胶漆

乳胶漆含有水溶性橡胶乳化剂，可以将钛金属及其他配料黏合在一起。而且，乳胶漆比油漆变干固化的过程要快很多（经常只要 1～6 小时），并可用温水和肥皂清洗掉。因此不用再购买稀释剂来清除漆印了。

最好的乳胶漆含有100%的醇酸树脂黏合剂，它会增强漆面的耐久性、弹性和色泽稳固性。它们起泡、开裂或剥落的可能性很小，并且喷涂过程会更流畅，喷涂速度也会更快，乳胶漆通常散发较少气味，不太可能会掉粉末，施工温度比油漆的要低。

由于干燥时间减少以及用水即可清洗，乳胶漆对于不能长时间封锁隔离的饭店和人流量大的地区来说，正是绝佳的选择。另外，让剩余的乳胶漆彻底固化后，将罐子放在垃圾箱内就可以轻松处理掉未使用的乳胶漆。

乳胶漆非常适合铝合金、砖石和原木表面以及板墙和石膏板面。对于时常特别潮湿的表面（例如淋浴设备或浴缸上方的天花板），或者客人经常直接接触的表面区域（例如金属扶手），不推荐使用乳胶漆。

资料来源：《房务纪事》，第 11 卷第 2 期第 7 页。

乙烯基表面

乙烯基如今已广泛应用于墙面和天花板表面装饰。乙烯基的墙面装饰在制作时，要将乙烯基材料层压至棉质或棉纺质衬垫上。比起棉质衬垫乙烯基，更推荐使用棉纺衬垫乙烯基，因为它更耐用，而且更不易燃烧。

乙烯基与墙纸一样也是按卷销售的，并配有专门的黏合剂。乙烯基墙面应配含有防霉剂的黏合剂，尤其是在温度高、气候潮湿的地区更应如此。霉菌会使乙烯基墙面与黏合剂脱离，并导致表面拱起。安装墙面装饰是工程部员工或外部承包商的工作。但是，客房部员工可能需要承担清理从墙面所渗出的黏合剂的工作，特别是沿缝合部位所渗出的黏合剂。通常选用生产商所推荐的清洁剂能除去黏合剂。

以前选择乙烯基主要是因为其所具有的实用性。因为如有必要，可以用刷子、肥皂、水或者较强的清洁剂来刮洗这种材料。如今，乙烯基墙面不但实用还很美观，且能有各种颜色和材质可供选择。

美国联邦政府将乙烯基墙面装饰材料分为 3 种类型。二类乙烯基既耐用又美观，在公共区域最实用。其使用寿命通常是涂料的 3 倍。但若遭受意外碰撞，则很容易留下划痕和裂缝。有些质地讲究的乙烯基墙面材料还不能擦洗。表 11-1 展示了生产商所提供的关于乙烯基表面保养问题的若干信息。

表 11-1 生产商建议的乙烯基墙面装饰保养示例

墙面 / 天花板：墙面装饰

说明或特点

墙纸通常可分为 3 类。正如其名称所述，不可水洗类墙纸不能打湿，否则会给其带来潜在损坏。可水洗类墙纸则通常有塑料涂层，可以用湿海绵擦洗。可刷洗类墙纸则是由乙烯基或乙烯基合成材料构成，能经受得住用防磨损清洁用品或多功能家用清洁剂进行适度的刷洗。

保养及维护

- 不可水洗类墙纸可用商用墙纸清洁剂来做清洁作业，那是一种胶泥状的物质，在墙纸上涂抹后即可清除污渍。
- 可水洗类墙纸可用浸满凉肥皂水的湿海绵来做清洁作业，然后立即用干净的湿海绵擦拭，再用干毛巾轻拍墙面，直至干燥。可刷洗类墙纸可用商用喷雾泡沫来做清洁作业，先用干净的海绵进行擦洗，接着再用另外一块湿海绵进行擦拭，最后轻拍墙面直至干燥。
- 有些织物表面的墙纸有乙烯基，可刷洗；无乙烯基者，则不能刷洗。但用肥皂水轻轻擦洗污点可能会起效（每次得先在较隐蔽处，甚至在可刷洗类墙纸上先试验一下，以确保不会褪色）。
- 对于无涂层墙纸以及不可水洗类墙纸上的油渍，可以用温热的熨斗把干净的白毛巾按压在污渍上。可以用同样的方法去除蜡笔印。商用去渍剂也同样有效（但要确保其标签中明确说明可以在墙纸上安全使用）。

保养维护说明书只作指南用，要多参考从生产商处所收到的产品说明书。

资料来源：由内尔·凯利设计及建筑整修公司惠允使用。

织物表面

织物表面一般被认为是最奢华的墙面装饰材料。但它们价位高、难安装、易受损，不易清洁。

曾是墙面装饰优先选择材料的亚麻布，如今已逐渐被棉布、羊毛和丝绸等其他材料所代替。有时候为了使墙面的纹理质地更美观，也会把两种或两种以上的材料结合起来使用。

织物墙面装饰有的是用纸做背衬，也有的是用亚克力做背衬。纸做背衬的墙面不容易在接缝处开线，而且比亚克力做背衬的墙面更容易安装。但是亚克力做背衬的墙面不容易起褶皱，而且在安装过程中更方便调整。所有织物墙面装饰都应定期吸尘，应使用生产商所推荐的清洁用品来去除污渍和污点。绝对不能用水来清洁织物墙面装饰，否则会发生缩水问题。

天花板和墙面清洁作业

相对于其他诸如粉刷作业或更换材料之类的替代方案而言，清洁天花板和墙面是饭店最主要的经济实用保养方法。例如，粉刷作业比清洁作业的花费要高、耗时更长，还可能意味着会影响到客房销售业务。而且粉刷作业并不能消灭细菌或去除污垢，而仅只是将它们覆盖起来。另外，粉刷作业还会留下让客人反感的气味。更换材料的花费很可能是清洁作业的 10 倍，并且，在更换了材料以后，照样还得清洁通风口、栅格和风扇等。如果不辅以清洁作业的话，不得不更换材料的频率会更高。

就经验法则而言，在保养天花板和墙面时，同样应遵循生产商所提供的使用说明。一般来说，天花板和墙面分为多孔的、无孔的和半多孔的 3 类，针对不同的种类，其清洁方法也各不相同。

多孔的表面容易吸潮，包括平光乳胶漆、隔音天花板顶板、未上漆的木材，以及有纹理的天花板等。无孔的表面则不会吸潮，包括珐琅漆、已上漆的木材、金属、乙烯基墙纸，以及塑料天花板顶板等，必须擦拭掉这些表面上多余的潮气。半多孔的材料则包括砖和石头。

在挑选清洁剂和清洁设备时，要注意：

- 要买能清洁多种表面类型（多孔的、无孔的和半多孔的）的产品，因为它更划算。
- 要选择对人和宠物都安全无毒、可生物降解、无异味的化学品；清洁剂中不能含氯或重氧化剂，否则可能会损坏其所接触的地毯或家具。
- 应确保清洁剂配有喷雾装置，通常是在瓶身位置，操作者可舒服地拿握；应呈扇形喷雾，以确保喷洒均匀，但又不至于打湿表面。
- 应选择客房部员工在清洁时可不使用梯子或脚手架的设备；这样不仅能节约时间，而且还可以减少事故发生。
- 工具应该有延伸杆，使操作者可以方便拿握，这样能提高清洁作业效率。

在清洁天花板之前，要先对天花板通风口、照明固定装置，以及风扇周围的区域吸尘。还要通过吸尘来清除蜘蛛网和烟垢。给天花板吸尘的最有效方法是操作者站在地面上，手持吸尘器的延伸杆等加长附件。在作业时，很重要的一点是要发挥吸尘器的抽吸功能；不要试图用吸尘器的吸头去"刮擦"烟垢或灰尘，因为这样做，只会将它们碾进天花板表面更深处。

在清洁天花板和墙面之前，要先拿东西把家具和固定装置覆盖起来，以防受潮。应告知客房部员工，如果清洁作业时有滴水发生，则要经常擦拭地面，以避免客人因地面湿滑而摔倒受伤。

窗帘

窗帘包括乙烯基百叶帘、卷帘以及布艺窗帘和厚窗帘等。所有的窗帘，尤其是厚窗帘，容易吸引灰尘、烟雾及其他污染物。对窗帘吸尘（如果生产商没有明示不行的话）能减少需实施的其他形式的许多主要清洁工作的次数，如对厚窗帘的水洗或干洗；对百叶帘用肥皂和水清洗等。

带绳索的厚窗帘和百叶帘都很容易遭扯破或损坏。客人常常是一下子没看到绳索，就直接硬拉厚窗帘或百叶窗，以便能看到窗外。因此，选择有调节杆的，或是带可自动收放开关的，比选择带绳索的要更能有助于防止损坏。另外，选择能不用拆卸调节杆或窗帘就能维修的配套硬件也属于明智之举。

选择容易安装拆卸的厚窗帘能提高客房服务员的工作效率。给厚窗帘选择合适的配套硬件能使厚窗帘的安装和拆卸工作变得容易。客房部应在手头储有备用窗帘，以便急需时可更换客人弄脏的窗帘。

鉴于诸多益处，饭店已越来越关注窗帘。优质的窗帘会有助于防止家具和地毯褪色。它们还有助于饭店的暖通空调系统更高效地工作。像百叶帘、遮光帘以及厚窗帘之类的窗帘不仅提供了私密性，而且还能减少进到房间里来的日光和热气。

单层玻璃窗常被认为是能源利用效率不高，正逐渐被双层和三层玻璃、彩色玻璃、反射玻璃、光谱选择性玻璃，以及充有惰性气体的中空隔热玻璃等所代替。木窗框和乙烯基窗框则比铝合金窗框要能提供更高的能源利用效率。

清洁窗帘 行政管家在决定如何清洁窗帘之前，必须先了解它们的织物成分。该织物可能需要吸尘、手洗、去污渍、水洗或者干洗。关于如何清洁具体类型的窗帘，生产商会提供最佳的信息，但若没有这样的指导信息，则应在窗帘不显眼的地方，取一小块测试一下清洁方法。错误的清洁方法会导致织物的渗色、褪色或者缩水等问题。

对厚窗帘、窗帘以及纱窗吸尘时，小型便携式吸尘器最方便。在操作时，应按照织物的编织方向来吸尘。

厚窗帘的清洁最好是既花钱少又简便易行。选择能够水洗的厚窗帘，可以为饭店节约时间和费用。如果饭店正打算购买可以水洗的厚窗帘，则应考虑由可水洗织物做成，且没有缝制里衬的。这是因为带有缝制里衬的厚窗帘需要干洗，否则，织物或里衬会缩水或拉长从而导致窗帘在洗后变皱了，且无法恢复。选择价格既不贵又可与窗帘分开悬挂的窗帘里衬会比较有优势，这么做可减少厚窗帘本身的厚度。而且，鉴于里衬因暴露在光线下会逐渐变旧，尤其是面向西面和南面的窗户更是如此。更换单独分开的里衬，比更换与窗帘缝在一起的里衬花费无疑要少很多。

很多饭店会建议把必须干洗的窗帘送到店外洗衣房去洗，这是因为若发生洗涤损坏，这些店外洗衣房会提供质量担保。一般情况下，厚窗帘可每两年清洗一次或视需要而定清洗频率，不必拘泥于先后顺序。

家具和固定装置的种类

只需快速浏览下任何一家饭店的客房服务员或大堂服务员的工作清单，就会发现客房部员工每天至少得清洁和检查一次的室内陈设的数量多得令人难以置信。家具和固定装置几乎囊括了从垃圾篓到床头灯、泳池边的椅子、大堂内公用电话等所有物品。

饭店室内陈设的数量和材质取决于饭店的规模和服务档次。通常，不同类型的家具和固定装置会出现在饭店的 3 个主要区域，分别是公共区域、客房，以及员工区域。

20 世纪 90 年代开始的床之战，使很多饭店开始逐渐增加花在客用室内陈设上的费用。在 2007 年春天，普华永道会计师事务所就曾预计美国饭店业在当年会在资本增容、便利设施、对客服务和系统方面投资 55 亿美元。这笔花费比 2006 年高出 10%。最常见的资本投资支出包括：

- 引入客房新科技，包括可兼容 MP3 的音效系统和平板电视；
- 给商务中心配备高速无线网络连接，自助式入住登记和退房终端，以及计算机和打印机；
- 升级免费早餐和晚间接待，提供更多热食和花样菜单以供选择；
- 提供印有饭店标识的床上用品；
- 提供以娱乐和无线网络连接为特色的聚会场所；
- 延长食物和特色饮品的供应时间；
- 提供三重窗帘；
- 提供简单易用的钟表和收音机闹钟、室内健身器材、无线电话，以及增强型的浴室设施[①]。

公共区域

不同饭店的公共区域在规模和类型方面有很大差别。例如，在许多经济型饭店，一个面积不大的大堂便是饭店唯一的公共区域。其室内陈设可能只有简单的照明设备、座椅，可能还有数张小边桌。而在世界级饭店的大堂里，则显然会有更多的豪华设施，如枝形吊灯、喷泉、雕塑，以及其他艺术品。

大堂公共卫生间则包括基本的固定装置，如马桶、洗水池、纸巾罩，以及烘手机，也有可能还包括婴儿尿布更换台、配备专用化妆灯的化妆室，或配备了舒适座椅和桌子的休息室。

大堂服务员负责清洁这些区域的所有室内陈设。此外，他们还必须检查其中的一些物品，以确保它们能正常工作。例如，卫生间内的皂液器和马桶是否能正常工作？灯具内的灯泡是否需要更换？是否有烧坏的荧光灯得向工程部报告？灭火器是否已除尘并做定期检查？通常由工程部负责填装和更换灭火剂，但由客房部负责清洁和注意灭火器是否已到检查时间或已过期，一旦发现过期，则应通知工程部。

除了大堂和公共卫生间之外，很多中档型和豪华型饭店还配备有会客接待室、会议厅、康乐区、餐厅以及酒吧。这些区域的室内陈设可能包括座椅、桌子、便携式活动桌、活动舞台以及活动屏幕，或者房间屏风隔断。聚会和接待设施可能还包括有活动酒吧、舞池以及钢琴。会议室可能配有书写板、支架、投影仪屏幕、幻灯机投影仪、笔记本电脑、高速网络连接设备，以及讲台。

但是，客房部并不负责管理这些特殊设备，或为这些特殊活动布置会议室。例如，会客接待室一般由宴会或会议服务部门的员工来进行布置，也由他们来负责清理桌椅以及其他活动所使用的物品。客房部则负责清洁枝形吊灯、墙面和窗户，以及地毯清洗和吸尘之类的日常和定期的清洁作业。与此类似，会议服务部门负责会议中心，而客房部按照日常清洁时间表来清洁和维护里面的设施。会议或大会所需要的技术支持一般由信息技术部门的员工来提供，该部门通常附属于会议服务部门。饭店内的康乐区一般隶属于房务部，所以得由客房部来进行管理。但户外康乐区则通常是由工程部或绿化部来负责维护。大型饭店内的餐厅和酒吧则在营业时间内由餐饮部负责维护，到下班时间才交由客房部负责。

客房

很多连锁饭店为了帮助旗下的饭店更明智地挑选家具和固定装置，会给他们提供一份产品目录，让它们从中做选择。目录中的产品需符合公司所规定的质量标准，并能确保该饭店与连锁饭店的其他饭店的"外观"基本一样。除此之外，选择这些室内陈设通常也是基于其耐久性、安全质量以及易于维护等特点。有时候，生产商也会根据公司的具体要求来定做室内陈设。

事实上，几乎所有的连锁饭店，以及很多独立经营的饭店都是成套地购置家具，以确保所有家具能保持相对统一的质量和一致的外观。有些成套家具会配有质量保证书，这能进一步保证各件家具的制作工艺。图11-1展示了若干成套家具。

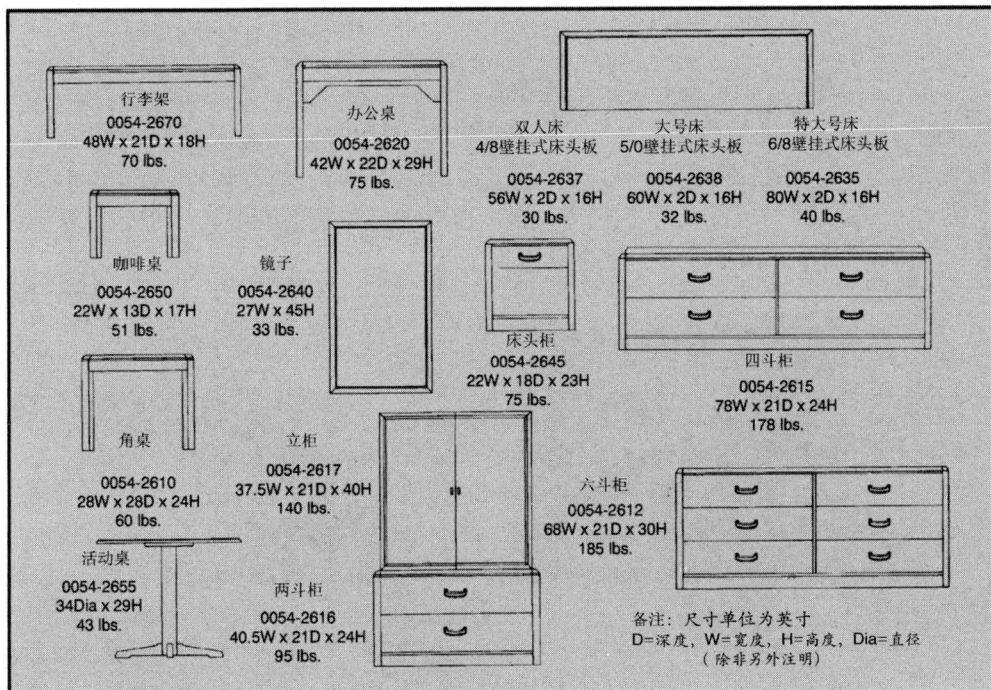

图 11-1 成套家具示例

资料来源：由环球假日酒店惠允使用。

客房卧室内必备的室内陈设至少应包括床、衣柜、床头柜以及灯具，尤其是某些有特色的顶灯和床头灯。客房服务员得清洁这些家具，并确保它们摆放得合理。此外，工作内容还应包括整理好书桌、衣柜和桌子上的饭店印刷资料及便利物品。

室内陈设的材料类型决定了其清洁保养作业程序，并会影响到保养的持久性和难易程度。这些物品可能由木材、金属、塑料、合成或天然的织物，或各式各样的其他合成材料制成。

任何一件家具的基本设计款式会有助于或阻碍其维护工作。例如，装有脚轮或地毯保护垫的家具能减少对地毯的损坏。脚轮能使重型家具移动起来比较轻松。有凹陷式前挡和侧挡板的橱柜式家具积尘会较少。衣柜和正方形的桌子应有封底，这样一来，就不会因有溢溅或清洁地毯时所产生的潮气渗入材料而导致其损坏。餐桌、书桌和衣柜顶层加覆防水材料，就能使其免受水的侵蚀，而且，一般也会更耐脏。

如今，在美国几乎所有的饭店都会提供平板或高清电视。带遥控器的电视是标准配置，而且很多电视还带有无线键盘。房内还提供带有闹钟功能的收音机。另外，大多数饭店还提供通常由饭店信息科技部门负责维护的网络连接。这些东西一般由客房服务员来负责清洁，并保证它们的正常运行。如发现不能正常工作的物品，则必须向工程部报告。

浴室区域最基本的设施有洗水池、马桶、毛巾架、洗水池上方的镜子、照明设备、垃圾篓，以及淋浴间，尽管大多数饭店只提供将浴缸和淋浴功能集于一身的设施。图 11-2 展示了一些浴室里的小件陈设。很多饭店还常会提供洗漱台和专门的淋浴按摩设施。大多数饭店如今已认识到女性商务客人的数量在不断增长，于是，还会提供诸如壁挂式电吹风和穿衣镜之类的便利设施。

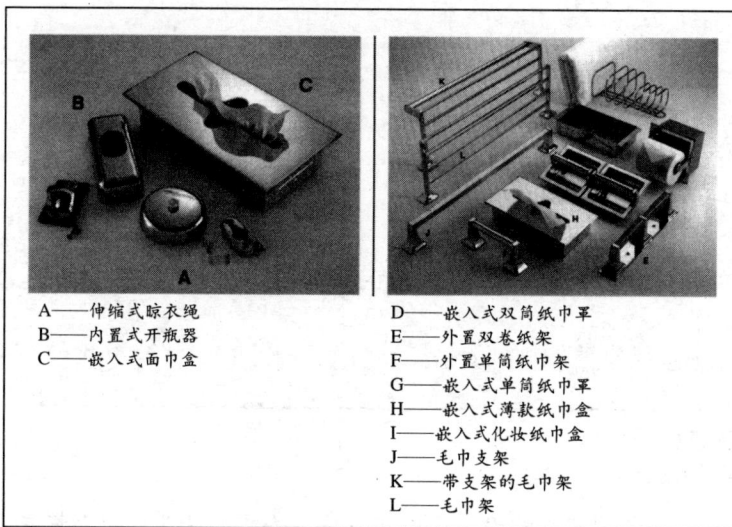

A——伸缩式晾衣绳
B——内置式开瓶器
C——嵌入式面巾盒
D——嵌入式双筒纸巾罩
E——外置双卷纸架
F——外置单筒纸巾架
G——嵌入式单筒纸巾罩
H——嵌入式薄款纸巾盒
I——嵌入式化妆纸巾盒
J——毛巾支架
K——带支架的毛巾架
L——毛巾架

图 11-2　浴室陈设示例

一些中档饭店和许多豪华饭店的浴室特别奢华，或许会提供坐浴盆、涡旋按摩浴缸、桑拿设备以及化妆室。所有这些东西都得由客房服务员来负责清洁作业，并做检查。在洗漱台周围还必须合理地摆放有浴室用的便利物品。

商务旅游的兴起，促使各类型的饭店开始考虑为客人提供起居空间或工作空间，这或者是和卧室安排在同一个房间，或是以套房形式，设在单独房间里。起居空间包括座椅、桌子，还常有书桌和咖啡机。有时还会提供食品饮料储存空间，包括小冰箱或者小酒吧。图 11-3 展示了可用于带起居空间的客房的成套家具。

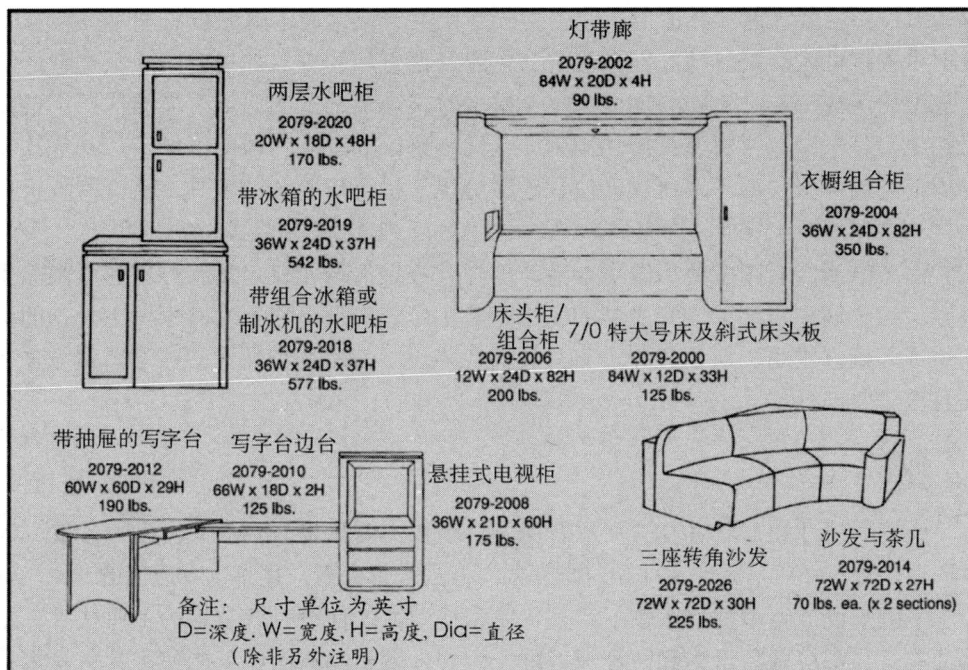

图 11-3　起居空间成套家具示例

资料来源：由环球假日酒店惠允使用。

员工区域

员工区域由办公室、休息室和工作区域组成。在很多情况下，在不同区域工作的员工负责清洁他们自己的工作台，并保证其整洁。例如，工程与维修部的员工要负责清洁自己的办公室。正如此前所提到的，餐厅服务员要负责清理餐桌以及在用餐区所配备的其他室内陈设。办公室工作人员要负责保证自己的办公桌整洁干净。而客房部员工则只需负责给这些区域吸尘、清洁墙面和天花板、清空垃圾篓。在大型饭店里，甚至还会配备专门的办公室清洁工来负责每天清洁办公室。

保养的考虑因素

一般来说，主要清洁程序包括通常是每半年一次或根据需要而开展的软装饰家具清洁作业，以及用水或适当的清洁剂来开展的可水洗家具清洁作业。

大多数清洁作业可利用非常简易的诸如水桶、抹布以及清洁剂之类的工具来完成。不过，软装饰家具的清洁作业得需要专门的清洁设备。这些设备通常设计成手提便携式。可以购买各种配件来使清洁作业变得更加简单，如用专门的工具来清除地毯上的污渍、台阶上铺的地毯、甚至是平时很难清扫到的区域。通常这些设备在工作时会将干泡沫材料注入旋转刷中，这样就可以刷洗有污渍的区域了。一些软装饰用清洗剂可很快变干，所以即使在已租房里，也可用来清洁家具。蒸汽清洗机也同样可以有效地清洗软装饰家具。

做零星清洁的频率要比做主要清洁的高。零星清洁作业包括给灯罩和坐垫除尘吸尘，给金属固定装置上光之类的工作。除尘作业一般会用到含有家具上光剂的除尘纸或超细纤维布。对于软装饰家具和其他陈设，使用小型便携式吸尘器最方便，并且应定期进行。

座椅

座椅的尺寸和形状各异，从靠背椅、扶手椅、安乐椅，到双人沙发、沙发、沙发床和软凳等。质量好的座椅相对贵一些，但从长远来看，还是物有所值的。

一般来说，硬木框架比较不容易弯曲和松动。任何没有软装饰的木质扶手、腿脚或靠背，都应做防污损和防汗渍处理。例如，聚氨酯罩面漆就能使家具免受水和其他液体的影响。

在选择软装饰座椅时，应考察其耐久性。泡沫坐垫比碎泡沫坐垫和棉垫更耐久，并且不易变形。生产商通常会提供与具体的座椅框架配套使用的多种面料以供选择。

软装饰面需要定期进行吸尘和去污。在清洁前，应向生产商核实。一些生产商会给软装饰家具贴的标签上有注明"S""W""S-W"。这些代码分别表示该中软装饰面只能用溶剂清洁、只能用水清洁，或者既能用溶剂清洁又能用水清洁。如果标有"X"，则表示不能湿洗，只能吸尘。很多保养专家建议按照以下步骤对所有的软装饰面进行预测试。

第一，在预测试水性清洁剂时，先将待使用的清洁剂或洗涤剂加水混合制成少量溶液。然后按照标签上的操作指示，使溶液的温度与操作指示所要求的温度一致。

第二，用该溶液完全浸湿软装饰面上某个较隐蔽的地方（较理想的测试地方是垫子上装拉链的一面的一半部位。无论在哪里测试，都要确保涵盖了软装饰面的上所有颜色）。接着，用白毛巾或抹布吸干该区域。如果该区域的软装饰面褪色，则说明不能湿洗。可让测试区自然风干；不要加速其变干过程。

第三，待变干后，再检查该区域。如果软装饰面上的一种颜色已渗透进其他颜色中，则说明该软装饰面也不可湿洗。如果测试部位起皱，则说明湿洗后会出现缩水现象。

第四，如果变干后，在测试部位出现棕褐色的环状图案，则说明湿洗只能作为最后不得已的办法。如果该部位用水进行的湿洗预测试很成功，但该面料有绒毛表面的（如天鹅绒），则应在万不得已时方可尝试使用湿洗。

第五，如果只能用溶剂清洁时，要预先测试溶剂，可将少量的溶剂先倒在白色抹布上，再涂在不明显的测试部位，等待变干。在正式启用之前要先核查测试部位是否出现有褪色情况或其他破损情况。

一旦完成对软装饰面的预测试工作，就应将各自的测试结果记录在案，以备将来参考。切记，溶剂具有易燃性。所以，应购买可与它一起配套使用的设备。尽管溶剂干得很快，但可能会留下异味。因此，在购买溶剂之前，应进行充分的评估。

一般来说，尼龙编织物和优质的乙烯基面料是最耐脏和易于清洗的软装饰材料。使用频繁的区域的座椅应采用只需每天擦拭的乙烯基面料，或是其他的专门为需频繁使用而设计的面料。应避免使用光滑柔软或质地比较轻的布料，因为这类材料制作的椅套容易从垫子上滑脱，而且也很难经久耐用。

橱柜式家具

衣柜抽屉会给客人和客房服务员带来各种安全隐患和麻烦。内嵌式手柄不会剐破衣服，也能避免因突出来的部位而导致磕碰。抽屉的尼龙滚珠轴承和滑轨能降低开合抽屉时的噪声，能降低对抽屉的磨损并消除抽屉被卡住的情况。有些抽屉只需轻轻一推，就可完全合上，这样一来，就能帮助预防人们磕碰到已开着的抽屉。质量较好的衣柜在底层的抽屉下面还会设置有一层防尘板，以防止地面的灰尘和毛絮进入抽屉。有嵌入式背板的家具，即使背板后面有电线插头，也可以贴着墙摆放。图 11-4 概括了在选择橱柜式家具时需考虑的若干因素。

与座椅一样，橱柜式家具也需要用耐用的材料做贴面。聚氨酯罩面漆能保护家具不受到

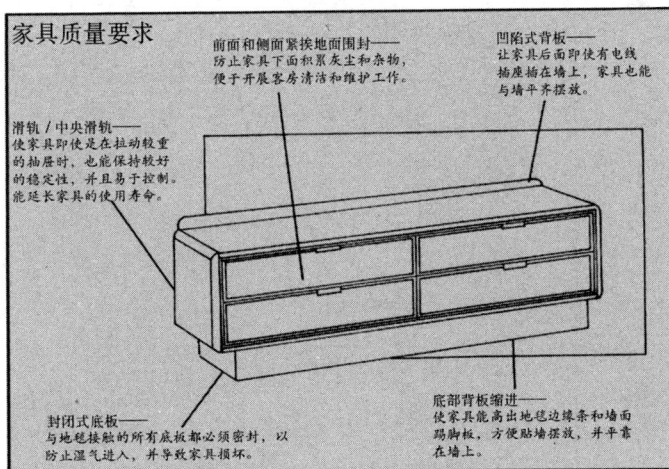

图 11-4 橱柜式家具技术规范

资料来源：由环球假日酒店惠允使用。

污渍或水渍侵蚀。不过,有一些较精良的家具,其所使用的材料的耐久性会稍差一些。此时,选择给家具打蜡能给家具表面提供些保护,并能在一定程度上保护其所覆盖的木材。有些饭店为了进一步提供防护,还会给桌子、衣柜面以及其他较精良家具的表面加放一块经打磨边角的玻璃。

照明设备和灯具

公共区域应选用顶灯作为照明设备。顶灯多种多样,包括精美的枝形吊灯、嵌入式顶灯、活动式投射灯,以及装有灯光散射装置的荧光灯。此外,还有壁灯。

所选的照明设备类型会影响到房间的视觉效果。地毯所用的织物、软装饰面和布草织物,在自然白炽灯光和日光灯下看起来会不太一样。

客房一般也会用到各种各样的照明设备。顶灯通常安装在浴室,或是安装在房间的进门处。在有宽阔工作区的房间或套房内,可能会在工作台的上方安装一盏顶灯来提供照明。在浴室或化妆间里,会安装有带有镜灯的化妆镜。

在起居室和卧室里,通常会在衣柜、床头柜,或座椅附近的地方安装照明设备。金属质的灯座比起陶瓷质的更经得起磕磕碰碰。质量好的金属灯座上基本看不见接缝。如果陶瓷灯饰的颜色是上釉而不是涂漆上色而成,就能更耐久一些。有些饭店会选择可用螺栓紧固在桌面或墙上的灯具,以免打碎或被盗。

灯罩比灯座更需要经常更换。优质的塑料内衬灯罩比布面内衬的灯罩要更持久

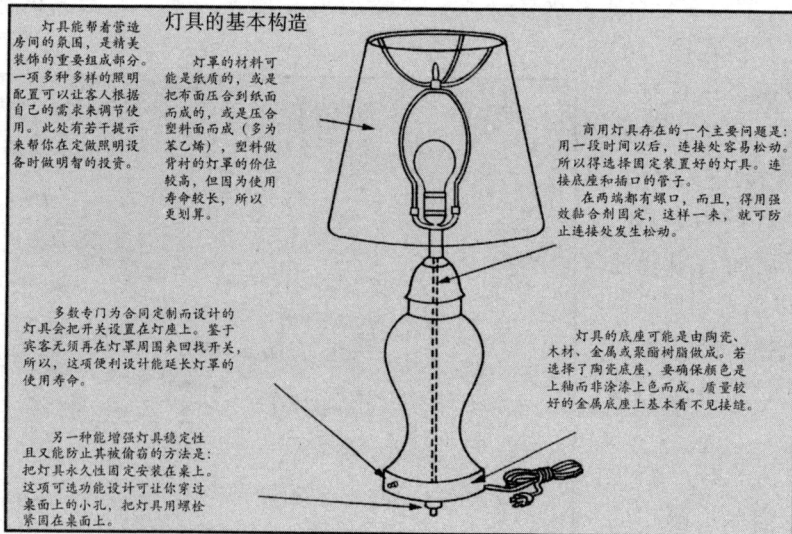

灯具的基本构造

灯具能帮着营造房间的氛围,是精美装饰的重要组成部分。一项多种多样的照明配置可以让客人根据自己的需求来调节使用。此处有若干提示来帮你在定做照明设备时做明智的投资。

灯罩的材料可能是纸质的,或是把布面压合到纸面而成的,或是压合塑料面而成(多为苯乙烯),塑料做背衬的灯罩的价位较高,但因为使用寿命较长,所以更划算。

多数专门为合同定制而设计的灯具会把开关设置在灯座上。鉴于宾客无须再在灯罩周围来回找开关,所以,这项便利设计能延长灯罩的使用寿命。

另一种能增强灯具稳定性且又能防止其被偷窃的方法是:把灯永久性地固定安装在桌上。这项可选功能设计可让你穿过桌面上的小孔,把灯具用螺栓紧固在桌面上。

商用灯具存在的一个主要问题是:用一段时间以后,连接处容易松动,所以得选择固定装置好的灯具。连接底座和插口的管子,在两端都有螺口,而且,得用强效黏合剂固定,这样一来,就可防止连接处发生松动。

灯具的底座可能是由陶瓷、木材、金属或聚酯树脂做成。若选择了陶瓷底座,要确保颜色是上釉而非涂漆上色而成。质量较好的金属底座上基本看不见接缝。

图 11-5　灯具技术规范

资料来源:由环球假日酒店惠允使用。

耐用。灯座上设置开关，能避免客人在灯罩周围来回摸索找开关，以至于在不经意间损坏灯罩。已固定好的装置灯具能防止插座处松动。图 11-5 展示了一些在选择灯具时的考虑事项。

节能照明设备 在很多饭店里，照明设备是节能和环保项目的主要组成部分之一。能使用白炽灯的地方越来越多地开始使用荧光灯。也开始利用日光投射玻璃或反射膜来尝试充分利用窗户透进来的自然采光照明。这些选择能让饭店变得更高效节能，回报也更迅速。

很多饭店现在已开始在灯具上安装传感器，这样灯具会在有人时打开，在房间或所在区域无人时，则自动关闭，这在后台工作区域和卫生间都很受欢迎，有些饭店，甚至在客房里也开始使用感应灯了。

尾注:

① Ed Watkins, "Lodging Hospitality's Guest Services Handbook," Lodging Hospitality, May 1, 2007, pp.39—40.

主要术语

隔音性考虑（acoustical considerations）：某些材质的隔音质量，通常指天花板、墙面或地面。

亚克力（acrylic）：用于制造面料、透明的模型固定装置或表面所使用的一种合成材料。

橱柜式家具（case goods）：有顶板和侧板的家具，例如，衣柜和书桌。

火势蔓延指数（flame spread index）：用于衡量火势在某种材料的裸露表面蔓延速度的指标，若某经处理过的表面的该指数为 0，则表明是不易燃的表面，如水泥石棉板；指数为 100，则表明是未经处理过的木材。

无孔的（nonporous）：不吸收水分的。

降噪系数（Noise Reduction Coefficient, NRC）：表明某种材料所吸收的声音量的指数。

小边桌（occasional table）：小茶几。

固定性装配（permanent assembly）：灯具的底座和灯的插口熔合固定在一起，以防止松动。

多孔的（porous）：吸收水分的。

半多孔的（semiporous）：略微吸收水分的。

止转楔（spline）：用来将面板固定在墙面或天花板上的窄板条。

成套家具（suite）：几件设计近似的家具，通常一起出售，用来配备一整间房。

二类乙烯基（Type II vinyl）：商用级乙烯基。

复习题

1. 列出墙面装饰的主要类型，并讨论它们分别在成本、保养方式和美观程度方面有哪些优点。
2. 为什么在考虑天花板和墙面的材料时，隔音性是一个重要的因素？
3. 什么是降噪系数？墙面装饰材料的降噪系数为 0.6 表示什么？
4. 讨论技术工艺是如何降低墙面和天花板材料的可燃性的。
5. 为什么清洁天花板和墙面可看成为一项节约成本的运营工作？
6. 为什么天花板和墙面的孔隙程度对于清洁工作而言很重要？
7. 讨论窗帘的一些类型以及清洁不同类型的窗帘时的注意事项。
8. 解释饭店的规模和服务档次是怎样影响家具的数量和种类的，以及由此产生的对客房部工作的影响。
9. 讨论饭店所使用的各种桌子、座椅和橱柜式家具。讨论这些种类的家具会摆放在何处。
10. 讨论用于制造各种家具的几种材料。

网址：

若想获得更多信息，可访问下列网址。网址变更恕不通知。若你所访问的网址不存在，可使用搜索引擎查找新网址。

1. American Hotel Register Company: www.americanhotel.com
2. County Draperies, Inc.: www.drape.com
3. Fabtex.inc: www.fabtex.com
4. Hospitality Designs: www.hospitalitydesigns.com
5. Lutron Electronics Co Inc.: www.lutron.com
6. National Fire Prevention: Associationwww.nfpa.org

工作任务分解表：天花板、墙面、家具与固定装置

本部分所提供的程序只用作说明，虽然这些程序具有典型性，但不应被视为是一种推荐或标准。请读者记住，每个饭店为适应实际情况与独特需要，都拥有自己的操作程序、设备规格和安全规范。

给带织物和软装饰家具吸尘

所需材料：便携式吸尘器，或带软管或软装饰的吸尘器、湿抹布、硬毛刷子和中性清洁剂。

步骤	方法
1. 把非固定的坐垫拿开，要放在家具上，不要放在地上。	
2. 用湿抹布擦拭乙烯基或皮制家具表面的溅溢物。	
3. 去除织物装软装饰上的溅溢物。	□按饭店的操作程序除去各种家具上的溅溢物。
4. 用小的硬毛刷把家具接缝处、折叠处或扣状处的残留物刷去。	

（续）

步骤	方法
5. 用便携式吸尘器配件或吸尘器给家具的织物软装饰表面吸尘。	□小心地给乙烯基或皮面家具吸尘，避免磨损和破坏表面。有些饭店只用湿抹布，而不用吸尘器来清洁乙烯基表面或皮面家具。 □对能看得见的表面进行吸尘。 □对坐垫下方和缝隙处吸尘。 □特别要注意折叠处、扣状处和其他容易积尘积垢的部位。

蒸汽抽洗家具所带的织物和软装饰

所需材料：蒸汽抽洗机、获准使用的清洁剂、除沫剂、去污剂、"家具未干"的告示牌、吸尘器和干净的湿抹布。

步骤	方法
1. 给家具所带的织物和软装饰吸尘。	
2. 准备好蒸汽抽洗机。	□按饭店蒸汽抽洗家具的程序作业。
3. 插上蒸汽抽洗机电源，如果水箱有加热器，先加热水箱中的水。	
4. 在污渍较重或溅溢物较多的部位喷洒相应的去污剂，进行预处理。	
5. 把蒸汽注入织物中。	□按蒸汽抽洗机的操作指南使用蒸汽抽洗机。 □先用硬管把蒸汽注入织物中，再吸水。 □在织物表面的各个部位重复以上操作。 □特别要注意清洁已预处理过的污渍部位。 □不要浸泡家具。水如果太多，会损坏家具的填料，并需很长时间才能变干，而且还可能导致长霉。
6. 把脏水倒入清洗拖把的水槽中。不要用脏水冲洗抽水马桶。	
7. 晾干家具。	□把非固定的坐垫先立起来、晾干，然后放回家具上。 □放置"家具未干"告示牌，告知客人：在家具未完全晾干前，先不要使用。 □待家具晾干后，撤掉告示牌。
8. 用干型吸尘器再次对家具吸尘，吸去清洁剂的残渣和污物。	
9. 把所有设备和用品放回原处。	

清洁墙面和踢脚板

所需材料：抹布、长柄羽毛掸子或扫帚和抹布、油布或其他保护用的材料、便携式吸尘器、软装饰清洁刷头、中性清洁剂和梯子。

步骤	方法
1. 给墙面和墙面装饰除尘。	□把一块布包在扫帚上或用一个长柄羽毛掸子，掸去难以够到部位的灰尘和蜘蛛网。 □用湿抹布擦拭其他部位。 □从房间的顶部向下操作。
2. 在清洁墙面和踢脚板之前，用油布或其他保护材料先把家具和固定装置覆盖起来。	

（续）

步骤	方法
3. 请示主管应使用哪种合适的清洁剂。	
4. 备齐清洁材料。	
5. 使用梯子，以便能够到高处的污渍。	☐确保有人帮你扶住梯子。
6. 清洁涂料墙面，抚平墙面装饰。	☐用一块不带清洁剂的洁净湿抹布擦拭。 ☐在有污渍的部位喷清洁剂。用干净抹布轻抹。不要用力擦，否则会破坏墙表面。 ☐从墙的上面向下清洁。
7. 如发现墙面损坏，请报告主管。	☐发生以下情况请向主管报告： • 无法通过清洁去除的污渍和污垢； • 墙面有撕裂或刺破之处； • 墙纸有黏合剂脱离区域； • 其他损坏。
8. 用软装饰清洁刷头对布面和软装饰织物吸尘。	
9. 用湿抹布擦抹踢脚板。	

清洁镜面和给室内陈设除尘	
所需材料：装满公共区域清洁用品的清洁车、玻璃清洁剂和水。	
步骤	**方法**
1. 给室内陈设、照片和标志除尘。	☐根据各饭店情况不同，对油画或表面没有玻璃覆盖的印刷品的除尘步骤会有所不同。 ☐先用干净、略潮的抹布抹尘，再用干抹布。如无特别说明，对天然木材表面只用干抹布抹尘。 ☐如没有特别规定，不要使化学清洁剂、玻璃清洁剂、铜面上光剂或清洁剂或家具上光剂。 ☐如使用化学清洁剂或上光剂来除尘，在除尘后应再用干净的软抹擦拭表面。
2. 清洁镜子。	☐按饭店程序清洁镜子。

清洁百叶窗	
所需材料：装满公共区域清洁用品的清洁车、小扫帚或刷子、结实的乳胶手套。	
步骤	**方法**
1. 戴上结实的乳胶手套。	☐手套可以防止手被百叶窗锋利的边缘割伤。
2. 用干净的抹布、小扫帚或刷子抹去百叶窗上的灰尘。	☐按饭店程序清洁镜子。
3. 先用湿抹布，再用干抹布清洁每一片窗叶上的顽固污渍。	☐确保没有窗叶漏擦。
4. 擦拭百叶窗上的控制杆和绳索。	
5. 清洁百叶窗后面的部位。	
6. 试用百叶窗，确保其工作状态良好。	☐拉绳索，使百叶窗上升和下降。 ☐转动控制杆，打开并合上窗叶。 ☐如有任何问题，请报告主管。

清洁、整理、拆卸及重新挂装窗帘

所需材料：便携式吸尘器或带吸管和软装饰清洁刷头的吸尘器、梯子、窗钩和窗钩盒。

步骤	方法
1. 给窗帘吸尘。	□使用便携式吸尘器或带吸管和软装饰清洁刷头的吸尘器。 □站在梯子上，以便能够到较高部位。不可用椅子或凳子代替梯子。 □从窗帘的上部开始吸尘，慢慢往下操作。 □吸尘时要特别注意短帷幔处、褶状处和折叠处。 □沿着窗帘向下吸尘，吸时不要向下拽窗帘，这样可能会使窗帘杆受压弯曲。
2. 向主管报告污渍情况。	
3. 轻拉支撑杆上的绳索，确保窗帘能开合完好。	
4. 整理好窗帘。	□待吸尘完毕后，整理好绑扎带和其他装饰性附件。 □确保窗帘悬挂平整。
5. 修理窗帘装置上的小问题。如果发生其他问题请向主管汇报。	□修理窗帘装置的步骤因店而异。
6. 如需要修理、吸尘或其他方式的清洁作业，则拆下窗帘。	□如有必要，请寻求帮助。通常窗帘比较重，需两个人才能安全地操作，不要冒险。 □如有必要请使用梯子。站在梯子上始终要相当小心。 □小心地提起窗帘，这样窗钩就会从支撑杆上脱开。用一只手松开窗钩时，要把松开的窗帘搁在另一只手上。 □从梯子上下来。把窗钩从窗帘的顶部拆下来，放入窗钩盒里，避免丢失。 □重复上述操作，直到拆下所有需要拆的窗帘。
7. 再挂上窗帘。	□把窗钩插到窗帘顶部皱褶的背部，在每个皱褶处插一枚窗钩。如果窗钩很难插入，可先在窗钩上涂上肥皂。 □把窗钩均匀地插入每个皱褶处。爬上梯子，以便能够到支撑杆。悬挂窗帘时，可能需要两个人。如有两个人，应一个人装上窗钩，递好窗帘部分，并由另一个人把窗帘挂到支撑杆上。 □从支撑杆的外侧最边处开始悬挂窗帘。先把第一个窗钩插入支撑杆顶端孔中，使之固定在窗帘箱上。 □在每一根塑料或金属拉线上加一个窗钩，不要漏掉任何一个。把最后一个窗钩放入金属拉绳末端的孔内。 □重复以上操作。检查拉线和支撑杆的状况。调节窗帘，使其看上去均匀平整。 □如果支撑杆上没有塑料或金属拉线，把窗钩挂在支撑杆上，以保持皱褶的均匀分布。

第 12 章

学习目标

1. 识别主要种类的床用弹簧和床垫的结构，描述选择和保养时通常考虑因素。
2. 识别饭店经营所用布草的种类和规格，描述通常保养时的要素和布草再利用技巧。
3. 列举在为饭店员工选择制服时要考虑的因素。

12

床、布草与制服

　　近年以来，富有创新精神的旅馆及饭店经营者为了吸引顾客，争相试图用最新款的便利设施来吸引客人，如彩电、空调、餐饮设施、游泳池、娱乐设施等。但是，有一项设施却始终是饭店能否吸引客人的最重要因素，那便是床。

　　本章讨论了如何选择和维护床，以及各种布草。本章内容中还包括了制服，这是因为布草的选择和保养标准也同样适用于制服。

床

　　如果给床进行分类，可分为包括传统的客房用床、婴儿床与折叠床。所有这些种类的床都会在本章被涉及。表 12-1 所示为床的标准规格。

　　多数种类的床都包括弹簧、床垫和床架 3 个部分。弹簧使床具有弹性并能提供支撑；床垫则放置在弹簧上面，并作为额外的衬垫；弹簧与床垫都需要安放在床架上。若挑选得当，这 3 个部分组装起来便构成了一张既耐用又舒适的床，不但容易保养，而且更换起来也很容易。但若挑选不当，

表 12-1　床的标准规格

婴儿床	71 厘米 × 132 厘米
折叠式滚轮床	99 厘米 × 190 厘米
单人床	97 厘米 × 190 厘米
双人床	135 厘米或 137 厘米 × 190 厘米
大号双人床	152 厘米 × 230 厘米
特大号双人床	193 厘米 × 203 厘米

则得经常更换它们，甚至还不时会因它们而招来客人投诉。

　　在多数饭店里，床头板并不附着在床体上。它们通常安装在床头上方的墙上，其设计风格应与其他家具组件保持一致。

床垫

床垫主要分成四种类型：内装弹簧床垫、记忆海绵床垫、乳胶床垫以及空气床垫。顾名思义，内装弹簧床垫的内部装有一层螺旋弹簧，来为身体提供支撑，还有

隔离层和垫料，使床变得舒适。内装弹簧床垫的质量取决于如下几个因素：

- 弹簧的线规［译者注：线规，在我国又称美国线规（AWG, American wire gauge），是一种区分导线直径的标准，这种标准化线规系统于 1857 年起在美国开始使用（号数越低，金属丝越耐用）］；
- 弹簧的数量（双人床至少 300 根，大号双人床至少 375 根，特大号双人床至少 450 根）；
- 弹簧的形状及其联结方式；
- 每个弹簧的有效圈数；
- 垫料的种类（泡沫、乳胶、记忆海绵、绒毛或羊毛等）；
- "舒适层"的质量，这个长绒毛表层会让人感觉羽毛般舒适；
- 所覆盖的织物或坚质棉布（通常会加聚酯纤维衬芯并具有抗污性能）；
  床垫用坚质棉布应是很结实的织物，每平方英寸的重量至少要有 6 盎司；
- 床垫周边应采取滚制式或加强式接缝；
- 床垫侧面应有提手，以便易于移动和翻转床垫。

记忆海绵床垫，也被称为黏弹性垫，是根据美国国家航空航天局（NASA）技术制成的。由聚氨酯制成的记忆海绵比其他海绵的弹性较弱，被挤压后，恢复原状的速度也较慢。但它对温度和重量非常敏感，生产商声称它会减轻整个身体的压力点。

乳胶床垫可以由橡胶树树脂中的天然橡胶制成，更常见的则是用天然橡胶与人工合成橡胶混合制成。乳胶床垫以耐久性著称，通常有 13 ~ 15 厘米厚。一般情况下，都会在其表层添加一层较柔软的乳胶或记忆海绵，以增添舒适度。乳胶床垫不会像内装弹簧床垫那样容易滋生霉菌或尘螨。

有些饭店会使用空气床垫来作为其豪华升级产品。这种床垫用气囊来代替弹簧，用气泵来充气或放气，可以迎合客人自身的舒适度。气囊是封闭的，封存在内置泡沫层内。近年来，生产商们开发出了带有长绒毛舒适层的空气床垫，这成了这种床垫的另一大特色。

房务纪事

婴儿床与安全问题

作为面向带婴儿旅行的家庭所提供的一项免费服务，饭店一般都能在客房准备婴儿床。不仅提供婴儿床，饭店还负责其安全和清洁工作。出于这些义务，客房部必须认真建立各种相关程序，以确保饭店的婴儿床不会给客人的宝宝带来危险。

安全

并非所有的婴儿床都能达到安全标准。饭店的婴儿床必须经过精心挑选，以确保客人的安全。例如，

（续）

一个安全的婴儿床应符合以下要求：

- 婴儿床的床板条间隔不得大于 6.033 厘米，这样才能确保婴儿的身体不会从板条中间掉下去；
- 角柱不得高于旁板 0.1588 厘米，这样才能确保婴儿不会因钩住衣物而被勒住；
- 床头板或床尾板不得有镂空设计，这样才能确保婴儿的头部不会被卡住；
- 床垫支架要牢靠，这样才能确保床垫不会轻易地从角柱处拉开，婴儿也就不会被困在床垫与栅栏之间；
- 床垫要牢牢地固定好，并盖住婴儿床的边缘，这样才能确保婴儿不会被困在床垫与婴儿床间的缝隙里；
- 不得有丢失、松动、损坏或安装不当的螺钉、支架，或其他婴儿床组件；
- 不得出现有裂缝，或脱落的油漆，以防出现铅中毒；
- 不得出现碎片或毛边；
- 应具有达到国家标准要求的合格标志。

婴儿床上唯一可使用的布草便是应与床垫紧紧贴合的婴儿床床单。松垮的床单、毯子及枕头，都会给婴儿的安全带来危险。

洁净度

在向客房配送之前，应用无毒清洁剂彻底清洗婴儿床，并在床垫上铺上干净的床单。一些饭店使用全尺寸的床单，并缝合成信封状，以便能把床垫全部包裹起来。最好是用不含商用化学品的温和清洁剂来清洗婴儿床单。

超出预期

为了超出客人预期，一些饭店还会提供婴儿床礼物篮，其中，会包括尿布、棉签、婴儿油、柔湿纸巾（本地企业也许会愿意提供这些商品，以起到广告的作用）。还有一个不错的主意，就是要提供带有饭店徽标的物品，例如，一个穿着迷你饭店 T 恤的泰迪熊等。

婴儿床垫新趋势

在美国，每年有 3000 名婴儿死于婴儿猝死综合征。尽管"仰卧睡眠"计划显著减小了这一数据，但是，那些因自己在毯子里翻转或在毯子中被缠绕住的婴儿依旧面临危险。一些专家认为二氧化碳在婴儿面部周围积聚或许是导致婴儿猝死综合征的一个重要原因。婴儿安全睡袋制作商 HSS（译者注：原文为 The Halo Sleep System，是一个在欧美知名的英文安全睡袋生产商，Halo 是商标）开发了一种床垫，它可从床垫的侧面来抽运新鲜空气，并经由床垫传到上面，从而达到清除二氧化碳的功效。

资料来源：注册饭店业行政管家盖尔·爱德华兹，《房务纪事》，第 8 卷第 1 期第 5 页。

弹簧及支架

盒式弹簧有牢固的框架，通常情况下会和床垫一起售卖，使床垫能够铺放在平整稳固的架子上。盒式弹簧有助于减震，并延长床垫寿命。一般而言，弹簧由弹簧圈或线圈组合而成，并会在上面覆盖垫料。

平板床弹簧是简单地把条片金属纵向地固定于带有螺旋钩的框架内（两端有小线圈钩）。平板床弹簧最常用于折叠床，如图 12-1 所示。

床架支撑着盒式弹簧和床垫（图 12-2）。床架包括四个金属杆，分置在拐角处以形成矩形框架。为了更牢固，在大号床和特大号床的床架中央还要再加一个额外的金属杆以增加支撑（图 12-3）。通常会在这些金属床架底部装有轮子，以便能轻松移动它们，并进行清洁作业。

不过，有些饭店更喜欢紧贴地面的盒式床架，这意味着不必对床下区域进行吸

图 12-1　折叠式滚轮床

尘或垃圾清理。但是盒式床架也会发生磨损甚至产生凹痕，必须及时进行清洁和修理。

有些饭店会直接将床垫放置在突起的地台上，而无须盒式弹簧或床架。在用地台支撑床垫时，应形成流线型表面，并应将床垫升至客人能舒适使用的高度。

图 12-2　多数金属床架易于安装，并且足够稳固，可支撑较大尺寸的盒式弹簧和床垫

资料来源：图片由马萨诸塞州波士顿市《饭店资料》杂志惠允使用。

图 12-3　中间配有稳固支撑杆的全钢结构的盒式床架。

资料来源：图片由马萨诸塞州波士顿市《饭店资料》杂志惠允使用。

翻转床垫虽然是个简单的维护工作，但可以延长床的使用寿命。许多饭店会每年定期翻转内装弹簧床垫四次（翻转床垫意味着既要把它翻过来、底部朝上，同时，还要旋转床垫头和床垫尾）。不过，乳胶床垫或记忆海绵床垫并不能通过翻转操作来获得改善，尽管旋转床垫头和床尾也可以延长其使用寿命。床垫也可用手提式吸尘器清洁，或在必要时去除污渍。表 12-2 提供了一份床的检查清单。

表 12-2 床的检查清单

床垫

床垫坚质棉布

☐检查磨损情况

☐检查污渍情况

整体情况

☐检查床垫中间

☐检查床垫边缘

☐检查床垫有无下陷

☐检查提手是否完好

弹簧

坚质面料

☐检查磨损情况

整体情况

☐检查边缘是否牢固

☐检查边脚处有无织物磨损

☐检查是否有已损坏的弹簧

床架（金属架）

☐检查轮脚或滑轮（如果有）

☐检查接口处

☐检查大号和特大号床架的支撑横杆

床架（盒式）

☐检查盒式床架是否有磨损或凹痕

床之战

直到 20 世纪 90 年代末，饭店使用的床都还是相当简单的。饭店提供床垫、床单、床罩和枕头。但到了1999 年，威斯汀酒店改变了这一点，它们引入了"天梦之床"，作为它们在市场竞争中争取脱颖而出的法宝。

自"天梦之床"的概念出现的那一刻起，威斯汀酒店的管理人员用了大概一年的时间来进行相关的开发工作。他们在饭店的舞厅中摆满了来自其他 35 家连锁饭店的 50 张床。在几个月时间里，他们试验了上百种床垫、枕头和床用布草，决心开发出业内最好的床。

"天梦之床"是一个全部为白色，共分为 10 个层次的卧具组合，包括:

• 特别定制的席梦思单面软枕型床垫组，所用盒式弹簧内含 900 卷圈弹簧;

• 床上铺有三层平整床单，支纱密度在 200 ~ 250;

• 可依据饭店所在地气候情况，在 3 种不同种类的羽绒被中任选其一;

• 一床棉被和一床白羽绒被;

• 5 个鹅绒 / 鹅毛枕头。

客人们对此非常买账。威斯汀酒店在顾客忠诚度和满意度上的得分在接下来的5 年里获得显著提高。在威斯汀酒店所开展的内部调查中，床在宾客满意度评分中得分最高。2004 年，行业研究机构 J.D. 鲍尔及关联机构 （译者注: J.D. Power and Associates 是一家市场咨询公司，尚无准确中文译名。该公司主要就顾客满意度，产品质量和消费者行为等方面进行调研。2005 年，它加盟 McGraw-Hill 公司，成为 McGraw-Hill 旗下的一个独立品牌。在美国，它最初因在汽车行业的业务而广为人知。近些年，其业务扩展到了饭店等许多其他的行业） 展开了一项北美地区的饭店宾客满意度调查，结果发现威斯汀酒店在高档连锁饭店的宾客满意度调查中名列榜首。[①]

客人非常喜欢这种床,以至于想在家里也能用上同样的床。于是,威斯汀酒店开始出售它们的相关床具配件给客人,2005 年,威斯汀酒店在这方面的销售额竟超过了 1000 万美元。它们既在网上销售,也与诺德斯特姆公司合作,在其零售门店销售。

在 2001 年,希尔顿酒店也创建了自己的床品牌,这种床有专门设计的床垫、羽绒枕、床单、装饰用枕和长枕。2006 年,其宣布斥资 10 亿美元,以革新性方式为其众多下属饭店添置这种床。希尔顿酒店与美国舒达公司合作开发了长毛绒表层床垫。这种床垫在床中央大部分重量容易聚集的地方配备了更多的线圈支撑。它们的广告声称:由美国舒达公司为希尔顿"宁静之床"专利设计的棉被可以减少睡眠时的辗转反侧,可以有助于改善血液循环。它还有更宽阔的内置顶杆来提供额外的边缘支撑。它所增添的线圈和更高的床垫也使床体比先前升高了 10 厘米。希尔顿酒店也在其 hiltontohome.com 网站中开通了网上门店。

鉴于这些改变如此大受客人欢迎,其他饭店很快也在某种程度上跟风学样。希尔顿逸林酒店在 2004 年也升级了它们的床,开发了"甜梦之床"。这种床配有添加了额外线圈的长毛绒表层床垫,挡板箱羽绒被,300 支纱密度的三层床单,与床裙相同风格的现代式床罩,4 个大号双人床用的特大羽绒枕,和 5 个特大号双人床用的特大羽绒枕,以及有"甜梦"刺绣字样的枕头。

同样在 2004 年,大使套房酒店和汉普顿酒店也推出了新床品,后者可将床升高 7 ~ 8 厘米。

随后,当丽笙酒店要在它们的俱乐部级楼层全系统内引进"舒适精选之床"计划时,它们率先使用了空气床垫。其他饭店,例如希尔顿花园酒店,同样也在它们的花园睡眠系统中采用了空气床垫。

在 2006 年,万豪国际酒店集团也升级了它们的床,添加了 300 支纱密度的床单、羽绒床垫、时尚枕套、装饰床围和额外的枕头。

甚至于一些经济型和有限服务的饭店也开始加入了这场床之战。麦克雷特旅馆及套房酒店也引进了新的床品系统,称为"好梦"。2007 年,它们为旗下所有的床配备了 200 支纱密度的三层床单组合。假日智选及套房酒店则以"简单智选床品"理念升级了它们的床,同样也选用了 200 支纱密度的三层床单组合。汉普顿酒店的"九重天床"也选用了 200 支纱密度的床单和被套。[②]

可燃性标准

多年前,美国联邦政府就制定了床垫套件可燃性标准(16 CFR 1632),但是进一步的规程直至最近才颁布。新的规程(16 CFR 1633)(译者注: 16 CFR 1632 和 16 CFR 1633 均为美国联邦标准,该标准用于评估一个床垫或床垫套件遭受到火源类似燃烧时的床单燃烧情况和热释放量情况。美国要求在该国市场上，所有生产商和进口商提供的床垫和床垫套件须符合该标准）将确保制造床垫所用的材料能有助于抑制由明火，如蜡烛、火柴或打火机等所引发的火灾的传播范围和破坏强度。按照要求，在 2007 年 7 月 1 日以后，生产的每个床垫都必须带有标签，声明其达到了美国联邦政府的可燃性要求。

床虱

近年来，饭店管理者们很难为情地在报纸上表明饭店的床也经常会受到床虱的侵扰。床虱的学名是温带臭虫。在 20 世纪 50 年代初期以前，床虱是一种很常见的害虫。之后，它们几乎销声匿迹。直到 1999 年左右，一家名为奥肯的灭虫公司声称：床虱开始死灰复燃，并且不断繁衍。

2006 年，美国饭店业协会与国家病虫害管理协会合作举办了国际床虱研讨会，讨论应如何防止和处理床虱、相关的法律后果以及公共关系问题。这次研讨会同样给旅行者引出了几个提示，建议他们将行李放置在坚硬物体的表面上，而不是地面或床上，当他们发现床虱时，应及时通知前台，并要求更换房间。

床虱会通过客人的行李传播，并迅速蔓延成虫灾。佛罗里达大学的菲尔·凯勒专门研究床虱。他告诉《奥兰多前哨报》说，虫灾蔓延的原因之一是病虫害防治公司于 20 世纪 90 年代中期开始停止使用踢脚板喷雾方式，转而改用诱捕方式来灭虫。诱捕方式对于防治蟑螂和蚂蚁可算是卓有成效，但对于床虱却收效甚微。[3]

最常见的床虱是 0.64 厘米长、扁平、褐色的虫子。它们通常在夜间出现，最常见于黎明前。一般是被人体温度所吸引。一旦被它叮咬上，它会吸食人血液 4 ~ 12 分钟，摄入的血液量是它自身重量的 3 倍多。然后，它便可以在 6 个月内不再进食。

饭店预防床虱侵染的最好措施之一是要充分培训客房部员工，使其知道应如何辨别床虱入侵的迹象。这些迹象包括床单和床垫上的微小红褐色污点，以及这些害虫可能的隐蔽地点附近的污点。这些污点是床虱饱餐后所排的粪便。它们同样应该留意寻找是否有床虱的蜕皮。同时，客人也许会投诉说他们的皮肤遭受到了类似蚊子或跳蚤的叮咬或出现红肿。常见症状是会有连成一串的 3 处叮咬。

在美国饭店业协会的研讨会上，一位名叫提摩太·温克的律师说，饭店要能证明他们的客房部工作人员接受过辨别床虱的培训，证明它们使用了检查清单，证明饭店已经与专业的病虫害防治公司签订了合约。

床虱会藏匿在非常小的空间里，并经常躲在地面、床架和床垫接缝处。在做检查时，客房服务员应留意床垫接缝处，尤其是拐角、床板、床头柜，以及靠近床的地面与墙壁交接的地毯边缘。如果出现大面积侵染，则还会有一种令人作呕的甜味，类似于烂掉的椰子、有汗臭的袜子或腐败的覆盆子所具有的气味。

房务纪事

嗅探床虱侵染

艾克塞尔检测公司用狗来帮助发现饭店、度假村和游艇内的床虱。2005 年，其业主乔·卡斯孔要求他的驯犬师开始训练狗嗅探床虱。

"检测是关键，因为雌性床虱一生仅需一次受精，便可以每天产下 5 个卵，"卡斯孔说道，"这意味着一个雌性床虱可以在仅仅 6 个月内就发动一场有 4000 多个床虱的侵染！在床虱数量还不多时，及时发现环境中新滋生的床虱，有助于尽快彻底根除。"

一旦给狗提供适当的训练，它就可以在 4～5 分钟内检查完饭店的一个房间。一旦狗发现床虱侵染，艾克塞尔检测公司的人便会通过高温杀死成年床虱、蛹、卵和其他虫子，从而彻底消灭它们。艾克塞尔公司的人会搬离房间内的可熔物品，并以 140℃ 高温为整个房间消毒，且会将该温度保持 4 小时以上。在此过程中，一个房间通常仅需把房内物品搬走两天，以便安排和实施灭虫处理。

资料来源：《房务纪事》，第 14 卷第 6 期第 6 页。

重要的是，饭店要及时对客人的投诉和任何床虱侵染的迹象做出回应。一家芝加哥的饭店由于忽视床虱问题，甚至将已认定有严重床虱侵染问题的房间出租给了客人，结果被判决要支付 37.2 万美元的惩罚及补偿金。一家纽约的饭店也因在处理床虱投诉方面的问题支付了 15 万美元的补偿金。[④]

一旦认定有床虱侵染，就得花上两周时间去根除床虱。通常需要雇用专业的灭虫人员，对房间进行清洁，喷药，通风一周，然后再重复一次全过程。

布草

在饭店里，客房部与其他部门的有效沟通对于采购和控制布草供应而言非常重要。例如，餐厅经理或许是决定保证有效经营活动需多少标准量的台布和餐巾的最佳人选，他同时也负责监控桌用布草的使用情况，并负责监测客人对这些产品的满意度。

由于配备正确数量和种类的布草和床上用品十分重要，所以许多较大的饭店会组建布草委员会，来辅助选择和评定当前所使用布草的类型、规格和用途。

布草委员会帮各部门提出布草需求。这个委员会的成员可能包括行政管家、布草房主管、洗衣房主管、总工程师、餐厅经理以及饭店总经理，其他一些从事布草供应相关工作的人员也应包含在内。在较小的饭店里，布草委员会的成员也许仅有行政管家以及总经理或业主。

有效沟通能帮助查明到底在哪个环节出现了布草损耗，每个人也能借此知道其他部门的工作程序。同样，如果所有接触布草的员工都能与客房部紧密联系，那么布草损耗的源头也就更易于找到。与前台和预订等部门的良好沟通也可使客房部对宴会、聚会、会议和其他特别活动需要额外布草时能事先有所准备。

布草的种类

布草依据其使用场合的不同，可分为床用布草、浴室用布草和桌用布草。

设想一下：如果客人拉开毯子和床罩却发现床单破损、脏污、起皱，这会对饭店的经营产生什么样的影响？饭店的床单和枕套不仅要洁净，还必须看上去干爽，像新的一样。此外，床单和枕套还必须要舒适。

许多饭店使用纯白色的床单和枕套。一些饭店将床单和枕套的颜色与床罩和房间内其他装饰的颜色相协调，以营造出典雅的氛围。世界级饭店会专门配备不同的奢华面料，例如，用埃及棉或绸缎制成的、有交织字母的床单和枕套。

与床单和枕套一样，毯子和棉被都需要看上去洁净如新，让人感到舒适。气候是选择毯子和棉被的重要考虑因素。若饭店处于非常寒冷或气候异常的地区，则应给客房配备额外的毯子。

床垫衬垫可用来保护床垫。它们可能是用编织面料、夹棉面料或毛毡制成。鉴于客人很少可以直接看到床垫衬垫，所以在通常情况下，饭店应选择价格实惠的、对床垫保护效果好的面料。毛毡衬垫一般是最为便宜的，但禁不起反复清洗。其他种类的衬垫则包括棉、混纺或 100% 聚酯纤维。

在新饭店里，床罩和枕头通常会按室内设计师的指定要求来采购。其清洁和保养作业最好是遵照生产商的产品说明来进行。

枕头的填充物可以是羽绒、羽毛、丙烯酸纤维或低敏感性泡绵。羽绒或羽毛枕头则更显奢华昂贵。丙烯酸纤维或低敏感性泡绵的枕头会比较便宜，但更加耐用，并且很适用于对羽毛过敏的人。

毛圈织物是最常见的浴室用布草面料。天鹅绒毛巾也许有更平滑的手感，但是它们的吸水性较差。质量较好的毛巾一般带有织边，也就是说，边缘是编织，而不是缝锁的。一些饭店为了让毛巾有更好的强韧度，会建议采购既织边又缝锁边的毛巾。一般而言，有织边的毛巾使用寿命会更久些；它们不像没有织边的毛巾那样在反复清洗和烘干后容易散开。毛圈应有 0.316 厘米高。

在过去，浴巾上经常会织有饭店的徽标或首字母的缩写，然而现在已经基本不这么做了，这是由于太多的饭店客人会永久性"借用"这些有交织字母的毛巾作为他们入住饭店的纪念。2004 年出版了一本有关假日酒店标志性绿条纹毛巾的书，该书通过"借用"假日酒店毛巾的客人们的故事，追溯了假日酒店过去 52 年的历史。这本书的书名非常恰当，《关于毛巾的事，我们原谅你：被借用毛巾的精彩故事》。[⑤]

饭店也需配备加大号毛巾（称作浴毯或浴单）。许多饭店认为浴毯是奢华的便利物品。它们是专为身材高大的客人准备的。然而，一些客人发现浴毯不但不好拿，还太重，不方便使用。因此，许多饭店现在改为提供浴袍给客人，用作浴室便利物品。

浴帘应是可以清洗和熨烫的。防滑垫通常和其他厚绒布物品具有同样的特点，但是它们通常较重。

桌用布草需兼顾实用和美观的需要。从实用角度来说，台布、餐具垫或长条布提供了卫生的就餐表面，餐巾能帮助客人在进餐时保持整洁。从审美角度来说，成套餐具配以平整、崭新的桌用布草和已折叠好的精美餐巾，这能营造一个优雅的餐厅氛围。

设有餐厅和提供宴会服务的饭店需要各式台布。台裙铺于台布下面，经常用于宴会。隔音垫可铺在台布下面，保护桌子表面并吸收噪声。吸音垫通常由多层棉布或背面有聚氨酯泡棉的油布制成。

长条布和餐具垫可用来代替台布，而且也比较实惠和美观。这些物品有各种各样的款式和织法，包括优雅的及手织的。

布草的规格

床单、毯子、台布等的规格都要依据床垫和桌子的规格来定。其他用品则可以基于外观和价格来选择。表 12-3 呈现了基于不同规格的床和桌子的标准布草规格配置。

台布的规格繁多。若要台布铺起来美观，台布边缘就应该足够长，以便能垂下来盖住桌角。

如果采购了许多不同规格的台布，就得花很大的人工成本去分拣。仔细挑选标准规格的台布会使采购、清点、储存和盘存工作变得更加容易。也可把不同规格的台布用不同的色码来标注，以便于分类。床单通常也可以用不同色码的缝锁边线来区别。

布草的保养、再利用及更换

鉴于布草是一项大投资，所以最大限度减

表 12-3 布草的标准规格

床上用品	规格（厘米）
床单	
单人床	168 × 264
双人床	206 × 264
大号双人床	229 × 280
特大号双人床	274 × 280
枕套	
标准	51 × 76
特大号	51 × 102
枕头	
标准	51 × 66
特大号	51 × 91

（续）

浴室用品	规格（厘米）
毛巾	
浴单	91 × 178
浴巾	51 × 102
	56 × 112
	61 × 128
	69 × 128
手巾	41 × 66
	41 × 76
面巾	30 × 30
	33 × 33
浴室地垫	46 × 61
	51 × 76
餐桌用品	**规格（厘米）**
餐巾	43 × 43
	56 × 56
台布	114 × 114
	137 × 137
	163 × 163
	137 × 280
餐具垫	30 × 46
	36 × 51
长条布	43 × 可变长度

少布草的损耗就显得尤为重要。损耗可能因破损、使用不当和遭盗窃而致。

布草的成本可以最大限度地通过减少破损来实现降低。减少破损的一个重要方法是恰当地洗涤这些物品。若用错误的方法来洗涤布草，就会损伤面料，加快破损。

若布草使用不当，例如，用客用毛巾擦拭溢出物，会导致永久性地损坏并增加布草成本。许多饭店用色码来标注布草，以减少不当使用。例如，床单、床罩和毯子可能是白色的；餐桌布草可能是黄色的；而清洁用的抹布则可能是蓝色的。当用色码标注这些物品后，主管就能很容易辨认出被作为抹布不当使用的物品了。

客房部员工可修补尚在可修补范围内的布草。例如，毯子和防滑垫就可以修补。床单还可以再次锁边，以节俭使用。而且可根据它们结构的不同，有时也可以把床罩拼接起来。不过，在有些情况下，采购新布草其实要比修补旧布草更加划算。

布草再利用或再循环可以为饭店节省一大笔费用。将废弃物品变成抹布或许是最简单和最常见的再循环方法。废弃床单也可以被用于替换盒式弹簧底部遭受撕裂或破损的防尘罩。大床单可剪开用作婴儿床床单、围裙和其他物品。台布可剪开用作烫衣板罩。在一些饭店里，降低布草成本的最后一步是以合理的价格将废弃布草出售给员工。这项政策不仅能产生收入以用于再次购买布草，也可以显著减少员工盗窃行为。也有的饭店将用旧的布草捐赠给慈善机构，以获得赋税优惠。

房务 纪事 ▬▬▬◤

选择浴帘：让浴帘更换作业变得容易

客房管理的关键是要建立起能使员工轻松高效完成工作的操作方式。客房中一个经常会被忽视的东西是浴帘。几乎每天都会用到浴帘，但有时却并未能做到适时更换。对客人而言，碰到因频繁使用而变得僵硬且有异味的浴帘颇令人沮丧。

（续）

> 几年前，当流行厚重的乙烯基浴帘时，饭店得培训客房服务员在清洁房间其他地方时，先要将浴帘底部浸泡在装有热肥皂水的桶中，再将其拉起靠着浴室门，从上至下用力擦拭。
>
> 现在，出现了又轻薄又方便洗涤的尼龙浴帘，简单地更换浴帘会显得更加卫生。另外，客人也更喜欢洁净且干燥的浴帘，而不是已用过的湿漉漉的浴帘，它散发的湿气会让浴帘和墙壁滋生霉菌。
>
> 更换浴帘或许比清洗更加卫生，但这样做容易吗？为了使浴帘更换作业变得更为简便省时，饭店必须提供一定量的干净浴帘和浴帘挂钩，以方便每位客房服务员能随取随用。
>
> **浴帘标准量**
>
> 要计算标准量，先得假定客房中的每件物品要都保证有一件在洗衣房，而另一件已从洗衣房送往房间。因为饭店政策也许会要求为每个走房（或仅在需要时）更换浴帘，因此浴帘标准量得基于客人平均住店天数而不是房间数而定。例如，一家拥有 120 间客房的饭店的出租率是 60%，即平均每晚有 72 间已租房。如果客人平均住店天数是 1.8 晚，即这天只有 40 间走房。因此，这家饭店每天需要最少有 40 个洁净的浴帘（或放在客房服务车上）可供使用，另外 40 个放在洗衣房清洗，以备第二天使用。如果饭店倾向于将所有房间的窗帘一并更换，或出租率不是很规律，例如，一周的所有工作日都是客满，但周末出租率却很低，那么在这些情况下，这个公式就得调整了。
>
> **浴帘挂钩**
>
> 如果客房服务员不得不费力打开或合拢浴帘挂钩，则对于他们来说，不更换浴帘才是更为简单。又或者，如果客房服务员在拆下尼龙浴帘的同时，还不得不再对付厚重的装饰性浴帘，这似乎就有些浪费人力了。此时，饭店应采购能使员工更易于有效更换浴帘的挂钩。
>
> **分发浴帘**
>
> 尽管浴帘可以折叠，并与其他布草一同放在客房服务车上，但由于浴帘是尼龙面料，光滑且难以折叠。这里一个简单的解决办法，就是使用有黏性垫板的衣架，如同那些干洗店里用来悬挂宽松长裤的裤挂一样。可把浴帘从中间对折，然后，挂在垫板上，如此浴帘就可保持垂直，并悬挂在推车的任何位置。就像有备用毛巾和床单一样，每位客房服务员每天应准备一定量的备用浴帘，如能简化客房服务员为新入住客房提供洁净浴帘的程序，将意味着饭店会拥有更高涨的员工士气和宾客满意度。

资料来源：注册饭店业行政管家盖尔·爱德华兹，《房务纪事》，第 4 卷第 1 期第 5 页。

选择布草的考虑因素

布草在到达饭店前已经历了一个漫长的旅程。它始于生产布草原材料的棉花田、牧羊场和化工厂；原料从那里运至纺织厂。然后根据不同的方式纺纱和编织。再运到印染工厂，用各种技术来染色、剪裁和缝制成最终产品。最终产品还要经过厂家、工厂、生产商实验室、专业团体、消费者组织和政府机构等上百道工序的检测。

任何负责采购布草和其他纺织品的人都应知道美国国家标准协会（前身为美国

标准协会）在 1956 年便制定并发布了纺织品最低使用要求。这些标准涉及抗断强度、缩水率、色泽稳固性、工艺持久性、接缝强度、耐氯漂性、配件（即拉链、垫圈、纽扣和其他扣件）、毯子的厚度和弹性、防腐蚀性、洗后形状保持性、抗霉烂性、防水性、织物纱线变形程度。欲索取此标准，可致信美国国家标准协会，地址是：纽约 25 西区第 43 大街，NY10036，或致电 (212) 642-4900。

本章不可能涉及布草生产的方方面面，但能提供一些实用信息以帮助饭店为它们的客人选择最好的布草材质。这一节将涉及织物面料、织物构造和织物加工。

织物面料 所有织物最开始都是把原材料纺成长的纤维长条，称为纱线，然后编织或针织成布。

许多合成纤维都是在第二次世界大战期间发明的。此类纤维通常比天然纤维更为结实，而且常被纺织成类似仿丝绸材质的奢华面料。为了使纤维织物更易于鉴别，美国政府于 1960 年颁布法律，要求所有纺织品必须贴上标签来说明其纤维成分。

如今，纱线可由几十种不同材料纺成，主要分为天然、合成和混纺三个基本种类。

天然纤维。布草通常由棉、毛或亚麻这 3 种天然纤维之一制成。棉是这些天然纤维中最常见的。

在合成纤维和混纺面料广为使用之前，大部分饭店布草都是棉质的。棉比较结实，吸水性强，且有各种档次以供选择。不过，现在在大多数饭店里，混纺面料和合成纤维开始取代了棉质布草。但是这种趋势也可能会发生逆转。在纺织行业，天然纤维或许会再度流行，而且消费者也表现出对其他天然纤维织物的青睐。

尽管很多东西都广泛选用合成纤维来制作，但台布（餐桌用布）和毛巾还是以选择棉质为主。棉所具有的良好吸水性使其成为台布和浴巾的首选材料。它还可以通过上浆（合成纤维却不能）来保持平整美观，上浆后的餐巾更易于折叠成各种花式。棉布中的丝光棉虽然价格更昂贵，但有不太容易起毛的优点。混纺棉则既集合了棉布的许多优点，又有合成纤维（主要是聚酯纤维）的耐久性。埃及棉被许多人认为是最长的纤维，也是质量最好的棉布。

羊毛曾经只用来做毯子。它没有合成纤维那么柔软，也并非那么耐用和易于清洗。此外，它还容易黏结，即表面纤维常会缠结在一起。所以现在生产的大多数毯子都改由各种合成纤维制成。

棉和羊毛都可经过粗梳或精梳后纺纱。精梳纤维通常更结实、更有光泽，质量也更好。粗梳纤维更粗、更短，摸上去也更粗糙，而且生产出的织物的颜色更暗淡（如平纹细棉布），还容易起毛起球。

亚麻是由亚麻树的纤维制成的织物，是另一种天然材料。现在，它一般只用作台布。亚麻是一种平滑、耐用、不起毛、速干且吸水性好的材料，但亚麻也很昂贵。

由麻棉混纺制成的成本较低的天然纤维，可100%代替亚麻。

合成纤维。毯子、床罩和浴帘大多数都是由合成纤维制成的。合成纤维或许吸水性没有棉那么好，有的甚至防水，但这点恰恰特别适合用来制作浴帘和床罩。合成纤维同样也有良好的热性能，因此是制作毯子的上佳选择。而且许多合成纤维比天然纤维要更为结实。所以一些制服是由合成纤维编织或针织而成。现在，市面上有几十种合成纤维在售。表12-4列举了其中的一些。

混纺面料。在过去的20年中，许多饭店采购了由棉和合成纤维（通常是聚酯纤维）混纺制成的"免烫"床单和枕套。然而，对这些产品是否确实可以称为"免烫"还存在争议。通常情况下，洗涤作业会使这些布草的抗皱性在布草到了一半左右的使用寿命时就被破坏殆尽了。而且，如果免烫床单和枕套从烘干机内拿出后没有立即折叠，那么其通常也会起皱。

表12-4 合成纤维的通用名称和若干常见商标名称

通用名称	商标名称
醋酸纤维	Celanese, Celaperm
丙烯酸纤维	Acrilan, Creslan, Orlon
聚酯纤维	Dacron, Fortrel, Kodel
斯潘德克斯弹性纤维	Lycra
尼龙纤维	
人造丝纤维	
乙烯基纤维	Vinyion

尽管如此，免烫布草仍通常比那些100%棉织品更结实，而且它们会在反复清洗后更加结实。混纺纤维至少可进行500次洗涤；而100%棉纤维只可进行150～200次洗涤。仅凭这一点，对饭店来说就是一项很可观的节约。而且，这类布草在新投入使用时无须熨烫；比起全部使用全棉纤维，饭店也就不需要采购和使用那么多的熨烫机，也能节约大量的人力成本。

一些饭店还发现：使用一小部分比例的底部是聚酯纤维而表层是全棉织物的浴室用布草，既可以拥有棉的吸水性，又可拥有合成纤维的其他优点。并且，这样的织物还不像100%棉那样容易缩水。

由聚酯棉混纺制成的台布被广泛使用。这些餐巾和台布在投入使用之初会具有棉的吸水性和聚酯棉易于保养的特点。不过，经过反复洗涤后，棉会招至磨损，从而其吸水性会降低。

织物构造 有些布草物品可能不是由机织物制成。例如，毯子可能是由黏合方式或使用一种叫纤维簇绒的方式制成，即把尼龙纤维植绒在一个泡沫背衬上，进而黏合成毯子。这种毯子很耐洗，而且无论看上去还是摸上去都很像天鹅绒。

机织物。机织物有两种纱线。按照纤维的长度方向走纱的纱线称为经纱，而按照纤维的横侧方向走纱的纱线则称为填充纱线（或纬纱）。其强度与耐久性不仅取决于面料由哪种纱线织成，也取决于纱线的粗度，以及其在织布机上排列的密度。当纱线在织布机上排列的密度很大时，这种机织物就很结实、厚重、坚硬；当纱线在织布机上排列的密度比较疏时，这种机织物就较脆薄、松散，而且更加软绵。

经纱和纬纱的均衡程度是这种机织物质量的重要指标。质量较好的机织物，其均衡程度很好。也就是说，它在每平方英寸上有大致相同数量的经纱（不多于 10）和纬纱。这种均衡程度决定了该机织物能否经得起平烫机的反复拉伸。

织物在每平方英寸上的纱线数量即是该织物的支纱密度。支纱密度用来表示经纱和纬纱的数量，如 80×76，或者把每平方英寸上经纱和纬纱的数量相加，即得出每平方英寸织物的总支纱密度，例如，T120（后一种表示方法并不能说明该织物是否经纬均衡，可直接向生产商或销售代表索要更多信息）。

支纱密度的范围从 80～700 不等，但大多数床单的支纱密度都在 180～320。经济型饭店过去常使用的布草的支纱密度在 150 或更低。但鉴于现在的客人有更高的要求，所以大多数饭店都已将布草的支纱密度升级到 180～200。提供有限服务和选择性服务的饭店则通常会选择支纱密度不低于 200 的床单。提供全套服务的饭店则一般会采购支纱密度在 250～280 的床单。一般说来，这些床单都将更加舒适和耐久。世界级饭店和豪华型饭店则会选用质量更高的布草，其布草的支纱密度至少为 280，有些可以高达 400。丽嘉酒店（译者注：原文为 the Ritz-Carlton hotel，世界著名顶级饭店之一，有译为丽思卡尔顿饭店或利兹卡尔顿饭店，但该饭店自己确定的中文名称为丽嘉酒店）使用的是支纱密度为 400 的床单，但也有很多如凯悦酒店使用的是支纱密度为 300 的床单。[6]

若支纱密度超过 500，则通常会用股纱，即将纱线缠绕在一起而得到多股高质量纱线，这就意味着织物会更薄，布草会更柔软，但也更脆弱，并且不会像其他织物那样耐磨损。

支纱密度是织物耐久性的一个有效指标，但只适用于比较同一种织物所制成的布草。不同的织物可以有同样的支纱密度，但其重量却可以不同。如果一定要比较两种织物，那么比较每平方英寸织物的重量应是决定哪种织物更耐久的好办法。有时毛巾也可通过每打的磅数来测量。

纱线可以编织成 3 种基本的织物形式，分别为平纹织法、斜纹织法和缎纹织法。

平纹织法中的纬纱只是简单地在经纱上面或下面以十字形图案编织。斜纹织法比平纹织法更耐久，它以对角线模式编制纱线。大多数床单、枕套、毛巾、台布和餐巾都属于平纹织法的织物。然而，也有一些饭店会选择采购一些更奢华也更昂贵的缎纹织法的织物。缎纹织法指经纬线交错编制，能生产出表面光滑的织物。

毛圈织物。它是以平纹或斜纹为基础，加以特种经纱在基底两边拉织，从而形成毛巾表面上的毛圈。表面毛圈经修剪后，可以形成丝绒。提花毛巾是将凸起毛圈或丝绒编织进织物，以起到类似雕刻的效果。

台布(餐桌用布)。它可由平纹织物制成(也称为粗布)。织花布是另一种平纹织物，它会每隔一定间隔，重复编织几何图案。穆米埃（Momie）布也是织花布的一种。锦缎是一种有图案的面料，用的是斜纹织法；其背景或字段是由数根纬纱上编织经纱，形成的缎面效果。这种效果看起来很雅致，但经线穿过越多的纬纱，织物就越薄弱。单面锦缎结构（不同于双面锦缎结构）经过的纬纱较少。这就是为什么大多数饭店喜欢使用单面锦缎布草的原因。

梭织毯来自平纹织法，适合于夏、冬季。热编织也是一种平纹织法，专为寒冷气候设计，能使毯子表面有微小的凹陷，造成类似华夫格的质地，可贴近身体聚集暖空气。

织物加工 除了织法外，其他一些因素也会影响织物的质量。例如，一个床单虽然具有高支纱密度和优良经纬均衡，但洗涤时会掉色，或其颜色褪得很快，或边角不严密，那就不值得购买。因此，织物加工、染色和缝纫都是很重要的考虑因素。

染色。选用与客房或餐厅装饰颜色相协调的布草往往是提高饭店美观程度的好方法。然而，有色布草会使采购、洗烫和盘存程序都更为复杂。

采购者应在采购前查明每一物品是如何染色的。在纱线阶段（即编织前）缸染的布草是最不会褪色的。另外，采购者应确保采购同一批染色的布草。这样可避免批次间出现微小的色差。不过，长期的补充购置可能还是会遇到问题，这是因为届时该批染色的产品已经过期，难以再找到相匹配的产品了。

虽然缸染的布草的色泽会保持得很好，但是经过几次洗烫，所有染色的天然纤维都会褪色。比起浅淡的颜色，鲜亮颜色的褪色效应会更加明显。而且，如果频繁用氯漂白剂来清除污迹，也会进一步加速褪色的速度。所以，必须制定洗烫程序，并仔细地遵照执行，以帮助布草保持它们原有的颜色。

鉴于布草在洗涤时会褪色，客房部负责储存和库存的员工应仔细地轮流循环使用有色的布草，以使所有批次的布草基本能按同一速率褪色。当布草褪色严重到不能再使用时，就得将其废弃，并且采购新的布草。

缝制。大部分的布草都是在织布机上按照标准幅宽编织的，所以仅需在末端缝边，以防止脱线散开。不过，为了美观考虑，采购每条边都缝制好的台布也是个好主意。

一般而言，缝边线应选用一些和织物本身有相同收缩率的纤维类型。否则会在洗烫后产生褶皱。缝边线的针脚要密，以便缝边线与该织物一样牢固。如果缝边线脱线了，则必须交由客房部员工修补，如果这种情况经常发生，重新缝边的成本将会很大。

房务纪事

毛圈织物的采购真相与技巧

- 毛圈织物产业比较与众不同，只有屈指可数的生产厂家；
- 生产厂家通常会在 7 月停产两周以完成设备维护，并会让员工休假；
- 价格通常会在每年的 1 月和 7 月做两次调整，如果近期棉花的价格一直在上调，这就意味着毛圈织物的价格也会大幅度上升；
- 毛圈织物制成的毛巾有两种镶边方式：凸轮边（平纹、布边）和更为昂贵的织花边（斜纹、设计边）；
- 链形缝法毛巾质量较差，因为针脚容易散开；双线连锁缝法越来越成为行业标准，因为采用这种缝法，线头不容易松，劳动生产率也比其他缝法高；
- 最流行的毛巾规格被称为"协会标准"，近几年来，这个规格有所变更，浴巾从 51 厘米宽、102 厘米长和每打重 1.8 千克，增加到 61 厘米宽、127 厘米长和每打重 4.8 千克；
- 联合采购可以节约成本，同时，一些大的饭店企业的采购部也热衷于向单体饭店出售物品，愿意以节省费用的方式供货；
- 在采购进口布草时切记谨慎：要确保针脚、织物构造、耐久性和色泽稳固性达到饭店标准；
- 收到货后，应称一下每打毛巾的重量，以确保订单无误；
- "协会标准"允许装箱的一般质量的布草可含有 10% 的二等品，一等品质的布草（无瑕疵）通常都是留着零售的；
- 及早订购，以避免昂贵的快递运输费用。

价格可做如下调整：

织花边	增加 20%
米色	增加 8%
其他颜色	升级至零售标准或至少订购 100 打；增加 25%
加编织名称	至少订购 100 打；增加 25%
从工厂直接装运	仅限箱装，允许 4～6 周的交货期
从仓库装运	无订购数量限制，72 小时内起运；增加 3%～4%

资料来源：《房务纪事》，第 3 卷第 6 期第 16 页。

制服

饭店的员工或许会身着很多不同种类的制服，门童、泊车员、男女迎宾员、男女前台接待员、行李员、厨师长及厨房其他员工、服务生、宴会服务员、工程人员、客房服务员、洗熨工以及其他员工等，都会专门配备各自的制服，甚至还可能分别配备有不同季节的制服。每件制服都可能由几部分来组成，门童的制服可能需要外套、夏季上装、裤子、帽子和马甲；而女迎宾员则需要裙装、女式衬衫、马甲或短上衣和领巾。

在许多饭店里，员工名牌同样属于各种制服的一个组成部分。员工名牌是能把所有饭店员工都维系在一起的一个基本元素。对于佩戴它的人以及看到的人而言，员工名牌传递的都是一种友善好客之道。在大多数饭店里，下到客房服务员，上到总经理，无一例外，都必须佩戴饭店所发放的员工名牌。一个员工名牌，加上以一个温暖的微笑欢迎，这是所有种类的员工制服中最重要的组成部分。⑦

房务纪事

工人和员工会对新制服心怀感激

饭店员工希望在长时间的工作中能穿上美观舒适的制服。从事体力劳动的员工需要穿着便于他们行动的制服；而被安排到炎热场所工作的员工，如在厨房、锅炉房、水疗区，或在温暖气候下于室外工作者，他们则需要面料透气性好且让人保持凉快的制服。

管理人员和业主们试图既要确保员工们能遵守穿着制服的要求，但又不想因为制服问题而影响员工士气。无论是选择职业风格，还是高档、娱乐、运动等风格，他们都想要确保所有员工能通过穿着制服而具有比较一致的、可体现饭店品牌形象的外观。

制服服务公司

制订一个能满足所有这些要求的制服计划既费时又复杂。不过，制服服务的公司（那些能提供制服出租、租借以及售卖服务的公司）可以帮上忙。它们能给客户所提供的协助已超越了只是简单地提供服装、收取脏制服、洗熨制服和送返洁净制服的范畴。

制服服务公司会同饭店管理人员协商，以确保它们所选择的制服面料能最好地满足目标要求，并为饭店提供最新的纺织技术或与纺织品生产商所推出的最新制服面料相关的信息。如果饭店的制服计划修订版仍停留在初期阶段，它们可提供能立即用于制作制服的各种面料信息。

另外，制服服务公司还能帮助顾客研究制服设计工作，提供能满足所期望视觉效果的新选择。制服与纺织服务协会（UTSA）是一个国际贸易组织，会代表这些企业和工厂发布关于新制服类纺织品方面的消息。

耐磨性与耐久性方面的新选择

近几年来，65%棉与35%聚酯纤维混纺是很受欢迎的饭店及度假村员工制服面料。这种混纺面料有许多优点，包括耐久性。按65：35所制成混纺面料比100%棉的使用寿命长2～3倍，这一点也不稀奇。它们同时还有另一个很吸引管理人员们的优点——抗皱性。减少褶皱能有助于使制服看起来显得平整利落，使员工看起来非常整洁，从而衬托出更专业的形象。

制服市场上的混纺面料产品还具有很突出的可去污性能，甚至最顽固的污渍都可以去掉。

然而，混纺面料也许在透气性方面比不上100%棉所制成的面料，所以，在炎热环境下工作的员工也许会觉得其制服不能在工作时保持清新。另外，混纺面料的柔软性有所下降，这或许对那些需从事大量走动工作任务的工人而言有一定的妨碍。

（续）

更多新科技面料

如今引进到制服市场的一些新纺织品已结合了全棉面料和棉与聚酯纤维混纺面料的优点。例如，所谓的亲水性面料，对诸如耐克的快干排汗面料等服装有所了解的顾客会比较熟悉这些东西。

用于制作服装所用的亲水性面料属于 100% 的聚酯纤维编织，它不同于 20 世纪 70 年代风格的那种聚酯纤维产品。这些新面料使用精纺纱，能使产品的质地很像是真正的棉，用它制作的服装柔软，行动起来无拘无束。它们有助于运动员、户外运动爱好者，以及又忙又热的饭店员工保持凉爽和干燥。这原因在于这些面料能使汗液远离皮肤并迅速蒸发，由此提高穿着舒适感，并可以减少体味，这是因为缺少水分，可使导致产生难闻气味的细菌难以大量存活。

排汗性能可以为在炎热环境下在室内工作和在炎热或寒冷气候下室外工作的员工，或在这两种温度条件之间跑动的员工提高穿着的安全性。不易褪色、耐久性和抗皱性好的亲水性制服面料，能确保这些新制服在穿着过程中保持洁净。

拉伸性能也可为改善制服的构成提供新选择。过去一般会通过在混纺面料中加入莱卡来增加衣服的拉伸性能。但它不太适用于做工作服装，这是因为该面料在拉伸延展以后穿在身上也会很热。同时，它的耐久性也很有限。这让雇主对选择这种面料提不起兴趣。然而，现在可以选用具有排汗性能的莱卡，它能提高穿着者在活动中的舒适度。除了莱卡外，还有些机械延展成分也会被混纺至做制服的面料中。不断寻找的结果是按 65：35 制成的混纺面料最具备伸展舒适、防污以及其他一些性能。

从制服计划中获得最大价值

为了确保饭店能在制服计划中获得最大价值，管理人员应考虑如下事项：

- 要根据员工可能需要承担的工作任务和所希望的制服外观，来选用耐久性最好的面料。耐久性不强的面料将会因频繁洗熨而很快遭到损坏。
- 要确保所有制服都能获得良好的修补，撕口和破洞都会很快补好。根据与制服服务公司的协议，通常的修补包括基本清洗、蒸汽熨烫和去除污渍。制服公司同时还得提供破旧制服的以旧换新服务，以及在需要时能及时递送大码或小码制服的服务。
- 要鼓励员工对他们穿用制服的经历进行反馈。如他们在开展正常的工作任务时，制服的缝合线和面料是否紧绷着？如果是这样，就得选用更结实的面料或特别加固的缝边。如果员工总是感到穿着制服时太热，则需要选用透气性更好的面料。
- 要让饭店的徽标或其他可辨认的独特商业元素，例如，标语或部门名称等，尽可能地出现在员工的穿戴上，包括制服、罩衣、手套、帽子和其他附属产品上。这样一来，能有助于打击制服盗窃行为，有助于加强安保工作，还有助于强化客人所能感受到的饭店品牌形象。
- 要把已收集好并准备送洗的制服找安全的位置放好，这样一来，如果不是饭店的员工就弄不到饭店的制服，也就无法利用制服来打掩护，并在饭店从事非法活动。
- 要确保所有部门管理人员能收回曾发出去的已辞职员工或合同已终止员工所持有的制服。

纺织品服务公司可帮助饭店管理者来识别每项工作活动对服装的影响，以及所选择的制服面料是否能达到饭店和员工们的特殊需要，这可确保所有饭店员工在工作时，能既穿着舒适，又显得形象专业。

资料来源：詹妮弗·凯勒，《房务纪事》，第 12 卷第 3 期第 14 ~ 15 页。

识别制服的需求

识别制服需求就像识别布草需求一样，管理人员们也可通过向员工征求意见，来确定他们是否想穿制服，以及他们喜欢哪种风格。在多数情况下，尤其是在连锁饭店里，会由饭店管理层来决定哪些员工需要穿制服，以及应选择什么风格的制服。穿制服的员工需要协助跟踪改进这些制服的质量。饭店同时还必须决定由谁来为制服埋单，是员工还是饭店，以及这些制服该如何保养。

同布草一样，还必须确定制服的标准库存量，一些因素会影响到标准库存量，例如，饭店洗衣服务或店内洗衣房要负责清洗制服吗？是由员工自己负责清洗制服吗？穿制服的员工的流动率高不高？穿制服的员工在从事什么样的工作任务时可能会损伤或毁坏制服？

选择制服

饭店管理人员喜欢让员工穿着制服，是因为这样做能便于控制员工的着装。同时，管理人员们还可以通过他们所选择的员工制服来塑造饭店的形象。客人喜欢制服则是因为他们可以借此确认谁能提供帮助和咨询。很多员工喜欢穿着制服，则是因为这样做能免除员工自己选择、购买，有时甚至是保养自己的工作服装的麻烦。

然而，饭店在选择员工制服时应谨慎。餐饮服务员或许会拒绝穿着过于暴露的制服，因为这会吸引客人不必要的关注。员工也不愿意穿着那些过时的、不舒适的或不合身的制服。管理人员必须要牢记制服应使员工感觉到整洁得体，并且有自信与人接触。如果员工不喜欢他们所穿着的制服，他们的不满会传递给客人。一些饭店会邀请知名时装设计师对他们的制服进行创新设计，请参见表 12-5 所示。

表 12-5　设计制服

> 尽管多数饭店员工并不认为他们的制服是宜于高调走秀的时装，但越来越多的设计师却加入到了为饭店设计制服的角逐行列。
>
> 这得归咎于电视真人秀节目，例如，在《飞黄腾达》节目以及《唐纳德·特朗普秀》节目中，各团队通过竞赛比拼获得商业成功，以及在《天桥骄子》节目中，时装设计师打擂台赛看谁的设计最好。
>
> 在 2006 年，《天桥骄子》节目第一季的亚军与 NYLO 签约。NYLO 是北美一家新的连锁饭店企业。丹尼尔·维索域与其签约，为这家新筹建的饭店企业的员工设计服装。设计员工们喜欢穿的制服，这被规划为对饭店装饰的延伸。该饭店还将在网上和饭店礼品商店向客人出售这些制服。
>
> 无独有偶，《天桥骄子》的评审之一，迈克尔·柯尔也与喜达屋集团签约，为他们设计制服。他所设计的制服有些类似于他商店里售卖的服装系列。
>
> 同在 2006 年，四个《飞黄腾达》候选人的决赛任务便是为大使套房饭店品牌设计制服。获胜制服

（续）

将在其全部连锁饭店里投入使用。

"作为一个饭店品牌，我们要为客人不断努力创新，提供舒适和高质量的服务，"该饭店主管品牌营销与沟通的副总裁约翰·李说道，"但我们所做的每件事也都想着我们的团队成员，所以我们决定以他们为关注点，来安排这项任务。"

聚焦该饭店的员工，就能了解他们想要的是什么，即合身、功能性和专业感。最终由该饭店的员工来投票决定哪个设计会胜出。

其他参与制服设计的时装设计师还有辛西娅·洛蕾，她为丹佛地区的摩纳哥酒店设计了礼宾员和客房服务员制服，以及纳西索·罗德里格斯，其为格莱梅公园酒店也设计了制服。

值得庆幸的是，市场上可供选择的制服种类繁多，在风格、颜色和面料方面琳琅满目。如今的大多数制服都是由涤棉制成，不仅耐用、便于保养、不易褪色，而且能几乎和全棉面料一样舒适。聚酯纤维或其他合成面料常用来制作上装、外套、丝巾、马甲、领带和其他配饰。不过，在饭店的有些区域里，全棉制服仍然受到欢迎。例如，全棉的厨房围裙要比那些合成面料或混纺面料制成的围裙吸水性更强，且更易于清洁。

尾注：

① "Westin Heavenly Beds Celebrates Fifth Anniversary; 19 Million Guests Agree—Westin is Still the Best in Bed," Business Wire, August 30 2004.

② Lindsay Otto, "Threadcount Basics that Every Housekeeping Manager Should Know," The Rooms Chronicle ®, Volume 15, Number 2, pp.1,14. For subscription information, call 866-READ-TRC.

③ Tim Barker, "Bedbugs Finding Their Way into Hotel Beds Throughout Orlando," The Orlando Sentinel Via www.hotel-online.com, July 1, 2001.

④ "Unique Technology Introduced for" Sniffing Out "Hotel Bedbug Infestations," The Rooms Chronicle ®, Volume 14, Number 6, p.6. For subscription in information, call 866-READ-TRC.

⑤ "The Holiday Inn Green-striped Towel Earns a Permanent Place in Americana; Tracing the 52-year History of Holiday Inn," via www.hotel-online.com, October 19, 2004.

⑥ Otto, pp.1, 14.

⑦ "Why Employee Nametags Are So Important," The Rooms Chronicle ®, Volume 13, Number 4 p.11. For subscription information, call 866-READ-TRC.

主要术语

盒式弹簧（box spring）：一种固定在木质框架内的床用弹簧。

纬纱 [fill (or weft) yarns]：沿着织物宽面纺织的纱线。

平板床弹簧（flat bed springs）：由金属条与螺旋钩相连接而制成的床用弹簧。

螺旋钩（helical hooks）：两端带钩的小螺旋圈。

弹簧床垫（innerspring mattress）：弹簧安装在衬垫层之间的床垫。

乳胶床垫（latex mattress）：由橡胶树树液提取的天然橡胶制成，或更为普遍的是由天然橡胶和合成橡胶混合物制成的床垫。

台布（napery）：餐桌用布草。

标准量（par）：手头必须有的、支撑客房部日常运作所需某样库存品的标准数量。

平纹织法（plain weave）：一种纬纱在经纱上下交替编织的织法。

缎纹织法（satin weave）：一种经纬纱交错编织的织法，所织成的面料非常平滑。

织边（salvaged edges）：编织的毛巾边缘，没有缝边。

损耗（shrinkage）：磨损、使用不当或由于盗窃而导致的布草丢失。

毛圈织物（terry cloth）：以平纹或斜纹作底，外加从底部向上拔出的经纱，在毛巾表面形成的线圈织物。

支纱密度（thread count）：每平方英寸中所含经纬纱线的数量。

坚质棉布（ticking）：用于覆盖床垫和弹簧的坚硬织物。

斜纹织法（twill weave）：一种以对角线模式编织纱线的织法。

经纱（warp yarns）：沿着织物长度穿行编织的纱线。

复习题

1. 说出床的几个主要部分。
2. 说出床垫的几个主要类型，并讨论每一种的优缺点。哪一种最适合你所任职的饭店？为什么？
3. 回顾影响现存布草数量的因素。在你所任职的饭店，哪些特殊因素会影响布草的供应？
4. 客房部与其他部门的良好沟通是如何影响布草的采购和控制的？
5. 讨论布草面料的主要种类、优点，以及每种面料的得当使用和不当使用方式。
6. 什么是布草的再利用？为什么它很重要？你所任职的饭店是如何进行布草再利用的？
7. 制服有哪些优点？
8. 讨论制服与员工士气的关系。

网址:

若想获得更多信息，可访问下列网址。网址变更恕不通知。若你所访问的网址不存在，可使用搜索引擎查找新网址。

1.American National Standards Institute: www.ansi.org

2.Harbor Linens: www.harborlinen.com

3.Hilton to Home: www.hiltontohome.com

4.Hospitality Index Database : www.hospitality-index.com/ category.html

5.Marriott Store: www.shopmarriott.com/index.aspx

6.Mission Linen and Uniform Service: www.mission-linen.com

7.Sealy, Inc.: www.sealycontract.com

8.Sleep Products Safety Council: www.safesleep.org

9.Sobel Westex : www.sobelwestex.com

10. Uniform & Textile Service Association: www.usta.com

11. The W Store: www.whotelsthestore.com

12. Westin at Home: www.westin-hotelsathome.com

第13章

学习目标

1. 了解地毯的构造中能影响其耐久性、质地稳固性以及实用性的因素。

2. 了解地毯的保养和维护问题。

3. 了解真空吸尘器、湿型吸尘器、湿型抽洗机以及旋转式洗地机在地毯和地面保养中的作用。

4. 描述常规的地毯清洁方法及特殊的处理方法。

5. 区别弹性地面和硬质地面，并分别描述这两种地面的正确清洁和维护方法。

13

地毯与地面

在人类能够超越万有引力定律之前，人们始终得行走在地毯和地面上，往上面溅洒液体、在上面奔跑、对其碾压，直至逐渐磨损。在饭店里，每天有成千上万的脚步走在地毯和地面上。这样踩踏的结果便是：地毯和地面很容易损坏、也很快会脏。一块用脏的、有污渍的或褪色的地毯或地面给客人会留下这样的印象：这家饭店的维护和保养工作真差！因此，毫无疑问，大多数饭店在选择地毯和地面材料时，都会把耐久性、美观程度以及其维护保养的难易程度作为主要考虑因素。

每年，市场上都会涌现新品种的地面用材、地面清洁用品和保养设备。行政管家需及时跟进这方面的新动向，以便制定有效的清洁程序，并向饭店管理者推荐需要购买的设备，并制定严格的合同以确保获得合适的地毯和地面清洁服务。例如，很多饭店会通过购买地毯及地面两用设备来节省开支。

本章中的"地面"一词统指除地毯之外的所有地面。在简单介绍普通地毯和地面的保养考虑因素之外，本章的内容侧重于介绍饭店常见的地毯和地面类型；常用的预防性和日常性地毯及地面保养程序和设备；以及典型的地毯和地面清洁方法。本章还将简单介绍地毯的一些特殊处理方法，如杀菌处理、抗静电处理，以及检验"绿色"地面维护。

地毯

地毯相对于其他的地面覆盖物而言，具有更多的优点。一方面，地毯能减少大厅和客房内的噪声，防止打滑并保持地面和房间温暖。另一方面，地毯也更易保养。多数饭店会选用商用型地毯，尤其是专门设计的耐磨损地毯，这不同于人们在装修自家房子时常会买的零售型（或消费型）地毯。

地毯的构造

通常而言，地毯的结构分为三层：表层、主背衬以及次背衬。图 13-1 显示了这三个组成部分的横截面图。

地毯表层或绒毛是人们能看见并行走在上面的部分。地毯表层或由合成纤维或纱线制成，如聚酯

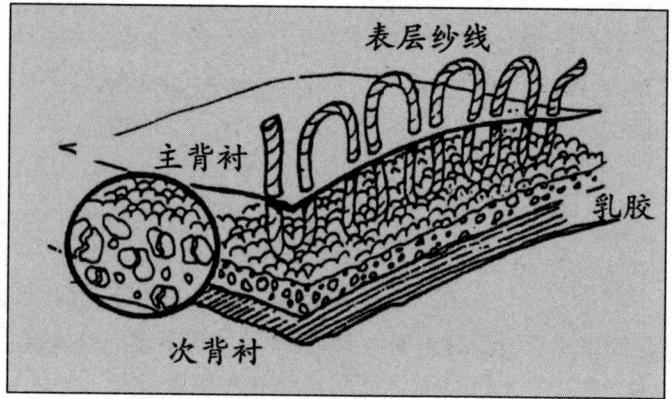

图 13-1　地毯组合材料的横截面图

纤维、丙烯酸纤维、聚丙烯（烯烃）纤维或聚酰胺纤维（译者注：对应的英文说法为 nylon，常被俗称为尼龙）。地毯表面也可能是由天然纤维，例如，羊毛或棉花来制成，但现在棉花已很少用于制作地毯表层纤维。有些地毯是由合成材料和天然纤维混纺而成，有些地毯则是由不同的合成材料混纺而成。

地毯的表层纤维以及它的密度、高度、编织式样和织法，都会影响到地毯的耐久性、质地稳固性以及实用性。

地毯表层纤维的密度是最佳的耐久性指标。一般而言，表层纤维的密度越大，地毯的品质越高。密度高的地毯越能保持长时间不变形、越少打结，更能抗挤压。此外，污渍和灰尘一般也只会停留在纤维表层，可以防止因深度嵌入内部而导致弄脏地毯。想要知道地毯表层纤维的密度如何，只要折起地毯一角，看看绒毛下的背衬有多少即可。背衬越少，说明地毯表层纤维的密度越大。

同等密度的地毯，表层纤维越高、编织越紧，就说明越是好地毯。编织越紧的地毯，其弹性越好，形状也能保持得越长久。检查地毯的方法之一便是看它的编织情况，表层纤维的顶端不应散开；质量好的地毯，表层纤维应呈现加热定型后所形成的螺旋状。

表层纤维的重量虽然比不上密度那么重要，但也会影响到地毯的耐久性。其重量是按照表层重量指标来衡量的，即要看 1 平方米地毯的表层纤维的重量如何。表层越重，则说明地毯的耐久性越好。

表层纤维通常被固定在主背衬上的适当位置。这层主背衬可由天然材料制成（主要用黄麻纤维），也可由人工合成材料制成，如聚丙烯。黄麻背衬耐用、有弹性，但在潮湿环境下容易发霉。而聚丙烯则不但具有黄麻的优点，而且还有较好的防霉性能。黄麻和聚丙烯都适合做簇绒或机织地毯的主背衬材料。

地毯的主背衬后面通常还有一个软底。地毯软底由塑料、橡胶、乳胶或其他能把纤维织品粘到合适位置上的黏结材料制成。把这种材料薄薄地涂抹在主背衬背后，可防止地毯簇绒或圈绒在固定后移动或松弛。有些地毯还有次背衬，它被黏合在主背衬上，能使之更加稳固和安全。

以前的地毯都是安装在独立的衬垫上。如今，有些地毯可以直接粘在地面上，或安装在某种的衬垫上。有时，特别是拼块地毯，在生产过程中就可能是直接把衬垫黏合到主背衬上了。

总体而言，在选材时，注重衬垫的质量与注重地毯的质量同样重要。便宜的衬垫可能会减少整块地毯的使用寿命，也会影响其绝缘能力、吸声能力，以及缓冲能力。厚衬垫可以防止地毯滑动，除非是要把地毯铺设在经常有重型设备碾过的地方。否则选薄一些的衬垫即可，或干脆不安装衬垫都行。

簇绒地毯 非机织的簇绒地毯由纺纱用的人造短纤维或膨体连续长丝制成。人造短纤维很短（18～25厘米长），弯曲后可形成长的股线。膨体连续长丝可编成一条长线。显然，羊毛和其他天然纤维仅能作为短纤维。一些地毯出现掉毛或起球现象（起球是指小的圆形纤维出现在簇绒或圈绒顶端）的原因在于：并非所有的短纤维结构的纤维都能像膨体连续长丝那样黏合在主背衬上。不掉毛的地毯几乎都是用膨体连续长丝制成。

在簇绒地毯的编织过程中，簇织机上的针头将表层纤维穿过地毯背衬，从而形成簇绒或圈绒。这些簇绒或圈绒被织成厚的表层或绒层。割绒表层可长可短，或可被切割成不同的长度，从而形成雕塑效果。另外，簇绒有时还被拉成不同长度，或是不作切割，从而能在成品上形成图案。有时，同时使用这两种方法可形成起伏不平的效果。

柏柏尔地毯有短的块状簇绒，并有各种不同的质地。平圈式地毯是最为常见的商业用地毯，通常纱线被织成短的持续排列的形状。饭店企业一般给客房选择表层平割的地毯，以求尽量接近家用地毯的效果。其他类型的地毯则可根据不同饭店的设计要求，应用在公共场合。

机织地毯 在制作这种地毯时，织布机会把表层纤维和背衬编织在一起。通常，机织地毯的宽度比较窄，由条块缝接而成。机织地毯没有次背衬，但如果安装适当、维护及时，相比于簇绒地毯，它们能发挥差不多甚至是更好的效果。

机织地毯在编织过程中，经纱和纬纱相互交织，同时编织成地毯的表层和背衬。不同编织方法能织出不同形式的机织地毯，例如丝绒地毯、威尔顿机织绒头地毯以及阿克明斯特地毯。丝绒地毯在纺织时又有许多不同类型，包括：长绒毛类型、圈垫类型、多层圈绒类型，以及圈割绒类型。威尔顿指的是一种较特别的织机，能利用穿孔模板织出复杂的图案（有时是多种色彩）。阿克明斯特织法是指把提前准备好的线轴缠上多色纱线，然后放进机械图案设备中。这种织法能把大部分的绒头纱线织在地毯表层，并形成有菱纹的背面。

图 13-2 展现了不同类型的地毯及其各自的特点。

表层纤维 一般来说，人工合成纤维更耐用、更卫生，价格也比天然纤维便宜。这些优点能解释为什么 90% 的经济型饭店所用的地毯都是由合成纤维制成。表层纤维的好坏可通过观察其外观、弹性和质地稳固性（保持形状的能力）、抗磨损性、抗污性以及可清洁性来判断。典型的表层纤维包括羊毛和其他天然纤维、聚酰胺纤维，及其他合成纤维。

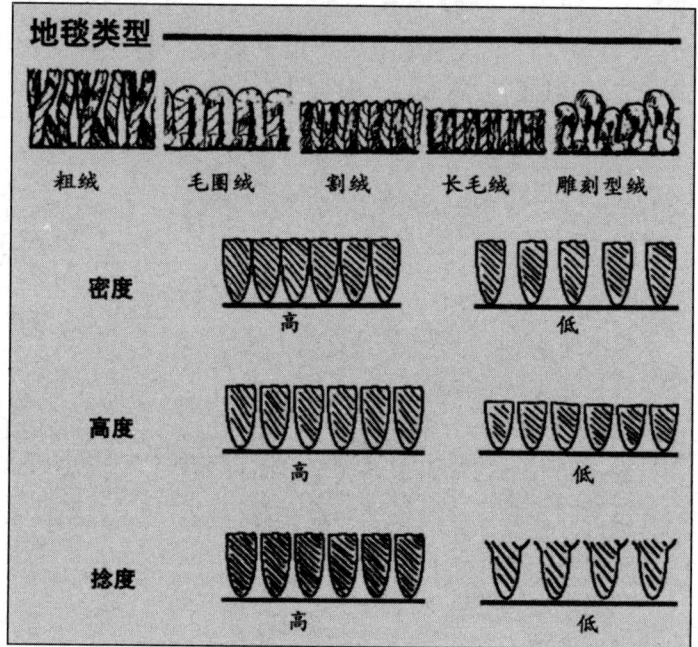

图 13-2 典型的地毯类型及其特点

羊毛和其他天然纤维 对羊毛地毯而言，地毯的买家和卖家都会同意这种地毯外观好看、弹性强、耐久并容易清洁，但价格昂贵。

尽管价钱不菲，羊毛地毯仍很适合饭店业，这要归功于它的天然耐火性和抗污性。由桌椅腿造成的地毯压痕，只需利用适当的湿度和低热，便可从羊毛地毯上轻易去除，但对于合成纤维制成的地毯，这种压痕则可能是永久性的。

羊毛地毯亲水性好，这意味着湿洗法对它很奏效。不过这也意味着它具有比合成纤维地毯更易让微生物繁殖的地面环境。霉菌、细菌及其他生长物都能毁坏地毯或导致异味产生。要慎重选择羊毛地毯的清洁方法。氨、盐、碱性肥皂、氯漂白剂或强效清洁剂，都可能损伤其纤维。

其他可用来制作地毯的天然纤维还包括：棉花、剑麻和丝绸，但目前都用得很少。

聚酰胺纤维 在美国生产的地毯中，超过 80% 的都是聚酰胺纤维材质。它不易变形、不易褪色、易清洁，并且价格比羊毛要便宜很多。如果维护适当，聚酰胺纤维地毯相比羊毛地毯更不易滋生细菌。它经过简单的处理后，即能有效防止霉菌、真菌以及其他有机微生物的滋生。由于其耐久性和生产及设计时的灵活性，聚酰胺纤维尤其受到人们青睐。它踩上去也很舒服，而且比羊毛地毯有更强的防尘和防污性能。

聚酰胺纤维看上去比较光亮。但现在，通过"烘焙"技术就可进行褪光处理，使它看上去不那么亮。这样处理之后，它看起来就更像是羊毛地毯，而且还又增加了一项优点——不易被弄脏。

其他合成纤维 丙烯酸纤维在20世纪50年代得以发展，它的外观和耐久性都很像羊毛。但人们发现，丙烯酸地毯通常并没有像其他合成纤维地毯那么易于清洁，弹性也没有其他合成纤维地毯那么好。而且，它在清洗过程中还可能会出现泛黑现象。它弹性差，并容易起球或掉毛；若处理不及时，油渍可能会成为永久性污渍。但话说回来，丙烯酸纤维的抗酸性和抗溶剂能力最好。变性聚丙烯腈纤维类似于丙烯酸，但抗污性和耐磨性还是较差。

烯烃（或聚丙烯）纤维的耐久性很好，即使用力清洗也不会损坏。它也不像聚酰胺纤维和羊毛那样在阳光下易褪色。烯烃地毯需采用溶液着色，即在烯烃尚处于液态时，就要加入颜色。烯烃纤维能抗酸、能抗溶解、还能抗静电干扰。但易受热，摩擦后易损坏，踩上去也不如其他纤维制成的地毯那样舒服。

聚酯纤维看起来像羊毛，耐久性好，并且易清洁，通常铺设在人流高度密集区，但其弹性不好。

醋酯纤维是一种成本较低、类似丝绸的纤维。它不易褪色，不易发霉，但缺点是易脏易磨损。在清除污渍时需格外小心，这是因为醋酯纤维会溶解于干洗液或溶剂里。

人造丝的很多特色都与醋酯纤维相似，易脏易磨损，但不易褪色和发霉。密度高、质量好的人造丝液具有足够的弹性，适合饭店使用，但人造丝易沾油渍。

地毯的问题

为了尽可能地保持地毯的美观和清洁，客房部负责清洁地毯的员工应学会识别和处理下列常见的地毯问题：

• 绒毛变形；

• 色差；

• 褪色；

• 泛黑；

• 发霉；

• 掉毛 / 起球。

绒毛变形　这是众多地毯表层纤维问题的统称。纤维会变弯、起球、压坏、散开及缠结。绒毛变形多是由高度密集的人流踩踏和设备重压造成。不恰当的清洁方法也可导致变形。例如，若清洁剂温度过高或清洁方法粗暴，都会导致地毯绒毛圈松弛变形。

绒毛一旦变形就难以修复，尤其是在人流高度密集区，绒毛几乎不可能再恢复原状。踏垫、长条地毯和家具的滑轮都可防止地毯被踩坏。定期吸尘或在人流高度密集区用绒毛提拉机或毛刷，可帮助清除已干了的污渍，它们可能会磨损绒毛纤维，并导致其变形。绒毛提拉机可在清除能导致地毯磨损的泥沙污渍的同时，提拉已压倒的绒毛。在人流高度密集区用地毯耙来梳理地毯亦可防止绒毛变形。在清洁地毯之前，先应用以上这两样工具来提高清洁作业效率。

色差　当向两个不同方向刷过地毯绒毛后，地毯上会出现明暗不同的区域，此时即出现色差。色差问题对几乎所有的地毯而言，都属于正常情况。朝一个方向吸尘或做绒毛提拉可减少色差问题，但也无法根除该问题。有些饭店会要求客房服务员故意在用吸尘器清洁地毯时留下色差痕迹。这样做的目的是有意让客人看到吸尘的痕迹，并因而感觉到这间客房已进行过适当的清扫作业。

褪色　随着时间流逝，每块地毯都会褪色。阳光照射、磨损、清洁作业以及自然老化等因素的综合作用都可加速其褪色进程。一些专业的地毯清洁公司会将过早褪色的地毯重新染色。过早褪色可能是由于清洁作业方法不当。不恰当的清洁作业或去污操作甚至比永久性污渍对地毯的损害都大。在使用强力去污技术之前，最好进行预试。

泛黑　泛黑也叫作褐变，它一般发生在地毯背衬变湿后、表层纤维吸收背衬的潮气和颜色时。要防止泛黑，必须及时处理溢出物，以及采取正确的清洁作业程序来清洁地毯，从而避免使地毯过湿。

泛黑的情况经常发生在黄麻背衬的地毯上，这种地毯的表层颜色较淡。清洁后，用醋或柠檬酸溶液进行处理，或把它们加入某些清洁剂中，就可帮助防止或避免泛黑问题。与往常一样，在启用一种新的处理方法之前，请先向生产商咨询，并测试这种方法的效果。

发霉　地毯发霉是因为地毯中的潮气使霉菌滋生。发霉可导致污渍、异味和腐烂。天然纤维尤其容易发霉。所有地毯都应保持干燥，并使用抗菌处理，以防止此类问题发生。正确的清洁作业程序可避免过度打湿地毯，从而防止霉菌形成。

掉毛 / 起球　在地毯制造过程中，会有一些短的表层纤维常被滞留在地毯里。新地毯遭踩踏后，这些碎片就会露到表层上来，使新地毯看上去显得凌乱不堪。掉毛过程最终会停止。同时，频繁地吸尘作业能防止地毯显得蓬乱。起球一般是清洁作业的必然后果，可通过使用大功率吸尘器或用剪刀轻轻剪去地毯表层毛球的方法来改善起球现象。

地毯的维护

任何地毯维护程序都是想保持地毯清洁，使其看起来光洁如新。从某种意义上说，地毯纤维、背衬以及制造方法，将决定选用何种维护程序来使其尽可能美观。多数地面保养专家都鼓励行政管家应制定所有地毯和地面区域的清洁日程安排表。最有效的清洁日程安排表要基于对饭店内不同区域的人流量的研究来制定。

严重污损通常发生在人流高度密集的公共区域、通道区域和漏斗状区域。通道区域是指直接对着门并通向室外的区域。漏斗状区域则是因其特别的漏斗状污点分布情况而得名，这片狭窄的地方是人流汇集处。漏斗状区域多出现在电梯、扶梯周围，或自动售卖机前。

人流高度密集区和严重污损区可在饭店楼层图上以

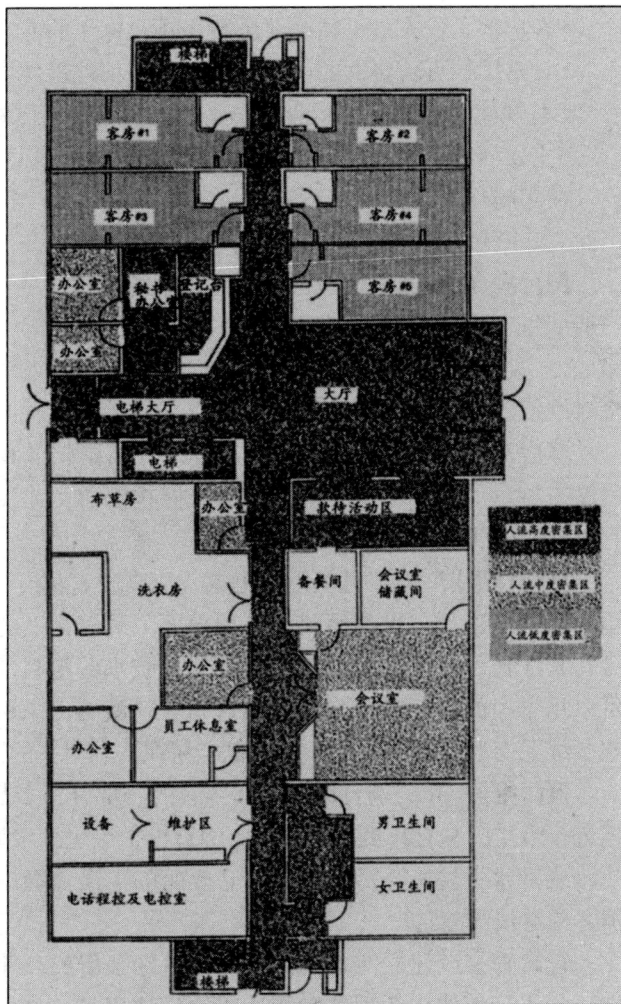

图13-3 地毯行走区域平面图示例

资料来源：由宾夕法尼亚州纽敦广场旗舰清洁服务公司惠允使用。

不同的颜色或阴影标出。例如，用某种颜色或阴影来反映人流高度密集区，这些区域每天至少需要清洁一次。人流低度密集区受污染速度较慢，这些区域可用其他颜色或阴影来标出，这些区域需要一周、一月或一个季度清洁一次。图13-3展示的是某饭店实际运营所用的平面图。

一旦地面色彩识别图确定下来，就可制定日程安排表。日程安排表应列出具体的清洁作业任务，如吸尘、清除污点、深度清洁等；要具体到哪一天干什么，并明确每项作业任务所需的时间。实施有规律的清洁作业日程安排表具有以下优点：

- 客房部工作人员可精确地预测每月及每年的清洁成本；
- 日常维护可防止大的问题发生，并延长地毯使用寿命；
- 有规律的地毯和地面清洁作业可让行政管家更好地安排时间，开展部门的其他主要项目。

在实施任何维护程序或购买设备或清洁剂前，行政管家应咨询地毯供应商或生产商，并遵循他们所建议的清洁作业程序。

例行检查 检查是所有地毯和地面保养程序中的一个重要组成部分。客房部员工一般要每天检查所有区域的地毯或地面情况。饭店应告知所有员工去协助维护地毯和地面，要及时向客房部汇报所发现的污点和溅溢物污染。及时清除这些污点和污渍，将对维护好地毯和地面大有裨益。

客房部主管应该例行检查饭店的地毯清洁作业程序，要确保员工严格按照这些程序来执行。很多饭店的主管会例行检查清洁作业设备，以确保所有工具都能安全有效地发挥功用。

预防性维护 饭店可以经常更换人流高度密集区、通道区域以及漏斗状区域的踏垫和长条地毯，防止其遭到污染和损坏。桌椅腿上的滑轮可减少绒毛变形或磨损。可在餐厅自助区或自动贩卖机周围使用防水的塑料地毯保护层；如果喜欢的话，也可以用干净的定制垫子来防止因食物饮料溅洒出来所造成的损坏。还可用小方毯来减少绒毛变形，因为这种小方毯更容易在高利用率的区域进行更换和转向。

例行维护 作为例行维护工作内容的一部分，多数客房部都会安排每天对所有地毯进行吸尘，有时甚至会更频繁。例行维护也包括定期的深度清洁（用洗涤剂清洁、热水或冷水抽洗）、污点清除，必要时的污渍清除。应在污点渗入纤维变成顽固污渍之前尽快清除它。

行政管家应建立一本《污点污渍清除手册》，并说明在整个饭店里，每种类型地毯的正确清洁作业程序和所适用的清洁用品。这项工作可通过联系地毯供应商得到简化，可向他们询问关于地毯维护保养的方法，以及适合于本饭店所用地毯的污点清除技术。

污点污渍清除表示例可见表13-1。一些基本的污点清除指南可见下文。并不是所有的清洁作业技术都适用于各种地毯，下列指南仅作示例说明：

第一，确认污点或污渍来源，这能使除污工作变得简单。

第二，如果无法识别污渍来源，则用刮刀或汤匙小心去除固体颗粒物，然后彻

表 13-1　污点及污渍清除表示例（地毯用）

污点清除 作业程序 如何使用本表：	1. 确认污点类型，并在下表中查找对应方法。 2. 试用第一种建议方法。 3. 如不能清除全部污点，可再试用第二种建议方法。再试用之前，先要用水冲洗已用第一种方法处理过的区域。 4. 按下表所示顺序试用表中所建议方法，直到所有污点清除完毕。 5. 用水彻底漂洗该区域，清除残留的清洁剂。

	第1组 油和油脂	第2组 液体	第3组 食物和人体排泄物	第4组 染色物、墨水、药物	第5组 嚼过的口香糖、锈迹	第6组 不明污渍
污点类型	沥青 复印墨粉 化妆品 蜡笔 硝化纤维素胶泥 油脂 墨汁 油漆 油 橡胶泥 鞋油 焦油	啤酒 鸡尾酒 咖啡 可乐 果汁 软饮料 茶水 烟草 尿液	动物胶 血液 番茄酱 巧克力 奶油 鸡蛋 排泄物 肉汁 冰激凌 淀粉 呕吐物	彩色纸 食物 家具 墨水 记号笔 药物 软饮料	口香糖 生锈物	
污点去除剂	干洗液 非油性脱涂剂 乙酸戊酯 干洗液 湿/干去污剂 洗涤剂 5%浓度的醋酸 5%浓度的氨水 洗涤剂 水	洗涤剂 湿/干去污剂 5%浓度的氨水 5%浓度的醋酸 1%的过氧化氢 洗涤剂 水	洗涤剂 5%浓度的氨水 湿/干去污剂 洗涤剂 浸渍剂 洗涤剂 水	洗涤剂 酒精 5%浓度的醋酸 5%浓度的氨水 湿/干去污剂 1%的过氧化氢 洗涤剂 水	口香糖： 化学冻结合成物 干洗液 锈迹： 去锈剂 洗涤剂 水	干洗液 脱涂剂 乙酸戊酯 湿/干去污剂 酒精 洗涤剂 5%浓度的氨水 5%浓度的醋酸 浸渍剂 1%的过氧化氢 洗涤剂 水

备注：可查询污渍清除套装所带资料的相关说明，或与地毯保养专业人员联系，以了解污渍清除剂的使用浓度和用量。

资料来源：由特拉华州威尔明顿市杜邦公司惠允使用。

底吸尘。尽量用湿型吸尘器来清除大片的湿的溅溢物。在清除大部分湿的污渍之后，再用干燥的干净毛巾放在污点或污渍处，通过强力挤压来吸干剩余水分。

第三，如果无法用吸尘器来清除湿的污渍，则可在喷洒清洁剂之前，尽量从边缘到中心除掉污点或污渍的残留物。切记：不要通过揉搓来清除污点污渍，否则可能会造成不可逆转的纤维变形，如掉毛、编织变形或纤维散落。

第四，尽量用清水来清除污点或污渍，这样能清除掉大部分的湿的污渍。再按如上所述方法，轻轻地吸干多余水分。

第五，如果清水不管用，可挑一块隐蔽的污渍，用其他清洁剂进行测试。先用抹布吸干已污染区域的清洁剂，确保只是用抹布蘸清洁剂，然后涂抹。

第六，如果少量清洁剂就能奏效，那就不要过多使用，否则只会增加冲洗残留清洁剂的工作量。如果使用的是水溶清洁剂，那就需通过漂洗污渍部位来去除清洁剂。如果使用的是溶剂清洁液，那就没必要漂洗。要确保在使用溶剂之前，先用水冲洗掉清洁剂残留物。

第七，如果用水溶溶剂就能清除污点或污渍的话，就尽量多用清水冲洗受污染区，以加快清洁作业过程，且不用添加更多化学清洁剂。在清除污点污渍之后，建议至少要进行 3 次清水冲洗，这样可防止残留的清洁剂在该部位造成新的污染。最后再进行之前提到的吸干步骤。

第八，如果还要用某种溶剂去除污点污渍，则继续把溶剂倒在抹布上，并涂抹到地毯。不要直接把溶剂倒在受污染区。不要把清水直接倒入能用溶剂清除的污点或污渍上。溶剂具有挥发性，最后会挥发殆尽，不留残余。

第九，在进行所有环节时都不要过度清洁受污染区。应尽量缩短清洁作业时间，在稍后继续清除污点污渍之前，应让该区域尽可能先变干。

地毯和地面保养设备

决定何时以及如何清洁地毯和地面是一项重要工作。由于市场上的清洁机器、供应商和清洁用品琳琅满目，因此这项工作也就变得较为复杂。表 13-2 描述了一些常用的小型设备。

由于地毯和地面清洁设备是饭店的一项主要开支，因此要谨慎使用。表 13-3 提供了一份设备检查核对清单的示例。

表 13-2 常用的小型地毯和地面清洁设备

小块防水布——用来混合清洁剂。
聚酰胺纤维绒毛刷——用于在清洁作业后修复地毯绒毛状况。
地毯耙——用于在清洁作业后修复因受压变形的长条地毯的绒毛。
手持式洗涤剂刷——用于清洁楼梯和边角区域。
混合桶——用于混合和盛装清洁剂。
搅拌棒——用于搅拌混合清洁剂。
通道覆盖纸——用于保护刚清洁过的地毯免受顾客踩踏；亦可保护落地窗帘不被湿地毯浸湿。
夹式照明灯——用来照明光线较暗的、必须清洁的走廊或楼梯。

（续）

噴雾器——可能手动或电动，用于在地毯上喷洒清洁剂或水。

量杯——与清洁剂配合使用。

拖把——用于日常的地面清洁或漂洗作业，以及涂抹抛光机和去蜡剂。

拖把桶——可以是简易的不锈钢水桶，或是带脚轮的有绞拧装置的水桶。

手动绞干器——用于绞干拖把头或阀帽上多余的水。

橡胶滚轴——一种带有橡胶条的清洁工具，类似雨刷，用于清除地面上多余的水。

捡拾盘——作用相当于簸箕，同橡胶滚轴一起使用。

踏垫，长条地毯——保护已清洁过的地毯和地板免遭踩踏，或是防止客人和员工滑倒。

家具脚轮——通常是小的圆形或方形滑轮，适于家具腿底部，用来保护地毯垫。

毛球剃除机——一种像剃刀的机器，用来剃除地毯上所起的毛球。

表 13-3　设备检查核对清单示例

滑轮和轮脚：

☐ 清扫轮子上的污渍、灰尘、毛线和头发等。

☐ 换掉已坏掉的轮子，以免戳坏或磨损地毯。

软管：

☐ 检查是否漏水。

☐ 检查软管中是否有浮尘或残留于其中的清洁剂。

电线：

☐ 检查电线和插头，不要使用带磨损电线或不绝缘电线的电器。

刷头和拖把：

☐ 换掉刷毛已磨损到不足 113 厘米长的刷子。

☐ 确保所有机器和手动刷头都足够干净。

☐ 确保拖把柄完好无损，拖把头干净干燥。

☐ 在清水中浸泡 30 分钟后，再使用新拖把，以确保把塑料都泡掉了。

☐ 只使用干净干燥的阀帽。

水箱、水桶和储尘袋：

☐ 在使用前，要确保抽洗机和湿型真空吸尘器的水箱清洁并且是空的。

☐ 要确保抽洗机水箱内的清洁剂已漂洗干净。

☐ 更换吸尘器内已损坏的储尘袋及储尘量超过一半的储尘袋。

　　本文无法列举每个饭店所需的全部地毯和地面保养设备。但饭店的机械库中用来除尘的典型设备通常包括湿型真空吸尘器、抽洗机、旋转式洗地机和吸尘器。这些设备既能用来清洁地毯，也能用来清洁地面，这些都将在以下内容中详细讨论。为了在清洁地毯时能使某种设备发挥良好的作用，请遵循生产商所建议的清洁作业方法。

真空吸尘器 针对不同类型的地毯，已开发出了很多类型的吸尘器。例如，带搅拌条的吸尘器，可用一根旋转条来掸松地毯上所附着的灰尘。这种吸尘器最好用在有衬垫的地毯上。毛刷吸尘器可用刷子掸起地毯上的尘土，适用于直接铺在地面上的地毯。绒毛提拉机具有很强的吸附功能，单独设计的刷式马达可帮助修复已变形的地毯绒毛。

商用吸尘器能直立、带有过滤罐，可拆卸，便于携带。直立起来的清扫器有个很大的搅拌头或吸附头，它可以把灰尘收集到连在机器手柄处的袋子里。在饭店里，能竖起来且带有双马达的吸尘器最为常用。它把具有强大吸附和搅动功能的两套马达系统结合起来，同时又不至于让吸尘器的马达负荷过度。单马达吸尘器适用于客房或需要轻度至中度清洁作业强度的区域。

盒形真空吸尘器把灰尘收集在盒形槽里，这种吸尘器有脚轮、方便移动。它虽不能很好地掸松地毯灰尘，但便于操作，能够清洁掉直立式吸尘器无法够到的边角区域。盒形真空吸尘器比直立式吸尘器功能多，是硬质地面的理想清洁器。盒式吸尘器的过滤袋容积很大，吸附灰尘的程度只要不影响其清扫功能都可。

背包式吸尘器和腰臀式吸尘器是专门针对专业清洁工作而设计的，适合用于快捷轻省的清洁工作。是很轻便的清洁工具，可以背着或系在腰间，其设计理念是要最大限度地发挥工作者的劳动效率，并要便于移动。当然，它们不如直立式或盒形吸尘器坚固，也不具有很强的掸灰功能。但它们适合于清洁轻度污染区、楼梯、软装饰以及狭小区域。①

选择合适的吸尘器 精明的客房部或工程部经理会做内部需要评估调查，来决定最适于饭店使用的吸尘器。在为饭店购买吸尘设备系统之前，应针对以下问题进行思考：
- 吸尘器需吸附碎屑的种类；
- 需接受吸尘处理的地面的类型；
- 配件的类型和有效性；
- 设备可操作性的重要程度；
- 设备的重量；
- 设备的主要操作者；
- 使用和维护的简易程度；
- 与购买成本相关的吸尘器使用寿命。

要让吸尘器能更有效地发挥清洁作用，就应把它与待分配的清洁任务，以及待完成清洁工作的人配合起来。行政管家在做决定时，应反思客房部员工在当前和过去所经历的吸尘困难。

商用吸尘器的类型 可用于商用清洁作业的吸尘器有不同的类型:

- 附带工具的腰臀式或背包式吸尘器: 包括软装饰、圆刷和缝隙清洁工具;
- 直立式单马达或双马达吸尘器: 这类吸尘器应有可拆卸的软管和工具;
- 湿型或干型卧式吸尘器: 为了增加这类吸尘器的清洁效率, 也应有可用的附带工具和喷嘴;
- 广域后推式吸尘器或清扫器: 可用电池、电源线、汽油充电, 或带有丙烷电动机。

待清洁表面的类型 在购买吸尘器前需牢记的其他因素有:

- 将要清洁的是哪种材质的表面?
- 这些表面是地毯还是硬质地面?
- 它们是内部表面还是外部表面?
- 待清洁区域的面积多大?

内部表面 地毯有很多类型, 应考虑的主要问题是绒毛厚度。长纤维和短纤维地毯需要不同的高度设置, 为了让吸尘器的刷头能更高效地清洁作业, 理想的室内吸尘工具应配有一个可调适的高度设置机械装置。对硬质地面需要以最低的高度设置来吸尘。

外部表面 通常这类表面包括混凝土人行道, 还有沥青停车场。它们通常属于很大的、备受瞩目的区域, 而且应一直保持维护。它们通常是饭店内第一片、也是最后一片客人能看到的区域, 因此会给他们留下饭店最后印象和评价。外表面肩负着提供干净卫生居住环境的重任。

待清洁区域的类型 当你选择吸尘器的时候, 最重要的决定标准应该是: 它们需要在什么地方和什么设备上投入使用?

前门、门廊和走廊 这些都是较大的区域, 需要大型吸尘器。有专门设计的吸尘器来维护较大地面的区域, 但是它们在吸附小石子或岩盐 (在总爱下雪的区域) 方面并不总是有效, 岩盐总会堆满门前的小路。最好用带有强大吸气口的双马达直立式或罐式吸尘器来吸附碎屑。门廊和走廊可用适合大型区域的后推式吸尘器来开展有效的清洁作业。在冬季或潮湿的季节, 湿型和干型真空吸尘器都可用来清洁和干燥前门区域。

宴会厅 宴会厅通常都很大, 还包括一些很难清理到的区域。这样一来, 清洁宴会厅表面就同时需要大、小两种吸尘器。对难以清洁到的区域, 最好用商用直立式、罐式或背包式吸尘器。而大型区域真空吸尘器则应被用来清洁大型开放式区域。这类真空吸尘器应配备刷头高度调节器, 以便较为理想地在硬质地面和不同类型的地毯上进行转换操作。

客房 客房通常有很多障碍物, 如床、书柜、桌子和壁橱等。拿商用的双马达直立式真空吸尘器对客房层进行清洁是最有效的。这些直立式真空吸尘器应配有一个可调整高度的刷头，用以掸松地毯；从而能让吸尘器对地毯和硬质地面进行有效的清洁。通过安装配件，能让客房服务员用直立式真空吸尘器对窗帘和家具进行吸尘作业（附带了吸尘软管或手持式管子的罐式吸尘器也可以用来进行此项操作）。客房则只需要轻微快速地吸尘清洁即可，所以选一个商用的单马达直立式真空吸尘器即可。

楼梯　最好用背包式或腰臀部真空吸尘器来进行吸尘作业。操作者可以背着这类吸尘器，并用带子携带配件。这种设置能让操作者腾出两只手做其他的工作，而且能不用拉动或将其搬下楼梯或搬离障碍物，就可进入难以到达的区域。灵活的软管和配件使其可对具有局限性的区域进行更好的清洁。

人行道和停车场　这些典型的大型区域都可用后推式清扫器或大型工业用真空吸尘器来进行有效的维护，这类吸尘器专门用于拣拾较大的垃圾。这类户外清扫器和吸尘器可用汽油、丙烷，或用电池引擎来驱动。户外吸尘器应有较大的开口，以便吸附较大的垃圾，户外清扫器带有大的、坚硬的刷子。这两类机器通常都配有较大的垃圾袋或恢复漏斗。

错误配置设备的成本　在购买吸尘设备之前，劳动成本应算是一个主要考虑因素。如果无法通过吸尘器软管迅速吸附碎屑的话，就得花费很多时间来清洁同一区域，而且效果还不理想。基于这个原因，正确使用合适的吸尘器是很重要的。

另外一个因素是人的因素。谁来负责清洁？如果客房服务员或清洁人员出于某种原因而不喜欢用为其配备的吸尘器（可能是因为吸尘器太沉重、很笨重、总是出故障、电线太短、吸尘器散发味道或灰尘，或清洁效果很差等），那结果很可能就是清洁效果不佳，而且清洁人员会很受挫折。但如果能在工作中用上运作良好的、合适的吸尘器，操作者就很有可能会对使用设备来干活，感到更加满意，而且能在更短的时间内取得更好的清洁效果。[②]

房务纪事

挑选真空吸尘器——有效性和易用性

毋庸置疑，真空吸尘器才是客房部工作的重负荷机器。移动吸尘器、解开或缠上电线、更换储尘袋，或应对一根坏掉的皮带，这些都属于既费时又令人伤脑筋的事。所以在挑选适当的机器时，这里有些需考虑的事项。

清洁作业的有效性

吸尘器应包含一个带刷子的吸头，它在地毯表面移动，可帮着掸松污物，并清除灰尘。

《消费报道》所做的检测发现，清洁效果与吸尘器上所标示的安培数、最大功率或每安培的清洁

（续）

能力并无多大关联。但是，吸力的大小取决于储尘袋的状况。如果储尘袋装满了，这会影响到吸尘效果；如果袋内的风管堵塞，这也会影响到吸尘效果。

罐式和直立式真空吸尘器在清洁效率方面几乎一样，区别只在于直立式吸尘器在给地毯吸尘方面更有效，而罐式吸尘器在给硬质地面或软装饰吸尘方面更有效。

为了空气清洁，一些公司正在出售一次性的微型过滤袋。《消费报道》则显示：特殊设计的储尘袋并不能显著地减少灰尘的散逸。

易用性

直立式真空吸尘器的重量大概从 4.5 千克到 10.9 千克不等，但这与清洁效率并无关联。

比较重的吸尘器通常配备了自行驱动轮，这样一来，推起它们时就和推轻型吸尘器一样轻松了。

一般而言，吸尘器在出售时会配有电线，电线长度从 9 米到 26 米不等。所需的电线长度应由待清洁的客房或公共区域的结构来决定。电线太长会挡路，太短又会给高效清洁带来麻烦。

应检查吸尘器的藏线槽效率。可通过所设计的藏线槽挂钩或机械化方式来收存和打开电线。

还应考虑到开关键的位置。很多客房服务员喜欢脚踏开关（这个也很容易更换），因为它无须弯下腰来操作。

灰尘是被吸附到布储尘袋、储尘杯，还是一次性纸储尘袋中去？布储尘袋很难清空。储尘杯则可能易破碎。一次性纸储尘袋属于额外开销。应选择使用最简便、也最经济的方法来储尘。

更换搅拌棒的难易程度会因吸尘的类别不同而有所不同。有的吸尘器的吸头需要用螺丝刀拧开其外壳才行，但有的则只有简单的把手。

客房服务员经常拖着吸尘器的后轮，把其从一个房间移动到另一个房间；不管他们是否应该这么做，但由于这一习惯很难改变，所以在挑选吸尘器时，要选有很结实轮子的吸尘器。

装备头灯或许看起来很可笑，但是客房服务员在用吸尘器清理床和墙之间的角落时，会感谢这些灯具所提供的光线。

大多数罐式吸尘器能很轻松地滑动到床或椅子下面开展清洁作业，但直立式吸尘器却很少能做到这一点。

其他考虑因素

- 价格。直立式吸尘器的价格差别很大；很多饭店集团都签订有全国采购合同，这大大节省了资金。但即使是单体饭店，如果大宗采购的话，也能节省不少费用。例如，一次买 12 个吸尘器就可节省采购价格的 10% ～ 15%。

- 型号。多数厂家开辟了商用吸尘器生产线，这种型号的机器具有高密度的塑料外壳、更大的电流量，而且更容易维护。

- 噪声。"安静的吸尘器"是一种矛盾修辞。不论广告怎么宣扬，这种东西都是不存在的，但可以考虑各种吸尘器所产生噪声水平的差别。

- 配件。现在生产的直立式吸尘器都是内置软管，这样可便于清洁边角和软装饰。要考虑管子的长度，还要考虑当使用软管时吸尘器的稳定性。

（鸣谢哈洛福公司的兰迪·泰斯，以及胡佛吸尘器公司）

资料来源：作者是注册饭店业行政管家盖尔·爱德华兹，《房务纪事》，第 3 卷第 5 期第 5 页。

请致电 866-READ-TRC 获取相关订阅信息

湿型真空吸尘器 湿的溅溢物不仅会损毁很多类型的地毯和地面，还会对客人和员工的安全构成威胁。湿型真空吸尘器可用来吸附溅溢物，或吸附在清洁地毯和地面期间用于漂洗的水。很多湿型真空吸尘器还可用来吸附地面上的干性污物。千万不能用传统的吸尘设备来吸附湿物，否则会导致触电现象，或毁坏机器。

有的湿型真空吸尘器只有吸头，而有的湿型真空吸尘器不光有吸头，还有水喷头，可用于立即漂洗受污染区域。湿型真空吸尘器上所附带的橡胶滚轴可更有效地清洁和擦拭地面。

湿型真空吸尘器的造型和规格各异。一些罐式湿型真空吸尘器小到可用带子绑在清洁员的背部。罐式湿型真空吸尘器有一个收集箱，可用来存储水、软管和吸头。收集箱一般安置在脚轮上，便于移动。很多罐式湿型真空吸尘器可吸附地面上的干性污物。一些生产商和多数清洁专家都推荐使用带旁路发动机的罐式湿型真空吸尘器；这种机器可防止潮气在发动机上凝结，从而能相对减少机械故障的发生。

后推式湿型真空吸尘器能迅速吸附超大型区域内的水渍。该型号的机器比购物车稍大，通常能自行推进，很方便操作。它们中有些带有牵引绳；另一些则由电池驱动。

抽洗机 有些湿型真空吸尘器只有抽吸功能，但抽洗机同时具有抽吸功能和注水功能。可同时漂洗和抽吸地毯及地面上的污渍。

抽洗机可先把水和清洁剂喷洒到地毯上，然后利用抽吸功能清除地毯上的水、清洁剂和污渍。一些机器还带有特殊工具，能在喷洒前掸松地毯，使污渍松弛。也有类似的配件专门用于清洁窗帘和软装饰。

抽洗机的造型和规格不同，有水箱式和后推式。这些机器也常用于清理地面的干性污物。外表类似直立式吸尘器的内置式抽洗机不能用于清洁地面。内置式抽洗机没有软管，这使得机器更加紧凑，便于清洁像客房这样的小型区域。

旋转式洗地机 它可用于多种表面的清洁工作。那些既能配合刷子又能配合垫子使用的机器用途最广。在地毯上，旋转式洗地机可与垫子和刷子搭配使用，进行干泡清洁作业，喷雾垫清洁作业，滚动旋转垫、阀帽或毛刷清洁剂清洁作业。在硬质地面上，旋转式洗地机可用来抛光、磨光、擦洗、去蜡，以及整修表面。很多生产商和地面保养商会为特殊任务提供特制的垫子，从而能使地面清洁工作变得容易。

客房部工作人员应知道，生产商会根据所面对的不同工作来对地面衬垫使用不同的颜色代码。去蜡垫是黑色和棕色的，擦洗垫则是蓝色和绿色的，抛光垫是白色的，喷洗垫是红色的，磨光垫则通常没有颜色标识。

有的旋转式洗地机配有清洁剂喷洒箱和用于夹住阀帽垫的盘状夹具。阀帽可改成刷头，同样的机器也可用于梳洗地毯。甚至可以搭配一个小型吸尘器，以便在梳洗地毯的同时来吸附泡沫。阀帽垫既可用于硬质地面维护，也可用于地毯维护，在更换了所配合使用的化学品后，阀帽垫可用于同一台机器和阀帽上。

高速机器（300转/分钟到1000转/分钟）可减少抛光时间，并能形成一个更加耐久的抛光面。磨光机高速运转（700转/分钟到1500转/分钟），能进一步减少抛光时间。超过175转/分钟的旋转式洗地机都绝对不能应用于地毯之上；否则将对地毯产生较大的损坏。

操作旋转式洗地机需要技巧。例如，没有经验的员工可能在梳洗时把地毯弄得过湿。这会导致很多问题，如接缝开裂、背衬脱胶、表层鼓胀、缩水、过早出现表层纤维磨损、滋生霉菌以及其他的问题。

若在地面上使用旋转式洗地机不当，会导致磨损或无意间清除掉密封剂和降低光洁度。很多饭店仅允许有经验的客房部员工来操作旋转式洗地机和其他的大件设备。

房务纪事

挑选抽洗设备时应该考虑哪些因素

在购买设备之前，管理人员应要求进行产品演示；同时可咨询其他使用过该机器的公司，打听其使用效果。下列核对检查清单会有助于购买者比较可供挑选的机器品种，从而找到最能满足饭店需求者：

☐**劳动生产率**：一小时之内可清洁多少平方米的开放式地毯区域？

☐**质量**：能清除百分之几的污渍？抽洗后地毯外观如何？24小时后、1个月后、1年后外观又各自如何？

☐**洗涤效率**：把液体压到地毯纤维中去所需的压力是多少？设备的液压从45千克/平方米到450千克/平方米不等。

☐**清洁剂回抽**：已注入地毯的液体能有多少再被抽出？在比较抽力或吸力时，可询问产品的立方排气量和提水力。

☐**变干**：在经过该机器处理后，相应的部位需要多久能彻底变干？这是识别抽吸能力的最好指标。

☐**灌装过程**：装上液体或化学品的操作到底是麻烦还是简单？在不得不更换水箱或重新灌装水箱之前，可清洁多少平方米的范围？

☐**成本**：该设备的实际购买价格是多少？包括配件和化学品。

☐**外观**：如果客人看到正在使用中的设备，会有怎样的印象？

☐**操作**：打开和操作设备的方式是否简单？它有多重？它能既用于诸如客房这样的小型区域内，又能同时用于诸如舞厅这样的开放区域吗？在使用中，它是否很难拖动呢？还是能很容易地在地面上移动？

☐**配件**：它需要什么配件？它提供了什么配件？该系统能通过调节以适用于不同类型的地毯吗？能处理软装饰、小块区域、楼梯、办公室隔断板、墙面织物装饰，或诸如瓷砖或地面这样的硬质表面吗？

☐**化学品**：得用什么样的化学品？把这些化学品当作清洁剂使用时，其清洁效果如何？这些化学品的价格饭店是否负担得起？能进行生物降解吗？气味好闻吗？是否含溶剂？请切记：质量好的化学

（续）

品通过漂洗就能很容易地从面料纤维中分解出来。

□服务：能为员工提供的培训项目有哪些？购买后能提供哪些质量保证？还能期待哪些服务？

资料来源：《房务纪事》，第3卷第2期第5页。

地毯的清洁方法

有大量的地毯清洁方法，从简单的吸尘到热水或冷水抽洗。地毯专家常难就哪种清洁作业方法最有效，以及哪种方法对地毯本身所造成的磨损会较少等问题达成一致意见。例如，有人认为用洗涤剂清洁地毯会造成磨损，并会留下皂液残留物，而不这么做反而会导致灰尘吸附。

如今所售出的很多类型的地毯和地面都有不同的保养和维护要求，这使得情况变得更为复杂。例如，简单的氨溶剂可用于清洁大多数合成材料所制成的地毯，但其会给天然纤维所制成的地毯带来立即且不可逆转的损坏。与之类似的是：漂白剂可用来清洁烯烃地毯，但却可能会损坏聚酰胺纤维地毯。

行政管家应谨慎地遵循地毯生产商所推荐的清洁方法。不恰当的地毯清洁程序所造成的问题不仅不属于质保范围，而且还可能会加速地毯变脏和遭损坏的过程。地毯供应商能提供关于地毯保养要求的具体数据，这能帮行政管家选择来自于地毯保养供应商和地毯清洁承包商所提供的正确的清洁方法、产品和服务。

下面这部分会描述地毯清洁的基本方法。适合于特定饭店的方法将取决于生产商的特别要求。

吸尘 地毯专家都同意吸尘越多越好。每天吸尘能防止颗粒物（像沙砾一样的东西，如沙子和碎石）深入地毯之中，否则时间一长，将导致污渍和磨损。它还有助于恢复地毯绒毛。最有效的吸尘设备能掸松地毯上的灰尘，并通过吸力来清除它。

频繁地吸尘能提升地毯美观程度和饭店卫生水平，并有助于延长地毯的使用寿命。对天天都遭踩踏的地毯应日日进行吸尘处理。一些处于人流高度密集区的地毯或许需要更频繁的吸尘作业。无论何时，只要发现地毯有污渍，就应立即通过吸尘清除，而不应等到因出现大量踩踏而导致这些污渍被踩进地毯纤维深处才进行清洁作业。[3]

房务纪事

地毯清洁作业：何时做、如何做，以及为什么做

饭店里到处都铺满了地毯，成千上万的人走在地毯上，随时随地都可能洒出水滴、溅出液体、造成污渍。管理层对地毯的预期寿命是多久？答案是七年。那么，客房部工作人员该怎么做呢？

　　脏地毯对于饭店的外观而言，着实是一种视觉破坏，除此之外，它还会导致空气质量差。地毯纤维会吸收很多杂质，包括大量的微生物，如细菌、尘粒、霉菌和孢子；还包括有机物，如食物、纤维素、毛发、皮肤屑和腐败的植物细胞；也包括无机物，如溶剂、洗涤剂和污染物。

　　当这些杂质遇上潮湿的气候时，湿气会成为微生物滋生的温床。其结果就是向空气中释放毒气、分泌物和已分解的杂质。

　　听起来很可怕吗？不要紧！下面列出了很多清洁地毯的方法：

从外面开始

　　在饭店门外相当距离处，放置一块好品质的踏垫，这将确保只有最少量的污物被带入饭店走道或大堂的地毯。

定期吸尘

　　带有滚动刷或搅拌棍的立式吸尘器可快速有效地清除地毯上已变干的污渍。刷子通过运动来掸松地毯表层，并把污物从纤维中刷出。吸尘器电机所产生的吸力会把散落在地毯上的污物吸附走。定期（每日）吸尘能延长地毯寿命，并清除污物，否则它们会渗透到纤维之中。

有限量液体清洁法

　　吸水混合物法。将粉末清洁混合物涂在地毯表层、搅动，使其变干，然后通过吸尘来清除它。这种混合物属于表面清洁剂，优点在于能迅速清除溢出物和污点，缺点是吸水粉末无法乳化，并清除地毯表层下的污物。

　　阀帽法。该方法要求把液态清洁剂涂在地毯上，接着留一点时间让其渗入地毯，然后用吸水的阀帽垫进行擦拭。这种方法类似于吸水混合物法，其也属于表面清洁剂。优点是处理污物速度快，地毯变干时间短；缺点是这种方法也无法够到并清除落入纤维层和背衬的污物。

　　"干"泡或洗涤剂清洁法。这种方法利用有限量的液体（一种泡沫很多的清洁剂或洗涤剂），用卷筒刷或滚动刷来将之涂在地毯的绒毛表面，使污物悬浮在表面，并把油渍乳化掉，然后用湿型真空吸尘器给地毯吸尘。

　　以上这些有限量液体清洁法的优点是处理速度快，地毯变干时间短，而且地毯表层看上去很干净。但缺点是渗入纤维，并通过乳化清除地毯表层之下污物的液体总量不够，会导致表层污物进而渗入地毯绒毛的更深处。而且如果未能彻底把洗涤剂从地毯中吸附出来的话，可能会留有吸附灰尘的残留物。

　　持续使用这些有限量液体清洁法可能会导致地毯表层因污物和化学清洁品累积，从而出现暗淡、蓬乱，以及塌软现象。

无液体清洁法：抽洗法

　　这是现有的最彻底的清洁法，它将水和化学清洁剂在压力下注入地毯纤维之中。抽洗法被视为属于湿型或复原法，包括在地毯上先使用污物分解剂（预处理剂），接着浸泡，然后用冷水、热水或化学清洁剂来清除污物。

　　这种方法的优点在于：好的抽洗机可提供足够的压力，从而让地毯绒毛内的污物松弛，并可提供足够的吸力来清除90%多的水或清洁剂。缺点则是地毯变干的时间可从1小时到1天不等，这取决于选择哪种设备。有些抽洗机只能清除一部分浸在纤维和背衬中的已变脏的清洁剂，延长了变干的时间，为细菌滋生提供了温床，并加速再次变脏。

（续）

客房部员工的任务

    如果需要马上处理并恢复原状（例如，一家忙碌的餐厅发生了打翻杯盘的情况），之前所罗列的快速处理和干燥的方法之一或许就能用上。但必须把这个部位记下来，稍后通过抽洗法来清除地毯表层之下的污物。若用高质量的设备来进行抽洗，则能掸松并清除污物，从而使地毯始终看上去都很干净。

    总之，底线是要从预算、效果和饭店昂贵织物及地毯保护角度来仔细算对清洁系统的投资。

    （鸣谢明尼苏达州新布莱顿 CFR 公司的安迪·霍尔特和密苏里州圣路易斯市克灵斯维普地毯保养公司的汤姆·梅斯默为本文提供的信息。）

资料来源：作者是注册饭店业行政管家盖尔·爱德华兹，《房务纪事》，第 3 卷第 2 期第 4 页。

    干粉清洁　这种干粉清洁地毯的方法就是先将干粉或晶体撒于地毯上，接着用手工拿刷子来将其刷到地毯表层中去，或用机器喷洒并刷干粉。这些干粉能吸附油渍，随后可通过吸尘器将其清除。由于无须干燥时间，所以在位于人流高度密集区的地毯清洁作业时，也不必对客关闭。因此饭店可能会将干粉清洁安排在深度清洁作业之间的阶段开展。

    对于不能用水清洁的地毯而言，干粉清洁是一种好的清洁作业方法。干粉清洁不会在地毯上留下皂液残余物或多余的水分，而这些恰会增加霉菌滋生的机会。但是，干粉机上所带的毛刷可能会导致割绒地毯的纤维产生火花。所以建议定期抽洗或湿洗去除地毯里的干粉残留物。一些专家还提出警告：干粉清洁并不能很好地清除某些类型的污渍。

    干泡清洁　这种干式清洁作业方法是先把干泡沫喷洒在地毯上，再用旋转式洗地机将泡沫刷进地毯中去。然后用湿型真空吸尘器将泡沫清除掉。有既可用于喷洒泡沫，又可用于吸附潮气的机器出售。在作业过程中，也可用手工将干泡沫喷洒并刷进地毯中。因为这种方法能让地毯在很短的时间里变干，所以客房部员工会常在人流高度密集区一天使用一次干泡清洁作业方法。

    干泡清洁作业方法容易导致一些割绒地毯产生火花。如果不遵循适当的清洁作业程序，还会出现把地毯过度打湿的情况，而这会导致地毯缩水、发霉、褪色，以及其他问题。图 13-4 呈现了一份由地毯保养产品生产商所提供的干泡地毯维护程序示例。除英语外，一些生产商也会提供用其他语言所写成的类似材料。

    阀帽旋转垫清洁　它与干泡清洁法类似，都可用于地毯表面的日常清洁。用这种方法做清洁时，让带有特殊夹具和垫子的旋转式洗地机在地毯表面移动、搅动地毯纤维的顶端；帽垫在旋转时会拔起并吸走污渍。垫子由合成纤维或天然纤维制成，能洗涤，可反复利用。待该作业方法完成后，应等地毯干了再吸尘。

地毯维护方案

使用干泡清洁法

适用对象：					
制作者：					
地毯类型	天然	合成	割绒	索/平圈	粗绒
污染状况	重度	中度	轻度		

搬离家具并对地毯进行吸尘

搬离所有家具，以便彻底清洁地毯，并节约时间。对地毯彻底吸尘。

预喷

在污点或污渍处使用地毯去污剂。

预处理

在已重度污染的交通要道、门口等部位，用扳手式喷壶或斯帕顿喷壶喷洒经稀释的 Plus 5（比例为 1 : 4—1 : 6）

混合

对已轻度或中度污染的部位配方为把1份 Plus 5 加入10份微温的水中。如地毯受到重度污染或较油腻，则以 1：8 的比例稀释 Plus 5。先加入水，以避免产生过多泡沫。

洗涤剂清洁一般性污染

把机器沿着地毯绒毛方向移动，释放泡沫。操作时要稍与所移动过的区域重叠，并重复此项操作。

洗涤剂清洁重度污染

释放泡沫。把机器沿着同一路径带来回移动。操作时要稍与所移动过的区域重叠，并重复此项操作。

湿式真空吸尘(可选)

立即用湿型真空吸尘器吸尘，清除已吸附了污物的泡沫，并加速地毯变干。

整理地毯绒毛（可选）

用地毯耙逆着地毯绒毛平常方向梳耙，以起到整理地毯绒毛作用，并缩短地毯变干时间。把家具归复原位，要在金属家具轮脚下面配上保护垫。

干型真空吸尘

待地毯完全变干后，用干型真空吸尘器进行彻底吸尘，除去灰尘。每日吸尘可延长地毯使用寿命，并能延长距离下次洗涤作业的时间。

产品

Plus 5 地毯洗涤剂
地毯去污剂

工具

干泡机
带地毯清洁工具的湿/干型真空吸尘器
地毯耙
水桶
量杯
扳手式喷壶或斯帕顿喷壶

1.SCC·1986

分发者：

Spartan

斯帕顿化学股份有限公司

图13-4 干泡地毯维护程序示例

资料来源：俄亥俄州托莱多市斯帕顿化学股份有限公司惠允使用。

旋转式洗涤剂清洁 旋转式或刷入式洗涤剂清洗是比干粉或干泡清洁更有效的作业方法。用这种方法，旋转式硬毛刷替代了垫子或阀帽（新的硬毛洗涤刷在好的地毯上使用之前，应先在混凝土地面上刷，以打开刷头）。毛刷的设计允许洗涤剂沿着硬毛直接流到地毯上。然后，机器搅动洗涤剂，先使之变成泡沫，再使之变干；或用湿型真空吸尘器或抽洗机吸干。当对地毯进行吸尘时，有必要在湿型真空吸尘器或抽洗机的水箱里注入去沫剂。类似于所有地毯清洁设备，在使用湿型真空吸尘器或抽湿机作业时，同样必须小心谨慎，应注意不要加入太多或太少的溶剂，或过度搅动，以免损坏地毯。

图 13-5 展现了一份来自地毯护理产品生产商所提供的旋转刷地毯维护程序示例。除英语外，一些生产商也会提供用其他语言所写成的类似材料。

水抽洗机 对大多数地毯而言，水抽洗是最彻底的清洁作业方法。热水抽洗有时被不恰当地称为蒸汽清洁。事实上，热水抽洗机中不应加入高于 150°F（66℃）的水。这是因为羊毛地毯会缩水，所以只能用温水或凉水对其进行清洁作业。

热水抽洗机先将清洁剂和水的混合液在低压（小于 9 千克每平方米）作用下，喷洒到地毯上，在相同的压力下，吸出溶剂和污渍。好的抽洗机可抽出 70% ~ 90% 地毯里的水分。一些抽洗机有个特殊工具，叫作动力吸头，它能在把溶剂吸附出来之前搅动地毯。其他工具，如清洁软装饰和楼梯的工具，也可安装在抽洗机上，这使得机器可适用于多种清洁功能。

在适当的抽洗下，地毯会在 1 ~ 2 小时内变干。但是，在使用热水抽洗时，客房部员工应小心控制好注入地毯中的水量。如果设备动力不足，或操作者未彻底吸附已清洁过的区域的话，地毯过湿就会成为一个大问题。

热水抽洗模式需大量热水，这对有些地毯来说会带来损害。饭店若想努力降低热水消耗量，则可考虑在这一过程中选用冷水抽洗模式。在一些情况下，冷水抽洗和热水抽洗一样有效，并且能有助于减少褪色、晕染和缩水问题。

对于已过于脏的地毯，结合使用旋转洗涤剂清洗和抽洗相结合的方法，通常最有效。图 13-6 展现了一份来自生产商的抽洗地毯维护程序示例。除英语外，一些生产商也会提供其他语言所写成的类似材料。

地毯的特殊清理

抗菌处理 地毯的抗菌处理可消灭多种细菌、真菌以及由其所导致的异味。抗菌处理最初只用于医院，但现在也越来越多地在饭店中用于地毯处理。

密闭建筑综合征使人们对细菌和真菌增长产生更多的忧虑。"密闭"建筑是指基本跟外界隔离，得通过通风设备来提供新鲜空气的建筑。在这种密闭建筑里，地

地毯维护方案

使用旋转式清洁法

适用对象：				
制作者：				
地毯类型	天然	合成	割绒	索/平圈	粗绒
污染状况	重度	中度	轻度		

搬离家具并对地毯进行吸尘

搬离所有家具，以便彻底清洁地毯，并节约时间。对地毯彻底吸尘。

预喷/预处理

在污点或污渍处使用地毯去污剂。在已重度污染的交通要道、门口等部位，使用Plus 5，稀释比例为1：4~1：6。

混合

对已轻度或中度污染的部位，配方为把1份Plus5加入16份微温水中。如地毯受到重度污染或较油腻，则以1：12的比例稀释Plus 5。先加入水，以免产生过多泡沫。

打开新刷头

A：对新的尼龙硬毛刷——在混凝土上刷1~3分钟，磨去尖锐边缘。。
B．对新的柏辛硬毛刷——通过浸泡使之变软。

洗涤剂清洁/最初的移动轨迹

在平滑表面上启动机器以产生泡沫。从右上角开始工作，打开洗涤剂散发器。使机器从右向左移动。

回路

回路为一台机器宽度，小心使其稍与最初移动轨迹重叠，向右移动，打开洗涤剂散发器。重复以上操作，与前两次操作所经过的轨迹稍重叠，但要保持洗涤剂散发器关闭。

极度重污区/以正确的角度重复清洁

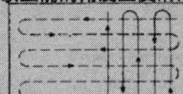

为达到最佳清洁效果，待清洁完小块区域后，以正确的角度重复第5步和第6步，保持洗涤剂散发器关闭，以确保泡沫均匀地进入地毯表层中。

湿型真空吸尘（可选）

立即用湿型真空吸尘器吸尘，清除已吸附了污物的泡沫，并加速地毯变干。

整理地毯绒毛（可选）

用地毯耙逆着地毯绒毛平常方向梳耙，以起到整理地毯绒毛作用，并缩短地毯变干时间。把家具归复原位，要在金属家具轮脚下面配上保护垫。

干型真空吸尘

待地毯完全变干后，用干型真空吸尘器进行彻底吸尘，除去灰尘。每日吸尘可延长地毯使用寿命，并能延长距离下次洗涤作业的时间。

化学品
Plus 5 地毯洗涤剂
地毯去污剂

工具
旋转式洗地机/溶液箱
毛刷
湿/干型真空吸尘器
地毯耙
水桶
量杯

SCC 1986

分发者：

Spartan 斯帕顿化学股份有限公司

图 13-5　旋转刷式地毯维护程序示例

资料来源：俄亥俄州托莱多市斯帕顿化学股份有限公司惠允使用。

地毯维护方案

使用抽洗清洁法

适用对象：						
制作者：						
地毯类型	天然	合成	割绒	索/平圈	粗绒	
污染状况	重度	中度	轻度			

搬离家具并对地毯进行吸尘

搬离所有家具，以便彻底清洁地毯，并节约时间。对地毯彻底吸尘。

预喷

在污点或污渍处使用地毯去污剂

预处理

在已重度污染的交通要道、门口等部位，用扳手式喷壶或斯帕顿喷壶喷洒经稀释的Xtraction II（比例为1：16或1：32）

混合

每加仑水中加入2盎司的Xtraction II，在桶中混合。

使用消泡剂

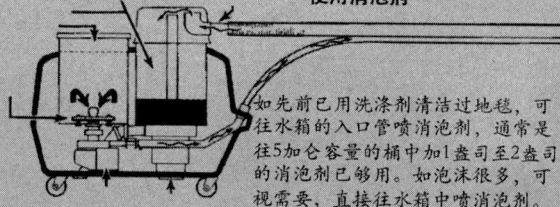

如先前已用洗涤剂清洁过地毯，可往水箱的入口管喷消泡剂，通常是往5加仑容量的桶中加1盎司至2盎司的消泡剂已够用。如泡沫很多，可视需要，直接往水箱中喷消泡剂。

地毯清洁作业程序

1. 从房间离门最远的角落开始向外清洁地毯。
2. 在清洁时，操作杆要伸出恰当的距离，并确保清洁工具始终处于和地毯垂直的状态。
3. 打开清洁剂散发器阀门，缓缓将清洁杆朝自身方向拉。在完成第一道清洁作业后，关闭清洁剂散发器阀门。
4. 提起操作杆，回到最初位置。此时清洁剂散发器阀门是关闭的，吸去多余的清洁剂（如是羊毛地毯，重复本操作）
5. 始终稍与上一道轨迹重叠。
6. 始终避免把地毯弄得过于潮湿。

整理地毯绒毛（可选）

用地毯耙清整地毯绒毛平常方向梳耙，以起到整理地毯绒毛作用，并缩短地毯变干时间。把家具归复原位，要在金属家具轮脚下面配上保护垫。

干型真空吸尘

待地毯完全变干后，用干型真空吸尘器进行彻底吸尘，除去灰尘。每日吸尘可延长地毯使用寿命，延长距下次洗涤作业的时间。

化学品

地毯去污剂
Xtraction II
斯帕顿消泡剂

工具

热和/或冷水抽洗机
量杯
地毯耙
扳手式喷壶或斯帕顿喷壶

分发者：

‹SCC-1986

Spartan®　斯帕顿化学股份有限公司

图 13-6　地毯抽洗维护程序示例

资料来源：俄亥俄州托莱多市斯帕顿化学股份有限公司惠允使用

毯内可滋生细菌和真菌，然后通过空气循环来传播。这使很多饭店现在都开始考虑对地毯进行抗菌处理。很多地毯在出厂时就进行过永久性的抗菌处理。也可定期用清洁剂对地毯进行处理。这可提供短期或永久性的相应的抗菌保护。但请切记：只有合理地维护地毯，抗菌处理才能奏效。

尽管细菌和真菌不大可能在合成地毯纤维内存活，但它们却会在这些纤维中所积累的污渍中滋生。更衣室、热水管和游泳池周边区域尤其是滋生细菌和真菌的温床，这会导致地毯受损，并产生难闻的气味。

抗静电处理 地毯上的静电会给客人和员工带来麻烦，并给计算机带来实际的损害。电器中的微芯片会比人类对静电更为敏感，尤其是当计算机被打开进行维修或进行其他操作时。静电可清除存储在微芯片内的信息，或降低计算机的存储能力。

在生产时，很多地毯都已接受过抗静电处理。这也可由客房部员工来实施。湿度控制也有助于减少静电。

地面

硬质地面，这一术语有时被用来描述地面覆盖物，而非地毯。实际上，一些所谓的硬质地面要比其他种类的硬质地面更为坚硬。例如，混凝土是最坚硬的地面材料，主要用于来来往往极为频繁的区域。相反，软木是一种有弹性的天然材料，便于人们长时间在其上行走和站立。以下部分将会讨论不同类型的地面以及对其进行保养时所需注意的要点。

跟地毯相比，地面有些缺点，如易产生噪声、更坚硬、易打滑、绝缘性较差等。但也有很多优点。如更耐久、更卫生，而且还不会产生静电。

很多人认为地面最大的优点是它比地毯更易于清洁和保养，但这并非完全正确。饭店内的地面跟地毯一样，也得时时保养。客房部员工通常每日拖地，经常抛光，并且偶尔去蜡和上蜡。地面的抗污能力要比地毯好很多，但也不是完全抗污。

跟地毯一样，地面所用的材质决定了其应进行何种保养。地面可能是由天然材质或合成材质做成。因相对于地毯而言，地面不易受潮及变脏，所以常被用于水、灰尘和污渍易聚集的区域，包括客房浴室、公共区域（大堂和公共卫生间），以及一些后台工作空间（厨房、车库、维修车间等）。

地面基本可分为弹性（或弹力）地面、木质地面和硬质地面三类。基于以下因素可判断地面的好坏：弹性（站立或行走在其上的难易程度）、清洁的难易程度、抗污能力和抗磨损能力及安全性。

弹性地面

弹性地面易于站立和行走于其上，比起硬质地面而言，它能较好地降低噪声；但它通常不耐久。若按材质来分，弹性地面的类型可包括：

- 乙烯基；
- 沥青；
- 橡胶；
- 油毡。

乙烯基 乙烯基地面可能是用由纯乙烯基或乙烯基和其他材料的混合物做成。纯乙烯基地面的成本几乎是乙烯基合成地面的两倍。

乙烯基又分为普通型乙烯基和无蜡型乙烯基。普通型乙烯基最常用于商业经营领域，如饭店等。地面上的蜡和抛光表层可保护那些使用频繁的区域，并防止磨损过度和受污染。

最适合商用的乙烯基浓稠且颜色均匀，即颜色会渗入整个乙烯基层，这样一来颜色就不会随着使用年限的增加而消退。白色乙烯基如过多地受强光直射会变黄；如长时间被毯子或其他器械所覆盖，也会变黄，这种情况很棘手。不仅如此，白色乙烯基如果遭到污染，也可能会变黄，但这种情况还可通过合适的清洁作业来获得改善。

乙烯基不受多数污渍和其他物质的影响。乙烯基加一层软背衬，能提升材料的天然弹性，并能很好地吸收噪声。乙烯基很容易保养，还能提供良好的附着摩擦力。

沥青 沥青地面能防腐、防霉、抗墨渍，并具备较好的防火性。它也能够抗碱性潮气的损害，这就意味着可把它直接铺在混凝土上。沥青价格相对低廉，且耐久；但也容易产生裂缝或出现碎裂，这就要求在铺设沥青时要细心，要避免用强效清洁剂来清洁。

一些沥青地面中可能会含有石棉。鉴于石棉对人体健康有潜在威胁，所以很多美国的州政府已禁止使用石棉。当含有石棉的沥青地面（或乙烯基石棉瓦）遭毁坏之后，残留物即是被认为存在危险的废弃物，必须处理掉，但处理这些危险废弃物的价格很昂贵。

橡胶 橡胶，无论是天然橡胶还是合成橡胶（合成橡胶在当今很普遍），都是可用的最有弹性、最能吸收噪声的地面材料；但它的价格也相对较贵。橡胶很耐用，即使是在湿的时候，它也能提供好的附着摩擦力。油、油脂、高温和洗涤剂都有可能会损坏橡胶地面。

油毡 油毡可由多种不同的材料所制成。它由来已久，几乎变成任何一种弹性地面的统称。它可由亚麻籽油、地面软木或木头、矿物填料和树脂制成。它有时会连接在麻布或油毡背衬上，以提升弹性和牢固性。油毡并不是很贵，很容易安装、并容易维护，但若使用强效洗涤剂，则会给其带来损坏。

木质地面

大多数木质地面的材质会选择橡木，因它比较硬，又有美观的条纹。也有可能选择枫木、胡桃木和柚木，但它们都比橡木贵。有时也会选择诸如松木一类的软木头。根据其表面光洁程度的不同，软木可能更容易出现凹痕和擦痕。栓皮，也是一种软质木材，可经过修整、压制之后烤制成片状，做成非常有弹性的木质地面，但在某种程度上而言，也比较脆弱。

鉴于所有的木头都多孔，渗吸力强，所以它们很容易被水侵蚀。碱性物质，如泡沫清洁剂或氨水，都可能导致木质地面出现深色的污点，必须用醋溶液才能清除。所以，恰当地安装、密封和抛光，这对于木质地板的耐久性至关重要。

铺设地板的方法多种多样。镶木地面由木质的"砖"制成，通常是橡木或枫木。木块地板有类似于肉案一样的表面，也是做成片状的，和可经受重击及频繁使用的晶粒搁在一起，形成地板表面。厚木地板则是把长条形木头拼接到一起，形成平滑的地板表面。这些厚木可能有相似或不同的宽度，把它们组合到一起后，能形成美观的图纹。

木质地面的花费比其他种类的地面花费要高很多。多用在商业领域，目的是营造出奢华的外观。

硬质地面

硬质地面是由天然石材或黏土制成，有时也被称为石质地面和砖石地面。硬质地面是所有地面中最能耐久的类型之一，但也是最没有弹性的类型之一。硬质地面包括以下几种类型：

• 混凝土；
• 大理石和水磨石；
• 瓷砖；
• 其他天然石材。

混凝土 混凝土地面多用于生活区或重型设备移动频繁的区域。饭店通常在停车场、车库和商品展览区使用混凝土地面。混凝土地面可覆盖、涂油漆，或加封防水层。

大理石和水磨石 大理石是一种结晶石灰石，有多种颜色和样式，如白色、黑色（黑玛瑙）、灰色、粉色、绿色（绿斑蛇纹石）、棕色、橘色、橘红色等；有带状的条理（蛇纹石），或斑点状的条理。大理石相对而言比较有耐久性，但是浅色大理石会因使用时间长了而泛黄，如果沾染油渍，则很难以清除。

抛光大理石的方法有多种。抛光后的室内大理石具有很好的光泽度，通常用来做桌面、洗漱台或其他家具。由于大理石抛光后，一般所需要的维护工作量会比较大，所以并不适合用于商用楼层。一般会建议在商用楼层选用经过磨光处理的大理石（有缎面效果，有一些或几乎没有光泽），经喷砂或研磨处理过的大理石会有一层无光粗糙层或非反射表层，最适合在室外使用。

片状的大理石很难开采，所以价格也很昂贵。即使应用高超的开采技巧，半数的这种大理石也会在开采时碎裂。

大理石碎石通常会被回收起来，用于水磨石地面。把大理石的碎石制成小瓦砾状或碎渣状，然后嵌入砂浆表面，制成马赛克式的图案。水磨石也可由花岗岩这种不太贵的天然石材来制成，花岗岩可能是粉红色、灰色或黑色的。决定水磨石耐久性的是砂浆，而非石材。像多数多孔性的表面一样，水磨石地面也必须加封防水层。

瓷砖 瓷砖是由黏土、大理石、板岩、玻璃或燧石混合后制作而成的。它非常耐用，且易于维护，也不需要加密封剂或上蜡。

房务纪事

大面积大理石地面的保养

在开业初期和以后每年 2 次（人流高度密集区每年 4 次）维护。

- 从清洁、无损坏的地面开始保养：如果地面使用年久，且有凹痕、擦痕或点蚀，则必须在保养前先进行打磨；
- 清扫、干拖，然后用干净的拖把蘸温和型清洁剂湿拖；
- 使用 175 转 / 每分钟的机器，在地面撒上抛光粉，进行抛光，直到达到理想的光洁度，每次清理一小块 7 平方米的区域即可；
- 抛光后立即用湿拖把和桶，或自动刮洗机漂洗掉残留的抛光粉；
- 用干净的冷水至少将地面漂洗三次；
- 检查地面，确保没有残留物；
- 让地面彻底变干；
- 用干净拖把和光亮保护剂拖地；
- 用白布擦拭地面，增加其亮度（若有需要）。

日常维护

- 每天至少干拖 2 次；
- 在水中加入推荐使用的洗涤剂，进行湿拖，每隔 2 天使用 1 次光亮保护剂，而非洗涤剂；用白布擦亮地面。

资料来源：维拉·贾斯特尔，《房务纪事》，第 1 卷第 2 期第 9 页。

其他天然石材 板岩是一种灰色或蓝灰色的石材，是另一种常用的天然石材地面。泥土层和淤泥的堆积，经上百万年的凝固，形成了板岩。它很容易切割成片状的地面用材；但如果被过度使用，或重物坠落其上的话，也可能导致破裂。

地砖表面比较粗糙，没有板岩耐久，这与板岩是由黏土或页岩制成有一定关系。

有两种黄褐色或棕色的黏土地面。赤陶土是一种硬烤型的瓷砖，而砖块则是黏土在矩形块状模型中制成方块，再经烤制而成。赤陶土和砖块是典型的带有天然色彩的材质。

房务纪事

大理石地面

大理石地面是饭店最漂亮的资产之一，但它们却也是清洁作业中最麻烦的一部分。任何一个曾试图努力保持大理石地面高光泽度的客房部员工都知道，在决定如何维护地面之前还得有很多事情需要考虑。

事实上，石材专家伊凡·康克林就曾声明：大理石地面良莠不齐，因此，并没有独一的推荐清洁程序能适用于所有地面。康克林被称为业界"石材医生"，他说，"大理石主要成分是碳酸钙。它相对较软，可被普通的二氧化硅划损，这甚至包括风吹来的污渍，以及从外面带到室内地面上的污渍。它可被液体渗透，所以，对来自化学品的损伤会比较敏感，尤其是对来自食物酸和强效的蚀性清洁剂更是如此。"

行政管家会面临以下挑战：

- 设计师会为饭店的人流高度密集区选择高光泽的大理石块；
- 业主会坚持要地面保有高光泽度；
- 总经理想要保持较低的维护成本；
- 大理石地面行业是依据所推荐的清洁程序来划分的；
- 当地的地面保养专家可能根本就不专业。

读懂大理石

在美国，很多设计师倾向于选择高光泽度的大理石。但若安装在人流高度密集区，大理石的光泽度会在安装后立即开始减退。"在这种情况下，对高光泽度大理石所能进行的唯一保养工作就是清洗，镜面般的光洁很快变得灰暗，毫无生气，而且失去其清晰度。"康克林说道，"地面会遭到磨损（有刮痕），光泽度开始消失，石材表面会变得模糊起来。"

满足业主的预期

当然，饭店业主是想要地面有美丽光泽的。

"当你的大理石变得暗淡，有划痕时，那就需要专业帮助！拿出电话簿，给整修大理石表面的人打几个电话，并预约。行政管家心里应该已有了一些打算，准备查找一些资料，并选择一个专业的人来帮助整修大理石表面。但后面的事情就开始有意思了。第一位专业人士可能会说，饭店的地面需要整平。第二位专家则会说可以用磨刀来磨光它，而无须研磨它。第三位专家却说他只需要使大理石再结晶，即可让它看起来就像新的一样。最后，行政管家可是彻底傻眼了，该如何判断谁对谁错呢？"

（续）

负责整修大理石表面的人开始为其所提供的服务报出高价，这让问题进一步复杂化了。

保持低成本

总经理面对高报价，一般会采取回避态度，而客房部员工则会陷入困境。遗憾的是，这些人陷入了一种常见的困局，这即是运营预算中并没有包括很多用于维护高反射度大理石地面的费用。

导致成本高昂的原因之一是多数维护作业程序属于劳动密集型工作。其二，它必须是由专家来提供护理。其三，目前的地面状况通常是由于缺乏合理维护而导致的。

企业经营者必须基于成本预算、长期维护成本和地面使用寿命，来做出决定。

决定如何补救

为了使问题简单化，这里有3种大理石保养方法：机械性修复、化学性修复和表面涂饰。

机械性修复是用一系列研磨沙砾，按照石材最初在工厂的抛光方式，来给大理石抛光的过程。如果划痕很深，或石面不平整，研磨过程就得以将石头磨至平整这一工序开始。这很耗时，且昂贵，还会把环境弄乱，需要用到水，而且有可能在邻近的地毯、壁纸和家具上溅上泥浆斑点。但其结果是地面会修复得非常平整，并且易于维护。

等削磨之后，研磨过程会使用越来越少的研磨沙砾，来对整片地面进行砂纸磨平处理。这一过程被称为"研磨"，它能使石材光滑美丽，但不会反射光芒。

对于那些想获得高抛光度的人而言，必须在研磨地面之后，再用精细的磨粉，掺上水，对地面进行再次抛光。

如果经营者不想对地面做进一步的投入，在机械性修复后所需做的日常维护工作就是拖除灰尘，然后用水弄湿拖把再拖。

化学性修复也被人们称为"结晶化"。自20世纪70年代开始在美国使用化学性修复以来，结晶化在专家中间引起了很多争论。其过程包括在大理石地面的表面喷洒硅胶氟化物，并且用带有特殊衬垫的高速抛光机来进行抛光。喷雾被运动中的抛光机加热后，会与石材发生化学反应，从而产生一种反射率超高的极硬表面。

康克林建议，尽管这种为天然大理石表面带来光泽的方法，在熟悉特殊石材和化学品的专家那里，具有解决问题的潜力，但硅胶氟化物的化学性能改变了大理石表面的构成成分，并会严重损坏某些大理石。

尽管结晶化工作要求聘请专业的地面保养专家，但日常维护工作则仅需用干拖把除去浮尘，以及用浸泡过特殊化学品的湿拖把进行清扫即可。

表面涂饰对是大理石地面进行维护的第三种方法。这种方法包括用丙烯酸地面化学品来对地面进行涂层处理。康克林把这称作"准备牺牲的涂层"，它被安置在石材表面，能发挥隔绝环境的物理障碍作用。"所有的磨损和着色液都会通过一层薄膜或涂一层从抛光的大理石表面被物理性地分隔开来，"康克林写道，"当涂层表面被踩踏磨损或当液体洒在地面上时，磨损或污渍永远不会碰到大理石表面，被破坏的不是石材表面，而只是涂层表面。"涂层的优点在于它比抛光的大理石表面更容易修复或替换；而缺点则在于其外观，有这种涂层的地面有着塑料般的外观，很闪亮，但跟有着天然光泽的抛光石面完全不同。

其日常维护工作包括得使用更多的丙烯酸和喷雾来进行抛光，或如有必要的话，要对地面进行擦亮处理。当涂层遭到严重破坏时，水基的丙烯酸可被氨基物分离出来，然后重新开始这一涂饰过程。

资料来源：玛丽·弗里德曼，《房务纪事》，第7卷第2期第4～5页。

地面的通常维护

地面需要定期清洁和抛光，以保持其外观和耐久性。一些客房部门会警告说不应用肥皂清洁地面。硬质水无法彻底漂洗掉肥皂残留物；这种残余物会软化地表面的抛光层，或使表面变得很滑。

尽管地面通常比地毯有着更好的抗污能力，但客房部员工仍应及时注意地面上的溅溢物，并迅速做出处理。通常按以下步骤来操作：

- 识别污渍，并决定如何处理它（参考《饭店清洁手册》）；
- 用刮刀手工清除固态颗粒污渍，小心不要让地面有刮痕或凿痕；
- 使用湿型真空吸尘器来处理大片湿的污渍；
- 选一块区域来测试除污剂，然后按照生产商的说明清除污渍。

如今，无蜡地面极其普遍，给地面抛光似乎已经过时了。但是，地面保养专家建议，给地面适当地打蜡，不仅能使地面变得更美观，而且对于延长地面的寿命也有重要的影响。上蜡能保护所有地表面，甚至使无蜡地表面免受磨损。还能加固多孔型地面材料，如木地板。

地面虽能较好地防污，但仍旧需要保护好，以防止刮痕和研磨损伤。踏垫可帮助减少擦痕和剐痕，尤其是在饭店的入口处，因为这里有大量具有研磨作用的物质。与地毯一样，日常地面保养包括了常规清洁日程安排和对问题部位的及时关注。图13-7提供了一份由经销商或生产商为顾客提供的示例。这张图不仅可用于建立一个常规维护计划，而且还能用于培训员工，让他们了解地面保养的重要性，并掌握地面保养的基本技能。除英语外，一些生产商还会提供类似的其他语言的材料。

地面安全也是地面维护的一个主要部分，尤其是当面临着越来越多因摔倒而导致的法律纠纷之时。客房部工作人员可能需要考虑购买商业地面防滑测试装置，这可帮助判定地面的安全系数。除此之外，查询地面保养产品的责任保险范围，也可帮助决定哪种产品会更安全，甚至可能会减少这些产品的使用者所需缴纳的保险费用。

地面的清洁方法

拖地 饭店多数地面每天都得拖洗，可用潮湿的拖把来拖；如果地面不耐水，也可用经过化学品处理过的除尘拖把来拖。但员工应注意不要过度处理拖把，否则拖把头上的化学品将会转移到地面上。这会导致地面模糊或暗无光泽，也可能损坏地面的光洁度。拖把头可由多种天然或合成纤维构成。一些饭店会推荐人造丝拖把头。在使用之前，应把新拖把头放在水中浸泡30分钟，由此可清除拖把头上的塑料。

清洁工应确保轮换使用拖把头，这样一来，每次用完后，就可以洗净晾干拖把头了。

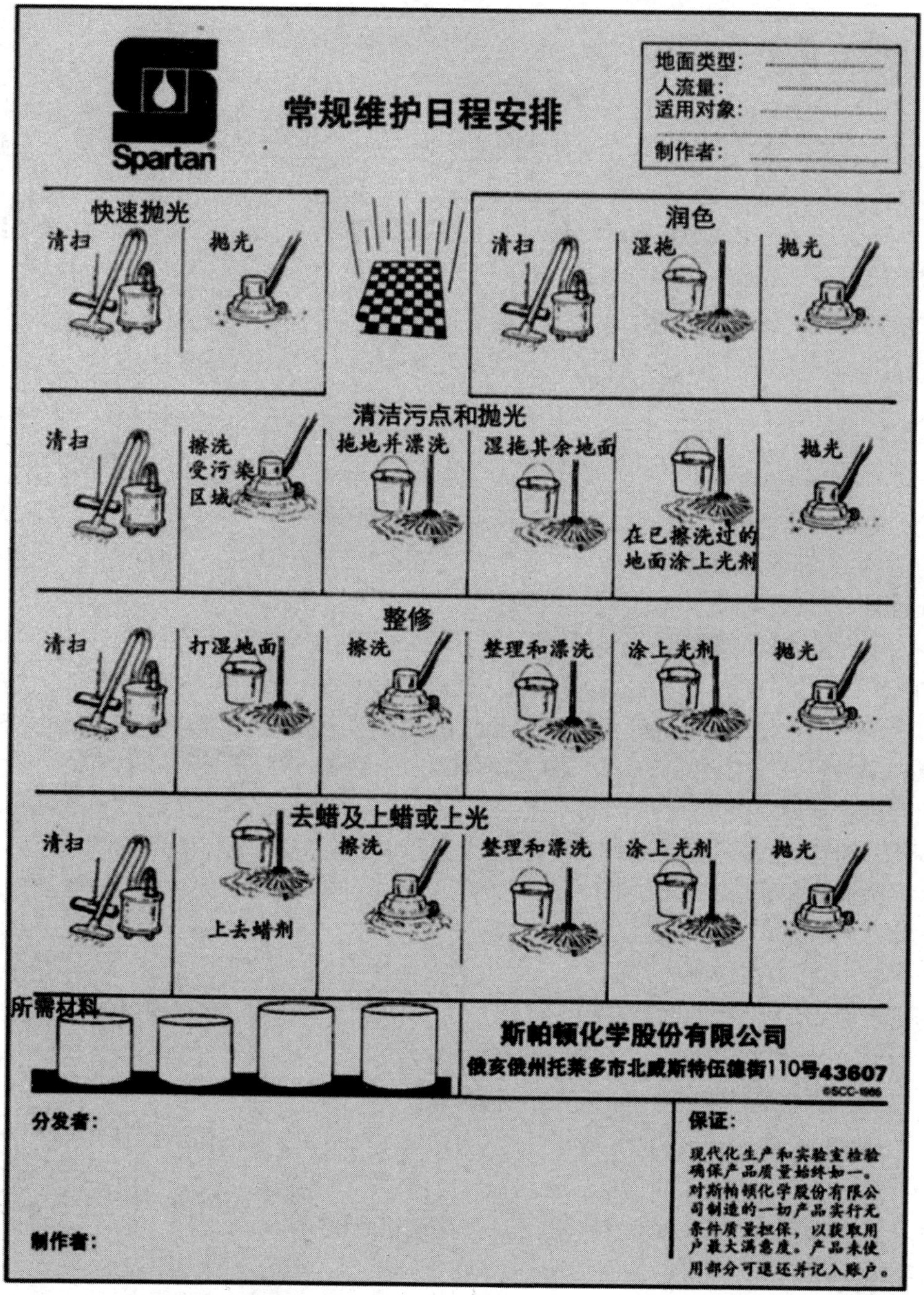

图 13–7　地面维护一览表示例

资料来源：俄亥俄州托莱多市斯帕顿化学股份有限公司惠允使用。

　　关于拖地的一项新研究进展是 20 世纪 90 年代瑞典平擦系统的发展，韩国和中国也有类似的研究进展；其很快在欧洲流行开来，因为这是一项允许在做清洁时不使用化学品的系统。微纤维拖把使用了能吸附灰尘、尘土和细菌的纤维，能把它们粘在拖把上，直到最后清洗拖把时。微纤维拖把很轻，易于使用，可以减少花在维护各种类型的地表面上的时间和精力。每个微纤维布料由数千根人工合成的、分裂开的纤维纱线组成。这种纱线的直径比人的头发丝还细，且能承载其 10 倍重量的物体。基本不必在拖地前还得先清扫地面了，这是因为拖把铝质折叠管的一端所精心编织的抹布能聚拢头发、灰尘和浮尘。如有需要，还可以将化学清洁剂喷洒在地面上，或在使用前喷在拖把头上。微纤维拖把经清洗后可反复使用，它通过弹簧折叶、插脚、甚至紧固件来固定，客房部员工能迅速更换受污染的微纤维拖把。它须使用特殊的洗涤程序，这是因为微纤维拖把无法用漂白剂或纤维软化剂来洗涤，它洗涤时的水温和干燥时的温度也不能太高。

　　位于加州萨克拉门托的加州大学戴维斯医疗中心研究了这些拖把的效用，发现它们能降低交叉污染的机会，能减少化学品和水的使用，能提高劳动生产率，还能降低员工受伤率和因受伤而导致的赔偿金，并且，它比传统的拖把具有更好的清洁效果。[④] 它们只在地面上残留较少的水渍，能降低让人滑倒的概率。

　　一些饭店的客房部管理人员曾经抵制过使用微纤维拖把，因为其成本貌似很高。湿微纤维拖把和干微纤维拖把都得 6 美元一把。但是，微纤维拖把可以清洗之后重复使用，普遍要比传统的线绳拖把更经久耐用。[⑤]

　　抛光和磨光　抛光是指先把抛光剂喷洒在地面上，再用旋转式洗地机来进行抛光处理。有的旋转式洗地机既可以进行抛光，还可以在地面上喷洒抛光剂。有效的喷洒抛光剂，能有助于清除划痕、高跟鞋的踩痕，并恢复地面光泽。高速旋转式洗地机可使抛光速度加快，并使抛光层更耐久。

　　磨光是一种较新的地面保养技术，与抛光有些相似，但不同之处在于它是一种干性处理方法。抛光和磨光的另外一个区别是其对应的旋转式洗地机的速度不同。磨光要求机器头的转速更快。有的饭店会建议只在人流低度密集区使用磨光方法。磨光只可用于硬质地面。

　　到底是采用抛光还是磨光方法来处理地面，这取决于地面的蜡、密封层或上光剂。但不管是要抛光，还是要磨光处理，地面都必须得先弄干净。

　　擦洗　擦洗通常要求有坚硬的刷子或擦垫，适合的混合清洁剂，以及一个旋转式洗地机。擦洗往往在磨光和抛光之后才进行，根据擦拭时有多少旧蜡脱落下来而定。

　　去蜡和整修　客房部工作人员都认为去蜡和重新上蜡很贵，也很耗费时间。但是，为了确保能适当地保养地面，应定期完成这项工作。去蜡剂可能是水基或氨基。氨水是一种非常强效的化学用品，在地面上使用时，要小心。旋转式洗地机可用于去掉旧有蜡层的光泽，并能重新上蜡。图 13-8 提供了一份由经销商或生产商提供给顾客的使用指南。这类指南可用于培训员工地面去蜡和整修的技巧。除英语外，有些生产商还会提供其他语言写成的类似材料。

抛光剂有蜡基或聚合物基两种类型。蜡基抛光剂要求至少上两层蜡才能达到对地面的最大保护效果。但很多生产商和客房部人员会推荐上三层甚至更多的蜡。几乎所有的抛光剂都可进行喷雾抛光处理。蜡基抛光剂亦可。

金属连锁（或交叉结合）聚合抛光剂 它包含已溶解的金属，通常是锌，可提升地面光泽。有的饭店只用含有 18% ~ 20% 比例的固体颗粒的上光剂。它实际上几乎可不受踩痕、清洁剂和摩擦的影响。聚合抛光剂也很容易重新涂层，以保持地面光泽，并修复原始抛光剂涂层的保护性能。金属连锁抛光剂的擦洗去膜也更容易，因为氨（很多去膜剂中的活跃成分）能吸附金属。这能启封抛光剂涂层，从而使去除涂层的工作变得更容易。

绿色地面保养

饭店管理者越来越认识到：所谓具备环保意识，并非只是购买一些"绿色"产品那么简单，而是要在全饭店执行能全面发挥作用的程序。这道理也适用于地面保养。环保的地面保养作业需要行政管家贯彻执行一套可使地面获得高品质、高性能保养的程序，以做到既不会对环境造成危害，也不会给那些行走在地面上和负责清洁地面的人带来危害。

有几种传统的地面保养抛光剂所含的化学成分能导致健康和环境问题，包括含有锌、邻苯二甲酸盐、化学溶剂和含氟表面活性剂的抛光剂等。与之类似，有很多传统的除膜剂也含有对环境和健康有危害的成分，如二丁氧基乙醇、氨、氢氧化钠和壬基苯酚乙氧基化物表面活性剂等。绿色徽章公司（Green Seal）于 2004 年创立了一套地面保养产品的环保标准，聚焦于工业和大型机构所使用的抛光剂和除膜剂。

绿色徽章公司提出了对抛光剂和除膜剂的使用效果要求，包括防滑性、可移动性、防污性和耐清洁剂性。绿色徽章公司认为，未经稀释的产品应做到：

- 对人类无毒；
- 不能含有任何致癌物、突变剂或再生毒素的成分；
- 不能对皮肤或眼睛有腐蚀性；
- 不能是皮肤致敏物；
- 必须有 150°F(66℃) 以上的燃点。

初始处理

修整地面及处理新铺设地面

使用对象：				
制作者：				
地面类型	乙烯基石棉	纯乙烯基	橡胶	水磨石
人流量：	高度密集	中度密集		低度密集

打扫地面

用扫帚、经过处理过的干拖把或工业用真空吸尘器打扫地面。

使用去蜡剂 拖把#1

按比例用温水或热水稀释过的斯帕顿型号去蜡剂，把它涂在地面上。

让去蜡剂发挥作用

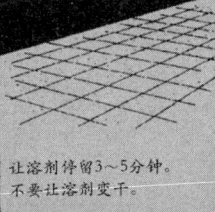

让溶剂停留3～5分钟。不要让溶剂变干。

擦洗地面

最好用装配了研磨垫或硬刮洗刷的机器。

吸干溶剂

用拖把或湿型吸尘器吸干溶剂。

把漂洗用水处理干净 拖把#2

不停更换地面漂洗用水，以保证地面干净。建议至少漂洗两次。

使地面变干

让地面彻底变干。为达到良好变干效果，至少需时30分钟。

干抛光及拖尘（可选）

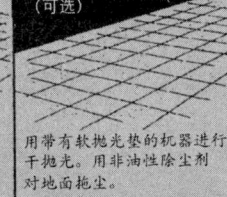

用带有软抛光垫的机器进行干抛光。用非油性除尘剂对地面拖尘。

地面封蜡（可选）

把未经稀释过的斯帕顿型号封蜡剂用干净潮湿的拖把或涂敷器涂在地面上，最好涂两层。让地面变干。

做完第一层抛光 拖把#3

把一层薄的未经稀释的斯帕顿抛光剂用干净潮湿的拖把或标准的涂敷器涂在地面上。让地面变干（约30分钟时间）。

做完第二层抛光

把一层薄的未经稀释的斯帕顿抛光剂用干净潮湿的拖把或标准的涂敷器涂在地面上。让地面变干（约30分钟时间）。

做完第三层抛光

把一层薄的未经稀释的斯帕顿抛光剂用干净潮湿的拖把或标准的涂敷器涂在地面上。让地面变干（约30分钟时间）。

完成抛光过程或喷雾抛光

等最后一层斯帕顿抛光剂变干后，地面锃亮，可视需要在24小时后再做喷雾抛光处理。

只用蜡/干抛光

第二遍干抛光，直到达到期望的光泽效果。

一般要求：

化学品：
去蜡剂；
抛光剂；
等。
蜡；
封蜡剂等。

工具：
地面抛光机；
干/湿型吸尘器

© SCC-1985

分发者：

Spartan® 斯帕顿化学股份有限公司

图 13-8　地面去蜡和整修技术示例

资料来源：俄亥俄州托莱多市斯帕顿化学股份有限公司惠允使用。

　　绿色徽章公司还认为，这些产品应不能产生光化雾、对流层臭氧，或使室内空气质量变差；也不应对水生生物产生毒性，而且还应是能生物分解的。其他要求则还有产品的主要包装应是可循环利用的，而且不能包含以下成分：

- 烷基酚聚氧乙烯醚；
- 邻苯二甲酸盐；
- 锌或其他重金属，包括砷、铅、镉、钴、铬、汞、镍、硒、荧光增白剂和臭氧化合物（ODCs）。

　　任何满足绿色徽章标准的地面保养产品都能在其包装上贴上绿色徽章公司的认证标志。封口处通常还会印有这样的话："本产品对人类及水生动物的毒性和潜在的烟雾产量均有所降低，满足绿色徽章公司关于工业和大型机构使用的地面保养产品标准。"

　　地面保养专家也指出，要想为环保尽份力，不仅应谨慎地使用这些产品，更应对地面保养程序有全盘考虑。美国绿色建筑协会的建筑评级体系推荐了可持续地面保养体系，呼吁通过对地面的设计来减少除膜和重新上膜的频率。可持续地面保养体系可包括在入口处设置防尘垫，使用带有吸尘配件的磨光器、微纤维拖把和拖把洗涤桶等。

尾注：

① Source：Doug Scouten，The Rooms Chronicle ®， Volume 12, Number 2, pp.6,11. For subscription information, call 866—READ—TRC.

② Source：Doug Scouten，The Rooms Chronicle ®， Volume 12, Number 3, pp.6—7, For subscription information, call 866—READ—TRC.

③ Scouten, pp.6—7.

④ "How to Evaluate and Select Microfiber Mops" www.vpico.com/articlemanager/printerfriendly.aspx?article=60321, August 1, 2005.

⑤ "Cleaning bathroom floors in guestrooms...Are microfiber mops the answer?"，The Rooms Chronicle ®， Volume 12, Number 1, p.6. For subscription information, call 866—READ—TRC.

主 要 术 语

　　醋酸纤维（acetate）：一种低成本的丝质样纤维。不褪色、抗霉菌，但易变脏、易受损。

　　抗菌处理（antimicrobial treatment）：用某种溶剂处理地毯，以杀死地毯中的多种细菌和真菌，并去除因它们所导致的异味。

　　膨体连续长丝 [bulk continuous filament(BCF) fibers]：连续的股线纤维，用于制造非机织地毯或簇绒地毯。

褪光处理（delustered）：一种使聚酰胺纤维地毯降低光泽的处理方法。经处理后，表面略暗，看起来像羊毛地毯。

抗静电处理（electrostatic dissipation）：用某种溶剂对地毯加以处理，从而使地毯具备抗静电性。

表层（face）：地毯的绒毛。

表层纤维（face fibers）：构成地毯绒毛的纱线。

表层重量（face weight）：每平方米地毯表层纤维的重量，是地毯绒毛的衡量标准。

硬质地面（hard floor）：非地毯类地面。硬质地面是最耐久，但弹性最差的地面类型。硬质地面的类型有混凝土、大理石、水磨石、瓷砖和其他天然石材。

均色（homogeneous color）：渗透整层乙烯基地面的颜色，不会因使用而磨损殆尽。

热水或冷水抽洗（hot-or cold- water extraction）：一种深度清洁地毯的作业方法，用机器低压喷含有清洁剂和水的混合液，在此过程中，能把溶剂和污垢吸出来。

金属连锁聚合抛光剂（metal interlocking polymer finish）：一种聚合地面抛光剂，包含已溶解的金属，通常是锌。

变性聚丙烯腈纤维（modacrylic）：一种丙烯酸纤维，其防污及耐磨损能力较差。

绒毛（pile）：地毯的表层，由纤维或纱线形成的可修剪毛圈组成。

绒毛变形（pile distortion）：地毯的表层纤维因受到高度密集人流踩踏或不恰当清洁作业后所出现的状况，如变弯、起球、压坏、散开或缠结。

主背衬（primary backing）：地毯中吸附和固定表层纤维的部分。

弹性地面（resilient floor）：一种地面类型，能降低噪声，比起硬质地面，能使客人在上面较轻松地行走或站立。弹性地面的类型包括乙烯基、沥青、橡胶和油毡。

旋转型洗地机（rotary floor machine）：一种地面保养设备，配有毛刷和垫子，可用于地毯清洁作业，以及干泡清洁作业，喷雾垫清洁作业，滚动旋转垫、阀帽或毛刷清洁剂清洁作业。在硬质地面上，这种机器可进行抛光、磨光、擦洗、去蜡和整修作业。

次背衬（secondary backing）：地毯层压到主背衬层上的部分，能使地毯更坚固，安装更牢靠。

色差（shading）：指向两个不同方向刷过地毯绒毛后，地毯上出现明暗不同区域的情况。

短纤维（staple fibers）：长度为 18 ~ 25 厘米的人造纤维，经编织后可形成长的股线，用于制作非机织地毯或簇绒地毯。

簇绒地毯或毛圈地毯（tufted or looped carpets）：一种地毯，其在制造时会将表层纤维穿过地毯背衬层，从而形成厚的簇绒或毛圈绒毛。

湿型真空吸尘器（wet vacuum）：一种地面保养设备，用于吸取溅溢物，或吸取在地毯或地面清洁作业过程中所用到的漂洗水。

泛黑（wicking）：当地毯背衬变湿后，表层纤维吸收背衬的潮气和颜色，由此导致地毯表层所出现的情况。

木质地面（wood floor）：一种地面类型，把质地较硬或较软的木头经切割后，再以片状、块状或条状的方式安装于地面上，以形成漂亮的纹理。

复习题

1. 地毯和地面的区别是什么？
2. 地毯有哪些基本组成部分？
3. 在客房、大堂或餐厅中哪种地毯会比较实用？为什么？
4. 该怎样避免地毯出现绒毛变形、泛黑以及褪色等问题？
5. 在制订地面和地毯的维护计划及程序时，有哪些主要考虑因素？
6. 有哪些可用于清洁地毯和地面的基本设备？该如何使用？
7. 有哪些地毯清洁作业方法？
8. 饭店在选择地面的表面材料时应考虑哪些因素？
9. 地面的3个基本类别是什么？
10. 有哪些地面清洁作业方法？它们是如何操作的？
11. 哪些因素有助于环保型地面保养？

网址：

若想获得更多信息，可访问下列网址。网址变更恕不通知。若你所访问的网址不存在，可使用搜索引擎查找新网址。

1.First Finish：www.firstfinish.net/portg_loews1.html

2.Green Seal Certified Floor Care Products：www.greenseal.org/findaproduct/ fcp.cfm

3.Kinsley Carpet Mills：www.kinsleycarpets.com

4.Leggett & Platt Hospitality：www.lphospitality.com

5.Milliken Hospitality Floor Covering：www.millikencarpet.com/ americas/hospitality/pages/default.aspx

6.Stainmaster Carpet Care：www.stainmaster.com

7.Templeton Hospitality Carpet：www.templetoncarpet.com

工作任务分解表：地毯和地面

本部分所提供的程序只用作说明，虽然这些程序具有典型性，但不应被视为是一种推荐或标准。请读者记住，每个饭店为适应实际情况与独特需要，都拥有自己的操作程序、设备规格和安全规范。

清扫硬质地面

所需材料：扫帚、畚箕、垃圾袋及装备齐全的公共区域清洁服务车。

步骤	方法
1. 根据需要撤移家具和设备，以显露出全部需清扫的地面。 2. 从远离门的另一端的角落开始清扫。 3. 用扫帚将垃圾扫成一堆。 4. 用畚箕收拾垃圾。 5. 把畚箕中的垃圾倒入清洁服务车中的垃圾袋里。 6. 继续清扫，收拾垃圾，直至整个地面都已被清扫干净。	□扫的时候，扫帚的硬毛应紧贴地面，以免扬尘。

拖洗硬质地面

所需材料：告示牌、地面清洁剂、拖把桶、喷壶及拖把。

步骤	方法
1. 放置告示牌。 2. 选择合适的清洁剂。 3. 用湿拖把拖地。	□以下各区域所使用的清洁剂在不同饭店各异： • 浴室； • 走廊； • 壁橱； • 餐饮区域。 □从房间的最里面，也就是远离门的一侧开始打扫。 □从左到右以相隔 1 米的距离向门的方向拖。每 1 米都必须与前 1 米重叠。这种重叠法也经常被称作"8 字形"，它既可避免在清洁时踩到已清洁过的区域，也可保证整块地面都能被清洁到。 □用方法 1 或方法 2 拖地面： 方法 1： • 将所选用的清洁剂在拖把桶中与水混合后再使用，用拖把蘸水拖地； • 将脏水倒出，补充入干净的水； • 用水拖地面，并视情况换水； • 绞去拖把中多余的水，保证地面只是稍许潮湿。 方法 2： • 将所选用的清洁剂在喷壶中与水混合； • 在拖把桶中补充入干净的水； • 将壶中溶液喷洒于地面； • 将拖把浸入拖把桶中，绞去多余水分，拖地。
4. 让地面风干。 5. 倒空并清洗拖把桶。 6. 用干净的水冲洗拖把，然后挂起来风干。 7. 收拾好告示牌及其他工具。	

（续）

步骤	方法
8. 用干拖把清洁不宜沾太多水的地面。	□千万不要用湿拖把拖木质地面或大理石地面，除非已做过防水处理。 □在不很清楚某块地面是否要用干拖把清洁时，请向主管核查。

使用旋转式洗地机

所需材料：告示牌及带绒毛和刷子的旋转式洗地机。

步骤	方法
1. 在工作区域设置告示牌。	
2. 检查机器上的电线。	□检查电线，确保电线没有绞在一起或已损坏。 □尽量不要将电线拉置于过往通道。
3. 将擦地刷或擦地垫安装在旋转式洗地机上。	□确信此时机器未通电。 □将机器向后倾斜直至操作杆碰到地面。 □确信刷子及垫子是洁净的，否则地面很可能遭到破坏。 □对准螺纹，将刷子或垫子逆时针旋转。
4. 开始在地面上操作旋转式洗地机。	□将机器通电。 □从里到外开始抛光地面。 □从左到右以扇形形状慢慢地向后抛光。 □用一只手操作机器，另一只手清理电线以免绊倒。
5. 隔一定时间，检查一下垫子或刷子，将已用脏的垫子或刷子换下。	
6. 如果地面上有先前抛光留下的膜，先拖地。然后用干净的刷子或垫子进行抛光。	
7. 从机器上卸下抛光垫或刷子，清洁干净后挂起来风干。	□清洁抛光垫的步骤在不同饭店有异。 □清洁抛光刷的步骤在不同饭店有异。
8. 收拾好机器及告示牌。	

清洁地砖表层及上蜡

所需材料：告示牌及带刷子和垫子的旋转式洗地机、清洁剂、去蜡化学品、白醋、封蜡剂、地蜡、油灰刀、抹布、扫帚、湿拖用的拖把、蜡拖用的拖把、干拖把或湿型真空吸尘器、拖把桶、尘拖、畚箕、乳胶手套、防护眼镜、水桶、喷壶及小刷子。

步骤	方法
1. 在工作区域设置告示牌。	
2. 清扫或用干拖把清扫。	□将可移动设备搬离此区域。 □用扫帚或干净的干拖把及畚箕将地面上的灰尘及其他垃圾清理干净。 □遵循安全规定，以保护客人、其他员工及本人。 □对准螺纹，逆时针旋转抛光刷或垫子。
3. 清除地面的污渍。	
4. 在主管的指导下湿拖地砖。	□保持人来人往较频繁的公共区域的地面干燥。趁人流量少时进行湿拖。 □不要将湿拖把与上蜡拖把混用。

（续）

步骤	方法
5. 去除地砖上所积累的蜡。	□戴好乳胶手套及防护眼镜。 □将水及获准使用的去蜡剂混合。 □用拖把给地面涂上厚厚一层去蜡剂，保持 10 分钟或直至地面的蜡化开。 □用刷子手工刮擦地面边缘。 □用小油灰刀将地面角落处的蜡层刮松。 □如需要，则用抹布除去角落及边缘处的渣滓。 □用带刷子或聚酰胺纤维垫子的旋转式洗地机将蜡层刮松。 □用干净的温水及湿型真空吸尘器或干拖把除去地面上的蜡及杂物。 □视情况换水。 □对蜡和去蜡剂所遗留的膜进行最后的漂洗。确保不要漏掉角落及边缘区域。 □让地面自然风干。
6. 上封蜡剂及液蜡。	□询问主管用什么来上液蜡。 □按饭店的清洁程序上封蜡剂及液蜡。
7. 将所上的蜡润色抛光。	□在喷壶中将液蜡与水混合。 □在旋转式洗地机前方的地面上薄薄地喷一层溶液，然后抛光，直至地面光亮。 □通过经常清扫、拖地及轻度抛光维护地面。
8. 将所有的拖把冲洗干净，然后挂起风干。	
9. 清洁其他设备及工具，然后挂起风干。	
10. 收拾好告示牌及其他一些设备工具等。	

清除地砖上污渍

所需材料：告示牌、乳胶手套、防护眼镜、纸巾、干净的抹布、液体清洁剂或消毒剂、可密封的塑料容器、垃圾桶、多功能清洁剂、油灰刀、海绵。

步骤	方法
1. 在工作区域设置告示牌。	
2. 戴上乳胶手套及防护眼镜。	□在用强性化学品做清洁，或清洁血迹或其他体液时，应戴上防护用具。
3. 测试清除污渍程序。	□在一小块不显眼的地方测试一下去污剂。 □如果去污剂损伤地面，请马上停止使用，并立即报告主管。 □如果无法将污渍除去，请向主管汇报；此时也许有必要联系地砖供应商征询意见。
4. 去除血迹。	□除去血迹时，请遵循接触血液传播病原体的安全规则。 □脱下手套后请立即洗手。
5. 去除灼烧痕迹。	□按饭店的清洁程序去除地砖上的灼烧痕迹。
6. 去除糖迹或口香糖迹。	□用油灰刀刮污迹。请注意不要刮伤或凿伤地面（有些饭店使用除口香糖剂，请询问主管是否有这种清洁剂）。 □使用多功能清洁剂。 □用湿布或海绵漂洗污点。
7. 按照饭店的清洁程序去除鞋跟印。	
8. 去除墨水迹。	□按饭店的清洁程序去除墨水迹。

（续）

步骤	方法
9. 去除指甲油迹。	☐用干抹布或海绵尽可能多地吸收指甲油迹。 ☐按饭店的清洁程序清除污渍。
10. 去除尿迹。	☐如果尿迹沾染时间不久，可先用吸水纸巾尽量吸收。 ☐清洁尿迹的工具在不同饭店各不相同。
11. 用多功能清洁剂及"0号"钢丝棉去除不明污迹。	
12. 如有必要，去蜡并上蜡，或对蜡封层润色抛光。	

硬木或镶木地面的清洁及上蜡

所需材料：告示牌、扫帚或干拖把、畚箕、地蜡、抹布及带垫子的旋转式洗地机。

步骤	方法
1. 在工作区域设置告示牌。	
2. 在该区域清扫或用干拖把清扫。	☐搬走可移动的设备，清空该区域。 ☐用扫帚或干净的干拖把及畚箕清除地面的垃圾和灰尘。 ☐不要用水清洁地面。 ☐遵循安全准则，保护客人、其他员工，以及本人的安全。
3. 检查旋转式洗地机上的电线。	☐确保电线没有缠绕在一起，或已遭损坏。 ☐尽量不要将电线拉置在人来人往频繁的区域。
4. 将抛光垫安装在机器上。	☐确信机器没有通电。 ☐将机器向后倾斜，直至操作杆碰到地面。 ☐确信抛光垫是洁净的，否则可能会损伤地面。 ☐对准螺纹，逆时针旋转抛光垫。
5. 用手指或抹布涂抹少量蜡在抛光垫上。	
6. 抛光地面直至光亮。	☐插上洗地机的电源。 ☐由里到外，抛光地面。 ☐从左到右以扇形形状向后慢慢地抛光。 ☐一只手操作旋转式洗地机，另一只手清理电线，以免绊倒。 ☐如果地面面积很大，也许需在抛光垫上多加些蜡。 ☐等地面上的蜡全干燥。 ☐在难操作的地面处上第二层蜡，使上蜡均匀，并等蜡干燥。 ☐再在旋转式洗地机上安装一个洁净的、未涂过蜡的垫子。 ☐从里到外再抛光一次。
7. 卸下抛光垫或刷子，清洁干净后挂起风干。	
8. 收拾好机器、告示牌及其他工具设备。	☐清洁抛光垫的步骤在不同饭店各不相同。

地毯吸尘

所需材料：告示牌、硬扫帚、吸尘器及储尘袋。

步骤	方法
1. 如有必要，设置告示牌。	
2. 将房间角落及地毯边缘的垃圾清除。	☐用一把小的硬扫帚将角落里及边缘处垃圾扫到吸尘器可够得着的地毯上。 ☐压着扫帚向自身方向拖，即远离墙的方向。

（续）

步骤	方法
3. 吸尘器接通电源。	☐ 尽量使用靠近门的插座。 ☐ 确保电线远离通道，以免将人绊倒。
4. 从房间的一侧开始吸尘。	☐ 从房间的里侧角落开始吸尘。在吸尘时不要站在湿的地方，以免触电。 ☐ 向门的方向吸尘，这样可清洁到已踩过的地方。 ☐ 要特别注意角落、边缘及人流高度密集区。 ☐ 如发现地毯上有任何破损，请向工程部报修。
5. 检查并倒空储尘袋，定期清洁搅拌刷。	☐ 倒空并清洁储尘袋的步骤在不同饭店各不相同。
6. 切断吸尘器的电源，将线绕好，然后将吸尘器放回服务车上。	☐ 拔掉电源时，应抓住插头，而不是拉电线。 ☐ 绕电线的方法在不同饭店各不相同。

大理石表面的清洁、密封和上蜡

所需材料：告示牌、抹布、干拖把、上蜡用的拖把、湿拖把、拖把桶、防水密封蜡、获准使用的洗涤剂、地蜡、带刷子或垫子的旋转式洗地机、干净的软抹布。

步骤	方法
1. 在工作区域设置告示牌。	
2. 用干抹布或干拖把除尘。	
3. 擦洗大理石。	☐ 把干净的软抹布或拖把蘸入温水和温和型清洁剂的混合物中。 ☐ 擦洗大理石，去除顽固的残留物。 ☐ 清洗大理石的工作日程安排会因饭店而异。 ☐ 用抹布擦拭，直到把大理石全擦干。若水渗入石料，会使其表面褐色。
4. 用上蜡拖把为大理石地面涂抹防水性密封层。	☐ 大理石地面所使用的密封层因饭店而异。
5. 为大理石地面上蜡。	☐ 用抛光剂将获准使用的不会发黄的地蜡均匀地涂抹在大理石上。 ☐ 让旋转式洗地机均匀地在地面上移动。
6. 漂洗所有用过的湿拖把或上蜡拖把，并挂起风干。	
7. 将垫子和刷子从抛光机中取出，漂洗，并挂起晾干。	
8. 收拾好告示牌、设备和供应品。	

地毯抽洗

所需材料：告示牌、水抽洗机、地毯污点清洁预处理剂、获准使用的清洁剂、除泡剂及真空吸尘器。

步骤	方法
1. 在工作区域设置告示牌。	
2. 移动设备及家具。	☐ 小心地将可移动的设备及家具移至主管准许暂时放置的区域。
3. 地毯吸尘。	☐ 小心地将家具移开，尽量露出需要清洁的地毯。
4. 在已严重污染的地方喷上地毯污点清洁预处理剂。	
5. 去除蜡迹。	☐ 用手轻柔地尽可能多地去除蜡迹，小心不要拉扯或破坏地毯纤维。 ☐ 用吸水纸巾将变干的蜡迹盖住。 ☐ 将热的平烫斗放在纸巾上，促进纸巾吸收融蜡。 ☐ 如有需要，重复以上步骤，直到蜡迹都被去除。

（续）

步骤	方法
6. 准备好水抽洗机。	☐往水箱中充水及清洗剂的步骤在不同饭店各不相同。
7. 将抽洗机通电，加热水箱中的水（如果水箱有加热器）。	
8. 将除泡剂加入水箱中，以避免产生太多的泡沫。	
9. 根据生产商的指示操作抽洗机。	☐由内向外抽洗地毯，从最里面开始，直至门口。 ☐将水注入地毯中。 ☐尽量加快工作速度，以避免地毯过湿。千万不要让地毯浸泡在水中。 ☐要特别注意已做预处理的区域。 ☐在操作抽洗机时，不要站在水中，否则可能会触电。
10. 将脏水倒入拖把水池中，不要倒在客用洗手间中。	
11. 让地毯完全干透。	
12. 再吸一次尘。	
13. 通过整理使使房间恢复原状。	☐将先前已移开的设备及家具等恢复原位。
14. 清洗抽洗机。	☐清洗抽洗机的步骤在不同饭店各不相同。
15. 将全部设备工具等分别存放到正确的地点。	

第 14 章

14

浴缸、马桶与洗漱台

1829 年, 波士顿特里蒙特酒店宣称已为其客房安装了室内下水管道。多亏了 26 岁的设计师以赛亚·罗杰斯, 饭店客房里总算有了浴室。配有抽水式马桶的 8 间客房都位于饭店一层。浴缸是铜质或锡质的, 用小型燃气炉加热, 冷水被加注在水槽里。5 年后, 罗杰斯又设计了纽约阿斯多尔酒店, 并成功地为饭店二层及以上楼层的 300 间客房都配备了浴室。①

现在的浴室较之以前更加先进, 但是对奢华的追求却从未改变。饭店依然凭借其更先进的浴室来吸引顾客。例如芝加哥费尔蒙酒店之类的企业已走在前列, 它们聘用专门的服务员, 能根据客人从洗浴清单上所选择的服务类型为客人布置浴室。

浴室通常是客人判断整个客房洁净程度的主要标准之一, 所以这也是每一个行政管家都特别关注的地方。此外, 由于设计师对浴室的设计比以前更精细, 所以, 对浴室清洁作业的要求也开始水涨船高, 行政管家要不断弄出新的流程和步骤才行。

本章考察了在浴室里能发现的陈设及固定装置的种类: 浴缸、马桶、洗漱台、固定设施和便利设施。讨论了它们的一些最新设计趋势, 以及行政管家和客房服务员所需面临的一些挑战。本章也讨论了浴室为残障人士设置无障碍设施的重要性、维护须知, 以及客房浴室的清洁安全问题。

浴室陈设及固定装置的种类

与床相关的品牌战早已打响, 下一个品牌战的战场则正在转向浴室。饭店业一直在寻求创造出更舒适、更吸引客人的浴室。这或许意味着能出现各种可能性, 例如, 从浴室的再设计, 到为浴室提供新的独特便利物品, 以及与浴室有关的各项服务等。只要设计师不断有新创意, 浴室及其设施就能持续升级。

在高档豪华型饭店里, 浴室空间越来越大。饭店业主开始重新考虑诸如浴缸这一类的基础设施, 有时可用水疗式淋浴设施来替代。有些饭店已开始通过聘请著名设计师来设计奢华的洗浴体验来打造独特的饭店形象。表 14-1 描述了华盛顿柏悦酒店通过客房浴室营造的都市水疗体验。

表 14-1 浴室里的都市水疗体验

> 为了满足时代需求,华盛顿柏悦酒店于 2006 年对饭店进行了重新设计。此项革新耗费 2400 万美元,其中变化最显著的是浴室。
>
> 设计师季裕堂设计了易使人联想到水疗创意的浴室,这是因为在该饭店里已没有别的地方可以增设水疗设施。这些浴室面积达 57 平方米,具有深灰色的石灰岩墙体、地面和天花板。步入式浴缸也由石灰岩做成。饭店提供奢华的泡澡浴缸,也提供雨淋式头顶淋浴喷头和手持式淋浴喷头。
>
> 浴室便利物品由巴黎香水大师布莱斯·马丁创制。为了跟华盛顿特区的主题一致,全部洗发液中甚至都蕴含有樱花的芬芳。

不过,对浴室的更新并不仅仅只局限于高档型饭店或者度假饭店。中档型饭店也开始加入到这场升级游戏中了。

假日智选酒店请哈里斯民意调查机构做了一项投票调研,结果显示将近 3/4 的美国成年人对饭店客房的浴室不满意。让他们抱怨最多的是饭店淋浴设施的水压要么太高,要么太低。其他人则对布草质量或者淋浴间的面积不太满意。

为了响应这一调研结果,假日智选酒店斥资 2000 万美元对旗下北美地区的 1300 家饭店的浴室进行了"纯净智能"升级,更换了淋浴喷头和增加了新毛巾。新的淋浴喷头可让客人自行选择喷洒模式,而浴室用的布草也在尺寸、柔软度和吸水性等方面获得很大改进。还安装了可弯曲的淋浴水管和一系列能散发独特香气的便利物品,这种香气是新鲜烘焙的肉桂才会有的芬芳。假日智选酒店现在还在网上提供这种淋浴喷头的销售服务。

饭店企业升级客房浴室的其他案例还有如下这些:

- 作为对前一个项目"天梦之床"的补充,喜达屋集团在威斯汀酒店引入了"天梦之浴"项目,该项目包括可弯曲的淋浴水管、多喷头淋浴设施、更大更柔软的毛巾、天鹅绒浴袍和水疗品质的便利物品。
- 哈拉斯饭店在 20 世纪 90 年代末就重新设计了浴室。打造了包括下列 4 种固定装置的浴室:洗漱区或梳妆区、玻璃淋浴间、涡旋式按摩浴缸和专用马桶坐垫。该酒店还以如下特色见长:落地式穿衣镜、涡旋式按摩浴缸上方的艺术饰品,以及镀铬或镀铜的五金配件,浴缸长度和宽度分别都比标准式浴缸长 15 厘米。
- 迈阿密海滩南甘斯沃尔特饭店修建了多喷头淋浴设施和 1.8 米长的浴缸。
- 洛杉矶索菲特酒店设计了超大的带玻璃墙淋浴间,玻璃墙可用转动开关从透明调至不透明。
- 纽约丽亚皇家饭店翻新了浴室,采用了全套 Waterworks 牌浴缸,并更新了固定装置和布草。

- 斯克茨戴尔的范里霍酒店给其 194 间客房中的 21 间专门安装了由菲利普·斯达克设计的浴缸。这些浴缸与床相邻，并用浴帘隔开。
- 巴拿马普拉亚博尼塔洲际度假饭店设计了带百叶窗的开放式套间浴室，这样一来，客人就可以舒服地躺在浴缸里看电视了。
- 希腊麦卡罗格雷斯精品酒店于 2007 年 11 月荣获欧洲一个声望卓著的设计大奖，获奖原因之一就是源自它的浴室。宽敞的浴室包括步入式淋浴间和一个安装在独立台阶上的涡旋式按摩浴缸。
- 加利福尼亚纳帕峡谷的加利斯托嘉兰奇饭店的浴室面朝一个依山傍水的私家花园，并可在那里享受淋浴。
- 拉斯维加斯美高梅大酒店的顶部设有一个名为空中楼阁的精品饭店。其客房中有一个深达 0.8 米的超大浴缸，可以产生泡泡和彩虹色彩的舒缓光线。还有步入式淋浴 / 蒸汽间，配有手持型控制柄，能产生类似瀑布和阵雨的效果。其遥控器具有调控温度、选择情景照明和播放音乐视频或电子书的功能，客人可通过正对着浴缸的镜子看高清电视。还有专门的服务员为客人放泡澡水、添加香料、点燃蜡烛、并倒好香槟。
- 墨西哥帕瑞索德拉博尼塔饭店的淋浴室跟房间一样大，墙上装有多个喷射水流装置，可到带天窗的花园房内淋浴。还有一个四周蜡烛环绕的大理石浴缸，并且在浴缸里每天都会撒满红色玫瑰花瓣。

其他一些饭店则充分利用了照明设施和镜子，以增加客房的视觉空间，例如，用一种发光玻璃作为洗漱台的台面。

除了上述情况外，另一种潮流则是一些大型连锁饭店正尝试取消浴缸。出于安全考虑，饭店的浴缸通常太浅，成年客人用起来并不舒服。通过顾客调查发现，大多数客人并不使用饭店浴缸。鉴于此，很多饭店在开始建造或装修时，会把淋浴间扩大。有好几家大型连锁饭店的设计师甚至将浴缸取消，改用宽敞的淋浴间和多喷头淋浴设施来取而代之。不过，这些饭店通常会对客房区域进行分区设计，以使部分客房里仍能配有浴缸。

有些专家指出：淋浴设施完全代替浴缸的趋势能节省饭店成本，更有利于饭店的可持续发展。淋浴设施能够节省水资源，这在干旱地区尤其重要。淋浴设施所需的空间会更小，这样一来，相应的保险成本也会更低。

其他一些饭店，尤其是一些奢华的精品饭店则选择将浴缸升级，以便更能吸引客人。这些升级项目包括采用几种不同类型的涡旋按摩缸。有的饭店甚至会使用空气喷射装置来在涡旋按摩浴缸里制造类似香槟酒所具有的那种泡泡。

浴缸和淋浴设施

浴缸大部分都是搪瓷铸铁或亚克力材质的。亚克力材质通常会用玻璃钢加固，可用于浴缸组合或者淋浴设施，也可用于淋浴间的墙壁上。搪瓷铸铁浴缸周围和淋浴间四壁通常使用瓷砖覆盖。

许多设计师和业主都会选择搪瓷浴缸，以及瓷砖墙。但是客房服务员一般会更喜欢亚克力材质的浴缸和淋浴设施，这是因为这种材料的价格更便宜，更易于清洁，但却和铸铁搪瓷浴缸一样经久耐用。价格实惠的醋溶解液就能迅速便捷地清理亚克力材质的浴缸（但有些饭店更愿意用一种温和的多功能清洁剂，以免浴室闻起来像有色拉油的味道）。此外，这种浴缸或者淋浴设施并不需要像瓷砖和水泥那样得到太多关注。刮痕或者烟头烫的痕迹都能在不损坏表面颜色的情况下，填充打磨如新。总而言之，客房服务员们声称他们用来清洁亚克力材质浴缸所需的时间，只是用来清洁常规铸铁搪瓷或瓷砖浴缸和淋浴设施所需时间的一半而已。

鉴于饭店对要花很多钱来解决浴缸发霉的问题越来越敏感，它们开始格外关注浴缸的配件以及衬垫的材质。传统瓷砖以及其他材质浴缸的表面容易滋生霉菌，但亚克力浴缸衬垫因其具有无孔性，可防止霉变。如今，大多数新型产品耐用又抗划，还有多种颜色可供选择。另外市场上还出现了无孔性高分子材质的配件，其视觉和触感都很像陶瓷面灌浆材质做成的。

饭店同样得采取措施应对浴缸防滑问题。在过去，最常用的解决方案是在浴缸里铺设橡胶垫，但它们也有不足之处，例如，经常清洗这些垫子会导致用水、清洁剂以及能源成本的增加。而且，这种橡胶垫也很占客房服务车空间。其他一些饭店则使用固定安置在浴缸底部的条形带或者贴花纸作为替代品。

现在一些浴缸产品开始设计有防滑缸底，其缺陷是这种缸底最终会逐渐褪色。不过，已有人发明了一种专用的清洁剂来防止其褪色。一般情况下，在做特殊清洁作业或者深度清洁作业时，每月都得用这种清洁剂来清洗浴缸。

鉴于有越来越多的客人要求体验像做水疗一样完全轻松的感觉，有些饭店在全部的住宿区域都对淋浴喷头进行了升级。但在升级淋浴喷头时，同样得考虑到环保问题，需平衡好低水流量要求和满足客人需求之间的关系。

弧形浴帘杆在很多饭店里开始越来越流行。一些诸如威斯汀、汉普顿和丽柏之类的连锁饭店都已采用这类浴帘杆。这种弧形浴帘杆能增加客人的手肘在淋浴时的活动空间，一般要多出约23厘米的空间，还能防止水飞溅到地面上。因弧形浴帘杆的挡水效果较好，从而也就减少了发生霉变以及客人滑倒的风险。

一些饭店也开始改用天然纤维材质的浴帘，这种浴帘既能给客人带来奢华感受，又很环保，而且对过敏体质或化学材料敏感的客人也很有利。聚乙烯材质的浴帘使用不可再生资源做成，会释放化学气味。而天然纤维浴帘吸引人的一点就是可洗涤。一些纤维材质本身就能防霉菌而且可以速干，这样一来，在洗涤后就可不用专门悬挂晾干。也有的饭店还安装了透明玻璃的淋浴间门。

房务纪事

客房内的无钩型浴帘和弧形浴帘杆

最让客房服务员头疼且有潜在危险的工作之一就是更换浴帘及其里衬。通常情况下，标准尺寸为1.8米的浴帘的悬挂高度是2米左右，这使许多客房服务员得使用各种平衡特技站在浴缸边缘和马桶上，才能将浴帘孔依次挂到浴帘环上。

任何一位客房服务员都可证实，将手臂举过头顶去挂浴帘很费体力。穿浴帘环就像穿针一样，且会有12次之多，对于身材较矮小的客房服务员来说，要花费好几分钟来完成这项工作。最近有两项浴缸方面的创新改变了客房浴室的形象。其中一项对客房服务员有利，另外一项则会提升饭店客人的舒适度和满意度。

容易安装的浴帘

阿克斯安琪尔斯饭店引进了无钩型浴帘和防渗里衬，这样一来，客房服务员1分钟就可换好浴帘。事实上，大概只需要10秒钟就可挂好这种无钩型浴帘。这多亏了独家专利产品"易穿环"，它可将这种产品直接嵌在浴帘的顶端。其操作简单，服务员只需用一只手就可完成。也无须其他人帮助，也不用费时费力地在浴缸边缘或马桶上左右平衡。

同样也不用再担心撕破浴帘，以及丢失和损坏浴帘环了。专利产品"开口环"的设计可直接嵌入浴帘，所剩下的工作只是将无钩型浴帘来回打摺依次套入浴帘杆而已，无须再购买其他工具。这种浴帘在颜色、尺寸和材质方面有很大的选择空间，至今已有超过100万间饭店的客房浴室将传统老式的浴帘和里衬替换成这种新型的无钩型浴帘。这样一来，不仅减少了清洁浴室的时间，而且将客房服务员的风险及不舒服的程度降到了最低。

弧形浴帘杆

另外一项被众多客房浴室所采纳的创新是弧形浴帘杆。通过将原来的直形条杆换成带弧形的浴帘杆，可让客人在淋浴时，肘部活动空间多出30%，能让客人感受到更多的舒适及满意。的确，大多数客人不喜欢淋浴时蹭到浴帘或者浴室墙壁。弧形浴帘杆则避免了这样的问题。

资料来源：《房务纪事》，第14卷第1期第4页。

马桶

马桶一般是釉面陶瓷材质的。加长型的马桶能更有效地利用空间，因这种马桶的厕缸可向外伸出较多，这样一来，就能在马桶后面安装一个搁物架了。

因为水资源是需要保护的宝贵资源，所以根据建筑规范，需强制使用低流量马桶。美国在实施用水规定之前，马桶每次冲水的耗水量多达 11～15 升。而现在根据美国用水规定，马桶每次冲水的耗水量不能超过 6 升。这样一来，购买高效节水马桶就变得可行了，因其每次冲水的耗水量仅为 4.8 升。

一间装有高效节水马桶的客房每年能节省成千上万升水，从而有助于减少饭店费用，并保护宝贵的自然资源。高效节水马桶主要为双冲式马桶，该类型的马桶已在很多地方使用多年，在澳大利亚即是如此，但在美国还没有流行起来。

为什么这种马桶能高效节水呢？科勒公司的高级销售工程师菲尔·斯科瑞博将其界定为：该种马桶的冲水量比起 6 升冲水量的马桶至少要低 20%，且能够用较少的水就冲走 350 克的排泄物。

双冲式马桶能提供两种冲水选择：一种是用来冲液态排泄物（每次冲水量为 3 升），一种是用来冲固态排泄物（每次冲水量为 6 升）。与每次 6 升冲水量的马桶相比，双冲式马桶最多能够节约 40% 的用水量。

另外，从构造来看，直冲式高效马桶能有效地冲走大量排泄物，且不会造成堵塞。虹吸式马桶则利用虹吸力来冲走排泄物，一些马桶还能利用电子泵来确保可彻底冲走排泄物。以前的虹吸式马桶的冲水声音很大，但现在它已和直冲式马桶一样安静了。

为确保高效马桶的效力，厕缸的设计也得有所变化，冲洗阀要比以前大。这是因为水流量越大，就能越迅速地冲走污物。

更宽大的排泄弯道装置有利于消除堵塞。所以在购买马桶时，行政管家每次都应询问：这种马桶是否能做到不堵塞，以及它又是如何确保不堵塞的。[②]

一些饭店在之前所使用的低流量马桶（不是那种高效马桶）会引发很多堵塞问题。以至于这种马桶有时候得冲很多次水才行。图 14-1 中所展示的信息卡就表明了一家饭店所发明的解决方案。在开始实施该方案的 30 天时间里，信息数据表明，报告马桶堵塞的投诉电话减少了 78%。

其他诸如底特律万丽

最好别让我出马！

我们当然是在跟您开玩笑，但这也是一个很合理的警告。按建筑法规要求，我们安装了低流量马桶——是为了节约用水。所以为了排除堵塞的可能性，请您在使用马桶时养成冲水的习惯。

当您遇到马桶堵塞时，我们非常乐意提供帮助，但频繁冲水疏通也会让我们的身体不堪重负。

您友善的马桶技术专家

图 14-1　低流量马桶信息卡

资料来源：克莱顿公园公寓。未经许可，不得擅用。

酒店等饭店则通过采用新型设计的马桶来解决低流量马桶所带来的问题，这种马桶安装了较大的冲洗阀和新型的厕缸，虹吸能力很强。另外，这种马桶专门为高楼层而设计，重力也能有助于更有效地移除排泄物。

现在，越来越多的饭店都开始采用射频识别技术。射频识别技术是转发器（电子标签）、线路、天线及收发器（无线电）所组成的通信系统。一般用作无线监控装置，适用范围很广。其最新的应用之一就是用于浴室。很多饭店已安装应用了射频识别技术的监控装置，这种装置能监测到马桶漏水或溢水的情况，从而能自动关闭水源。

这种射频识别技术装置小到几乎看不见，而且是无线操控。整个系统由水箱传感器、厕缸传感器以及一个控制装置组成，它可将电子操控阀连接在供水管的阀门上。控制装置有一个无线射频读取器。水箱传感器可探测到以下问题：无声滴漏、挡板开裂或注水阀泄漏等。厕缸传感器则能探测到水位的上升。

如果传感器探测到有问题发生，电子标签就会把该信息传送给控制装置。传统式样的控制装置就会随即启动警报，这种声音有时会打扰到饭店客人。为解决该问题，新式样的射频识别系统配有一个能让服务员随身携带的客房管理装置。当客房浴室的马桶因不能正常工作而发出警报时，客房服务员只需摁下按钮即可。

洗漱台

洗漱台（即浴室台面）通常由大理石或合成材料制成。亚克力、聚合物以及这两者的组合，都属于时下最流行的合成材料。大理石材质比起亚克力或聚合物材质更昂贵，但也更容易受损坏。合成材料则比较容易打理，划痕或其他损伤都能通过填充打磨的方式焕然一新。由于花岗岩能耐久，越来越多饭店的浴室都选择使用这种材质来做台面，看起来上档次，经久耐用，还能节省成本。在购买洗漱台时，通常应选用经典颜色，这是因为它得使用很长的时间，而且还得与经常变化的装修风格相匹配。

许多饭店在准备升级浴室时，多倾向于把洗漱台作为把浴室改建得更奢华的关键，而非改变浴室的主结构。最流行的做法就是在洗漱台下面加做一个储物柜。这个储物柜可存放毛巾、吹风机及其他物品，这些东西以前都是放置在洗漱台上。现在则可腾出洗漱台的空间，以方便客人摆放其自带的物品。

洗漱台的另外一个设计趋势是在镜子外侧加上装饰框。这样看起来更有居家气息，可更吸引客人。

固定装置

浴室盥洗设施大多使用釉面陶瓷或搪瓷铸铁等材料。但也可用奢华的诸如大理石、玻璃甚至柚木等材料，这些材料具有防水性能，也能用不漏水的密封材料处理。洗水池也可选用各式合成材料，做成类似花岗岩或大理石这样的天然材料的效果。

浴缸、淋浴间和马桶的水龙头和手柄可选用镍、铬制品，而黄铜产品则最为讲究。黄铜和铬制品不可用酸性清洁剂擦洗。

饭店人同样需重新审视客房里所用的水龙头。客人们以前对单手柄式水龙头并不熟悉，用起来很头疼。一些饭店开始选用客人们更熟悉的名牌水龙头，也开始选用诸如磨砂铬或锻面镍这类镀面材料的更显光亮的产品。也有一些饭店还在搜求更有艺术格调且容易使用的排水管固定装置和手柄。

浴室照明设备也愈受关注。在 20 世纪 80 年代，浴室通常仅在洗漱台的水池上方安装灯箱。如设计不合理，就会因灯箱产生阴影，而使浴室显得光线不足。客人也常会投诉浴室照明问题。最近，很多饭店在洗漱台的水池一侧安装壁灯，使其更具居家设计风格。如配备合适的灯泡，壁灯会提供更好的照明效果。

夜灯也开始出现在客房浴室里，这既能为客人提供方便，又可节能。许多客人待在房间时，会一直开着浴室的灯。这样做很浪费能源，但也能确保客人在陌生的房间中能安全走动。而夜灯的使用则既能够满足客人的这种需要，又减少了能源耗费。

有些夜灯配有传感器。红外技术可代替客房浴室里的传统墙壁开关。灯光会根据房间里有无客人而实现自动开启或关闭。当房间有人时，一种高效、超亮的 LED 灯会为客人提供方便舒适的夜间照明。

科技的发展改变着浴室的面貌。有些饭店会将电视嵌入浴室镜子里。当电视打开时，画面就会出现在镜面中，关闭电视画面则即刻消失。

便利物品

浴室便利物品包括从洗发液到针线包等各种物品。多数饭店会提供肥皂、洗发液、护发素等，其他饭店则还会增加洗手液、沐浴露、擦鞋布或其他的大量产品。

饭店业在改变浴室外观方面的两大主要趋势是增加散装分配器和豪华型便利物品。

散装分配器 许多饭店在配置肥皂、沐浴露、洗发液和护发素等用品时开始使用散装分配器。供应商开发了能防止有人动手脚并能为客人提供大量选择的散装分配器。

散装分配器在饭店业颇受欢迎，因为它既省钱又能降低劳动成本。同时，还很环保，因为它们能有助于减少包装浪费，使饭店无须扔掉那些只用了一部分的肥皂或其他用品。

据估计，截至 2006 年，每年由世界各地的饭店所扔掉的淋浴便利物品包装件超过 100 亿件。美国旅游数据中心的一项调查结果显示：83% 的游客认为盛洗浴液的瓶子是一种浪费。然而，早期的分配器设计既无吸引力，也不受欢迎。

单独包装的便利物品增加了成本、降低了利润。单个包装瓶的花费在 15 美分到 1 美元之间，甚至还可能更多。相比之下，客人每次沐浴时从散装分配器中所挤出的洗发液可能只需花几美分。一些改用散装分配器的饭店已节约了 70% 的成本。

饭店业在早期引进散装分配器时，设计非优先考虑问题。如今的分配器则更加耐久，更能防止有人动手脚，且能装配好几种洗浴产品。每件散装分配器都会带有一把卡锁，以防有人动手脚。饭店可根据浴室的不同装饰风格来选择散装分配器的颜色和光泽。

散装分配器无须太多的维护保养，只需定期擦拭，视使用情况而定，每月至少添加一次。客房服务员不再需要彻底清理或逐一更换各种用品的瓶子，这样一来，就节省了客房清洁时间。

通常情况下，客人可通过卡片以及清晰的产品标识来了解散装分配器。同时，这些标签标识也可用来说明所放置在散装分配器中产品的质量信息。[3]

豪华型便利物品 在饭店业增长最快的领域之一是水疗区。其对饭店企业产生了巨大的影响，并已开始影响到客房浴室。客人们正在寻求一种更让人感到安闲自在，且能恢复精神与体力的洗浴经历。客人们对护肤品和肥皂产品的要求变得更多，因此，饭店应采购名牌水疗便利物品，安放在浴室以供使用。

有些饭店甚至已开始与美容业专家合作，共同研制饭店自有品牌的便利物品。它们一般含有特殊香味或成分，例如，麦基纳岛大饭店的便利物品特别具有天竺葵香味，而假日酒店的便利物品则特别具有肉桂气息。

无障碍设施

《美国残疾人法案》要求饭店需安排一定比例的房间专供残障人士使用，并提出了对无障碍浴室很详细的技术规范要求，这种浴室内装有适合残障人士使用的浴缸和可供轮椅进入的淋浴间。表 14-2 列举了必须实现无障碍使用要求的房间数量。

表 14-2　可无障碍使用的规定房间数量

房间数量	可供使用的无障碍房间总数
1～25 间	1 间
26～50 间	2 间
51～75 间	4 间（其中 1 间需带可供轮椅进入的淋浴间）
76～100 间	5 间（其中 1 间需带可供轮椅进入的淋浴间）
101～150 间	7 间（其中 2 间需带可供轮椅进入的淋浴间）

（续）

房间数量	可供使用的无障碍房间总数
151~200 间	8 间（其中 2 间需带可供轮椅进入的淋浴间）
201~300 间	10 间（其中 3 间需带可供轮椅进入的淋浴间）
301~400 间	12 间（其中 4 间需带可供轮椅进入的淋浴间）
401~500 间	13 间（其中 4 间需带可供轮椅进入的淋浴间）
501~1000 间	房间总数的 2% （每 100 间客房配 1 间需带可供轮椅进入的淋浴间）
1001 间及以上	基数为 20 间，如客房总数超过 1000，则每超过 100 间就增加 1 间 （带可供轮椅进入的淋浴间的无障碍房间的数量按客房总数每 100 间配 1 间计）

资料来源：《美国残疾人法案》。

在饭店行业，因未能提供无障碍客房而遭遇诉讼的案例正在增多。房屋监理人员一般会对浴室无障碍化程度进行严格检查。即使监管当局已批准了建设方案，但有些饭店还是不得不拆除并重建那些不符合法律规定的房间。

《美国残疾人法案》的要求包括：

- 马桶正面的地面净空间至少要宽 1.2 米、长 1.7 米，不可堆放任何杂物；
- 马桶侧边的地面净空间至少要宽 1.2 米、长 1.4 米，不可堆放任何杂物；
- 马桶扶手杆的长度至少要有 0.9 米，末端要靠近侧墙安装，距离马桶的中心线要至少 0.3 米；
- 扶手杆和墙之间的间距正好 0.04 米；
- 马桶座圈和地面间的距离要在 0.4 ~ 0.5 米；
- 必须安装马桶自动冲水控制装置或所安装的冲水控制装置可用单手操作，不需要手用力抓或捏，也不需要手腕用力拧；
- 厕纸盒须安装在扶手杆下，距离后墙不超过 0.9 米，距离地面至少 0.5 米，厕纸盒不能妨碍使用扶手杆，也不能影响连续抽取用纸；
- 热水管道和排水管道必须隔热以防触摸；
- 洗水池水龙头必须用单手就能操作，不需要手用力紧抓或紧捏，也不需要手腕用力拧；
- 至少有一面镜子的底边反射面不高于地面 1 米；
- 洗水池下要为膝盖和脚留出足够的空间，这包括洗水池下方前边缘到水槽最里侧墙面之间至少 0.2 米的距离，以及至少 0.23 米高的放置脚的距离，在洗水池的正下方需要至少 0.69 米的空间；
- 任何家具都不能妨碍门开合的空间；
- 必须在浴缸顶部提供能装配的缸内座椅或内置座椅，并保证能装配安全；

- 水龙头和其他控制开关必须单手就能操作，不需要紧抓或紧捏，也不需要手腕用力拧；
- 淋浴喷头必须有一个软管，且至少有 1.5 米长，能够兼具手持和固定喷头两种使用方法；
- 必须给可供轮椅进入的淋浴间配有一个折叠座椅和扶手；
- 淋浴间外围不得妨碍轮椅控制或将轮椅移动至淋浴座位。

鉴于还有许多其他的要求，所以饭店在设计或重新设计浴室以及为浴室挑选室内陈设时，应向《美国残疾人法案》专家咨询。大多数供应商为方便客人使用，会说明他们所提供的哪些产品符合《美国残疾人法案》的要求。

房务纪事

从无到有的饭店安神浴

当客人读到"豪华、宁静、温暖、诱人、甜美、畅快、舒缓和放松"这些词语时，会作何感想？其脑海中一般多会开始描绘出一幅能一扫旅途劳顿、纵情享受的画面。

芝加哥费尔蒙酒店能理解客人所希望的这种纵情享受感觉。它们已萌生一套做法来关爱客人，给他们提供独特奢华的费尔蒙安神浴。每当客人走进费尔蒙酒店的电梯，他们就会看到这张海报，内容主要是一位专业洗浴师正在客房为客人准备奢华沐浴。当他们打开客房服务指南时，他们会看到沐浴菜单。当他们走进浴室时，他们已能畅想在自己所住的客房里会经历何等奢华的沐浴了。

仔细想想，这家饭店确实做到了"无中生有"。他们所采用的虽然也只是饭店标准款式的浴缸，但却成功地把其变成了一个利润中心。

安神浴程序

按照客房服务指南所提供的信息，客人可从沐浴菜单中选择沐浴类型：畅快式、舒缓式、治疗式，或者放松式沐浴。例如，下面的描述介绍的是"宁静——焕彩洋甘菊浸泡浴"：

将自己沉浸在具有治疗作用的天然矿泉水之中。矿物盐帮身体排毒，保养皮肤。此种沐浴包括：

- 宁静海盐浸泡浴；
- 宁静泡泡浴；
- 高纯手部及身体舒缓乳液；
- 100% 甘油肥皂波；
- 许愿烛；
- 丝瓜络沐浴擦；
- 双黄瓜片；
- 颈枕；
- 音乐点播；
- 新鲜热带水果切片；
- 一杯肯德尔杰克逊庄园梅洛葡萄酒；

（续）

- 大瓶依云矿泉水或佩雷风味矿泉水。

客人可通过拨打客房服务电话来预订该服务。服务时间为下午 4 点到晚上 11 点。

客房服务员会比预约好的洗浴时间提前 15 分钟打电话给客人，询问他们是否准备就绪。在约定时间里，沐浴服务师(客房服务员)会推着一种特殊的洗浴服务车来到客房，并根据客人的选择来布置浴室。

洗浴服务要先给浴缸放水，倒入合适的精油，并用温度计检查水温，确保水温为 13.3℃。然后，固定好带香味的许愿烛，并点燃。接着，会在浴缸旁摆放装盘精美的水果和饮料，并准备其他的便利物品（包括用来为客人敷眼睛的黄瓜片）。

沐浴服务师会征求客人的喜好，选择一张音乐 CD。把小型 CD 播放机放置在浴室中播放音乐，会告知客人在第二天早晨时将回收所有物品（无须电话通知），并会请客人在类似于客房送餐服务单似的收费单上签字，在祝福客人沐浴愉快后，随即离开房间。

客人房间消费账单上将为上述服务增添 50 美元及额外小费的消费记录。

沐浴菜单条款

沐浴菜单列出了以下令人动心的项目：

- 爱琴海香熏牛奶浴，富含大豆和咸米浆，对健康大有裨益；
- 欧式天然精油温泉浴，富含柠檬和洋甘菊精油，能有效缓解疲劳；
- 爱琴海植物药材畅游集合浴，补充肌肤营养、充沛精力；
- 维德薄荷系列浴，可以清洁、润滑肌肤，使肌肤拥有健康光泽。

不要错过这个机会，沐浴菜单可以包含升级服务，可收取额外费用。正如沐浴升级说明所言：这些升级服务包括 60 分钟的室内按摩（90 美元），一杯香槟酒（7 美元），或者一件印有费尔蒙酒店标志的浴袍（90 美元）。

从无到有

这个项目所真正包含的是什么呢？这包括提供房间沐浴服务所需的一些便利物品，以及员工的劳动。如果一家饭店，例如费尔蒙酒店，每周售出 20 个豪华沐浴服务，就能盈利 1000 美元，如果未开设这项服务，就没有这项收入。出差在外的女性商人们会为自己订购沐浴服务。丈夫们也为他们的妻子订购沐浴服务，以作为周末短期休假的一部分。家人会为他们的母亲或亲爱的阿姨来订购房间礼券和沐浴服务。如此包装的沐浴服务，使得其销售异常火爆。而且这对于客人来说既简便又难忘。一位客人曾如此评价这个服务项目："我睡得像小孩子一样。我付的每分钱都很值。"安神浴项目再次说明，顾客愿意花钱买服务。

顶级的饭店管理者要善于仔细分析企业运营的方方面面，得寻找聪明的方法，就像推出安神浴项目一样，提供客人愿意购买的新服务。

资料来源：《房务纪事》，第 10 卷第 4 期第 5 页。

保养考虑因素

调查机构 ORC 曾针对住宿客人做过一项调查：您是如何判断饭店房间是否干净

的？将近有 75% 的被调查者认为他们是通过浴室的情况来判断的。同一项调查还发现：在客人到达饭店后所想看到的事物中，排名第一的是一个真正洁净的房间和浴室，这个排名要先于其他室内便利设施。

该项调查还向客人问及：您在饭店里最感到厌恶的是什么？排名第一的回答（占到 28%）是脏乱的客房浴室。④

客房里，不需要清洁什么与需要清洁什么几乎同等重要。一个地方网络频道在 2007 年曾做过的一项调查显示：客房服务员用极不卫生的方法在浴室洗水池冲洗玻璃杯。客房服务员应将用过的玻璃杯带离浴室（或它们在客房中所放置的任何位置），并将它们送至洗碗间清洗，并要用洗碗机进行消毒处理。玻璃杯和玻璃盖不得在擦拭后就立即使用。客房服务员应尽量少用手触碰玻璃杯，要碰也只能碰触玻璃杯的外表面。

浴缸

当清洁浴室时，浴缸和瓷砖区一般会花费客房服务员更多的时间和精力。该区域比其他区域更容易出问题。很多导致客人投诉和员工受伤的事件也多发生在该区域。

房务 纪事

扶手杆设计规则

扶手杆有水平的、垂直的、倾斜的、双层的、L 形的、U 形的、不锈钢的、镀铬的等不同类型。如按受力类型划分，则有弯曲应力、剪切应力、剪力、张应力等不同类型。

欢迎来到饭店浴室扶手杆的世界。一些管理人员或许还记得以前那种墙上安装陶瓷肥皂碟，旁边再附一个小把手的情况，但那种日子已一去不返了。今天，在"可接近性"原则指导下，为什么要安装，在哪里安装和如何安装把手及扶手杆，这些已是所有饭店管理人员都必须知道的规则。

有关扶手杆规定的官方指南是《美国残疾人法案》实施准则（ADAAG）的 4.26 条款"栏杆，扶手杆，浴缸和淋浴座"。按要求，这些规则适用于建设方便使用的无障碍客房和公共区域。有 13 种特殊类型的建筑物必须遵守《美国残疾人法案》实施准则的要求，这类建筑物包括：学校、餐厅、饭店、零售商店、体育场馆、影剧院、会议厅、博物馆、公园、医院、银行、加油站和自助洗衣店。

何谓不符合《美国残疾人法案》的饭店客房呢？例如，许多管理人员会给每间客房都增加扶手杆；这是不是非要符合《美国残疾人法案》实施准则的技术规范要求呢？不是的，但为了明确饭店的责任，所有扶手杆的安装都必须符合以下两个重要的考虑因素：

• 必须依据生产商使用指南、当地建筑规范和标准建筑程序来安装扶手杆；

• 须对扶手杆进行适当的维护。

《美国残疾人法案》之所以会对扶手杆的安装有要求，这是因为有残障人士需用它们来保持平衡，

（续）

以便能把身体从浴缸移至轮椅，且要防止摔倒。无论在新建筑还是已有建筑里，扶手杆对于无障碍设计来说都是非常重要的组成部分，也是《美国残疾人法案》所详细规定的部分。当饭店经营者想要吸引有残障人士或想要扩大老年人市场，扶手杆将属于重要的房间便利设施。

资料来源：《房务纪事》，第 11 卷第 3 期第 16 页。

以下是清洁浴缸和周边瓷砖区的一些小窍门：
- 如果可以的话，要先打开风扇或开一扇窗，给该区域通风。
- 要将浴缸附近的毛巾和便利物品移开，正确处理脏污布草和已用过的便利物品，要特别留意客人的私人物品。
- 要用有消毒功效的清洁剂来喷洒浴缸和瓷砖区表面，包括淋浴喷头、水龙头和皂盒；要用湿海绵蘸清洁剂平滑擦拭表面，要依据标签上所告知的能让消毒剂发挥效用的说明，使表面保持潮湿。
- 要用刷子或白色衬垫来擦洗：在擦洗时，要用热水浸湿刷子或衬垫。
- 清洗浴缸及周围瓷砖区域是非常重要的一步：用热水冲掉表面全部清洁剂，一些员工会将软管连接到水龙头、淋浴喷头来进行冲洗；一些员工则会用冰桶或废弃桶来接水冲洗；如果每次都能用心清洗干净，就不会残留任何肥皂膜垢。
- 高档型饭店会持续保持尼龙浴帘的库存，以确保在每次退房后都可更换干净的；如果使用的是塑料浴帘，则必须像上述步骤一样，用具有消毒功能的清洁剂刷洗并冲净；如果使用的是装饰浴帘，管理人员应制订一个循环工作计划，来定期将这些浴帘往洗衣房送洗；应用具有消毒功能的清洁剂来喷洒、刷洗、冲净玻璃门，并要风干；要确保门轨清洁，要把玻璃门定期从门轨上卸下来，并用漂白剂来做深度清洁。
- 要彻底风干浴缸和瓷砖区域，尤其是角落处：干燥的浴室区域不容易产生霉变，要将已擦去水渍的固定装置风干或上光。
- 要擦拭浴帘杆，毛巾架（如果有）和浴缸顶部。
- 要重新归置好毛巾、便利物品和客人用品。

严禁在浴缸内使用有腐蚀作用的清洁剂。此类清洁剂虽能清除肥皂膜垢，但也会侵蚀浴缸的陶瓷表面，会使浴缸变得灰暗，以致必须重新上釉或直接换掉浴缸。

在去除霉菌时，得在干燥的地方使用特殊化学物质。在清除霉菌时，客房部应停用该房间。

如果浴缸底部被腐蚀的点迹没得到适当的持续清洗，那么真要清洁它们时，就需要付出额外的努力。这些点迹会吸附肥皂浮渣和身体油垢，导致浴缸外观呈现为暗灰色或黑色。这种日积月累的污垢需要特殊的化学清洗剂和洗涤方法才能去除。一些饭店会使用打磨机和专用洗垫来进行这种特殊清洁作业。

严禁在玻璃纤维表面使用有腐蚀作用的清洁剂和工具来刷洗，否则会造成刮痕，并藏污纳垢。多数化学制剂公司能为清洁玻璃纤维提供液体清洁剂，但非腐蚀性粉剂与膏剂一样有效。

如有必要，客房部还应清洗浴缸的下水道。需要工程部协助弄清下水道的管道设计。若水道堵塞，要及时上报。下水不畅会困扰客人，还会浪费员工的时间。

浴缸扶手杆通常由不锈钢制成，表面光滑，用湿抹布就很容易清洁。客房服务员不能用粗糙的物品或化学清洁剂来清洁不锈钢表面。

有两种方式可用于检查浴缸的洁净程度。如果清洁得当，瓷砖看起来会闪闪发亮。再者，就是用手划过浴缸表面，如果没有白色的皂粉残留物，手擦过表面时会听到尖锐的摩擦声。

管理层需要为客房工作人员提供足够的清洁用具（尤其是清洁抹布）和很好的培训。行政管家可准备一个与浴室及淋浴间清洁作业相关的培训公告专栏，栏内包括一些介绍正确清洁作业方法的图片。⑤

马桶

清洁马桶可能是客房清洁作业中最不受欢迎的工作之一。可是世界各地的饭店每天要做数百万次这样的活。如果清洁得当，马桶将会是整个浴室的亮点。否则马桶不仅没有吸引力，还会成为一个危险的细菌源泉。

很多饭店推荐清洗马桶的第一步是给马桶冲水。另外一些饭店则为了节约用水，让负责清洗者自行决定是否需在打扫房间之前先这么做。有些饭店建议将马桶里的水位降低，以便让消毒剂的作用发挥得更好些。客房服务员可将拖把放入马桶里，上下快速推动三四次，直到水位降低为止。也可以使用清理管道堵塞的撅子。

要给马桶的整个表面都喷洒一遍清洁剂，包括把手、马桶坐垫及盖子、便坑和外表面。随后要保持这种喷湿状态 10 分钟以上（或根据产品标签上所标明的建议时间），这样清洁剂才会有效。因此，喷洒清洁剂成了清洗浴室作业中需率先完成的工作之一。在这期间，可进行浴缸和其他区域的清洁作业。

接着，用马桶刷或拖把开始擦洗马桶。如未到 10 分钟或未到规定的时间，则先不要冲洗。等到时间后，先冲洗，然后用蘸有清洁剂的湿布或海绵擦洗马桶的外表面，包括马桶、把手、水箱和盖子。有的饭店会建议用马桶刷清洗外表面，并让多余的清洁剂和水流到地面上，等清洗地面的时候再擦洗干净。

最后，用干净的抹布擦干表面，这样一来马桶就会显得干净闪亮。如果发现有任何地方渗水或滴水，马桶有碎裂或有划擦破损之处，都要立即汇报给主管。

如果在马桶的表面有锈痕或变粗糙了，可用较强酸性的洗涤剂或浮石清洗。虽然马桶是由釉面陶瓷（一种坚硬、耐酸的物质）制成，但一般情况下，仍不建议使用强酸清洗。

在商业用途中，不推荐把片剂或者溶剂直接放在水箱或马桶中使用，这是因为其中刺激性化学品会腐蚀水箱中的塑胶部件。

清洗后不要将清洁剂就放在马桶里，这样做不安全。因化学品跟搪瓷表面的接触时间不宜超过建议的清洗时间。

管理人员必须为客房服务员提供充足的清洁用品，尤其是清洁用的抹布。客房服务员切忌在客房的任何其他地方使用清洁马桶所用的抹布、刷子或海绵等。

行政管家应会希望为客房服务员筹建这样的培训公告专栏，在其上面可提供浴室照片，以及关于需用到的化学清洁剂和供应品的具体使用指南等。⑥

房务纪事

新产品让浴缸和淋浴间清洁作业变得更简便和安全

浴缸和淋浴间是让饭店人常感到头疼的地方，不仅是因为客人或负责清洁它们的客房服务员会在此因滑倒而产生意外，还因为它们需随时维护。常规的清洁作业程序要求客房服务员先在墙壁和浴缸上喷洒清洁剂，再擦掉表面的污物、头发和肥皂屑等。一般在这套清洁作业过程中，服务员得先站在浴缸上清洁高处的墙面，再弯腰跪下，伸长胳膊去清洁低于腰部的位置。总之，客房服务员在工作中受伤的可能性很大，尤其是出现背部劳损问题，这是因为他们每天都要做好几次这样的工作。

有些饭店管理人员已开始采用一种新产品，以便能让客房服务员和雇员更轻松地做浴缸和淋浴间清洁作业。这种新产品是一个洗刷器，有 0.8 米长的杆，一头有一个多功能刷子，另一头有 3 米长的软管，能直接连到各个分流阀上。该分流阀适用于所有标准规格的家用淋浴头。0.8 米长的杆上有一个触控手柄，可以让服务员在浴缸外面做清洁，而不必弯腰或者伸胳膊。服务员通过触控手柄可让不同压力的水流通过刷子。例如，可通过用力按触控开关，让更有力的水流从刷子底部喷射而出，以清洗那些不容易够到的区域，或难去除的污渍。

资料来源：《房务纪事》，第 13 卷第 3 期第 5 页。

洗漱台

需仔细审阅化学品标签，以确保这些化学品可在浴室表面安全使用。大部分酸性清洁剂可用于清洁人工大理石、瓷砖、陶瓷的表面，但不推荐应用于天然大理石。⑦

在清理洗漱台时，需用到一种短柄刷。在其表面喷洒消毒剂后，暂时不要擦拭，可先去清洁客房的其他部分。可用一块干净的布来清理台面和水盆。接着，客房服务员需清理干净洗水池塞子和下水道上的毛发，再擦除溢落的牙膏和肥皂泡沫等污渍。然后，擦亮浴室中的固定设备，并用玻璃清洁剂或水擦拭玻璃。最后，把照明设施、毛巾架以及浴室中其他的设备也擦拭干净。

可用硬毛刷来清理洗水池的溢流口，此区域容易藏污纳垢。

应培训客房服务员，让他们知道要本着尊重客人的态度，尽可能地不要挪动或触摸客人的洗漱用品。很多饭店会训练客房服务员先将一块干净的毛巾或手巾放置于洗漱台上，然后，再用干净的布或毛巾将客人的洗漱用品放在上面。

大量的实践研究为擦亮和修复石头及大理石提供了不少方法。最近，一些饭店在尝试使用一种利用紫外线来迅速清洁石头表面的方法。这样一来，石头表面不用再受污渍渗入影响，也可将靠湿布擦拭的旧方法束之高阁了。

地面

常规清洁浴室地面的方法是将多功能清洁剂喷洒在地面和踢脚板上。在清洁作业时，客房服务员通常需跪在毛巾上以保护膝盖，防止滑倒。一般得从最远的角落开始，用一块海绵或清洁用布，向门的方向擦洗，顺便将周围的踢脚板也擦洗干净。要特别留意马桶周围、门背后和其他一些角落，最后用一块干净的布将地面擦干。

导致许多饭店仍让客房服务员手膝共用清洗地面的原因之一是客房服务车没有装载拖把和水桶的设计功能。一把拖把和一个水桶在所有房间反复使用，这既对客人不卫生，对员工和客房也都存在潜藏的危害。

一些行政管家会让客房服务员使用一种将扫帚柄和拖布相结合的工具。做法是先将一种中性清洁剂喷洒在地面上，再把拖布固定在扫帚柄的末端，每清洁一个客房，换一次拖布。

一种更新的创新技术是使用微纤维拖布。微纤维拖布较轻，方便使用，能大量节省维护各种类型地面所费的时间和精力。每片微纤维布料都由许多人工合成的分离纤维线编成。这种纤维线的直径比人的头发丝还细，但每根都可承受大于其自身10倍的重量。打扫前的各项琐碎工作可由此一并解决，这块编制精密的纤维布，固定在一个铝合金伸缩杆的末端，能吸附诸如毛发、垃圾，以及其他的一些杂尘。如有必要，还可在使用前，将化学清洁剂喷洒在地面或者拖布顶端。可反复清洗使用的微纤维布料恰好可用在弹簧折叶、插脚，甚至尼龙扣处，以便客房服务员快速更换。[8]

浴室的尿渍会使很多客房服务员生气。不仅这污渍本身让人不愉快，容易滋生细菌，而且其散发出的气味使人反感。尿液由三种主要的混合物组成：尿色素、尿素、尿酸盐。其中，尿色素和尿素的成分可溶解，在尿液变成像尿酸盐一样难清理之前，可用普通清洁剂清除。但在尿液表面形成的尿酸盐，则让其污渍和气味难被清除。

　　由于难以除掉使尿液附着在物体表面的尿酸盐，所以清洁剂和溶剂通常只能清除表面污渍。同样道理，使用含漂白剂和除臭剂的擦洗粉可清除瓷砖上的尿渍，但也只能起到暂时性效果和表面清洁作用。刚清理过的表面和气味，其维持时间会很短。一旦那些残留的尿液遇到水，难闻的气味还会再次散发出来。尽管漂白剂可以杀菌，还可进行短暂的视觉上的"漂白"，但这些都只是表面上的进展。漂白剂之类的清洁剂不能有效地清除已渗透进瓷砖表面孔隙中的尿液残留物。

　　一个能有效地清洁瓷砖表面尿液的办法是用一种小型的自动刷。该设备集三种功能于一身：能释放清洁溶液、能擦洗地面、能回收用过的清洁液；且这 3 种功能可一次完成。用这种设备清理过的地面表面，没有任何残留物。它还能使地面在短时间内变干。事实上其重点还在于这种清洁剂中含有一种可溶解尿酸盐的酶。这种酶可渗透到尿酸盐中，分解其化学结构并溶解其中的盐，以方便清洗，从而达到清洁目的。

　　在使用这种生物酶清洁剂时，需要一点时间来使其中的酶发生反应。通常需要 20 分钟。一般而言，每隔 20 分钟，这些酶的数量就能增长两倍。所以，若没能一次性将尿液完全清除干净，只需重复此过程，直至气味消除为止即可。

　　在化学清洁剂中加入酶的成分，不仅可清洁表面，而且还可通过清除尿液而起到杀菌的作用。除非有特别说明，否则请不要将这种化学清洁剂混合，或与其他清洁剂一起使用。[9]

浴帘

　　除非彻底清理浴室，否则客房服务员有时会忽视浴帘区域。客房服务员需站在浴缸里，这样才可准确看到浴帘内部的衬套是否妥当。当客房服务员在检查毛发、肥皂和香波残留物以及霉变蔓延情况时，该步骤显得格外重要。

　　为防止霉变发生，客房服务员可将混有漂白剂的清洁剂喷洒在浴帘里衬，并用湿布擦除残留物，以防产生泡沫。需用水冲洗浴帘里衬，然后用另一条干净的抹布将其擦干。

　　浴帘和里衬还需进行旋转式洗涤。当出租率较高时，浴帘和里衬要比出租率较低时得更频繁地更换。已被拉扯坏的和已用脏的浴帘和里衬都得送至洗衣房处理。必须将浴帘和里衬分开清洗，并且得使用不含氯的清洁剂。

　　等清洗之后，要将浴帘和衬里上多余的水抖尽，放入烘干机，调到最大温度，烘干 25 ~ 30 秒；接着设置到中等温度继续烘干。此做法既能把浴帘和里衬充分烘干，又能保证它们不被高温熔化或烧焦。之后要趁其尚温暖时立即取出，平铺在 1.8 米长的折叠桌上，用手将褶皱整理平滑，叠成六块，以便于保存。浴帘和里衬都要趁其尚温暖时折叠好，以防出现褶皱。

客房浴室的安全

需特别注意客房浴室的安全问题。尤其是以下几点：

- 热水的温度；
- 浴缸，淋浴间，浴室地面的防滑性能；
- 触电；
- 浴室的合理结构。

常会出现客人在浴室中被烫伤，甚至死亡的事情。这类危险主要是因旧式浴室系统的设计和运行存在不健全问题所致。因此，如惹上该类官司，有时会导致小型饭店破产歇业，也会严重影响大型饭店的利润。为防止此类事情的发生，饭店管理者需了解以下几点：

- 要在控制中心里将供客人使用的热水的水温设置在 120°F（49℃）以下，淋浴喷头和水龙头处的温度设置在 110°F（43℃）；
- 要在供水系统里把商务、客房、更衣室、后厨用水和洗衣店用水分开；
- 要安装浴室及淋浴间用水阀，以便随时调整水压水温，这些"反沸"水阀能预先混合冷热水，并根据供水系统的变化而自行调整。

鉴于客人如果在浴缸中滑倒会导致受伤，因此需特别注意浴室的防滑性能。美国材料监测局（ASTM）已明确提出"光滑度"这一概念。在购买新浴缸和淋浴器时，要选择按照美国 ASTM F462 标准生产的具有防滑表面的浴缸。

及时评估浴缸和淋浴间的防滑性能，可有效地减少因长时间使用而导致的磨损问题，以及因使用化学清洁剂而导致的损害问题。浴缸及淋浴设施的供应商会推荐相应的专门清洁材料及方法。当购买此类固定装置时，要确保在购买合同中明确对防滑性能的要求；应让卖家提供按照美国 ASTM F462 标准对产品样品所开展的防滑测试结果。

浴室地面同样需具有一定的防滑性能。在选择地面表面时，应要求生产商提供在独立实验室进行的防滑性能测试报告的复印件。试验结果需明确说明与该地面材料所期望配套使用的合适条件。生产商还应该推荐有助于保持其防滑性能的清洁材料。这些步骤可有效地帮助减少滑倒受伤事件的发生。

在浴室安全中，扶手杆的具体安装及其安装位置也很重要。图 14-2 提供了扶手杆的定位和安装指南。所有墙上部件都必须安装牢固，以确保其安全稳定。

淋浴间的所有玻璃制品以及镜子也都需确保安装牢固。淋浴间的门应由钢化玻璃制成，从而减少其破碎伤人的可能性。

为降低浴室触电的危险，要确保所选定的电源插座具备地线故障保护。若为客人提供吹风机，应将风扇和线圈安置在墙上，并要有漏电提示功能（GFCI）。

鉴于潮湿的浴缸和淋浴区容易导致滑倒受伤事件，所以应要求员工在工作时需格外小心。许多饭店管理者会用不同的方法来协助员工完成他们的工

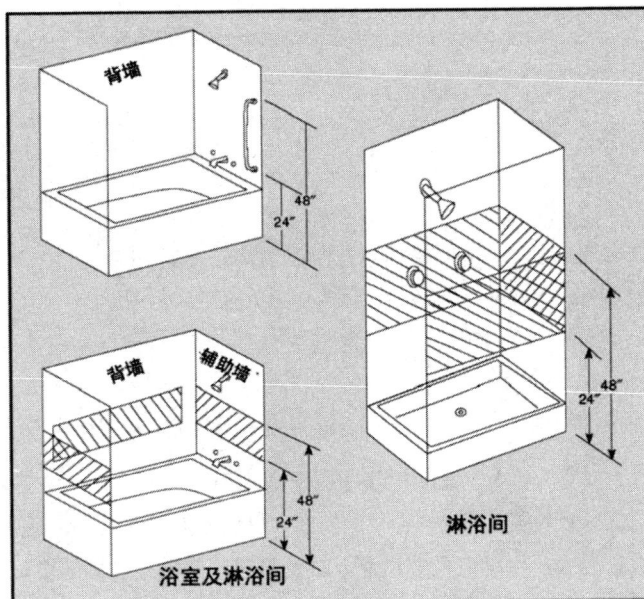

图 14-2　扶手杆的定位和安装指南

资料来源：作者罗伯特·科尔，《浴室设计的安全要素》，《饭店业》，1989 年 5 月号第 28 页。

作，包括长柄刷和小型梯子等设备。要鼓励员工在工作时尽量跪在浴室地垫上，或站在橡胶防滑垫上开展清洁作业。而站在浴缸外、坐在浴缸边上，以及斜靠着浴缸开展清洁作业，都是不安全的。[10]

尾注：

① "The History of Plumbing—Part Two—Plumbing in America," Plumbing and Mechanical Engineer, July 1996.

② Source: Glenn Hasek, The Rooms Chronicle®, Volume 15, Number 3, p.5. For subscription information, pleaes call 866-READ-TRC.

③ Source: Glenn Hasek, The Rooms Chronicle®, Volume 14, Number 3, p 10. For subscription information, pleaes call 866-READ-TRC.

④ Source: "Bathroom is Barometer of Hotel Cleanliness According to New Survey," Hotel Online Special Report, November 6, 2002.

⑤ Source: Mary Friedman, The Rooms Chronicle®, Volume 10, Number 2, pp.4-5. For subscription information, pleaes call 866-READ-TRC.

⑥ Source：Mary Friedman, The Rooms Chronicle ®, Volume 10, Number 1, pp.4-5. For subscription information, pleaes call 866-READ-TRC.

⑦ Mary Friedman, "Vanity/floor cleaning tips for sparkling rooms" ,The Rooms Chronicle ®, Volume 10, Number 3, p.5. For subscription information, pleaes call 866-READ-TRC.

⑧ Source：The Rooms Chronicle ®, Volume 12, Number 1, p.6. For subscription information, pleaes call 866-READ-TRC.

⑨ Source：Doug Scouten, The Rooms Chronicle ®, Volume 12, Number 6, pp.4-5. For subscription information, pleaes call 866-READ-TRC.

⑩ Friedman, Volume 10, Number 2, pp.4-5.

主要术语

亚克力浴缸（acrylic tub liner）：一种无渗漏且能防霉菌和霉病的浴缸配件。

便利物品（amenities）：向客人提供的免费物品，包括从洗发液到针线包等各种用品。多数饭店会提供肥皂、洗发液、护发素等，其他饭店则还会增加洗手液、沐浴露、擦鞋布或其他的大量物品。

散装分发器（bulk dispensers）：一种向客人提供诸如肥皂、沐浴露、洗发液、护发素等浴室便利物品的方法，不必使用一次性的包装瓶。

双冲式马桶（dual-flush toilet）：一种可节约水资源并具有双冲水功能的马桶，既可冲走液体排泄物，又可冲走固体排泄物。

高效节水马桶（high-efficiency toilet）：一种每次冲水的用水量至少比每次冲水需6升用水型号的马桶节约20%用水的马桶，能够移除350克的排泄物。

射频识别技术（RFID technology）：一个由转发器、线路、天线及无线电收发器组成的通信系统，适用于无线电设备。

釉面陶瓷（vitreous China）：一种质地坚硬，抗酸性的材料，常用于马桶。

复习题

1. 饭店是用何种方式来升级客房浴室的?
2. 浴缸和淋浴器配件通常选用什么材料?
3. 能源高效利用的研究成果是如何改善客房马桶的?
4. 浴室便利物品的两大主要趋势是什么?
5. 饭店该怎样做才能使其无障碍浴室符合《美国残疾人法案》的要求?
6. 如何正确地清洗浴缸、马桶、洗漱台、地面和浴帘?
7. 客房浴室中应主要注意哪些安全性问题?

网址：

若想获得更多信息，可访问下列网址。网址变更恕不通知。若你所访问的网址不存在，可使用搜索引擎查找新网址。

1. Arcs & Angles: www.arcsandangles.com
2. Courtesy Products: www.courtesyproducts.com
3. Grab Bars Online: www.grabbarsonline.com
4. Hospi-tel MFG Co.: www.hospitel.com
5. Hotel Vanities International, LLC: www.hotelvanities.com
6. Plumbing World: www.plumbingworld.com
7. Winglt Innovations, LLC: www.wingits.com

代译后记

虎背上观云

终于亲手完成了这本数百页译著，一直隐在著者身后舞文弄墨，只有这少许文字才是译者自说自话，故以此代之。

我算是中国最早专治饭店管理的本科生之一。当年，我学客房管理时，只有油印讲义。

若干年后，我从国际饭店管理集团调回学校执掌饭店管理专业，教客房管理时，发现有这本书最初中文译本面世，选作本科教材，自是有余。自20世纪90年代末，我给多地的饭店高管培训班做专题主讲和担任饭店管理咨询顾问时，用之作实践参考，竟也相宜。于是，对该版主译潘之东先生和责任编辑付蓉女士的大名也就印象深刻了。那时，即有想参与完善中文版的想法。但因忙于出版《导游入门到提高》《现代饭店服务质量管理》等专著，只能作罢。

旅湘逾十年后，我应邀赴粤，主持与香港理工大学合作的饭店管理专业。到任后组织购买了若干中外书籍和影像，其中，便有这本书的英文新版。彼时，边用中文第一版授课，边审视英文版，感觉囿于时代限制，该中文版还可改进若干舛误，且应及时更新。当时，已着手译若干新版段落，以应教学之需。

在北京奥运会前一年，受国家旅游局函召，我到北京实际负责制定《中国饭店行业服务礼仪规范》和《中国饭店行业突发事件应急规范》等国家标准规范文件，并策划和筹备全国饭店管理公司联席会议。虽忙，但因和中国旅游出版社在同一建筑群办公，于是，和付蓉女士熟识起来。但那年，工作之余，我应北京时代光华和北京大学出版社之邀，忙着出版多媒体管理课程《酒店餐饮企业持续经营的秘诀》，及应瑞典 Bonnier 出版集团之邀，担任《酒店管理商务手册》中文版顾问和专栏作者，所以，译新版的想法也就搁浅。

2008 年夏，应现任中国旅游研究院院长的戴斌先生盛邀，我参与了北京第二外国语学院与瑞士洛桑酒店管理学院等机构合作举办中瑞酒店管理学院的主要谈判工作，并作为创业先锋负责筹建酒店管理专业教研室，遴选和指导教师团队，兼任中瑞教学酒店总经理。中间，又公派到瑞士学习，在获瑞士洛桑酒店管理学院校本部 QLF 认证教师资格后。回国创立专业教学研究部，再后来，执掌教育培训中心，负责引进和拓展高端教育培训与管理咨询业务。在繁忙间隙，主持购买了大批外文书籍，这其中也包含这本书当时的最新英文版。还应 McGraw-Hill 出版社邀请，任其英文管理教材内容评审专家。于是，又滋生译这本书的想法，但彼时，我已受邀担任中国共产党第十八次全国代表大会的代表驻地总务工作服务指南和技术规范指导工作，身不由己，唯有搁置。

2012 年冬，付蓉女士邀请我出任主译。同年，百年名校西北师范大学聘请我任客座教授。于是，决定尽我所能帮该校培养和指导一批专业教师。便遴选了若干年轻人加入翻译团队。那时，我尚在国内最大的海岛旅游企业三亚蜈支洲岛旅游度假中心担任经营管理顾问，为指导翻译团队，常需周末绕道飞兰州，从每条专业术语译名和每个标题的审定，到英文饭店管理专业材料的翻译方法和经验教训分享，到逐条语句的精译，一一详述，常是刚讲完，就得直奔机场返北京给本科生上周一的课。

2013 年冬，完成英文第三版的译稿后，我相继承接因忙于主译而延后的多个管理咨询项目，担任了北京玉渊潭酒店管理集团首席顾问，以及中国棋院杭州天元大厦、青岛 CHINA 公社文化艺术精品酒店、云南大理海湾国际酒店、三亚海螺姑娘创意文化园等旅游企业，和中国人民大学物业管理中心等服务型企业的经营管理顾问。正满天飞时，却接出版社通知，这本书英文第三版的修订版刚面世，希望我能及时介绍到国内来。

但这很让我为难。最新修订版比已译完的版本，换了作者团队，大幅增加了内容，改了书名。而团队的年轻人因出国学习，在家病休，或新居装修，都无法再参与了。偏在此时，我又受命承担北京 APEC 领导人会议的会议场所建设招标谈判组组长工作。于是，平添一倍工作量的最新版的翻译工作只能由我一人抓紧一切可利用时间，在出差或外出演讲时所坐的飞机、海船和汽车上，或所住的饭店里完成。

纵是如此，因我调往北京第二外国语学院 MTA / MBA 教育中心履新，新工作及大量出差任务使最后的交稿阶段变得艰难无比。我希望亲自完成和发出去的每章最新译稿都能尽量完善。于是，编辑的催稿开始变我无数次在旅途半夜起来再连轴工作几小时的加班信号。发稿地点也遍布从三亚、青岛、长白山、嘉峪关、敦煌、太湖、漆湖，到无锡的各处。后记动笔时，正在新居的书房谦益馆，当天是儿子生日，他在书桌边玩耍他爷爷从老家带来的祖上所传砚台，完成时，却已到了我的生日，父母和哥姐刚打来长途电话祝贺，而儿子和他妈妈则联合完成了一个画有奔驰向前的火车的手绘以作为礼物。

辛苦遭逢起一书。从萌生想法到完成主译，横跨十多年。这本广受世界欢迎的经典之著，不断重印和更新。作者换了一茬；上一中文版译者已荣休很久，到我这儿，主译也算换了一茬。时间长河中，曾经的作者也好，译者也罢，大概都只能在这本书的不同版本上短暂署名而已，尽管如此，却都会竭尽全力跑好自己所负责的这一棒，所谓薪火相传，大概就是如此吧。

主要参与全书初译工作的有西北师范大学王艳林、赵玉琴、何田田、万抒佳、种媛，以及中瑞酒店管理学院张艳妍。鉴于这本书是团队翻译，而且，实际上是译了英文第三版和第三版修订版两个版本，所以，每人的工作量都大大超过正常平均额度，每人所完成部分均应至少超过十万的印刷字数。

中南林业科技大学杨芳和张娓，顺德职业技术学院綦恩周，提供了帮助。我十五年前的学生罗义贵，一年前的学生胡晓雪，则帮我做了大量图文排版和检查工作。

在主译过程中，常如履薄冰，担心因词不达意，或本可避免的失误，导致贻误同行和后学。以前看别人主译的书时，常会就发现某个使用欠妥的词语，或某个值得商榷的标点而摇头。但自己译一本厚部头的书，才发觉总难免挂万漏一。虽然盘中餐粒粒皆辛苦，但这不应成为推托的懒惰借口。纵有千般累骑虎难下，唯有秉观云卷云舒心，竭力而为矣。

最后，这本书所有文字虽都经我逐一定夺，对一些原书所存在的问题或不易理解的地方，我也专门亲自逐条做了译者注。但囿于时间精力，若有不妥或差池之处，当由我负责。恳请读者不吝指正，以便重印时修订。

付钢业
于北京第二外国语学院
2014 年冬

项目统筹：付　蓉
责任编辑：李冉冉
责任印制：冯冬青
版式设计：何　杰

图书在版编目 (CIP) 数据

饭店客房经营管理 / （美）尼克奇，（美）弗莱著；
付钢业译 . -- 北京：中国旅游出版社，2015.4
书名原文：Managing housekeeping operations
ISBN 978-7-5032-5313-3

Ⅰ . ①饭… Ⅱ . ①尼… ②弗… ③付… Ⅲ . ①饭店 –
商业管理 Ⅳ . ① F719.2
中国版本图书馆 CIP 数据核字 (2015) 第 060568 号

北京市版权局著作权合同登记号：图字 01-2013-5273

书　　名：饭店客房经营管理

作　　者：阿莱塔·A.尼奇克　威廉·D.弗莱

主　　译：付钢业

出版发行：中国旅游出版社
　　　　　（北京建国门内大街甲 9 号　邮编：100005）
　　　　　http://www.cttp.net.cn　E-mail:cttp@cnta.gov.cn
　　　　　发行部电话：010-85166503

经　　销：全国各地新华书店

印　　刷：河北省三河市灵山红旗印刷厂

版　　次：2015 年 4 月第 1 版　　2015 年 4 月第 1 次印刷

开　　本：720 毫米 ×970 毫米　　1/16

印　　张：32.25

字　　数：606 千

定　　价：128.00 元

I S B N　978-7-5032-5313-3